Breviarium Ad Usum Insignis Ecclesie Eboracensis, Volume 1; Volume 71

Catholic Church, Surtees Society, Church Of England. Diocese Of York

Nabu Public Domain Reprints:

You are holding a reproduction of an original work published before 1923 that is in the public domain in the United States of America, and possibly other countries. You may freely copy and distribute this work as no entity (individual or corporate) has a copyright on the body of the work. This book may contain prior copyright references, and library stamps (as most of these works were scanned from library copies). These have been scanned and retained as part of the historical artifact.

This book may have occasional imperfections such as missing or blurred pages, poor pictures, errant marks, etc. that were either part of the original artifact, or were introduced by the scanning process. We believe this work is culturally important, and despite the imperfections, have elected to bring it back into print as part of our continuing commitment to the preservation of printed works worldwide. We appreciate your understanding of the imperfections in the preservation process, and hope you enjoy this valuable book.

LONDON: PRINTED BY
SPOTTISWOODE AND CO., NEW-STREET SQUARE
AND PARLIAMENT STREET

THE

PUBLICATIONS

OF THE

SURTEES SOCIETY.

ESTABLISHED IN THE YEAR

M.DCCC.XXXIV.

VOL. LXXI.

FOR THE YEAR M.DCCC.LXXI

BREVIARIUM

AD USUM INSIGNIS ECCLESIE

EBORACENSIS.

VOL. I.

Published for the Society
BY ANDREWS & CO., DURHAM;
WHITTAKER & CO., 13, AVE MARIA LANE;
BERNARD QUARITCH, 15, PICCADILLY;
BLACKWOOD & SONS, EDINBURGH.
1880

At a General Meeting of THE SURTEES SOCIETY, held in Durham Castle on Tuesday, June 6th, 1876, the Rev. Wm. Greenwell in the Chair—it was

ORDERED, That the York Breviary should be edited for the Society by Mr. Lawley.

JAMES RAINE.

BREVIARIUM

SECUNDUM USUM ECCLESIE EBORACENSIS.

THE Breviary, or Portiforium, according to the use of York is herewith presented to the Surtees Society: thus completing, with the exception of the Horae, the reprints of the several printed Service Books which belonged to the great Northern Diocese.

Concerning the varying forms of the Breviary little definite information can be gathered from books. What Doctor Neale said thirty years ago still remains true: '*The History of the Breviary*, not only from the time that it came as a book, so-called, into use, about 1050, but from the very commencement of the gradual process of its formation, is a great desideratum, perhaps *the* great desideratum, in ritualistic works.'[1] And of English Breviaries in particular, their forms and peculiarities, there is much lack of accurate knowledge. Mr. Maskell, in his invaluable work, Monumenta Ritualia,[2] Dr. Neale, in his Liturgiological Essays, and David Laing, in his Preface to the Breviarium Aberdonense,[3] have written most to the purpose. And something towards a comparison of the Uses in England was attempted in the learned but unhappily uncompleted reprint of the Sarum Portiforium by Mr. Seager.[4] Now that we are able to present

---

[1] Christian Remembrancer, Oct. 1850, Vol. xx., new series, p. 285. Essays on Liturgiology and Church History, by Rev. J. M. Neale, D.D., 2nd edit. 1867, p. 2.

[2] Vol. i. Preface, pp. lxxxv.–lxxxix.; and Vol. ii. Pref. pp. xix.–xxxi.

[3] Breviarium Aberdonense. 2 Vols. Londoni apud J. Toovey MDCCCLIV. The Preface was published in September 1855, as a separate pamphlet: printed at the request, and for the use of, the members of the Bannatyne Club.

[4] Ecclesiae Anglicanae Officia Antiqua. Fasciculus Primus, Londini apud J. Leslie MDCCCXLIII. Fasciculus Secundus, Londini apud Whittaker et Soc. MDCCCLV.

the public with an accurate reprint of the most ancient known text of our Breviary, we trust that a new stimulus will be given to investigation. For it has been felt all along that a chief hindrance to such investigation was the want of the original texts. The books themselves, as Mr. Maskell observes, 'are amongst the rarest which still exist, and except 'in a few instances are to be found (whether printed or 'manuscript) only in the great public libraries.'[1] For purposes of handy use the texts must be in print: and towards this end our Society has done a great literary service by their contributions. And when the reprint of the Sarum Breviary, now in course of publication at Cambridge, is completed with Mr. Bradshaw's promised preface, the Liturgical Scholar will, we trust, find himself in a position to compare critically the two Uses of Sarum and of York, and to contrast them with the pre-Tridentine Breviary of Rome.

The publication of Service Books for England ceased, of course, in 1558.[2] The first complete reprint of any of them in our days was nearly thirty years ago, when to the learning of the Reverend W. J. Blew was entrusted the republication of the Aberdeen Breviary. This work reflects the highest honour on all connected with it. And though we think that the practice of our own Society in writing out in full all contractions is right, yet there is a style and character in the Aberdeen reprint, which we should have been glad to have been allowed to imitate.

The copy which has supplied the text for our reprint is unique. It was printed in Venice in 1493, is a 'totum,' in small octavo, and printed with contractions throughout. It is in the Bodleian Library at Oxford. Nothing is known from contemporary record concerning the different editions of the York Portiforium: but it is possible that this Oxford copy is of the earliest edition of all. A very early edition of the Paris Breviary was printed by the same printer in Venice in 1487, and in 1494 an edition of the Sarum Missal, long considered to be the Editio Princeps. The Oxford book has been copied with all its errors of punctuation and spelling, with no attempt

---

[1] Monumenta, Ritualia, Vol. i. Preface, p. iv.

[2] See Mr. Dickinson's List of English Service books published in the Ecclesiologist No. LXXXVI. Feb. 1850. We exclude the few books printed at Douay since the Reformation.

to construct a perfect text by correcting it. The contractions indeed have been expanded, and the holy name of our Lord is printed with large Capitals, according to the custom of our Society : otherwise there has been no deviation from the original text. Words, or letters, printed in Italic type denote that they are printed in red in the original ; the black letter is represented by the Roman.

There are eleven other volumes, portions or full copies, of the York Breviary, eight of known dates and three undated. Full notices of these will be found below : and thanks to the great liberality of their owners, who have accorded to me free use of them at my own leisure, their texts are here collated with our original. They are all later than 1493 : one and one only dates from the reign of Philip and Mary. The researches of the late Mr. Davies, sometime Townclerk of York, have given us a glimpse of an edition printed in France before 1510, which was supplied to a York bookseller, Gerard Wansfort.[1] And it is probable that one at least of the above-named undated copies, that of Mr. Blew, is of this edition. A third issue, apparently a large one, came from the press of Fr. Regnault in 1526: and of this, six volumes are still in existence. The fourth and last dated edition is of 1533 : of which we possess the two parts that constitute a perfect whole. Its correctness and good arrangement might have led us to take it as the original of our reprint: only it seemed on the whole advisable to reproduce of those with a known date the earliest rather than the latest known edition.

The printer of the Bodleian book deserves a passing tribute. Johannes Hammanus, or as he called himself later J. Hertzog, describes himself of Spires in the earliest book we have of his printing : subsequently he speaks of Landau as his own city, but he printed always at Venice. His surname of Hamman recalls that of a more famous bearer of the name, Jost Amman, the great engraver, who died at Nürnberg in 1591. Like so many others of the early Venice printers, Hamman was evidently a man who took great pride in his work. He describes himself as *magister*, exercising an *ars mirifica, vir solers, vir probatissimus, impressor famatissi-*

---

[1] Memoir of the York Press, p. 13.

mus, and once *impressorum monarcha*.[1] Under his name we have notices of nearly fifty works given by Maittaire, Denis, Panzer, Van Praet, and Hain. To this lot may be added two more, catalogued by M. Alès in the Library of the Comte de Villafranca, and yet two more, in my own possession. He printed works on all subjects, save apparently the Classics: and this between the years 1482 and 1501: after which date his name disappears. He printed for others more often than for himself (indeed this York Breviary was put forth at the expense of Fridericus Egmundt and Gerardus Barrevelt): and at different times he had different partners associated with him. His device is very striking; and in its varieties is well known to book-collectors. A copy of this device, one form of it, from a book in the library of St. Gall, is presented with this volume to our subscribers. In the second volume will be given a copy of the woodcut of Saint William of York, which is on the final page in the Bodleian book.

In its time this Bodleian book has been the property of two Yorkshiremen, men of renown: Ralph Thoresby and Marmaduke Fothergill. Thoresby describes it in the catalogue of his Museum as 'perfect, and a great curiosity,' and gives the summary of its contents.[2] After Thoresby's death in 1725 it passed into the hands of Marmaduke Fothergill. Fothergill was Vicar of the retired village of Skipwith, ten miles from York and six from Selby. He became a Nonjuror[3]: and was superseded in his living in 1713. He then retired first to Pontefract and afterwards to Massam Street in Westminster, where he died in 1731.[4] He bequeathed a large liturgical library, enriched with many MS. volumes of his own research, to the parishioners of Skipwith on condition that they built a room to hold it: this they failed to do, and thereupon his widow happily passed the whole over to the authorities of York Cathedral, who are

---

[1] Description de Livres de Liturgie imprimés aux xv⁰ et xvi⁰ siècles: faisant partie de la Bibliothèque de S. A. R. Mgr. Charles-Louis de Bourbon, (Comte de Villa Franca) par Anatole Alès &c. Paris 1878, p. 225.

[2] Ducatus Leodiensis 1715, p. 546. Maittaire refers to this notice of Thoresby, in his Annales Typographici, Vol. i. (alias Vol. iv.), p. 568.

[3] His name occurs in Kettlewell's works: List of Nonjurors, Vol. ii., Appendix No. VI., p. xii. And see Drake's York, p. 379.

[4] There are 20 original letters from him to Hearne among the Rawlinson MSS. in the Bodleian, Vol. L. 5.

still the guardians of the trust. After Fothergill the next known possessor of the book was one Edw. Jacob,[1] from whom it passed in the year 1789 to the great collector Richard Gough, and by him was left with the rest of his books to the Bodleian in 1809.

It remains that I should express my grateful thanks to those to whom they are due. First to the gentlemen who have so freely put the use of their volumes at my disposal, Mr. Blew of Warwick Street, Pall Mall, Mr. Sherbrooke of Oxton, Southwell, Mr. Davies Cooke of Owston, Doncaster, Dr. Gott, Vicar of Leeds, and the authorities of York Cathedral. To the first-named of these, the Reverend William J. Blew, my special thanks are offered, for his unwearied friendliness and ready help. To Mr. Bradshaw also, and to the Reverend Canon Raine, I am under great obligations: and from the Reverend Joseph Fowler of Durham, and from the Editors of the new Sarum Breviary (the Reverend Francis Procter and the Reverend Christopher Wordsworth), I have received kind assistance and an inspection of valuable materials.

The following is a table of all the editions known and copies extant of the York Breviary, with the place and date of printing, and summary of contents.[2] The book is assumed to be made up of the four component parts described in the Introduction to Messrs. Procter and Wordsworth's Sarum Breviary. Pars. ii^{da}, pp. viij to xiij.

Y 1493	8vo.	Totum	Venice	Jo. Hamman . . .	Bodl. Gough 6
W 1507?	8vo.	PH	Rouen?	P. Violette (Kal. gone)	Rev. W. J. Blew
W ,,	,,	PE	,,	,, (Kal. & Ps. discarded)	Rev. W. J. Blew
L 1526	8vo.	PH	Paris	F. Regnault for J. Gaschet, York . . .	British Museum
K ,,	,,	,,	,,	,, ,, ,,	Bodl. Gough 59
B ,,	,,	,,	,,	,, ,, ,,	York Mins. Libry.
E ,,	,,	,,	,,	,, ,, ,,	York Mins. Libry.
C ,,	,,	,,	,,	,, ,, ,,	Mr. Cooke
S ,,	,,	PE	,,	,, ,, (Temp. only)	Mr. Sherbrooke
R ,,	,,	,,	,,	,, (Sanctorale only)	York Mins. Libry.
G 1533	16mo.	PH	Paris	F. Regnault . . .	Rev. Dr. Gott
N ,,	,,	PE	,,	,, ,, (Kal. gone)	British Museum
S 1555?	8vo.	PH	Rouen?	? ,, (Kal. gone)	Mr. Sherbrooke
S ,,	,,	PE	,,	,, (Kal. & Temp. gone)	Mr. Sherbrooke

[1] The Rev. W. D. Macray has drawn my attention to the fact that Gough has a notice concerning this E. Jacob in British Topography, Vol. i. p. 464*.

[2] This table has been drawn up by Mr. Bradshaw: to whose kindness I owe so much.

The following notices and descriptions are of the various copies with their imprints, &c.

Y. 1493. JOHANNES HAMMANUS. GOUGH 6.

This is the original text of our reprint. It has a title-page [fol. A 1], *Breviarium secundum vsum ecclesie Eboracensis*, in red.

Imprint in red on verso of page 478 [y. 10. b]:

Breviarium secundum morem et consuetudinem sancte ecclesie Eboracensis anglicane: ad laudem et gloriam sanctissime trinitatis: intemerate quoque genitricis dei virginis marie: totiusque hyerarchie celestis: Ipsiusque sacrosancte ecclesie Eboracensis cleri devotissimi reverentiam et honorem: Singulari cura ac diligentia impensisque Friderici egmundt bene revisum emendatumque: feliciter est explicitum. Impressum venetiis per Johannem hamman de Landoia dictum hertzog: limpidissimis: ut cernitis: caracteribus: Anno salutis post millesimum quaterque centesimum nonagesimo tertio. Kalendas madii.

In size it is a small octavo: in black letter: bound in brown calf, and wrongly lettered 1498. Each folio is paginated in right-hand corner in red numerals: which, excepting the 8 folios of the Kalendar, run through the whole book.

The signatures are from 1 to 34 in eights: and 35 in twelves. In this first series are included the Temporale, Kalendar, Psalter, and Commune. The second series of signatures begins with the Sanctorale: a to x all in eights, and y (y 2, y 3, y 4, y 5, y 6) in tens. On verso of y 10 is the woodcut of S. William which concludes the volume.

The numbering at the top of each folio is very defective between 190 and 198. This latter should be 200: and allowing eight more for the 8 folios of the Kalendar, the numeral 209 with which the first folio of the Psalter commences comes exactly right. So that both by signatures and by numbering the book proclaims itself complete, with no hiatus: although there are many things in other Breviaries which are not in Y. e.g. the Penitential Psalms. It is six inches high by four broad: each folio has 2 columns, with 36 lines in each. On the title-page, in MS., is a notice: 'This is not noted in Maittaire, therefore very rare. W.(?) Ames.' That this is an error we have shown above, p. viii. note. There is also another manuscript note 'e libris Rad. Thoresby (1698), pr. 5s.' And the summary of contents is in M. Fothergill's handwriting, Temporale, p. 1 Kalendarium. Psalterium, p. 209. Commune, p. 265. Sanctorale, p. 301. It is bound in calf and is in good condition.

W. MR. BLEW'S COPY.

This is a copy of the whole Breviary in one volume, but with many an 'hiatus valde deflendus.' It has neither title nor general imprint: and the Kalendar is gone. The first folio (unpaged) is a 2: folio 1 is gone, whether it were blank or had the title. (1) Temporale. The first series of signatures runs from a to r, all in eights: from Advent to Easter Eve. The second series goes from aa to mm, all in eights, from Easter Eve to the Commemorations. But after mm 8 b comes an hiatus probably of 8 folios: and there also should have been placed the Kalendar. (2) Psalter and Commune. Third series of signatures from A i to M 8 b from Sunday Mattins to Commune unius virginis. 'The commune wants a part of the service 'unius virginis, all of plurimarum virginum and unius ma- 'tronae: and another of unius virginis. It is deficient in the 'Commemoratio B. Marie Virginis, and it wants the Com- 'memorations of S. William, of SS. Peter and Paul, and 'All Saints; as separate services coming with special rubric 'after the Commemoratio B. Marie V. and before S. Andrew. 'It wants likewise a series of Benedictions.' (MS. note by Rev. W. J. Blew.) (3) Sanctorale begins on ccj. (aa and bb wanting), and runs on to hh 6 b (hh is signed hhij.) Here occurs the only colophon in the volume. ☞ Finis prime partis hujus breviarii scilicet temporis hyemalis de sanctis. There then occurs a terrible lacuna from aaj to oo 8 (112 folios): pp and qq are there in eights and vv xx and yy: rr j to tt 8 are wanting, and of z folios 1, 2, 7 and 8 are wanting, and all that would complete the services of S. Katherine S. Linus and S. Saturninus. The book is 5½ inches by 3¾, and has 2 columns in a page and 32 lines to each column. It is bound in dark green morocco with a silver cross let in on either board. It is lettered 'Breviarium Eboracense. Pars Hyemalis.' We have ventured to assign it to the date of 1507, classing it with the French edition printed about then for G. Wansfort of York.

E.B.K.L. and C. Fr. Regnault's Edition of 1526.

These are all copies of the Pars Hyemalis of the 1526 issue, printed for Gaschet of York. E and B are in York Cathedral Library (x. P. 7, and x. P. 25), K in the Bodleian (Gough 59), L in the British Museum, and C belongs to Philip Davies Cooke, Esq., of Owston Hall, Doncaster. E (to take one as a type of the class) has the following title page: ❡ *Breviarium ad usum insigis* (sic) Metropolitane ecclesie *Eboracensis* : una cum *Pica* diligentissime accuratissimeque recognitum et emendatum : in preclara *Parrhisiensi* academia : in edibus videlicet *Ffrancisci Regnault* impressum : ac expensis honesti viri *Joannis Gascheti* : in predicta *Eboracensi* civitate commorantis : hic suum capit exordium pro tempore hyemali. Anno nostre reparationis 1526. This title-page is on a j not paged. (1) Temporale. aj to t 8 b in eights (a iiij is wrongly signed G iiij). The service for Easter Eve ends on t 8 b. (2) Kalendar. First folio signed †1. 8 folios. (3) Psalter and Commune. Second series of Signatures. *A* to *P* 4 in eights. (4) Sanctorale. Third set of signatures. A to G, all in eights. The imprint which follows the register of signatures on G. 8 b is as follows : ❡ *Finit pars* hyemalis tam de tempore quam de sanctis breviarii ad usum insignis ecclesie *Eboracensis* Parisiis impressum arte ac pervigili cura *Francisci Regnault* Alme universitatis Parisiensis librarii jurati / in vico sancti *Jacobi* e regione maturinorum sub signo *elephantino* commorantis. *Anno* domini millesimo quingentesimo xxvj, decimaquinta mensis *Octobris*. In E, between the Commune and the Sanctorale, is interposed the service for the feast of the Visitation of the B. Virgin. The same service is in B and L, introduced not before, but after the Sanctorale. Its rubric notices the fact that the York Convocation in 1513 ordered its use : but it had been printed in the Sarum books at a much earlier date. This service will be found in the Appendix to Vol. ij. of the Breviary. It consists of 8 folios : the first signed with a maltese cross, and the verso of the last folio is illustrated with a woodcut representing 7 or 8 bishops standing and dictating to a scribe, who is seated on a bench writing at a lectern. This volume E has on the first leaf of each octave through the book the signaturetitle Ebo.: has 2 columns to each page and 35 lines to each column. Where it is cited, except in the Kalendar, in our reprint, it represents all the five copies of this same edition. It is whole bound in brown calf, has the stamp of York Minster Library on the side, and on the flyleaf next before the title-page has this inscription: Biblice Decani & Capituli Ebor. Dono Dedit Rokby Scott Clicus, 1733. Its size is six inches by four. Of B, K, and C the same description as that given of E will hold good. L (British Museum, C 35 b) is the copy which belonged to Mr. Gordon, by him bequeathed to Dr. Raine. It has in MS. on the flyleaf the following: 'Breviary according to the use of York, an extremely rare book. 'On the 9 June, 1534, Hen. viij. issued a proclamation commanding the pope's name to be erased out of all prayers and 'Church Books; in compliance with which the then possessor 'of this Book has erased the word "papa" throughout, as I 'have also observed in various MS. Missals &c. And in Sep. '1538, he issued another proclamation for the abolition of 'counterfeit Saints; to comply with which the owner has crossed 'out various passages and also cut out 4 leaves containing the 'Festum S. Thome à Becket—1 leaf in the Translatio sancti 'Willelmi—and one leaf in the Festum S. Cuthberti.' There is also this second note: 'Wants the following leaves, sig. e 'vij. viij. f j. ij. in Pars 1. and g j. (it should be G j.) in part 3.' To this should be added that folio i 1 is also wanting, and it is added in the catalogue. Strangely enough, on G 7 b and two following leaves the lections for S. Wilfrid are not erased.

R. Fr. Regnault's Edition of 1526.

This volume, unhappily deficient, represents the Pars Estivalis corresponding to the former volumes of the P. Hyemalis. It gives us the only text we have of that portion of this 1526 edition. It has neither title-page nor colophon nor Kalendar: and the whole of the Temporale and Psalter is gone, and much of the Commune. The first folio now remaining is M j. (the service being the Commune plurimorum confessorum): M and N in eights, and O in tens, with one hiatus, probably of 1 folio. The Sanctorale begins a new series of signatures from aa to vv, all in eights: on vv 8 b the service is that of S. Edmundi Archiepiscopi (16 Nov.).

Thence to S. Saturninus the contents are lost, and there is no Festum Visitationis B. M. V. On 6 August is the service for the Transfiguration, to which M. Fothergill has appended a note in MS., 'not in the MS. Brev. Ebor.,' which same note is added to the service for the next day, 'In festo nominis Jesu.' It is to be recognised as a York book from having the feast of S. William (8 June), that of S. Wilfrid (12 Oct.), and of the translation of S. John of Beverley (25 October). In size it is 5⅞ inches by 3⅜ wide: it is bound like E, with the York Library stamp on it.

G. Dr. Gott's Copy of 1533.

This, with its fellow volume N, in the British Museum, gives us the latest known arrangement and text of the York Breviary. They are therefore of great value : and being very correctly printed, are most useful for collation. G (Pars Hyemalis) was bought by Dr. Gott at the Saville sale in 1860. In the Catalogue of the sale the following notice was added : '∴ A diminutive and excessively rare volume, in black and 'red letter, of an impression of which no other copy is known to 'exist. With the exception of a portion of the last leaf being 'torn away to the extent of the last six lines, it is in beauti-'ful condition, and in old binding. It possesses, on the title, 'the autograph of "Henricus Comes Arundell,"' &c. In spite of the assertion here made, we may safely affirm that there is another copy of this impression, viz. N, which is the Pars Estivalis, answering to this ; for, although there is no date in N to prove it is of the year 1533, it is clear by comparing in each the parts which are common to both, that they both belong to the same edition. The title-page in G is as follows: ¶ *Breviarium insignis ac metropolitane ecclesie Eboracensis* una cum Pica (quod vulgo dicitur) diligentissime emendatum : et in Parisiorum Academia expensis Francisci Regnault ejusdem universitatis bibliopole jurati : et honesti viri Joannis Gascheti in predicta Eboracensi civitate commorantis impressum. ¶ *Pars Hyemalis*. Venit Parisiis Francisco Regnault sub insigni Elephantis e regione Maturinorum, 1533. The Colophon (which is on h h 4, the last page of the Sanctorale) is as follows : ¶ *Finit pars Hyemalis* tam de tempore quam de sanctis *breviarii ad usum insignis ecclesie Eboracensis*.

Parisiis impressi arte ac pervigili cura Francisci Regnault universitatis Parisiensis librarii jurati / in vico sancti Jacobi e regione maturinorum *sub signo elephantis* commorantis. Anno domini millesimo quingentesimo xxxiij. vicesima secunda die mensis Augusti.

Except for the Kalendar, and for a slight portion torn off the last leaf, it is complete: bound in calf, and in excellent preservation. The size is not 4 inches by 7, as stated in the sale catalogue, but 4 by 3: it has double columns, and 36 lines in each column. (1) Temporale, a j to v 8 b, all in eights. (2) Kalendar gone. (3) Psalterium and Commune. A j to P 8 b, all in eights, numbered in right-hand corner of the page from Fo. j to Fo. cxx. (4) Sanctorale, from S. Andrew to Wilfridi episcopi et confessoris, aa j to hh 4. This is the edition probably noticed by P[hilippe] D[eschamps] in his Dictionnaire de Géographie, col. 441, 442, where he says that Gachet at Paris in 1533 reprinted 'en très petit format' the York Breviary which he had before printed in 1526.

N. Brit. Museum. C 35 A.

This is the Pars Estivalis of the same edition as G, but as it lacks the title-page, there is no positive proof of the fact. It has, what G lacks, the Kalendar. It is incomplete, for all the 8 folios sign. a, at the beginning of the book, and for all the feasts between All Saints Day and S. Saturninus: and so lacks the Colophon. In the Museum Catalogue it is thus described: 'Note. Register A—T, 12. 8 unnumbered leaves, 'and A—P, AA—TT. Parts 1 and 3 are without pagina- 'tion. Imperfect, wanting Title-page, and all before Sig. B, 'H 8, O 1 8, and all after Sig. TT. O 2–7 are much mutilated.'

It has the name of the late Dr. Raine in it, to whom it passed 'By the Will of James Gordon.' It was purchased by the Museum in 1859. (1) Temporale, begins on B j (signature title Ebo. on first folio of each octave), from B to S in eights, and T in twelves. (2) Kalendar, 8 folios, with no signature nor paging. (3) Psalter and Commune, from A to P, all in eights, but O j is wanting and O 8, and the other six folios of O are all torn across at the bottom. (4) Sanctorale. From AA to TT, all in eights, ending abruptly in the middle of the second Vespers of All Saints Day. In the British

Museum Catalogue the conjectural date of 1520 is assigned to it, and in Dr. Henderson's list of York Service Books, that of 1530; but, as stated above, it must be given to the year 1533. It has, like G, double columns, with 36 lines in each column, and in size is 4 inches by 3.

S. Mr. Sherbrooke's Copy.

This is a copy of the whole Breviary, in two volumes, but made up of more than one edition, and with a Sarum Kalendar. There is no title, and no imprint in either volume. The date 1524, which is put on the outside by the binder, is got from the table for finding the golden number in the Kalendar, where it is the first year of the series of nineteen. This, however, gives no authority whatever: for this Kalendar is not of York use, and is printed in a type unlike all York books known. A Kalendar, one exactly similar to it, is found in a Sarum Breviary of 1524, now at Oscott, printed at Paris for Fr. Byrckman.[1] Certainly the main portions of these two volumes (in fact, all of the Pars Hyemalis, and the Psalter and Sanctorale of the P. Estivalis) are of an edition later than this date. Most probably this book came out about 1555, in the reign of Philip and Mary.

Pars Hyemalis. (1) Temporale. AA to RR all in eights. [Note.—FF is wrongly bound up after GG, and LL before HH.]

AA begins the Advent Rubric, with no title-page. (3) Psalterium. a to k, all in eights, and numbered from Fo. 1 to Fo. lxxx. Commune. aa to ff, all in eights. (4) Sanctorale, from S. Andrew to S. Wilfrid. A to H in eights and I in four. There are two sizes of type used, and each page has two columns with thirty-three lines to a column.

Pars Estivalis. (1) Temporale. (This is of a later edition than the rest of the volumes.) Signatures. aa to rr all in eights and ss in four. (nn iij. and nn iiij. are wrongly printed mm iij. and mm iiij.) There is but one type used: and in each column of this part of the book there are 35, not 33, lines. This temporale resembles greatly the edition of 1526, printed by Regnault. (2) Kalendar. 8 folios, of Sarum use, with the 'Envoi' of Constantinus

---

[1] The credit of this discovery is due to Mr. Bradshaw, and I have verified its correctness.

Lepus to the clergy of England, exactly similar to that in the Sarum Breviary of 1524, now in the Library of Oscott College. (3) Psalter and Commune exactly the same as that in the Pars Hyemalis. (4) Sanctorale, from the Annunciation to S. Saturninus. Signatures AA to ZZ, then the abbreviations for 'et' and 'con,' all in eights, and the abbreviation for 'us' in sevens. Probably there is one folio wanting at the end which would have contained the imprint. This Psalter, Commune and Sanctorale have, as the Pars Hyemalis, double columns with 33 lines in each column. These two volumes are bound by Hayday, and lettered unfortunately Breviarium Eboraceuse. In size they are five inches and three-eights by three and a half: and in the P. Estivalis in the Temporale, between the Saturday after Pentecost and Trinity Sunday, is inserted an enormous Pye of 94 pages.

This very valuable copy of the Breviary did not come into my hands till the greater part of this volume was printed. The collation of it begins at col. 677.

ERRATUM.

At the request of the Editor of the York Manual (Vol. lxiii. of this series) attention is drawn to the fact that at p. 89 of that volume, in the Exequiae Defunctorum, Psalm cxliv., 'Exaltabo te, Deus,' has been printed instead of Psalm xxix., 'Exaltabo te, Domine.'

DEVICE OF JOHANNES HAMMAN DICTUS HERTZOG.

RUBRICA GENERALIS IN ADVENTU.

℟ *In nomine sancte et individue trinitatis. Amen. Incipit ordo Breviarii secundum morem & consuetudinem ecclesie Eboracensis anglicane. In parte hyemali. Et primo de adventu domini quedam regule ponentur. Prima quarum est.*

Adventus domini nec ante quintam kalendas decembris celebrari inchoetur: nec ejusdem inchoatio ultra quartam Nonas decembris differatur. Sed in hiis septem diebus ubi dies dominicus evenerit: ibidem adventus domini celebrari incipiatur. *Alia regula.* Andree festo vicinior ordine quovis. Adventum domini prima colit feria. Si cadat in lucem domini: celebretur ibidem. ℟ *Notandum vero quod si festivitas sancti Andree in sabbato ante primam dominicam adventus evenerit: nulla in eodem sabbato ad vesperas de duplici festo sancti Andree fiet mentio: preter pulsationem signorum: que duplex erit tam ad completorium quam ad vesperas*[1] *preter memoriam: cum antiphona.* Domine Jesu Christe & *versiculo* Dilexit andream dominus, & *collecta* Majestatem. *Et fient memorie de domina: et de sanctis Crisanto et Daria.* ℟ *Si vero ejus festum in dominica evenerit: qualiter agendum fuerit: invenietur ad ejus festum in principio sanctorum.* ℟ *In adventu domini si aliquod festum ix lectionum in sabbato contigerit: tunc in ipso sabbato vespere de dominica fiant cum antiphonis et psalmis ad sabbatum pertinentibus: et memoria de sancto: que precedet memoriam beate virginis.* ℟ *Si vero tale festum in dominicis infra adventum evenerit: semper differatur in secundam feriam: si eam contigerit a festo novem lectionum vacari*[2]: *& tunc in dominica vespere fient de sancto: incipiendo de eo ad capitulum: cum memoria de dominica. Et si in hujusmodi feria secunda aliud festum ix lectionum contingat: tunc de festo in dominica contingente dicatur: sicut ordinatur in magna rubrica ante* Deus omnium. ℟ *Si vero in aliqua dominica infra adventum domini festum duplex evenerit: totum fiat de festo: cum memoria de dominica tam in primis quam in secundis vesperis & matutinis: cum antiphonis et versiculis dominice*[3] *contingentibus: & oratione dominicali: que precedent memoriam de beata virgine: & in crastino dicatur de officio dominicali ferialiter: cum tribus lectionibus de expositione evangelii & tribus responsoriis de primo nocturno cum*[4] *an. contingente feriam super psalmo*[5] Benedictus *non impediente festo iij lectionum.* ℟ *De festis vero iij lec. in adventu non agatur: nisi*

---
[1] 'et' add: E.G.W.   [2] vacare: E.G.   [3] dominicam: E.G.W.
[4] pro 'cum' et: W.   [5] psalmum: E.G.

DOMINICA

memoria tantum : exceptis octavis sancti Andree : infra quas certis diebus infra adventum dicetur de eo : ut patet in regula ad ejus festum. Et[1] festo sanctorum Crisanti & Darie : et festo sancti Saturnini martyrum : si infra adventum evenerint.

❡ *Notandum quod infra adventum domini dicetur de apostolis : de sancto wilelmo : et de domina : ut notatur infra in rubrica post historiam* Domine ne in ira.[2]

❡ *Ordo officii in prima dominica adventus domini. Ad vesperas. an.* Benedictus. *ps.* Ipsum cetera ut in psalterio. *In vesperis de feria.*[3] *Capitulum.*

Venite ascendamus ad montem domini : et ad domum dei jacob : et docebit nos vias suas : et ambulabimus in semitis ejus : quia de syon exibit lex et verbum domini de hierusalem.[4] *Re.* Ecce dies venient dicit dominus : & suscitabo david germen justum : & regnabit rex : & sapiens erit : et faciet judicium et justiciam in terra. Et hoc est nomen quod vocabunt eum dominus justus noster. ℣ In diebus illis salvabitur juda : & israel habitabit confidenter. Et hoc est. Gloria patri. Et hoc. *Hymnus.*

Conditor alme syderum eterna lux credentium Christe redemptor omnium exaudi preces supplicum. Qui condolens interitu mortis perire seculum salvasti mundum languidum donans reis remedium. Vergente mundi vespere uti sponsus de thalamo egressus honestissima virginis matris clausula. Cujus forti potentie genu curvantur omnia celestia terrestria nutu fatentur subdita. Te deprecamur agie venture judex seculi conserva nos in tempore hostis a telo perfidi. Laus honor virtus gloria deo patri & filio sancto simul paraclito in sempiterna secula. Amen. *Hymnus iste cum versiculo sequente ad omnes vesperas de adventu usque ad vigiliam nativitatis domini dicatur.*[5] ℣ Rorate celi desuper. Et nubes pluant justum : aperiatur terra et germinet salvatorem. *In evangelio an.* Ecce nomen domini venit de longinquo : et claritas ejus replet orbem terrarum. *ps.* magnificat. *Oratio.*

Excita domine potentiam tuam & veni : ut ab imminentibus peccatorum nostrorum periculis te mereamur protegente eripi : te liberante salvari. Qui vivis. *Memoria de domina. An.* Missus est gabriel angelus ad mariam virginem desponsatam joseph. ℣ Egredietur virga. Et flos. *Oro.*

Deus qui de beate marie virginis utero verbum tuum angelo nunciante carnem suscipere voluisti : presta supplicibus tuis : ut qui vere eam genitricem dei credimus : ejus apud te intercessionibus adjuvemur. Per eundem. ❡ *Et sciendum quod memoria de sancto Andrea si eadem*[6] *die sabbati*

---

[1] 'excepto' add : E.G.
[2] 'et in fine rubrice de ipsis commemorationibus,' add : E.G.
[3] pro 'feria' sabbato : E.G.
[4] 'Deo gratias' add : E.G.W.
[5] 'Iste' add : G.
[6] eodem : W.

PRIMA ADVENTUS.

festum ejus fuerit: precedere debet memoriam beate virginis: sed infra octavas suas[1] precedet memoria de domina: nisi cum de eo in crastino fuerit cantandum. ¶ *Et generaliter quotidie infra octavas suas fiet de eo memoria tam in die dominica quam in festis sanctorum & feriis: cum de eo non dicitur.*

Ad completorium an. Miserere mihi domine & exaudi orationem meam. *ps.* Cum invocarem. *ps.* In te domine speravi. *usque* In manus tuas. *ps.* Qui habitat. *ps.* Ecce nunc. *Hi predicti Psalmi dicantur ad completorium quotidie per annum de quocunque fit servitium: preterquam a cena domini usque ad octavas pasche. Capitulum.*

Tu in nobis es domine: & nomen sanctum tuum et gloriosum invocatum est super nos: ne derelinquas nos domine deus noster. Deo gratias.

Te lucis ante termi- [*Hymnus.* num rerum creator poscimus: ut solita clementia sis presul ad custodiam. Procul recedant somnia et noctium fantasmata hostemque nostrum comprime ne polluantur corpora. Presta pater omnipotens per Jesum Christum dominum qui tecum in perpetuum regnat cum sancto spiritu. Amen. *Cum dicitur* Presta pater piissime. *Tunc dicetur in fine* Regnans per omne seculum. *Cum dicitur* Deo patri *tunc dicetur in fine* et nunc et imperpetuum. *Quando dicitur* Gloria tibi domine *&* Laus honor *tunc dicetur in fine* in sempiterna secula. Amen. ℣ Custodi nos domine ut pupillam oculi. Sub umbra alarum tuarum protege nos. *In evangelio an.* Veni domine visitare nos in pace: ut letemur coram te corde perfecto. *ps.* Nunc dimittis. *Sequitur a choro alternatim.* Kyrieleyson *ter.* Christe eleyson *ter.* Kyrie eleyson *ter: & sequitur oratio dominicalis scilicet* Pater noster. Et ne nos. Sed libera. ℣ In pace in id ipsum. Dormiam &. *Sequitur* Credo in deum. Carnis resurrectionem. Et vitam eternam. amen. ℣ Benedicamus patrem et filium cum sancto spiritu: Laudemus & superexaltemus eum in secula. ℣ Benedictus es domine in firmamento celi. Et laudabilis & gloriosus et superexaltatus in secula. ℣ Benedicat et custodiat nos omnipotens & misericors dominus. Amen. ℣ Confitemini domino quoniam bonus: Quoniam in seculum misericordia ejus. *Confessio tam ad completorium quam ad primam. Sacerdos.*

Confiteor[2] deo & beate marie: & omnibus sanctis: et vobis fratres: quia ego peccator peccavi nimis corde: ore: opere: omissione: mea culpa. Ideo precor gloriosam dei genitricem mariam: & omnes sanctos dei: et vos orare pro me. *Chorus.*

Misereatur tui omnipotens deus: & dimittat tibi omnia peccata tua: liberet te ab omni malo conservet et confirmet in omni opere bono: &

---

[1] 'suas' om.: E.G.

[2] Confitebor: W.

perducat te ad vitam eternam. *Sacerdos.* Amen. *Sequitur confessio chori.*

Confiteor deo: & beate marie: & omnibus sanctis: et tibi pater: quia ego peccator peccavi nimis corde: ore: opere: omissione: mea culpa. Ideo precor gloriosam dei genitricem mariam et omnes sanctos dei: & te pater orare pro me. *Sacerdos.*

Misereatur vestri omnipotens deus: et dimittat vobis omnia peccata vestra: ¹liberet vos ab omni malo: conservet et confirmet in omni opere bono: & perducat vos ad vitam eternam. *Chorus.* Amen. *Sacerdos.*

Absolutionem & remissionem omnium peccatorum vestrorum spacium vere penitentie: emendationem vite: gratiam & consolationem sancti spiritus tribuat vobis omnipotens et misericors dominus. *Chorus* Amen. *Dignare domine nocte ista. Sine peccato nos custodire.* ℣ Miserere nostri domine.¹ ℣ Fiat misericordia tua domine super nos. Quemadmodum speravimus in te. ℣ Domine deus virtutum converte nos. Et ostende faciem tuam² : & salvi erimus. ℣ Domine exaudi orationem meam. Et clamor. Dominus vobiscum. Et cum spiritu tuo. *Oratio.*

Illumina quesumus domine deus tenebras nostras: & totius noctis insidias tu a nobis repelle propitius. Per dominum³ Jesum Christum filium tuum qui tecum vivit & regnat in unitate spiritus sancti deus per omnia secula seculorum. Amen. Dominus vobiscum. Et cum. Benedicamus domino. Deo gratias. Fidelium anime per misericordiam dei in pace requiescant. Amen. ¶ *Iste autem ordo vesperarum et completorii servetur per totum annum nisi a cena domini usque octavas pasche: paucis mutatis: ut infra notabitur suis locis &c.* ¶ *Ad matutinas. Invitatorium.* Ecce venit rex. Occurramus obviam salvatori nostro. *ps.* Venite. *Hym.*

Verbum supernum prodiens a patre olim exiens qui natus orbi subvenis cursu declivi temporis. Illumina nunc pectora tuoque amore concrema audito ut preconio sint pulsa tandem lubrica. Judexque cum post aderis rimari facta pectoris reddens vicem pro abditis justisque regnum pro bonis. Non des ut artemur malis pro qualitate criminis: sed cum beatis compotes simus perhennes celibes. Laus honor. *Et dicitur hymnus iste ad omnes matutinas de adventu ante nocturnum usque ad nativitatem domini. In primo nocturno. añ.* Non auferetur. *ps.* Beatus vir. *ps.* Quare fremuerunt. *ps.* Domine quid. *ps.* Domine ne in furore. *sub uno* Gloria patri. *Añ.* Erit ipse. *ps.* Domine deus meus. *ps.* Domine dominus noster. *ps.* Confitebor. *ps.* In domino confido. Gloria patri. *Añ.* Pulchriores. *ps.* Salvum me fac. (j) *ps.* Usque quo domine. *ps.* Dixit insipiens. *ps.* Domine quis habitabit. Gloria patri. ℣ Ex syon species de-

---

¹ 'Miserere nostri' add : E.G.W.
² 'tuam' om. : E.

³ 'nostrum' add : E.G.W.

coris ejus. Deus noster manifeste veniet. *Lectio j.* Visio Isaie filii Amos: quam vidit super judam & hierusalem: in diebus ozie: joathan[1]: achaz[2] et ezechie regum juda. Audite celi: & auribus percipe terra: quoniam dominus locutus est. Filios enutrivi et exaltavi: ipsi autem spreverunt me. Hec dicit dominus deus: convertimini ad me & salvi eritis. *Sic terminentur omnes lectiones de prophetia: et respondeatur* Deo gratias. Re. Aspiciens a longe ecce video dei potentiam venientem & nebulam totam terram tegentem. Ite obviam ei: et dicite. Nuncia nobis: si tu es ipse. Qui regnaturus es. In populo israel. ℣ Quique terrigene & filii hominum simul in unum dives &· pauper. Ite *usque in finem responsorii: & sic de sequentibus iterationibus.* ℣ Qui regis israel intende qui deducis velut ovem joseph. Nuncia. ℣ Excita domine potentiam tuam & veni: ut salvos facias nos. Qui regis.[3] ℣ Gloria. In populo. *Et postea reincipietur Responsorium.* Aspiciens. *Lectio ij.* Cognovit bos possessorem suum: & asinus presepe domini sui: israel autem non cognovit me[4]: populus meus non intellexit. Ve genti peccatrici: populo gravi iniquitate: semini nequam filiis sceleratis. Re. Adspiciebam in visu noctis: & ecce in nubibus celi filius hominis venit. Et datum est ei regnum & honor: & omnis populus tribus & lingue servient[5] ei. ℣ Potestas ejus potestas eterna: que non auferetur: & regnum ejus quod non corrumpetur. Et datum. *Lectio iij.* Dereliquerunt dominum: blasphemaverunt sanctum israel abalienati sunt retrorsum. Super quo percutiam vos ultra addentes prevaricationem. Omne caput languidum: & omne cor merens: a planta pedis usque ad verticem non est in eo sanitas. Re. Missus est gabriel angelus ad mariam virginem desponsatam joseph: nuncians ei verbum et expavescit virgo de lumine. Ne timeas maria: invenisti gratiam apud dominum: ecce concipies & paries. Et vocabitur altissimi filius. ℣ Dabit illi dominus deus sedem david patris ejus et regnabit in domo jacob in eternum. Et vocabitur. Gloria. Et vocabitur.

In ij nocturno añ. Bethleem. $p\bar{s}$. Conserva me. Gloria patri. *Añ.* Ecce virgo. $p\bar{s}$. Exaudi domine. Gloria patri.[6] *Añ.* Orietur. $p\bar{s}$. Diligam. Gloria.[6] ℣ Egredietur virga de radice jesse. *Sermo beati Leonis pape.* Leticia quanta [*Lectio iiij.* sit: quantusque concursus cum imperatoris mundi istius natalis celebrandus est: bene nostis: quia[7] nostis quemadmodum duces ejus et principes: omnes etiam militantes accurati sericis vestibus: accincti operosis cingulis auro fulgente preciosis: ambiant solito nitidius in con-

---

[1] joatham : E. [2] acham : G. [3] regnaturus es : E.G.
[4] 'me non cognovit' : E.G. [5] serviens : E.G.
[6] 'Gl. pa.' om. : E.G.W. [7] pro 'quia' qui : E.G.W.

spectu regis incedere. Tu autem. *Sic terminentur omnes lectiones que non fuerint de prophetia.* Re. Ave maria gratia plena dominus tecum. Spiritussanctus superveniet in te: & virtus altissimi obumbrabit tibi: quod enim ex te nascetur beatum[1]: vocabitur filius dei. ꝟ Quomodo fiet istud quoniam virum non cognosco: & respondens angelus dixit ei. Spiritussanctus. *Lectio v.*

Credunt enim majus esse imperatoris gaudium: si viderit majorem sue apparitionis[2] ornatum. Hec autem ideo faciunt: quia majorem sibi remunerationem pro hac sollicitudine sperant futuram. Si ergo fratres seculi istius homines propter presentis honoris gloriam: terreni regis sui natalis diem tanta apparitione[3] suscipiunt: qua nos accuratione eterni regis nostri Jesu Christi natalem suscipere debemus. Re. Salvatorem expectamus dominum Jesum Christum. Qui reformavit[4] corpus humilitatis nostre configuratum corpori claritatis sue. ꝟ Sobrie & juste et pie vivamus in hoc seculo expectantes beatam spem & adventum glorie magni dei. Qui. *Lectio vj.*

Qui[5] pro devotione nostra non nobis temporalem largietur gloriam sed eternam: nec terreni honoris administrationem dabit: que successore finitur: sed celestis imperii dignitatem: que non habet successorem.[6] [7]Qualis autem remuneratio nostra sit futura: dicit propheta. Que oculus non vidit: nec auris audivit: nec in cor hominis ascendit: que preparavit deus diligentibus se.[8] Re. Audite verbum domini gentes: & annunciate illud in finibus terre. Et in insulis que procul sunt dicite. Salvator noster adveniet. ꝟ Annunciate & auditum facite loquimini et clamate. Et in. Gloria patri. Salvator.

In iii nocturno an̄. Nox precessit. *pſ.* Celi enarrant. Gloria patri.[9] *An̄.* Hora est. *pſ.* Exaudiat te. Gloria patri. *An̄.* Gaudete. *pſ.* Domine in virtute. Gloria. ꝟ Egredietur dominus de loco sancto suo: veniet ut salvet populum suum. *Isti predicti versiculi dicantur*[10] *super nocturnum diebus dominicis usque ad vigiliam nativitatis domini quando de adventu agitur. Et sciendum est: quod sicut ordinantur psalmi in vesperis istius dominice: sic ordinentur in omnibus dominicis per annum: cum de dominica dicitur: tempore paschali excepto. Secundum Matheum.*

In illo tempore: Cum appropinquasset Jesus[11] hierosolymis et venisset bethfage ad

---

[1] pro 'beatum' sanctum : E.G.W.
[2] apparationis : E.G.
[3] tanto apparatu : E.G.W.
[4] reformabit : E.G.
[5] Hec verba a 'Qui' usque ad 'successorem' in Lectione quinta includuntur apud E.G.W.
[6] Re. salvatorem etc. add : E.G.W.
[7] Hic incipit Lectio vi. : E.G.W.
[8] 'Quibus ergo indumentis nos exornari oportet : quod autem dicimus nos hoc est animas nostras quod rex noster Christus non tam nitorem vestium quam animarum requirit affectum. Tu :' add : E.G.W.
[9] 'Gl. pa.' om. : E.G.W.
[10] dicatur : W.
[11] 'in' add : E.G.

PRIMA ADVENTUS.

montem oliveti: tunc misit duos discipulos dicens eis: Ite in castellum quod contra vos est. Et reliqua.

Omelia beati Johannis episcopi de eadem lectione. Lectio vij.

Frequenter quidem venit Jesus in hierusalem: sicut johannes testatur: nunquam tamen sibi adhibuit ministeria jumentorum: nec ramorum virentium circa se ornamenta constituit: nec ad terribilem laudem sue divinitatis animos populi excitavit: nisi modo quando ut pateretur ascendit. *Re.* Ecce virgo concipiet & pariet filium dicit dominus. Et vocabitur nomen ejus admirabilis deus fortis. ℣ Super solium david & super regnum ejus sedebit in eternum. Et vocabitur. Lectio viij.

Ideo ergo cum tanta gloria est[1] ingressus: ut amplius illorum adversus se excitaret invidiam: quia jam tempus passionis ejus instabat: & non mors eum urgebat: sed ipse magis adversum se compellebat mortem. Quando vero judei Christum voluerunt occidere: tangere eum non potuerunt. Quando autem Christus secutus est mortem: parcere ei judei non potuerunt. *Re.* Obsecro domine: mitte quem missurus es: vide afflictionem populi tui. Sicut locutus es veni et libera nos. ℣ A solis ortu & occasu: ab aquilone et mari. Sicut locutus. Lectio ix.

Duos[2] autem discipulos dominus misit: quia per duo generalia mandata omne genus humanum a peccato absolvit.

Qualia? Diliges dominum deum tuum ex toto corde tuo: & proximum tuum sicut te ipsum. Invenietis inquit dominus asinam alligatam: & pullum cum ea. Asina & pullus: judei sunt & gentes. Judea enim secundum deum: mater est gentium. Solvite inquit. Quomodo? Per doctrinam vestram & miracula vestra: quia omnes judei & gentes per apostolos sunt liberati. Adducite mihi ad ministerium: id est ad gloriam corrigite illos. *Re.* Letentur celi & exultet terra: jubilate montes laudem: quia dominus noster veniet. Et pauperum suorum miserebitur. ℣ Orietur in diebus ejus justitia et abundantia pacis. Et pauperum. *Responsorium reincipiatur. Et sic in omnibus festis ix lectionum duplicibus & simplicibus: tam de temporali quam de festis sanctorum: quando non dicitur psalmus Te deum. Sciendum est autem quod nunquam in adventu vel in septuagesima sive in quadragesima debet dici ps̄. Te deum. ad matutinas. Responsorium feriale.*[3] *Rē.* Erumpant montes jocunditatem: et colles justitiam. Quia lux mundi dominus cum potentia venit. ℣ Leva hierusalem oculos: et vide potentiam regis. Quia. ℣ Emitte agnum domine dominatorem terre. De petra deserti ad montem filie syon. *Et dicendus est iste versiculus ante laudes quotidie usque ad vigiliam natalis domini: cum de adventu agitur. In laudibus antiphona.*

---

[1] 'est' om.: E.G.W. [2] Quos: W. [3] 'Ad mat. Resp. fer.' om.: E.G.

DOMINICA

*I*n illa die stillabunt montes dulcedinem: et colles fluent lac et mel. Alleluia. *ps̄.* Dominus regnavit. *Añ.* Jocundare filia syon: exulta satis filia hierusalem. Alleluia. *ps̄.* Jubilate. *Añ.* Ecce dominus veniet et omnes sancti ejus cum eo et erit in die illa lux magna. Alleluia. *ps̄.* Deus deus meus. *et ps̄.* Deus misereatur *sub uno* Gloria patri. *per totum annum observetur quando* Gloria patri *dicitur.* *Añ.* Omnes sitientes venite ad aquas: querite dominum dum inveniri potest. Alleluia. *ps̄.* Benedicite. *Et dicitur sine* Gloria patri *per totum annum quando dicitur antiphona* Ecce veniet propheta magnus: et ipse renovabit hierusalem. Alleluia. *ps̄.* Laudate. *ps̄.* Cantate. *ps̄.* Laudate dominum in sanctis *sub uno* Gloria patri. *Hi psalmi predicti dicendi sunt in laudibus per totum annum: sive dicatur de temporali: sive de sanctis preterquam in dominicis a septuagesima usque ad pascha: quando de temporali agitur: et tribus diebus proximis ante pascha: & in feriis quando ferialiter agitur: extra tempus paschale.* *Capitulum.*

*H*ora est jam nos de somno surgere: nunc enim proprior est nostra salus quam cum credidimus: nox precessit: dies autem appropinquabit. Deo gratias. *Hoc capitulum dicitur in laudibus diebus dominicis tantum cum de adventu agitur. Hymnus.*

*V*ox clara ecce intonat: obscura queque increpat: pellantur eminus somnia: ab ethere Christus promicat. *M*ens jam resurgat torpida: que sorde extat saucia: sydus refulget jam novum: ut tollat omne noxium. *E* sursum agnus mittitur: laxare gratis debitum: omnes pro indulgentia: vocem demus cum lachrymis. Secundo ut cum fulserit: mundumque horror cinxerit: non pro reatu puniat: sed pius nos tunc protegat. Laus honor. ℣ Vox clamantis in deserto: Parate viam domini: rectas facite semitas dei nostri. *Et*[1] *Hymnus iste cum versiculo dicatur in laudibus de adventu usque ad nativitatem domini: nisi in vigilia nativitatis domini: ubi dicitur proprius versiculus. In evangelio añ.* Spiritussanctus in te descendet maria: ne timeas habens in utero filium dei. alleluia. *ps̄.* Benedictus. *Oratio* Excita domine. *Memoria de sancta maria. Añ.* Ave maria gratia plena. dominus tecum benedicta tu in mulieribus. Alleluia. ℣ Egredietur virga. *Oratio.* Deus qui de beate. *Ad primam hymnus.* Iam lucis. *Añ.* In illa die. *ps̄.* Deus deus meus respice. *ps̄.* Dominus regit. Gloria patri. *ps̄.* Domini est terra. *ps̄.* Ad te domine levavi. Gloria patri. *ps̄.* Judica me. *ps̄.* Deus in nomine. Gloria patri. *ps̄.* Confitemini. Gloria. *ps̄.* Beati immaculati. Gloria patri. *ps̄.* Retribue. Gloria patri. *Tunc antiphona percantetur. Cum istis psalmis predictis dicatur prima in omni dominica: quando nocturnus dicitur ad ma-*

---

[1] '*Et*' *om.: G.*

tutinas nisi in dominicis diebus a lxx usque ad pascha: ubi loco Confitemini *dicitur psalmus* Dominus regnavit decorem. *An.* Te deum patrem. *ps.* Quicunque. *et cetera sicut invenietur[1] in psalterio. Ad tertiam hymnus* Nunc sancte nobis Spiritus. *An.* Jocundare. *ps.* Legem pone. Qui venturus est veniet: [*Cap.*] et non tardabit: jam non erit timor in finibus nostris: quoniam ipse est salvator noster. *Re.* Veni ad liberandum nos: Domine deus virtutum. ℣ Et ostende faciem tuam et salvi erimus. Domine deus. Gloria patri. Veni ad. ℣ Timebunt gentes nomen tuum domine. Et omnes reges terre gloriam tuam. *Oro.* Excita domine: *que dicetur ad horas per totam septimanam.[2] Ad sextam hymnus.* Rector potens. *An.* Ecce dominus. *ps.* Defecit. *Capitulum.* Prope est ut veniat tempus ejus: et dies ejus non elongabuntur: miserebitur dominus jacob: et israel salvabitur. *Re.* Ostende nobis domine Misericordiam tuam. ℣ Et salutare tuum da nobis. Misericordiam. Gloria patri. Ostende. ℣ Memento nostri domine in beneplacito populi tui. Visita nos in salutari tuo. *Oratio ut supra.*

Ad nonam hymnus. Rerum deus. *An.* Ecce veniet. *ps.* Mirabilia testimonia tua. *Capitulum.* Ecce virgo concipiet et pariet filium: et vocabitur nomen ejus emanuel[3]: butyrum et mel comedet: ut sciat reprobare malum: et eligere bonum. *Re.* Super te hierusalem: Orietur dominus. ℣ Et gloria ejus in te videbitur. Orietur dominus. Gloria patri. Super te. ℣ Domine deus virtutum converte nos. Et ostende faciem tuam: et salvi erimus. *Hec tria capitula prescripta cum responsoriis sequentibus dicantur ad horas singulis diebus: cum de adventu agitur: usque ad vigiliam nativitatis domini.*

Ad vesperas. Antiphone de laudibus cum psalmis dominicalibus. *Capitulum.* In diebus illis: Salvabitur juda: et israel habitabit confidenter et hoc est nomen quod vocabunt eum dominus justus noster. *Hoc capitulum dicatur ad omnes vesperas abhinc usque ad vigiliam nativitatis domini cum de adventu agitur. Re.* Tu exurgens domine: Misereberis syon. ℣ Quia tempus miserendi ejus: quia venit tempus. Misereberis. Gloria. Tu exurgens. *Hoc Responsorium cum versiculo et* Gloria patri *sicut precedentia responsoria ad horas dicitur et[4] quotidie per adventum: cum de adventu agitur usque ad vigiliam nativitatis domini: preterquam in sabbato. Hymnus.* Conditor alme. ℣ Rorate celi. *In evangelio an.* Ne timeas maria: invenisti gratiam apud dominum: ecce concipies et paries filium. Alleluia. *ps.* Magnificat. *Oratio.* Excita domine. *Memoria de sancta maria. An.* Beata es maria:

---

[1] *invenitur: E.G.W.*
[2] *pro 'septim.' hebdomadam: G.*
[3] Emmanuel: E.
[4] *pro 'et' ad vesperas: E.G.W.*

que credidisti: perficientur in te que dicta sunt tibi a domino. Alleluia. *Versiculus et oratio ut supra. Completorium non mutatur usque ad nativitatem domini exceptis*[1] *festo conceptionis beate virginis: et commemorationibus ejusdem.*
¶ *Feria ij. Invitatorium* Regem venturum dominum Venite adoremus. *ps̄.* Venite. *Istud invitatorium dicatur diebus ferialibus usque ad vigiliam nativitatis domini: quando de adventu agitur. Hymnus.* Verbum supernum. *Añ.* Dominus defensor. *ps̄.* Dominus illuminatio *cum ceteris antiphonis et psalmis prout in psalterio ordinantur.* ℣ Ex syon species.[2] *Lectio j.*
Vulnus et livor et plaga tumens non est circumligata: nec curata medicamine neque fota oleo. Terra vestra deserta: civitates vestre succense igni: regionem vestram coram vobis alieni devorant: et desolabitur sicut in vastitate hostili. Hec dicit. *Quando autem responsoria sequuntur nonum Responsorium de aliqua historia: sicut Responsorium* Erumpant *illa que supersunt nonum debent prius dici in feria. postea incipiatur a secundo responsorio historie. Similiter fiat si tantum unum sequatur et postea dicantur omnia alia responsoria secundum ordinem: si opus fuerit. De nulla autem historia cantatur in feria primum Responsorium nisi de historia* Ecce nunc tempus. *in xl. prout ibi invenietur. Et nisi quando historia ferialiter incipitur. Si autem aliquod festum evenerit per adventum in diebus ferialibus: nihilominus servetur ordo responsoriorum dominicalis historie: ita quod nullum omittatur. et hoc sit generale per totum annum: nisi in feriis post octavas epiphanie usque ad septuagesimam ubi habentur responsoria ferialia propria cuilibet ferie.* *Lectio ij.*
Et derelinquetur filia syon ut umbraculum in vinea: et sicut tugurium in cucumerario. Sicut civitas que vastatur. Nisi dominus exercituum reliquisset nobis semen: quasi sodoma fuissemus: et quasi gomorra similes essemus.
Audite verbum [*Lectio iij.*] domini principes sodomorum: auribus percipite legem dei vestri populus gomorre. Quo mihi multitudinem victimarum vestrarum dicit dominus: plenus sum Holocausta arietum: et adipem pinguium: et sanguinem vitulorum et agnorum et hircorum nolui. ℣ Emitte agnum. *Ad laudes antiphona.* Miserere mei. *ps̄.* Ipsum. *cetera ut in psalterio.* *Capitulum.*
Ecce dies veniunt: dicit dominus: et suscitabo david germen justum: et regnabit rex: et sapiens erit: et faciet judicium et justitiam in terra. *Hoc capitulum dicatur in diebus profestis quando de adventu agitur: usque ad vigiliam nativitatis domini. In evangelio añ.* Angelus domini nunciavit marie: et

---

[1] *excepto: E.G.*

[2] '*at (et G. W.) dicatur in feriis per adventum*' *add: E.G.W.*

concepit de spiritu sancto. Alleluia. *ps̄*. Benedictus. *Dicta antiphona prostrati omnes[1] subjungant* Kyrieleyson.[2] *iij.* Christeleyson. *iij.* Kyrieleyson. *iij.* Pater noster *etc. Dicta autem oratione dominicali a singulis secrete: sacerdos dicat* Et ne nos inducas in tentationem. Sed libera nos. Ego dixi. *et ceteras preces minores: prout notantur post tertiam in psalterio. Oratio* Excita domine *ut supra.* ❡ *Et notandum quod tantum in matutinis et vesperis surget sacerdos ad versiculum* Exurge domine. *choro prostrato. In aliis vero horis cum aliis erit etiam prostratus usque post orationem: et sic fiet semper quando de feria dicitur extra tempus paschale. Dicta oratione surgant omnes. Memoria de sancta maria. Añ.* Spiritussanctus. ℣ Egredietur virga de. *Oratio.* Deus qui de beate marie. *Cum hac antiphona versiculo et oratione fiat memoria de domina ad matutinas singulis diebus infra adventum usque ad vigiliam nativitatis domini: nisi quando fit plenum servitium de domina. Memoria de omnibus sanctis. Añ.* Ecce dominus veniet: et omnes sancti ejus cum eo: et erit in die illa lux magna. Alleluia. ℣ Ecce apparebit dominus super nubem candidam. Et cum eo sanctorum milia. *Oratio.* Conscientias nostras quesumus domine visitando purifica: ut veniens Jesus Christus filius tuus dominus noster cum omnibus sanctis: paratam sibi in nobis inveniat mansionem. Qui tecum vivit. *Cum hac antiphona versiculo et oratione fiat memoria de omnibus sanctis singulis diebus profestis per adventum: tam ad matutinas quam ad vesperas. exceptis vesperis quibus* O *dicimus: quia in illis vesperis nec fit memoria de domina: neque de omnibus sanctis.*

❡ *Notandum quod* kyrieleyson *et preces dicentur ad laudes cum[3] prostratione: quotiens de feria agitur extra tempus paschale: nisi quando evangelium ad matutinas in ipsis feriis pronunciatur. tunc enim preces ad matutinas omitti[4] debent. Ad horas vero dicentur quotiens de feria agitur: sive evangelium pronuncietur sive non: vigiliis nativitatis domini: epiphanie: pasche: et tempore paschali exceptis.*

Ad primam Añ. Paratus esto israel in occursum domini: quoniam venit. *ps̄.* Deus in nomine. *ps̄.* Beati immaculati. *ps̄.* Retribue. *Añ.* Adesto. *ps̄.* Quicunque vult. *Isti psalmi predicti hoc ordine dicantur ad primam per totum annum: nisi in die animarum: et in dominicis diebus quando nocturnus dicitur ad matutinas. A cena vero domini usque ad octavam pasche omittitur cum psalmo[5]* Quicunque. *Psalmi etiam qui sequuntur ad tertiam sextam et nonam dicuntur ad horas quotidie per*

---

[1] *prostrationes*: E.G.
[2] kyrie eleison: Christe eleison: G.
[3] *pro 'cum' in*: E.
[4] *amitti*: G.
[5] *pro 'cum psalmo' tantum. psalmus*: E.G.W.

DOMINICA

annum: *nisi in die animarum. Capitulum.* Domine miserere. *Re.* Jesu Christe. *etc. sicut invenitur in psalterio. Sequitur post* Jesu Christe kyrieleyson *et preces cum prostratione. Preces ad primam non mutantur: nisi quandocunque*[1] *ferialiter agitur: dicto post confessionem versu* Fiat misericordia tua domine: *statim sequatur versiculus* Exaudi domine vocem meam: qua clamavi ad te. *cum psalmo* Miserere mei. *Post psalmum versiculus* Exurge domine adjuva nos, *etc. cum oratione* Domine sancte pater. *ut supra. Eodem modo fiat ad completorium. Ad tertiam añ.* Veni et libera nos deus noster *ps̄.* Legem pone. *ps̄.* Memor esto. *ps̄.* Bonitatem. *et cetera ut supra in dominica. Sequantur preces cum prostratione.* Kyrieleyson *etc. Ad sextam añ.* In tuo adventu erue nos domine. *ps̄.* Defecit. *ps̄.* Quomodo dilexi. *ps̄.* Iniquos. *et cetera ut supra. Ad nonam añ.* Tuam domine excita potentiam: et veni ad salvandum nos. *ps̄.* Mirabilia. *ps̄.* Clamavi. *ps̄.* Principes. *et cetera ut supra.*
Ad vesperas añ. Inclinavit. *ps̄.* Dilexi.[2] *cetere antiphone feriales cum suis psalmis: ut in psalterio notantur. Capitulum* In diebus illis. *Re.* Tu exurgens. *Hymnus* Conditor alme syderum. *℣.* Rorate celi. *In evange. añ.* Hierusalem respice ad orientem et vide. Alleluia. *ps̄.* Magnificat. Kyrieleyson. *Et cetera cum precibus et oratione ut supra in matutinis. Memoria de domina. Añ.* Ne timeas maria. *℣.* Egredietur virga. *Oratio* Deus qui de beate. *Cum hac antiphona versiculo et oratione fiat memoria de domina singulis diebus ad vesperas donec incipiatur* O sapientia. *nisi quando fit plenum servitium de domina. Memoria de omnibus sanctis.* [3]*Isto modo prenotato fiat servitium diebus ferialibus: cum de adventu agitur: usque ad vigiliam nativitatis domini: cum tribus lectionibus.*

❡ *Feria iij.* *Lectio j.*
Cum veniretis ante conspectum meum: quis quesivit hec de manibus vestris: ut ambularetis in atriis meis? Ne offeratis sacrificium ultra frustra. Incensum vestrum abhominatio est mihi. *Lectio ij.*
Neomeniam et sabbatum: et festivitates alias non feram: iniqui sunt cetus vestri: kalendas vestras et solennitates vestras odivit anima mea: et facta sunt mihi molesta: laboravi sustinens. *Lectio iij.*
Et cum extenderitis manus vestras: avertam oculos meos a vobis. Et cum multiplicaveritis orationem: non exaudiam. Manus enim vestre sanguine plene sunt. *In evange. añ.* Antequam convenirent: inventa est maria habens in utero[4] de spiritus sancto. Alleluia. *ps̄.* Benedictus. Kyrieleyson. *et cetera ad vesperas. In evange. añ.* Querite dominum dum inveniri potest: invocate eum dum prope est. Alleluia. *ps̄.* Magnificat.

---

[1] *quod cum*: E.G.W.
[2] '*et*' add: E.; '*et cetera*': G.
[3] '*In*' add: E.G.W.
[4] 'filium' add: G.

PRIMA ADVENTUS.

❡ *Feria iiij.*   *Lectio j.*

Lavamini: mundi estote: auferte malum cogitationum vestrarum ab oculis meis. Quiescite agere perverse: discite benefacere. Querite judicium: subvenite oppresso: judicate pupillo: defendite viduam: et venite et arguite me: dicit dominus.   *Lectio ij.*

Si fuerint peccata vestra ut coccinum: quasi nix dealbabuntur. et si fuerint rubra quasi vermiculus: velut lana alba erunt. Si volueritis et audieritis me: bona terre comedetis. Quod si nolueritis: et me ad iracundiam provocaveritis: gladius devorabit vos: quia os domini locutum est.

Quomodo facta est [*Lectio iij.* meretrix civitas fidelis plena judicii? Justitia habitavit in ea: nunc autem homicide. Argentum tuum versum est in scoriam: vinum tuum mixtum est aqua. Principes tui infideles: socii furum: omnes diligunt munera: sequuntur retributiones[1]: pupillo non judicant: et causa vidue non ingreditur ad eos. *In evange. añ.* Erumpant montes jocunditatem: et colles justitiam: quia lux mundi dominus cum potentia venit. *p͞s.* Benedictus. *Ad vesperas in evan. añ.* De syon exibit lex: et verbum domini de hierusalem. *p͞s.* Magnificat.

❡ *Feria v.*   *Lectio prima.*

Incurvabitur sublimitas hominum: et humiliabitur altitudo virorum. Et elevabitur dominus solus in die illa: et idola penitus conterentur.   *Lectio ij.*

Et introibunt in speluncas petrarum: et in voragines terre a facie formidinis domini: et a gloria majestatis ejus cum surrexerit percutere terram.

In die illa projiciet [*Lectio iij.* homo idola argenti sui: et simulachra auri sui: que fecerat sibi: ut adoret[2] talpas et vespertiliones. Et ingredientur scissuras petrarum: et cavernas saxorum a facie ire formidinis domini: et a gloria majestatis ejus: cum surrexerit percutere terram. *In evan. añ.* Veniet fortior me post me: cujus non sum dignus solvere corrigiam calciamentorum ejus. *p͞s.* Benedictus. *Ad vesperas. In evan. añ.* Expectabo dominum salvatorem meum: et prestolabor eum dum prope est. Alleluia. *p͞s.* Magnificat.

❡ *Feria vj.*   *Lectio j.*

Ve impio in malum: retributio enim manuum ejus fiet ei. Populum meum exactores sui expoliaverunt: & mulieres dominate sunt ejus. Popule meus: qui beatum te dicunt: ipsi te decipiunt et viam gressuum tuorum dissipant.[3]

Stat ad judicandum [*Lectio ij.* dominus: et stat ad judicandos populos. Dominus ad judicium veniet: cum senibus populi sui: et principibus ejus. Vos[4] depasti estis vineam meam: rapina pauperis in domo vestra. Quare atteritis populum meum: et facies pauperum confunditis.   *Lectio iij.*

Et dixit dominus Pro eo quod elevate sunt filie

---

[1] 'et' add: E.G.
[2] adoraret: E.G.W.
[3] dissipēnt: G.
[4] 'enim' add: E.G.W.

syon[1]: ambulaverunt brachio[2] extento: et nutibus oculorum ibant: et plaudebant: et in pedibus suis incomposito[3] incedebant gradu: decalvabit dominus verticem filiarum syon: et dominus crinem earum nudabit. *In evange. añ.* Veniet dies domini magnus et manifestus: qui eum invocaverit: salvus erit. *ps̄.* Benedictus. *Ad vesperas dicendum est de commemoratione beate virginis: nisi impediatur per festum ix lectionum prout notatur proximo sabbato post hystoriam* Domine ne in ira. *Et ad vesperas in hac feria sexta fiat*[4] *memoria de adventu: cum hac añ.* Ex egypto vocavi filium meum: veniet ut salvet populum suum. *Et in sabbato ad matutinas fiat memoria de adventu: cum antiphona:* Syon noli timere. ecce deus tuus veniet. Alleluia.

¶ *Dominica secunda. ad vesperas.*
Añ. Benedictus. *ps̄.* Ipsum. *etc. Capitulum* In diebus illis *Re.* Alieni. *Hymnus* Conditor alme. ℣ Rorate celi. *In evan. añ.* Bethleem non es minima in principibus juda: ex te enim exiet dux: qui regat populum meum israel: ipse enim salvum faciet populum suum a peccatis eorum. *ps̄.* Magnificat. *Oratio.* Excita domine corda nostra ad preparandas unigeniti tui vias ut per ejus adventum purificatis tibi mentibus servire mereamur. Qui tecum. *Memoria de domina. Añ.* Ne timeas. *et cetera.*

Ad matutinas Invitatorium Surgite vigilemus: venite adoremus. Quia nescitis horam quando veniet dominus. *ps̄.* Venite. *Hymnus* Verbum supernum. *In primo nocturno Añ.* Non auferetur. *ps̄.* Beatus vir. Et cetera. *ut supra. versiculus* Ex syon. *Lectio j.*

Factum est autem in diebus achaz[5] filii joatham filii ozie regis juda: ascendit rasyn rex syrie et fascee filius romelie rex israel in hierusalem ad preliandum contra eam: et non potuerunt debellare eam. Requievit syria super effraim: et commotum est cor ejus et cor populi ejus sicut moventur ligna olivarum[6] a facie venti. Hec dicit dominus. *Re.* Hierusalem cito veniet salus tua quare merore consumeris: nunquid consiliarius non est tibi: quia innovavit te dolor. Salvabo te et liberabo te: noli timere. ℣ Israel si me audieris non erit in te deus recens: neque adorabis deum alienum: ego enim dominus. Salvabo. *Lectio ij.*

Dixit autem dominus ad ysaiam: Egredere in occursum achaz tu et qui derelictus est jasub filius tuus ad extremum aqueductus piscine superioris: et dices ad eum: Vide ne sileas: noli timere: et cor tuum ne formidet a duabus caudis tyrsionum[7] fumigantium istorum. *Re.* Alieni non transibunt per hieru-

---

[1] 'et' add: E.G.W.
[2] pro 'brachio,' collo: E.G.W.
[3] ambulabant pedibus suis et composito (incomposito, W.): E.G.W.
[4] *fiet*: E.G.
[5] Achan: G.
[6] pro 'olivarum' sylvarum: E.G.W.
[7] titionum: E.G.

SECUNDA ADVENTUS.

salem amplius. Nam in illa die stillabunt montes dulcedinem: et colles fluent lac et mel dicit dominus. ℣ Tunc exaltabunt omnia ligna silvarum a facie domini. Nam. *Lectio iij.*

In ira furoris rasyn[1] et[2] syrie et filii romelie: eo quod consilium inierit contra syriam[3] in malum[4] effraim et filius romelie dicentes. Ascendamus ad judam et suscitemus eum: et evellamus eum ad nos: et ponamus regem in medio ejus filium tabeel. ℟. Ecce dominus veniet et omnes sancti ejus cum eo: et erit in die illa lux magna et exibunt de hierusalem sicut aqua munda. Et regnabit dominus in eternum super omnes gentes. ℣ Ecce cum virtute veniet: et regnum in manu ejus et potestas et imperium. Et. Gloria patri. Et regnabit.

In secundo nocturno an. Bethleem. *ps.* Conserva. ℣ Egredietur. ¶ *Sermo beati maximi episcopi.* *Lectio iiij.*

Igitur quoniam post tempus spiritualibus epulis reficere nos debemus: videamus quid evangelica lectio prosequatur. Ait enim dominus sicut audivimus de adventus sui tempore: sicut fulgor[5] choruscans de sub celo: ita erit adventus filii hominis. ℟. Civitas hierusalem noli flere quoniam doluit dominus super te. Et auferet a te omnes tribulationes.[6] ℣ Ecce dominator dominus cum virtute veniet. Et. *Lectio v.*

Et addidit in consequentibus: In illa nocte erunt duo in lecto uno: unus assumetur: et alter relinquetur. Movet[7] fortasse nos fratres: cur dominus adventum suum indicans noctis se tempore ostenderit adventurum. Utique ejus adventus magna cum claritate diei: magno cum nitore et timore suscipi debent[8] a cunctis. ℟. Ecce veniet dominus protector noster sanctus israel. Coronam regni habens in capite suo. ℣ Et dominabitur a mari usque ad mare: et a flumine usque ad terminos orbis terre. Coronam. *Lectio vj.*

Quod autem ait: In illa nocte erunt duo in lecto uno: unus assumetur: et unus relinquetur. Hinc jam resurrectionis meritum demonstratur: quod pro qualitate vivendi sit gratia resurgendi: ac tantam in singulis quibusquam[9] resurrectionis esse distantiam: ut duobus etiam pariter dormientibus et una sede quiescentibus equalis non possit esse assumptio. Lectus enim quidem noster communis est terre hujus amplissimum solum: in quo corpora nostra deposita tutissima sede requiescunt. ℟. Sicut mater consolatur filios suos: ita consolabor vos dicit dominus: et de hierusalem civitate quam elegi veniet vobis auxilium. Et videbitis[10] et gaudebit cor vestrum. ℣ Dabo in syon salutem: et in hierusalem gloriam meam. Et videbitis. Gloria patri. Et gaudebit.[11]

---

[1] rasym: E.; rasim: G.
[2] 'et' om: E.G.
[3] contra te assyria (assiria: G.; assyria: W.): E.G.W.
[4] 'et' add: E.G.W.
[5] fulgur: E.G.W.
[6] omnem tribulationem: E.G.W.
[7] monet: G.   [8] debet: E.G.W.
[9] quibusque: E.G.W.   [10] videbis: G.
[11] pro 'gaudebitis' videbitis: E.G.

In iij nocturno añ. Nox precepit. *p̄s.* Celi enarrant *etc.* ℣ Egredietur dominus. *Secundum Lucam.*

In illo tempore Dixit Jesus discipulis suis. Erunt signa in sole et luna et stellis et in terris pressura gentium pro confusione sonitus maris et fluctuum. Et reliqua. *Omelia beati gregorii pape.* *Lectio vij.*

Dominus ac redemptor noster nos paratos invenire desiderans: senescentem mundum que mala sequantur denunciat: ut nos ab ejus amore compescat. Appropinquantem autem ejus terminum quante percussiones preveniant innotescit: ut si deum metuere in tranquillitate nolumus: vicinum ejus judicium vel percussionibus attriti timeamus. Quod terremotus urbes innumeras subruat frequenter audivimus. *Re.* Hierusalem plantabis vineam in montibus tuis et exultabis: quia dies domini veniet. surge syon convertere ad deum tuum. Gaude et letare jacob quia de medio gentium salvator tuus veniet. ℣ Deus a libano veniet: et sanctus de monte umbroso et condenso. Gaude. *Lectio viij.*

Pestilentias quoque sine cessatione patimur. Signa quoque in sole et luna et stellis: adhuc aperte minime videmus. Confusio autem maris & fluctuum: necdum nova exorta est. Sed cum multa jam pronunciata[1] completa sunt: dubium non est quod sequantur etiam pauca que restant quia sequentium rerum certitudo est preteritarum exhibitio. *Re.* Docebit nos dominus vīas suas: et ambulabimus in semitis ejus. Quia de syon exibit lex: et verbum domini de hierusalem. ℣ Venite ascendamus ad montem domini: et ad domum dei jacob. Quia. *Lectio ix.*

Nam virtutes celorum movebuntur. Quid enim dominus virtutes celorum: nisi angelos: archangelos: thronos: dominationes: principatus & potestates appellat. Que in adventu districti judicis nostris tunc oculis visibiliter apparebunt: ut districte tunc a nobis exigant: hoc quod nos modo invisibilis conditor equanimiter portat. *Re.* Rex noster adveniet Christus. Quem johannes predicavit agnum esse venturum. ℣ Ecce agnus dei: ecce qui tollit peccata mundi. Quem johannes. Gloria. Quem. *Responsorium* Rex noster. *Reincipiatur Responsorium feriale.* Egredietur dominus de samaria ad portam que respicit ad orientem: et veniet in bethleem ambulans super aquas redemtionis jude. Tunc salvus erit omnis homo: quia ecce veniet. ℣ Et preparabitur in misericordia' solium ejus: et sedebit super illud judicans in equitate. Tunc salvus. ℣ Emitte agnum. *In laudibus.* *antiphona.*

Ecce in nubibus celi dominus veniet[2] cum potestate magna. Alleluia. *p̄s.* Dominus regnavit. *añ.* Urbs fortitudinis nostre syon salvator ponetur in ea murus et antemurale aperite portas: quia

---

[1] prenunciata : E.G.W.

[2] venit : E.G.W.

SECUNDA ADVENTUS.

nobiscum deus. all'a. *ps̄.* Jubilate. *añ.* Ecce apparebit dominus et non mentietur si moram fecerit expecta eum quia veniet et non tardabit. alleluia. *ps̄.* Deus deus meus. *añ.* Montes et colles cantabunt coram deo laudem: et omnia ligna silvarum plaudent manibus quoniam veniet dominus dominator in regnum eternum. alleluia. alleluia. *ps̄.* Benedicite.[1] *Añ.* Ecce dominus noster cum virtute veniet ut illuminet oculos servorum suorum. alleluia. *ps̄.* Laudate. *Capitulum.* Hora est jam. *Hymnus* Vox clara ecce intonat. ℣ Vox clamantis in deserto. *In evang. añ.* Super solium david et super regnum ejus sedebit in eternum. alleluia. *ps̄.* Benedictus. *Oratio* Excita domine corda. *Memoria de domina ut supra.*

Ad horas antiphone de laudibus. Cetera ut in dominica precedenti cum oratione Excita domine corda.

Ad vesperas añ. Ecce in nubibus. *et alie antiphone de laudibus cum psalmis dominicalibus. Capitulum* In diebus illis. *Re.* Tu exurgens. *Hymnus* Conditor. ℣ Rorate. *In evang. añ.* Beata es maria que credidisti: perficientur in te que dicta sunt tibi a domino. alleluia. *ps̄.* Magnificat. *Oratio.* Excita domine corda. *cum memoria de domina. ut supra.*

¶ *Feria ij.* *Lectio j.*

Ve qui condunt leges iniquas et scribentes injusticiam scripserunt: ut opprimerent in judicio pauperes: et vim facerent cause humilium populi mei: ut essent vidue preda eorum: et pupillos diriperent. Quid facietis in die visitationis et calamitatis de longe venientis: et ubi derelinquetis gloriam vestram. *Lec. ij.*

Ve assur virga[2] furoris mei et baculus ipse[3] in manu eorum[4] indignatio mea. Ad gentem fallacem mittam eum: et contra populum furoris mei mandabo ei ut auferat spolia et diripiat predam. Et ponat illum in conculcationem quasi lutum platearum. *Lectio iij.*

Ipse autem non sic[5] arbitrabitur: et cor ejus non ita estimabit: sed cor ejus erit ad conterendum et ad interitionem[6] gentium non paucarum. Dicit enim. Nunquid non ut carcanius sic calamo et ut Arphat sic emath. Nunquid non ut damascus sic samaria. ℣ Emitte agnum. *In laudibus añ.* Miserere. *ps̄.* Ipsum *Capitulum.* Ecce dies veniunt. *Hym.* Vox clara. ℣ Vox clamantis in deserto. *In evang. añ.* De celo veniet dominator dominus et in manu ejus honor et imperium. *ps̄.* Benedictus. *Oratio ut supra. Ad horas ut supra in hebdomada precedenti cum oratione* Excita domine corda.

Ad vesperas antiphone et psalmi feriales. In evangelio añ. Ecce rex veniet dominus terre: et ipse auferet jugum captivitatis nostre. *ps̄.* Magnificat. *Oratio ut supra.*

¶ *Feria iij.* *Lectio j.*

---

[1] Benedictus: W.
[2] vera: W.
[3] 'est' add: E.G.W.
[4] pro 'eorum' ejus: E.G.W.
[5] pro 'sic' sit: G.
[6] internitionem: E.G.W.

Quomodo invenit manus mea regna idoli[1] et simulachra eorum de hierusalem et de samaria. Nunquid non sicut feci samarie et idolis ejus: sic faciam hierusalem et simulachris ejus. Hec dicit dominus. *Lectio ij.*

*E*t erit cum impleverit dominus omnia opera ejus in monte syon et in hierusalem: visitabo super fructum magnifici cordis regis assur: et super gloriam altitudinis oculorum ejus. *Lectio iij.*

*D*ixit[2] enim: In fortitudine manus mee ego feci: et in sapientia mea intellexi. Abstuli inquit assur terminos populorum: et principes gentium depredatus sum. *In evange. añ.* Super te hierusalem orietur dominus: et gloria ejus in te videbitur. *ps.* Benedictus. *Ad vesperas. In evange. añ.* Vox clamantis in deserto parate viam domini. rectas facite semitas dei nostri. *ps.* Magnificat.

¶ *Feria iiij.* *Lectio j.*

*E*t detraxi quasi potens in sublime residentes: et invenit quasi nidum manus mea fortitudinem populorum. *Lectio ij.*

*P*ropterea hec dicit dominus: Nunquid gloriabitur securis contra eum qui secat in ea: aut exaltabitur serra contra eum a quo trahitur? Quomodo elevabitur virga contra elevantem se: vel baculus qui utique lignum est.

*I*deo mittet[3] dominus [*Lect. iij.* in ejus pinguibus tenuitatem: et subtus eum gloria ejus succensa ardebit quasi combustio ignis. *In evan. añ.* Ecce mitto angelum meum qui preparabit viam tuam ante faciem tuam. *ps.* Benedictus.

Ad vesperas in evan. añ. Syon renovaberis et videbis justum tuum qui venturus est in te. *ps.* Magnificat.

¶ *Feria v.* *Lectio j.*

*A*dhuc paululum modicumque: et consummabitur indignatio et furor meus super scelus eorum. Et suscitabo super eum dicit dominus exercituum flagellum juxta plagam madian in petra oreb: et virgam super mare: et levabit eam in via egypti. *Lectio ij.*

*E*t erit. In die illa auferetur onus ejus de humero tuo: et jugum ejus de collo tuo: et computrescet jugum a facie olei. Habitatores jabyn confortamini adhuc dies est ut vi obstetur[4]: agitabit manum super montem filie syon et collem hierusalem.

*E*cce dominus con- [*Lectio iij.* fringet legunculam[5] in terrore: et excelsi statura succidentur[6]: et sublimes humiliabuntur. Et subvertentur condensa saltus ferro: et libanus cum excelsis cadet. *In evangelio añ.* Tu es qui venturus es domine quem expectamus ut salvum facias populum tuum. *ps.* Benedictus.

Ad vesperas in evangelio añ. Qui post me[7] venit ante me[7] factus est: cujus non sum dignus calciamenta solvere. *ps.* Magn't.

---

[1] 'sic' add : E.G.W.
[2] *Dicit* : E.
[3] mittit : G.
[4] pro 'vi obs.' in nube stetur : E.G.W.
[5] lagunculam : E. lagu : G.
[6] succidetur : E.G.
[7] 'me' om. : W.

TERTIA ADVENTUS.

❡ *Feria vj.*   *Lectio j.*
Egredietur virga de radice jesse: et flos de radice ejus ascendet: Et requiescet super eum spiritus domini: spiritus sapientie et intellectus: spiritus consilji et fortitudinis: spiritus sciencie et pietatis: et replebit eum spiritus timoris domini. *Lectio ij.*
Non secundum visionem oculorum judicabit: neque secundum auditum aurium arguet: sed judicabit in justicia pauperes: et arguet in equitate pro mansuetis terre. Et percutiet terram virga oris sui: et spiritu labiorum ejus interficiet impium. *Lectio iij.*
Et erit justicia cingulum lumborum ejus: et fides cinctorium renum ejus. Habitabit lupus cum agno: et pardus cum hedo accubabit. Vitulus et leo et ovis simul morabuntur: et puer parvulus minabit eos. *In evang. an.* Dicite pusillanimes confortamini: ecce dominus deus noster veniet. *ps.* Benedictus. *Ad vesperas memoria*[1] *de adventu. an.* Cantate domino canticum novum: laus ejus ab extremis terre.
❡ *Sabbato ad matutinas. memoria de adventu. an.* Levabit dominus signum in nationibus: et congregabit dispersos israel.
❡ *Dominica iij. ad vesperas an.* Benedictus. *ps.* Ipsum. *Capitulum.* In diebus illis. *Re.* Qui venturus est. *Hymnus.* Conditor alme. ℣ Rorate celi. *In evange. an.* Non auferetur sceptrum de juda et dux de femore ejus donec veniat qui mittendus est: et ipse erit expectatio gentium. *ps.* Magnificat *vel an.* O sapientia. *si tempus exigerit.*[2] *Oratio.*
Aurem tuam quesumus domine precibus nostris accommoda: et mentis nostre tenebras gratia tue visitationis illustra. Qui vivis. *Et sciendum est quod antiphona* O sapientia *semper incipienda est xvii kalendas Januarii.*

Ad matu. invita. Rex noster adveniet Christus Quem johannes predicavit agnum esse venturum. *ps.* Venite. *hymnus.* Verbum supernum prodiens. *In j. nocturno an.* Non auferetur. *ps.* Beatus vir. ℣ Ex syon.
In anno quo mortuus [[3]*Lect. j.* est rex achaz: factum est onus istud: Ne laeteris philistea omnis tu: quoniam comminuta est virga percussoris tui. De radice enim colubri egredietur regulus: et semen ejus absorbens volucrem. *Re.* Ecce apparebit dominus super nubem candidam: et cum eo sanctorum milia: et habens in vestimento et in femore suo scriptum: Rex regum et dominus dominatium. ℣ Apparebit in finem et non mentietur si moram fecerit expecta eum: quia veniens veniet. Rex. *Lectio ij.*

---

[1] *pro* 'mem.' *antiphona: E.G.W.*
[2] *exegerit: E.G.*
[3] *Lectio j apud E.G.W.*

Ecce dominus ascendet super nubem levem et ingredietur egyptum et movebuntur simulachra egipti a facie ejus et cor egipti tabescet in medio ejus et concurrere faciam egiptios adversum egiptios: et pugnabit vir contra fratrem suum et vir contra amicum suum civitas adversum civitatem: regnum adversus regnum. Hec dicit dominus.

DOMINICA

Et[1] pascentur primogeniti pauperum: et pauperes fiducialiter requiescent: et interire faciam in fame radicem tuam: et reliquias tuas interficiam. Ulula porta: clama civitas prostrata est philistea omnis. Re. Bethleem civitas dei summi: ex te exiet dominator israel: et egressus ejus sicut a principio dierum eternitatis: et magnificabitur in medio universe terre. Et pax erit in terra nostra dum venerit. ℣ Loquetur pacem gentibus: et potestas ejus a mari usque ad mare. Et pax. [2]*Lectio iij*.

Ab aquilone enim fumus veniet: et non est qui effugiat agmen ejus. Et quid respondebitur nunciis gentis? Quia dominus syon fundavit: et in ipso sperabunt pauperes populi ejus. In die illa visitabit dominus in gladio suo duro et grandi et forti super leviathan et serpentem tortuosum: et occidet cetum qui in mari est. Re. Qui venturus est veniet et non tardabit: jam non erit timor in finibus nostris. Quoniam ipse est salvator noster. ℣ Deponet omnes iniquitates nostras: et projiciet omnia peccata nostra Quoniam. Gloria. Quoniam.

In ij nocturno. an. Bethleem. *ps*. Conserva. ℣ Egredietur virga. *Sermo beati augustini episcopi.* Lectio iiij.

Legimus sanctum moysen populo dei precepta dantem ubi dixit: Audi israel dominus deus tuus deus unus est: non potest esse major: non potest esse minor: non potest numerari dicente propheta david: Magnus dominus noster et magna virtus ejus: et sapiencie ejus non est numerus. Re. Suscipe verbum virgo maria quod tibi a domino per angelum transmissum est concipies per aurem deum paries et hominem. Ut benedicta dicaris inter omnes mulieres. ℣ Paries quidem filium sed virginitatis non patieris detrimentum efficieris gravida: et eris mater semper intacta. Ut. *Lect. v.*

Optime nostis fratres charissimi: qui corde fortiter tenetis catholicam veritatem. Audite tamen breviter quod adjuvante domino proposui explanandum. Deus unus est pater deus unus est filius deus unus est spiritussanctus: non tres dii sed unus deus: tres in vocabulis unus in deitate substantie. Sed dicit mihi hereticus: ergo si unum sunt omnes sunt incarnati? Non: nam ad Christum solum pertinet caro. Re. Egypte noli flere: quia dominator tuus veniet tibi ante cujus conspectum movebuntur abyssi. Liberare populum tuum de manu potentie. ℣ Ecce veniet dominus exercituum

---

[1] *Lectio ij*. apud E.G.W.

Et dirumpetur spiritas egipti in visceribus ejus: et consilium ejus precipitabo et interrogabunt simulachra sua: et divinos suos et phitones et ariolos: et tradam egiptum in manu dominorum crudelium: et rex fortis dominabitur eorum: ait dominus exercituum. Hec dicit dominus.

[2] *Lectio iij*. apud E.G.W.

Et arescet aqua de mari et fluvius desolabitur, atque siccabitur; et deficient flumina attenuabuntur et siccabuntur rivi aggerum. Hec dicit dominus deus.

TERTIA ADVENTUS.

deus tuus in potestate magna. Liberare. *Lectio vj.*

Nempe aliud est anima: aliud est ratio: et tamen in anima est ratio: et una est anima: sed aliud anima agit: aliud ratio: anima vivit: ratio[1] sapit. Et tamen nec anima sine ratione: nec ratio sine anima. Ecce aliud: In sole calor et splendor in uno radio sunt. Sed calor exiccat: splendor illuminat. Aliud suscipit calor: aliud splendor. Et licet calor et splendor abinvicem non queant separari: suscipit splendor illuminationem non fervorem: suscipit calor fervorem non illuminationem. Sic et filius suscepit carnem et non deseruit patrem: nec divisit se a patre. Suscepit carnem in proprietate: et tamen pater et spiritussanctus non defuit majestate. *Re.* Prope est ut veniat tempus ejus et dies ejus non elongabuntur. Miserebitur dominus jacob et israel salvabitur. ỹ Qui venturus est veniet et non tardabit: jam non erit timor in finibus nostris. Miserebitur. Gloria. Miserebitur.

In iij nocturno an. Nox precessit. *ps.* Celi enarrant. ỹ Egredietur dominus.

In illo [*Secundum mattheum.* tempore: Cum audisset johannes in vinculis opera Christi: mittens duos de discipulis suis. ait illi: Tu es qui venturus es an alium expectamus? Et rel. *Omelia beati gregorii pape.*

Ad jordanis enim [*Lectio vij.* positus fluenta johannes: quia [2]redemptor mundi esset asseruit: missus vero in carcerem an ipse veniat requirit. Non quia ipsum esse redemptorem mundi dubitat: sed querit ut sciat: si is qui per se in mundum venerat: per se etiam ad inferni claustra descendat. *Re.* Descendet dominus sicut pluvia in vellus. Orietur in diebus ejus justicia et habundantia pacis. ỹ Et adorabunt eum omnes reges: omnes gentes servient ei. Orietur. *Lectio viij.*

Ait ergo: Tu es qui venturus es: an alium expectamus. Ac si aperte dicat. Sicut pro hominibus nasci dignatus es: an etiam pro hominibus ad inferos descendere digneris insinua: ut qui nativitatis tue precursor extiti in terris. descensionis etiam ad inferos precursor fiam: et venturum inferno te nunciem: quem jam venisse mundo enunciavi. *Re.* Veni domine et noli tardare: relaxa facinora plebi tue. Et revoca dispersos in terram suam. ỹ Excita domine potentiam tuam et veni ut salvos facias nos. Et revoca. *Lectio ix.*

Sed dimissis johannis discipulis: quid[3] de eodem johanne dicat audiamus. Quid existis videre in deserto? Harundinem vento agitatam? Quod videlicet non asserendo: sed negando intulit. Harundo enim vento agitata johannes non erat quia hunc nec blandum gratia: nec cujuslibet detractio in ira asperum faciebat: nec prospera hunc erigere: nec adversa noverant inclinare. *Re.* Montes israel ramos vestros expandite: et

---

[1] pro 'ratio' non : W.   [2] 'dominus' add : E.G.W.   [3] qui : W.

florete et fructum facite. Prope est ut veniat dies domini. ℣ Rorate celi desuper et nubes pluant justum : aperiatur terra et germinet salvatorem. Prope. Gloria patri Prope. *Reincipiatur Resp.* Montes. *Resp. feriale* Festina ne tardaveris domine. Et libera populum tuum. ℣ Veni domine et noli tardare : relaxa facinora plebi tue. Et libera.[1] *In laudibus añ.* Veniet dominus et non tardabit ut illuminet abscondita tenebrarum : et manifestabit se ad omnes gentes. alleluia. *ps.* Dominus regnavit. *Añ.* Hierusalem gaude gaudio magno : quia veniet tibi salvator. alleluia. *ps.* Jubilate. *añ.* Dabo in syon salutem : et in hierusalem gloriam meam. alleluia. *ps.* Deus deus meus. *añ.* Montes et omnes colles humiliabuntur : et erunt prava in directa et aspera in vias planas : veni domine et noli tardare. alleluia. *ps.* Benedicite. *añ.* Juste et pie vivamus expectantes beatam spem et adventum domini. *ps.* Laudate. *Capitulum* Hora est jam nos. *Hymnus.* Vox clara. ℣ Vox clamantis. *In evangelio antiphona.* Johannes autem cum audisset in vinculis opera Christi : mittens duos de discipulis suis ait illi : tu es qui venturus es an alium expectamus. *ps.* Benedictus *Oratio.* Aurem tuam. *Memoria de domina ut supra. Ad horas antiphone de laudibus cetera ut in prima dominica cum oratione* Aurem tuam.

Ad vesperas antiphone de laudibus cum psalmis dominicalibus. Capitulum. In diebus illis. *Re.* Tu exurgens. *Hymnus.* Conditor alme. ℣ Rorate celi. *In evangelio añ.* Ite dicite johanni ceci vident et[2] surdi audiunt : claudi curantur : leprosi mundantur. *ps.* Magnificat. *vel antiphona.* O. *Oratio.* Aurem tuam. *Memoria de domina ut supra.*

¶ *Feria ij.* *Lectio j.*
Hec dicit dominus deus.[3] Si revertimini et quiescatis salvi eritis. In silentio et in spe erit fortitudo vestra : et noluistis et dixistis. Nequaquam : sed ad equos fugiemus. Ideo fugietis et super veloces ascendetis. Hec dicit. *Lectio ij.*
Ideo velociores erunt qui persequentur vos. Mille homines a facie terroris unius : et a facie terroris quinque fugietis donec relinquimini quasi malus navis

---

[1] '℣ Emitte agnum domine' add : E.G.W.

[2] 'et' om. : G.

[3] exercituum. vade et ingredere ad eum qui habitat in tabernaculo ad sobriam prepositum templi et dices ei. Quid tu hic aut quasi quis hic qui excidisti tibi hic sepulchrum. Excidisti in excelso memoriam diligenter et in petra tabernaculum tibi. Hec dicit dominus deus. *Lectio ij.*
Ecce dominus asportari te faciet sicut asportatur gallus gallinacius : et quasi amictum sic sublimabit te. Coronabit te tribulatione quasi pillam (pilam, G.) mittet te in terram latam et spaciosam ibi moreris (morieris, G.W.) et ibi erit currus glorie tue ['et' add, G.] ignominia domus domini tui : et expellam te de statione tua et de ministerio tuo deponam te. Hec dicit. *Lectio iij.*
Et erit in die illa vocabo servum meum helyachim filium helchie : et induam illum tunicam tuam et cingulo tuo confortabo eum : et potestatem tuam dabo in manu ejus. Hec dicit. ℣ Emitte, etc. : E.G.W.

TERTIA ADVENTUS.

in vertice montis: et quasi signum super collem. Hec dicit.

*P*ropterea expectat [*Lectio iij*.] dominus ut misereatur vestri: et ideo exaltabitur parcens vobis: quia deus judicii dominus: Beati omnes qui expectant eum. Populus enim syon habitabit in hierusalem plorans: nequaqum plorabis: miserans miserabitur tui. ℣ Emitte agnum. *In laudibus antiphona.*

*E*cce veniet dominus princeps regum terre: beati qui parati sunt occurrere illi. *ps̄.* Miserere. *Añ.* Dum venerit filius hominis putas inveniet fidem super terram. *ps̄.* Verba mea. *añ.* Ecce jam venit plenitudo temporis: in quo misit deus filium suum in terris. *ps̄.* Deus deus meus. *añ.* Haurietis aquas in gaudio de fontibus salvatoris. *ps̄.* Confitebor. (*iij*). *añ.* Egredietur dominus de loco sancto suo: veniet ut salvet populum suum. *ps̄.* Laudate. *Capitulum.* Ecce dies veniunt. *Hymnus* Vox clara. ℣ Vox clamantis. *In evangelio añ.* Egredietur virga de radice jesse: et replebitur omnis terra gloria domini: et videbit omnis caro salutare dei. *ps̄.* Benedictus. Kyrieleyson. *Ōro.* Aurem tuam. *Memoria ut supra. Ad primam añ.* Paratus. *ps̄.* Deus in nomine. *et cetera omnia ad alias horas: ut in ij. feria prime*

hebdomade *cum oratione* Aurem tuam. *Ad vesperas antiphone et psalmi feriales. Capitulum. Responsorium hymnus*[1] *versiculus ut supra. In evangelio añ.* Veniet vel. O. *ps̄.* Magnificat. *Antiphona ista* Veniet *et alie antiphone necessarie super psalmum* Magnificat. *antequam* O sapientia *incipiatur vel post quartam dominicam adventus: ad psalmum.* Benedictus *post historiam* Canite tuba *requirantur. Non dicetur de domina in ista hebdomada ut patet in rubrica commemorationis ejus.*

❡ *Feria iij.* *Lectio j.*

*A*d[2] vocem clamoris tui statim ut audierit respondebit tibi et dabit tibi dominus panem artum et aquam brevem: et non faciet avolare a te ultra decorem tuum. Et erit in diebus illis dicit dominus oculi tui videntes preceptorem tuum et aures tue audientes verbum: post tergum moventis. Hec dicit. *Lectio ij.*

*H*ec est via ambulate in ea neque ad dextram neque ad sinistram declinetis. Et contaminabis laminas sculptilium argenti tui: et vestimentum conflatilis auri tui: disperges ea sicut immundiciam menstruate. Et dixit dominus ad me: Egredere et dices ei. Dabitur pluvia semini tuo ubicunque seminaveris in terra. *Lectio iij.*

---

[1] 'et' *add: E.G.*

[2] *E*t erit quasi pater habitantibus hierusalem et domui juda et dabo clavem domus david super humerum ejus: aperiet et non erit qui claudat et claudet et non erit qui aperiat Hec dicit. ·*Lectio ij*.
*E*t figam illum paxillum in loco fideli et erit in solium glorie domus patris tui (sui: G.) et suspendent super eum omnem gloriam domus patris ejus vasorum diversa genera omne vas parvulum a vasis craterarum usque ad omne vas musicorum. Hec dicit. *Lectio iiij*.
*I*n die illa dicit dominus exercituum auferetur paxillus qui fixus fuerat in loco fideli: et frangetur et cadet et peribit quod pependerat in eo: quia dominus locutus est. Hec dicit: E.G.W.

Et panis frugum terre erit uberrimus et pinguis. Pascentur in possessione tua in die illa agni spaciose: et tauri tui et pulli asinorum qui operantur terram comedent nigma commixtum sicut in area: ut ventilatum est. ℣ Emitte agnum.

In laudibus antiphona.
Rorate celi desuper et nubes pluant justum: aperiatur terra et germinet salvatorem. *ps.* Miserere. *an.* Emitte agnum domine dominatorem terre de petra deserti ad montem filie syon. *ps.* Judica me. *an.* Ut cognoscamus domine in terra viam tuam: in omnibus gentibus salutare tuum. *ps.* Deus deus meus. *an.* Da mercedem domine sustinentibus te: ut prophete tui fideles inveniantur. *ps.* Ego dixi. *an.* Lex per moysen data est: gratia et veritas per Jesum Christum facta est. *ps.* Laudate. *Capitulum.* Ecce dies veniunt. *Hymnus.* Vox clara. ℣ Vox clamantis. *In evangelio an.* Tu bethleem terra juda non eris minima in principibus juda: ex te enim exiet dux qui regat populum meum israel. *ps.* Benedictus. *Oratio.* Aurem tuam. *Ad vesperas in evang. an.* Joseph fili. *vel* O. *ps.* Magnificat *quere post* Canite tuba.

¶ *Feria quarta. Secundum lucam.*
In illo tempore: missus est angelus gabriel a deo in civitatem galilee: cui nomen nazareth ad virginem desponsatam viro cui nomen erat joseph de domo david: et nomen virginis maria: Et reliqua.

Omelia venerabilis bede presbyteri.   *Lectio j.*
Exordium nostre redemtionis fratres charissimi hodierna nobis sancti lectio evangelii commendat: que angelum de celis a deo missum narrat ad virginem: ut novam in carne nativitatem filii dei predicaret: per quam nos abjecta vetustate noxia renovari: atque inter filios dei computari possimus. *Re.* Clama in fortitudine qui annuncias pacem in hierusalem: dic civitatibus jude et habitatoribus syon Ecce deus noster quem expectabamus adveniet. ℣ Super montem excelsum ascende tu qui evangelizas syon: exalta in fortitudine vocem tuam. Ecce.

Missus est inquit [*Lectio ij.* angelus gabriel. Aptum profecto humane restaurationis fuit principium: ut angelus a deo mitteretur ad virginem partui[1] divino consecrandam: quia prima perditionis humane fuit causa: cum serpens a diabolo mittebatur ad mulierem spiritu superbie decipiendam. *Re.* Orietur stella ex jacob: et exurget homo de israel et confringet omnes duces alienigenarum. Et erit omnis terra possessio ejus. ℣ De jacob erit qui dominabitur et perdet reliquias civitatum. Et. *Lectio iij.*

Quia ergo mors intravit per feminam: apte redit et vita per feminam. Illa a diabolo seducta per serpentem: viro gustum necis obtulit. Hec

---

[1] 'partu': E.G.W.

TERTIA ADVENTUS.

edocta a deo per angelum mundo auctorem salutis edidit. *Re.* Modo veniet dominator dominus. Et nomen ejus emanuel vocabitur. ℣ Orietur in diebus ejus justicia et habundantia pacis. Et nomen. Gloria. Et nomen. ℣ Emitte agnum domine.

In laudibus antiphona.

Prophete predicaverunt nasci salvatorem de virgine maria. *ps.* Miserere. *an.* Spiritus domini super me: evangelizare pauperibus misit me. *ps.* Te decet. *an.* Propter syon non tacebo donec egrediatur ut splendor justus ejus. *ps.* Deus deus. *an.* Ecce veniet dominus ut sedeat cum principibus et solium glorie tenet. *ps.* Exultate. *an.* Annunciate populis et dicite ecce deus salvator noster veniet *ps.* Laudate. *Capitulum.* Ecce dies. *Hymnus* Vox clara. ℣ Vox clamantis. *In evange. an.* Missus est gabriel angelus ad mariam virginem desponsatam joseph. *ps.* Benedictus. *Non dicetur* kyrieleyson. *nec preces: quotiens enim ad matutinas expositio pronunciatur.* kyriel. *et preces tacentur. Oratio.*

Presta quesumus omnipotens deus: ut redemtionis nostre ventura solennitas: et presentis nobis vite subsidia conferat: et eterne beatitudinis premia largiatur. Per dominum. *Memorie dicantur. Ad horas ut supra cum oratione.* Aurem tuam.

❡ *Notandum quod hoc jejunium quattuor temporum hyemale semper in plena hebdomada ante vigiliam natalis domini celebratur. Ad vesperas in evang. an.* Dicit dominus. *vel* O. *ps.* Magnificat. *Oratio.* Aurem tuam.

❡ *Feria v.* *Lectio j.*

Ecce[1] nomen domini venit de longinquo ardens furor ejus: et gravis ad portandum: Labia ejus repleta sunt indignatione: et lingua ejus quasi ignis devorans. Spiritus ejus velut torrens inundans usque ad medium colli: ad perdendas gentes in nihilum: et frenum erroris quod erat in maxillis populorum. *Lectio ij.*

Canticum erit vobis: sicut vox sanctificate solennitatis et leticia cordis: sicut qui pergit cum tibia: ut intret in montem domini ad fortem israel: et auditam faciet dominus gloriam vocis sue: et terrorem brachii sui ostendet in comminatione furoris: et flamma ignis allidet in turbine et in lapide grandinis.

---

[1] Ululate naves maris: quia vastata est domus unde venire consueverant de terra cethim revelatum est eis. Tacete qui habitatis in insula negociatio sydonis. Hec dicit. *Lectio ij.* Transfretantes mare repleverunt te in aquis multis semenili [semen nili : G.] messis fluminis fruges ejus et facta est negociatio gentium. Erubesce sydon: ait enim mare fortitudo maris dicens. Non parturivi et non peperi: et non enutrivi juvenes nec ad incrementum perduxi virgines.

Hec dixit. *Lectio iij.* Cum auditum fuerit in egypto dolebunt: cum audierint de tyro. Transite maria ululate qui habitatis in insula. Nunquid non hec vestra est que gloriabatur a diebus pristinis in antiquitate sua et ducent eam pedes sui longe ad peregrinandum. Quis cogitavit hec super tyrum quondam coronatam? Cujus negociatores principes. institores ejus incliti terre. Hec dicit: E.G.W.

E

A voce enim domi- [*Lectio iij.*
ni pavebit assur virga percussus. Et erit transitus virge fundatus: quam requiescere faciet dominus super eum. In cytharis et tympanis et in bellis precipuis expugnabit eos. ℣ Emitte agnum. *In laudibus. añ.*
De syon veniet dominus omnipotens ut salvum faciat populum suum. *p̄s.* Miserere. *añ.* Convertere domine aliquantulum et ne tardes venire ad servos tuos. *p̄s.* Domine refugium. *añ.* De syon veniet qui regnaturus est dominus emanuel magnum nomen ejus. *p̄s.* Deus deus meus. *añ.* Ecce dominus[1] meus et honorabo[2] eum: deus patris mei et exaltabo eum. *p̄s.* Cantemus. *añ.* Dominus legifer noster dominus rex noster ipse veniet et salvabit nos. *p̄s.* Laudate. *Capitulum.* Ecce dies. *hymnus.* Vox clara. ℣ Vox clamantis. *In evangelio añ.* Vigilate animo in proximo est dominus deus noster. *p̄s.* Benedictus. kyrieleyson. *Oratio.* Aurem tuam. *Memoria ut supra. Ad horas ut supra cum oratione.* Aurem tuam. *Ad vesperas in evange. añ.* Consurge. *vel* O. *p̄s.* Magnificat. *Oratio.* Aurem tuam.

¶ *Feria vj. Secundum lucam.*
In illo tempore: Exurgens maria abiit in montana cum festinatione in civitatem juda: et intravit in domum zacharie et salutavit elizabeth. Et reliqua. *Omelia venerabilis bede presbyteri.* *Lectio j.*

Lectio quam audivimus sancti evangelii: et[3] redemptionis nostre nobis semper veneranda primordia predicat: et salutaria semper humilitatis imitande remedia commendat. *Re.* Egredietur dominus et preliabitur contra gentes. Et stabunt pedes ejus supra montes olivarum ad orientem.[4] *Responsorium.* Et elevabitur super omnes colles et fluent ad eum omnes gentes. Et. *Lectio ij.*
Prior ergo nobis beata dei genitrix ad sublimitatem patrie celestis iter ostendit humilitatis: non minus religionis quam castitatis exemplo venerabilis. Attamen ipsa memor divine scripture precipientis: quanto magnus es humilia te in omnibus mox ut angelus qui loquebatur ei ad celestia rediit: surgit ac montana conscendit: gestansque in utero deum: servorum dei habitacula petit ac requirit alloquia. *Re.* Precursor pro nobis ingreditur agnus sine macula secundum ordinem melchisedech. Pontifex factus est in eternum et in seculum seculi. ℣ Ipse est rex justicie cujus generatio non habet finem. Pontifex. *Lectio iij.*
Et apte post visionem angeli in montana subiit, que gustata suavitate supernorum civium: humilitatis se gressibus ad virtutum alta transtulit. Intrat ergo domum zacharie: atque elizabeth quam servum ac precursorem domini parituram noverat salutat: non quasi dubia de oraculo quod acceperat: sed

---
[1] deus: E.G.W.
[2] 'et' om.: E.G.W
[3] honorificabo: E.G.W.
[4] orientam: W.

TERTIA ADVENTUS.

ut congratulatura de dono quod conservam accepisse didicerat. *Re.* Videbunt gentes justum tuum: et cuncti reges inclytum tuum. Et vocabitur tibi nomen novum quod os domini nominavit. ℣ Et eris corona glorie in manu domini: et diadema regni in manu dei tui. Et vocabitur. Gloria. Et vocabitur. ℣ Emitte. *In laudibus antiphona.* Constantes estote videbitis auxilium domini super vos. *ps.* Miserere. *An.* Ad te domine levavi animam meam veni et eripe me domine ad te confugi. *ps.* Domine exaudi. (*ij.*) *an.* Veni domine et noli tardare relaxa facinora plebi tue israel. *ps.* Deus deus meus. *An.* Deus a libano veniet et splendor ejus sicut lumen erit. *ps.* Domine audivi. *an.* Ego autem ad dominum aspiciam et expectabo deum salvatorem meum. *ps.* Laudate. *Capitulum.* Ecce dies veniunt: *Hymnus.* Vox clara. ℣ Vox clamantis. *In evan. an.* Ex quo facta est vox salutationis tue in auribus meis exultavit in gaudio infans in utero meo. Alleluia. *ps.* Benedictus. *Oratio.* Excita domine quesumus potentiam tuam et veni ut hi qui[1] tua pietate confidunt ab omni citius adversitate liberentur. Qui vivis. *Memorie dicantur Ad horas ut supra cum oratione dominicali.*

Ad vesperas in evangelio an. O sine kyrieleyson. *Oratio.* Aurem tuam, *etc. Nulla sequatur memoria.*

¶ *Sabbato. Secundum lucam.*
Anno quintodecimo imperii tyberii cesaris procurante pontio pilato judeam: tetrarcha autem galilee herode. Factum est verbum domini super johannem zacharie filium in deserto. Et reliqua. *Lectio j.*
Omelia beati gregorii pape.
Redemptoris precursor quo tempore verbum predicationis acceperit: memorato romane reipublice principe et judee regibus designatur cum dicitur: Anno quintodecimo imperii tyberii cesaris etc. Factum est verbum domini super johannem zacharie filium in deserto. *Re.* Emitte agnum domine dominatorem terre de petra deserti. Ad montem filie syon. ℣ Ostende nobis domine misericordiam tuam: et salutare tuum da nobis. Ad montem. *Lectio ij.*
Quia enim illud[2] predicare veniebat qui ex judea quosdam et multos ex gentibus redempturus erat. Per regem gentium et principes judeorum predicationis ejus tempora designantur. *Responsorium.* Germinaverunt campi heremi germen odoris israel. quia ecce deus noster cum virtute veniet. Et splendor ejus cum eo. ℣ Ex syon species decoris ejus: deus noster manifeste veniet. Et splendor. *Lectio iij.*
Sequitur sicut scriptum est in libro sermonum ysaie[3] prophete: Vox clamantis in deserto: parate viam domini: rectas facite semitas ejus. Om-

---

[1] 'in' add: E.G.W.   [2] illum: E.G.W.   [3] Esaie: G.

nis qui fidem rectam et opera bona predicat: quid aliud quam venienti domino ad corda audientium viam parat. *Re.* Paratus esto israel in occursum domini quoniam venit. Firmans montes et creans spiritus. Et annuncians in hominibus Christum esse venturum. ℣ Ecce dominator dominus cum virtute veniet. Firmans. Gloria. Et annuncians. ℣ Emitte agnum. *In laudibus antiphona.* Veniet iterum angelus tuus et docebit nos vias tuas domine. *ps.* Miserere. *an.* Intuemini quantus sit gloriosus iste qui ingreditur ad salvandas gentes. *ps.* Bonum est confiteri. *an.* Ecce deus noster cum virtute veniet: et ipse auferet jugum captivitatis nostre. *ps.* Deus deus meus. *an.* Expectetur sicut pluvia eloquium domini: et descendet sicut ros super nos deus noster. *ps.* Audite celi. *an.* Expectabo dominum salvatorem meum: et prestolabor eum dum prope est. Alleluia. *ps.* Laudate. *Capitulum.* Ecce dies veniunt. *Hymnus.* Vox clara. ℣ Vox clamantis. *In evan. an.* Omnis vallis implebitur et omnis mons et collis humiliabitur et videbit omnis caro salutare dei. *ps.* Benedictus. Kyrieleyson *non dicitur.* Deus qui conspicis [*Oratio.* quia ex nostra pravitate affligimur concede propitius: ut ex tua visitatione consolemur. Qui vivis. *Memorie dicantur de domina: et de omnibus sanctis.*

Ad horas ut supra cum oratione. Aurem tuam. *etc. Si vero festum iij lectionum contingat in quatuor temporibus nihilominus totum servitium fiat de quatuor temporibus ferialiter cum nocturnis et memoria de festis iij lectionum. Oratio siquidem specialis*[1] *tantum dicetur ad missam. Oratio vero dominicalis ad matutinas et horas excepto in adventu domini quando eadem oratio dicetur ad matutinas que ad missam. Quando vero in iiij temporibus festum duplex vel ix lectionum evenerit fiat sicut subscribitur de festo sancti thome excepta memoria de domina quae non fit alias de debito sicut tunc. Festum vero sancti thome apostoli quocunque die evenerit: totum agitur de apostolo cum memoria de adventu et de domina. Sed de domina tantum ad matutinas et ad missam: quia in vesperis post memoriam de adventu factam cum antiphona O nulla sequitur memoria ut patet supra. Si vero in jejunio iiij temporum festum istud evenerit servitium fiat de sancto cum memoria de adventu et de domina ad mututinas. De adventu cum antiphona que superesset psalmum* Benedictus *si de quatuor temporibus diceretur. Et similiter cum oratione de quattuor temporibus.*

⁋ *Septimo decimo kal. Januarii octavo scilicet die ante vigiliam nativitatis domini incipiatur* O sapientia. *ad vesperas super psalmum* Magnificat. *Prima scilicet die antiphona* O sapientia *percantetur ante inceptionem*

---

[1] '*quattuor temporum*' add: E.G.W.

psalmi Magnificat *et ultima die* O virgo virginum *similiter percantetur ante inceptionem psalmi* Magnificat. *Nulla his septem diebus erit de sancta maria vel de secundo[1] adventu[2] memoria in vesperis nec in diebus profestis dicetur ad vesperas* Kyrieleyson. *vel[3] fiet prostratio in choro nisi ad completorium sicut semper fit[4] quando cantatur de feria extra tempus paschale.* *Añ.*

O Sapientia que ex ore altissimi prodisti attingens a fine usque ad finem fortiter suaviter[5] disponensque omnia: veni ad docendum nos viam prudentie. *p̄s.* Magnificat. *añ.*

O Adonay[6] et dux domus israel qui moysi in igne flamme rubi apparuisti: et ei in syna legem dedisti: veni ad redimendum nos in brachio extento. *p̄s.* Magnificat. *Añ.*

O Radix jesse qui stas in signum populorum super quem continebunt reges os suum quem gentes deprecabuntur: veni ad liberandum nos jam noli tardare. *p̄s.* Magnificat. *Añ.*

O Clavis david et sceptrum domus israel qui aperis et nemo claudit: claudis et nemo aperit: veni et educ vinctum de domo carceris sedentem in tenebris et umbra mortis. *p̄s.* Magnificat. *añ.*

O Oriens splendor lucis eterne et sol justicie veni et illumina sedentem in tenebris et umbra mortis. *p̄s.* Magnificat. *añ.*

O Rex gentium et desideratus earum: lapisque angularis qui facis utraque unum: veni salva hominem quem de limo formasti. *p̄s.* Magnificat. *Añ.*

O Emanuel rex et legifer noster expectatio gentium et salvator earum: veni ad salvandum nos domine deus noster. *p̄s.* Magnificat. *Añ.*

O Virgo virginum quomodo fiet istud: quia nec primam similem visa es nec habere sequentem: filie hierusalem quid me admiramini divinum est mysterium hoc quod cernitis. *p̄s.* Magn.

¶ *Dominica iiij. Sabbato ad vesperas. añ.* Benedictus. *p̄s.* Ipsum. *Capitulum.* In diebus illis. *Re.* Non auferetur. *Hymnus* Conditor alme. ℣ Rorate celi. *In evangelio añ.* O. *p̄s.* Magnificat. *Oratio.*

Excita domine potentiam tuam et veni: et magna nobis virtute succurre ut auxilium gratie tue quod nostra peccata prepediunt: indulgentia tue propiciationis acceleret. Qui vivis.

Ad matu. invita. Dicite filie syon ecce salvator tuus venit. Venite adoremus. *p̄s.* Venite. *Hymnus* Verbum supernum. *In primo nocturno añ.* Non auferetur. *p̄s.* Beatus vir. *p̄s.* Quare fremuerunt. etc. ℣ Ex syon species. *Lectio j.*

Hec[7] dicit dominus deus creans celos et extendens

---

[1] 'secundo' om.: G.
[2] 'vel de omnibus sanctis' add: E. G. W.
[3] pro 'vel' nec: G.
[4] fiat: E. G. W.
[5] suaviterque disponens: E. G.
[6] Adonai: G.

[7] Ecce ego mittam in fundamentis syon lapidem probatum angularem. Preciosum in fundamento fundatum. Qui crediderit in eum non festinet. Festinet [om.: G.] et ponat [ponam: G.] judicium in pondere et justitiam in mensuram [mensura: G.]. Et subvertet grando spem mendacii

DOMINICA

eos firmans terram et que germinant ex ea: dans flatum populo qui est super terram: et spiritum calcantibus eam. Ego dominus vocavi te in justicia: et apprehendi manum tuam et servavi te. *Re.* Canite tuba in syon vocate gentes annunciate populis et dicite Ecce deus salvator noster adveniet. ℣ Annunciate in finibus terre: et in insulis que procul sunt dicite. Ecce. *Lectio ij.*

Et[1] dedi te in fedus populi: et in lucem gentium: ut aperires oculos cecorum: et educeres de conclusione vinctum de domo carceris sedentem in tenebris et umbra mortis. Ego dominus. Hoc est nomen meum et gloriam meam non dabo alteri: nec laudem meam sculptilibus. *Re.* Octavadecima die decimi mensis jejunabitis dicit dominus. Et mittam vobis salvatorem et propugnatorem pro vobis qui vos precedat et introducat in terram quam juravi patribus vestris. ℣ Ego enim sum dominus deus vester qui eduxi vos de terra egypti. Et mittam. *Lectio iij.*

Que[2] prima fuerunt: ecce venerunt: nova quoque annuntio antequam oriantur audita vobis faciam. Canite domino canticum novum laus ejus ab extremis terre. Et nunc hec dicit dominus creans te jacob: et formans te israel. Noli timere: quia redemi te: et vocavi te nomine tuo servus meus es tu. *Re.* Non auferetur sceptrum de juda et dux de femore ejus: donec veniat qui mittendus est. Et ipse erit expectatio gentium. ℣ Pulchriores sunt oculi ejus vino: et dentes ejus lacte candidiores. . Et ipse. Gloria. Et ipse.

In ij nocturno an. Bethleem. *ps.* Conserva. ℣ Egredietur virga de. *Sermo beati Augustini episcopi.* *Lectio iiij.*

Vos inquam convenio o judei: qui usque in hodiernum diem negastis filium dei. Prevaricatores legis intendite legem. Testimonium queritis de Christo in lege vestra scriptum est: quod duorum hominum testimonium verum sit. Procedant ex lege non tantum duo, sed etiam plures testes Christi: et convincant auditores legis nec factores. *Responsorium.* Me oportet minui illum autem crescere. Qui post me venit ante me factus est: cujus non sum dignus corrigiam calceamenti ejus solvere. ℣ Hoc est testimonium quod perhibuit johannes. Qui post. *Lectio v.*

---

et protectionem aque inundabunt et delebitur fedus vestrum cum morte. Et pactum vestrum cum inferno non stabit. Hec dicit. E. G. W.
[1] Flagellum inundans cum transieriteritis ei in conculcationem: quandocunque pertransierit tollet vos quoniam mane diluculo pertransibit in die et in nocte et tantummodo sola vexatio intellectum dabit auditui. Coangustatum est enim stratum ita ut alter de idat: et pallium breve utrumque operire non potest. Hec dicit.

E.G.W.
[2] Sicut enim in monte divisionum stabit dominus sicut [sic G.] in valle que est in gabaon. nascetur ut faciat opus suum: alienum opus ejus ut operetur opus suum peregrinum est opus ejus ab eo. Et nunc nolite illudere: ne forte constringantur vincula vestra: consummationem enim et abbreviationem audivi a domino deo exercituum super universam terram. Hec dicit. E.G.W.

QUARTA ADVENTUS.

*D*ic ysaia[1] testimonium de Christo. Ecce inquit virgo concipiet in utero et pariet filium : et vocabitur nomen ejus emanuel quod est interpretatum nobiscum deus. Accedat et alius testis: Dic et tu hieremia testimonium[2] Christo. Hic est inquit deus, noster : et non estimabitur alius absque illo. Ecce duo testes idonei ex lege vestra. Sed alii atque alii ex lege Christi testes introducantur : ut frontes durissime[3] inimicorum conterantur. *Re.* Virgo israel revertere in civitates tuas usquequo dolens averteris. Generabis dominum salvatorem oblationem novam in terra ambulabunt homines in salvationem. ℣ In charitate perpetua dilexi te ideo attraxi te miserans. Generabis.

*D*ic sancte daniel [*Lectio vj*. de Christo quod nosti. Cum venerit inquit sanctus sanctorum : cessabit unctio.[4] Dic et tu moyses legis dator[5] dux populi israel testimonium[6] Christo. Prophetam vobis excitabit dominus inquit de fratribus vestris. Dic sancte david : dic testimonium nativitatis Christi. A summo celo inquit egressio ejus. Dic adhuc : In sole posuit tabernaculum suum. Dic adhuc de Christo. Adorabunt inquit eum omnes reges terre : omnes gentes servient ei. *Re.* Juravi dicit dominus ut ultra jam non irascar super terram : montes enim et colles suscipient justiciam meam. Et testamentum pacis erit in hierusalem. ℣ Juxta est salus mea ut veniat : et justicia mea ut reveletur. Et. Gloria. Et.

In iij nocturno an. Nox praecessit. *ps.* Celi enarrant. ℣ Egredietur dominus. Veniet. *Secundum johannem.*

*I*n illo tempore : Miserunt judei ab hierosolymis sacerdotes et levitas ad johannem : ut interrogarent eum. Tu quis es? Et reliqua.

Omelia beati gregorii pape.

*E*x hujus nobis [*Lectio vij*. lectionis verbis fratres charissimi : johannis humilitas commendatur. Qui cum tante virtutis esset ut Christus credi potuisset : elegit solide subsistere in se : ne humana opinione raperetur inaniter super se. Nam confessus est et non negavit. Confessus est : quia non sum Christus. *Re.* Non discedimus a te vivificabis nos domine : et nomen tuum invocabimus. Ostende nobis faciem tuam et salvi erimus. ℣ Domine deus virtutum converte nos. Ostende nobis. *Lectio viij*.

*S*ed quia dixit : non sum : negavit plane quod non erat : sed non negavit quod erat : ut veritatem loquens : ejus membrum fieret cujus nomen sibi fallaciter non usurparet. Alio quippe in loco inquisitus a discipulis dominus de adventu helye. Respondit : Helyas jam venit et non cognoverunt eum. Et si vultis scire johannes ipse est

---

[1] esaia: G.
[2] 'de' add: E.G.W.
[3] durissimi: W.
[4] 'vestra' add: E.G.
[5] legislator: E.G.W.
[6] 'de' add: E.G.W.

helyas. *Re.* Intuemini quantus sit iste qui ingreditur ad salvandas gentes ipse est rex justicie. Cujus generatio non habet finem. ℣ Precursor pro nobis ingreditur secundum ordinem melchisedech : pontifex factus est in eternum. Cujus generatio. *Lectio ix.* Requisitus autem johannes dicit : non sum helyas. Quid est hoc fratres charissimi : quia quod veritas affirmat: hoc propheta veritatis negat. Valde namque inter se diversa sunt : ipse est et non sum. Johannes igitur in spiritu helyas erat : in persona helyas non erat. Quod ergo dominus fatetur de spiritu : hoc johannes denegat de persona. Et johannes eisdem turbis carnalibus non de suo spiritu sed de corpore responderet [1] *Re.* Nascetur nobis parvulus et vocabitur deus fortis : ipse sedebit super thronum david patris sui : et imperabit. Cujus potestas super humerum ejus. ℣ In ipso benedicentur omnes tribus terre : omnes gentes servient ei. Cujus. Gloria. Cujus. *reincipiatur Responsorium.* Nascetur. *Responsorium feriale.* Rorate celi desuper et nubes pluant justum : aperiatur terra. Et germinet salvatorem. ℣ Emitte agnum domini dominatorem terre de petra [2] deserti ad montem filie syon. Et. ℣ Emitte.

In laudibus. *antiphona.* Canite tuba in syon quia prope est dies domini ecce veniet ad salvandum nos. alleluia alleluia. *ps.* Dominus regnavit. *Añ.* Ecce veniet desideratus cunctis gentibus : et replebitur gloria domus domini. alleluia. *ps.* Jubilate. *añ.* Erunt prava in directa et aspera in vias planas : veni domine et noli tardare alleluia. *ps.* Deus deus meus. *añ.* Dominus veniet occurrite illi dicentes : magnum principium et regni ejus non erit finis : deus fortis dominator princeps pacis. alleluia. alleluia. *ps.* Benedicite. *añ.* Ecce deus noster expectavimus eum : et salvabit nos. alleluia. *ps.* Laudate. *Capitulum.* Hora est jam. *Hymnus.* Vox clara. ℣ Vox clamantis. *In evangelio añ.* Miserunt judei ab hierosolymis sacerdotes et levitas ad johannem ut interrogarent eum : tu quis es : quibus ait : ego vox clamantis in deserto : dirigite viam domini sicut dixit ysaias propheta. *ps.* Benedictus. *Oratio.* Excita domine. *Memoria de domina. Ad horas antiphone de laudibus cetera ut in prima dominica cum oratione* Excita domine.

Ad vesperas antiphone de laudibus cum psalmis dominicalibus. In evangelio antiphona. O. *ps.* Magnificat. *Oratio.* Excita domine. *etc.*

Diebus vero residuis ab hac dominica quarta usque ad vigiliam nativitatis domini cum de adventu agitur dicatur invitatorium. Regem venturum. *ut supra cum antiphonis et psalmis ferialibus tam in laudibus quam in nocturnis et versiculus* Ex syon

---

[1] respondebat: E.G.W.

[2] perra: W.

QUARTA ADVENTUS.

species *et legetur de ysaia cum lectionibus que sequuntur: et Responsoriis de historia* Canite tuba *etc.*

⁋ *Lectiones feriales post quartam dominicam adventus.*[1] *Lectio j.*

Et[2] nunc dominus hec dicit Creans te jacob et formans te israel. Noli timere: quia redemi te: et vocavi te nomine tuo: meus es tu. Cum pertransieris per aquas tecum ero: et flumina non operient te. Cum ambulaveris in igne non combureris: et flamma non ardebit te: quia ego dominus deus tuus: sanctus israel salvator tuus. Dans propiciationem tuam egyptum ethyopiam et saba pro te. Ex quo honorabilis factus es in oculis meis et gloriosus. Ego dilexi te et dabo homines pro te: et populos pro anima tua. Noli timere: quoniam tecum ego sum. Ab oriente adducam semen tuum: et ab occidente

---

[1] *Feria ij add: E.G.W.*
[2] *E*t dixit dominus. Eo quod appropinquat populus iste ore suo et labiis suis glorificat me: cor autem ejus longe est a me: et continuerunt [timuerunt: W.] me mandato hominum et doctrinis: ideo ecce ego addam ut admirationi [admirationem: G.] faciam populo huic miraculo grandi et stupendo. Hec dicit. *Lectio ij.*

Peribit omnis sapientia a sapientibus ejus et intellectus prudentium ejus abscondetur. Ve qui profundi estis corde ut a domino abscondatis consilium quorum sunt in tenebris opera et dicunt. Quis videt nos et quis novit nos: perversa est hec vestra cogitatio quasi si lutum contra figulum cogitet et dicat opus factori suo non fecisti me et figmentum dicat fictori suo non intelligis. Hec dicit. *Lectio iij.*

Nonne adhuc in modico et in brevi: Convertetur libanus in chermel et chermel in saltum reputabitur? Et audient in die illa surdi verba libri et de tenebris et caligine oculi cecorum videbunt. Et addent mites in domino leticiam et pauperes homines in sancto israel exultabunt. Hec dicit. *Feria iiij.* *Lectio j.*

Quoniam defecit qui prevalebat: consummatus est illusor: et succisi [succisis: W.] omnes qui vigilabant super iniquitatem quia [qui: G.] peccare faciebant homines in verbo: et arguentem in porta supplantabant: et declinaverunt frustra a justo. Hec dicit. *Lectio ij.*

Propter hoc hec dicit dominus ad domum jacob: qui redemit abraham: non modo confundetur jacob nec modo vultus ejus erubescet: sed cum viderit filios suos opera manuum mearum in medio sui sanctificantes nomen meum et sanctificabunt sanctum jacob: et domui israel predicabunt et scient errantes spiritu [spiritum: E.W.] intellectum: et musitatores [inusitatores: W.] discent legem. Hec dicit. *Lectio iij.*

Ve filii desertores dicit dominus ut faceretis [faceritis: W.] consilium: et non ex me. Et ordiremini telam et non ['per' add: G.] spiritum meum ut adderetis peccatum super peccatum: qui ambulatis: ut descendatis in egyptum. Et os meum non interrogastis sperantes auxilium in fortitudine pharaonis et habentes fiduciam in umbra egypti: et erit vobis fortitudo pharaonis in confusionem: et fiducia umbre egypti in ignominiam. Ierant enim in thanis principes tui: et nuncii tui usque ad thanes pervenerunt. Hec dicit. *Feria vj.* *Lectio j.*

Omnes confusi sunt super populo qui eis prodesse non potuit: non fuerunt in auxilium et in aliquam utilitatem: sed in confusionem et in opprobrium. In terra tribulationis et angustie leena et leo: ex eis vipera et regulus volans portantes super humeros invictorum [jumentorum: G.] divitias suas et super gibbum camelorum thesauros suos ad populum qui eis prodesse non poterit. Hec dicit. *Lectio ij.*

Egyptus enim frustra et vane auxiliabitur ideo clamavi super hoc. Superbia autem [tantum: G.] est: quiesce. Nunc ingresse scribe eis super buxum et in libro diligenter exara illud. Et erit in die novissimo testimonium usque ad [in: G.] eternum. Hec dicit. *Lectio iij.*

Populus enim ad iracundiam provocatus est sed filii mendaces: filii nolentes [volentes: W.] audire legem dei. Qui dicunt videntibus nolite videre: et aspicientibus nolite aspicere nobis ea que recta sunt. Loquimini nobis placentia videte nobis errores. Auferte a me viam declinate a me semitam: cesset a facie nostra sanctus israel. Hec dicit. *He antiphone, &c.*

F

congregabo te. Et tu israel serve meus jacob quem elegi semen abraham amici mei in quo apprehendi te ab extremis terre : et a longinquis ejus vocavi te : et dixi tibi. Serve meus elegi te : et non abjeci te. Ne timeas quia tecum sum ego. Ne declines : quia ego deus tuus. Confortavi te et auxiliatus sum tui : et suscepi te de terra justi mei. Ecce confundentur et erubescent omnes qui pugnant adversum me. Erunt quasi non sint : et peribunt viri qui contradicent tibi. Queres eos et non invenies viros rebelles tuos. Erunt quasi non sint : et veluti consumptio hominis bellantis adversum te : quia ego deus tuus apprehendens manum tuam. dicensque tibi : Ne timeas ego adjuvi te noli timere vermis jacob qui mortui estis ex israel. Ego auxiliatus sum tui dicit dominus : redemptor tuus sanctus israel. Ego posui te quasi plaustrum triturantis novum habens rostra serrantia : triturabis montes et comminues : et colles quasi pulverem pones et ventilabis eos : et vento colles et turbo dispergent eos. Et tu exultabis in domino : in sancto israel letaberis. Egeni et pauperes querunt aquas : et non sunt : lingua eorum siti aruit. Ego dominus exaudiam eos : deus israel non derelinquam eos. Aperiam in supernis collibus flumina : et in medio camporum fontes. Ponam desertum in stagna aquarum et terram inviam in rivos aquarum. Dabo in solitudine cedrum : et spinam et myrtum et lignum olive. Ponam in desertum olivam abietem Ulmum et buxum simul : ut videant et sciant et cogitent et intelligent pariter : quia manus domini fecit hec et sanctus israel creavit illud. Prope facite judicium vestrum dicit dominus afferte si quid habetis forte dicit rex jacob. Accedant et nuntient nobis quecunque ventura sunt. Priora que fuerunt nunciate : et ponemus cor nostrum et sciemus. Novissima eorum et que ventura sunt indicate nobis : annunciate que ventura sunt et futurum et sciemus quia dii estis vos. Bene quoque aut male non potestis facere : et loquamur et videamus simul. Ecce vos estis ex nihilo : et opus vestrum ex eo quod non est abhominatio : est qui elegit vos. Suscitavi ab aquilone : et veniet ab ortu solis : vocabit nomen meum et adducet magistratus quasi lutum. Hec dicit.

He antiphone que sequuntur seriatim[1] *dicende sunt ad psalmum* Magnificat. *quando de adventu agitur. vel ad memoriam quando agitur de sancto a tertia dominica adventus usque ad inceptionem* O *et ad psalmum* Benedictus. [2]*quarta dominica usque ad vigiliam nativitatis domini : preterquam in festo sancti thome apostoli prout ibi notatur. Antiphona.*

Veniet dominus in potestate magna et videbit omnis caro salutare dei. añ. Joseph fili david noli timere accipere mariam conjugem tuam : quod

---
[1] *feriatim : E.*
[2] '*a*' *add : E.G.W.*

enim in ea natum est: de spiritu sancto est. alleluia. *añ.* Dicit dominus penitentiam agite: appropinquabit enim regnum celorum. alleluia. *añ.* Consurge consurge induere fortitudinem brachium domini. *añ.* Elevare elevare consurge hierusalem solve vincula [1] colli tui captiva filia syon. *añ.* Ponam in syon salutem: et in hierusalem gloriam meam. alleluia. *añ.* Consolamini consolamini popule meus dicit deus vester. *añ.* Letamini cum hierusalem et exultate in ea omnes qui diligitis eam in eternum.
ℂ *In vigilia nativitatis domini: ad matutinas invitatorium.* Prestolantes redemptorem levate capita vestra. Quoniam prope est redemptio vestra. *p͡s.* Venite. *Hymnus* Verbum supernum. *Antiphone feriales cum nocturnis.* ℣ Hodie scietis: quia veniet dominus. *Re.* Et mane videbitis gloriam ejus. alleluia. *Secundum mattheum.*
*I*n illo tempore: Cum esset desponsata mater Jesu maria joseph. Antequam convenirent inventa est in utero habens de spiritu sancto. Et reliqua.
Omelia origenis doctoris. Lectio j.
*C*um esset desponsata mater Jesu maria Joseph Que fuit necessitas ut desponsata esset maria joseph? nisi propterea quatenus hoc sacramentum diabolo celaretur: et ille malignus fraudis commenta adversus desponsatam virginem nulla penitus inveniret. *Re.* Sanctificamini hodie et estote parati: quia die crastina videbitis Majestatem dei in vobis. ℣ Hodie scietis quia veniet dominus: et mane videbitis. Majestatem. *Lectio ij.*
*V*el ideo fuerat desponsata joseph: ut nato infanti vel ipsi marie curam videretur gerere joseph: sive in egyptum iens vel inde denuo rediens. Mater inquit ejus mater immaculata: mater incorrupta: mater intacta. Mater ejus. Cujus ejus? Mater dei unigeniti: domini et regis omnium: plasmatoris cunctorum. *Re.* Constantes estote videbitis auxilium domini super vos: judea et hierusalem nolite timere. Cras egrediemini et dominus erit vobiscum. ℣ Vos qui in pulvere estis expergiscimini et clamate: ecce dominus veniet cum salute. Cras. *Lectio iij.*
*M*ater effecta est: sed virginitatem non amisit. Genuit infantem: ut dictum est [2] virgo permansit. Virgo ergo genuit: et virgo permansit. Mater filii facta est: et castitatis sigillum non perdidit. Quare? Quia non homo iste tantum qui videbatur: sed [3] unigenitus erat deus qui in carne advenerat. Nec subito carnaliter genitus: sed perfecta deitas in corpore venit. *Re.* Sanctificamini filii israel dicit dominus in die enim crastina descendet dominus. Et auferet a vobis omnem languorem. ℣ Crastina die delebitur iniquitas terre et regnabit super nos salvator mundi. Et auferet. Gloria. Et auferet. ℣ Crastina erit vobis salus. Dicit dominus exercituum. *In laudibus añ.*
*I*udea et hierusalem nolite timere: cras egrediemini et

---

[1] vincla: E.G.W.   [2] 'et' add: E.G.   [3] 'et' add: G.

IN VIGILIA

dominus erit vobiscum. alleluia. *cum psalmis ad feriam pertinentibus. Si dominica sit pŝ.* Dominus regnavit. *et ceteri psalmi. añ.* Hodie scietis quia veniet dominus: et mane videbitis gloriam ejus. *añ.* Crastina die delebitur iniquitas terre: et regnabit super nos salvator mundi. *añ.* Crastina erit vobis salus dicit deus exercituum. *añ.* Rex pacificus magnificatus est: cujus vultum desiderat universa terra. *Capitulum.* Paulus servus Jesu Christi vocatus apostolus segregatus in evangelium dei quod ante promiserat per prophetas suos in scripturis sanctis de filio suo qui factus est ei ex semine david secundum carnem. *Hymnus* Vox clara. ℣ Crastina die delebitur iniquitas terre. Et regnabit super nos salvator mundi. *In evang. añ.* Cum esset desponsata mater Jesu maria joseph antequam convenirent inventa est in utero habens quod enim in ea natum est de spiritu sancto est. alleluia. *pŝ.* Benedictus *Oŕo.* Deus qui nos redemptionis nostre annua expectatione letificas: presta ut unigenitum tuum quem redemptorem leti suscipimus venientem quoque judicem securi videamus. Dominum nostrum Jesum Christum filium tuum. Qui tecum. *Memoria non dicatur. Ad primam añ.* Judea. *pŝ.* Deus in nomine. *pŝ.* Beati immaculati *non mutetur antiphona ad psalmum.* Quicunque vult. *Re.* Jesu Christe. *cum* alleluia. ℣ Qui sedes *Prostratio nulla fiat: sicut nec[1] aliis horis.*

¶ *Notandum quod quandocunque per annum Responsoria dicuntur ad horas cum* alleluia *Responsorium* Jesu Christe *debet precedere cum* all'a *et conversim: exceptis festis duplicibus infra nativitatem domini ubi ad primam dicitur* Jesu Christe. *sine* alleluia. *cum versiculo* Tu patris verbigena. *Et ad alias horas dicuntur Responsoria cum* alleluia. *Semper vero quando dicitur* alleluia *ad Responsoria horalia: dicitur* all'a. *a choro in ultima parte ultimorum versiculorum tam in festis sanctorum extra tempus paschale quam infra. Et non dicitur a puero in parte prima versiculi. Ad versiculum quidem* Exurge domine *nunquam sequitur* alleluia *nec ad versiculum de completorio scilicet* Custodi nos. *nec ad versiculum* Benedictus qui venit. *In tempore vero[2] paschali ad versiculum.* In resurrectione tua Christe. *et ad versiculum* Ascendit deus in jubilo. *et ad versiculum* Spiritus sanctus dominus[3] *finis terminatur a choro cum* alleluia.

Ad tertiam añ. Hodie scietis *pŝ.* Legem pone. *Capitulum.* Propter syon non tacebo: et propter hierusalem non quiescam: donec egrediatur ut splendor justus ejus et salvator ejus ut lampas accendatur. *Re.* Crastina die delebitur iniquitas terre. Alleluia. All'a. ℣ Et regnabit super vos salvator mundi. Alleluia. All'a. Gloria. Crastina. ℣ Hodie scietis. *Oratio.* Deus qui nos redemptionis.

---

[1] *pro* 'nec' *in: E.G.*
[2] 'vero' *om.: E.G.W.*
[3] *pro* 'dominus,' docebit vos: *E.G.W.*

NATIVITATIS DOMINI.

Ad sextam añ. Crastina. *p̄s.* Defecit. *Capitulum.*

Ecce dominus in fortitudine veniet: et brachium ejus dominabitur: ecce merces ejus eum eo: et opus illius coram illo. *Re.* Hodie scietis quia veniet dominus. All'a. All'a. ℣ Et mane videbitis gloriam ejus. All'a. Gloria. Hodie. ℣ Crastina erit. *Oratio* Deus qui nos.

Ad nonam añ. Rex pacificus. *p̄s.* Mirabilia. *Capitulum.*

Videbunt gentes justum tuum: et cuncti reges inclytum tuum: et vocabitur tibi nomen novum quod os domini nominavit. *Re.* Crastina erit vobis salus. All'a All'a. ℣ Dicit dominus deus exercituum. All'a All'a. Gloria. Crastina. ℣ Magnificatus est rex pacificus. Super omnes reges universe terre. all'a. *Oratio* Deus qui nos redemptionis.

Si vigilia nativitatis domini in dominica evenerit: invitatorium Prestolantes *dicetur a duobus cantoribus chori. p̄s.* Venite *et cetera omnia que superius in dominica quarta ordinata sunt usque ad versiculum ante expositionem qui erit* Hodie scietis. *Expositio vero et cetera omnia que sequuntur de vigilia erunt: nec aliqua de dominica deinceps ad matutinas vel ad laudes vel ad horas fiet mentio: preter psalmum.*[1] *ad primam Expositio* Cum esset desponsata. *vij Re.* Sanctificamini. *viij Re.* Constantes estote. *ix Re.* Sanctificamini filii. *Cetera deinceps cum psalmis ad diem pertinentibus* sicut in vigilia preordinata sunt. *Oratio.* Deus qui nos. *Memoria non dicatur.*

Ad primam añ. Judea. *p̄s.* Deus deus meus respice. *p̄s.* Quicunque vult. *sub eadem añ. Capitulum* Domine miserere. *Re.* Jesu Christe *cum* alleluia *et cetera ut supra.*

¶ *In vigilia nativitatis domini ad vesperas antiphona.*

Scitote quia prope est regnum dei: amen dico vobis quia non tardabit. *p̄s.* Laudate pueri. *añ.* Levate capita vestra: ecce appropinquabit redemptio vestra. *p̄s.* Laudate dominum omnes gentes. *añ.* Magnificatus est rex pacificus super omnes reges universe terre. *p̄s.* Lauda anima mea. *añ.* Completi sunt dies marie ut pareret filium suum primogenitum. *p̄s.* Laudate dominum quoniam. *añ.* Ecce completa sunt omnia que dicta sunt per angelum de virgine maria. *p̄s.* Lauda hierusalem. *Capitulum.*

Populus gentium qui ambulabat in tenebris vidit lucem magnam habitantibus in regione umbre mortis lux orta est eis. *Re.* Judea et hierusalem nolite timere. Cras egrediemini et dominus erit vobiscum. ℣ Constantes estote videbitis auxilium domini super vos. Cras. Gloria. Cras. *Hymnus.*

Veni redemptor gentium ostende partum virginis miretur omne seculum talis decet partus deum. Non ex virili semine sed mystico spiramine verbum dei factum est[2] caro fructusque ventris floruit. Ulvus[3]

---

[1] *Deus deus meus respice* add: E.W.G.
[2] 'est' om.: E.G.W.
[3] Alvus: E.G.W.

IN VIGILIA

tumescit virginis claustra pudoris permanent vexilla virtutum micant versatur in templo deus. *Procedens* e thalamo suo pudoris aula regia gemine gigas substantie alacris ut currat viam. *Egressus* ejus a patre regressus ejus ad patrem excursus usque ad inferos recursus ad sedem dei. *Equalis* eterno patri carnis stropheo[1] accingere infirma nostri corporis virtute firmans perpeti. *Presepe* jam fulget tuum lumenque nox spirat novum quod nulla nox interpolet fideque jugi luceat. *Gloria* tibi domine qui natus es. ℣ Tanquam sponsus Dominus procedens de thalamo suo. alleluia. *In evangelio añ.* Dum ortus fuerit sol de celo videbitis regem regum procedentem a patre tanquam sponsus[2] de thalamo suo. *p̄s.* Magnificat. *Tota antiphona ante psalmum sine pneuma percantetur: et iterum post psalmum cum pneuma: sic in omni festo duplici semper fiat exccpta hebdomada pasche: et die animarum in quibus pneuma non dicitur. Oratio.* Deus qui nos. *ut supra ad matutinas. Ad completorium.*[3] ℣ [4]Verbum caro factum est. all'a. et habitavit in nobis. all'a. *p̄s.* Cum invocarem. *p̄s.* In te domine. *p̄s.* Qui habitat. *p̄s.* Ecce nunc. *Capit.* Tu in nobis. *Hymnus.* Corde natus ex parentis ante mundi exordium alpha et o

cognominatus[5] ipse fons et clausula omnium que sunt fuerunt queque post futura sunt seculorum seculis. *Ecce* quem vates vetustis concinebant seculis quem prophetarum fideles pagine spoponderant emicat promissus olim cuncta collaudent deum seculorum seculis. *O* beatus ortus ille virgo cum puerpera edidit nostram salutem feta sancto spiritu et puer redemptor orbis os sacratum protulit seculorum seculis. *Psallat* altitudo celi psallant omnes angeli quicquid est virtutis usquam psallat in laudem dei nulla linguarum silescat vox et omnis consonet seculorum seculis. *Te* senes et te juventus parvulorum te chorus turba matrum virginumque simplices puellule voce concordes pudicis perstrepant[6] concentibus seculorum seculis. *Tibi* Christe sit cum patre agyoque[7] spiritu[8] hymnus melos laus perhennis gratiarum actio honor: virtus et[9] victoria regnum eternaliter seculorum seculis. ℣ Benedictus qui venit in nomine. *Re.* Deus dominus et illuxit nobis. *Añ.* Glorificamus te dei genitrix quia ex te natus est Christus salva omnes qui te glorificant. *p̄s.* Nunc dimittis. kyrieleyson *etc. ut supra. Isto modo dicatur completorium ab hoc die continue usque ad octavas epiphanie completas.*[10]

Ad matutinas invitatorium.

---

[1] strophio: E.G.
[2] sponsum: G.
[3] *ut habetur in completorio post psalterium [folio lxxij.: E.] add: E.G.*
[4] añ.: E.G.W.
[5] nominatus: G.
[6] perstrepent: E.W.
[7] agyosque: E.G.
[8] spiritus? spiritum? G.
[9] 'et' om.: G.
[10] *etiam in festo purificationis beate marie. Si infra Septuagesimam evenerit dicatur sine alleluia. Et sub isto secundo completorio continentur tertium quartum et quintum completorium. add: E.G.*

IN FESTO NATIVITATIS CHRISTI.

Christus natus est nobis. Venite adoremus. *ps.* Venite. *Hymnus.*

Christe redemptor omnium ex patre patris unice solus ante principium natus ineffabiliter. *T*u lumen tu splendor patris tu spes perhennis omnium intende quas fundunt preces tui per orbem famuli. *M*emento salutis auctor quod nostri quondam corporis ex illibata virgine nascendo formam sumpseris. *H*ic presens testatur dies currens per anni circulum quod solus a sede patris mundi salus adveneris. *H*unc celum terra hunc mare hunc omne quod in eis est auctorem adventus tui laudat exultans cantico. *N*os quoque qui sancto tuo redempti sumus sanguine ob diem natalis tui hymnum novum concinimus. *G*loria tibi domine.

In j nocturno Antiphona. Dominus dixit ad me filius meus es tu ego hodie genui te. *ps.* Quare fremuerunt. *An.* Tanquam sponsus dominus procedens de thalamo suo. *ps.* Celi enarrant. *an.* Diffusa est gratia in labiis tuis propterea benedixit te deus in eternum. *ps.* Eructavit. ℣ Tanquam sponsus. *Benedictiones communes super lectiones dicantur. Similiter fiat per totum annum exceptis festis beate marie et commemoratione ejus et festo omnium sanctorum. Tres prime lectiones sint de prophetia ysaie.*[1] *Lectio j.*

Primo tempore alleviata est terra zabulon et terra neptalim: et novissimo aggravata est via maris trans jordanem galilee gentium. Populus qui ambulabat in tenebris vidit lucem magnam. Habitantibus in regione umbre mortis: lux orta est eis. Parvulus enim natus est nobis: et filius datus est nobis. Hec dicit dominus deus qui hodierna die de virgine nasci dignatus est: convertimini ad me et salvi eritis. *Responsorium.* Hodie nobis celorum rex de virgine nasci dignatus est ut hominem perditum ad regna celestia revocaret. Gaudet exercitus angelorum: quia salus eterna humano generi apparuit. ℣ Gloria in excelsis deo et in terra pax hominibus bone voluntatis. Gaudet. *Lectio ij.*

Consolamini consolamini popule meus dicit dominus[2] deus vester. Loquimini ad cor hierusalem et advocate eam: quoniam completa est malicia ejus dimissa est iniquitas illius. Suscepit de manu[3] duplicia: pro omnibus peccatis suis. Vox clamantis in deserto: parate viam domini: rectas facite[4] semitas dei nostri. Omnis vallis implebitur: et omnis mons et collis humiliabitur et erunt prava in directa et aspera in vias planas. Et revelabitur gloria domini: et videbit omnis caro pariter quod os domini locutum est. Hec dicit. *Responsorium.* Hodie nobis de celo pax vera descendit. Hodie per totum mundum melliflui facti sunt celi. ℣ Hodie illuxit dies redemptionis nove reparationis antique felicitatis eterne. Hodie. *Lectio iij.*

---

[1] *Esaie: G.*
[2] 'dominus' om.: E.G.W.
[3] 'domini' add: E.G.W.
[4] 'in solitudine' add: E.G.W.

IN FESTO

Consurge consurge: induere fortitudine tua syon. Induere vestimentis glorie tue hierusalem civitas sancta: quia non adjiciet ultra ut pertranseat per te incircunsisus et immundus. Excutere de pulvere consurge: sede hierusalem. Solve vincula[1] colli tui captiva filia syon: quia hec dicit dominus Gratis venundati estis: et sine argento redimemini: quia hec dicit dominus deus: In egyptum descendit populus meus in principio: ut colonus esset ibi: et assur absque ulla causa calumniatus est eum. Hec dicit. *Re.* Verbum caro factum est et habitavit in nobis: et vidimus gloriam ejus gloriam quasi unigeniti a patre. Plenum gratie et veritatis. ℣ In principio erat verbum: et verbum erat apud deum: et deus erat verbum. Plenum. Gloria. Plenum. *Prosa.*
Quem ethera et terra atque mare non prevalent totum capere. ℣ Asini presepe infans implens: celos regens ubera sugens.[2] ℣ Factor matris natus hodie est de matre. ℣ Creans diem hodie: creatus est in die. ℣ Nascitur mundo. ℣ Oriens gabriel quem vocavit emanuel nobiscum deus.

In ij nocturno an. Suscepimus deus misericordiam tuam in medio templi tui. *ps.* Magnus dominus. *An.* Orietur in diebus domini habundantia pacis et dominabitur. *ps.* Deus judicium *an.* Veritas de terra orta est: et justicia de celo prospexit. *ps.* Benedixisti domine. ℣ Verbum caro factum est. Et habitavit in nobis. All'a.
Sermo beati leonis pape. Lec. iiij.
Salvator noster dilectissimi hodie natus est: gaudeamus. Neque enim locum fas est esse tristicie: ubi natalis est vite. Que consumpto mortalitatis timore: ingerit nobis de promissa eternitate leticiam. Exultet ergo sanctus: quia appropinquat ad palmam. Gaudeat peccator quia invitatur ad veniam. Animetur gentilis: quia vocatur ad vitam. Tu autem. *Re.* Quem vidistis pastores dicite annunciate nobis in terris quis apparuit. Natum vidimus in choro angelorum salvatorem dominum. ℣ Secundum quod dictum est nobis ab angelo de puero isto: invenimus infantem pannis involutum et positum in presepio in medio duum animalium. Natum. *Iste versus dicatur isto die et die circunsisionis Aliis vero diebus dicetur versus.* Dicite quidnam vidistis: et annunciate Christi nativitatem. Natum vidimus.
Sermo beati leonis pape. Lectio v.
Exultemus in domino dilectissimi: et spiritali jocunditate letemur: quia illuxit nobis dies redemptionis nove: reparationis antique: felicitatis eterne. Reparatur enim nobis salutis nostre annua revolutione sacramentum: ab initio promissum: in fine redditum sine fine mansurum.[3] *Re.* O magnum mysterium et admirabile sacramentum: ut animalia viderent dominum natum Jacentem

---

[1] vincla: W.   [2] suggens: W.
[3] 'Tu autem domine miserere' add: E.G.W.

NATIVITATIS CHRISTI.

in presepio beata virgo cujus viscera meruerunt portare dominum Christum. ℣ Domine audivi auditum tuum et timui: consideravi opera tua et expavi in medio duum animalium. Jacentem in presepio.

Sermo beati Augustini episcopi. *Lectio vj.*

Cupientes aliquid dilectissimi de hujus diei solennitate[1] narrare: simulque considerantes illud unum verbum de quo dicere volumus: nulla invenimus verba: quibus sufficienter aliquid dicere valeamus. Est enim hoc verbum: non quod desinit prolatum: sed quod permanet natum. Non transitorium: sed eternum. Non factum a deo patre: sed genitum. Nec solum genitum: sed[2] unigenitum. Unum quippe verbum deus pater genuit de seipso: per quem omnia creavit ex nihilo.[3] *Re.* Beata es maria que dominum portasti creatorem mundi. Genuisti qui te fecit: et in eternum permanes virgo. *Prosa.*

Beata es virgo et gloriosa. ℣ Inter omnes mulieres et benedicta. ℣ Gabriel hec dicens attulit affata. ℣ Pariens filium virgo intacta. ℣ Jesus erit nomen ejus cuncta per secula. ℣ Que dicta sunt de te jam jam sunt peracta. ℣ Hodie ex te Christus natus est in terra. ℣ De te mater casta processit maria. ℣ Ave speciosa in celis regina. ℣ Et benedicta in eternum sancta. Genuisti.[4] ℣ Gloria et honor deo patri summo laus quoque majestas et potestas deitas sit ejus unigenito et spiritui sancto. Genuisti. *Ista prosa dicatur loco versus isto die et die circuncisionis in matutinis. Aliis vero diebus dicetur versus* Ave maria gratia plena dominus tecum. Genuisti.

In iij nocturno añ. Ipse invocavit me. alleluia: pater meus es tu all'a. *ps̄.* Misericordias domini. *añ.* Letentur celi et exultet terra ante faciem domini quoniam venit. *ps̄.* Cantate. (*j*) *añ.* Notum fecit dominus alleluia: salutare suum. all'a. *ps̄.* Cantate. (*ij.*) ℣ Ipse invocavit me. Pater meus es tu all'a.

Secundum lucam.

In illo tempore: Exiit edictum a cesare augusto: ut describeretur universus orbis. Hec descriptio prima facta est a preside syrie cyrino. Et reliqua.

Omelia beati gregorii pape. L. vij.

Quia largiente domino missarum solennia ter hodie celebraturi sumus: loqui diu de evangelica lectione non possumus. Sed nos aliquid vel breviter dicere redemptoris nostri nativitas ipsa compellit. Quid est quod nascituro domino mundus describitur: nisi hoc quod aperte monstratur? Quia ille veniebat in carne qui electos suos ascriberet in eternitate. Cui[5] contra de reprobis per prophetam dicitur: Deleantur de libro viventium: et cum justis non scribantur. *Re.* Beata dei genitrix maria cujus viscera in-

---

[1] nativitate: E. G.
[2] 'et' add: G.
[3] 'Tu autem domine miserere nostri': add: E.G.W.
[4] 'qui te fecit': add: E.G.W.
[5] Quo: E. Quod: G.

IN FESTO

tacta permanent. Hodie genuit salvatorem seculi. ℣ Beata que credidit quoniam perfecta sunt omnia que dicta sunt ei a domino. Hodie genuit. *Secundum lucam.*

In illo tempore: Pastores loquebantur adinvicem: Transeamus usque bethleem et videamus hoc verbum quod factum est: quod fecit dominus et ostendit nobis. Et reliqua.

Omelia venerabilis bede presbyteri. *Lectio viij.*

Nato in bethleem domino salvatore: sicut sacra evangelii testatur historia. Pastoribus qui in regione eadem erant vigilantes[1] vigilias noctis super gregem suum: angelus domini magna cum luce apparuit: Exortumque mundo solem justicie: non solum celestis voce sermonis: verumetiam claritate divine lucis astruxit. Qui bene etiam in bethleem nascitur. Bethleem quippe domus panis interpretatur. Ipse namque est qui ait: Ego sum panis vivus qui de celo descendi. *Re.* Sancta et immaculata virginitas quibus te laudibus efferam nescio. Quia quem celi capere non poterant tuo gremio contulisti. *Prosa.* O vere beata sublimis sponsa domina angelorum simulque omnium sanctorum: quam magnam laudem dignitas tua meretur forma dei digna. O quam beata es maria creatorem tuum digne suscipiens: et[2] dedisti in tempore ubera quem habebas ante secula regem et conditorem et deum. Quia.

Ista prosa dicetur loco versus isto die: et die circuncisionis tantum. Aliis vero diebus dicetur iste versus. Benedicta tu in mulieribus et benedictus fructus ventris tui. Quia.

Initium sancti evangelii. Secundum johannem.

In principio erat verbum: et verbum erat apud deum: et deus erat verbum. Hoc erat in principio apud deum. Et reliqua.

Omelia venerabilis bede presbyteri. *Lectio ix.*

Quia temporalem mediatoris dei et hominum: hominis Jesu Christi nativitatem que hodierna die facta est: sanctorum verbis evangelistarum matthei[3] videlicet et luce manifestatam[4] agnovimus: libet etiam de verbi id est divinitatis ejus eternitate beati johannis evangeliste dicta scutari.[5] Alii vero[6] evangeliste Christum ex tempore natum describunt: johannes eundem in principio fuisse testatur dicens: In principio erat verbum. Alii inter homines eum subito apparuisse commemorant: ille ipsum apud deum semper fuisse declarat dicens: Et verbum erat apud deum. Alii eum verum hominem: ille verum confirmat esse deum dicens. Et deus erat verbum. Alii hominem apud homines temporaliter conversatum: ille deum apud deum in principio manentem ostendit dicens: Hoc erat in principio apud deum. Alii magnalia que in homine

---

[1] 'et custodientes': add: G.
[2] ei: E.G.
[3] mathei: G.W.
[4] manifestatem: W.
[5] scrutati: E.
[6] pro 'vero' enim: G.

NATIVITATIS CHRISTI.

gessit perhibent: ille quod omnem creaturam visibilem et invisibilem per ipsum deus pater fecerit docet dicens: Omnia per ipsum facta sunt: et sine ipso factum est nihil. *Responsorium.* Descendit de celis missus ab arce patris introivit per aurem virginis in regionem nostram indutus stola purpurea. Et exivit per auream portam lux et decus universe fabrice mundi. ℣ Tanquam sponsus dominus procedens de thalamo suo. Et exivit. Gloria. Et exivit. *etc. usque* Fabrice. *Sequitur Prosa a toto choro alternatim dicenda. Prosa.*

Facture dominans potestate atque principans. ℣ Virtute non adjectiva: sed nativa et substantiva. ℣ Condolens namque diva bonitas. ℣ Hominem quem creaverat ad vitam. ℣ Fraude hostis. ℣ Incurrisse. ℣ Mortis discrimina. ℣ Dictavit consilium admirabile atque necessarium. ℣ Fabricae mundi. *Paratus iterum presbyter sive diaconus*[1] *dalmaticatus statim post prosam incipiat evangelium in sinistra parte altaris.* Dominus vobiscum. Et cum spiritu tuo. *Initium sancti evangelii secundum mattheum.* Gloria tibi domine.

Liber generationis Jesu Christi filii david filii abraham. Abraham autem[2] genuit ysaac ysaac autem genuit jacob. Jacob autem genuit judam et fratres ejus. Judas autem genuit phares et saram[3] de thamar. Phares autem genuit esrom. Esrom autem genuit aram. Aram autem genuit aminadab. Aminadab autem genuit naason. naason autem genuit salmon. Salmon autem genuit booz de raab. Booz autem genuit obeth ex ruth. Obeth autem genuit jesse. Jesse autem genuit david regem. David autem rex genuit salomonem ex ea que fuit urie. Salomon autem genuit roboam. Roboas[4] autem genuit abiam. Abias autem genuit asa. Asa autem genuit josaphat. Josaphat autem genuit joram. Joram autem genuit oziam. Ozias autem genuit joathan. Joathas[5] autem genuit achaz. Achaz autem genuit ezechiam. Ezechias autem genuit manassem. Manasses autem genuit amon. Amon autem genuit josiam. Josias autem genuit jechoniam et fratres ejus in transmigrationem[6] babylonis. Et post transmigrationem babylonis jechonias genuit salathiel. Salathiel autem genuit zorobabel. Zorobabel autem genuit abiud. Abiud autem genuit eliachim. Eliachim autem genuit asor. Asor autem genuit sadoch. Sadoch autem genuit achim. Achim autem genuit eliud. Eliud autem genuit eleazar. Eleazar autem genuit mathan. Mathan autem genuit jacob. Jacob autem genuit joseph virum marie. De qua natus est Jesus qui vocatur Christus. *Quo finito incipiat presbyter qui officium facit psalmum* Te Deum laudamus. *Et*

---

[1] *presbyter daconus:* G.
[2] 'autem' om.: E.G.W.
[3] zaram: E.G.
[4] Roboam: E.G.
[5] Joathan: E.
[6] transmigratione: G.

sciendum est quod ille psalmus Te Deum laudamus *extra adventum. lxx. xl. et exceptis die animarum et commemorationibus animarum: dicendus est in omni servitio ix lectionum et etiam trium lectionum. quando chorus regitur. Aliis autem diebus quando chorus non regitur non dicetur.*[1] *Cantato ipso psalmo statim a succentore vicariorum incipiatur*[2] *missa in gallicantu secundum officium.* Dominus dixit ad me. *etc. statim post missam dicat sacerdos qui officium facit versiculum.* Verbum caro factum est. Deus in adjutorium. *chorus prosequatur que ad laudes pertinent.*
In laudibus antiphona. Quem vidistis pastores dicite: annunciate nobis in terris quis apparuit: natum vidimus in choro angelorum salvatorem dominum. alleluia all'a. *ps.* Dominus regnavit. *an.* Genuit puerpera regem cui nomen eternum: et gaudium matris habens cum virginitatis honore: nec primam similem visa est nec habere sequentem. alleluia. *ps.* Jubilate. *an.* Angelus ad pastores ait: annuncio vobis gaudium magnum quia natus est hodie salvator mundi alleluia. *ps.* Deus deus meus. *an.* Facta est cum angelo multitudo celestis exercitus laudantium et dicentium: gloria in excelsis deo et in terra pax hominibus bone voluntatis tue[3] alleluia. *ps.* Benedicite. *an.* Parvulus filius hodie natus est nobis: et vocabitur deus fortis alleluia all'a.

ps. Laudate. *Capitulum.* Multipharie multisque modis olim deus loquens patribus in prophetis: novissime diebus istis locutus est nobis in filio: quem constituit heredem universorum per quem fecit et secula. *Hymnus.* A solis ortus cardine et usque terre limitem Christum canamus principem: natum maria virgine. Beatus auctor seculi servile corpus induit: ut carne carnem liberet: ne perderet quos condidit. Caste parentis viscera celestis intrat gratia: venter puelle bajulat: secreta que non noverat. Domus pudici pectoris templum repente fit dei: intacta nesciens virum: concepit verbo filium. Enixa es puerpera quem gabriel predixerat: quem matris alvo gestiens clausus Johannes senserat. Feno jacere pertulit presepe non abhorruit: parvoque lacte pastus est: per quem nec ales esurit. Gaudet chorus celestium: et angeli canunt deo: palamque fit pastoribus: pastor creator omnium. Gloria tibi domine. ⁊ Benedictus qui venit in nomine domini. Deus dominus et illuxit nobis. alleluia. *In evange. an.* Gloria in excelsis deo: et in terra pax hominibus bone voluntatis alleluia all'a. *ps.* Benedictus. *Tota dicatur antiphona ante inceptionem psalmi sine pneuma: et post psalmum cum pneuma: sicut in omnibus festis duplicibus fiet: preter ad vesperas in vigilia pasche. Oratio.*

---

[1] *dicitur: G.*   [2] *incipitur: E.*   [3] 'tue' om.: E.G.W.

NATIVITATIS CHRISTI.

Concede quesumus omnipotens deus ut nos unigeniti tui nova per carnem nativitas liberet: quos sub peccati jugo vetusta servitus tenet. Qui tecum vivit et. *Statim que pulsato ter uno de majoribus signis: rector chori incipiat officium scilicet* Lux fulgebit.

Ad primam. *Hymnus.*

Agnoscat omne seculum: venisse vite premium: post hostis asperi jugum apparuit redemptio. Isayas[1] que precinit completa sunt in virgine annunciavit angelus sanctus replevit spiritus. Gloria tibi domine. *Hic versus dicatur in fine omnium hymnorum quorum metro convenit usque ad epiphaniam. Añ.* Quem vidistis. *ps̄.* Deus in nomine. *ps̄.* Beati immaculati. *ps̄.* Retribue. *Non mutatur antiphona in aliqua die ad psalmum* Quicunque vult *cum de nativitate agitur. Capitulum* Domine miserere. *Re.* Jesu Christe fili dei vivi miserere nobis. Qui sedes ad dextram patris. *Chorus idem repetat.* ℣ Tu patris verbigena factus caro deum nobis homo placa deus et da veniam. Jesu Christe.[2] Gloria patri et filio et spiritui sancto Sicut erat in principio. Jesu Christe.[2] ℣ Exurge domine. *Isto modo dicatur istud Responsorium diebus nativitatis domini: sanctorum stephani: johannis: innocentium: thome: circunsionis: et in festo purificationis beate Marie si infra lxx. evenerit. Aliis vero diebus dicatur Responsorium* Jesu Christe fili dei vivi miserere nobis. Alleluia all'a. ℣ Qui de virgine. *etc. quotidie usque ad epiphaniam.*

Ad tertiam. *Hymnus.*

Maria ventre concepit[3] verbi fideli semine quem totus orbis non bajulat[4] portant puelle viscera. Radix jesse jam floruit: et virga fructum edidit: fecunda partum protulit et virgo mater permanet. Gloria tibi domine. *añ.* Genuit. *ps̄.* Legem pone. *Cap.*

Apparuit gratia dei salvatoris nostri omnibus hominibus erudiens nos: ut abnegantes impietatem et secularia desideria: sobrie et juste et pie vivamus in hoc seculo. *Re.* Puer natus est nobis. Alleluia all'a. ℣ Et filius datus est nobis. Alleluia. Gloria. Puer natus. ℣ Verbum caro. *Oratio.* Concede quesumus omnipotens deus.

Ad sextam. *Hymnus.*

Presepe poni pertulit qui lucis auctor extitit: cum patre celos condidit sub matre pannos induit. Legem dedit qui seculo cujus decem precepta sunt dignando factus est homo sub legis esse vinculo. Gloria tibi domine. *añ.* Angelus ad pastores. *ps̄.* Defecit. *Capitulum.*

Apparuit benignitas et humanitas salvatoris nostri dei: non ex operibus justicie que fecimus nos: sed secundum suam misericordiam salvos nos fecit. *Re.* Verbum caro factum est. Alleluia all'a. ℣ Et habitabit in nobis. All'a. Gloria. Verbum. ℣ Ipse invocavit. *Oratio.* Concede.

Ad nonam. *Hymnus.*

Adam vetus quod polluit: adam novus hoc abluit: tumens quod ille dejecit[5]: humili-

---

[1] Esaias: G. [2] 'fili dei vivi miserere nobis' add: E. G. [3] concipit: G.
[4] pro 'bajulat' capit: G. [5] dejicit: G.

IN FESTO NATIVITATIS DOMINI.

mus hic erigit. *Jam nata lux est et salus: fugata nox et victa mors venite gentes credite deum maria protulit.* Gloria tibi domine. *Añ.* Parvulus. *ps̄.* Mirabilia. *Cap.* Multipharie. *Re.* Ipse invocavit me. Alleluia all'a. ⁊ Pater meus es tu. All'a all'a. Gloria. Ipse. ⁊ Notum fecit dominus. Salutare suum all'a. *Oratio.* Concede. *Hi hymni*[1] Agnoscat. *et ceteri sequentes dicantur ad horas quotidie: usque post octavas epiphanie. Dicentur*[2] *etiam ad horas in festo purificationis beate marie virginis.*
Ad vesperas   antiphona.
Tecum principium in die virtutis tue: in splendoribus sanctorum ex utero ante luciferum genui te. *ps̄.* Dixit dominus. *añ.* Redemptionem misit dominus populo suo: mandavit in eternum testamentum suum. *ps̄.* Confitebor. *añ.* Exortum est in tenebris lumen rectis corde: misericors et miserator et justus dominus. *ps̄.* Beatus vir. *añ.* Apud dominum misericordia: et copiosa apud eum redemptio. *ps̄.* De profundis. *añ.* De fructu ventris tui ponam super sedem tuam. *ps̄.* Memento domine. *He antiphone dicentur ad vesperas usque ad diem epiphanie: excepto die circuncisionis. psalmi non mutantur usque ad completas octavas epiphanie. Capitulum* Multipharie. *Re.* Verbum caro. ⁊ In principio *cum* Gloria patri *et prosa* Quem ethera *et Hymnus.* A solis ortus: ⁊ Tanquam sponsus. *In evange. añ.*

Hodie intacta virgo deum nobis genuit teneris indutum membris quem lactare meruit: omnes ipsum adoremus qui venit salvare nos. *ps̄.* Magnificat. *Post quemlibet versum psalmi repetatur*[3] *a pluribus vicariis in capis*[4] *sericis in medio chori stantibus* Omnes ipsum adoremus qui venit salvare nos. *post versum* Sicut erat *mox tota antiphona repetatur subjuncto pneumate. Oratio* Concede quesumus omnipotens deus. *Memoria de nativitate fiat quotidie per octavas ad matutinas et ad vesperas ubi non fit processio cum his antiphonis sequentibus secundum ordinem iteratis dominica infra*[5] *excepta.* *Añ.*
Virgo verbo concepit virgo permansit: virgo peperit regem omnium regum. *añ.* Nesciens mater virgo virum: peperit sine dolore salvatorem seclorum: ipsum regem angelorum sola virgo lactabat ubero[6] de celo pleno.[7] *añ.* Virgo hodie fidelis etsi verbum genuit incarnatum: virgo mansit et post partum: quam laudantes omnes dicimus: benedicta tu in mulieribus. *añ.* Nato domino angelorum chori canebant dicentes: salus deo nostro sedenti super thronum et agno. *añ.* Natus est nobis hodie salvator qui est Christus dominus in civitate david. *Memoria de sancto stephano. añ.* Intuens in celum beatus stephanus vidit gloriam dei et ait: ecce video celos apertos: et filium hominis stantem a dextris dei. ⁊ Gloria et honore. *Oratio.*

---

[1] *Hic hymnus:* E.G.   [2] *Dicantur:* G.   [3] *repetantur:* E.W.
[4] *cappis:* E.G.   [5] 'octavas' add: G.
[6] ubera: E.G.W.   [7] plena: E.G.

IN FESTO SANCTI STEPHANI PROTHOMARTYRIS.

*D*a nobis quesumus domine imitari quod colimus ut discamus et inimicos diligere: quia ejus natalicia celebramus: qui novit etiam pro[1] persecutoribus exorare: dominum nostrum Jesum Christum filium tuum. Qui tecum vivit et regnat.

¶ *In die sancti stephani. ad matutinas invitatorium* Christum natum qui beatum hodie coronavit stephanum. Venite adoremus. *ps̄.* Venite. *Hymnus.* Deus tuorum *In primo nocturno añ.*

*B*eatus stephanus jugi legis dei meditatione roboratus tanquam lignum fructiferum secus salutarium aquarum plantatum decursus: fructum martyrii in tempore suo dedit primus. *ps̄.* Beatus vir. *añ.* Constitutus a deo predicator preceptorum ejus in timore sancto illi servire studuit: officioque fideliter peracto in monte sancto ejus ascendere dignus fuit. *ps̄.* Quare fremuerunt. *añ.* In tribulatione lapidum se prementium positus milia populi se circundantis non timuit quia susceptorem suum Jesum ut eum[2] salvum faceret exurgere in celo vidit. *ps̄.* Domine quid. ℣ Gloria et honore. *Sermo beati augustini episcopi.* *Lectio j.*

*F*ratres charissimi Celebravimus hesterna die natalem: quo eximius martyrum natus est in mundo: hodie celebramus natalem: quo primicerius martyrum migravit ex mundo. Oportebat autem ut primum immortalis susciperet carnem pro mortalibus: et ideo natus est dominus in mundo: ut moreretur pro servo: ne servus timeret mori pro domino. *Re.* Stephanus autem plenus gratia et fortitudine. Faciebat prodigia et signa magna in populo. ℣ Et non poterant resistere sapiencie et spiritui quo loquebatur. Faciebat. *Lectio ij.*

*N*atus est Christus in terris: ut stephanus nasceretur in celis. Ingressus est dominus mundum: ut stephanus ingrederetur celum. Altus ad humilia descendit: ut humilis ad alta ascenderet. Filius dei factus est filius hominis ut filius hominis fieret filius dei. *Re.* Videbant omnes stephanum qui erant in concilio.[3] Et intuebantur vultum ejus tanquam vultum angeli stantis inter illos. ℣ Stephanus autem plenus gratia et fortitudine faciebat prodigia et signa magna in populo. Et intuebantur. *Lectio iij.*

*E*ya[4] sancte stephane dic aliquid judeis ut incipias lapidari: et possis etiam coronari. Dic aliquid de eo cujus nomen nolunt audire. Dic eis quod nihil est quod fecerunt: vivit quem occiderunt. Dic eis: quia vidisti ad dexteram patris stantem: quem irriserunt in cruce pendentem. Et ille inquit: Ecce video celos apertos: et filium hominis stantem a dextris dei. *Re.* Lapidabant stephanum invocantem et dicentem. Domine Jesu Christe accipe spiritum meum et ne statuas illis hoc peccatum. *Iste versus dicetur in die tantum.* ℣ Inter hec frendet populus in stephanum

---

[1] 'suis' add: G.
[2] 'eum' om.: E.W. pro 'eum' se: G.
[3] consilio: E.G.W.
[4] Eja: G.

IN FESTO

judaicus ejus membra lapidibus perurgens totis viribus et levita dignissimus, flexis procumbens genibus pro suis lapidatoribus orat devotis precibus. Domine. *Alius[1] versus in octava die tantum si dominica fuerit dicendus.* ℣ Positis autem genibus beatus stephanus orabat dicens. Domine. Gloria et[2] laus patri summo potestas honor et virtus ejus quoque[3] unigenito : laus flamini sanctissimo trino deo et simplici. Domine.

In ij. nocturno añ. Lumine vultus tui[4] insignitus prothomartyr stephanus sacrificium justicie seipsum tibi sacrificavit : ideoque in leticia cordis in pace obdormiens requiescit. *ps.* Cum invocarem. *añ.* Benedictionis tue domine munere justificatus et scuto tue protectionis in passione munitus nominis sui coronam stephanus a te percipere meruit. *ps.* Verba mea. *añ.* O quam admirabile est nomen tuum domine deus noster pro quo beatus stephanus passus : gloria et honore a te est coronatus : et super celos dono tue magnificentie exaltatus. *ps.* Domine dominus noster. ℣ Posuisti. *Lec-*
Dum frequenter auri- *[tio iiij.* bus[5] insignia miraculorum sancti stephani prothomartyris fratres charissimi recensemus: confidimus quod plurima ex eisdem[6] fuerint commendata. Miracula ergo ista beatus augustinus hyipponensis[7] episcopus : in libris quos de civitate dei construxit inseruit dicens Hypponensem quandam virginem scio : que cum se oleo domini stephani perunxisset : mox a demonio fuisse sanatam. Scio etiam episcopum semel pro adolescente quem non vidit orasse : atque illico[8] demone caruisse. *Re.* Intuens in celum beatus stephanus vidit gloriam dei et ait : Ecce video celos apertos : et filium hominis stantem a dextris virtutis dei. ℣ Cumque aspiceret beatus stephanus in celum: vidit gloriam dei et ait. Ecce. *Lectio v.*
Ad aquas tabilitanas[9] episcopo asserente prejecto ad predicti martyris memoriam veniebat magna multitudo concursu et occursu. ibi ceca mulier ut ad episcopum duceretur oravit[10] : moxque oculos recepit. Stupentibus qui ibi aderant preibat exultans viam carpens : et vie ducem ulterius non requirens. *Re.* Hesterna die dominus natus est in terris. ut stephanus nasceretur in celis : ingressus est dominus mundum. Ut stephanus ingrederetur in celum. ℣ Heri enim rex noster trabea carnis indutus de aula uteri virginalis egrediens visitare dignatus est mundum. Ut stephanus. *Lectio vj.*
Eucharius presbyter ex hispania : veteri morbo calculi laborabat : sed per memoriam sancti martyris stephani salvus factus est. Idem ipse postea morbo alio revalescente mortuus sic jacebat : ut ei etiam pollices

---

[1] *pro* 'Alius' *iste: E.*
[2] 'et' om.: G.
[3] pro 'ejus quoque' ejusque: G.
[4] 'domine' add: E.G.W.
[5] 'vestris' add: E.G.W.
[6] 'vestre memorie' add. E.G.W.
[7] hyponensis: E.G. hypponensis: W.
[8] 'eum' add: E.G.W.
[9] tibilitanas: E.G. tibilatanas: W.
[10] oravi: W.

SANCTI STEPHANI PROTHOMARTYRIS.

ligarentur : Sed memorati martyris opitulatione cum tunica ejus super jacentis corpus esset missa: suscitatus est. *Re.* Impetum fecerunt unanimiter in eum et ejecerunt eum extra civitatem. Invocantem et dicentem. Domine accipe spiritum meum. *Iste versus dicetur in die tantum.* ℣ Stephanus dei gratia plenus erat: in plebe multa signa faciebat: celos apertos aspiciebat Jesum stantem videbat a dextris dei et dicebat: Domine. Gloria deo[1] per inmensa patri summo ejusque proli sibi digne nato ac[2] utriusque flamini sacro sicut erat primo et nunc et semper et in secula. amen. Domine. *Alius versus in octava die tantum dicendus si dominica fuerit.* ℣ Et testes deposuerunt vestimenta sua secus pedes adolescentis qui vocabatur saulus et lapidabant stephanum. Invocantem. Gloria patri. Domine accipe. *In iij nocturno an.* In domino deo suo confisus fortis athleta stephanus lapidum fortiter sustinuit ictus et idcirco ad montem virtutum transmigravit victoriosus. *ps.* In domino confido. *An.* Sine macula beatus stephanus ingressus est domine in tabernacula tua et quia operatus est justiciam requiescit in monte sancto tuo. *ps.* Domine quis habitabit. *An.* Domine virtus et leticia rectorum quoniam tu prevenisti dilectum tibi stephanum dono gratuite benedictionis te primus secutus est morte gloriose passionis unde cum corona martyrii dedisti ei vitam in seculum seculi. *ps.* Domine in virtute. ℣ Magna est. *Sec. Matheum.*

*I*n illo tempore: Dicebat Jesus turbis judeorum et principibus sacerdotum. Ecce ego mitto ad vos prophetas et sapientes et scribas et ex illis occidetis et crucifigetis: et ex eis flagellabitis in sinagogis[3] vestris. Et *Re.*[4] *Sermo ex commentario beati hieronymi presbyteri de eadem lectione.* *Lectio vij.*

*H*oc quod ante dixerat: vos implete mensuram patrum vestrorum: ad personam domini pertinere videtur eo quod occidendus esset ab eis. Potest et ad discipulos ejus referri: de quibus nunc dicitur. Ecce ego mitto ad vos prophetas et sapientes et scribas etc. ut impleatis mensuram patrum vestrorum. *Re.* Stephanus servus dei quem lapidabant judei vidit celos apertos: vidit et introivit. Beatus homo cui celi patebant.[5] ℣ Intuens in[6] celum beatus stephanus vidit gloriam dei. Beatus homo. *Lectio viij.*

*S*imulque observa juxta apostolum scribentem ad corinthios varia dona esse discipulorum Christi. Alios prophetas qui ventura predicant: alios sapientes qui noverunt quando debeant proferre sermonem: alios scribas in lege doctissimos: ex quibus lapidatus est stephanus: paulus occisus: crucifixus petrus: flagellati in actibus apostolorum discipuli: et persecuti sunt eos

---

[1] 'deo' om.: E.G.W.
[2] 'ac' om.: E.G.W.
[3] synagogis: E.G.
[4] pro 'Re.' reliqua: E.G.W.
[5] patebunt: E.G.   [6] 'in' om.: W.

IN FESTO

de civitate in civitatem: expellentes de judea: ut ad gentium populum transmigrarent. *Re.* Impii super justum jacturam fecerunt ut eum morti traderent. At ille gaudens suscepit lapidem[1] ut mereretur accipere coronam glorie. *Iste versus dicetur in die tantum.* ℣ Hebreorum gens perfida morte Christi sanguinea in stephanum malivola perfecerunt consilia quem occiderunt nequiter lapidando crudeliter. At ille. *Alius versus in octava si dominica fuerit: dicendus.* ℣ Continuerunt aures suas et impetum fecerunt unanimiter in eum et ejicientes eum extra civitatem lapidabant. At ille. Ut veniat super [*Lectio ix.* vos inquit dominus: omnis sanguis justus qui effusus est super terram: a sanguine abel justi usque ad sanguinem zacharie filii barachie qui occisus est inter templum et altare. De abel nulla est ambiguitas: quin is sit quem cayn[2] frater occiderit. Queramus quis iste zacharias sit[3]: filius barachie: quia multos legimus zacharias. Alii zachariam filium barachie dicunt: qui in duodecim prophetis undecimus est. Sed ubi occisus est[4] inter templum et altare: scriptura non loquitur. Alii zachariam patrem johannis intelligunt: quod propterea occisus sit quia salvatoris predicavit adventum. Alii volunt esse zachariam qui occisus est a joas rege judee inter templum et altare: sicut regum narrat historia. Sed observandum est quod ille zacharias non sit filius barachie sed filius joyade[5] sacerdotis. Cum ergo zacharias multos legimus: quare dicitur filius barachie et non joyade. Barachias in lingua nostra benedictus domini dicitur: et[6] sacerdotis joyade justicia: hebreo nomine demonstratur. In evangelio quo utuntur nazarei: pro filio barachie filium joyade scriptum reperimus. *Re.* Lapides torrentes illi dulces fuerunt. Ipsum sequuntur omnes anime juste. *Iste versus dicetur tantum in die.* ℣ Mortem enim quam salvator dignatus est pro omnibus pati: hanc ille primus reddidit salvatori. Ipsum. *Alius versus in octava die.* ℣ Lapidaverunt stephanum et ipse invocabat dominum dicens: ne statuas illis hoc peccatum. Ipsum. Gloria. Ipsum. *p̄s.* Te Deum. ℣ Posuisti. *In laudibus* Lapidaverunt stephanum [*añ.* et ipse invocabat dominum dicens: ne statuas illis hoc peccatum. *p̄s.* Dominus regnavit. *Añ.* Lapides torrentes illi dulces fuerunt: ipsum sequuntur omnes anime juste. *p̄s.* Jubilate. *Añ.* Adhesit anima mea post te: quia caro mea lapidata est pro te deus meus. *p̄s.* Deus deus meus. *Añ.* Stephanus vidit celos apertos vidit et introivit: beatus homo cui celi patebunt. *p̄s.* Benedicite. *Añ.* Ecce video celos apertos: et Jesum stantem a dextris dei. *p̄s.* Laudate. *Cap.* Stephanus plenus gratia et fortitudine faciebat prodigia et signa magna in populo. *Hym.*

---

[1] lapides: E.G.
[2] cain: G.
[3] sit iste zacharias: E.G.
[4] 'an' add: E.G.
[5] joiade: E.G.
[6] 'et' om.: E.G.

SANCTI STEPHANI PROTHOMARTYRIS

Sancte dei preciose prothomartyr stephane qui virtute charitatis circumfultus undique dominum pro inimico exorasti populo. *Funde* preces pro devoto tibi nunc collegio: ut tuo propiciatus interventu dominus nos purgatos a peccatis jungat celi civibus. *Et corone* qua nitescis almus sacri nominis nos qui tibi famulamur[1] fac consortes fieri: et expertes dire mortis in die judicii. *Gloria et honor* deo usquequo altissimo una patri filioque inclyto paraclito cui laus est et potestas per eterna secula. Amen. ⸫ Justus ut palma. *In evange. añ.* Impii super justum jacturam fecerunt: ut eum morti traderent: at ille gaudens suscepit lapides ut mereretur accipere coronam glorie. all'a. *ps̄.* Benedictus. *Oratio.* Da nobis quesumus. *Memoria de nativitate an.* Virgo verbo concepit. ⸫ Benedictus qui venit. *Oratio.* Concede quesumus omnipotens deus.

Ad primam. hymnus. Agnoscat. *Añ.* Lapidaverunt. *ps̄.* Deus in nomine. *añ.* Gratias. *ps̄.* Quicunque vult. *Ad tertiam hymnus.* Maria ventre. *añ.* Lapides. *ps̄.* Legem pone. *Capitulum* Stephanus. *Re.* Gloria et honore *cum* alleluia. ⸫ Posuisti. *Oratio.* Da nobis quesumus. *Ad sextam hymnus* Presepe. *añ.* Adhesit. *ps.* Defecit. *Capitulum.*

Cum autem esset stephanus plenus spiritu sancto vidit gloriam dei et ait: ecce video celos apertos et Jesum stantem a dextris virtutis dei. *Re.* Posuisti. *cum* alleluia. ⸫ Magna est. *Oratio.* Da nobis quesumus. *Ad nonam hymnus.* Adam vetus. *antiphona.* Ecce video. *ps̄.* Mirabilia. *Capitulum.*

Positis autem genibus beatus stephanus clamavit voce magna dicens: domine ne statuas illis hoc peccatum et cum hoc dixisset obdormivit in domino. *Re.* Magna est *cum* alleluia. ⸫ Justus ut palma. *Oratio.* Da nobis.

Ad vesperas añ. Tecum principium. *ps̄.* Dixit dominus *etc. Cap.* Stephanus plenus. *Re.* Sanctissimi martyris stephani solennitatem[2] recolentes te Christe deprecamur. Ut nos semper intercessione illius conservare digneris. ⸫ Tibi junctus igitur cum triumpho mitem te nobis pius ostendat. Ut Gloria. Ut[3] *cum prosa.*

Conserva super hanc familiam. ⸫ Pro quibus rex regum dedit cantica. ⸫ Voce jocunda. ⸫ Quem[4] cherubin collaudant. ⸫ Atque ovantes. ⸫ Quem seraphin exultant. ⸫ Ubi pax sempiterna. ⸫ Charitas eterna. ⸫ Tu es omnibus sanctis per secula. ⸫ Cum quibus splendet lucida. ⸫ Prothomartyr corona. ⸫ Stephanus levita. ⸫ Ubi nos quandoque sua inclyta. ⸫ Voce conservare digneris. *Hymnus.* Sancte dei preciose. ⸫ Gloria et honore. *In evange. an.* Patefacte sunt janue celi Christi martyri beato stephano qui in numero martyrum inventus est primus: et ideo triumphat in celis coronatus. all'a. *ps̄.* Magnificat. *Ōro.* Da

---

[1] famulemur : E.W.
[2] solennitate : W.
[3] 'Ut' om. : E.G.W.
[4] Que : W.

nobis quesumus. *Memoria de sancto johanne. an.* Ecce ego johannes vidi ostium apertum in celo: et ecce sedes posita erat in eo: et in medio sedis et in circuitu ejus quattuor animalia plena oculis ante et retro: et dabant gloriam et honorem et benedictionem sedenti super thronum viventi in secula seculorum. ℣ Valde honorandus *cum* all'a. *Oratio.*

Ecclesiam tuam quesumus domine benignus illustra: ut beati johannis apostoli tui et evangelistae illuminata doctrinis: ad dona perveniat sempiterna. Per Christum. *Memoria de nativitate. an.* Nesciens mater. ℣ Tanquam sponsus. *Oratio.* Concede quesumus.

¶ *In die sancti johannis apostoli et evangeliste ad matutinas invitatorium.* Adoremus regem apostolorum. Qui privilegio amoris johannem dilexit apostolum. *ps.* Venite. *Hymnus* Eterna Christi munera. *In j nocturno an.* Johannes apostolus et evangelista virgo est electus a domino atque inter ceteros magis dilectus. *ps.* Celi enarrant. *an.* Super[1] pectus domini Jesu recumbens: evangelii fluenta de ipso sacro dominici pectoris fonte potavit. *ps.* Benedictus. *an.* Quasi unus de paradisi fluminibus evangelista johannes verbi dei gratiam in toto terrarum orbe diffudit. *ps.* Eructavit. ℣ In omnem. *Lectio j.*

Johannes apostolus et evangelista filius zebedei frater jacobi virgo est electus a domino: atque inter ceteros magis dilectus. Qui etiam supra pectus domini et magistri in cena recumbens evangelii sui fluenta de ipso sacri[2] dominici pectoris fonte potavit: et quasi unus de paradisi fluminibus: verbi dei gratiam in toto terrarum orbe diffudit. *Re.* Valde honorandus est beatus johannes qui supra pectus domini in cena recubuit. Cui Christus in cruce matrem virginem virgini commendavit. ℣ Mulier ecce filius tuus ad discipulum autem ecce mater tua Cui. *Lectio ij.*

Quique in loco Christi: Christo jubente successit: dum suscipiens matrem magistri discipulus: par post Christum alter quodammodo derelictus est filius. Hic dum in asia evangelium Christi predicaret: a domiciano cesare in pathmos insula metallo relegatur: ubi etiam positus apocalypsim scripsit. *Re.* In illa die suscipiam te servum meum: et ponam te sicut signaculum in conspectu meo. Quoniam ego elegi te dicit dominus. ℣ In tribulacione invocasti me: et exaudivi te et liberavi te. Quoniam. *Lectio iij.*

Domicianus autem eodem anno quo jussit sanctum johannem exiliari[3]: a senatu romano interfectus est. Et quoniam deo cura fuit de apostolo suo: ex totius senatus consultu hoc diffinitum est, ut quicquid domicianus fieri voluit cassaretur. Hinc factum est ut sanctus johannes cum honore ad ephesum remearet. *Re.* Similitudo

---

[1] supra: E.G.W.   [2] sacro: G.   [3] exulari: E. Exulare: G.

SANCTI JOHANNIS EVANGELISTE.

vultus[1] *ut in communi.*[2] ℣ Due penne.[3] *In ij nocturno an.* In ferventis olei dolium missus johannes apostolus divina se protegente gratia illesus exivit. *ps.* Omnes gentes. *an.* Propter insuperabilem evangelizandi constantiam exilio relegatus divine visionis et allocutionis meruit crebra consolatione relevari. *ps.* Exaudi deus deprecationem. *an.* Occurrit beato johanni ab exilio revertenti omnis populus virorum ac mulierum clamantium et dicentium: benedictus qui venit in nomine domini. *ps.* Exaudi deus orationem. ℣ Constitues. *Lec. iiij.*
Cum autem sanctus johannes ingrederetur civitatem ephesiorum: drusiana que eum semper secuta fuerat: efferebatur[4] mortua. Tunc sanctus johannes jussit deponi feretrum dicens: In nomine domini nostri Jesu Christi surge drusiana et prepara mihi convivium in domo tua. Ad hanc vocem surrexit: et cepit ire solicita ad jussum apostoli: ita ut videretur: quia non de morte sed de somno excitasset eam. *Re.* Qui vicerit faciam illum columnam in templo meo dicit dominus. Et scribam super eum nomen meum: et nomen civitatis nove hierusalem. ℣ Vincenti dabo edere de ligno vite quod est in medio paradisi dei vivi. *Lect. v.*

Altera vero die crathon[5] philosophus[6] in foro proposuerat de contemtu[7] hujus mundi spectaculum: ita ut duos juvenes fratres ditissimos produceret quos fecerat distracto patrimonio gemmas emere singulas quas in conspectu populi frangerent pueri. Quod cum fecerant contigit transitum habere apostolum et convocans ad se cratonem philosophum ait: Stultus est iste mundi contemtus[8] qui hominum ore laudatur: sed condemnatur divino judicio. *Re.* Iste est johannes: Cui Christus in cruce matrem virginem virgini commendavit. ℣ Virgo est electus a domino atque inter ceteros magis dilectus. Cui.
Cui craton[9] dixit: [*Lectio vj.* Si deus est magister tuus et vult hoc fieri ut pauperibus erogetur census precii harum gemmarum: fac reintegrari gemmas. Ut quod ego feci ad famam hominum: tu facias ad gloriam ejus. Tunc sanctus johannes ita[10] temperavit[11] fragmenta gemmarum: ut nec signum aliquod de eo videretur: quod ille gemme unquam fuerant fracte. Cum autem esset sanctus johannes annorum lxxx.[12] et novem: apparuit ei Jesus Christus cum discipulis suis et ait: Veni ad me[13]: quia tempus est ut epuleris in convivio meo cum fratri-

---

[1] animalium facies hominis [homines: W.] et facies leonis a dextris ipsorum quatuor: facies vero vituli atque aquile a sinistris ipsorum quatuor. Et facies et penne extente desuper erant. add: E.G.W.
[2] 'ut in com.' om.: E.G.W.
[3] 'singulorum jungebantur: et due tegebant eorum corpora.' add: E.G.W.
[4] efferabatur: W.

[5] craton: G.
[6] 'qui' add: E.
[7] contemptu: G.W.
[8] contemptus: G.W.
[9] Qui: E. crathon: E.
[10] itaque: E.W.
[11] pro 'temp.' recuperavit: E.G.W.
[12] lxxxx.: E. W.
[13] pro 'ad me' mecum: E.G.

IN FESTO

bus tuis. Post hec jussit beatus johannes sibi foveam fieri juxta altare: et terram foras ecclesiam provehi: et descendit in eam expandens manus suas et dicens: Invitatus ad convivium tuum venio gratias agens. Et cum omnis populus respondisset amen: lux tanta apparuit super[1] apostolum fere una hora: ut nullius[2] sufferret aspectus. Postea inventa est illa fovea plena: nihil aliud in se habens nisi manna. Die vero resurrectionis dominice migravit ex hoc mundo: ad eum qui vivit et regnat in secula seculorum amen. *Re.* Quattuor animalia.[3] ℣ Erat. *ut in communi. In iij nocturno añ.* Apparuit caro[4] suo johanni dominus Jesus Christus cum discipulis suis et ait illi: veni dilecte meus ad me: quia tempus est ut epuleris in convivio meo cum fratribus tuis. *ps.* Confitebimur. *añ.* Expandens manus suas ad deum dixit: invitatus ad convivium tuum venio gratias agens quia me dignatus es domine Jesu Christe ad tuas epulas invitare sciens quod ex toto corde meo desiderabam te. *ps.* Dominus regnavit exultet. *añ.* Domine suscipe me ut cum fratribus meis sim cum quibus veniens invitasti me: aperi mihi januam vite: et perduc me in[5] convivium epularum tuarum: tu es enim Christus filius dei vivi qui precepto

patris mundum salvasti: tibi gratias referimus per infinita seculorum secula. *ps.* Dominus regnavit irascantur. ℣ Nimis honorati sunt. *Secundum johannem.*
In illo tempore: Dixit johannes[6] petro: Sequere me. Conversus petrus vidit illum discipulum quem diligebat Jesus sequentem qui et[7] recubuit in cena super pectus ejus et dixit: Domine quis est qui tradet te. Et reliqua.
Omelia venerabilis bede presbyteri. Lectio vij.
Patet namque fratres: quia cum dominus dixisset petro Sequere me id est[8] crucem patiendo imitare surrexit de loco convivii: et abire jam cepit. Secutus est autem eum[9] petrus etiam incessu pedum: cupiens implere quod audivit: Sequere me. *Re.* Sic eum volo manere donec veniam. Quid ad te tu me sequere. *Iste versus dicetur in die tantum.* ℣ Conversus petrus vidit illum discipulum quem diligebat Jesus de quo interrogabat eum dicens: domine hic autem quid: cui Jesus respondit. Quid. *Alius versus in octava die tantum si dominica fuerit.* ℣ Hunc ergo cum vidisset petrus dixit Jesu domine hic autem quid. Quid. *Lect. viij.*
Secutus est et[10] ille discipulus quem diligebat Jesus johannes videlicet cujus hodie festa cele-

---

[1] supra: E.G.W.
[2] nullus: E.G.W.
[3] 'ibant et revertebantur in similitudinem fulguris choruscantis: et erat in medio splendor ignis et de igne fulgur egrediens. ℣ Erat autem quasi visio discurrens in medio quattuor animalium. Et de. Gloria.

Et de.' add: E.G.W.   [4] charo: E.G.
[5] pro 'in' ad: E.G.W.
[6] Jesus: E.G.W.
[7] 'et' om.: W.
[8] pro 'id est' idem: W.
[9] 'eum' om.: E.G.
[10] 'et' om.: E.G.W.

SANCTI JOHANNIS EVANGELISTE.

bramus: qui hoc scripsit evangelium. Diligebat autem eum Jesus: non exceptis ceteris singulariter solum: sed pre ceteris quos diligebat familiarius unum: quem specialis prerogativa castitatis ampliori dilectione fecerat dignum. *Re.* Iste est johannes qui super[1] pectus domini in cena recubuit. Beatus apostolus cui revelata sunt secreta celestia. *Iste versus dicetur in die tantum.* ℣ Johannes hic theologus quem debriavit spiritus aquila volans celitus palam fecit mortalibus Christus marie filius quod sit verbum dei deus. Beatus. *Alius versus in octava die tantum si dominica fuerit.* ℣ Iste est johannes cui Christus in cruce matrem virginem virgini commendavit. Beatus. *Lectio ix.* Quod autem supra pectus magistri recubuit: figurabatur in hoc jam tunc evangelium quod idem discipulus erat scripturus: uberius atque altius ceteris sacre scripture paginis archana divinae majestatis esse comprehensurum. Sequitur. Hunc ergo cum vidisset petrus dixit Jesu. Domine hic autem quid? Dicit ei Jesus. Nolo eum per passionem martyrii consumari[2]: sed absque violentia percussoris diem expectare novissimum. *Responsorium.* In medio ecclesie aperuit os ejus.[3] Et implevit eum dominus spiritu sapientie et intellectus. ℣ Jocunditatem et exultationem thesaurizavit super eum. Et. Gloria et. *psalmus.* Te deum.

℣ Valde honorandus. *In laudibus antiphona.* Hic est discipulus ille qui testimonium perhibuit et scimus quia verum est testimonium ejus. *ps.* Dominus regnavit. *an.* Hic est discipulus meus sic eum volo manere donec veniam. *ps.* Jubilate. *an.* Ecce puer meus electus quem elegi posui super eum spiritum meum. *ps.* Deus deus meus. *an.* Sunt de hic stantibus qui non gustabunt mortem donec videant filium hominis in regno suo. *ps.* Benedicite. *antiphona.* Sic eum volo manere donec veniam tu me sequere. *ps.* Laudate dominum de. *Capitulum.* Qui timet deum faciet bona et qui continens est justicie apprehendet illam: et obviabit illi quasi mater honorificata. *Hymnus.* Exulet celum laudibus. ℣ Dedisti hereditatem. *In evange. an.* Iste est Johannes qui supra pectus domini in cena recubuit: beatus apostolus cui revelata sunt secreta celestia. *ps.* Benedictus. *Oratio.* Ecclesiam tuam. *Memoria de nativitate. an.* Virgo hodie. ℣ Benedictus qui venit. *Oratio.* Concede quesumus. *Memoria de sancto stephano. an.* Lapidaverunt. ℣ Justus ut palma. *Oratio.* Da nobis quesumus.

Ad primam an. Hic est discipulus. *ps.* Deus in nomine. *an.* Gratias. *ps.* Quicunque vult, etc., *ut supra. Ad tertiam an.* Hic est discipulus meus. *ps.* Legem pone. *Capitulum.* Qui timet. *R̃.* In omnem terram.

---

[1] supra: E.G.W. [2] consummari: E.G.W. [3] pro 'ejus' suum: E.G.W.

IN FESTO

cum alleluia. ℣ Constitues. *Oratio* Ecclesiam tuam.

Ad sextam añ. Ecce puer. *ps.* Defecit. *Capitulum.* In medio ecclesie aperuit os ejus: et implevit eum dominus spiritu sapientie et intellectus: stola glorie induit eum. *Re.* Constitues eos. cum alleluia. ℣ Nimis honorati. *Oratio ut supra.*

Ad nonam añ. Sic eum. *ps.* Mirabilia. *Capitulum.* Jocunditatem et exultationem thesaurizabit[1] super eum et nomine eterno hereditabit illum dominus deus noster. *Re.* Nimis honorati cum alleluia. ℣ Dedisti. *Oratio ut supra.*

Ad vesperas añ. Tecum principium. *ps.* Dixit dominus etc. *Capitulum.* Qui timet. *Re.* Quattuor animalia. *Hymnus.* Exultet celum. ℣ Valde honorandus. *In evange. añ.* In medio ecclesie aperuit os ejus: et implevit eum dominus spiritu sapientie et intellectus: stolaque glorie induit eum. Alleluia: all'a: all'a. *ps.* Magnificat. *Oratio.* Ecclesiam tuam. *Memoria de innocentibus. añ.*[2] Innocentes pro Christo infantes occisi sunt ab iniquo rege lactentes[3] interfecti sunt ipsum laudantes agnum sine macula: et dicunt semper gloria tibi domine. ℣ Mirabilis deus in sanctis suis.[4] Et gloriosus in majestate sua alleluia. *Oratio.* Deus cujus hodierna die preconium innocentes martyres non loquendo sed moriendo confessi sunt: omnia in nobis vitiorum mala mortifica: ut fidem tuam quam lingua nostra loquitur etiam moribus vita fateatur. Per Christum dominum. *Memoria de nativitate. añ.* Nato domino. ℣ Tanquam sponsus. *Oratio.* Concede quesumus. *Memoria de sancto stephano. añ.* Lapides torrentes. ℣ Gloria et honore. *Oratio.* Da nobis quesumus domine.

❡ *In die sanctorum innocentium.*

Ad matutinas invitatorium. Mirabilem deum in sanctis suis. Venite adoremus collaudantes. *ps.* Venite. *Hymnus* Eterna Christi munera et martyrum *cum versu* Gloria tibi domine. *In j nocturno añ.* Herodes videns quia illusus esset a magis misit in bethleem et occidit omnes pueros qui erant in ea et in omnibus finibus ejus. *ps.* Beatus vir. *añ.* Christus infans non despexit suos coetaneos milites: sed provexit quibus dedit ante triumphare quam vivere. *ps.* Quare fremuerunt. *añ.* Arridebat parvulus occisori: gladio adjocabatur infantulus: nutricis loco attendebat lactens percussoris horrorem. *ps.* Cum invocarem. ℣ Exultent justi. *Notandum quod omnes versiculi isto die usque ad processionem in vesperis dicentur sine* alleluia: *nisi dominica fuerit. Lectio i.* Hodie fratres charissimi natalem illorum infantium colimus quos ab herode crudelissimo rege interfectos esse evangelii textus eloquitur. Et ideo cum summa exultatione gaudeamus: tantorum implo-

---

[1] thesaurizavit: E.G.
[2] añ. om.: E.
[3] lactantes: E.W.
[4] 'Re.' add: G.

SANCTORUM INNOCENTUM.

rantes sanctorum patrocinia: et ad martyrium illorum convertamus eloquia. *Re.* Sub altare dei audivi voces occisorum dicentium: Quare non defendis sanguinem nostrum: et acceperunt divinum responsum adhuc sustinete modicum tempus donec impleatur numerus fratrum vestrorum. *Iste versus dicetur in die tantum.* ℣ Christo nato ex virgine parvi ceduntur vulnere ab herode sevissimo lactentum fit discerptio: agni sub alas pueri clamant agnum dignissimum his vocibus almifluis. Quare. *Alius versus in octava die tantum.* ℣ Vidi sub altare dei animas sanctorum propter verbum dei quod habebant: et clara voce dicebant. Quare. *Lectio ij.*
Christo igitur nato in bethleem jude temporibus herodis regis: de orientis partibus adventantes quidam viri ex magorum gente percunctantur ab herode: ubinam esset rex: qui nuper natus est rex judeorum affirmantes se vidisse stellam ejus in oriente: que sibi etiam dux itineris extitisset. Causam[1] vero tante properationis adorandi ac venerandi nuper editi regis esse.[2] *Re.* Effuderunt sanguinem sanctorum velut aquam in circuitu hierusalem. Et non erat qui sepeliret. ℣ Vindica domine sanguinem sanctorum tuorum qui effusus est. Et. *Lectio iij.*
Quibus ille auditis incredibiliter deterretur: timens ac verens ne statu[3] sui periclitaretur imperii. Herodes ergo advocatis legis doctoribus percunctatur:

ubinam Christum nasci sperarent. Mox vero ex michee oraculis locus nativitatis ejus apud bethleem designatus est. Uno precepto jussit rex omnes lactentes pueros occidi: non solum apud bethleem: sed in omnibus finibus ejus a bimatu et infra. Sed preventis regis insidiis puer Jesus adductus est in egyptum: parentibus de dolo regis angelo prenunciante commonitis.[4] *Re.* Adoraverunt viventem in secula seculorum. Mittentes coronas suas ante thronum domini dei sui. ℣ Et ceciderunt in conspectu throni in facies suas: et adoraverunt viventem in secula. Mittentes. Gloria. Mittentes. *In ij nocturno añ.* Norunt infantes laudare deum qui loqui non noverunt[5] fiunt periti laude qui fuerant imperiti sermone. *p̄s.* Verba mea. *añ.* Erigitur itaque infantium etas in laudem que delictorum non noverat crimen. *p̄s.* Domine dominus noster. *añ.* Dignus a dignis laudatur: et innocens innocentium testimonio comprobatur. *p̄s.* Conserva me. ℣ Letamini in domino. *Sermo.* *Lectio iiij.*
Deceptus itaque herodes rex et illusus a magis: misit in bethleem et in omnibus finibus ejus: ut interficerentur omnes pueri a bimatu et infra. Occiduntur pro Christo parvuli: pro justicia moritur innocentia. Beata es o bethleem terra juda que herodis regis immanitatem in puerorum extinctione perpessa es: que sub uno tempore candi-

---

[1] causa: E.G.   [2] esset: E.G.W.   [3] status: E.G.
[4] commonitus: W.   [5] noverant: E.G.W.

I

IN FESTO

datam plebem inbellis infantie deo offerre meruisti. *Re.* Isti sunt sancti qui passi sunt propter te domine : vindica eos. Quia clamant ad te quotidie. ℣ Vindica domine sanguinem sanctorum tuorum qui effusus est. Quia. *Lectio v.*

Digne tamen[1] natalem illorum colimus : quos beatius eterne vite munus[2] edidit : quam quos maternorum viscerum partus effudit. Infelix tyrannus herodes putabat se domini salvatoris adventu regali solio detrudendum : sed non ita. Non ad hoc venerat Christus ut alienam gloriam invaderet : sed ut suam donaret. Non inquam ad hoc venerat ut constitueretur super sceptra magnificus : sed ut crucifigeretur illusus. *Re.* Cantabant sancti canticum novum ante sedem dei et agni. Et resonabat terra in voces illorum. ℣ Sub throno dei omnes sancti clamant : vindica sanguinem nostrum deus noster. Et. *Lectio vj.*

Nascente ergo domino conturbatur herodes : et omnis hierosolyma[3] cum illo. Ite inquit [4]requirite de puero : et cum inveneritis renunciate mihi : ut et ego veniens adorem eum. Simulabat herodes adorare se velle quem conabatur occidere : sed non timet veritas : falsitatis insidias. Christum enim non potest invenire perfidia : quia deus non est querendus crudelitate sed credulitate. *Re.* Isti sunt sancti qui non inquinaverunt vestimenta sua. Ambulabunt mecum in albis quia digni sunt.

Iste versus in die tantum. ℣ O beata parvulorum infantia o vere sine labe innocentia in qua divina sic claruit bonitas ut quos recens ediderat nativitas mundus diu non teneret : sed quos hostis Christi causa extinxerat illos celis Christus triumphantes invexit et agnum quocunque ierit sequuntur dicentem. Ambulabunt. Gloria deo patri altissimo ejusque unigenito et spiritui sancto. Ambulabunt. *Alius versus in octava die tantum.* ℣ Hij sunt qui cum mulieribus non sunt coinquinati virgines enim sunt. Ambulabunt. *In iij nocturno an̄.* Dicunt infantes domino laudes trucidati ab herode occisi predicant quod vivi non poterant. *ps̄.* Domini est terra. *an̄.* Licuit sanguine loqui quibus lingua non licuit : miscent cum domino colloquia quibus humana negata sunt verba. *ps̄.* Beati quorum. *An̄.* Clamant clamant clamant dominum innocentes resonat luctus multis matribus in excelsis gaudet ecclesia super martyres innocentes. *ps̄.* Deus venerunt. ℣ Justorum anime. *Secundum Matheum.*

In illo tempore : Angelus domini apparuit in somnis joseph dicens. Surge et accipe puerum et matrem ejus et fuge in egyptum : et esto ibi usque dum dicam tibi. Et reliqua.

Omelia venerabilis Bede presbyteri. *Lectio vij.*

De morte preciosa martyrum Christi innocentum sacra

---

[1] pro 'tamen' ergo : G.
[2] mundus: G.
[3] hierosolima : W.
[4] 'et' add : W.

SANCTORUM INNOCENTUM.

nobis est fratres charissimi evangelii lectio recitata: in qua tamen omnium Christi martyrum preciosa est mors designata. Quod enim parvuli occisi sunt: signat per humilitatis meritum ad martyrii gloriam perveniendum: et quia nisi conversus fuerit quis et effectus ut parvulus: non possit animam dare pro Christo. *Re.* Sub throno dei omnes sancti clamant. Vindica sanguinem nostrum deus noster. ℣ Sub altare dei audivi voces occisorum clamantium et dicentium. Vindica. *Lectio viij.* Quod vox in rama id est in excelso audita est ploratus et ululatus: manifeste denunciat luctum sancte ecclesie quo de injusta membrorum suorum nece gemit: non ut hostes garriunt in vacuum cedere: sed usque ad solium superni judicis ascendere. Quod rachel plorasse filios suos dicitur nec voluisse consolari quia non sunt: signat ecclesiam plorare sanctorum de hoc seculo ablationem[1] sed non ita velle consolari: ut qui seculum morte vicerunt: rursus ad seculi certamina secum toleranda redeant: quia non sunt revocandi in mundum: qui de erumnis ejus semel evaserunt coronandi ad Christum. *Re.* Ambulabunt mecum in albis quoniam digni sunt. Et non delebo nomina eorum de libro vite. ℣ Hi sunt qui cum mulieribus non sunt coinquinati: virgines enim sunt. Et. *Lectio ix.* Quod occisis pro domino pueris: herodes non longe post obiit et joseph monente angelo domum[2] cum matre ad terram israel reduxit signat omnes persecutiones que contra ecclesiam erant movende: ipsorum persecutorum morte vindicandas: eisdemque multatis persecutoribus pacem ecclesie denuo reddendam. Quod autem defuncto herode redit ad terram israel Jesus: finem seculi denunciat quando enoch et helya predicantibus judei sopita moderne invidie flamma: fidem veritatis accipient. *Re.* Centum quadraginta quatuor millia qui empti sunt de terra: hi sunt qui cum mulieribus non sunt coinquinati: virgines enim permanserunt. Ideo regnant cum deo: et agnus dei cum illis. ℣ Hi empti sunt ex hominibus primitie deo et agno: et in ore ipsorum non est inventum mendacium. Ideo. Gloria. Ideo. *Reincipiatur Responsorium et dicatur Prosa.* Sedentem in superne majestatis arce. ℣ Adorant humillime proclamantes ad te. ℣ Cum illis unde vigintiquinque. ℣ Sanctus sanctus sanctus sabaoth rex. ℣ Plena sunt omnia glorie tue. ℣ Atque cum innocentissimo grege. ℣ Qui sine ulla sunt labe. ℣ Dicentes excelsa voce ℣ Laus tibi sit domine rex eterne glorie. *ps.* Te Deum. *non dicitur*[3]: *nisi dominica fuerit. Si autem dominica fuerit Responsorium post* Gloria *non reincipiatur: sed prosa dicatur; et postea ps.* Te Deum. ℣ Mirabilis deus. *In laudibus antiphona.* Herodes iratus occidit multos pueros in bethleem jude civitate david. *ps.* Dominus reg-

---

[1] oblationem : W.   [2] dominum : G.   [3] dicatur : W.

navit. *añ.* A bimatu et infra occidit multos pueros herodes propter dominum. *p͞s.* Jubilate. *añ.* Vox in rama audita est ploratus et ululatus rachel plorans filios suos. *p͞s.* Deus deus meus. *añ.* Sub throno dei omnes sancti clamant: vindica sanguinem nostrum deus noster. *p͞s.* Benedicite. *añ.* Cantabant sancti canticum novum ante sedem dei et agni : et resonabat terra in voces illorum. *p͞s.* Laudate. *Capitulum.* Vidi supra montem syon agnum stantem : et cum eo centum[1] quadraginta quatuor milia habentes nomen ejus et nomen patris ejus scriptum in frontibus suis. *Hymnus.* Rex gloriose martyrum. ℣ Justi autem. *In evange. añ.* Hi sunt qui cum mulieribus non sunt coinquinati : virgines enim sunt et sequuntur agnum quocunque ierit. *p͞s.* Benedictus. *Oratio* Deus cujus hodierna. *Memoria de nativitate añ.* Natus est nobis. *Memoria de sancto stephano añ.* Adhesit. *Memoria de sancto johanne añ.* Hic est discipulus ille. ℣ Valde honorandus. *Oratio.* Ecclesiam tuam.

Ad primam hymnus Agnoscat. *añ.* Herodes *p͞s.* Deus in nomine. *añ.* Gratias. *p͞s.* Quicunque vult. *Re.* Jesu Christe. *etc. Ad tertiam añ.* A bimatu. *p͞s.* Legem pone. *Capitulum* Vidi supra montem. *Re.* Exultent justi. *sine* alleluia *nisi dominica fuerit. Oratio* Deus cujus. *Ad sextam añ.* Vox in rama. *p͞s.* Defecit. *Capitulum.*

Hi sunt qui cum mulieribus non sunt coinquinati virgines enim sunt : et sequuntur agnum quocunque ierit. *Re.* Letamini in domino. *Oratio.* Deus cujus. *Ad nonam añ.* Cantabant. *p͞s.* mirabilia. *Capitulum.*

Hi empti sunt ex hominibus primitie deo et agno : et in ore eorum non est inventum mendacium sine macula sunt ante thronum dei. *Re.* Justorum anime. ℣ Justi autem imperpetuum. *Oratio* Deus cujus. *Ad vesperas añ.* Tecum principium. *p͞s.* Dixit dominus *etc. Capitulum.* Vidi supra montem *Re.* Centum quadraginta. *cum versu et prosa. Hymnus.* Rex gloriose ℣ Mirabilis deus. *In evangelio añ.* Ambulabunt mecum in albis quoniam digni sunt : et non delebo nomina eorum de libro vite. *p͞s.* Magnificat. *Oratio.* Deus cujus. *Memoria de sancto thoma añ.* Pastor cesus in gregis medio pacem emit cruoris precio : o letus dolor in tristi gaudio : grex respirat pastore mortuo plangens plaudet[2] mater in filio : quia vivit victor sub gladio. ℣ Gloria et honore. *cum* alleluia. *Oratio.*

Deus pro cujus ecclesia gloriosus pontifex thomas gladiis impiorum occubuit : presta quesumus : ut omnes qui ejus implorant auxilium : petitionis sue salutarem consequantur effectum. Per Christum. *Memoria de nativitate añ.* Virgo verbo concepit. ℣ Tanquam sponsus.

---

[1] 'syon' add : W.
[2] plaudat : E.G.

S. THOME EPISCOPI.

Oratio. Concede. *Memoria de sancto stephano an.* Stephanus vidit celos. ℣ Posuisti domine. *Oratio* Da nobis quesumus. *Memoria de sancto johanne an.* Hic est discipulus meus. ℣ Valde honorandus. *Oratio.* Ecclesiam tuam.
¶ *Sancti thome martyris. Festum autem ejus principale duplex est: nec tamen octavam habet.*

Ad matutinas invitatorium. Assunt thome martyris solennia. Virgo mater jubilet ecclesia. *ps.* Venite. *Hymnus* Deus tuorum militum. *In j nocturno an.* Summo sacerdotio thomas sublimatus est[1] in virum alterum subito mutatus. *ps.* Beatus vir. *An.* Monachus sub clerico clam ciliciatus carnis carne fortior edomat conatus. *ps.* Quare fremuerunt. *An.* Cultor agri domini tribulos avellit et vulpes a vineis arcet et expellit. *ps.* Domine quid. ℣ Gloria et honore. *Lec. j.*
Hodie fratres charissimi merito beato thome a fidelibus honor et reverentia exhibetur in terris: cui collata est cum angelis beatitudo et gloria in celis: gaudium de novitate: securitas de eternitate. Dormiente igitur cum patribus suis in senectute bona felicis memorie thecbaldo archiepiscopo: thomas cantuariensis ecclesie archidiaconus: in archiepiscopum cantuariensem solemniter eligitur: et post modicum consecratur. *Responsorium.* Studens livor thome supplicio thome genus dampnat exilio. Tota simul exit cognatio. ℣ Ordo sexus etas conditio nullo gaudet hic privelegio. Tota. *Lectio ij.*
Promotus igitur electus dei pontifex sacreque unctionis sanctificatione delibutus e vestigio rem sacramenti est adeptus: et multiplici spiritus sancti gratia repletus. Ambulans enim in novitate vite novus homo: mutatus est in virum alterum cujus omnia in melius conversa sunt: In tanta autem gratia sacravit presulatus sui primordia: ut indutus se clanculi[2] monachali scemate: monachi adimpleret opus et meritum. *Re.* Thomas manum mittit ad fortia spernit dampna spernit opprobria. Nulla thomam frangit injuria. ℣ Clamat cunctis thome constantia omne solum est forti patria. Nulla. *Lectio iij.*
Considerans itaque lividus hostis: novum pontificem: novum hominem: tam multiplici gratia vernantem: machinatus est temptationis uredinem immittere: quo jam exortum meritorum germen posset suffocare. Nec mora qui seperat hominem a deo suo: amicum a proximo: inexorabiles discordias inter regem et archiepiscopum seminavit: ob quasdam res et negocia in prejudicium juris ecclesiastici usurpata. *Re.* Lapis iste sex annis tunditur sic politur sic quadratus[3] redditur. Minus cedens quo magis ceditur. ℣ Aurum fornax probat nec uritur: domus firma ventis non quatitur. Minus. Gloria. Minus.

In ij nocturno an. Nec in agnos

---

[1] 'et' add: E.   [2] 'se' om.: E.G. clanculo: E.G.   [3] quadrus: G.

sustinet lupos desevire nec in ortum olerum vineam¹ transire. *ps.* Cum invocarem. *Āñ.* Exulat vir optimus sacer et insignis ne cedat ecclesie dignitas indignis. *ps.* Verba mea. *Āñ.* Exulantis predia² preda³ sunt malignis sed in igne positum non exurit ignis. *ps.* Domine dominus noster. ℣ Posuisti. *Lec. iiij.*

Denique ad curiam apud northamtoniam citatus: quasi super quibusdam consuetudinibus regni observandis: quas veritati et rationi obviare testabatur: cautionem daturus negavit. Ex auctoritate sua periculis opposita immo exposita: pro tuenda libertate ecclesiastica sententiam minabatur. Cum vix inveniretur qui cum⁴ alloqueretur⁵ faceret bonum: sed omnia cederent in contrarium: et mora circumtraheret⁶ periculum facta appellatione iniquitati cessit clam paucisque⁷ comitatus recessit mare adiit transfretavit. *Re.* Post sex annos redit vir stabilis dare terre teste vas fragilis. Christo vasis thesaurum fictilis. ℣ Ne sit lupis preda grex humilis se pro grege dat pastor nobilis. Christo. *Lectio v.*

Ibat aut⁸ per viam suam gaudens et exultans: quia dignus habitus est pro justicia a consilio contumeliam pati. Aditoque beatissimo papa alexandro: qui ea tempestate in franciam venerat: negotia quedam sicut et ante proposuit:⁹ tum de salute anime sue: tum de oppressionibus ecclesie quam regendam susceperat: diligenter exposuit. At cum pater et pastor universalis¹⁰ adventus coepiscopi sui causam ex integro cognovisset de tanta et tali columna in domo dei erecta gratias egit. *Re.* Ex summa rerum leticia summus fit planctus in ecclesia de tanti patroni absentia. Sed cum redeunt miracula redit populo leticia. ℣ Concurrit turba languidorum et consequitur gratiam beneficiorum. Sed cum. *Lec. vj.*

Exulans ergo beatissimus pater cum suis jam fere sex annos explevit: quibus in virum perfectum creverat: cum toto eo tempore inter ipsum et regem anglorum pax nullatenus posset reformari: sed magis deformata videretur. Denique placuit omnium dispositori deo sui thome recompensare merita: et longos labores consummare victoriosa martyrii palma. Regis ergo sententiam mutavit in melius: et mediantibus tam domini pape paterna exhortatione regis francorum et plurimorum episcoporum consilio: quam etiam principum supplici interventu: sopita iracundie flamma: archiepiscopum recepit in gratiam: et ad suam concessit redire ecclesiam. *Re.* Jacet granum oppressum palea justus¹¹ cesus pravorum framea. Celum domo commutans lutea. ℣ Cadit custos vitis in vinea: dux in

---

¹ tineam: G.
² presidia: W.
³ 'preda' om.: W.
⁴ eum: E.G.W.
⁵ 'aut' add: E.G.W.
⁶ certum traheret: E.G.W.
⁷ clamque paucis: G.
⁸ pro 'aut' autem: E.G.W.
⁹ proponens: G.
¹⁰ 'ecclesie' add: E.G.W.
¹¹ justos: W.

S. THOME EPISCOPI.

castris: cultor in area. *Celum. Gloria. Celum.*

In tertio nocturno añ. Sathane satellites irrumpentes templum inauditum perpetrant sceleris exemplum. *ps̄.* In domino confido. *añ.* Strictis thomas ensibus obviam procedit: non minis non gladiis: sed nec morti cedit. *ps̄.* Domine quis habitabit. *añ.* Hosti pandit ostium: hostia futurus: et pro domo domini stat in hostes murus. *ps̄.* Domine in virtute. ℣ Magna est. *Secundum johannem.*

In illo tempore: Dixit Jesus discipulis suis: Ego sum pastor bonus. Bonus pastor animam suam dat pro ovibus suis. Et cetera.[1] *Omelia beati gregorii pape.* Bonus pastor Christus est fratres.[2] *Require in dominica ij post pascha. Re.* Mundi florem a mundo conteri: rachel plorans jam cessa conqueri: Thomas cesus dum datur funeri: novus abel succedit veteri. ℣ Vox cruoris vox sparsi cerebri: celum replet clamore celebri. Thomas cesus dum datur. *Lectio viij.*

Vix per mensem pater in ecclesia sua moram fecerat: et ecce quinta dominice nativitatis die veniunt cantuariam quattuor milites sathane condicti satellites. Precipites ergo et stupidi insequentes archiepiscopum extractis gladiis intrant ecclesiam furiose clamantes: Ubi est proditor ille? Nemine vero respondente: ingeminant illi: Ubi est archiepiscopus? Sciensque Christi confessor: et mox futurus martyr priori nomine se falso impeti: alterum vero sibi pro officio competere: a[3] gradibus obviam illis procedens: ecce inquit assum. In tanta autem se exhibebat constantia: ut nec animus ejus pavore: nec corpus horrore concuti videretur. *Re.* Christe Jesu per thome vulnera que nos ligant relaxa scelera. Ne captivos ferant ad infera hostis mundus vel carnis opera. ℣ Per te thoma post leve munera amplexetur nos dei dextera. Ne captivos ferant. *Lectio ix.*

Cunque unus ex eis brachium extendens vibraret gladium in caput archiepiscopi: brachium cujusdam qui astabat clerici fere abscidit: et ipsum pariter in capite vulneravit christum domini. Stabat adhuc justus pro justicia: velut agnus innocens sine murmure: sine querimonia: et se ipsum holocaustum offerens domino: sanctorum patrocinia implorabat. Secundus et tertius gladios suos vertici constantis athlete atrociter illiserunt: confregerunt: et spiritus sancti victimam solo tenus precipitaverunt. Quartus plus quam ferali[4]: immo furiali[5] crudelitate debachatus[6]: jam[7] prostrato jam expiranti: coronam rasilem abscidit: testam capitis dissipavit: et mucrone vertici intruso: cerebrum cum sanguine super pavimentum lapideum effudit. Sic sic per mar-

---

[1] reliqua: G.W.
[2] Haec omelia longe et diffuse perscripta est in E.G.W. Eadem vero est qua utitur hoc Brev^ium infra: pro Lectione 1ma et 2da in matutinis Dominicae 2^dae post Pascha.
[3] 'a' om.: E.G.W.
[4] feralis: E.
[5] feriali: W.
[6] debacchatus: G.
[7] 'jam' om.: E.G.W.

IN FESTO

tyrii palmam novus abel consecratur ad laudem domini nostri Jesu Christi. *Re.* Ferro pressos thomas exonerat vincla solvit et seras reserat. Sanat egros: obsessos liberat. ℣ Pacat bella tyrannis imperat sedat fluctus et flammas temperat. Sanat. Gloria. Sanat. *ps̄.* Te deum laudamus. ℣ Posuisti.
In laudibus antiphona.
Granum cadit copiam germinat frumenti: alabastrum frangitur fragrat vis unguenti. *ps̄.* Dominus regnavit. *Añ.* Totus orbis martyris certat in amorem cujus signa singulos agunt in stuporem. *ps̄.* Jubilate. *Añ.* Aqua thome quinquies varians colorem in lac semel transiit quater in cruorem. *ps̄.* Deus deus meus. *Añ.* Ad thome memoriam quater lux descendit: et in sancti gloriam cereos accendit. *ps̄.* Benedicite. *Añ.* Tu per thome sanguinem quem pro te impendit fac nos Christe scandere quo thomas ascendit. *ps̄.* Laudate. *Capitulum.* Iste sanctus. *Hymnus.* Martyr dei. ℣ Justus ut palma. *In evangelio añ.* Opem nobis o[1] thoma porrige: rege stantes: jacentes erige mores actus et vitam corrige: et in pacis nos viam dirige. *ps̄.* Benedictus. *Oratio* Deus pro cujus. *Memoria de nativitate añ.* Nesciens mater. *Memoria de sancto stephano. Añ.* Ecce video. *Memoria de sancto johanne. Añ.* Ecce puer meus. *Memoria de innocentibus. añ.* Herodes iratus. ℣ Mirabilis deus. *Oratio* Deus cujus hodierna.

ℭ *Notandum quod memorie de sancto stephano de sancto johanne: et de innocentibus fiant quotidie infra octavas suas cum antiphonis de laudibus suis ordinatim iteratis: et cum versiculis scilicet de sancto johanne.* Valde honorandus *et de innocentibus* Mirabilis deus *tam in vesperis quam in matutinis exceptis primis vesperis et matutinis in die circuncisionis domini. In secundis vero vesperis circuncisionis domini fiat memoria tantum de sancto stephano cum añ.* Intuens in celum. *Ad primam. hymnus.* Agnoscat. *añ.* Granum. *ps̄.* Deus in nomine. *añ.* Gratias. *ps̄.* Quicunque vult. *Re.* Jesu Christe. ℣ Tu patris verbigena *et cetera. Ad tertiam. añ.* Totus orbis. *ps̄.* Legem pone. *Capitulum.* Beatus vir qui suffert. *Re.* Gloria et honore *cum* alleluia. ℣ Posuisti. *Oratio* Deus pro cujus. *Ad sextam. añ.* Aqua thome *ps̄.* Defecit. *Capitulum.* Beatus vir qui in sapientia. *Re.* Posuisti. *cum* alleluia. ℣ Magna. *Oratio* Deus pro cujus. *Ad nonam. añ.* Tu per thome. *ps̄.* Mirabilia. *Capitulum* Iste sanctus. *Re.* Magna est *cum* alleluia. ℣ Justus ut palma.[2] *Oratio* Deus pro cujus. *Ad vesperas añ.* Tecum principium. *ps̄.* Dixit dominus. &c. *Capitulum* Iste sanctus. *Re.* Jesu bone per thome merita nostra nobis dimitte debita domum portam sepulchrum visita. Et a trina nos morte suscita. ℣ Actu mente vel visu perdita pietate restaura solita. Et.[3] Gloria. Et. *Hymnus.* Martyr dei.

---

[1] 'o' om.: W. [2] pro 'Justus ut palma' Magna: G. [3] 'Et' om.: E.

℣ Gloria et honore. *In evangelio añ.* Salve thoma virga justicie mundi jubar: robur ecclesie: plebis amor: cleri delicie: salve gregis tutor egregie: salva tue gaudentes glorie. *ps̄.* Magnificat. *Oratio.* Deus pro cujus. *Memoria de nativitate. añ.* Virgo hodie. *Memoria de sancto stephano. Añ.* Lapidaverunt. *Memoria de sancto johanne. Añ.* Sunt de hic stantibus. *Memoria de innocentibus. añ.* A bimatu. ¶ *Si in crastino sancti thome dominica non fuerit tunc de officio dominicali agatur hoc modo. Invitatorium.* Christus natus. *ps̄.* Venite. *Hymnus.* Christe redemptor. *In nocturno añ.* Dominus. *ps̄.* Quare fremuerunt gentes. *cum ceteris psalmis de nocte nativitatis domini sub hac antiphona.* ℣ Tanquam sponsus. *Secundum lucam.*

In illo tempore: Erat[1] joseph et maria mater Jesu mirantes super hiis que dicebantur de illo. Et reliqua. *Omelia Origenis doctoris. Lectio prima.*

Congregemus in unum ea que in ortu Jesu dicta scriptaque sunt de eo: et tunc scire poterimus singula queque esse digna miraculo quamobrem mirabatur et pater. Sic enim appellatus est joseph: quia nutricius domini fuit: Mirabatur etiam et mater super omnibus que dicebantur de eo. *Re.* Beata dei genitrix. ℣ Beata que credidisti.

Quenam ergo sunt que [*Lec. ij.*] de parvulo Jesu fama disperserat? Venit vero angelus sub ipsa hora nativitatis Jesu dicens pastoribus. Annuncio vobis gaudium magnum: ite et invenietis infantem pannis involutum et positum in presepio. Necdum angelus verba finierat: et ecce multitudo celestis excercitus laudare cepit et benedicere deum. *Re.* Sancta et immaculata. ℣ Benedicta tu. *Lectio iij.*

Simeon vero senex qui divinitatem domini in mundo expectaverat: postquam eum vidit: postquam manibus portavit: postquam benedixit mariam: et joseph benedicit.[2] Intellexit enim illam omni benedictione esse dignissimam: que illum qui est super omnia benedictus in secula: ex se meruit generare. Neque ab hac benedictione joseph extraneum putavit: qui pro magna sanctitate sponsus marie vocari: et pater salvatoris meruit appellari. *Re.* O regem celi cui talia famulantur obsequia: stabulo ponitur qui continet mundum. Jacet in presepio: et in nubibus tonat. ℣ Mirabile mysterium declaratur hodie innovantur nature deus homo factus est. Jacet. Gloria. Jacet. *ps̄.* Te deum laudamus. ℣ Verbum caro.

In laudibus hec sola antiphona. Quem vidistis. *ps̄.* Dominus regnavit. *etc. Capitulum.* Multipharie. *Hymnus.* A solis ortus cardine. ℣ Benedictus qui venit. *In evange. añ.* Dum medium silentium tenerent omnia et nox in suo cursu iter perageret: omnipotens sermo tuus domine a regalibus sedibus venit. alleluia. *ps̄.* Benedictus. *Oratio.*

---

[1] Erant: G.   [2] benedixit: E.G.

IN CRASTINO SANCTI

Deus qui salutis eterne beate marie virginitate fecunda humano generi premia prestitisti: tribue quesumus: ut ipsam pro nobis intercedere sentiamus: per quam meruimus auctorem vite suscipere: Dominum nostrum Iesum Christum filium tuum. Qui tecum. *Memoria de sancto stephano an.* Lapides torrentes. *Memoria de sancto johanne an.* Sic eum volo. *Memoria de innocentibus. antiphona.* Vox in rama.

Ad primam an. Genuit puerpera. *ps.* Deus in nomine. *ps.* Quicunque vult. *sub eadem antiphona. Re.* Jesu Christe *cum* alleluia. ℣ Qui de virgine. *Ad alias horas antiphone sequentes de laudibus Capitula et Responsoria ut in die nativitatis domini cum oratione* Concede quesumus. *Si in crastino sancti thome dominica fuerit vespere in die sancti thome erunt de sancto thoma: et memoria de nativitate cum an.* Virgo hodie. *Memoria de sancto stephano. an.* Lapidaverunt. *Memoria de sancto johanne. an.* Sunt de hic. *Memoria de innocentibus. an.* A bimatu. *Ad matutinas invitatorium et hymnus ut supra cum ix antiphonis et psalmis de nocte nativitatis domini et versiculis. Sermo beati augustini episcopi. Lectio j.*

Hodie veritas de terra orta est: Christus de carne natus est. Gaudete solenniter: et sempiternum diem hodiernum quoque admoniti: cogitate eterna dona: spe firmissima concupiscite: filii dei esse accepta potestate presumite. *Re.* Quem vidistis. ℣ Dicite. *Lectio ij.*

Propter vos temporalis effectus est temporum effector: propter vos in carne apparuit mundi conditor: propter vos natus est salvator: Quid adhuc mortales rebus mortalibus oblectamini: et fugitivam vitam si figi posset: tenere conamini. *Re.* O magnum. ℣ Domine audivi. *Lectio iij.*

Spes longe clarior effulsit in terris: ut terrenis vita promitteretur in celis. Hoc ut crederetur: res incredibilior prerogata est. Deos facturus qui homines erant: homo factus est qui deus erat: nec amittens quod erat fieri voluit ipse deus quod fecerat: quia hominem deo addidit: non deum in homine perdidit. *Re.* Verbum caro factum est. ℣ In principio erat verbum. *sine prosa. Lectio iiij.*

Miramur virginis partum: et novum ipsum nascendi modum et incredulis persuadere conamur: quod in utero non seminatum germen prolis exortum est. Et a complexu carnis viscera innumera filium hominis protulerunt: cujus patrem hominem non tulerunt. *Re.* O regem celi. *ut supra post expositionem. Lectio v.*

Sempiternus cum patre: hodiernus ex matre. Post matrem de matre factus est: ante omnia de patre natus est: sine quo pater nunquam fuit: sine quo mater nunquam fuisset. Exultate virgines Christi consors vestra mater est Christi: Christum parere non potuistis: sed propter Christum parere noluistis. Qui non ex vobis natus est: sed vobis datus est. *Re.* Te laudant angeli sancta dei genitrix que virum non cognovisti et dominum in tuo utero bajulasti concepisti per aurem dominum nostrum : Ut benedicta dicaris inter omnes mulieres. ℣ Ipsum genuisti et in presepe posuisti quem adorat multitudo angelorum. Ut benedicta.

Alius versus dicendus in die circuncisionis tantum. ℣ Ipsum quem totus nequit mundus comprehendere tu virgo tuo concepisti utero patremque tuum qui te filiam genuit genuisti et in presepe posuisti quem adorat multitudo angelorum. Ut benedicta. *Lectio vj.*

Exultate vidue Christi : quia fecundam fecit virginitatem ille cui vovistis continentiam sanctitatis. Exultet etiam castitas nuptialis : omnes fideliter vivite cum conjugibus vestris : et quod amisistis in corpore : in corde servate. Ubi jam non potest esse a concubitu caro integra : sit fidelis in fide virgo conscia[1] : secundum quam virgo est omnis ecclesia. *Re.* Beata es maria. ℣ Ave maria. *Expositio.* Erat Joseph et maria *ut supra cum Omelia sequenti. vij Re.* Beata dei genitrix. ℣ Beata que credidisti. *viij Re.* Sancta et immaculata. ℣ Benedicta tu. *ix Re.* Descendit. ℣ Tanquam sponsus. *ps.* Te deum laudamus. ℣ Verbum caro.

In laudibus añ. Quem vidistis *cum sequentibus antiphonis super psalmos. Capitulum.* Multipharie. *Hymnus* A solis ortus. ℣ Benedictus qui venit. *In evangelio añ.* Dum medium silentium. *ps.* Benedictus. *Oratio.* Deus qui salutis. *Memoria de sancto stephano añ.* Lapides. *Memoria de sancto johanne añ.* Sic eum. *Memoria de innocentibus. Añ.* Vox in rama. *et cetera ut supra.*

Ad primam et ad alias horas : antiphone. Capitula et Responsoria et oratio de nativitate sicilicet Concede quesumus.

❡ *Sancti silvestri pape et confessoris. Ad vesperas. Añ.* Tecum principium. *ps.* Dixit dominus. *etc. Capitulum.* Ecce sacerdos. *Re.* Miles Christi. *Hymnus* Iste confessor. ℣ Amavit eum. *In evangelio añ.* Confessor domini. *ps.* Magnificat. *Oratio.* Da quesumus. *ut in communi. Si dominica sit fiat memoria de dominica cum hac antiphona.* Puer Jesus crescebat et confortabatur plenus sapientia et gratia dei erat in eo. ℣ Tanquam sponsus. *Oratio* Deus qui salutis. *Si autem dies alia fuerit quam dominica fiat memoria de nativitate cum antiphona* Nato domino. ℣ Tanquam sponsus. *Oratio.* Concede. *Memoria de sancto stephano. Añ.* Adhesit anima. *Memoria de sancto johanne. Añ.* Hic est discipulus ille. *Memoria de innocentibus. Añ.* Sub throno dei.

Ad matutinas invitatorium. Unum deum. *ps.* Venite. *Hymnus* Iste confessor. *et cetera unius confessoris et pontificis. Lectio j.*

Silvester igitur urbis rome episcopus cum esset infantulus a vidua matre justa nomine

---

[1] conscientia: E.G.W.

IN FESTO

et opere nutritus traditus est cyrino presbytero. Cujus vitam imitatus et mores: ad summum apicem christiane religionis attigit. Quique cum esset tricesimum annum etatis gerens: a sancto melchiade episcopo diaconus factus est. Nec multo post ad gradum sacerdotii promotus est. Sancto igitur melchiade episcopo migrante ad dominum: ab omni populo silvester eligitur: et honorifice episcopus consecratur. *Re.* Euge serve. *Lectio ij.*

*I*n illo tempore: Exiit decretum a constantino augusto ut christiani ad sacrificandum idolis cogerentur. Unde factum est ut secedens ab urbe sanctus silvester in monte sirapti[1] latibulo cum suis se clericis collocaret. Constantinus autem augustus cum multos christianos occidisset: elephantie morbo a deo in toto corpore percussus est. Huic capitoli pontifices hoc dederunt consilium: ut piscinam repleri faceret infantum occisorum sanguine: in qua ipse augustus descendens mundaretur a lepra. *Re.* Ecce sacerdos. *Lectio iij.*

*S*tatim missum est ad predia regia: et tria millia infantum adducti sunt romam. Die autem constituta cum imperator iret ad capitolium: et jam parati adessent qui occidendi erant pueri: occurrit multitudo innumerabilium mulierum fundentes amaras lacrimas. Tunc pietate motus imperator dixit. Melius est pro salute innocentium mori: quam per interitum innocentium vitam recuperare crudelem. Et hec dicens: jussit filios reddi matribus suis insuper dona annonas et vehicula infinita perhiberi[2]: ut gaudentes reverterentur ad civitates suas. *Re.* Agmina sacra. ℣ Tanquam sponsus.[3] *Sermo beati augustini episcopi. Lectio iiij.*

*Q*uis tantarum[4] rerum verborumque copia instructus existit: qui hujus diei gratiam dignis possit laudibus predicare. Unde si hujusmodi nullus est: non erubescimus etiam si nobis nitidior dicendi facundia desit: vel mediocri tamen sermone partum sacre virginis: et ortum dominici corporis disserentes conabimur explicare. Natalis est ergo salvatoris hodie de quo angelus pastoribus dicit: Natus est nobis hodie salvator. *Re.* Quem vidistis. ℣ Dicite. *Lec. v.*

*D*e quo propheta etiam dicit. Puer natus est nobis: et filius datus est nobis. Nascitur ergo quem regem gentium alius propheta testatur: Et nascitur ex virgine: sicut scriptum est: Ecce virgo concipiet in utero et pariet filium et vocabitur nomen ejus emanuel: quod interpretatum est ex hebrea lingua in latinum translata: nobiscum deus. *Re.* O magnum. ℣ Domine audivi.

*P*robat ergo virtutem [*Lec. vi.* domini ordo nascendi. Concepit virgo virilis ignara consortii: impletur uterus nullo humano pollutus amplexu. Videte miraculum matris dominici corporis:

---

[1] serapti: E.G.
[2] exhiberi: E.G.W.
[3] medie lectiones de nativitate: add: E.G.W.
[4] tanta: G.

SANCTI SILVESTRI PAPE.

virgo cum concepit: virgo gravida: virgo cum parturit. virgo post partum. Preclara ergo illa virginitas et gloriosa fecunditas: virtus mundi nascitur: et nullus pariendi est gemitus: vacuatur uterus: infans excipitur: nec tamen violatur virginitas. *Re.* Te laudant. ℣ Ipsum genuisti. *Septima lectio de expositione evangelii secundum matheum.* Homo quidam peregre. *Omelia ut in communi. Re.* Amavit eum. *Lectio viij.*

*I*gitur transacta die: nocturno silentio facto: rex constantinus per somnium vidit sanctos apostolos petrum et paulum dicentes ad eum: Nos apostoli dei missi sumus ad te dare tibi sanitatis recuperande consilium: quoniam innocentis sanguinis horruisti effusionem. Silvester episcopus persecutionem tuam fugiens: in spelunca montis sirapti[1] latet. Hunc ad te cum honore fac adduci: et ipse tibi piscinam pietatis ostendet: in qua cum te tertio merserit: omnis te valitudo ista deseret lepre. Exurgens igitur rex constantinus a somno: convocavit ad se silvestrum episcopum: et exposuit ei omnia que sibi ab apostolis dicta sunt. *Re.* Magnificavit.

*S*anctus silvester epis- [*Lec. ix.* copus dixit ad imperatorem constantinum: Unius hebdomade jejunium age: et deposita purpura prosterne te in cilicio: et te sanctos dei occidisse peniteas.[2] Expleto igitur jejunio sanctus episcopus benedixit fontem. Quo benedicto ingressus est augustus et subito quasi fulgor lucis intolerabilis splendor emicuit: qui omnium et mentes extrivit et aspectus obtexit. Rex autem a fonte mundus exurgens: se Christum vidisse confessus est. Sedit vero beatus papa silvester in sede apostolica annos viginti tres: menses decem: dies undecim: et obiit catholicus in domino. Sepultusque in cimiterio priscille via salaria ab urbe roma miliario tertio: qui nos suis precibus perducat ad regna polorum. *Re.* Sancte N. confessor. *ps̄.* Te deum. ℣ Ora pro nobis.

In laudibus añ. Ecce sacerdos. *ps̄.* Dominus regnavit. *añ.* Non est inventus. *ps̄.* Jubilate. *Et cetera unius confessoris pontificis: et fiat memoria de nativitate cum antiphona.* Natus est nobis. *Sed si fuerit dies lune fiat memoria cum antiphona.* Nato domino. ℣ Benedictus qui venit. *Oratio* Concede. *Postea memoria de sancto stephano añ.* Stephanus vidit. *Memoria de sancto johanne añ.* Hic est discipulus meus. *Memoria de innocentibus añ.* Cantabant sancti. *et cetera.*

Ad primam. Re. Jesu Christe *cum* alleluia. ℣ Qui de virgine *etc. Ad alias horas omnia de communi cum Responsoriis et versiculis alleluyatice.*

❡ *In circuncisione domini.*

Ad vesperas añ. Tecum principium. *ps̄.* Dixit dominus, etc. *Capitulum* Multipharie. *Re.* Verbum caro. *cum versu* Gloria: *et prosa* Quem ethera *hymnus* A solis ortus. ℣ Tanquam sponsus. *In evangelio añ.* Qui de terra est de terra loquitur:

---

[1] serapti : E.G.

[2] peniteat : E.G.

IN FESTO

qui de celo venit super omnes est: et quod vidit et audivit hoc testatur: et testimonium ejus nemo accipit: qui autem accepit ejus testimonium signavit quia verax est deus. *ps.* Magnificat. *Oratio* Concede quesumus. *ut in die nativitatis domini.* Nulla fiat memoria.

Ad matutinas invitatorium. Natum sub lege Christum: Venite cuncti ad collaudandum: quos ejus incarnatio redemit et passio. *ps.* Venite. *Hymnus* Christe redemptor. *In primo nocturno an.* Dominus dixit ad me: filius meus es tu ego hodie genui te. *ps.* Quare fremuerunt. *an.* In sole posuit tabernaculum suum: et ipse tanquam sponsus procedens de thalamo suo. *ps.* Celi enarrant. *An.* Elevamini porte eternales: et introibit rex glorie. *ps.* Domini est terra. ℣ Tanquam sponsus.

Christus autem sicut [*Lectio j.* pro nobis suscepit mortem: ita circuncisionem non respuit: ut nos spiritu circuncideremur: quoniam circuncisione cordis delectatur: sicut dicit propheta In novissimis diebus circuncidet dominus cor tuum et non carnem tuam. Et iterum: Circuncidite corda vestra et non corpora. *Re.* Quem vidistis. *Lectio ij.* Hec est enim circuncisio cordis: ut deponamus veterem hominem cum actibus ejus: qui corrumpitur secundum desideria erroris: et deponentes omnem iram et blasphemiam: et fornicationem et immundiciam: et avariciam: et cupiditatem que est idolorum servitus: et cetera his similia: et induamur novum hominem id est Christum qui renovatur de die in diem id est mandata ejus custodiamus: et sicut ille ambulavit: ita ambulare debemus.[1] *Re.* O magnum. ℣ Domine audivi. *Lectio iij.*

Hec sunt mandata Christi et hec circuncisio qua mandavit nos circuncidi: non carne sed corde. Qui non crediderit eam: non habebit vitam sed ira dei manet super eum: sicut ipse dominus testatur dicens: Qui non crediderit filium non habebit vitam: sed ira dei manet super eum. Ipse est qui non credit filio: qui contumaci corde et contrario spiritu transgreditur mandata ejus. *Re.* Verbum caro factum est. ℣ In principio erat verbum: et verbum. *cum* Gloria patri. *et Prosa* Quem ethera et terra atque mare.

In secundo noct. an. Speciosus forma pre filiis hominum: diffusa est gratia in labiis tuis. *ps.* Eructavit cor meum. *an.* Suscepimus deus misericordiam tuam in medio templi tui. *ps.* Magnus dominus. *an.* Veritas de terra orta est: et justitia de celo prospexit. *ps.* Benedixisti. ℣ Verbum caro. *Lectio iiij.*

Hec sunt mysteria circuncisionis Christi. Hec sunt mandata quibus precepit: ut quicquid superfluo cordi nostro sive animo irrepserit: abscidamus a nobis et circuncidamus. Ob id enim circuncisionem accepit: quoniam omnia quecunque docuit dominus hec et opere com-

---

[1] pro 'amb. deb.' ambulemus : G.

CIRCUNCISIONIS DOMINI.

plevit: sicut scriptum est de eo: Que cepit Jesus facere et docere. *Re.* O regem. ℣ Mirabile[1] *ut supra in dominica infra. Lec. v.*

Et ut impleti sunt dies octo: ductus est ut circuncideretur puer Jesus: et adduceretur in templum et purificaretur et ut offerretur pro illo sacrificium secundum quod scriptum est in lege domini: Lex domini erat ritus sacrificiorum: et sabbata et decimas sacerdotibus dare et circuncisionem facere. Et omnia quecunque acceperunt judei ex lege moysi: omnia imperfecta erant: et consummantes[2] servare non poterant. *Re.* Te laudant. ℣ Ipsum quem totus. *quere in dominica infra. Lectio vj.*

Qui autem fratres in carne sunt hoc est in peccato sive in veteri testamento sive in novo deo placere non possunt. Qui autem in spiritu sancto id est in sanctis et piis operibus qui[3] est Christus et quem[4] prediximus: hi filii dei sunt: heredes dei: coheredes autem Christi quem que[5] prediximus sine spiritu perfici non possunt. *Re.* Beata es maria. ℣ Beata es virgo. *In iij nocturno an̄.* Homo natus est in ea et ipse fundavit eam altissimus *ps̄.* Fundamenta. *an̄.* Exultabunt omnia ligna silvarum ante faciem domini quoniam venit. *ps̄.* Cantate (*j*). *an̄.* In principio et ante secula deus erat verbum:[6] ipse natus est hodie salvator mundi. *ps̄.* Dominus regnavit exultet. ℣ Ipse invocavit. *Secundum lucam.*

In illo tempore: Postquam consummati sunt dies octo ut circuncideretur puer: vocatum est nomen ejus Jesus. Et reliqua. *Omelia venerabilis bede presbyteri. Lectio vij.*

Sanctam venerandamque presentis festi memoriam paucis quidem verbis evangelista comprehendit: sed non pauca celestis mysterii virtute gravida[7] reliquit. Christus igitur suscepit circuncisionem lege decretam in carne: qui absque omni prorsus labe pollutionis in carne fuerat: et undam baptismatis qua populus a peccatorum sorde lavari voluit: ipse non necessitatis sed exempli causa subiit. *Re.* Beata dei genitrix. ℣ Beata que credidisti. *Lectio viij.*

Scire etenim debemus: quia idem salutifere curationis auxilium circuncisio in lege contra originalis peccati vulnus agebat quod nunc baptismus agere revelate gratie tempore consuevit: excepto quod regni celestis januam necdum intrare poterant: donec adveniens benedictionem daret qui legem dedit ut videri posset deus deorum in syon: sed tantum in sinu abrahe post mortem beatam[8] requie consolati: superne pacis ingressum spe felici expectabant. *Re.* Sancta et immaculata. ℣ O vere.

Qui enim nunc per [*Lectio ix.* evangelium suum terribiliter ac salubriter clamat: nisi quis renatus fuerit ex aqua et spiritu[9]: non potest introire in regnum dei. Ipse dudum

---

[1] mirabilis: G.
[2] consumantes: W.
[3] que: E.G.W.
[4] que me: W.
[5] pro 'quem que' que ut: G.
[6] 'et' add: E.G.
[7] gravidam: E.G.
[8] beata: G.W.
[9] 'sancto' add: E.G.

IN FESTO

per legem suam clamabat: Masculus[1] cujus preputii caro non circuncisa fuerit: peribit anima illa de populo suo: quia pactum meum irritum fecit id est peribit de cetu sanctorum: si ei non fuerit remedio salutari subventum. Quotidianam igitur circuncisionem id est mentis castigationem in animo retinete: ut cum apostolo possitis in novitate vite ambulare: ipso adjuvante qui cum patre et spiritu sancto vivit et regnat deus in secula seculorum amen. *Re.* Descendit. *cum versu* Gloria *et prosa* Facture. *ps̄.* Te deum laudamus. ℣ Verbum caro.
In laudibus. *Antiphona.*
O admirabile commertium[2] creator generis humani: animatum corpus sumens de virgine nasci dignatus est et procedens homo sine semine largitus est nobis suam deitatem. *ps̄.* Dominus regnavit. *Añ.* Quando natus es ineffabiliter ex virgine tunc implete sunt scripture sicut pluvia in vellus descendisti ut salvum faceres genus humanum te laudamus deus noster. *ps̄.* Jubilate. *Añ.* Rubum quem viderat moyses incombustum conservatam agnovimus tuam laudabilem virginitatem dei genitrix intercede pro nobis. *ps̄.* Deus deus meus. *añ.* Germinavit radix jesse orta est stella ex jacob: virgo peperit salvatorem: te laudamus deus noster. *ps̄.* Benedicite. *añ.* Ecce maria genuit nobis salvatorem: quem johannes videns exclamavit dicens: ecce agnus dei ecce qui tollit peccata mundi all'a. *ps̄.* Laudate dominum. *Cap.* Multipharie. *Hymnus* A solis ortus. ℣ Benedictus qui venit. *In evangelio añ.* Mirabile mysterium declaratur hodie innovantur nature deus homo factus est in quo[3] fuit permansit: et quod non erat assumpsit: non commixtionem passus neque divisionem. *ps̄.* Benedictus. *Oratio.*
Deus qui nobis nati salvatoris diem celebrare concedis octavum fac nos quesumus ejus perpetua divinitate muniri: cujus sumus carnali commercio reparati. Qui tecum. *Nulla memoria fiat.*
Ad primam añ. O admirabile. *ps̄.* Deus in nomine. *ps̄.* Quicunque vult. *Capit.* Domine miserere. *Re.* Jesu Christe. ℣ Tu patris. *Ad tertiam et ad alias horas cetere antiphone de laudibus Capitula et Responsoria sicut in die nativitatis domini cum collecta.* Concede. *Ad vesperas antiphone de laudibus. ps̄.* Dixit dominus *et cetera. Capit.* Multipharie. *Re.* Descendit. *cum versu* Gloria patri *et prosa* Facture. *Hymnus.* A solis ortus. ℣ Tanquam sponsus. *In evangelio añ.* Magnum hereditatis mysterium templum dei factus est uterus nesciens virum non est pollutus ex ea carnem assumens omnes gentes venient dicentes gloria tibi domine. *ps̄.* Magnificat. *Oratio* Deus qui nobis. *Memoria de sancto stephano tantum añ.* Intuens in celum. ℣ Gloria et honore.

[1] masculis : W.
[2] commercium : E. G.
[3] pro 'in quo' id quod : G.

IN OCTAVA S. STEPHANI PROTHOMARTYRIS.

Oratio. Da nobis quesumus.

❡ *De octavis sancti stephani. Iste octave sunt precipue. Et sunt octave precipue: videlicet octave nativitatis domini: sancti stephani: sancti johannis evangeliste: sanctorum innocentium: Item octave epiphanie: pasche: ascensionis: penthecostes: corporis Christi: et depositionis sancti willelmi: apostolorum petri et pauli: Assumptionis beate marie virginis: et nativitatis ejusdem. Infra quas octavas predictas*[1] *dicetur invitatorium a duobus cum regimine chori: et psalmus* Te deum laudamus. *ad matutinas. De festis autem trium lectionum infra tales*[2] *octavas contingenter*[3] *dicetur memoria tantum: preterquam in dominica infra octavas sancti willelmi: ubi dicentur medie lectiones de sancto si occurrat. Commemorationes etiam de domina: et*[4] *de aliis: ac suffragia consueta non dicantur. Exequie etiam defunctorum nisi pro obitu speciali: et vespere beate virginis infra dictas octavas omittantur in choro. Sunt etiam alie octave non omnino precipue: videlicet octave nativitatis sancti johannis baptiste et sancti petri ad vincula: infra quas octavas dicetur de commemoratione beate marie virginis: et de festis trium lectionum fiet cum regimine chori: et psalmo* Te deum laudamus. *nisi in festo sancti leonis: cetera fiant sicut supra notatur de octavis precipuis. Octave autem simplices he sunt: videlicet octave sancti andree: sancte agnetis: sancti laurentii: et sancti martini episcopi:*[5] *infra quas octavas dicetur de festo*[6] *trium lectionum et sine psalmo* Te deum laudamus. *Dicentur etiam suffragia consueta. De nulla commemoratione dicetur infra tales octavas nisi de domina tantum.* ❡ *De octavis vero dedicationis ecclesie vide infra ad octavas ipsius festi.*

Ad matu. Invita. Christum natum. *ps.* Venite. *Hymnus* Deus tuorum. *An.* Beatus stephanus. *ps.* Beatus vir. *et ceteri psalmi unius martyris cum hac antiphona.* ℣ Gloria et honore. *Sermo beati fulgentii episcopi.*

Stephanus ergo ut no- [*Lectio j.*] minis sui coronam meruisset. accipere charitatem pro armis habebat: et per ipsam ubique vincebat. Per charitatem dei sevientibus judeis non cessit: per charitatem proximi pro lapidantibus intercessit. *Lectio ij.*

Per charitatem arguebat errantes ut corrigerentur: per charitatem pro lapidantibus orabat ne punirentur. Charitatis virtute subnixus vicit saulum sevientem: et quem habuit in terra persecutorem in celo meruit habere consortem. *Re.* Stephanus autem. ℣ Et non poterant. *Lectio iij.*

Ipsa sancta et indefessa charitas desiderabat orando adquirere:[7] quos nequivit monendo convertere. Hoc autem faciens et presentibus charitatem

---

[1] '*dicetur*' add: E.G.W.
[2] '*tales*' om.: E.G.W.
[3] *contingentibus*: E.G.W.
[4] '*sic*' add: E.G.

[5] '*episcopi*' om.: E.G.
[6] *festis*: G.
[7] *acquirere*: E.G.W.

L

IN OCTAVA

beatus martyr exhibuit: et utile nimis exemplum posteris dereliquit. *Lectio iiij.* Qui enim errantem non corripuerit: de negligentia judicatur. Qui autem pro eo non oraverit de pernicie condemnatur. Christi ergo charitate compulsi et bonos hortamur ut in bono permaneant: et malos compellimus: ut a malo discedant. *Re.* Videbant omnes. ℣ Stephanus autem. *Lectio v.* Et qui bonus est equitatem usque in finem teneat: qui autem malus est: quantotius a sua perversitate discedat. Bonus timeat ne cadat: malus conetur ut surgat. *Lectio vj.* Quisquis ergo malus est: cum paulo prosternatur in malo: ut cum eo erigatur in bono: quoniam ille cecidit malus: et surrexit bonus: prostratus est iniquus: et erectus est justus. Conjunctus est itaque stephano: factus ovis ex lupo. *Re.* Lapides torrentes. ℣ Lapidaverunt. *ps.* Te deum. ℣ Posuisti domine.

In laudibus hec sola antiphona. Lapidaverunt. *ps.* Dominus regnavit. *Capitulum.* Stephanus plenus. *Hymnus* Martyr dei. *et cetera sicut in die sancti stephani. Memoria de sancta maria.* añ. O admirabile commercium. ℣ Post partum. *Oratio* Deus qui salutis. *Memoria de sancto johanne* añ. Ecce puer meus. *Memoria de innocentibus.* añ. Herodes iratus. *De memoria beate marie dicatur*[1] *ab octavis domini usque ad purificationem beate marie virginis: nisi in vesperis ante vigiliam epiphanie: quando vespere non dicuntur*[2] *de innocentibus: et in vigilia epiphanie et in die: et preterquam quando fit commemoratio ejusdem beate virginis: fiat memoria de sancta maria cum antiphonis:* O admirabile[3] Quando natus. Rubum quem. Germinavit. Ecce maria: *seriatim*[4] *repetitis: cum versiculo.*[5] Post partum. *tam in matutinis quam in vesperis: et collecta.* Deus qui salutis.

Et sciendum est[6] *quod in prima memoria facienda post plenum servitium commemorationis beate virginis semper reincipiendum est ab antiphona:* O admirabile. *et eodem modo incipiendum est in crastino epiphanie.*

Ad primam añ. Lapides torrentes. *ps.* Deus in nomine. *ad psalmum.* Quicunque vult: *añ. de trinitate. Re.* Jesu Christe. *cum all'a.* ℣ Qui de virgine. *Ad alias horas dicantur antiphone sequentes de laudibus et cetera sicut in die. Si autem dies dominica fuerit: novem lectiones fiant de sancto Stephano: scilicet sex de illis tribus lectionibus precedentibus et tres lectiones*[7] *ultime de expositione evangelii: et cum responsoriis et versiculis sicut in die intitulatum est. In laudibus dicantur omnes antiphone, etc. sicut in die cum hymno* Martyr dei. *Ad pri-*

---

[1] *pro 'dicatur' nota quod:* G.
[2] *dicantur:* E.W.
[3] *'cum' add:* E.
[4] *seriatim:* E.W.
[5] *pro 'cum vers.' ante versiculum:* E.G.
[6] *'est' om.:* E.G.
[7] *'lectiones' om.:* G.

S. JOANNIS EVANGELISTE.

mam añ. Lapidaverunt. *ps̄.* Deus in nomine *etc. Ad psalmum* Quicunque vult. *dicatur antiphona* Gratias tibi deus. *sicut in omnibus festis sanctorum ix lectionum et vespere diei dicantur de sancto stephano cum antiphonis.* Tecum principium. *et ceteris. Cap.* Stephanus plenus. *Hymnus* Martyr dei *&c. sicut in die. Memoria de sancto johanne. añ.* Ecce ego johannes. *De sancta maria memoria añ.* Quando natus. *Memoria de innocentibus. añ.* A bimatu. *Si autem alia dies fuerit: vespere dicantur de sancto johanne: et memoria de sancta maria: et de innocentibus. Simili modo fiat si octave[1] sancti johannis vel innocentium in dominica evenerint:[2] et sic[3] sanctus cujus octave die lune evenerint: nullas in octavis suis habebit vesperas tali anno: quia hujusmodi octave nisi in dominica evenerint tantum cum iij lectionibus semper fiant. Et festum trium lectionum secundis vesperis semper caret. Quodsi sequatur festum ix lectionum nihil in primis vesperis nisi memoriam sibi poterit vendicare. Responsoria ad horas in his .iij. octavis cum* all'a *dicantur.* ¶ *In octava sancti johannis ad vesperas hec sola añ.* Tecum principium. *nisi evenerit in die dominica: et tunc dicende sunt antiphone sequentes super psalmum.* Dixit dominus. *etc. Cap.* Qui timet deum. *Hymnus.* Bina celestis.[4] *quere in festo sancti johannis ante portam latinam, Hymnus.* Annue Christe. ℣ Valde honorandus. *In evangelio añ.* Ecce ego johannes. *ps̄.* Magnificat. *Ōr̄o.* Ecclesiam tuam. *Memoria de domina. añ.* Quando natus es. *Memoria de innocentibus. añ.* A bimatu. *etc.*

Ad matutinas invita. Adoremus regem. *ps̄. Venite. Hymnus.* Eterna Christi munera. *In .j. nocturno añ.* Johannes apostolus. *ps̄.* Celi enarrant. *Et ceteri psalmi unius apostoli sub hac antiphona.* ℣ In omnem terram. *Sermo beati eusebii emiseni de beato johanne. Lectio j.*

Johannes apostolus et evangelista cum post tyranni domiciani obitum de pathmos insula ephesum rediret: rogabatur etiam vicinas illustrare provincias quod vel ecclesias fundaret in quibus non erant locis: vel in quibus erant sacerdotes ac ministris instrueret[5]: secundum quod ei de unoquoque spiritus sanctus indicasset. *Lectio secunda.*

Cum ergo venisset ad quandam urbem haud longe positam omnibus ecclesiasticis solemniter adimpletis: vidit juvenem quendam validum corpore et vultu elegantem: sed et animum[6] acrem nimis. Respiciensque ad episcopum qui nuper fuerat ordinatus: hunc inquit tibi summo studio commendo sub testimonio Christi et totius ecclesie. Tum ille suscipiens omnem se adhibiturum sicut

---

[1] octava: E.G.
[2] evenerit: E.G.
[3] pro 'sic' si sit: G. sit: E.
[4] 'aule luminaria jacobe necnon johannes theologe: poscite nobis veniam rogantibus quam venit Christus gratis dare miseris.' add: E.G.
[5] institueret: E. [6] animo. E.G.

precipiebat: diligentiam pollicetur. *Re.* Valde honorandus. ℣ Mulier ecce. *Lectio iij.*

Verum tempore elapso cum rei ita poposcisset utilitas: invitatur iterum ad illam urbem johannes. Et cum cetera quorum gratia venerat ordinasset age inquit o episcope repositum[1] representa: quod tibi ego plane et Christus commendavimus ecclesia teste quam regis. At ille obstupuit primo pecuniam putans a se reposci quam non acceperat: sed rursum considerabat: nec posse fallere johannem: nec quod non dedit querere. Herebat igitur stupens: quem johannes herentem videns: juvenem illum inquit repeto abs te: et animam fratris. *Lectio iiij.*

Tunc graviter suspirans senior et in lachrymis resolutus: ille ait mortuus est. Quomodo inquit vel quali morte? Deo ait mortuus est: quia pessimus et flagitiosus evasit ad ultimum etiam latrocinium aggressus est. Quibus auditis apostolus vestem qua erat indutus scidit: et cum ingenti gemitu feriens caput suum: bonum te inquit custodem fratris anime dereliqui: sed jam nunc equus mihi paretur: et dux itineris. *Re.* Iste est johannes cui. ℣ Virgo est.

Cum ergo sanctus [*Lectio v.*] johannes pervenisset ad locum: quem predictus juvenis cum multa latronum manu occupavit: detinetur ab hiis latronibus qui custodias observabant. Sed ille neque effugere neque prorsus declinare usque nitens: ingenti tamen voce proclamabat[2]: quia ad hoc ipsum veni adducite mihi principem vestrum: Qui cum veniret armatus: eminus agnito johanne apostolo: pudore actus in fugam vertitur. Ille equo post eum admisso confestim insequitur fugitantem: et jam etatis oblitus simul exclamans. Quid fugis o fili patrem tuum? Miser noli timere habes adhuc spem vite. Ego Christo rationem reddo pro te: sta tantum et crede mihi quia Christus me misit. *Lectio vi.*

At ille mox senis genibus provolvitur: et uberrimis lachrymarum suarum fontibus iterum baptizabatur[3]: occultans solam dexteram suam: apostolus vero jurisjurandi[4] sacramento ei a salvatore impetraturum veniam pollicens: simulque genibus ejus provolutus: atque dexteram ex cujus cedis[5] conscientia torquebatur: tanquam jam penitentia purgatam deosculans: ad ecclesiam revocat: et indesinenter pro eo orationes fundens: et cum eo pariter crebra jejunia ducens: indulgentiam a deo quam ei pollicitus fuerat expetebat. Cujus etiam interventio nobis hoc obtineat: ut celestibus protecti presidiis ab hostium liberemur insidiis. *Re.* In medio ecclesie. ℣ Jocunditatem. *ps.* Te deum laudamus. ℣ Valde honorandus.

In laudibus hec sola an. Hic est discipulus ille. *ps.* Dominus regnavit, *etc. Capitulum.* Qui

---

[1] depositum: E.G. [2] clamabat: E.G. [3] baptizatur: G.
[4] jusjurandi: E.G. [5] cede: E.G.

SANCTORUM INNOCENTIUM.

timet deum *Hymnus*. Exultet celum laudibus. ℣ Dedisti hereditatem. *In evan. añ.* Iste est johannes. *ps̄.* Benedictus. *Oratio.* Ecclesiam tuam. *Memoria de sancta Maria añ.* Rubum quem viderat moyses. *Versiculus et oratio ut supra. Memoria de innocentibus añ.* Vox in rama audita.

Ad primam añ. Hic est discipulus ille. *ps̄.* Deus in nomine tuo. *Ad psalmum* Quicunque vult. *añ. de trinitate. ad ceteras horas cetere antiphone de laudibus. Capitula ut in die: et Responsoria cum* all'a.

¶ *In octavis innocentium añ.* Tecum principium. *ps̄.* Dixit dominus domino. *etc. Capit.* Vidi supra montem syon. *Hymnus.* Sanctorum meritis. ℣ Mirabilis deus. *In evangelio añ.* Innocentes. *ps̄.* Magnificat. *Oratio.* Deus cujus hodierna. *Memoria de domina añ.* Germinavit radix *etc. Ad matutinas invitatorium.* Mirabilem deum. *ps̄.* Venite exultemus. *Hymnus.* Eterna Christi munera. *In nocturno añ.* Herodes videns. *ps̄.* Beatus vir. *et ceteri psalmi plurimorum martyrum sub hac añ.* ℣[1] Exultent justi. *Lectio prima.*

Igitur herodes occidit omnes pueros qui erant in bethleem : et omnibus finibus ejus. Putabat enim quod si omnes pueri occiderentur : unus quem querebat evadere non posset. Unde a bimatu et infra pueros jussit occidere: hoc est a puero duorum annorum usque ad puerum unius noctis. *Lectio ij.*

Ipse vero herodes eo tempore quando regem judeorum a magis audierat natum : accusantibus adversariis vocatus ab imperatore romam venit : et ante cesarem honestissime purgavit : quecunque sibi fuerant objecta : et majori gloria ab imperatore est exaltatus : in tantum ut ei regium diadema tribueret : et regnandi potestatem in judea confirmaret. *Re.* Sub altare. ℣ Vidi. *Lectio iij.*

Et cum post duos annos in magna gloria judeam esset reversus : recogitans quod audierat a magis natum esse regem judeorum : mittens occidit[2] omnes pueros qui erant in bethleem et in omnibus finibus ejus : estimans quod omnibus occisis Christus effugere non posset. *Lectio iiij.*

Quod autem nato domino persecutio cepit : significatur per omne tempus vite presentis non deesse futuros : qui electos dei persequantur. Quod autem non solum in bethleem : sed etiam in omnibus finibus ejus pueri occisi sunt : significatum est : quia non solum in judea unde ecclesia originem sumpserat persecutio erat futura : sed etiam usque ad fines terre. *Re.* Isti sunt sancti qui non inquinaverunt.[3] ℣ Hi sunt. *Lectio v.*

Et quod dominus propter persecutionem herodis in egyptum fugit : significat electos sepius malorum improbitate suis effugandos sedibus vel etiam exilio damnandos. Ubi simul exemplum datur fidelibus ne dubitent rabiem persequentium

---

[1] '℣' om.: E.   [2] misit occidere : E.G.   [3] coinquinaverunt : E.G.

IN VIGILIA

declinare fugiendo: cum hoc deum ac dominum suum fecisse meminerunt. *Lectio vj.* Siquidem ipse qui erat suis precepturus: cum vos persecuti fuerint in civitate ista: fugite in aliam. Prius fecit quod precepit fugiendo hominem quasi homo in terra: quem magis paulo ante monstravit stella de celo. Quod vero defuncto herode iterum angelo monente ad terram israel reversus est: significat eosdem electos post comprehensam hereticorum facultatem [1] ad proprias sedes esse reversuros. *Re.* Centum quadraginta. ℣ Hi empti sunt *et cetera sed sine prosa. ps̄.* Te deum laudamus. ℣ Mirabilis deus.

In laudibus hec sola an̄. Herodes iratus. *ps̄.* Dominus regnavit. *Capitulum.* Vidi supra montem. *Hym.* Rex gloriose martyrum. ℣ Justi autem imperpetuum. *In evangelio an̄.* Hi sunt qui cum mulieribus. *ps̄.* Benedictus. *Oro.* Deus cujus hodierna. *Memoria de domina an̄.* Ecce maria.

Ad primam an̄. A bimatu. *ps̄.* Deus in nomine. *Ad psalmum* Quicunque vult. *an̄ de trinitate. Re.* Jesu Christe. ℣ Qui de virgine. *etc. Responsoria ad horas cum* all'a *dicantur in quacunque die octavarum evenerit.*[2] *Cap. oratio et cetera ut in die. Si dominica sit vespere dicantur de innocentibus cum memoria de sancta maria. an̄.* O admirabile. *Si autem sabbato*[3] *fuerit ita fiat ad vesperas an̄.* Tecum principium. *cum aliis antiphonis sequentibus. In aliis vero feriis dicatur una antiphona super psalmos. Cap.* Multipharie. *Hymnus* A solis ortus. ℣ Tanquam sponsus. *In evangelio an̄.* Nesciens mater. *ps̄.* Magnificat. *Oratio dominicalis. Nulla memoria.*

¶ *In vigilia epiphanie fiat servitium de vigilia et non de sancto Edwardo: sed differatur ejus festum usque in crastinum epiphanie. Tamen si in crastino epiphanie fuerit dies dominica: in illa die dicetur de sancto willelmo: et die lune de sancto Edwardo.*

¶ *In vigilia epiphanie.*

Ad matutinas invitatorium. Christus natus est. *ps̄.* Venite. *Hymnus* Christe redemptor. *An̄.* Dominus dixit. *Psalmi sicut in circuncisione domini sub hac an̄.* ℣ Tanquam sponsus.

In illo tem- [*Scd'm. Math'm.* pore: Defuncto herode: ecce angelus domini apparuit in somnis joseph in egypto dicens. Surge et accipe puerum et matrem ejus et vade in terram israel. Defuncti sunt enim qui querebant animam pueri. Et reliqua *Omelia beati augustini episcopi. Lectio j.*

Defuncto autem herode: Obitus quippe herodis: terminum intentionis maliciose qua nunc contra ecclesiam judea sevit insinuat. Ecce angelus domini apparuit in somnis joseph in egypto dicens. Surge et accipe puerum et matrem ejus et vade in terram israel. In somnis hoc semper significat: quia mortuis mundo: angeli sunt presentes. *Re.* Quem vidistis. ℣ Dicite. *Lectio ij.*

---

[1] falsitatem: E.G.W.   [2] evencrint: E.G.W.   [3] sabbatum: E.G.

EPIPHANIE DOMINI.

*E*t bene cum judeam deserit fugere: et hoc in nocte dicitur. Cum vero revertitur: nulla non solum fuge sed nec noctis fit mentio quia nimirum quos ob peccatorum tenebras seculi persecutores reliquit ipsos ob lucem fidei tandem se querentes revisit. *Re.* Nesciens mater virgo virum peperit sine dolore salvatorem seculorum ipsum regem angelorum. Sola virgo lactabat ubera de celo plena. ℣ Beata viscera marie virginis que portaverunt eterni patris filium. Sola. *Lec. iij.* Defuncti sunt enim qui querebant animam pueri. Et hoc loco intelligimus non solum herodem sed et sacerdotes et scribas eo tempore necem domini meditatos. Qui surgens accepit puerum et matrem ejus et cetera. Non dixit: accepit filium suum et uxorem suam: sed puerum et matrem ejus quasi nutricius non maritus. *Re.* Te laudant. ℣ Ipsum genuisti. ut benedicta. *quere supra in dominica infra. Non dicimus psalmum* Te deum *nisi dominica fuerit quia quasi vigilia habetur.* ℣ Verbum caro.

In laudibus hec sola antiphona O admirabile. *ps.* Dominus regnavit. *etc. Añ.*[1] Apparuit benignitas. *Hymnus* A solis ortus. ℣ Benedictus qui venit. *In evangelio añ.* Revertere in terram jude mortui enim sunt qui querebant animam pueri. *ps.* Benedictus. *Oratio.* Corda nostra quesumus domine venture festivitatis splendor illustret: quo mundi hujus tenebris carere valeamus:

et perveniamus ad patriam claritatis eterne. per dominum. *Nulla sequatur memoria. Ad primam Añ.* Quando natus es. *ps.* Deus in nomine. *non mutetur antiphona ad psalmum* Quicunque vult. *Re.* Jesu Christe. ℣ Qui de virgine *cum* alleluia.

Ad alias horas antiphone sequentes de laudibus Capitula et Responsoria de nativitate, Oratio dominicalis scilicet Deus qui salutis *etc. Si dominica fuerit in vigilia epiphanie invitatorium* Christus natus est. *ps.* Venite *et cetera ut supra cum novem antiphonis et totidem psalmis et responsoriis prout ordinatum est in circuncisione domini nisi quod Re.* Nesciens mater: *erit octavum.*

Sermo beati augustini episcopi.   *Lectio j.* Castissimum marie virginis uterum: sponse virginis clausum ventris cubiculum: signatum pudoris cenaculum merito plenissime collaudarem si messem meterem quam non seminarem. De qua apostolus dicit. Quecunque seminaverit homo hec et metet.   *Lectio ij.* Verum est omnimodo verum est hoc omnem hominem metere quod seminavit. Deus solus potest metere que non seminavit: sicut ipse filius virginis in quadam evangelii lectione dixit. Meto ubi non seminavi: et colligo ubi non sparsi. *Lectio iij.* Dicat et maria. Et ego te filium generavi: sed virginitatem meam non violavi. Reg-

---

[1] *pro 'An.' Capitulum* : E.G.W.

IN VIGILIA

num tenui virginitatis: et regem genui castitatis. Ingredientem et egredientem habitui¹ in palatio ventris filium imperatoris: et e manibus meis non amisi clavem regii pudoris. *Lectio iiij.*

Porta facta sum celi: janua facta sum filio dei. Illa porta facta sum clausa: quam in visione divina ezechiel vidit propheta dicens: Vidi portam in domo domini clausam et dixit ad me angelus. Porta quam vides non aperietur: et homo non transiet per eam: quoniam dominus solus intrat et egredietur per eam et clausa erit in eternum. *Lectio v.*

Quid est porta in domo domini clausa: nisi quod maria virgo semper erit intacta. Et quid est homo non transiet per eam: nisi quod joseph non cognoscet eam: Et quid est dominus solus intrat et egredietur per eam: nisi quia spiritus sanctus impregnabit eam: et angelorum deus nascetur per eam. *Lectio vj.*

Et quid est clausa erit in eternum: nisi quia maria virgo est ante partum: virgo in partu: et virgo post partum. Dicat ergo maria. Porta facta sum celi: janua facta sum filio dei. Adimplevit ventrem meum divinitate: et uterum meum non evacuavit castitate. *Expositio.* Defuncto herode. *ut supra. ps̄.* Te deum ỹ Verbum caro.

❡ *In laudibus añ.* O admirabile. *et alie antiphone sequentes. ps̄.* Dominus regnavit *et ceteri psalmi. Capitulum etc. ut supra. Ad primam añ.* O admirabile. *ps̄.* Deus in nomine. *non mutetur añ ad psal.* Quicunque vult. *etc. Ad alias horas cetere antiphone de laudibus. Capitulum et Responsoria de nativitate domini cum oratione* Deus qui salutis.

❡ *In vigilia epiphanie. Ad vesperas añ.* Tecum principium. *ps̄.* Dixit dominus *et cetera. Capitulum.*

Surge illuminare hierusalem quia venit lumen tuum: et gloria domini super te orta est. *Re.* Reges tharsis et insule munera offerent. Reges arabum et saba dona domino deo adducent. ỹ Et adorabunt eum omnes reges: omnes gentes servient ei. Reges. Gloria. Reges. *Hym.*

Hostis herodes impie Christum venire quid times non eripit mortalia: qui regna dat celestia. Ibant magi quam viderant stellam sequentes previam lumen requirunt lumine deum fatentur munere. Lavachra puri gurgitis celestis agnus attigit peccata que non detulit nos abluendo sustulit. Novum genus potentie: aque rubescunt hydrie: vinumque jussa fundere: mutavit unda originem. Gloria tibi domine qui apparuisti hodie: cum patre et sancto spiritu in sempiterna secula. Amen. *Hic versus dicatur in fine omnium hymnorum: quorum metro convenit per octavas.* ỹ Reges tharsis et insule munera offerent. Reges arabum et saba dona adducent alleluya. *In evangelio añ.* Magi videntes stellam dixerunt adinvicem: hoc signum magni regis est: eamus et inquiramus eum: et offeramus ei munera: aurum thus

---

¹ habui : E.G.W.

et myrrham. *ps.* Magnificat. *Oratio* Corda nostra. *Nulla sequatur memoria.*

Ad completorium ut[1] *supra in vigilia nativitatis domini.*

Ad matutinas Invitatorium hac nocte non dicimus: sed dicto Domine labia *et* Deus in adjutorium *et* Gloria patri *cum* all'a *in fine: statim cum hymno incipimus matutinas. Hymnus.*

A patre unigenitus ad nos venit per virginem baptisma cruce consecrans cunctos fideles generans. *De* celo celsus prodiit excepit formam hominis: facturam morte redimens: gaudia vite largiens. *H*oc te redemptor quesumus illabere propicius: clarumque nostris sensibus lumen prebe fidelibus. *M*ane nobiscum domine: noctem obscuram remove: omne delictum ablue: piam medelam tribue. *Q*uem jam venisse novimus redire item credimus: tu sceptrum tuum inclytum: tuo defende clyppeo. *G*loria tibi domine qui apparuisti hodie.

In primo nocturno añ.

*A*fferte domino filii dei: adorate dominum in aula sancta ejus. *ps.* Ipsum. *Añ.* Fluminis impetus letificat alleluia: civitatem dei alleluia. *ps.* Deus noster refugium. *Añ.* Psallite deo nostro psallite: psallite regi nostro: psallite sapienter. *ps.* Omnes gentes. ℣ Reges tharsis et insule. *Lectio j.*

*H*ec est hereditas servorum domini et justicia eorum apud me dicit dominus. Omnes sitientes venite ad aquas: et qui non habetis argentum properate: emite: et comedite. Venite emite absque argento: et absque ulla commutatione vinum et lac. Quare appenditis argentum non in panibus: et laborem vestrum non in saturitate? Audite audientes me: et comedite bonum: et delectabitur in crassitudine anima vestra. Hec dicit dominus deus qui hodierna die in jordane baptizari dignatus est: convertimini ad me et salvi eritis. *Re.* Hodie in jordane baptizato domino aperti sunt celi: et sicut columba super eum spiritus mansit: et vox patris intonuit. Hic est filius meus dilectus: in quo mihi complacuit.[2] ℣ Celi aperti sunt super eum: et vox patris audita est. Hic est. *Lectio ij.*

*S*urge illuminare hierusalem quia venit: lumen tuum: et gloria domini super te orta est. Quia ecce tenebre operient terram: et caligo populos. Super te autem orietur dominus: et gloria ejus in te videbitur. Et ambulabunt gentes in lumine tuo: et reges in splendore ortus tui. Leva in circuitu oculos tuos et vide: omnes isti congregati sunt venerunt tibi. Filii tui de longe venient: et filie tue de latere surgent. Hec dicit dominus. *ut supra. Re.* Illuminare illuminare hierusalem: venit lux tua. Et gloria domini super te orta est. ℣ Et ambulabunt gentes in lumine tuo: et reges in splendore ortus tui. Et gloria. *Lec. iij.*

*G*audens gaudebo in domino: et exultabit anima mea in deo meo: quia induit me dominus vestimento salutis: et indumento

---

[1] '*notatur* [*post psalterium: G.*] *post psalterii folio lxxxij*': E.
[2] complacui: G.

IN FESTO

leticie circundedit me. Quasi sponsum decoratum corona: et quasi sponsam ornatam monilibus suis. Sicut enim profert terra germen suum : et sicut hortus semen suum germinat: sic dominus deus germinabit justitiam et laudem coram universis gentibus. Hec dicit dominus deus qui hodierna die in jordane *ut supra*. *Re.* Omnes de saba venient aurum et thus deferentes : et laudem domino annunciantes. All'a all'a all'a. ℣ Reges tharsis et insule munera offerent reges arabum et saba dona adducent. All'a. Gloria. All'a.

❡ *In ij nocturno an*. Omnis terra adoret te et psallat tibi psalmum dicat nomini tuo domine. *ps.* Jubilate deo (*j*). *an.* Reges tharsis et insule munera offerent regi domino. *ps.* Deus judicium. *An.* Omnes gentes quascunque fecisti venient et adorabunt coram te domine. *ps.* Inclina domine. ℣ Omnes de saba veniunt. Aurum et thus deferentes et laudem deo annunciantes all'a.

Sermo beati leonis pape. Lec. iiij.

Celebrato proximo die: quo intemerata virginitas humani generis edidit salvatorem: epiphanie nobis dilectissimi veneranda festivitas dat perseverantiam gaudiorum ut inter cognatarum solennitatum vicina sacramenta: exultationis vigor et fervor fidei non tepescat. *Re.* Magi veniunt ab oriente hierosolimam querentes et dicentes. Ubi est qui natus est cujus stellam vidimus et venimus adorare dominum. ℣ Magi veniunt ab oriente inquirentes faciem domini et dicentes. Ubi. *Lectio v.*

Ad omnium enim hominum spectat salutem : quod infantia mediatoris die et hominum jam universo declarabatur mundo: cum adhuc exiguo detineretur oppidulo. Quamvis enim israeliticam gentem : et ipsius gentis unam familiam delegisset: de qua naturam universe humanitatis assumeret: noluit autem[1] intra materne habitationis angustias ortus sui latere primordia : sed mox ab omnibus voluit agnosci qui dignatus est pro omnibus nasci. *Re.* Interrogabat magos herodes quid[2] signum vidistis super natum regem : stellam magnam fulgentem cujus splendor illuminat mundum. Et nos cognovimus et venimus adorare dominum. ℣ Vidimus enim stellam ejus in oriente. Et. *Lectio vj.*

Tribus igitur magis in regione orientis stella nove claritatis apparuit : que illustrior ceteris pulcriorque syderibus : facile in se intuentium oculos animosque converteret : ut confestim adverteretur non esse ociosum quod tam insolitum videbatur. Dedit ergo aspicientibus intellectum qui prestitit signum : et quod fecit intelligi fecit inquiri : et se inveniendum optulit[3] requisitus. *Re.* Stella quam viderant magi in oriente antecedebat eos donec veniret ad locum ubi puer erat. Videntes autem eam gavisi sunt gaudio magno. ℣ Et intrantes domum invenerunt puerum cum

---

[1] pro 'autem' tamen: E.G.   [2] quod : E.G.   [3] obtulit : E.G.W.

EPIPHANIE DOMINI.

maria matre ejus et procidentes adoraverunt eum. Videntes. Gloria patri. Gavisi.

℣ *In iij nocturno an̄.* Venite adoremus deum: quia ipse est dominus deus noster. *ps̄.* Venite. *an̄.* Adorate dominum all'a: in aula sancta ejus all'a. *ps̄.* Cantate (*i.*) *an̄.* Adorate deum all'a: omnes angeli ejus all'a. *ps̄.* Dominus regnavit exultet. ℣ Omnes gentes quascunque fecisti. Venient et adorabunt coram te domine all'a. *Sec. mattheum.* Cum natus esset Jesus in bethleem jude in diebus herodis regis. Ecce magi ab oriente venerunt hierosolimam dicentes: Ubi est qui natus est rex judeorum? Et reliqua. *Omelia beati gregorii pape.* *Lectio vij.*[1]
Sicut in lectione evangelica audistis fratres charissimi: celi rege nato: rex terre turbatus est: quia nimirum terrena altitudo confunditur: cum celsitudo celestis aperitur. Sed querendum est nobis quidnam sit quod redemptore nato pastoribus in judea angelus apparuit: atque[2] adorandum hunc ab oriente magos: non angelus sed stella perduxit? Quia videlicet judeis tanquam ratione utentibus rationale animal: id est angelus predicare debuit: gentiles vero quia uti ratione nesciebant ad cognoscendum dominum: non per vocem: sed per signa perducuntur. *Re.* Videntes stellam magi gavisi sunt gaudio magno: et intrantes domum invenerunt puerum cum maria matre ejus: et procidentes adoraverunt eum. Et apertis thesauris suis obtulerunt ei munera aurum thus et mirram. ℣ Stella quam viderant in oriente antecedebat eos usque dum veniens staret supra ubi erat puer. Et apertis. *Lectio viij.*
Sed in omnibus signis que vel nascente domino vel moriente monstrata sunt: considerandum nobis est quanta fuerit in quorundam judeorum corde duricia:[3] que hunc nec per prophetie donum: nec per miracula agnovit. Omnia quippe elementa auctorem suum venisse testata sunt. Ut enim de eis[4] quodam[5] usu humano loquar: deum hunc celi esse cognoverunt: quia protinus stellam miserunt. Mare cognovit quia sub plantis ejus se calcabile prebuit: Terra cognovit: quia tempore mortis ejus contremuit. Sol cognovit: quia lucis sue radios eodem tempore abscondit. *Re.* Tria sunt munera preciosa que optulerunt magi domino in die ista et habent in se divina misteria. In auro ut[6] ostendatur[7] regis potentia: in thure sacerdotem magnum considera: et in mirra dominicam sepulturam. ℣ Salutis nostre auctorem magi venerati sunt in cunabulis et de thesauris suis misticas ei munerum species obtulerunt. In auro. *Lectio ix.*
Saxa et parietes cognoverunt quia tempore mortis ejus scissa sunt. Infernus cognovit: quia hos quos tenebat mortuos: reddidit. Et tamen hunc quem

---

[1] *octava*: W. [2] 'ad' add: E.G. [3] *duricicia*: W.
[4] pro 'eis' his: E.G.W. [5] *quedam*: G. [6] 'ut' om.: G.
[7] *ostenditur*: G.

IN FESTO

deum omnia elementa insensibilia senserunt: adhuc infidelium judeorum corda deum esse minime cognoscunt: et duriora saxis[1] scindi[2] ad penitentiam nolunt: eumque confiteri abnegant: quem elementa ut diximus aut signis aut scissionibus deum clamant. *Responsorium.* In columbe specie spiritus sanctus visus est: paterna vox audita est. Hic est filius meus dilectus. In quo mihi bene placui ipsum audite. ℣ Celi aperti sunt super eum et vox patris audita est. Hic est. Gloria. In quo mihi. *Responsorium.* In Columbe *non repetatur nisi fiat propter aliquam representationem vel propter diaconum qui evangelium cantare debet: sed statim sequatur genealogia hoc modo.* Dominus vobiscum. Et cum spiritu tuo. *Sequentia sancti evangelii secundum lucam.* Gloria tibi domine.

*F*actum est cum baptizaretur omnis populus et Jesu baptizato et orante apertum est celum et descendit spiritus sanctus corporali specie sicut columba in ipsum. Et vox de celo facta est: tu es filius meus dilectus in te complacuit mihi. Et ipse Jesus erat incipiens quasi annorum triginta ut putabatur filius joseph. Qui fuit hely.[3] Qui fuit mathat. Qui fuit levi. Qui fuit melchi. Qui fuit janne. Qui fuit joseph. Qui fuit mathathie. Qui fuit amos. Qui fuit naum. Qui fuit esly.[4] Qui fuit nagge. Qui fuit mathat. Qui fuit mathahie.[5] Qui fuit semei. Qui fuit joseph. Qui fuit juda. Qui fuit johanna. Qui fuit resa. Qui fuit zorobabel. Qui fuit salathiel. Qui fuit neri. Qui fuit melchi. Qui fuit addi. Qui fuit chosam. Qui fuit elmodan.[6] Qui fuit her. Qui fuit jesu. Qui fuit eleezer.[7] Qui fuit jorim. Qui fuit mathat. Qui fuit levi. Qui fuit symeon. Qui fuit juda. Qui fuit joseph. Qui fuit jona. Qui fuit eliachim. Qui fuit meleas.[8] Qui fuit menna. Qui fuit mathata.[9] Qui fuit natan.[10] Qui fuit david. Qui fuit jesse. Qui fuit obeth. Qui fuit booz. Qui fuit salmon. Qui fuit naason. Qui fuit aminadab. Qui fuit aram. Qui fuit esrom. Qui fuit phares. Qui fuit jude. Qui fuit jacob. Qui fuit ysaac. Qui fuit abrahe. Qui fuit thare. Qui fuit nachor.[11] Qui fuit seruth.[12] Qui fuit ragau. Qui fuit phaleg.[13] Qui fuit heber. Qui fuit sale. Qui fuit caynan. Qui fuit arphaxat. Qui fuit sem. Qui fuit noe. Qui fuit lameth.[14] Qui fuit mattissale.[15] Qui fuit enoch. Qui fuit jared.[16] Qui fuit malaleel. Qui fuit caynam.[17] Qui fuit enos. Qui fuit seth. Qui fuit adam. Qui fuit dei: Jesus autem plenus spiritu sancto regressus est ab jordane. *Sequatur psalmus.* Te deum laudamus. ℣ Omnes de saba.[18]

In laudibus antiphona.

---

[1] saxi : W. [2] scindis : W. [3] heli : G.
[4] hesli : G. [5] mathathie : G.W. [6] helmadam : E.G.
[7] eliezer : G. [8] melcas : E. melcha : G. [9] mathathie : E.G.
[10] nathan : E.G. [11] nacor : E.W. [12] seruch : E.G.
[13] phalech : G. [14] lamech : G. [15] matussale : E.W. mathusale : G.
[16] jareth : G. [17] cainam : G. [18] sabba : E.

EPIPHANIE DOMINI.

*A*nte luciferum genitus et ante secula dominus salvator noster: hodie mundo apparuit. *ps̄.* Dominus regnavit. *Añ.* Venit lumen tuum hierusalem et gloria domini super te orta est et ambulabunt gentes in lumine tuo all'a. *ps̄.* Jubilate. *Añ.* Apertis thesauris suis obtulerunt magi domino aurum thus et mirram alleluya. *ps̄.* Deus deus meus. *Añ.* Maria et flumina benedicite domino hymnum dicite fontes domino alleluya. *ps̄.* Benedicite. *Añ.* Tria sunt munera que obtulerunt magi domino aurum thus et mirram[1] filio dei regi magno alleluya. *ps̄.* Laudate. *Capitulum.* Surge illuminare. *Hymnus.* Hostis herodes. ℣ Venit lumen tuum hierusalem. Et gloria domini super te orta est alleluya. *In evangelio añ.* Hodie celesti sponso juncta est ecclesia quoniam in jordane lavit Christus ejus crimina: currunt cum muneribus magi ad regales nuptias et ex aqua facto vino letantur convive all'a. *ps̄.* Benedictus. *Oratio.*

*D*eus qui hodierna die unigenitum tuum gentibus stella duce revelasti: concede propitius: ut qui jam te ex fide cognovimus: usque ad contemplandam speciem tue celsitudinis perducamur: per eundem. *Nulla memoria fiat.*

Ad primam añ. Ante luciferum. *ps̄.* Deus in nomine. *ps̄.* Beati immaculati. *antiphona non mutatur ad psalmum* Quicunque vult. *Re.* Jesu Christe *cum* all'a. *per octavas cotidie.*[2] ℣ Qui apparuisti hodie miserere nobis alleluya all'a. Gloria. Jesu Christe. *Ad tertiam añ.* Venit lumen. *ps̄.* Legem pone. *Cap.* Surge illuminare. *Re.* Reges tharsis et insule munera offerent all'a ali'a. ℣ Reges arabum et saba dona adducent. alleluya all'a. Gloria patri. Reges. ℣ Omnes de saba. *Oratio.* Deus qui hodierna. *Ad sextam añ.* Apertis thesauris. *ps̄.* Defecit. *Cap.*

*L*eva in circuitu oculos tuos et vide: omnes isti congregati sunt venerunt tibi. *Re.* Omnes de saba venient all'a all'a. ℣ Aurum et thus deferentes et laudem domino annunciantes. all'a all'a. Gloria patri. Omnes de saba. ℣ Omnes gentes quascunque. *Orō.* Deus qui hodierna. *Ad nonam añ.* Tria sunt. *ps̄.* Mirabilia. *Capitulum.*

*O*mnes de saba venient aurum et thus deferentes: et laudem domino annunciantes. *Re.* Omnes gentes quascunque fecisti: alleluya all'a. ℣ Venient et adorabunt coram te domine. All'a all'a. Gloria. Omnes gentes. ℣ Venit lumen tuum. *Oratio.* Deus qui hodierna. *Ad vesperas añ.* Ante luciferum. *et cetere antiphone de laudibus. ps̄.* Dixit dominus. *etc. Capit.* Surge illuminare. *Re.* In columbe. ℣ Celi aperti. *Hymnus.* Hostis herodes. ℣ Reges tharsis. *In evangelio añ.* Ab oriente venerunt magi in bethleem adorare dominum et apertis thesauris suis preciosa munera obtulerunt: aurum sicut regi magno: thus

---

[1] myrrha: G.

[2] quotidie: E. G. W.

sicut deo vero: myrrham sepulture ejus. all'a. *ps̄.* Magnificat. *Oratio.* Deus qui hodierna. *Et fiat memoria de sancto Edwardo tantum ad vesperas: nisi dominica fuerit in crastino: quia tunc fiet[1] tantum memoria de sancto willelmo: et in secundis vesperis sancti willelmi fiat memoria de sancto Edwardo. añ.* Justum deduxit. ℣ Amavit eum. *Oratio.*
Omnipotens sempiterne deus qui beatissimum regem edwardum confessorem tuum eternitatis gloria et honore coronasti: fac nos quesumus ita eum venerari in terris: ut cum eo regnare possimus in celis. Per dom.
¶ *Depositio sancti edwardi regis.*
Ad matu. invitato. Justus florebit. *ps̄.* Venite *et cetera de communi unius confessoris non pontificis.* *Lectio j.*
In diebus illis: Kuntone rege rebus humanis exempto: filiisque ejus immatura morte prereptis: angli danico jugo quasi ab egyptiaca servitute liberati: beatum edwardum in regem elegerunt. Quem cum summo honore archiepiscopi cantuariensis et eboracensis cum universis fere anglie episcopis unxerunt et consecraverunt. Confirmato vero ipsius imperio: omnibusque summa pace ac prosperitate compositis: proceres de successione soliciti: regem de uxore ducenda conveniunt. *Lectio ij.*
Rege igitur procerum voluntati oportune et importune insistentium consensum prebente: querebatur virgo que tanti regis digna esset complexibus. Erat inter potentes anglie quidam potentissimus comes Godwinus: non magnarum opum: sed astutie singularis: regumque regni proditor. Sed sicut spina rosam genuit godwinus edgidam. Godwinus vero volens animum regis sibi artius vincire:[2] egit per amicos regisque secretarios ut filiam suam[3] regiis nuptiis copulare dignaretur. *Lectio iij.*
Hi autem qui domino suo artiori inherebant aspectu: proditionem comitis quam sepe fuerant experti plurimum formidantes: hoc ipsum pernecessarium regi arbitrabantur. Ex utriusque igitur divitiis paratur nuptiale convivium: complent pontifices sacramentum: et in reginam puella coronatur. Convenientibus igitur in unum rex et regina de castitate servanda paciscuntur: fit illa conjunx mente non carne: ille maritus nomine non opere.
Medie lectiones de epiphania. Sermo beati Fulgentii episcopi. *Lectio iiij.*
Nostis charissimi fratres: quia dies iste qui nobis in honorem domini per annos singulos celebratur: ore cunctorum fidelium epiphania venerabiliter nuncupatur. Et quia grecum probatur esse vocabulum: multis est latinis incognitum. *Lectio v.*
Inde est quod nomen istud omnes quidem latini dicunt: sed non omnes inveniuntur nosse quod dicunt. Proinde bonum

---

[1] fiat: *E.G.*   [2] vincere: W.   [3] 'suam' om.: *E.G.*

SANCTI EDWARDI REGIS.

est ut cuncti qui diem hodiernum epiphaniam nuncupant: et cur hoc dicatur ignorant: sacramentum diei hujus nominis interpretatione cognoscant.

*D*ebet enim diei [*Lectio vj.* hujus solennitas a fidelibus celebrari: et ideo solennitatis causa non debet ignorari. Hunc ergo diem sicut diximus epiphaniam vocat christiana religio. Epiphania vero interpretatur manifestatio. *Responsoria de epiphania super medias lectiones. Re.* Illuminare. *Re.* Omnes de saba. *Re.* Magi veniunt. *Septima lectio de expositione evangelii secundum lucam.* Nemo accendit lucernam. *Omelia ut in communi.* *Lectio viij.*

*I*nterea rex sanctus evo jam gravis militie sue stipendiis parabatur. Obitum suum longe ante prescivit: unde[1] et post modicum ad patriam profecturus. Verum jam constructam beati petri basilicam quam ipse renovaverat: ante obitum suum voluit dedicari. Cogitans ergo ut solennius posset exhiberi ipsa consecratio: decrevit in die sanctorum innocentium istam celebritatem compleri. Sed in ipsa nocte dominice nativitatis febre corripitur: et mox instans festivitas vertitur in dolorem. Veruntamen tribus diebus de ipso morbo triumphans inter episcopos et proceres in convivio regalia instrumenta sustinens cum aliqua alacritate resedit. *Lect. ix.*

*I*llucescebat igitur sanctorum innocentium jocunda festivitas convenientibusque episcopis peragitur sacra dedicationis solennitas. Sciens igitur rex quia appropinquavit hora ejus ut transiret de hoc mundo ad Christum: jubet suos a fletibus temperare. In ecclesia vero beati petri quam a fundamentis ipse construxerat: sepulturam sibi fieri postulavit: suumque transitum dominici corporis et sanguinis perceptione munivit. Totum se demum commendans deo in fide Christi senex et plenus dierum migravit e seculo. Obiit autem pridie nonas januarii: anno incarnationis domini: millesimo sexagesimo sexto: regnaturus in celo cum sanctis per eum qui vivit et regnat in secula deus. *Cetera de communi unius confessoris non pontificis cum oratione propria et memoria de epiphania et de domina.*[2] *Ad primam Re.* Jesu Christe. ℣ Qui apparuisti. *cum all'a. cetera ad horas de communi cum oratione propria. Ad vesperas an.* Ante luciferum. *ps̄.* Dixit dominus. *cum ceteris antiphonis et psalmis sequentibus. cetera de communi cum oratione.* Omnipotens sempiterne. *Memoria de epiphania et de domina. Si festum alicujus sancti trium lectionum infra octavas evenerit: tantum fiat de eo memoria ad vesperas et ad matutinas sive sit dominica sive non.*

⁋ *Diebus infra octavas. invitatorium.* Christus apparuit nobis. Venite adoremus. *ps̄.* Venite. *Hymnus.* A patre unigenitus. *Una tantum antiphona*

---

[1] pro 'unde' illo: G.

[2] dominica: E.G.

INFRA OCTAVAS

super ix psalmos. an. Afferte *ps̄.* Ipsum. *ps̄.* Deus noster refugium. *ps̄.* Omnes gentes. *ps̄.* Jubilate. *ps̄.* Deus judicium. *ps̄.* Inclina domine. *ps̄.* Cantate (*j.*). *ps̄.* Dominus regnavit exultet. *ps̄.* Cantate (*ij.*). ℣ Reges tharsis. *Lectio j.*

Traditum autem tenemus a patribus : quod unigenitus deus postquam est secundum carnem temporaliter natus : in isto die est magis venientibus manifestatus. A quibus est oblatis muneribus suppliciter adoratus. *Responsoria de die ordinatim iterata dicantur. ita quod Responsorium.* Reges tharsis *ultimo loco dicatur. et Responsorium* Hodie in jordane : *dicatur tantum in die. Lectio ij.*

Nam quia ipse est deus qui sibi in veteri testamento primitias offerri mandavit : idem deus homo natus gentium primitias suo cultui dedicavit. Apostolica vero testatur auctoritas quod unus est deus qui justificat circuncisionem ex fide : prepucium per fidem : circuncisionis nomine judeos : prepucii nomine gentes indubitanter ostendens. *Lectio iij.*

Isti sunt duo parietes qui ex diverso venerunt : et in lapidem qui factus est in caput anguli unitate fidei convenerunt. Unus paries venit ex judeis : alter venit ex gentibus. Longe a se diversi erant quando diversa credebant. *ps̄.* Te deum laudamus. ℣ Omnes de saba.

In laudibus hec sola an. Ante luciferum. *ps̄.* Dominus reg-navit. *etc. Cap.* Surge illuminare. ℣[1] *Hym.* Hostis herodes. ℣ Venit lumen. *In evangelio una de antiphonis intitulatis infra que congruerit. ps̄.* Benedictus. *Oratio.* Deus qui hodierna. *Memoria de sancta maria. Ad primam an.* Venit lumen. *Ad psal.* Quicunque vult *non mutatur an. Re.* Jesu Christe. *cum* all'a. ℣ Qui apparuit. *Ad tertiam et ad alias horas cetere antiphone de laudibus. Capit. Resp. et oratio ut supra*[2] *in die. Ad vesperas hec sola an.* Ante luciferum. *ps̄.* Dixit dominus *etc. Cap.* Surge illuminare. *Hymnus.* Hostis herodes. ℣ Reges tharsis et.[3] *In evangelio antiphona que congruerit. ps̄.* Magnificat. *Oratio ut supra. Memoria de sancta maria.*

⁋ *He antiphone sequentes dicantur super psalmos* Benedictus *et* Magnificat *quotidie infra octavas vel ad memoriam quando dicitur de alio festo. Quando vero expositio scilicet* Venit Jesus a galilea[4] *legitur : tunc ad matutinas super psalmum* Benedictus *dicetur an.* Celi aperti sunt. *et ad vesperas illo die super psalmum* Magnificat *an.* Vox de celis *quia de evangelio sumpte sunt. et omnes alie antiphone singulis diebus dicantur suo ordine. Et*[5] *tamen sciendum quod quando dicitur de dominica infra die immediate precedenti diem octavarum an.* Vox de celis *dicenda est suo ordine : pro eo quod an.* Baptizat *ipso die in vesperis est dicenda. Antiphona.*

---

[1] '℣' om. : *E.G.*   [2] '*supra*' om. : *E.G.*   [3] '*et*' om. : *E.G.*
[4] ad galileam : *W.*   [5] *pro* '*Et*' Est : *G.W.*

EPIPHANIE DOMINI.

*A*dmoniti magi in somnis ab angelo per aliam viam reversi sunt in regionem suam. *Añ.* Vox de celis sonuit: et vox patris audita est: hic est filius meus in quo mihi complacuit: ipsum audite. *Añ.* Omnes nationes venient a longe portantes munera sua all'a. *Añ.* Vidimus stellam ejus in oriente: et venimus cum muneribus adorare dominum. *Añ.* Magi viderunt stellam obtulerunt domino aurum thus et myrrham. *Añ.* Et intrantes domum invenerunt puerum cum maria matre ejus: et procidentes adoraverunt eum all'a. *Añ.* Salutis nostre auctorem magi venerati sunt in cunabulis: et de thesauris suis mysticas ei munerum species obtulerunt. *Añ.* Celi aperti sunt super eum: et vox facta est de celo dicens: hic est filius meus dilectus in quo mihi complacui. *Añ.* Stella quam viderant magi antecedebat eos: donec venirent supra ubi erat puer. *Añ.* Videntes stellam magi gavisi sunt gaudio magno: et intrantes domum: obtulerunt domino aurum thus et myrrham. *Añ.* Stella ista sicut flamma coruscat: et regem regum natum demonstrat: magi eam viderunt: et Christo regi munera obtulerunt.

¶ *Ordo servitii suprascriptus per interjacentes dies usque ad octavas quando de epiphania dicitur observetur.* ¶ *Item alie lectiones infra octavas.* *Lectio j.*

*P*ositus est in medio lapis angularis: qui ad se utrunque parietem duceret: et utrumque[1] uno nomine nuncuparet: essentque unum communione vocabuli que[2] fierent in una gratia sacramenti. *Lectio ij.*

*P*er Christum enim qui est pax nostra faciens utraque unum: judei et gentiles facti sunt unum: quibus fidei unitas unum indidit nominis christiani vocabulum. Ad lapidem ergo angularem uterque paries venit et verum angulum fidei unitas fecit. *Lectio iij.*

*H*orum duorum parietum unus adductus est quando pastoribus judeis Christum natum angelus nunciavit: alter paries adductus est quando gentilibus magis novum sydus apparuit. *Item infra octavas.* *Lectio j.*

*P*rope enim erant judei qui deum colebant: longe erant gentes que ydolis serviebant: Hoc utique significabant pastores qui nascente Christo prope sunt inventi: et magi qui sunt de longevis[3] adducti. *Lectio ij.*

*Q*ui tamen venientes: cum ipsi judei non essent: regem judeorum se querere professi sunt: et ad ipsum adorandum se venisse dixerunt. Ait enim evangelista quia magi ab oriente venerunt hierosolimam dicentes: Ubi est qui natus est rex judeorum? Vidimus enim stellam ejus in oriente et venimus adorare eum. *Lectio iij.*

*Q*uid est hoc dilectissimi fratres: ut isti magi regem judeorum adorandum quererent: cum ipsi judei non essent? Et quem regem? Utique non herodem: sed Christum volunt adorare regem

---

[1] 'utrumque' om.: E.G.W.   [2] qui: G.W.   [3] longinquis: E.G.W.

IN TRANSLATIONE

nuper natum : nec adorant regem ante annos aliquot ordinatum.

⁋ *Festum translationis sancti wilhelmi: semper in dominica proxima post diem epiphanie ut confusio dierum feriatorum tollatur: placuit celebrari: tanquam duplex et principale sed propter octavas epiphanie dicuntur in primis vesperis super psalmos. an.* Ante luciferum. *et cetere sequentes. ps.* Dixit dominus. *et incipietur ad capitulum de sancto willelmo. Cap.* Ecce sacerdos. *Re.* Plebs occurrit. *Hymnus.* Iste confessor domini sacratus: sobrius castus. ℣ Amavit eum. *In evangelio an.* Nostri patris in misterio letas laudes ducet[1] devotio: celi regem lactet oratio ut jungamur ejus consortio. *ps.* Magnificat. *Oratio.*

Omnipotens et misericors deus qui gloriosi confessoris tui atque pontificis willelmi corpus in imo reconditum dignum sublimatione monstrasti: concede nobis translationem ejus celebrantibus: ab hac valle miserie ad celestia regna transferri per dominum. *Memoria de epiphania et de domina et de festo iij lectionum si evenerit.*

Ad matutinas invitatorium. Omnes deum adoremus. Qui translatum jam videmus corpus nostri presulis. *ps.* Venite.

Hymnus. Iste confessor: *ut supra antiphone et Responsoria ut in alio festo.*[2] *Lectio j.*

Gloriosus antistes eboracensis willelmus postquam migravit a seculo multis ac magnis chorustavit[3] miraculis. Unde et decreto summi pontificis et fratrum assensu: cathologo sanctorum ascriptus est. Dies etiam obitus sui in tota pronuncia eborum[4] a cunctis fidelibus celeberrime est custoditus. Verum licet a clero et populo ita gloriosus habebatur: hoc tamen ad cumulum glorie et laudis ipsius sancti deesse videbatur: quod sanctissimum corpus ejus de quo per lapidis duriciem oleum frequentius resudabat: in ymo tenebatur inclusum.[5] *Lectio ij.*

Unde ad laudis et glorie consummationem: ipsius sancti corpus translatio a prelatis eboracensis ecclesie desiderio ardenti affectabatur. At ubi venit plenitudo temporis quo deus in sui secreti sinu: sanctum suum decreverat sublimari: erexit in archipresulem eboracensem venerabilem patrem willelmum qui prius per multa tempora in eadem ecclesia cancellarie officio fungebatur: cujus ministerio gloriosi confessoris sui corporis translationem preordinaverat consummari.[6] *Lectio iij.*

---

[1] dicat : E. dictet : G.W.

[2] '*Ut supra ant. & Res. ut in alio festo*' om. : E.G.W. *et in eorum vice addunt*, '*In primo nocturno an.* Ortus clari germinis hunc nobilitavit et mentis nobilitas genus geminavit. *ps.* Beatus vir. *An.* In agendis strenuus fidus in commissis ad censuram rigidus firmus in promissis. *ps.* Quare fremuerunt. *An.* Mitis in consortiis in loquela rarus in responsis providus in sensu preclarus. *ps.* Domine quid multiplicati. ℣ Amavit eum.'

[3] choruscavit : E.W. coruscavit : G.

[4] provincia : E.G.W. eboracensi : G.

[5] *Re.* Voluntatis trutina non legis cassatus Virum novum induit celitus mutatus. ℣ Juventutis januas claudit cassato sic malum sepius boni fit occasio. Virum novum. Add : E.G.W.

[6] *Re.* Vir ad sui gloriam redit inglorius.

Anno igitur ab incarnatione domini: millesimo ducentesimo octogesimo tertio: et prefati patris willelmi anno tertio: nobili viro antonio[1] Breck electo ad regimen Episcopatus dunelmensis cum esset electio ejus confirmata: archiepiscopus et electus eodem spiritu inspirati: ad hoc vota sua unanimiter direxerunt: ut translatio sancti willelmi et consecratio ipsius electi eodem die celebrarentur. Firmato ita proposito invitantur illustris rex anglie edwardus: ac serenissima regina elianora necnon et magnates anglie tam persone ecclesiastice quam seculares: ut tante solennitati interessent.[2] *Lectio iiij.*

Cum autem in tam sancto proposito idem rex permaneret accidit ut[3] quadam die in[4] eminentem locum ascenderet: et cum esset in loci cacumine: lapso pede cecidit ab alto: unde et ab assistentibus confractus et quassatus putabatur. Statim vero rex ipse consurgens de terra absque lesione deo omnipotenti et sancto willelmo gratias egit: casum suum inimico humani generis imputans[5]: se salvationem[6] suam meritis gloriosi confessoris quem honorare disposuerat: constanter ascribens. Ex eo autem die ad honorandum sanctum willelmum quam citius ad civitatem Eboracensem de die in diem properavit.[7] *Lectio v.*

Appropinquante vero tempore quo sanctum corpus debuit sublimari: prevenit diem ipsum venerabilis pater willelmus archiepiscopus eboracensis: necnon et menenensis episcopus frater electi dunelmensis similiter et idem electus. Et intempeste noctis silentio intrantes ecclesiam decano comitante et canonicis: letanias cantant: orationes fundunt: et ad tumbam sancti willelmi humiliter se prosternunt. Tandem ab oratione surgentes amoto lapide sarcophago superposito: reperiunt sancti pontificis corpus sacris vestibus olei pinguedine quod de sancti patris corpore resudaverat infusis: multipliciter involutum.[8] *Lectio vj.*

Amotis igitur patena et calice qui juxta corpus in sepulchro fuerant collocati: archiepiscopus et episcopus prefati

---

Ut unguenti vasculum mundetur melius. ℣ Lachrimarum lavacro purgatis personis confertur divinitus munus unctionis. Ut unguenti. Add: E.G.W.

[1] anthonio: W.

[2] *Re.* Laceratum exulem morsibus malignis. Nec faux [falx: W.] frangit odii nec livoris ignis. *Versiculus* Probat hunc exilium sicut hyems laurum: in fornace ponitur purum exit aurum. Nec. Gloria. nec. *In ij nocturno.* *Añ.* Ne sansonem dalida faciat perire hic carnem spiritui cogit obedire. *ps.* Cum invocarem. *añ.* Agrum mentis seminat sementis virtutum et mundi delicias spernit velut lutum. *ps.* Verba. *Añ.* Ne recentes flosculi virtutum marcescant hos scripture rivulis irrigat ut crescant. *ps.* Domine dominus noster. ℣ Justum deduxit. Add: E.G.W.

[3] 'ut' om.: E.G.W.

[4] pro 'in' ut: E.G.

[5] putans: E.W.

[6] 'que' add: E.G.W.

[7] *Re.* Factus jacob vigilat extra supra gregem Nec minus interius regum sapit regem. ℣ Marthe ministerio copulat mariam rachelis amplexibus fruitur post lyam. Nec minus. Add: E.G.W.

[8] *Re.* Fragrat odor presulis romam venientis. Occurrit fragrantie plebs unius mentis. ℣ Ex longinquis veniunt nec sunt fatigati longa via visa est curta caritati. Occurrit. Add: E.G.W.

una cum aliis qui meritis precellere videbantur: incipientes a capite sanctas reliquias cum debita reverentia convolventes in quadam capsula locaverunt. Et ad locum secretum cum summa devotione portantes: sigillis appositis et custodia deputata recesserunt. Mane autem facto redeuntes clara luce sacras sancti reliquias quas prius involverant: cum reverentia evolventes: ipsas vestes quibus gloriosum corpus involutum fuerat in partem ponebant. Ea vero que ad corporis substantiam pertinebant: in capsula ad hoc diligentius preparata collocabant. Signantes capsam et custodiam adhibentes.[1]

Septima lectio tantum de expositione evangelii secundum lucam. Nolite timere pusillus grex. *Omelia ut in communi.*[2] Sequenti vero die [*Lectio viij.* dum matutine de sancti willelmi translatione cantarentur: dormientibus in ambone quibusdam canonicorum servientibus qui cum dominis suis ad ecclesiam venerant unus ibidem quiescentium caput suum super basim pulpiti in quo legi solet evangelium reclinavit. Et ecce dum tertia lectio legeretur: lapis columnaris: non modici ponderis super caput quiescentis cecidit. Quod videntes qui presentes fuerant: putabant caput ipsius irrecuperabiliter esse confractum: accurrentes ut lapidem erigerent. Surgens vero ille qui dormierat nihil mali sentiebat: tenam[3] suam quam habebat in capite dissolvens[4]: advertit ex utraque parte capitis a superiori lapide et inferiori corrosam: et quasi dentibus mordicatam. Videns vero predictus serviens se a tanto periculo liberatum: deo omnipotenti et sancto willelmo gratias egit.[5] *Lectio ix.* Eodem vero die circa horam primam convenientibus ad ecclesiam prelatis: presentibus etiam rege et regina: ac maxima comitiva comitum et baronum: preposito prius verbo dei per venerabilem villelmum[6]: tunc temporis archiepiscopum: rex ipse una cum episcopis qui aderant capsam in qua sancte reliquie erant cum summa devotione in humeris suis circa unam partem chori ad locum ubi nunc corpus sancti requiescit bajulabant. Sic igitur sancti

---

[1] *Re.* Plebs occurrit presuli cadit pons dissutus. Sed a casu populus ruens redit tutus. ℣ Unda ruens populum recipit ruentem et se pontem efficit per omnipotentem. Sed a casu. Gloria. Sed. *In iij nocturno a℟.* Ne cursus ad superos animo claudatur: mens dei dulcedini tota copulatur. *ps.* Domine quis habitabit. *A℟.* Servit elemosinis manus insopita quibus se dat funditus vir israelita. *ps.* Domine in virtute. *a℟.* In sublime levat ut palma comam spei et imputrescibilis vivit cedrus dei. *ps.* Domini est terra. ℣ Magnificavit eum. Add: E.G.W.

[2] *Re.* Fide fuit finees ut job mansuetus patiens ut israel. Ut noe discretus. ℣ Fidelis ut abraham ut loth hospitalis sagax ut samuel: ut joseph liberalis. Ut noe. Add: E.G.W.

[3] tentam: E.G.

[4] dissolvans: W.

[5] *Re.* Vinum Christus oleo tum large linivit. Quod adhuc in mortuo olei fons vivit. ℣ Ut sit nomen presulis oleum effusum corpus fundit oleum ad egrorum usum. Quod. Add: E.G.W.

[6] willelmum: E.W. wilelmum: G.

willelmi corpus cum solennitate qua decuit ab ymo in altum: a communi loco in chorum venerabiliter est translatum: ad laudem domini nostri Jesu Christi.[1] *ps̄.* Te deum laudamus. ℣ Ora pro nobis.

In laudibus an̄. Claudi.[2] ℣[3] Benedictus. *Oratio ut supra*[4] *et cetera ut in alio festo: cum memoria de epiphania: et de domina: et de festo trium lectionum si evenerit. Ad primam Responsorium* Jesu Christe *cum* all'a. ℣. Qui apparuisti. *Nisi ejus festum et octave epiphanie concurrant in dominica: quia tunc non dicetur cum* alleluia *nec cum versu.* Qui apparuisti. *Ad*[5] *alias horas ut supra in alio festo cum oratione* Omnipotens. *In secundis vesperis*[6] *an̄.*[7] Ante luciferum. *et cetere*[8] *sequentes cum psalmis de nativitate.*[9] *Re.* Adit sancti tumulum.[10] *et cetera ut in alio festo cum oratione predicta. Si autem istud festum et octave occurrerint in dominica: anticipetur servitium octavarum et fiat die sabbati cum ix. lectionibus et cum expositione evangelii.* Vidit johannes Jesum venientem. *et cum eisdem antiphonis que ponuntur in octavis et fiat de festo sancti willelmi in dominica secundum modum preordinatum: et tunc dicantur antiphone super psalmos feriales in primis vesperis an̄.* In willelmi laudibus.[11] *cum*[12] *ceteris antiphonis ut in alio festo: exceptis quod secunda antiphona erit ista antiphona.* Pii patris hodie corpus est translatum: quod in imo jacuit in alto locatum. *Nec fiat aliqua mentio deinceps de*

---

[1] *Re.* Adit sancti tumulum languidorum cetus. Et qui plangens venerat plaudens redit letus. ℣ Presulis antidotum presens est egenis quo devotos liberat pluribus a penis. Et qui plangens. Gloria. Et qui plangens. Add: E.G.W.

[2] recti redeunt: furor effugatur epilepsis passio sanitati datur. *ps̄.* Dominus regnavit. *an̄.* Purgantur ydropici laudes fantur muti datur paraliticis suis membris uti. *ps̄.* Jubilate. *an̄.* Lepre tergit maculas: membra dat castratis lumen [lumenque: G.] dat pluribus sine luce natis. *ps̄.* Deus deus meus. *An̄.* Rapiunt a pugile lex et hostis lumen quod per sanctum reparat ceco celi numen. *ps̄.* Benedicite. *An.* Ab abyssi faucibus biduo submersum mater natum recipit a morte reversum. *ps̄.* Laudate. *Capit.* Benedictionem. *Hymnus* Jesu redemptor. ℣ Justus germinabit. *In evangelio an̄.* O willelme pastor bone cleri pater et patrone mundi nobis in agone confer opem et depone vite sordes et corone celestis da gaudia. Add: E.G.W.

[3] '*pro*' ℣ *ps̄.*: E.G.W.

[4] *Abhinc usque ad* '*apparuisti*' *omnia om.*: E.G.W.

[5] *Ad horas antiphone de laudibus. Cetera de communi cum oratione* Omnipotens. E.G.W.

[6] *Ad vesperas*: E.G.W.

[7] *Abhinc usque ad* '*hymnus*' *omnia om.*: W.

[8] '*Antiphone*' add: E.G.W.

[9] '*Cap.* Benedictionem' add: E.G.

[10] *Hymnus* Jesu redemptor. ℣ Amavit. *In evan. an̄.* Jesu nostra fiducia honor noster et amor virtus leticia vita veritas et via justorum pax et [patria: G.W. patera: E.] tua nos clementia wilelmi per suffragia de [hac: G.] mundi miseria transfer ad celestia. *ps̄.* Magnificat. *O⁶o.* Omnipotens et misericors. *add*: E.G.W.

[11] laxet clerus lora: sit in hymnis canticis concio canora. *an̄.* Pii patris hodie corpus est translatum: quod in imo jacuit in alto locatum. *An̄.* Quondam thesaurarius jam thesaurus cleri dedit opes medici nunc dat opem veri. *An̄.* Celum solum sitiens gazas Christi miles ne scandentem retrahant calcat ut res viles. *An̄.* In doctrina solidum cibum dat provectis et lactis dulcedinem miscet imperfectis. Add: E.G.W.

[12] *a verbo* '*cum*' *usque ad* '*locatum*' *om.*: E.G.W.

IN OCTAVA

octavis nisi memoria tantum cum antiphona Fontes aquarum. ℣ Reges tharsis. *Oratio.* Deus cujus unigenitus *et dicantur versiculi sine All'a. De confessoribus tantum fiat memoria in primis vesperis et matutinis illo anno.*

¶ Si festum epiphanie alia die quam sabbato: dominica vel die lune evenerit: dicatur de officio dominicali die lune infra octavas: cum tribus lectionibus de expositione evangelii. Venit Jesus. *et antiphonis sumptis de evangelio illo ut supra notatur. Si vero hujusmodi festum die sabbati vel dominica contigerit: fiat de officio dominicali die martis. Si autem die lune evenerit: dicetur*[1] *de officio dominicali die mercurii: cum evangelio et antiphonis ut supra. Secundum matheum.*

In illo tempore: Venit Jesus a galilea in jordanem ad johannem: ut baptizaretur ab eo. Et reliqua.

Omelia venerabilis bede presbyteri. Lectio j.

Venit filius dei baptizari ab homine: non anxia necessitate abluendi alicujus sui peccati: qui peccatum non fecit ullum: nec inventus est dolus in ore ejus: sed pia dispensatione abluendi omnis nostri contagionem peccati: qui in multis offendimus omnes. *Lectio ij.*

Et si dixerimus quia peccatum non habemus: nos ipsos seducimus: et veritas in nobis non est. Venit baptizari in aquis ipsarum conditor aquarum. Ut nobis qui in iniquitatibus concepti[2] et in delictis generati sumus: secunde nativitatis que per aquam et spiritum celebratur appetendum insinuaret mysterium. *Lectio iij.*

Sequitur: Johannes autem prohibebat eum dicens: Ego a te debeo baptizari: et tu venis ad me. Expavit illum ad se venisse ut baptizaretur aqua: cui nulla inerat: que baptismo tergeretur culpa: immo qui per sui gratiam spiritus cunctam credentibus tolleret culpam.

¶ In octava epiphanie ad vesperas añ. Ante luciferum. *et cetere antiphone sequentes. p̄s.* Dixit dominus. *etc. Capitulum.* Surge illuminare. *Responsorium non dicitur. Hymnus.* Hostis herodes. ℣ Reges tharsis. *In evangelio añ.* Baptizat miles regem: servus dominum suum: johannes salvatorem aqua jordanis stupuit: columba protestabatur: paterna vox audita est: hic est filius meus. *p̄s.* Magnificat. *Oro.*

Deus cujus unigenitus in substantia nostre carnis apparuit: presta quesumus: ut per eum quem similem nobis foris agnovimus: intus reformari mereamur. Qui tecum. *Memoria de sanctis hilario et remigio: nisi octave anticipentur. añ.* Fulgebunt justi. ℣ Sacerdotes tui. *Oratio ut in communi plurimorum confessorum. Memoria de sancta maria.*

Ad matutinas invitato. Christus apparuit. *p̄s.* Venite exultemus. *Hymnus.* A patre unigenitus. *In .j. nocturno añ.* Afferte. *p̄s.* Ipsum. *añ.* Fluminis.[3] *p̄s.* Deus noster refugium.

---

[1] *dicatur* : G.   [2] *concepit* : W.   [3] *Fluvius* : E.

an̄. Psallite deo. *p͞s.* Omnes gentes. ℣ Reges tharsis.
Sermo beati maximi episcopi.

Cum plura[1] nobis [*Lectio j.* fratres atque diversa festivitas hujus diei salutarium mysteriorum sacramenta multiplicat. Nam sicut posteritati sue fidelis mandavit antiquitas. Hodie salvator humani generis celestibus ostensus indiciis a chaldeis est adoratus. *Re.* Illuminare illuminare. *Lectio ij.*

Hodie Christus beati johannis ministerio fluenta jordanis benedictione proprii baptismatis consecravit. Hodie etiam invitatus ad nuptias divinitatis sue potentiam manifestans: aquas inquam[2] vertit in vinum id est quas sanctificavit in baptismo: nobilitavit in nuptiis. *Re.* Omnes de saba. *Lectio iij.*

Tria quidem hec fratres unius diei mysteria recensemus: que per unum dominum dignatio trinitatis implevit. Neque enim aliquando in operatione virtutum abesse sibi unitas potest: aut unquam separari ab invicem[3] poterit quod deitate est indivisum. *Re.* Reges tharsis. *In. ij nocturno an̄.* Omnis terra. *p͞s.* Jubilate deo (*j.*) *An̄.* Reges tharsis. *p͞s.* Deus judicium. *An̄.* Omnes gentes. *p͞s.* Inclina domine. ℣ Exultent justi.

Medie lectiones de confessoribus. *Lectio. iiij.*

Sublimium igitur virorum Christi hilarii atque remigii: quos se paternos[4] ecclesia gratulatur habere magnificos: solenni devotione festa celebramus. Qui licet diversis regnorum partibus et temporibus multipliciter florerent in terris: pari tamen devotione laborabant: Christo immaculati assistere: ecclesiam regere atque protegere. *Re.* Isti sunt viri sancti. ℣ Sancti per fidem. *Lectio v.*

Igitur beatus presul remigius puellam a demone captam sanabat: per cujus os diabolus se fatebatur non posse expelli: nisi solius Remigii orationibus. Quam etiam sicut prius ab insana mente liberavit: sic etiam post modicum a morte resuscitavit. *Re.* Fulgebunt justi. ℣ Justi imperpetuum. *Lectio vj.*

Summus et preclarus iste hilarius duodenis clarissimis voluminibus omnes hereticorum errores extinxit: et pro veritate quam predicabat plurima adversa injuste sustinebat: etiam et exilium innocens tollerabat:[5] ubi et defuncto precibus vitam dedisse legitur. Digne etenim[6] patres isti apostoli[7] hilarius et remigius recepti sunt inter angelos: quia vita eorum immunis extitit inter peccatores. Quorum precibus divina nos custodiat misericordia: et ad illa perducat gaudia que nesciunt finire per secula. *Re.* Sint lumbi vestri. ℣ Vigilate ergo. *Quando octave epiphanie anticipentur*[8] *tunc versiculus.* Omnes de saba: et. *Lectio iiij.*

Denique cum baptizaretur salvator et non se[9] deesse unigenito pater in voce prodidit:

---

[1] *Complura* : E.G. [2] 'inquam' om.: G. [3] adinvicem : W.
[4] patronos : E.G. [5] tolerabat : E.G. [6] pro 'etenim' igitur : G
[7] apostolici : E.G.W. [8] *anticipantur* : G. '*dicatur*' add: G.
[9] 'et' om.: G. 'se non' E.G.W.

spiritus in columba. Non ergo miremur fratres quibus in fide est trinitas. si tria unum nobis diem misteria consecrarunt: hodie itaque ut diximus magus per stellam reperit: quod judeus noluit credere per prophetas: hodie gentilitas edocta de celo: redemptorem mundi inquirit ut regem: muneratur ut fortem: adorat ut deum. Et quam recte charissimi in testimonium nove nativitatis: nova terris stella resplenduit. *Lectio v.*

*N*ova stella resplenduit cujus utique judeorum gens perfida: nec radium occultare possit: nec abscondere veritatem. Neque enim ulla jam per eos poterat locum habere maligne interpretationis obscuritas: ubi celum ipsum universorum oculis syderio lumine credendo fulgebat. *Lectio vj.*

*E*t quam hoc mirabile quod exiguus stelle radius: stupentia alienigenarum corda permovit cum illum judaicum populum: cui mare divisum: cui prebitum manna[1] de nubibus: nec ignea potuerit et ipsa de celo micans colunna convertere. Sed jam ad Christi baptismum properemus. Venit igitur Jesus in jordanem: ut baptizaretur a johanne. Cui ait johannes ego a te debeo baptizari quia mihi est ex paterna prevaricatione corruptio: et tibi in paterna majestate communio.

In .iij. nocturno añ. Adorate dominum. *p͞s*. Cantate (*j.*) *añ*. Adorate deum. *p͞s*. Dominus regnavit exultet. *Añ*. Notum fecit dominus all'a. Salutare suum alleluia. *p͞s*. Cantate (*ij.*) ℣ Omnes gentes. *Sec. johannem.*

*I*n illo tempore: Vidit johannes Jesum venientem ad se et ait Ecce agnus dei: ecce qui tollit peccata mundi. Et reliqua.

Omelia venerabilis bede presbyteri. *Lectio vij.*

*E*cce inquit johannes: agnus dei: ecce innocens et ab omni peccato immunis utpote cujus os quidem de ossibus adam: et caro de carne adam: sed nullam de carne peccatrice traxit maculam culpe. *Re*. Videntes stellam. *Lectio viij.*

*E*cce qui tollit peccata mundi. Ecce qui justus inter peccatores: mitis inter impios: hoc est: quasi agnus inter lupos apparens: etiam peccatores et impios justificandi habet potestatem. *Responsorium*. Tria sunt munera que. *Lectio ix*.

*Q*uomodo autem peccata mundi tollat: vel peccatores justificet: johannes apostolus testatur dicens. Qui dilexit nos et lavit nos a peccatis nostris in sanguine suo. Christus autem fratres lavit nos a peccatis nostris in sanguine suo: non solum quando sanguinem suum dedit in cruce pro nobis: vel quando unusquisque nostrum mysterio passionis illius baptismo aque ablutus est: sed [2] cotidie lavat nos sanguine suo: cum ejusdem beate passionis memoria ad altare replicatur. *Re*. In columbe. *p͞s*. Te deum laudamus. ℣ Omnes de saba veniunt.

In laudibus. *antiphone.*

---

[1] menna : W.

[2] 'et' add : G.

EPIPHANIE DOMINI.

*V*eterem hominem renovans salvator venit ad baptismum ut naturam que corrupta est per aquam recuperaret incorruptibili veste circumamictans nos. *ps̄.* Dominus regnavit. *Añ.* Te qui in spiritu et igne purificas humana contagia deum et redemptorem omnes glorificamus. *ps̄.* Jubilate. *Añ.* Baptista contremuit et non audet tangere sanctum dei verticem sed clamat cum tremore sanctifica me salvator. *ps̄.* Deus deus meus. *Añ.* Caput draconis salvator contrivit in jordanis flumine ab ejus potestate omnes eripuit. *ps̄.* Benedicite. *Añ.* Magnum mysterium declaratur hodie quia creator omnium in jordane expurgat nostra facinora. *ps̄.* Laudate dominum. *Capit.* *D*omine deus meus honorificabo te: laudem tribuam nomini tuo qui facis mirabiles res: consilium tuum antiquum verum erat. *Hymnus.* Hostis herodes. ℣ Venit lumen. *In evange. añ.* Precursor johannes exultat cum jordane baptizato domino: facta est orbis terrarum exultatio: facta est nostrorum peccatorum remissio sanctificans aquas: ipsi omnes clamemus miserere nobis. *ps̄.* Benedictus. *Oratio.* Deus cujus unigenitus. *Memoria de sanctis confessoribus.* *Añ.* Sint lumbi. ℣ Sacerdotes tui. *Oratio.* Deus qui nos. *Memoria de sancta maria. Ad primam. Añ.* Aqua comburit peccatum hodie apparens liberator et rorat omnem mundum divinitatis ope. *ps̄.* Deus in nomine. *Non mutetur antiphona ad psalmum* Quicunque vult. *Ad tertiam. añ.* Pater de celis filium testificatur et spiritus sancti presentia advenit unum edocens qui baptizatur Christus. *ps̄.* Legem pone. *Capitula Responsoria et versiculi ad horas sicut in die epiphanie: cum oratione:* Deus cujus unigenitus. *Ad sextam añ.* Baptizatur Christus et sanctificatur omnis mundus: et tribuit nobis remissionem peccatorum: aqua et spiritu omnes purificamur. *ps̄.* Defecit. *Ad nonam añ.* Peccati aculeus conteritur hodie baptizato domino: et nobis donata est regeneratio. *ps̄.* Mirabilia. *Ad vesperas añ.* Veterem hominem. *et cetere antiphone de laudibus. ps̄.* Dixit dominus *etc. Cap.* Domine deus meus. *Hymnus.* Hostis herodes. ℣ Reges tharsis. *In evange. añ.* Fontes aquarum sanctificati sunt Christo apparente in gloria orbi terrarum haurite aquas de fonte salvatoris: sanctificavit enim nunc omnem creaturam Christus deus noster. *ps̄.* Magnificat. *Oratio.* Deus cujus unigenitus. *Memoria de sancta maria: et de sancto felice presbytero et confessore. añ.* Justum deduxit. ℣ Amavit eum. *Oratio.* Concede quesumus omnipotens deus: ut ad meliorem vitam. *Ad completorium ut supra. nisi in sabbato evenerint octave. Si vero octave iste in sabbato evenerint: vespere dicantur die sabbati de dominica cum antiphona.* Benedictus. *et cetera propter inceptionem historie: et memoria fiat de octavis cum antiphona.* Fontes aquarum. ℣ Reges tharsis. *sine* alleluia. *Oratio.* Deus cujus unigenitus. *Deinde de sancta maria: et de sancto felice:*

O

et incipiatur historia : Domine ne in ira. *Ad completorium antiphona.* Miserere. *et cetera sicut inferius in sabbato ante historiam.* Domine ne in ira *ordinatum est.*

ℂ *De memoriis quotidianis patet. In profestis vero diebus ab octavis epiphanie usque ad primam dominicam quadragesime repetantur suffragia quottidiana videlicet de sancta maria cum antiphona.* O admirabile. *Añ.* Quando natus es. *Añ.* Rubum quem. *Añ.* Germinavit. *Añ.* Ecce maria. *ordinatim iterati.*[1]
℣ Post partum. *Oratio.* Deus qui salutis *usque ad purificationem : et post purificationem ad matutinas cum añ.* Beata mater. ℣ Post partum. *Oratio.* Concede nos famulos. *et ad vesperas añ.* Sancta dei genitrix. ℣ Post partum. *Oratio.* Omnipotens. *necnon de apostolis : de sancto willelmo : de reliquiis : de sanctis confessoribus johanne wilfrido et Cuthberto : de omnibus sanctis : pro pace : sicut infra notatur ante psalterium. Et agenda mortuorum frequententur. De cruce autem nulla fiat mentio*[2] *his diebus : sicut nec in dominicis vel aliis hujus temporis diebus ad processionem de trinitate.*

Rubrica post octavas epiphanie de dominicis in feriis faciendis isto tempore.

Notandum vero quodsi octave epiphanie in dominica evenerint sive in feria secunda aut tertia. et tempus ita breve fuerit quod usque ad septuagesimam non intersit nisi una dominica : tunc in crastino octavarum ferialis nocturnus dicatur : *et expositio :* Cum factus esset Jesus annorum duodecim. *ad matutinas legatur cum Responsoriis ejusdem ferie : non de historia.* Domine ne in ira. *quia omnia Responsoria : tam ferialia quam dominicalia de psalmis sunt sumpta : et cum invitatoriis et hymnis ferialibus. Quando dominica fit in ii. feria. Responsorium* Quam magna. *Re.* Benedicam. *Re.* Delectare. *Eodem autem modo fiat quandocunque fit*[3] *dominica in feria inter octavas epiphanie et septuagesimam : scilicet cum antiphonis super nocturnum : et Responsoriis ferialibus dicantur etiam super laudes antiphone feriales aut dominicales super psalmum.* Benedictus. *scilicet.* Fili quid fecisti. *Oratio.* Vota quesumus domine. Per dominum. *Memoria de sancto felice : et suffragia consueta nisi de cruce : ut dictum est.*

ℂ *Et sciendum est quod si aliqua dominica sequens primam dominicam fiat ferialiter inter octavas epiphanie et septuagesimam tunc in ferialibus vesperis precedentibus dicetur oratio de dominica precedenti : non illa que sequetur in crastino ad expositionem. Et sive de prima dominica sive de alia debeat dici ferialiter in crastino. ix. lectionum in secundis vesperis hujus festi ix. lectionum nulla facienda est memoria de dominica: et eodem modo fiat*[4] *de dominicis ferialiter dicendis ab historia.* Deus omnium. *usque ad adventum domini.*

---

[1] iterate: G.   [2] memoria: E.G.   [3] sit: G.W.   [4] 'fiat' om.: E.

DE DOMINICIS FACIENDIS.

❡ *Quot dominice fient inter octavas epiphanie et lxx.*

Secundum quantitatem vero temporis provideatur quod inter octavas epiphanie et lxx. quinque dominice dicantur. vel tres ad minus etiam in diebus ferialibus si opus fuerit modo quo predictum est: quia si nulla dominica inter octavas epiphanie et lxx. evenerit: tunc de necessitate oportet quod ille tres dominice predicte in mediis feriis dicantur: et forte aliquam illarum in quintam feriam vel sextam fieri oportebit: cum Responsoriis feriam contingentibus: et de festis trium lectionum sanctorum illis diebus accidentibus nihil fiat nisi memoria tantum. nec videatur inconveniens si aliqua predictarum trium dominicarum dicatur in quinta feria vel sexta licet sit contra regulam[1] alias scriptam. Nec moveat quenquam si tunc non dicantur Responsoria de historia Domine ne in ira. etc. cum sint de psalmis sicut illa de feria. Si vero prolixum fuerit tempus inter epiphaniam et lxx. ita quod in diebus dominicis et aliis feriis vacantibus possint omnes dominice congrue celebrari: non dicatur de dominica in crastino octavarum predicatarum: sed de sancto felice: et singulis feriis de singulis festis sanctorum: exceptis tribus feriis: scilicet tertia quinta et sabbato quando fit commemoratio de sancto willelmo: de apostolis et de domina: si fieri poterit competenter.

❡ *Si vero festum sanctorum Fabiani et sebastiani in dominica contigerit: et tempus fuerit prolixum: et plures vel una ex diebus dominicis ante lxx. a festo ix. lectionum vacaverit: ita quod aliquo die dominico possit celebrari de officio dominicali: tunc dicetur de martyribus suo die: et de aliis dominicis ordinetur dominicaliter seu ferialiter dicendum prout congruentius fieri poterit. Quod si nulla alia dominica a festo vacaverit: in ipso die fiet[2] de officio dominicali: et preoccupetur festum: et fiet[3] die sabbati precedenti.

❡ *Festum vero agnetis: et vincentii festum[4] etiam si in dominica contigerint quacunque ante lxx. semper suis locis celebrentur: sive tempus fuerit prolixum sive breve. Ratio est quia sive[5] festum Agnetis sive festum Vincentii in dominica contigerit: potest[6] plene dici de officio dominicali in dominica precedenti. Si vero inter octavas epiphanie et lxx. tempus habundet: dominicalia officia suis locis dicantur: et de residuis post tria officia dicta repetatur officium. Adorate. cum collectis epistolis et evangeliis in missali denotatis.

❡ *De mediis lectionibus quando fient[7] in dominico.*

Hoc autem per totum annum sit generale quod in omni dominica quando incipitur historia nunquam erunt medie lectiones de festo trium lectionum. Aliis vero dominicis quando cantatur de dominica et non incipitur historia: medie lectiones erunt

---

[1] *sedulam*: E. *schedulam*: G.   [2] *fit*: E. *fiat*: G.   [3] *fiat*: G.   [4] *fest vinc.*: G.
[5] *si*: E.G.W.   [6] *poterit*: E.G.W.   [7] *fiet*: E.G.W.

DOMINICA PRIMA

de sanctis si de eis proprie lectiones habeantur. Et quandocunque occurrit festum alicujus sancti trium lectionum si de eo dici non possit fiat de eo memoria ad vesperas et ad matutinas preterquam in cena domini: et a die illo usque ad diem sabbati in septimana pasche: et preter [1] in die penthecostes cum sex diebus sequentibus: et festo ascensionis et corporis Christi.

❡ *De festo novem lectionum ad aliud sequente.*

Et notandum quod si in crastino [2] ix. lectionum aliud sequatur festum [3] ix. lectionum in secundis vesperis prioris festi in quibus antiphone de laudibus proprie vel communes dicantur [4] super psalmos incipietur ad capitulum de secundo: et finientur vespere de eodem: et sequatur [5] memoria de primo: nisi primum fuerit duplex festum: quia tunc habebit plene ultimas vesperas suas: et fiet tantum memoria de festo sequenti. Eodem modo ut prius fiat de dominica si sequatur festum ix. lectionum excepto quod si octava assumptionis vel nativitatis in sabbato evenerit tunc enim ultime vespere erunt de octava ut ibi notatur: et excepto quod [6] si incipiatur aliqua historia precipua [7] non dicantur [8] antiphone de laudibus sancti: cujus festum precesserit super psalmos. sed antiphone Benedictus *etc. nisi sit tale festum quod non habuit primas vesperas propter festum duplex quod precesserit in feria. sexta tunc enim in sabbato erunt vespere de sancto: et memoria de historia.* Peto. Siquidem. *et* [9] Adonay. *non dicuntur precipue: quia dependent a* [10] Si bona: *unde propter eas non omittitur quin ad vesperas in earum inceptione dicentur* [11] *antiphone de laudibus festivitatis ix. lectionum in sabbato precedenti: tamen in inceptione illarum non fient medie lectiones. Alie autem omnes quasi precipue sunt.*

❡ *Item si duplex festum sequatur ad* [12] *duplex: incipietur de eo ad capitulum in secundis vesperis: ut prius dictum est de festo simplici ix. lectionum exceptis festis duplicibus infra octavas nativitatis et festis epiphanie ascensionis domini: et corporis Christi: que tria festa habebunt plene utrasque vesperas suas: licet aliud festum duplex precedat vel sequatur.*

❡ *Dominica prima post octavas Epiphanie.*

Sabbato ad vesperas añ. Benedictus. p̄s. Ipsum. etc. Capitulum. Benedictus deus. Re. Deus qui sedes super. Hymnus. O lux beata trinitas. ℣ Vespertina oratio. *In evangelio* añ. Fratres existimo enim quod non sunt condigne passiones hujus temporis ad futuram gloriam que revelabitur in vobis alleluia. p̄s. Magnificat.

Vota quesumus domine [Orat. supplicantis populi celesti pietate prosequere: ut que

---

[1] *preterquam: G.*
[2] *'festi' add: G.*
[3] *'festum' om.: G.*
[4] *dicuntur: G.*
[5] *sequetur: G.*
[6] *'quod' om.: G.*
[7] *'quia tunc' add: G.*
[8] *dicentur: G.*
[9] *pro 'et' añ.: E.G.*
[10] *pro 'a' et antiphona: G.*
[11] *dicantur: G.*
[12] *aliud: E.G.W.*

POST OCTAVAS EPIPHANIE.

agenda sunt videant: et ad implenda que viderint convalescant. Per dominum.[1] [2] *Ad completorium. Añ.* Miserere.[3] *ps.* Cum invocarem. *Capitulum.* Tu in nobis. *Hymnus.* Te lucis. ℣ Custodi nos. *añ.* Salva nos domine vigilantes: custodi nos dormientes: ut vigilemus cum Christo et requiescamus in pace. *ps.* Nunc dimittis. Kyrieleyson. *etc. ut supra in adventu domini prenotatur.*[4] *Sic dicatur completorium usque ad xl. et a festo trinitatis usque ad adventum domini:*[5] *exceptis festis duplicibus in quibus dicitur*[6] *prout notatur post primas vesperas*[7] *in festo trinitatis: et preterquam quando cantatur de domina: sicut suis locis notatur.*

Ad matutinas invitatorium. Venite exultemus domino. Jubilemus deo salutari nostro. *ps.* Preoccupemus. *etc. Hymnus.* Nocte surgentes. *In j. nocturno añ.* Servite domino. *Et sciendum quod ille antiphone dicuntur super psalmos nocturnales singulis diebus dominicis quibus de dominica dicitur usque ad xl. ps.* Beatus vir. *cum ceteris psalmis sicut notantur*[8] *dominica prima adventus domini. añ.* Domine[9] deus. *añ.* Respice. ℣ Memor fui.

¶ *Lectiones de epistolis pauli ad romanos. Lectio j.* Paulus servus Jesu Christi: vocatus apostolus: segregatus in evangelium dei quod ante promiserat per prophetas suos in scripturis sanctis de filio suo qui factus est ei ex semine david secundum carnem. Qui predestinatus est filius dei in virtute secundum spiritum sanctificationis ex resurrectione mortuorum Jesu Christi domini nostri. *Re.* Domine ne in ira tua arguas me: neque in furore tuo corripias me. Miserere mihi domine quoniam infirmus sum. ℣ Timor et tremor venerunt super me: et contexerunt me tenebre et dixi. Miserere. *Lect. ij.* Per quem accepimus gratiam et apostolatum ad obediendum fidei in omnibus gentibus pro nomine ejus in quibus estis et vos vocati Jesu Christi omnibus qui sunt rome dilectis dei vocatis sanctis. Gratia vobis et pax a deo patre nostro et domino Jesu Christo. *Re.* Deus qui sedes super thronum et judicas equitatem: esto refugium pauperum in tribulatione. Quia tu solus laborem et dolorem consideras. ℣ Tibi enim domine derelictus est pauper: pupillo tu eris adjutor. Quia. Testis enim mihi [*Lectio iij.*] est deus cui servio in spiritu meo in evangelio filii ejus quod sine intermissione memoriam vestri facio semper in orationibus meis obsecrans si quo modo tandem aliquando prosperum iter habeam in voluntate

---

[1] nostrum Jesum Christum filium tuum. Qui tecum vivit et regnat in unitate spiritus sancti deus. Per omnia secula seculorum. Amen: E. *Completorum: ut notatur in completoriis post psalterium*: E.G. *ordinatim positis. fol. lxxiij*: E.
[2] Abhinc usque ad 'Ad matutinas' omittuntur omnia in E. invenientur tamen infra in psalterio.
[3] pro 'Miserere' salva nos: E.G.
[4] 'in adv. do. pren.' om.: G.
[5] Verba 'et a festo' usque ad 'domini': om.: G.
[6] 'Salvator' add: E.G.W.
[7] in primis vesperis: G.
[8] notatur: E.G.W.
[9] Deus: E.G.

DOMINICA PRIMA

dei veniendi ad vos. Desidero[1] videre vos ut aliquid impartiar vobis gratie spiritalis ad firmandos[2] vos. *Re.* A dextris est mihi dominus ne commovear. Propter hoc dilatatum est cor meum. Et exultavit lingua mea. ℣ Conserva me domine quoniam speravi in te: dixi domino deus meus es tu. Propter. Gloria. Et exultavit.

In ij. nocturno an. Bonorum. *an.* Inclina. *an.* Dominus firmamentum. ℣ Media nocte.

Nolo autem vos [*Lectio iiij.* ignorare fratres: quia sepe proposui venire ad vos: et prohibitus sum usque adhuc ut aliquem fructum habeam in vobis: sicut et in ceteris gentibus. Grecis ac barbaris: sapientibus et insipientibus debitor sum: ita quod in me promptum est: et vobis qui rome estis evangelizare. *Re.* Notas mihi fecisti domine vias vite: adimplebis me leticia cum vultu tuo. Delectationes in dextera tua usque in finem. ℣ Conserva *ut supra.* Delectationes. *Lectio v.*

Non enim erubesco evangelium. Virtus enim dei est in salutem omni credenti: judeo primum et greco. Justicia enim dei in eo revelatur ex fide in fidem: sicut scriptum est. Justus autem ex fide vivit. *Re.* Diligam te domine virtus mea. Dominus firmamentum meum et refugium meum. ℣ Laudans invocabo dominum et ab inimicis meis salvus ero. Dominus.

Revelatur enim ira [*Lectio vj.* dei de celo super omnem impietatem et injusticiam hominum eorum qui veritatem dei in injusticia detinent: quia quod notum est dei manifestum est[3] illis. Deus enim illis manifestavit. Invisibilia enim ipsius a creatura mundi per ea que facta sunt intellecta conspiciuntur. *Re.* Domini est terra et plenitudo ejus. Orbis terrarum et universi: Qui habitant in eo. ℣ Ipse super maria fundavit eum: et super flumina preparavit eum. Orbis terrarum. Gloria patri. Qui habitant.

In iij. nocturno an. Non sunt loquele. *An.* Exaudiat. *An.* Domine in virtute. ℣ Exaltare domine. *Secundum lucam.*

In illo tempore: Cum factus esset Jesus annorum duodecim: ascendentibus illis hierosolymam secundum consuetudinem diei festi remansit puer Jesus in hierusalem. Et reliqua. *Omelia venerabilis bede presbyteri.*

Quod Christus duo- [*Lectio vij.* denus in medio doctorum sedit: audiens et interrogans illos humane est humilitatis indicium: immo etiam eximium discende humilitatis exemplum. Dei quippe virtus et dei sapientia que divinitus loquitur: Ego sapientia habito in consilio: et eruditis intersum cogitationibus. *Re.* Ad te domine levavi animam meam. Deus meus in te confido non erubescam. ℣ Neque irrideant me inimici mei: etenim universi qui sustinent te non confundentur. Deus. *Lectio viij.*

---

[1] 'enim' add: G. [2] confirmandos: E.G.W. [3] 'in' add: E.G.

POST OCTAVAS EPIPHANIE.

*E*t bene qui juvenis erat doctrine subiturus officium parvulus adhuc seniores audit et interrogat ut videlicet eorum provida dispensatione compescat audaciam: qui non solum indocti: sed etiam impubes ad docendum prorumpere magis quam ad discendum volunt submitti. *Re.* Audiam domine vocem laudis tue. Et enarrem universa mirabilia tua. ℣ Domine dilexi decorem domus tue: et locum habitationis glorie tue. Et. *Lectio ix.*

*N*e autem aliquis putet dominum ob imperitie necessitatem adisse: audisseque vel interrogasse magistros: audiat quid sequatur: Stupebant autem omnes super prudentia: et responsis ejus. Quia igitur Jesus verus deus et verus homo erat: ad ostendendum: quia homo erat: homines magistros audiebat: ad comprobandum quia deus erat: eisdem loquentibus sublimiter respondebat. Quod autem matri respondit. Nesciebatis quia in hijs que patris mei etc. divine hoc majestatis indicium fuit. De qua alibi ait. Omnia quecunque habet pater: mea sunt. *Re.* Abscondi tanquam aurum peccata mea et celavi in sinu meo iniquitatem meam. Miserere mei deus secundum magnam misericordiam tuam ℣ Quoniam iniquitatem meam ego agnosco: et delictum meum contra me est semper: tibi soli peccavi. Miserere. Gloria. Miserere. *p̄s.* Te deum laudamus. ℣ Excelsus super omnes gentes dominus. Et super celos gloria ejus.

In laudibus an̄. Regnavit. *p̄s.* Dominus regnavit. *etc. Capit.* Benedictio et claritas. *Hymnus.* Ecce jam noctis. ℣ Dominus regnavit. *ut supra in psalterio. In evang. an̄.* Fili quid fecisti nobis sic: ego et pater tuus dolentes querebamus te: et quid est quod me querebatis: nesciebatis quia in his que patris mei sunt oportet me esse. *p̄s.* Benedictus. *Oratio.* Vota quesumus.

⁋ *Et notandum quod hymni.* O lux beata trinitas: nocte surgentes: *et*[1] Ecce jam noctis: *sicut ponitur hac dominica dicantur diebus dominicis usque ad lxx. Et a* Deus omnium *usque ad primam dominicam kalendarum Augusti. Versiculi super nocturnum: capitulum et versiculi ad laudes usque ad quadragesimam: et a* Deus omnium *usque ad adventum domini: Versiculi ante laudes: et antiphone super laudes usque ad lxx. et a* Deus omnium *usque ad adventum domini: quando pe dominica dicitur.*

Ad primam. hymnus. Jam lucis. *an̄.* Dominus regit. *p̄s.* Deus deus meus respice. *etc. ut in prima dominica adventus. Ad tertiam an̄.* Da mihi. *Cap.* Sana me domine. *Re.* Inclina. ℣ Averte. Gloria patri. Inclina. ℣ Ego dixi. *Oratio.* Vota quesumus. *Ad sextam an̄.* Adjuva me. *Cap.* Omnia autem probate. *Re.* In eternum domine. ℣ In celo. ℣ Dominus regit. *Oratio*[2] *ut supra. Ad nonam an̄.* Aspice in me. *Cap.* Alter alterius. *Re.* Clamavi. ℣ Justificationes. ℣ Ab occultis. *Ora-*

---

[1] '*et*' om.: G.

[2] '*Oratio*' om.: E.G.W.

DOMINICA PRIMA

tio ut supra. Iste hore dicantur hoc modo diebus dominicis usque ad lxx. tantum quando de dominica agitur. Ad vesperas añ. Dixit dominus. *ps̄.* Ipsum. *etc. Cap.* Dominus autem dirigat. *Hymnus.* Lucis creator. ℣ Dirigatur domine. *Querantur omnia ista predicta in psalterio. In evange. añ.* Puer Jesus proficiebat etate et sapientia apud deum et homines. *ps̄.* Magnificat. *Oratio ut supra. Singulis feriis usque*[1] *lxx. sanctorum festivitates non habentibus preter sabbatum quando de sancta maria: et*[2] *diem martis quando de sancto willelmo: et preter feriam quintam quando de apostolis dicetur cantabitur de ferialibus: et legetur de epistolis pauli: nisi fiat de dominica aliqua in tali feria.*

❡ *Feria ij. Invitatorium.* Venite exultemus domino. *ps̄.* Jubilemus deo. *etc. Hymnus.* Sompno refectis. *In nocturno añ.* Dominus defensor. *ps̄.* Dominus illuminatio. *etc. Ad matutinas et horas preter Responsoria ad matutinas: querantur in psalterio et sic de singulis feriis sequentibus.* ℣ Domine in celo. *Responsoria ferialia. primum Re.* Quam .magna multitudo dulcedinis tue domine: Quam abscondisti timentibus te. ℣ Perfecisti eis qui sperant in te in conspectu filiorum hominum. Quam. *ij. Res.* Benedicam dominum in omni tempore. Semper laus ejus in ore meo. ℣ In domino laudabitur anima mea: audiant mansueti et letentur. Semper. *iij. Re.* Delectare in domino. Et dabit tibi petitiones cordis tui. ℣ Revela domino viam tuam: et spera in eo: et ipse faciet. Et. Gloria. Et. ℣ Fiat misericordia tua.

In laudibus añ. Miserere. *ps̄.* Ipsum. *etc. ut in psalterio. Cap.* Vigilate ergo. *Hymnus.* Splendor paterne. ℣ In matutinis domine. *In evan. añ.* Benedictus. *ps̄.* Ipsum. Kyrieleison. *etc. ut in psalterio. Oratio dominicalis. Ad primam añ.* Deus exaudi. *ps̄.* Deus in nomine. *ps̄.* Beati immaculati. *ps̄.* Retribue. *Super psalmum* Quicunque vult *antiphona de trinitate contingens feriam. Re.* Jesu Christe.[3] ℣ Qui sedes. *etc. Ad tertiam añ.* Da mihi intellectum. *ps̄.* Legem pone. *Cap.* Sana me domine. *Re.* Sana animam. ℣ Ego dixi. ℣ Adjutor meus. Kyrieleison. *Preces etc. ut supra. Oratio dominicalis ad omnes horas. Ad sextam añ.* Adjuva me. *ps̄.* Defecit. *Cap.* Omnia autem probate. *Re.* Benedicam dominum. ℣ Semper laus. ℣ Dominus regit. *etc. Ad nonam añ.* Aspice in me. *ps̄.* Mirabilia. *Cap.* Alter alterius. *Re.* Redime me. ℣ Pes enim meus. ℣ Ab occultis. *Hoc modo dicantur hore in omnibus feriis usque ad lxx. et a* Deus omnium *usque ad adventum domini quando de feria agitur: sive de dominica ferialiter. Antiphone autem dicende sunt usque ad diem cinerum. Ad vesperas añ.* Inclinavit. *ps̄.* Dilexi. *etc. ut in psalterio.*

❡ *Feria iij. ad matu. invita.*

---

[1] 'ad' add: G. [2] 'preter' add: G. [3] pro 'Jesu Christe' In domum: E.G.

POST OCTAVAS EPIPHANIE.

Jubilemus deo. *ps.* Venite. *Hymnus.* Consors paterni luminis. *In nocturno an.* Ut non delinquam. *ps.* Dixi custodiam. *etc.* ℣ Immola deo sacrificium. *Primum Resp.* Auribus percipe domine lachrymas meas. Ne sileas a me remitte mihi quoniam incola ego sum[1] apud te et peregrinus. ℣ Dixi custodiam vias meas ut non delinquam in lingua mea. Ne sileas. *ij Resp.* Statuit dominus supra petram pedes meos et direxit gressus meos deus meus. Et immisit in os meum canticum novum. ℣ Expectans expectavi dominum et respexit me: et exaudivit deprecationem meam. Et inmisit. *iij. Re.* Ego dixi domine miserere mei. Sana animam meam quia peccavi tibi. ℣ Domine ne in ira tua arguas me neque in furore tuo corripias me. Sana. Gloria. Sana. ℣ Fiat misericordia tua. *In laudibus an.* Secundum magnam. *ps.* Miserere *et cetera ut in psalterio. Ad horas ut supra.*

❡ *Feria ij. Ad vesperas an.* In domum.[2] *ps.* Letatus. *etc. ut in psalterio.*

❡ *Feria iiij. Ad matu. invita.* In manu tua. *ps.* Venite. *Hymnus.* Rerum creator. *In nocturno an.* Avertet dominus. *ps.* Dixit insipiens. *etc. Re.*[3] Deus vitam. *Primum Responsorium.* Paratum cor meum deus paratum cor meum. Cantabo et psalmum dicam domino. ℣ Exurge gloria mea exurge psalterium et cythara exurgam diluculo. Cantabo. (*ij.*) *Resp.* Adjutor meus tibi psallam quia deus susceptor meus es. Deus meus misericordia mea. ℣ Eripe me de inimicis meis deus meus et ab insurgentibus in me libera me. Deus meus. *iij. Resp.* Exaudi deus deprecationem meam intende orationi mee. A finibus terre ad te clamavi domine. ℣ Dum anxiaretur cor meum in petra exaltasti me deduxisti me. A finibus. Gloria. A finibus. ℣ Fiat misericordia tua.

In laudibus an. Amplius lava. *ps.* Miserere. *etc. ut in psalterio. Ad horas ut supra. Ad vesperas an.* Beatus vir. *ps.* Nisi dominus edificaverit. *etc. ut in psalterio.*

❡ *Feria v. Ad matu. invita.* Adoremus dominum. *ps.* Venite. *Hymnus.* Nox atra rerum. *In nocturno an.* Domine deus in adjutorium. *ps.* Salvum me fac. *etc.* ℣ Gaudebunt labia. *j. Resp.* Repleatur os meum laude ut hymnum dicam glorie tue tota die magnificentie tue noli me projicere in tempore senectutis. Cum defecerit virtus mea deus ne derelinquas me. ℣ Gaudebunt labia mea dum cantavero tibi Et anima mea quam redemisti. Cum. *ij. Re.* Gaudebunt labia mea dum cantavero tibi. Et anima mea quam redemisti domine. ℣ Sed et lingua mea meditabitur justiciam tuam tota die laudem tuam. Et anima. *iij. Re.* Mihi autem adherere deo bonum est. Ponere in domino deo spem meam. ℣ Ut annunciem omnes predicationes tuas in portis filie syon.

---

[1] sum ego: E.G.W.   [2] Jesu Christe: E.G.   [3] *pro* 'Re.' ℣: E.G.

P

DOMINICA PRIMA

Ponere. Gloria Ponere. ℣ Fiat misericordia. *In laudibus an.* Tibi soli. *ps.* Miserere. *etc. ut in psalterio. Ad horas ut supra. Ad vesperas an.* Et omnis. *ps.* Memento. *etc. ut in psalterio.*

❡ *Feria vj. Ad matuti. invita.* Dominum qui fecit. *ps.* Venite. *Hymnus.* Tu trinitatis. *In nocturno an.* Exultate. *ps.* Ipsum. ℣ Intret oratio. *j. Resp.* Confitebor tibi domine deus in toto corde meo et honorificabo nomen tuum in eternum. Quia misericordia tua domine magna est super me. ℣ Et eruisti animam meam ex inferno inferiori. Quia. *ij. Re.* Misericordia tua domine magna est super me. Et liberasti animam meam ex inferno inferiori. ℣ Deus iniqui insurrexerunt in me: et fortes quesierunt animam meam. Et. *iij. Resp.* Factus est mihi dominus in refugium. Et deus meus in auxilium spei mee. ℣ Deus ultionum dominus: deus ultionum libere egit. Et. Gloria. Et. ℣ Fiat misericordia. *In laudibus an.* Sacrificium deo. *ps.* Miserere. *etc. ut in psalterio. Ad horas ut supra. Ad vesperas an.* In conspectu. *ps.* Confitebor. *etc. ut in psalterio.*

❡ ¹ *Sabbato ad matu. invita.* Dominum deum. *ps.* Venite. *Hymnus.* Summe deus clementie. *In nocturno an.* Quia mirabilia. *ps.* Cantate. (*ij.*) ℣ Domine exaudi. *j. Resp.* Misericordiam et judicium cantabo tibi domine. Psallam et intelligam in via immaculata quando venies ad me. ℣ Perambulabam in innocentia cordis mei: in medio domus mee. Psallam. *ij. Resp.* Domine exaudi orationem meam: et clamor meus ad te perveniat. Quia non spernis deus preces pauperum. ℣ De profundis clamavi ad te domine: domine exaudi vocem meam. De. *iij. Resp.* Velociter exaudi.² Quia defecerunt sicut fumus dies nostri. ℣ Dies mei sicut umbra declinaverunt et ego sicut fenum arui. Quia. Gloria. Quia. ℣ Fiat misericordia tua. *In laudibus an.* Benigne. *ps.* Miserere. *etc. ut in psalterio. Ad horas ut supra.*¹

❡ *Supradictus ordo feriarum de invitatorio servetur in omnibus feriis usque ad cenam domini: et a Deus omnium usque ad adventum domini. De antiphonis vero cum suis psalmis ad vesperas et ad matutinas in nocturnis per totum annum extra tempus paschale. De hymnis et versiculis ad matutinas et ad vesperas a Domine ne in ira usque ad xl. et a Deus omnium usque ad adventum domini. De antiphonis autem in laudibus similiter per totum annum extra tempus paschale: et nisi in tertia hebdomada adventus domini: et proxima hebdomada ante pascha. De Responsoriis vero ad matutinas a Domine ne in ira: usque ad lxx. tantum. De antiphonis autem super psalmos. Benedictus et Magnificat usque ad lxx. et a Deus omnium: usque ad adventum domini quando non agitur de dominica ferialiter. Et si aliquod festum in aliqua predic-*

---

¹ a 'Sabbato' usque ad 'supra' omit: E.G.W.

² Hic adduntur verba quedam que hodie legere nequimus.

tarum feriarum contigerit: nihilominus ordo feriarum de invitatoriis antiphonis psalmis et versiculis in nocturnis et [1] *Responsoriis antiphonis et psalmis in laudibus et antiphonis super psalmos* Benedictus *et* Magnificat *servetur de sequenti feria.*

❡ *De exequiis mortuorum per totum annum.*

F*iat servitium mortuorum per totum annum in conventu: exceptis diebus dominicis et festis duplicibus tam vigiliis quam diebus: et omnibus festis ix. lectionum et exceptis octavis precipuis: et diebus in quibus fit servitium cum regimine chori: et exceptis diebus a die qua incipitur* O sapientia: *usque ad octavas epiphanie: et a feria quarta ante pascha usque in crastinum sancte trinitatis: nisi obitus acciderit specialis. In paschali tamen tempore si obitus specialis vel anniversarium evenerit: semper fiet cum tribus lectionibus tantum.*

❡ *Notandum vero quod in* [2] *omnibus festis ix. lectionum tam duplicibus quam simplicibus et diebus aliis quibus* Placebo et Dirige *non dicitur in conventu: debet hebdomadarius matricis ecclesie privatim per se ante vesperas sicut debent omnes capellani totius provincie: parrochiales ecclesias regentes exequias mortuorum cum tribus lectionibus complere. Capellanus autem parrochialis in ecclesiis ubi est carentia alterius sacerdotis: etiam pro obitu in diebus dominicis et festis ix. lectionum duplicibus sive simplicibus non debet missam pro defunctis celebrare. Sed celebret missam prout servitium diei requirit. Si autem pro corpore presenti celebrandum fuerit et talis persona sit mortua quod liceat et deceat bis eodem die celebrare: in prima missa non debet sumere resincerationes calicis: sed ponere eas in alio calice si habeatur. Sin autem ponantur in alio vase mundo: et post resincerationes ultime misse sumptas: reponantur prime in calicem et sumantur.*

❡ *Dominica ij. post octavas epiphanie.*

Ad vesperas añ. Benedictus. *p̄s.* Ipsum. *etc. Capitulum.* Benedictus deus. *Hymnus.* O lux beata trinitas. ℣ Vespertina oratio. *In evange. añ.* Fratres confortamini in gratia dei que est in Christo Jesu domino nostro. all'a. *p̄s.* Magnificat. *Oř.*

O*mnipotens sempiterne deus qui celestia simul et terrena moderaris: supplicationes populi tui clementer exaudi: et pacem tuam nostris concede temporibus. Per dominum. Ad matutinas invitatorium hymni antiphone psalmi versiculi et Responsoria sicut in precedenti dominica: et sic fiat omnibus dominicis usque ad septuagesimam quando de dominica agitur.*

Lectiones de epistolis pauli [3] *ad Corinthios.* Lectio j.

P*aulus vocatus apostolus per voluntatem dei et Sostenes frater ecclesie* [4] *que est Corinthi sanctificatis in Christo Jesu vocatis sanctis cum omnibus qui*

---

[1] 'et' om.: E.G.IV.
[2] 'in' om.: G.IV.
[3] epistola sancti Pauli: G.
[4] 'dei' add: G.

DOMINICA SECUNDA

invocant nomen domini nostri Jesu Christi in omni loco ipsorum et nostro. Gratia vobis et pax a deo patre nostro et domino Jesu Christo. *Responsoria ut in dominica precedenti. Lec. ij.*
Gratias ago deo meo semper pro vobis in gratia dei que data est vobis in Christo Jesu. Quia in omnibus divites facti estis in illo: in omni verbo: et in omni scientia: sicut testimonium Christi confirmatum est in vobis: ita ut nihil vobis desit in ulla gratia: expectantibus revelationem domini nostri Jesu Christi: qui et confirmabit vos usque in finem sine crimine in die adventus domini nostri Jesu Christi. *Lectio iij.*
Fidelis deus per quem vocati estis in societatem filii ejus Jesu Christi domini nostri. Obsecro autem vos fratres per nomen domini nostri Jesu Christi: ut idipsum dicatis omnes: et non sint in vobis scismata:[1] sitis autem perfecti in eodem sensu et in eadem scientia. *Lect. iiij.*
Significatum est mihi de vobis fratres mei ab his qui sunt cloes: quia contentiones inter vos sunt. Hoc autem dico quod unusquisque vestrum dicit: Ego quidem sum pauli: ego autem apollo: ego vero cephe: ego autem Christi. *Lectio v.*
Divisus est ergo Christus nunquid paulus crucifixus est pro vobis: aut in nomine pauli baptizati estis? Gratias ago deo[2] quod neminem vestrum baptizavi: nisi crispum et gaium: ne quis dicat quod in nomine meo baptizati estis. *Lectio vj.*
Baptizavi autem et Stephani[3] domum: ceterum nescio si quem alium vestrum baptizaverim. Non enim misit me Christus baptizare: sed evangelizare: non in sapientia verbi: ut non evacuetur crux Christi. Verbum enim crucis pereuntibus quidem stulticia[4]: his[5] qui salvi facti fiunt: id est nobis virtus dei est. *Secundum johannem.*
In illo tempore: Nuptie facte sunt in chana galilee et erat mater Jesu ibi. Et reliquia.
Omelia venerabilis bede presbyteri. *Lectio vij.*
Discumbente itaque fratres domino ad nuptias vinum defecit: ut meliore vino per ipsum mirabili ordine facto manifestaretur[6] gloria in homine latentis dei: et credentium in eum fides proficeret. Quod dicit quid mihi et tibi est mulier: significat non se divinitatis principium: qua miracula erat facturus temporaliter accepisse de matre: sed eternitatem semper habuisse de patre. *Lectio viij.*
Nondum inquit venit hora mea: ut fragilitatem sumpte humanitatis ex te: moriendo demonstrem. Prius est: ut potentiam externe deitatis virtutes operando patefaciam. Venit ergo hora fratres: ut quid sibi et matri commune esset deus ostenderet: cum eam moriturus in cruce discipulo virgini: matrem virginem commendare curavit. *Lectio ix.*

---

[1] schismata: G.
[2] 'meo' add: E.G.W.
[3] stephane: E.G.W.
[4] 'est' add: E.G.W.
[5] 'autem' add: E.G.W.
[6] manifestetur: E.

POST OCTAVAS EPIPHANIE.

Hidrie autem fratres: sunt vasa aquarum receptui parata. Grece enim aqua: ydor[1] nominatur. Aqua autem scripture sacre scientiam designat: que suos auditores et a peccatorum sorde abluere: et divine cognitionis solet fonte potare. Vasa vero in quibus continebatur aqua: corda sunt devota sanctorum.

In evange. an̄. Nuptie facte sunt in chana galilee: et erat ibi Jesus cum maria matre ejus. *ps̄.* Benedictus. *cum oratione.* Omnipotens sempiterne deus. *Ad vesperas in evange. an̄.* Deficiente vino jussit Jesus implere hydrias aqua: que in vinum conversa est. All'a. *ps̄.* Magnificat. *Oratio ut supra.*

¶ *Dominica iij.*
Sabbato ad vesperas in evange. an̄. Maneant in vobis: spes: fides: charitas tria hec: major autem[2] his est charitas. *ps̄.* Magnificat. *Oratio.*

Omnipotens sempiterne deus infirmitatem nostram propicius respice: atque ad protegendum nos dexteram tue majestatis extende. Per dominum. *cetera ut in dominica prima.*
Lectio[3] de epistolis pauli ad corinthios ij. *Lectio j.*
Paulus apostolus Jesu Christi per voluntatem dei: et timotheus frater ecclesie dei que est chorinthi[4]: cum sanctis omnibus qui sunt in universa achaia: Gratia vobis et pax a deo patre nostro et domino Jesus Christo.

Benedictus deus et [*Lectio ij.* pater domini nostri Jesu Christi: pater misericordiarum: et deus totius consolationis qui consolatur nos in omni tribulatione nostra: ut possimus et ipsi consolari eos qui in omni pressura sunt per exhortationem qua exhortamur et ipsi a deo. *Lec. iij.*

Quoniam sicut habundant passiones Christi in nobis: ita et per Christum habundat consolatio nostra. Sive autem tribulamur pro nostra[5] exhortatione[6]: sive exhortamur pro nostra exhortatione et salute: que operatur tollerantiam earundem passionum quas et nos patimur ut spes nostra firma sit pro vobis. *Lectio iiij.*

Scientes quoniam sicut socii passionum estis: sic eritis et consolationis. Non enim volumus ignorare vos fratres de tribulatione nostra que facta est in asia: quoniam supra modum gravati sumus et supra virtutem: ita ut tederet nos etiam vivere.

Sed et ipsi in nobis [*Lectio v.* ipsis responsum mortis habuimus ut non simus fidentes in nobis: sed in domino qui suscitat mortuos qui de tantis periculis eripuit nos[7] in quo speramus. *Lectio vj.*

Quoniam et adhuc eripiet adjuvantibus et vobis in orationibus[8] pro nobis: ut ex multarum personis facierum ejus que[9] nobis est donationis per multos gratie

---

[1] hydor: G.
[2] 'in' add: G.
[3] *Lectiones*: E.G.W.
[4] corinthi: E.G.
[5] vestra: E.G.
[6] 'et salute sive consolamur pro vestra consolatione' add: E.G.W.
[7] Apud G. Lectio sexta incipit his verbis 'In quo speramus quoniam' etc.
[8] oratione: G.
[9] 'in' add: E.G.

DOMINICA QUARTA

agantur pro nobis. Nam gloria nostra hec est testimonium conscientie nostre quod in simplicitate et synceritate dei: et non in sapientia carnali.[1] *Sec. Matt.*

*I*n illo tempore: cum descendisset Jesus de monte: secute sunt eum turbe multe. Et ecce leprosus veniens adorabat eum dicens: Domine si vis potes me mundare. Et reliqua.

Omelia Origenis doctoris. Lec. vij.

*D*escendente domino de monte: hoc est inclinante se ad humanitatem: ecce homo leprosus unus ex illis qui curationem querebant: qui levamen desiderabant: adorabat eum dicens Domine si vis potes me mundare. *Lec. viij.*

*T*u domine inquit digne adoraris: qui merito coleris: te ego ut dominum adoro: ideoque et dominum dico: opera prius contestans: et sic verba loquens: Per te enim omnia facta sunt. Tu ergo domine si vis potes me mundare. Voluntas tua opus est: quia et opera voluntati tue obediunt: ideoque si vis potes me mundare. *Lectio ix.*

*R*espondit autem dominus leproso: confiteris quia ego possum. profiteris: quia si ego volo fit: ideoque volo. Mundare. Voluntatem precaris: potentiam confiteris: volo mundare. Magnifice credis: magnifice et mundaris. Plenissime confiteris: plenissime letificaris: volo mundare. *In evangelio añ.* Cum descendisset Jesus de monte: ecce leprosus veniens adorabat eum dicens: domine si vis potes me mundare: et extendens Jesus manum tetigit eum dicens: volo mundare alleluia. *ps.* Benedictus. *Cetera ad matutinas et horas ut in prima dominica cum oratione:* Omnipotens sempiterne deus infirmitatem. *Ad vesperas in evange. añ.* Domine puer meus jacet paraliticus in domo et male torquetur: amen dico tibi ego veniam et curabo eum. *ps.* Magnificat. *Oratio ut supra.*

¶ *Lectiones de feria. Lectio prima.*

*D*ei enim filius Jesus Christus qui in vobis per nos predicatus est per me et silvanum et timotheum non fuit in illo est: et non sed est: in illo fuit. Quotquot enim promissiones dei sunt: in illo est: Ideo et per ipsum dicimus amen deo ad gloriam nostram. *Lectio ij.*

*Q*ui autem confirmat vos[2] nobiscum[3] in Christo qui et unxit vos[4] deus est et qui signavit vos[4] et dedit pignus spiritus in cordibus vestris.[5] Ego autem testem deum invoco in animam meam quia parcens vobis non veni ultra corinthum. *Lectio iij.*

*N*on quia dominamur fidei vestre: sed adjutores sumus gaudii vestri. Nam fide statis. Statim[6] autem hoc ipsum apud me ne iterum in tristicia venirem ad vos. Si enim ego contristo vos[7]: quis est qui me letificet nisi qui contristatur ex me.

¶ *Dominica iiij.*

Sabbato. Ad vesperas. In evan-

---

[1] 'sed in gratia dei conversati sumus' add: E.G.W.
[2] nos: G.W.
[3] vobiscum: G.
[4] nos: E.G.W.
[5] nostris: E.G.W.
[6] Statui: E.G.
[7] 'et' add: E.G.W.

POST OCTAVAS EPIPHANIE.

ge. an. Fratres glorificate et portate dominum in corpore vestro. Alleluia. *ps.* Magnificat. *Oro.* Deus qui nos in tantis periculis constitutos pro humana scis fragilitate non posse subsistere: da nobis salutem mentis et corporis: ut ea que pro peccatis nostris patimur te adjuvante vincamus.[1] per dominum.
Cetera ut supra.
Lectio[2] *de apistolis*[3] *pauli ad Gallatas.*[4] *Lectio j.*
Paulus apotolus non ab hominibus neque per hominem sed per Jesum Christum et deum patrem qui suscitavit eum a mortuis: et qui mecum sunt omnes fratres ecclesiis galathie. Gratia vobis et pax [*Lectio ij.* a deo patre et domino nostro Jesu Christo qui dedit semetipsum pro peccatis nostris: ut eriperet nos de presenti seculo nequam: secundum voluntatem dei et patris nostri cui est gloria in secula seculorum. amen.   *Lectio iij.*
Miror quod sic tam cito transferrimini[5] ab eo qui vos vocavit in gratiam Christi in aliud evangelium: non quod[6] est aliud nisi sunt aliqui qui vos conturbant: et volunt convertere evangelium Christi. Sed licet nos vel angelus de celo evangelizet vobis preterquam[7] evangelizavimus vobis anathema sit.
Modo enim homi- [*Lectio iiij.* nibus suadeo aut[8] deo: aut quero hominibus placere? Si adhuc hominibus placerem: Christi servus non essem. Notum enim vobis facio fratres evangelium quod evangelizatum est a me quia non est secundum hominem.
Neque enim ab homi- [*Lec. v.* ne ego accepi illud neque didici: sed per revelationem Jesu Christi. Audistis enim conversationem meam aliquando in judaismo quoniam supra modum persequebar ecclesiam dei et expugnabam illam.   *Lectio vj.*
Cum autem placuit ei qui segregavit me de utero matris mee: et vocavit per gratiam suam ut revelaret filium suum in me ut evangelizarem illum in gentibus: continuo non acquievi carni et sanguini: neque enim[9] veni hierosolimam ad antecessores meos apostolos: sed abii in arabiam et iterum reversus sum damascum. *Sec. Matheum.*
In illo tempore: Ascendente Jesu in naviculam: secuti sunt eum discipuli ejus. Et ecce motus magnus factus est in mari. Et reliqua.
Omelia origenis doctoris. Lec. vij.
Ingressus ergo naviculam dominus fratres: fecit mare turbari. Commovit ventos: concitavit fluctus. Cur hoc? Ideo ut discipulos mitteret in timorem: et suum auxilium postularent: suamque potentiam rogantibus manifestaret.   *Lectio viij.*
Dominus vero inquit evangelista dormiebat. Dormiebat quidem corpore: sed vigilabat deitate. Dormiebat vero corpore: deitate vero concitabat mare: et

---

[1] vincamur: W.
[2] *Lectiones:* E.G.W.
[3] *epistolis:* E. *epistola:* G.
[4] *Galathas:* G.
[5] transferimini: E.G.
[6] quod non: E.G.W.
[7] 'quod' add: G.
[8] pro 'aut' an: E.G.
[9] 'enim' om.: E.G.W.

DOMINICA QUINTA

iterum deplacabat.[1] Ipse qui dormiebat : illud verbum sanctum dicit. Ego dormio et cor meum vigilat. *Lectio ix.* Ad quem accedentes discipuli : suscitabant eum dicentes. Domine : salva nos perimus. Tanto fuerant metu conterriti : et pene animo alienati : ut irruerent in eum : et non modeste aut leviter[2] suggererent : sed turbulentur suscitarent eum dicentes : Domine salva nos. perimus. *In evangelio an.* Ascendente Jesu in naviculam : ecce motus magnus factus est in mari : et suscitaverunt eum discipuli ejus dicentes : Domine salva nos. *ps.* Benedictus. *Cetera ad matutinas et horas ut in prima dominica : cum oratione :* Deus qui nos in tantis periculis. *Ad vesperas in evangelio an.* Dixit Jesus discipulis suis quid timidi estis modice fidei : tunc surgens imperavit ventis et mari : et facta est tranquillitas magna. *ps.* Magnificat. *Oratio ut supra.*

¶ *Lectiones feriales. Lec. prima.* Deinde post annos tres veni hierosolymam videre petrum : et mansi apud eum diebus quindecim. Alium autem apostolorum neminem vidi nisi jacobum fratrem domini. Que autem scribo vobis : ecce coram deo : quia non mentior. *Lectio ij.* Deinde veni in partes syrie et cilicie.[3] Eram autem ignotus facie ecclesiis judee que erant in Christo. Tantum autem auditum habebant : quoniam qui persequebatur nos aliquando nunc autem[4] evangelizat fidem quam aliquando expugnabat : et in me clarificabant deum. *Lec. iij.* Deinde post annos quatuordecim : iterum ascendi hierosolimam cum barnaba assumpto et tito. Ascendi autem secundum revelationem domini : et contuli cum illis evangelium quod predico in gentibus.

Item lectiones de feria. Lectio j. Sed neque titus qui mecum erat cum esset gentilis compulsus est circuncidi sed propter introductos falsos fratres : qui subintroierunt explorare libertatem nostram quam habemus in Christo Jesu : ut nos in servitutem redigerent. *Lectio ij.* Quibus neque ad horam cessimus subjectioni : ut veritas evangelii permaneat apud vos. Ab his autem qui videbantur esse aliquid quales aliquando fuerint nihil mea interest. *Lec. iij.* Deus autem personam hominis non accipit.[5] Mihi autem qui videbantur aliquid esse : nihil contulerunt. Sed e contra cum vidissent quod creditum est mihi evangelium prepucii sicut et petro circuncisionis. Qui enim operatus est petro in apostolatum circuncisionis : operatus est et mihi inter gentes.

¶ *Dominica v.*
Sabbato ad vesperas. In evange. an. Fratres perfecti estote pacem habete et deus dilectionis et pacis erit vobiscum. all'a. *ps.* Magnificat. *Oratio.* Familiam tuam quesumus domine continua pietate cus-

---

[1] Pro 'deplacabat' idem placabat : E.G.
[2] leniter : E.G.
[3] celicie : W.
[4] 'autem' om. : E.G.W.
[5] accepit : W.

POST OCTAVAS EPIPHANIE.

todi : ut que in sola spe gratie celestis innititur tua semper protectione muniatur. Per dominum. *Cetera ut supra.*
Lectiones de apostolis[1] Pauli ad Ephesios. *Lectio j.*
Paulus apostolus Christi Jesu[2] per voluntatem dei sanctis omnibus qui sunt ephesi et fidelibus in Christo Jesu. Gratia vobis et pax a deo patre nostro et domino Jesu Christo. *Lectio ij.*
Benedictus deus et pater domini nostri Jesu Christi : qui benedixit nos in omni benedictione spirituali in celestibus in Christo Jesu. Sicut elegit nos in ipso ante mundi constitutionem ut essemus sancti et immaculati in conspectu ejus in charitate. *Lec.*
Qui predestinavit nos in [*iij.*] adoptionem filiorum per Jesum Christum in ipsum secundum propositum voluntatis sue : in laudem glorie sue[3] in qua gratificavit nos in dilecto filio suo. *Lectio iiij.*
In quo habemus redemptionem per sanguinem ejus : remissionem peccatorum secundum divitias gratie ejus que superhabundavit in nobis in omni sapientia et prudentia. *Lectio v.*
Ut notum faceret nobis sacramentum voluntatis sue secundum bonum placitum[4] ejus quod proposuit in eo in dispensatione plenitudinis temporum instaurare : omnia in Christo que in celis et que in terra sunt in ipso. *Lectio vj.*
In qua[5] etiam[6] sorte vocati sumus predestinati secundum propositum ejus qui omnia operatur secundum consilium voluntatis sue : ut simus in laudem glorie ejus[7] qui ante speravimus in Christo. *Sec Lucam.*
In illo tempore : Regressus est Jesus in virtute spiritus in galileam : et fama exiit per universam regionem de illo. Et reliqua.
Sermo ex commentario venera. bede presbyteri. *Lectio vij.*
Virtutem spiritus : signa miraculorum dicit. Jesus ergo in virtute spiritus regressus esse : et in synagogis eorum docuisse perhibetur. Unde merito et magnificatur a presentibus et per absentes quosque fama vulgatus asseritur. *Lectio viij.*
Intravit ergo Jesus die sabbati in synagogam : ut ritum legis mosayce cumulo gratie celestis adimpleret. Et surrexit legere. Quod dominus stando lectoris suscepit officium : humilime dispensationis[8] est indicium. Pulchre Jesus librum prophete clausum accepit : sed revolutum legit : quia mysterium incarnationis sue prophetarum voce prescriptum et prius suscepit exhibendum : et post mortalibus aperuit intelligendum. *Lectio ix.*
Et cum plicuisset Jesus librum : reddidit ministro et sedit. Librum dominus omnibus qui aderant audientibus legit. Lectum vero ministro reddidit : quia cum esset in mundo palam locutus est mundo : semper docens in synagoga et in templo

---

[1] *Epistolis*: E.G.
[2] Jesu Christi: G.
[3] 'gratie' add: E.G.W.
[4] beneplacitum: E.G.W

[5] quo: E.G.W.
[6] 'nos' add: E.G.W.
[7] 'nos' add: E.G.W.
[8] 'ejus' add: E.G.W.

quo omnes judei consueverant.[1] Sed ad celestia regressurus: his qui ab initio ipsum viderunt et ministri fuerunt sermonis: evangelizandi officium tradidit. *In evange. an̄.* Et cum plicuisset Jesus librum reddidit ministro et sedit: et omnium in synagoga oculi erat[2] intendentes in eum. *ps̄.* Benedictus. *Cetera ad matutinas et horas ut in prima dominica cum oratione.* Familiam tuam. *Ad vesperas. In evangelio an̄.* Cepit Jesus dicere ad illos quia hodie impleta est hec scriptura in auribus nostris.[3] all'a. *ps̄.* Magnificat. *Oratio ut supra.*

¶ *Lectiones feriales. Lectio j.*
In quo et vos cum audissetis verbum veritatis evangelium salutis vestre in quo et credentes signati estis spiritu promissionis sancto: qui est pignus hereditatis vestre[4] in redemptionem acquisitionis in laudem glorie ipsius. *Lectio ij.*
Propterea et ego audiens fidem vestram que est in Christo Jesu et dilectionem in omnes sanctos: non cesso gratias agere pro vobis memoriam vestri faciens in orationibus meis: ut deus domini nostri Jesu Christi pater glorie dei vobis spiritum sapientie et revelationis in agnitionem ejus illuminatos oculos cordis vestri. *Lectio iij.*
Ut sciatis que sit spes vocationis ejus[5]: que divine[6] glorie hereditatis ejus in sanctis. Et que sit supereminens magnitudo virtutis ejus in nos: qui credimus secundum operationem potentie[7] ejus quam operatus est in Christo: suscitans eum a mortuis et constituens ad dexteram suam in celestibus.

¶ *Item lectiones feriales. Lectio j.*
Et vos[8] cum essetis mortui delictis et peccatis vestris in quibus aliquando ambulastis secundum seculum mundi hujus: secundum principem potestatis aeris hujus spiritus: qui nunc operatur in filiis diffidentie. *Lec.*
In quibus et nos omnes ali- [*ij.* quando conversati sumus in desideriis carnis nostre facientes voluntates carnis et cogitationum: et eramus natura filii ire sicut et ceteri. Deus autem qui dives est in misericordia propter nimiam charitatem suam: qua dilexit nos: et cum essemus mortui in[9] peccatis: convivificavit nos. in Christo. *Lectio iij.*
Hujus rei gratia ego paulus junctus[10] Christo[11] Jesu pro vobis gentibus: si tamen audistis dispensationem gratie dei que data est mihi in vobis: quoniam secundum revelationem notum mihi factum est sacramentum: sicut supra scripsi in brevi prout potestis legentes intelligere prudentiam meam in ministerio Christi.

¶ *De* all'a *claudendo. Sabbato proximo ante lxx. claudatur* all'a *a duobus post nonam completam in medio chori stantibus: et subjungentibus* Benedicamus do-

---

[1] 'convenire' add: E.G.W.
[2] erant: E.G.
[3] vestris: E.G.W.
[4] nostre: G.W.
[5] 'et' add: E.G.W.
[6] pro 'divine' divitie: E.G.W.
[7] 'virtutis' add: E.G.W.
[8] 'convivificavit' add: E.G.W.
[9] 'in' om.: E.G.
[10] vinctus: E.G.
[11] Christi: G.

INFRA SEPTUAGESIMAM ET QUADRAGESIMAM.

mino alleluia alleluia.[1] Deo gratias alleluia alleluia.[2]

℟ *Rubrica de festis infra lxx. contingentibus et xl. Notandum quod si aliquod festum duplex in sabbato proximo ante primam dominicam lxx. vel in aliis sabbatis usque ad quadragesimam evenerit: secunde vespere erunt omnino de sancto: et memoria tantum de dominica. Et si in dominica infra tempus predictum tale festum evenerit: totum fiat de festo: et tantum memoria fiat de dominica: tam in primis vesperis quam in secundis et matutinis cum antiphonis et versiculis dominicam contingentibus: et oratione dominicali: et in crastino si a festo ix lectionum vacaverit incipiatur historia ferialis cum tertia lectione tantum de expositione evangelii non impediente festo iij lectionum et dicetur super psalmum.* Benedictus. *antiphona contingens[3] feriam: et sequatur oratio dominicalis: et si quod Responsorium sit de evangelio infra talem historiam debet pretermitti. Si vero festum simplex ix lectionum in tali sabbato evenerit: vespere in sabbato dicantur de dominica: et fiat memoria de sancto. Si vero dominica evenerit tale festum differatur usque in crastinum si vacaverit a festo ix. lectionum et in dominica ad vesperas incipiatur de sancto ad capitulum: et fiat memoria de dominica. Si vero festum sancte agnetis quod non potest differri in crastinum propter sequens festum sancti vincentii vel aliud consimile in hujus-modi dominica evenerit: differatur in tertiam feriam. Festum autem fabiani et Sebastiani si in dominica septuagesime contigerit: anticipetur sicut supra notatum est quando contingit dominica prima post octavas epiphanie. In quacunque feria a lxx. usque ad caput jejunii festum iij lectionum contigerit habens propriam legendam totum servitium fiat de eo: nisi ex causa percantationis alicujus historie: de qua in dominica propter festum duplex dici non potuit: et propterea est*[4] *in mediis feriis percantanda impediatur. Quando vero de tali festo trium lectionum dicitur fiat memoria de lxx. ad vesperas et ad matutinas et ad missam: que scilicet memoria in nullo festo omittitur: nec in festo purificationis: in quo festo etiam si in dominica evenerit fiat memoria de lxx. cum antiphona et oratione dominicalibus. Sed si festum purificationis evenerit in dominica ante lxx. non fiet memoria de dominica. In dominicis vero nihil fiet de festis iij lectionum nisi memoria tantum. Si autem de festis sanctorum hujus temporis minus plene hic invenitur: queratur infra in festis eorundem. Et fiat servitium de apostolis: de sancto willelmo: et de domina infra lxx. usque ad caput jejunii.*

℟ *Dominica lxx.*
Sabbato ad vesperas. Deus in adjutorium. Gloria patri. *usque* Amen. *statim sequatur.* Laus tibi domine rex eterne glorie. *Ab hinc usque ad missam in vigilia pasche non dicitur* alleluia *sed in*

---

[1] 'alleluia' om.: E.G.W.
[2] tertium 'all'a' add: E.G.W.
[3] contigens: E.W.
[4] pro 'est' et: E.G.

principio horarum loco all'a *dicetur* Laus tibi domine *etc. An.* Benedictus. *ps.* Ipsum. *Cap.* Benedictus deus et pater. *Re.* Igitur perfecti. *Hymnus.* Deus creator. ℣ Vespertina oratio. *In evangelio an.* Plantaverat autem dominus deus paradisum voluptatis a principio in quo posuit hominem quem formaverat. *ps.* Magnificat. *Oratio.*

Preces populi tui quesumus domine clementer exaudi: ut qui juste pro peccatis nostris affligimur pro tui nominis gloria misericorditer liberemur. Per dominum.

Ad matu. invita. Preoccupemus faciem domini. Et in psalmis jubilemus ei. *ps.* Venite. *usque* Salutari nostro. *et tunc repetatur invita.* Preoccupemus. *a choro.* ℣ Quoniam deus magnus. *etc. Hymnus* Primo dierum omnium. *In primo nocturno an.* Servite. *ps.* Beatus vir. *etc.* ℣ Memor fui. *Penthatheucus moysi incipiatur et legatur usque ad passionem domini: excepta prima hebdomada xl. et addatur si opus fuerit josue: judicium: et ruth.*

In principio creavit [*Lec. j.* deus celum et terram: terra autem erat inanis et vacua: et tenebre erant super faciem abyssi: et spiritus domini ferebatur super aquas. Dixitque deus. Fiat lux. Et facta est lux. Et vidit deus lucem quod esset bona: et divisit lucem a tenebris. Appellavitque lucem diem: et tenebras noctem. Factumque est vespere et mane dies unus. *Re.* In principio fecit deus celum et terram: et creavit in ea hominem: Ad imaginem et similitudinem suam. ℣ Formavit igitur dominus hominem de limo terre: et inspiravit in faciem ejus spiraculum vite. Ad imaginem. *Lectio ij.*

Dixitque[1] deus: Fiat firmamentum in medio aquarum et dividat aquas ab aquis. Et fecit deus firmamentum: divisitque aquas que erant sub firmamento ab his que erant super firmamentum. Et factum est ita. Vocavitque firmamentum celum: Et factum est vespere et mane dies secundus. *Re.* In principio deus creavit celum et terram: et spiritus domini ferebatur super aquas. Et vidit deus cuncta que fecerat et erant valde bona. ℣ Igitur perfecti sunt celi et terra: et omnis ornatus eorum. Et vidit. *Lectio iij.*

Dixit[2] vero deus: Congregentur aque que sub celo sunt in locum unum: et appareat arida. Factumque est ita. Et vocavit deus aridam terram: congregationesque aquarum appellavit maria. Et vidit deus quod esset bonum. Et ait: Germinet terra herbam virentem et facientem semen: et lignum pomiferum faciens fructum juxta genus suum: cujus semen in semetipso sit super terram. Et factum est ita. *Re.* Igitur perfecti sunt celi et terra et omnis ornatus eorum: complevitque deus die septimo opus suum quod fecerat. Et requievit ab omni tempore[3] quod patrarat. ℣ Viditque deus cuncta que fecerat et

---

[1] Dixit quoque: E.G.W.   [2] Dixitque: W.   [3] opere: E.G.W.

IN SEPTUAGESIMA.

erant valde bona. Et requievit. Gloria patri. Et requievit. *In ij. nocturno añ.* Bonorum. *ps̃.* Conserva me domine *etc.* ℣. Media nocte.
Sermo beati augustini episcopi.   *Lectio iiij.*
Tanta dignitas humane conditionis esse scitur: ut non solo jubentis sermone: ut alia sex dierum opera. Sed[1] concilio sancte trinitatis et opere majestatis divine creatus est homo: ut ex prime conditionis honore intelligeret quantum suo conditori deberet: dum tantum in conditione mox dignitatis privilegium prestitit ei conditor: ut tanto ardentius amaret conditorem: quanto mirabilius se ab eo conditum intelligeret. *Re.* Formavit igitur dominus hominem de limo terre. Et inspiravit in faciem ejus spiraculum vite: et factus est homo in animam viventem. ℣. In principio fecit deus celum et terram et creavit in ea hominem. Et inspiravit.   *Lectio v.*
Faciamus inquit hominem ad imaginem et similitudinem nostram. Nec ob hoc solum quod sancte trinitatis consilio sic ab excellentia conditoris conditus est: sed etiam quod ad imaginem et similitudinem suam: ipse creator omnium eum creavit: quod nulli alii ex creaturis donavit. *Re.* Tulit ergo dominus hominem et posuit eum in paradisum voluptatis. Ut operaretur et custodiret illum. ℣. Plantaverat autem dominus deus paradisum voluptatis a principio in quo posuit hominem quem formaverat. Ut operaretur. *Lec. vj.*
Que imago diligentius exterioris hominis nobilitate est intuenda. Primo siquidem ut sicuti deus unus semper ubique totus est: omnia vivificans: movens et gubernans: sicut apostolus confirmat: quod in eo vivimus: movemur et sumus: sic et anima in suo corpore ubique tota viget: et vivificans illud movens et gubernans. *Re.* Plantaverat autem dominus deus paradisum voluptatis a principio. In quo posuit hominem quem formaverat. ℣. Plantaverat autem dominus deus lignum pulchrum visu: et ad vescendum suave: lignum etiam vite in medio paradisi. In. Gloria. In. *In iij nocturno añ.* Non sunt loquele. *ps̃.* Celi enarrant. *etc.* ℣. Exaltare domine.   *Sec. Matt.*
In illo tempore: Dixit Jesus discipulis suis parabolam hanc: Simile est regnum celorum homini patrifamilias: qui exiit primo mane conducere operarios in vineam suam. Et reliqua.
Omelia beati gregorii pape. Lec. vij.
Patrisfamilias similitudinem fratres nemo alius tenet nisi redemptor noster: qui regit quos condidit et electos suos sic possidet in hoc mundo quasi subjectos dominus in domo. Qui habet vineam universam scilicet ecclesiam que ab abel justo usque ad ultimum electum qui in fine mundi nasciturus est: quot sanctos protulit: quasi tot palmites misit. *Re.* Dixit dominus ad adam: de ligno quod est in me-

---

[1] 'et' add: G.

dio paradisi ne comedas. In qua hora comederis morte morieris. ℣ Precepitque[1] ei dominus deus ex omni ligno paradisi comede: de ligno autem scientie boni et mali ne comedas. In qua. *Lectio viij.*

Hic itaque paterfamilias ad excolendam vineam suam: mane hora tertia sexta: nona: et undecima operarios conducit: quia a mundi hujus initio usque in finem ad erudiendam plebem fidelium: predicatores mittere non desistit. Varietas horarum quibus operarii in vinee culturam mittuntur: varia signat tempora in quibus sancti operarii utique fideles ad spiritalem vineam excolendam missi sunt. *Re.* Dixit dominus deus non est bonum esse hominem solum. Faciamus ei adjutorium simile sibi. ℣ Ade vero non inveniebatur adjutor similis ejus: dixit vero deus. Faciamus. *Lectio ix.*

Mane quippe mundi fuit ab adam usque ad Noe. Tertia a noe usque ad abraham. Sexta ab abraham usque ad moysen. Nona a moyse[2] ad adventum domini. Undecima ab adventu domini usque ad finem seculi. Diversis ergo horis operarii in vineam mittuntur: quia in diversis etatibus homines per divinam gratiam ad bona operanda vocantur. *Re.* Ubi est abel frater tuus dixit dominus ad cayn: nescio domine nunquid custos fratris mei sum ego: et dixit ad eum quid fecisti. Ecce vox sanguinis fratris tui abel clamat ad me de terra. ℣ Maledicta terra in opere tuo[3] que aperuit os suum: et suscepit sanguinem fratris tui de manu tua. Ecce. Gloria. Ecce. *Reincipiatur Responsorium.* Ubi est abel. p̄s. Te deum. *non dicatur ut supra notatur in prima dominica adventus domini.*

Responsoria ferialia. Immisit dominus soporem in adam et tulit unam de costis ejus: et edificavit costam quam tulerat dominus de adam in mulierem: et adduxit eam ad adam ut videret quid vocaret eam. Et vocavit nomen ejus virago: quia de viro suo sumpta est. ℣ Hoc nunc os ex ossibus meis et caro de carne mea. Et vocavit. *Re.* Dum ambularet dominus in paradisum ad auram post meridiem clamavit et dixit: adam ubi es: audivi domine vocem tuam. Et abscondi me. ℣ Vocem tuam domine audivi in paradiso et timui eo quod nudus essem. Et abscondi. *Re.* In sudore vultus tui vesceris pane tuo dixit dominus ad adam: cum operatus fueris terram non dabit fructus suos: sed spinas et tribulos germinabit tibi. ℣ Pro eo quod obedisti voci uxoris tue plusquam mee maledicta terra in opere tuo. Cum operatus. *Re.* Ecce adam quasi unus ex nobis factus est sciens bonum et malum. Videte ne forte sumat de ligno vite et vivat in eternum. ℣ Collocavit ante paradisum cherubim:[4] et flammeum[5] gladium atque versatilem ad custodiendam viam ligni vite dicens: Videte ne. ℣ Fiat misericordia tua.

In laudibus. antiphona.

---

[1] 'que' om.: E.G.W.　　　[2] 'usque' add: E.G.W.
[3] suo: E.G.　　[4] cherubin: G.W.　　[5] flameum: E.W.

IN SEPTUAGESIMA.

*M*iserere mei deus et a delicto meo munda me: quia tibi soli peccavi. *ps.* Ipsum. *an.* Confitebor tibi domine quoniam exaudisti me. *ps.* Confitemini domino quoniam. *an.* Deus deus meus ad te de luce vigilo: quia factus es adjutor meus. *ps.* Ipsum. *an.* Benedictus es in firmamento celi et laudabilis in secula deus noster. *ps.* Benedicite omnia. *an.* Laudate dominum de celis. *ps.* Ipsum. *Isti psalmi dicantur in laudibus diebus dominicis usque ad pascha quando de temporali agitur. Capitulum.* Benedictio et claritas. *Hymnus.* Jam nunc paterna claritas. *Et notandum quod hymni* Deus creator omnium: Primo dierum: *et* Jam nunc paterna claritas *sicut ponuntur hac dominica: dicantur diebus dominicis usque ad quadragesimam: et a prima dominica kalendas augusti usque ad adventum domini quando de dominica agitur.* ℣ Dominus regnavit. *In evange. an.* Simile est regnum celorum homini patrifamilias qui exiit primo mane conducere operarios in vineam suam. *ps.* Benedictus. *Oratio.* Preces populi tui. *Ad primam. an.* Conventione autem facta cum operariis ex denario diurno misit eos in vineam suam. *ps.* Deus deus meus respice. *Et ceteri psalmi ut supra in prima dominica adventus excepto quod loco psalmi:* Confitemini: *dicatur psalmus* Dominus regnavit decorem indutus est: *Et sic dicantur omnibus diebus dominicis usque ad pascha quando de dominica agitur. an.* Te deum patrem. *ps.* Quicunque vult salvari. *Capit.* Domine miserere. *Re.* Jesu Christe. ℣ Qui sedes etc. *Ad tertiam an.* Ite et vos in vineam meam: et quod justum fuerit dabo vobis. *ps.* Legem pone. *Capit.* Sana me domine. *Re.* Adjutor meus esto domine. Ne derelinquas me. ℣ Neque despicias me deus salutaris meus. Ne derelinquas. Gloria patri. Adjutor. ℣ Ego dixi. *Oratio.* Preces populi tui. *Ad sextam an.* Quid hic statis tota die ociosi: responderunt et dixerunt nemo nos conduxit. *ps.* Defecit. *Cap.* Omnia autem probate. *Re.* Deus misereatur nostri. Et benedicat nos. ℣ Illuminet vultum suum super nos et misereatur nostri. Et benedicat. Gloria patri. Deus. ℣ Dominus regit. *Oratio ut supra. Ad nonam an.* Quid hic statis tota die ociosi: ite et vos in vineam meam. *ps.* Mirabilia. *Capitulum.* Alter alterius. *Re.* Custodi nos domine ut pupillam oculi. ℣ Sub umbra alarum tuarum protege nos. Ut pupillam. Gloria patri. Custodi. ℣ Ab occultis meis. *Oratio ut supra. Ad vesperas an.* Dixit dominus. *ps.* Ipsum *etc. Capitulum.* Dominus autem dirigat. *Re.* Spes mea domine. A juventute mea. ℣ In te confirmatus sum ex utero de ventre matris mee tu es meus protector. A juventute. Gloria patri. Spes mea. *Hoc Responsorium dicatur singulis diebus ad vesperas usque ad xl. quando de temporali agitur. preterquam in sabbatis. Hymnus.* Lucis creator. ℣ Dirigatur. *In evange. an.* Dixit paterfamilias operariis suis quid hic statis tota die ociosi at illi respondentes dixerunt: quia nemo nos conduxit: ite in vineam meam et quod justum fuerit dabo vobis. *ps̃*. Magnificat. *Oratio*. Preces populi tui. *Completorium vero non mutatur usque in diem sabbati post cineres.*

¶ *Et notandum quod versiculi qui ponuntur hac die singulis dominicis usque ad xl. debent dici. Responsoria vero horalia. scilicet* Adjutor meus *etc. cum capitulis et versiculis prenotatis singulis diebus usque ad idem tempus: nisi cum de aliquo festo agatur dicuntur ad horas excepto die cinerum cum tribus diebus sequentibus: ubi mutantur antiphone et capitula ad horas. In feriis vero hymni et antiphone tam in matutinis quam in vesperis preter antiphonas super psalmos* Magnificat *et* Benedictus *usque ad xl. sumantur de feria. Oratio vero dominicalis usque ad diem cinerum semper dicatur ad horas.*

¶ *Feria ij ad matu. invita.* Venite. *ps̃*. Jubilemus deo. *Hymnus*. Sompno refectis. *In nocturno añ*. Dominus defensor. *ps̃*. Dominus illuminatio. *etc.* ℣ Domine in celo. *Lectio j.*

Et protulit terra herbam virentem et afferentem semen juxta genus suum: lignumque faciens fructum: et habens unumquodque sementem secundum speciem suam. Et vidit deus quod esset bonum: factumque est vespere et mane dies tertius. *Lectio ij.*

Dixit autem deus. Fiant luminaria in firmamento celi: et dividant diem ac noctem et sint in signa et tempora et dies et annos: ut luceant in firmamento celi et illuminent terram. Et factum est ita. *Lec. iij.*

Fecitque deus duo magna luminaria: luminare majus ut preesset diei: et luminare minus ut preesset nocti. Et stellas. Et posuit eas in firmamento celi ut lucerent super terram: et preessent diei ac nocti: et dividerent lucem ac tenebras. Et vidit deus quod esset bonum: et factum est vespere et mane dies quartus. ℣ Fiat misericordia tua. *In laudibus añ*. Miserere. *ps̃*. Ipsum. *etc. Capitulum* Vigilate. *Hymnus* Splendor paterne. ℣ In matutinis. *In evange. añ*. Cum autem sero factum esset dixit dominus vinee procuratori suo voca operarios et redde illis mercedem. *ps̃*. Benedictus. kyrieleison. *etc. Oratio*. Preces populi tui. *Suffragia dicantur. Ad primam añ*. Deus exaudi. *ps̃*. Deus in nomine tuo. *Añ*. Adesto. *ps̃*. Quicunque vult. *Ad tertiam añ*. Da mihi. *ps̃*. Legem pone. *Cap*. Sana me domine. *Re*. Adjutor meus. ℣ Ego dixi. Kyrieleison. *etc. Oratio*. Preces populi. *Ad sextam añ*. Adjuva me. *ps̃*. Defecit. *Cap*. Omnia autem. *Re*. Deus misereatur. ℣ Dominus regit. kyrieleison. *etc. Oratio ut supra. Ad nonam añ*. Aspice in me. *ps̃*. Mirabilia. *Cap*. Alter alterius. *Re*. Custodi nos. ℣ Ab occultis. kyriel. *etc. Oratio ut supra. Ad vesperas añ*. Inclinavit. *ps̃*. Dilexi. *etc. Cap*. Dominus autem dirigat. *Re*. Spes mea. *Hyr. nus*. Immense celi. ℣ Dirigatu r. *In evange.*

IN SEPTUAGESIMA.

añ. Voca operarios et redde illis mercedem suam dicit dominus. *p̄s.* Magnificat. *Oratio.* Preces populi tui.

Feria iij. *Lectio j.*

Dixit etiam deus. Producant aque reptile anime viventis et volatile super terram: sub firmamento celi. Creavitque [1] cete grandia et omnem animam viventem atque motabilem quam produxerant atque[2] in species suas: et omne volatile secundum genus suum. *Lectio ij.*

Et vidit deus quod esset bonum: benedixitque eis dicens. Crescite et multiplicamini et replete aquas maris: avesque multiplicentur super terram. Et factum est vespere et mane dies quintus. *Lectio iij.*

Dixit quoque deus. Producat terra animam viventem in genere suo: jumenta et reptilia et bestias terre secundum species suas. Factumque est ita. *In evange. añ.* Hi novissimi una hora fecerunt et pares illos nobis fecisti qui portavimus pondus diei et estus. *p̄s.* Benedictus. *Ad vesperas in evange. añ.* Dixit autem paterfamilias amice non facio tibi injuriam: nonne ex denario convenisti mecum: tolle quod tuum est et vade. *p̄s.* Magnificat *etc.*

¶ *Feria iiij.* *Lectio j.*

Et fecit deus bestias terre juxta species suas: et jumenta et omne reptile terre in genere suo. Et vidit deus quod esset bonum et ait: Faciamus hominem ad imaginem et similitudinem nostram: et presit piscibus maris et volatilibus celi et bestiis: universeque[3] creature[4] omnique reptile quod movetur in terra. *Lectio ij.*

Et creavit deus hominem ad imaginem et similitudinem suam: masculum et feminam creavit eos. Benedixitque illis deus et ait: Crescite et multiplicamini et replete terram: et subjicite eam: et dominamini piscibus maris et volatilibus celi: et universis animantibus que moventur super terram. *Lec. iij.*

Dixitque deus: Ecce dedi vobis omnem herbam afferentem semen super terram: et universa ligna que habent in semetipsis sementem generis sui ut sint vobis in escam: et cunctis animantibus terre: omnique volucri celi et universis que moventur in terra: et in quibus est[5] vivens: ut habeant ad vescendum. Et factum est ita. Viditque deus cuncta que fecerat: et erant valde bona. Et factum est vespere et mane dies sextus. *In evange. añ.* Tolle quod tuum est et vade: quia ego bonus sum dicit dominus. *p̄s.* Benedictus. *Ad vesperas in evangelio añ.* Amice non facio tibi injuriam: nonne ex denario convenisti mecum: tolle quod tuum est et vade. *p̄s.* Magnificat.

¶ *Feria v.* *Lectio prima.*

Igitur perfecti sunt celi et terra: et omnis ornatus eorum. Complevitque deus die septimo opus suum quod fecerat et requievit die septimo ab omni opere quod patrarat. Et benedixit deus diei septimo et sanc-

---

[1] 'deus' add: E.G.W. [2] produxerunt aquæ: E.G.
[3] 'que' om.: G. [4] 'terre': E.G.W. [5] 'anima' add: E.G.W.

R

tificavit illum: quia in ipso cessaverat ab omni opere suo quod creavit deus ut faceret. *Lectio ij.*

*I*ste[1] generationes celi et terre quando creati[2] sunt in die quo fecit dominus celum et terram: et omne virgultum agri antequam oriretur in terra: omnemque herbam regionis priusquam germinaret. Non enim pluerat dominus deus super terram: et homo non erat qui operaretur terram: sed fons ascendebat e terra irrigans universam superficiem terre. *Lec. iij.*

*F*ormavit igitur deus hominem de limo terre: et inspiravit in faciem ejus spiraculum vite: et factus est homo in animam viventem. Plantaverat autem dominus deus paradisum voluptatis a principio in quo posuit hominem quem formaverat. *In evangelio an.* Non licet mihi facere quod volo an oculus tuus nequam est: quia ego bonus sum dicit dominus. *ps.* Benedictus. *Ad vesperas in evange. an.* Sic erunt novissimi primi et primi novissimi: multi enim sunt vocati: pauci vero electi. *ps.* Magnificat.

¶ *Feria vj.* *Lectio j.*

*P*roduxitque dominus deus de humo omne lignum pulchrum visu: et ad vescendum suave: lignum etiam vite in medio paradisi: lignumque scientie boni et mali. Et fluvius egrediebatur de loco voluptatis ad irrigandum paradisum qui inde dividitur in quattuor capita. *Lectio ij.*

*N*omen uni physon: ipse est qui circuit omnem terram ejulath[3]: ubi nascitur aurum: et aurum terre illius optimum est. Ibique invenitur bdellium et lapis onichinus.[4] *Lectio iij.*

*E*t nomen fluvii secundi gyon[5]: ipse est qui circuit omnem terram ethiopie. Nomen vero fluminis tertii tygris: ipse vadit contra assyrios. Fluvius vero quartus ipse est eufrates. *In evangelio antiphona.* Erunt primi novissimi et novissimi primi: multi enim sunt vocati: pauci vero electi dicit dominus. *ps.* Benedictus. *Ad vesperas in evangelio an.* Multi enim sunt vocati: pauci vero electi dicit dominus. *ps.* Magnificat.

¶ *Sabbato dicetur de domina cum memoria de lxx. an.* Sic erunt novissimi. *etc. ut supra.*

¶ *Dominica Sexagesime.*

Sabbato ad vesperas an. Benedictus. *ps.* Ipsum. *Cap.* Benedictus deus et pater. *Re.* Benedicens ergo deus noe ait: nequaquam ultra maledicam terre propter homines. Ad imaginem quippe dei factus est homo. ⊽ Hoc erit signum federis inter me et terram: arcum meum ponam in nubibus celi. Ad. Gloria. Ad imaginem. *Hymnus.* Deus creator. ⊽ Vespertina oratio. *In evangelio an.* Loquens dominus ad noe dixit: ponam arcum meum in nubibus celi: et erit signum federis inter me et inter terram. *ps.* Magnificat.

*D*eus qui conspicis: [*Oratio.* quia ex nulla nostra actione confidimus concede propitius: ut contra adversa omnia doctoris gentium protectione muniamur.

---

[1] 'igitur' add: E.   [2] create: G.   [3] evilath: G.
[4] onychinus: G.   [5] gion: G.

IN SEXAGESIMA.

Per dominum. *Ad matu. invitato.* Quoniam deus magnus dominus. Et rex magnus super omnes deos. *ps.* Venite. *Et notandum quod dicto invitatorio post primum versum psalmi* Venite *incipiatur secundus[1] versus ibi:* Quoniam non repellet. *et sic fiat alibi cum invitatorium fuerit de infra psalmum* Venite. *Hym.* Primo dierum. *In j.[2] nocturno an.* Servite. *ps.* Beatus vir. ℣ Memor fui. *Lectio j.*

Noe vero cum quingentorum esset annorum: genuit sem cham: et japhet. Cunque cepissent homines multiplicari super terram et filios procreassent: videntes filii dei filias hominum quod essent pulchre: acceperunt uxores sibi ex omnibus quas elegerant. *Re.* Dixit dominus ad noe: finis universe carnis venit coram me. Repleta est terra iniquitate eorum: et ego disperdam eos cum terra. ℣ Fac tibi archam de lignis lenigatis[3]: mansiunculas in ea facies. Repleta. *Lectio ij.*

Dixitque[4] deus: non permanebit spiritus meus in homine in eternum: quia caro est. Eruntque dies illius centum viginti annorum. Gigantes autem erant super terram in diebus illis. Postquam enim ingressi sunt filii dei ad filias hominum: illeque genuerunt isti sunt potentes[5] viri famosi. *Re.* Quadraginta dies et noctes aperti sunt celi: et ex omne carne habente spiritum vite. Ingressi sunt in archam: et clausit a foris ostium dominus. ℣ Noe vero et uxor ejus filii ejus et uxores filiorum ejus. Ingressi sunt. *Lectio iij.*

Videns autem deus quod multa malicia hominum esset in terra: et cuncta cogitatio cordis intenta esset ad malum omni tempore: penituit eum quod hominem fecisset in terra: et precavens in futurum: et tactus dolore cordis intrinsecus: delebo inquit hominem quem creavi a facie terre: ab homine usque ad animantia: a reptili usque ad volucres celi: penitet enim me fecisse eos. Noe vero invenit gratiam coram deo. *Re.* Facto diluvio super terram quadraginta diebus multiplicate sunt aque. Et elevaverunt archam in sublime a terra. ℣ Vehementer inundaverunt aque et repleverunt omnia in superficie terre. Et. Gloria patri. Et.

In ij. nocturno. an. Bonorum. *ps.* Conserva. *etc.* ℣ Media nocte. *Medie lectiones de sermone beati johannis episcopi de lapsu primi hominis. Lectio iiij.*

Nemo enim[6] nesciat in principio hominem sic a deo plasmatum ut instrueretur prudentia: consilio formaretur[7]: rationis capax divina prudentia redderetur. Instrueretur inquam prudentia: qua hostis calliditatem vitaret. Consilio quo salutaria ac recta perquireret. Ratione: qua deo genitori parendum esse cognosceret. *Re.* Archa ferebatur super aquas: et aqua nimium prevalente. Operti sunt montes excelsi sub universo celo.

---

[1] *sequens:* E.G.
[2] '*j.*' om.: E.G.
[3] levigatis: E.G.W.
[4] 'que' om.: E.G.
[5] 'a seculo' add: E.G.
[6] pro 'enim' est qui: E.G.W.
[7] firmaretur: E.G.W.

℣ Aqua cubitis quindecim supergrediente montes quos operuerat. Operti. *Lectio v.*

Etenim dominus deus videns hominem innocentem quem fecerat: instruxit monuit: et armavit. Quippe qui cum diabolo fuerat pugnaturus: velut quibusdam armis: hoc est prudentia: consilio: ratione fuerat instruendus. *Re.* Deletis cunctis substantiis super terram. Remansit solus noe et qui cum eo erant in archa. ℣ Consumpta vero omni carne et omnibus in quibus erat spiraculum vite. Remansit. *Lectio vj.*

Addidit preterea legem qua dei voluntatem cognosceret: et quid contemnenti evenire posset addisceret.[1] Qui quidem homo incautus plus diabolo persuadenti quam domino jubenti consensit: sic et[2] vitam quam habuit perdidit: et mortem quam ignorabat accepit. *Rc.* Peractis centum quinquaginta diebus dominus aquas imminuit. Fontes abyssi et catharactas celi clausit pluviasque de celo cessare fecit. ℣ Recordatus dominus noe et eorum qui erant cum eo. Fontes. Gloria Fontes.

In iij. nocturno. an. Non sunt loquele. *ps.* celi enarrant gloriam. ℣ Exaltare, *Sec. Lucam.*

In illo tempore: Cum turba plurima conveniret[3] ad Jesum: et de civitatibus properarent ad eum: dixit per similitudinem: Exiit qui seminat seminare semen suum. Et reliqua.

Omelia beati gregorii pape. L. vij.

Hanc similitudinem fratres per semetipsum dominus dignatus est exponere. Sed unum nobis ad inquirendum reliquit: videlicet satorem quem nullum melius quam ipsum dominum Jesum Christum intelligere debemus: qui homo factus semen verbi dei in cordibus hominum seminavit. *Re.* Requievit archa mense septimo super montes armenie. Et aque ibant et decrescebant usque ad decimum mensem. ℣ Decimo enim mense primo die mensis cacumina montium apparuerunt. Et. *Lectio viij.*

Qui autem secus viam cecidit[4]: hi sunt qui audiunt. Et cum audierint: confestim venit sathanas et aufert verbum quod seminatum est in cordibus eorum. Quia sunt nonnulli qui verbum dei audiunt: sed dum in eorum cordibus immundam cogitationem immundior sequitur operatio: quasi a viantibus verbum dei conculcatur ne fructificare possit. *Re.* Volens noe scire si jam cessassent aque: emisit columbam que ramum virentis olive in ore suo deferens. Ad archam reversa est. ℣ Deferens autem signum clementie dei columba in ore suo. Ad archam. *Lectio ix.*

Nam qui supra petram[5]: qui cum audierint cum gaudio suscipiunt verbum. Quia sunt nonnulli qui cum verbum dei predicari audiunt: totis votis se servaturos promittunt: sed ubi locus peccandi advenerit: su-

---

[1] adisceret: E.   [2] et sic: G.   [3] convenirent: E.
[4] 'cecidit' om.: E.G.W.   [5] 'hi sunt' add: G.

IN SEXAGESIMA.

bito quod prius promiserant obliviscuntur. Quod autem in spinis cecidit: hi sunt qui audierunt.[1] Spine vero[2] vitia et peccata significant. Quod autem cecidit[3] in terram bonam: hi sunt qui in corde bono et optimo verbum retinent: et fructum afferunt in patientia. *Re.* Benedicens ergo. ℣ Hoc erit. *ut supra.*

Responsa ferialia. Re. Edificavit noe altare domino offerens super illud holocaustum adoratus est dominus odorem suavitatis et benedixit eis. Crescite et multiplicamini et replete terram. ℣ Ecce ego statuam pactum meum vobiscum: et cum semine vestro post vos. Crescite. *Re.* Ponam arcum meum in nubibus celi dixit dominus ad noe. Et recordabor federis mei quod pepigi tecum. ℣ Cunque obduxero nubibus celum: apparebit arcus meus in nubibus. Et recordabor. *Re.* Per memetipsum juravi dicit dominus: non adjiciam ultra aquas diluvii super terram: pacti mei recordabor. Ut non perdam aquis diluvii omnem carnem. ℣ Ponam arcum meum in nubibus celi et jurabo per dexteram meam. Ut non. *Re.* Noe vir justus atque perfectus cum deo ambulavit Et fecit omnia quecunque precepit ei deus. ℣ Fecit sibi archam noe ut salvaret universum semen ejus. Et. ℣ Fiat misericordia tua domine. *In laudibus an.* Secundum multitudinem miserationum tuarum domine dele iniquitatem meam. *ps.* Miserere. *an.* Deus meus es tu et confitebor tibi: deus meus es tu et exaltabo te. *ps.* Confitemini. *An.* Ad te de luce vigilo deus ut videam virtutem tuam. *ps.* Deus deus meus. *an.* Hymnum dicite et superexaltate eum in secula benedicite. *ps.* Benedicite. *An.* Omnes angeli ejus laudate dominum de celis. *ps.* Laudate. *Cap.* Benedictio et. *Hymnus.* Jam nunc paterna. ℣ Dominus regit. *In evan. an.* Cum turba plurima conveniret[4] ad Jesum et de civitatibus properaret[5] ad eum dixit per similitudinem: exiit qui seminat seminare semen suum. *ps.* Benedictus. *Oratio.* Deus qui conspicis.

Ad primam an. Exiit qui seminat seminare semen suum: et dum seminat aliud cecidit in terram bonam et fecit fructum centuplum. *ps.* Deus deus meus respice. *an.* Te deum. *ps.* Quicunque vult. *etc. Ad tertiam an.* Semen cecidit in terram bonam et obtulit[6] fructum in patientia. *ps.* Legem pone. *Cap.* Sana me. *Re.* Adjutor. ℣ Ego dixi. *Oratio ut supra. Ad sextam an.* Semen cecidit in terram bonam et obtulit[6] fructum aliud centesimum: et aliud sexagesimum. *ps.* Defecit. *Cap.* Omnia autem probate. *Re.* Deus misereatur. ℣ Dominus regit. *Oratio ut supra. Ad nonam an.* Semen cecidit in terram bonam et ortum fecit fructum centuplum. *ps.* Mirabilia. *Caps.* Alter

---

[1] pro 'audierunt' vitiorum asperitate suffocant verbum : G.
[2] pro 'vero' enim: G.
[3] pro 'cecidit' tradidit : E.
[4] convenirent : E.W.
[5] properarent : E.W.
[6] attulit: E.G.

alterius. *Re.* Custodi. ℣ Ab occultis. *Oratio ut supra. Ad vesperas an.* Dixit dominus. *ps.* Ipsum. *etc. Capitulum.* Dominus autem. *Re.* Spes mea. *Hymn.* Lucis creator. ℣ Dirigatur. *In evange. an.* Jesus hec dicens clamabat: qui habet aures audiendi audiat. *ps.* Magnificat. *Oratio.* Deus qui conspicis. *etc.*
❧ *Feria ij. ad matu. invitat.* Venite. *ps.* Jubilemus. *Hym.* Sompno refectis *In nocturno an.* Dominus defensor. *ps.* Dominus illuminatio. ℣ Domine[1] in celo. *Lectio j.*

He sunt generationes noe. Noe vir justus atque perfectus fuit in generationibus suis. Cum deo ambulavit: et genuit tres filios: sem: cham et japhet: corrupta autem est terra coram domino[2]: et repleta est iniquitate. *Lectio ij.*

Cunque vidisset deus terram esse corruptam: omnis quippe caro corruperat viam suam super terram: Dixit ad noe. Finis universe carnis venit coram me. Repleta est terra iniquitate a facie eorum: et ego disperdam eos cum terra. *Lectio iij.*

Dixit deus ad noe: Fac tibi archam de lignis levigatis: mansiunculas in ea facies et bitumine linies intrinsecus et extrinsecus: et sic facies eam. Trecentorum cubitorum erit longitudo arche: quinquaginta cubitorum latitudo: et triginta cubitorum altitudo illius. *In evange. an.* Vobis datum est nosse mysterium regni dei: ceteris autem in parabolis dixit Jesus discipulis suis. *ps.* Benedictus. *Ad vesperas in evan. an.* Semen est verbum dei: sator autem Christus: omnis qui audit eum manebit in eternum. *ps.* Magnificat.

❧ *Feria iij.* *Lectio j.*

Fenestram vero in archa facies: et in cubito consummabis summitatem illius. Ostium[3] arche pones in latere deorsum. Cenacula et tristega facies in ea. Ecce ego adducam diluvii aquas super terram: ut interficiam omnem carnem in qua spiritus vite est subter celum. *Lectio ij.*

Et universa itaque[4] que in terra sunt consummentur.[5] Ponamque fedus meum tecum: et ingredieris[6] archam tu et filii tui: uxor tua et uxores filiorum tuorum tecum. Et ex cunctis animantibus universe carnis bina induces in archam: ut vivant tecum: masculini sexus et feminini. *Lectio iij.*

De volucribus juxta genus suum: et de jumentis in genere suo: et ex omni reptili terre secundum genus suum: bina ex omnibus ingredientur tecum ut possint vivere. Tolles ergo tecum ex omnibus escis que mandi possunt: et comportabis apud te[7]: et erunt tam tibi quam illis in cibum. Fecit ergo noe omnia que preceperat ei deus. *In evange. an.* Qui verbum dei retinent corde perfecto et op-

---

[1] Dominus: E.
[2] pro 'domino' deo: G.
[3] Hostium: W.
[4] 'itaque' om.: G.
[5] consumentur: E.G.
[6] ingrederis: E.
[7] 'et com. apud te' om.: E.

IN SEXAGESIMA.

timo fructum afferunt in patientia. *ps.* Benedictus. *Ad vesperas in evange. añ.* Quod autem cecidit in terram bonam hi sunt qui in corde bono et optimo verbum retinent et fructum afferunt in patientia. *ps.* Magnificat.

❡ *Feria iiij.*   *Lectio j.*

Dixitque[1] dominus ad Noe: Ingredere tu et omnis domus tua in archam: te enim vidi justum coram me in generatione hac. Ex omnibus animantibus mundis tolles septena et septena: masculum et feminam.   *Lectio ij.*

De animantibus vero non mundis duo et duo: masculum et feminam. Sed et de volatilibus celi septena et septena masculum et feminam: ut salvetur semen super faciem universe terre.   *Lectio iij.*

Adhuc enim et post dies septem ego pluam super terram quadraginta diebus et quadraginta noctibus: et delebo omnem substantiam quam feci de superficie terre. *In evange. añ.* Si vere fratres divites esse cupitis veras divitias amate. *ps.* Benedictus. *Ad vesp. añ.* Si culmen veri honoris queritis ad illam celestem patriam quantotius properate. *ps.* Magnificat.

❡ *Feria v.*   *Lectio j.*

Fecit ergo noe omnia que mandaverat ei dominus. Eratque sexcentorum annorum quando diluvii aque inundaverunt super terram. Et ingressus est noe et filii ejus: uxor ejus: et uxores filiorum ejus cum eo in archam propter aquas diluvii.   *Lectio ij.*

De animantibus quoque mundis et immundis: et de volucribus et ex omni quod movetur super terram: duo et duo ingressa sunt ad noe in archam: masculus et femina sicut preceperat deus noe. Cunque transissent septem dies: aque diluvii inundaverunt super terram.

Anno sexcentesimo [*Lectio iij.*] vite noe: mense secundo: septimodecimo die mensis: rupti sunt omnes fontes abyssi magne: et cataracte celi aperte sunt. Et facta est pluvia super terram quadraginta diebus et quadraginta noctibus. *In evangelio añ.* Vobis datum est. *ps.* Benedictus. *Require in feria ij. ad matutinas. Ad vesperas in evan. añ.* Semen est verbum dei. *ps.* Magnificat. *Require ut supra in feria secunda.*

❡ *Feria vj.*   *Lectio j.*

In articulo autem diei illius ingressus est noe et sem et cham et japhet filii ejus et uxor illius et tres uxores filiorum ejus cum eis in archam: ipsi et omne animal secundum genus suum: universaque jumenta in genere suo: et omne quod movetur super terram in genere suo: cunctumque volatile secundum genus suum.   *Lectio ij.*

Universe aves omnesque volucres ingresse sunt ad noe in archam bina et bina: et[2] ex omni carne in qua erat spiritus vite. Et que ingressa sunt masculus et femina ex omni carne introierunt sicut preceperat ei deus.   *Lectio iij.*

Et inclusit eum dominus de foris. Factumque est diluvium quadraginta diebus super

---

[1] 'que' om.: G.

[2] 'et' om.: E.G.W.

terram : et multiplicate sunt aque et elevaverunt[1] archam in sublime a terra. Vehementerque inundaverunt : et omnia repleverunt in superficie terre. Porro archa ferebatur super aquas : et aque prevaluerunt nimis super terram. *In evangelio an.* Qui verbum dei. *ps.* Benedictus. *ut supra feria tertia. Ad vesperas an.* Quod autem cecidit. *ut supra. Sabbato dicetur de domina si vacaverit : cum memoria de sexagesima. An.* Si culmen. *ut supra feria quarta ad vesperas.*

ℂ *Dominica in quinquagesima. Sabbato ad vesperas an.* Benedictus. *ps.* Ipsum. *Cap.* Benedictus deus et pater. *Re.* Reverteuti. *Hymnus.* Deus creator. ℣ Vespertina. *In evang. an.* Dum staret abraham ad radicem mambre[2] vidit tres pueros descendentes per viam tres vidit et unum adoravit. *ps.* Magnificat. *Oratio.*
Preces nostras quesumus domine clementer exaudi : atque a peccatorum vinculis absolutos : ab omni nos adversitate custodi. Per dominum. *Ad matu. invita.* In manu tua domine. Omnes fines terre. *ps.* Venite. *Hymnus.* Primo dierum. *In j. noct. an.* Servite. *ps.* Beatus vir. ℣ Memor fui.
He sunt generationes [*Lectio j.*] thare. Thare genuit abram et nachor et aran.[3] Porro aran[3] genuit loth. Mortuusque est aran[3] ante thare patrem suum :

in terra nativitatis sue. *Re.* Locutus est dominus ad abraham dicens : egredere de terra et de cognatione tua : et veni in terram quam monstravero tibi. Et faciam te crescere in gentem magnam. ℣ Benedicens benedicam tibi et multiplicabo te. Et. *Lectio ij.*
Duxerunt autem abram et nachor uxores. Nomen uxoris abram sarai : et nomen uxoris nachor melcha : filia aran[3] patris melche et patris jesse. Erat autem sarai sterilis : nec habebat liberos. *Re.* Apparuerunt tres viri abrahe ad ilicem mambre[4] : et dixit ad eos : domine si inveni gratiam in oculis vestris. Transite et requiescite in loco isto. ℣ Afferam paxillum[5] aque ut laventur pedes vestri. Transite. *Lectio iij.*
Tulit itaque thare abram filium suum : et loth filium aran[3] filii sui : et sarai nurum suam uxorem abram filii sui et eduxit eos de ur chaldeorum ut irent[6] in terram chanaan. Veneruntque usque ad aran : et habitaverunt ibi. Et facti sunt dies thare ducentorum quinque annorum : et mortuus est in aran. *Re.* Reverteuti abraham[7] a cede quattuor regum : occurrit ei rex salem melchisedech offerens panem et vinum. Erat enim dei sacerdos. Et benedixit illi. ℣ Benedictus abraham deo altissimo qui creavit celum et terram. Erat. Gloria. Erat. *In ij. nocturno.*

---

[1] levaverunt : E.G.
[2] membre : E.
[3] 'aram' passim : E.G.W.
[4] membre : E.
[5] paxilium : E. pauxillum : G.
[6] intrarent : E.G. intrent : W.
[7] abram : E.G.W.

IN QUINQUAGESIMA.

añ. Bonorum. *ps̄.* Conserva. ℣ Media nocte. *Sermo beati johannis episcopi de fide abrahe et immolatione ysaac. Lectio iiij.*

Fides est religionis sanctissime fundamentum: charitatis vinculum: amoris subsidium. Hec sanctitatem firmat: castitatem roborat: dignitates exornat. In pueris splendet: in juvenibus floret: in provectis apparet: gubernat sexus: gradus provehit officia cuncta custodit: in paupere grata est: in mediocre leta: in locuplete honesta. *Re.* Eduxit dominus abraham foras et ait illi. Suspice celum et numera stellas si potes sic erit semen tuum. ℣ Credidit abraham deo: et reputatum est illi ad justiciam. Suspice. *Lectio v.*

Fides amicitiam servat: collegia copulat: artes commendat. Nullum despicit: nullum contemnit[1]: nulli deest: nisi qui ei forte defuerit. Fides mandata tenet: precepta servat: promissa consummat. Fides familiares efficit deo: amicos constituit Christo. Neque enim quisquam fidei promissa percipiet: nisi professionem actibus servet: aut premiorum compos potest existere qui promissam fidem noluerit conservare: ut jam aut implete fidei merces homini repensetur: aut violate pena competens tribuatur. *Re.* Dixit autem dominus ad Abraham ego sum: et pactum meum tecum. Sanctificetur in vobis omne masculinum: et erit signum inter me et semen tuum. ℣ Ex te nanque egredietur in quo omnes gentes benedicentur. Sanctificetur. *Lectio vj.*

Hujus fidei ad abraham ducamus exordium: qui cum in occidua constitutus etate: filium a deo promissum se crederet accepturum et fidei[2] preputium in filio prospexit: et in stellarum numerum suam sobolem redundantem fide eadem comperit. *Re.* Clamor inquit dominus sodomorum et gomorre venit ad me. Descendam et videbo utrum clamorem opere compleverint. ℣ Abraham stabat coram deo et ait: absit a te domine ut perdas justum cum impio. Descendam. Gloria. Descendam.

In iij. nocturno añ. Non sunt loquele. *ps̄.* Celi enarrant. ℣ Exaltare. *Secundum lucam.*

In illo tempore: Assumpsit Jesus duodecim discipulos suos et ait illis: Ecce ascendimus hierosolymam: et consummabuntur omnia que scripta sunt per prophetas de filio hominis. Et reliqua.

Omelia beati gregorii pape.

Passionem suam [*Lectio vij.* dominus predicens fratres magis se filium hominis quam filium dei appellari voluit: ut ostenderet quia per hoc quod filius hominis fuit: potuit teneri: flagellari: crucifigi. Divinitas autem impassibilis mansit. *Re.* Ait autem abraham ad dominum: obsecro domine mi: non deleas omnem locum propter justos decem. Respondit dominus deus: non delebo propter

---

[1] contennit: E.

[2] fide: E.G.

S

decem. ℣ Ne queso domine irascaris si loquar semel: quid faciens si inventi fuerint decem. Respondit.

Lectio viij.

Cum ergo dominus hiericho appropinquavit: cecus illuminatus est videlicet genus humanum: quia cum mortalitate carnis nostre indutus fuit: ad suam immortalitatem nos reformavit. Bene autem cecus iste secus viam sedere et mendicare dicitur: quia sunt nonnulli qui nec secus viam sedent nec mendicant: id est: qui nec deum credunt: nec spiritales divitias ab eo querunt. *Re.* Ascendens ergo deus ab abraham pluit ignem et sulphur super sodomam. Abraham mane surgens stetit: et eversas urbes a longe conspexit. ℣ Recordatus est deus abrahe: et liberavit loth de subversione sodome. Abraham.

Lectio ix.

Sunt iterum et alii qui secus viam sedent: sed non mendicant: sicut perversi et falsi christiani qui deum credunt: sed a bono opere torpentes: spiritales divitias querere non student. Adhuc etiam sunt alii qui secus viam sedent et mendicant: id est qui deum credunt: et celestem gloriam assiduis orationibus querere non cessant. *Re.* Cecus sedebat secus viam transeunte domino: et exclamavit ad eum. Ait ei dominus: Quid vis ut faciam tibi: raboni ut videam lumen. ℣ Stans autem Jesus jussit eum adduci ad se et cum appropinquasset interrogavit eum dicens. Quid vis. Gloria. Quid vis. *Hoc Responsorium. Cecus. non dicatur in feriis: sed in dominica tantum.*

Responsoria ferialia. Re. Dum staret abraham ad ilicem mambre[1]: vidit tres pueros descendentes per viam. Tres vidit et unum adoravit. ℣ Cunque elevasset oculos: apparuerunt ei tres viri stantes juxta eum. Tres. *Re.* Temptavit[2] deus abraham et dixit ad eum. Tolle filium tuum quem diligis ysaac[3] et offeres illum ibi in holocaustum super unum montium quem dixero tibi. ℣ Vocatus quoque a domino respondit assum et dixit ei dominus. Tolle. *Re.* Igitur abraham de voce[4] consurgens abiit ad montem quem monstraturus erat ei deus. Ut immolaret ysaac quem genuit. ℣ Edificato altari et desuper lignis impositis gladium arripuit manum erexit. Ut. Gloria. Ut. *Re.* Angelus domini vocavit abraham dicens. Ne extendas manum tuam super puerum eo quod timeas dominum. ℣ Cunque extendisset manum ut immolaret filium ecce angelus domini clamavit dicens. Ne. *Re.* Vocavit angelus domini abraham de celo dicens. Benedicam tibi et multiplicabo te sicut stellas celi. ℣ Et benedicentur in semine tuo omnes gentes terre quia obedisti voci mee. Benedicam. *Re.* Dormivit abraham cum patribus suis et planxerunt eum ysaac et ismael. Et post obitum ejus benedixit deus filio

---

[1] membre: E.
[2] Tentavit: E.G.W.
[3] 'isaac' passim: G.
[4] nocte: E.G.W.

IN QUINQUAGESIMA.

ejus ysaac. ℣ Qui oravit[1] dominum et dedit illi de uxore sterili filium. Et post. Gloria. Et post. ℣ Fiat misericordia. *In laudibus.* *antiphona.* Averte domine faciem tuam a peccatis meis et omnes iniquitates meas dele. *pš.* Miserere. *Añ.* Fortitudo mea et laus mea dominus et factus est mihi in salutem. *pš.* Confitemini. *Añ.* In matutinis domine meditabor in te quia factus es adjutor meus. *pš.* Deus deus meus. *Añ.* Benedicamus patrem et filium in secula cum sancto spiritu. *pš.* Benedicite. *Añ.* Juvenes et virgines senes cum minoribus[2] laudent nomen domini. *pš.* Laudate. *Capitulum.* Benedictio et claritas. *Hymnus.* Jam nunc paterna. *pš.* Dominus regit. *In evang. añ.* Ecce ascendimus hierosolymam et consummabuntur omnia que scripta sunt per prophetas de filio hominis. *pš.* Benedictus. *Oratio.* Preces nostras. *Ad primam añ.* Iter faciente Jesu dum ambularet jericho[3] cecus clamabat ad eum ut lumen recipere mereatur. *pš.* Deus deus meus respice. *Añ.* Te deum. *pš.* Quicunque vult. *etc.* *Ad tertiam añ.* Cecus sedebat secus viam : et clamabat miserere mei fili david. *pš.* Legem pone. *Capitulum.* Sana me. *Re.* Adjutor. *Oratio.* Preces nostras. *Ad sextam añ.* Transeunte domino clamabat cecus ad eum miserere mei fili david. *pš.* Defecit. *Capitulum.* Omnia autem. *Re.* Deus misereatur. *Oratio ut supra.* Ad nonam. *añ.* Cecus magis ac magis clamabat ut eum dominus illuminaret. *pš.* Mirabilia. *Capitulum.* Alter alterius. *Re.* Custodi nos. *Oratio ut supra.* *Ad vesperas añ.* Dixit dominus. *pš.* Ipsum. *etc. Capitulum.* Dominus autem dirigat. *Re.* Spes mea domine. *Hymnus.* Lucis creator. ℣ Dirigatur. *In evangelio añ.* Stans autem Jesus jussit cecum adduci ad se et ait illi : quid vis faciam tibi : domine ut videam : et Jesus ait illi : respice fides tua te salvum fecit : et confestim vidit : et sequebatur illum magnificans deum. *pš.* Magnificat. *Oratio.* Preces nostras. *etc.*

❡ *Feria ij. Ad matuti. Invita.* Venite. *pš.* Jubilemus *Hymnus.* Sompno refectis. *In noct. añ.* Dominus defensor. *pš.* Dominus illuminatio. ℣ Domine in celo. Dixit autem dominus [*Lectio j.*] ad abram. Egredere de terra et de cognatione tua et de domo patris tui : et veni in terram quam monstravero tibi. Faciamque te in gentem magnam et benedicam tibi : et magnificabo nomen tuum : erisque benedictus. *Lectio ij.* Benedicam benedicentibus tibi : et maledicam maledicentibus tibi : atque in te benedicentur universe cognationes terre. Egressus est itaque abram sicut preceperat ei dominus et ivit cum eo loth. Septuaginta quinque [*Lectio iij.*] annorum erat abram : cum egrederetur de aran. Tulitque sarai uxorem suam : et loth

---

[1] 'ad' add : E.G.W.   [2] junioribus : E.G.W.   [3] hierico : G.

FERIA QUARTA

filium fratris sui : universamque substantiam quam possiderant[1] : et animas quas fecerant in aran. *Re. de dominica.* ℣ Fiat misericordia tua. *In laudibus añ.* Miserere. *pš.* Ipsum. *etc. Capit.* Vigilate. *Hymnus.* Splendor paterne. ℣ In matutinis. *In evang. añ.* Tradetur enim gentibus ad illudendum et flagellandum et crucifigendum. *pš.* Benedictus. Kyrieleison. *etc. Oratio.* Preces nostras. *Ad vesperas in evangelio añ.* Miserere mei fili david quid vis faciam tibi : domine ut videam. *pš.* Magnificat. *Feria iiij. dicetur de domina : si a festo ix. vel iij. lectionum vacaverit cum memoria de quinquagesima. añ.* Abiit ergo cecus ille magnificans deum et omnis plebs ut vidit dedit laudem deo. ℣ In matutinis. *Oro.* Preces nostras. *etc. Ad vesperas in evangelio añ.* Omnis plebs ut vidit dedit laudem deo. *pš.* Magnificat. Kyrieleison. *etc. Oratio.* Preces nostras.

¶ *Si in capite jejunii festum duplex vel ix. lectionum evenerit vel aliquo trium dierum sequentium : servitium ad vesperas et matutinas fiat de sancto : et memoria de jejunio. Nihil fiet his diebus de festis trium lectionum nisi memoria tantum nec etiam de sancto valentino : licet isti quattuor dies non sint de xl. unde non dicitur psalmus* Miserere *post prandium nec fiet aliqua mutatio in benedictione cene vel gratiis*[2] *usque in diem lune sequentem.*

¶ *Feria iiij. in capite jejunii.*

Ad matuti. Invitato. In manu tua. *pš.* Venite. *Hymnus.* Rerum creator. *In noctur. añ.* Avertet. *pš.* Dixit insipiens. ℣ Deus vitam meam. *Lectio j.* Et egressi sunt ut irent in terram chanaan. Cunque venissent in eam pertransivit abram terram usque ad locum sichem et usque ad convallem illustrem. Chananeus autem tunc erat in terra. *Lectio ij.* Apparuit autem dominus abram : et dixit ei. Semini tuo dabo terram hanc. Qui edificavit ibi altare domino qui apparuerat ei. *Lectio iij.* Et inde transgrediens ad montem qui erat contra orientem bethel : tetendit ibi tabernaculum suum ab occidente habens bethel : et ab oriente ahi.[3] Edificavit quoque ibi altare domino et invocavit ibi nomen ejus. *Responsorium de historia precedenti.* ℣ Fiat misericordia tua. *In laudibus añ.* Amplius. *pš.* Miserere. Convertimini ad [*Capitulum.* me in toto corde vestro in jejunio et fletu et planctu et scindite corda vestra et non vestimenta vestra ait dominus omnipotens. *Hoc capitulum dicetur ad laudes et ad vesperas quotidie usque ad xl. quando de feria agitur. Hymnus.* Nox et tenebre. ℣ In matutinis. *In evange. añ.* Cum jejunatis nolite fieri sicut hypocrite tristes. *pš.* Benedictus. Kyrieleison. *cum precibus minoribus.* Concede nobis quesu- [*Oratio.* mus domine presidia militie

---

[1] possederant : E.G.   [2] 'in' add : E.   [3] hai : E.G.

IN CAPITE JEJUNII.

christiane sanctis inchoare jejuniis : ut contra spiritales nequicias pugnaturi continentie muniamur auxiliis. Per. *Suffragia dicantur ut supra. Ad primam añ.* Convertimini ad me in toto corde vestro in jejunio et fletu et planctu dicit dominus. *ps̄.* Deus in nomine. *Añ.* Te semper. *ps̄.* Quicunque vult. *etc. Ad tertiam añ.* Quis scit si convertatur et ignoscat deus et relinquat post se benedictionem. *ps̄.* Legem pone. *Capitulum.* Convertimini ad dominum deum vestrum : quia benignus et misericors est : et prestabilis super maliciam. *Re.* Adjutor. Kyrieleison. *etc. Oratio.* Concede. *Ad sextam añ.* Convertimini ad dominum deum vestrum quia benignus et misericors est prestabilis super maliciam. *ps̄.* Defecit. *Capitulum.* Quis scit si convertatur et ignoscat deus et relinquat post se benedictionem sacrificium et libamen domino deo nostro. *Re.* Deus misereatur. Kyrieleison. *etc. Oratio ut supra. Ad nonam. añ.* Ubi est thesaurus tuus ibi est et cor tuum. *ps̄.* Mirabilia. *Capitulum.* Parce domine parce populo tuo et ne des hereditatem tuam in opprobrium : ut dominentur eis nationes. *Re.* Custodi nos. Kyrieleison. *etc. Ōro. ut supra. Ad vesperas añ.* Beatus vir. *ps̄.* Nisi dominus. *Cap.* Convertimini ad me. *Re.* Spes mea. *Hymnus.* Celi deus. ⅴ Dirigatur. *In evange. añ.* Thesaurizate vobis thesauros in celo ubi nec erugo nec tinea demolitur. *ps̄.* Magnificat. *Oratio.* Inclinantes se domine majestati tue propiciatus intende : ut qui divino munere sunt refecti celestibus, semper nutriantur auxiliis. per dominum. *et cetera de feria. Suffragia dicantur. Et notandum quod oratio super populum ab hoc die in singulis vesperis nisi in sabbatis et in festis sanctorum dicitur usque ad cenam domini. Antiphone vero et capitula que sunt ad horas in capite jejunii dicentur ad horas per tres dies sequentes. Item oratio que dicitur ad matutinas in quadragesima debet dici generaliter super horas. scilicet a capite jejunii usque ad cenam domini.*
Feria v. *Lectio j.*
Perrexitque abram vadens et ultra progrediens ad meridiem : facta est autem fames in terra. Descenditque abram in egyptum : ut peregrinaretur ibi. Prevaluerat enim fames in terra. *Lectio ij.*
Cunque prope esset ut ingrederetur egyptum : dixit sarai uxori sue. Novi quod pulcra sis mulier : et cum viderint te egyptii dicturi sunt : quia uxor ipsius est : et interficient me et te reservabunt. Die ergo obsecro te quod soror mea sis : ut bene mihi sit[1] propter te : et vivat anima mea ob gratiam tui. *Lectio iij.*
Cum itaque ingressus esset abram in egyptum : viderunt egyptii mulierem quod esset pulchra nimis : et nunciaverunt

---

[1] sit mihi : G.

FERIA SEXTA POST CINERUM.

principes pharaoni et laudaverunt eam apud illum : et sublata est mulier in domum pharaonis. Abram autem bene usus est[1] propter illam. Fueruntque ei boves et asini[2] : et servi et famuli et cameli. *Re.* Domine puer meus jacet paraliticus in domo et male torquetur. Amen dico tibi ego veniam et curabo eum. ℣ Domine non sum dignus ut intres sub tectum meum sed tantum dic verbo et sanabitur puer meus. Amen. Gloria. Amen. *In evange. an.* Domine puer meus jacet paraliticus in domo et male torquetur : amen dico tibi ego veniam et curabo eum. *ps̄.* Benedictus. Kyrieleison. *Oratio.*

Deus qui culpa offenderis penitentia placaris preces populi tui supplicantis propicius respice et flagella tue iracundie que pro peccatis nostris meremur averte. per. *Suffragia consueta. Ad horas ut supra feria iiij. cum oratione de die. Ad vesperas in evangelio an.* Domine non sum dignus ut intres sub tectum meum : sed tantum dic[3] verbo et sanabitur puer meus. *ps̄.* Magnificat. *Oratio.*

Parce domine parce populo tuo ut dignis flagellationibus castigatus : in tua miseratione respiret. Per dominum.

¶ *Feria sextā.* *Lectio j.*

Flagellavit autem dominus pharaonem plagis maximis : et domum ejus propter sarai uxorem abram. Vocavitque pharao abram : et dixit ei : Quidnam est quod fecisti ? Quare non indicasti mihi quod uxor tua esset. Quam ob causam dixisti esse sororem tuam : ut tollerem eam mihi in uxorem : nunc ergo ecce conjunx tua accipe eam et vade. *Lectio ij.*

Precepitque pharao super abram viris : et deduxerunt eum et uxorem illius et omnia que habebat. Ascendit ergo abram de egypto ipse et uxor ejus : et omnia que habebat : et loth cum eo ad australem plagam. Erat autem dives valde in possessione auri et argenti. *Lec.*

Reversusque est abram [*iij.* per iter quo veniebat a meridie in bethel usque ad locum ubi prius fixerat tabernaculum inter bethel et ahi in loco altaris quod fecerat prius : et invocavit ibi nomen domini. *In evange. an.* Cum facis elemosinam nesciat sinistra tua quid faciat dextera tua. *ps̄.* Benedictus. *Oratio.*

Inchoata jejunia quesumus domine benigno favore prosequere : ut observantiam quam corporaliter exhibemus mentibus etiam sinceris exercere valeamus. Per do. *Ad vesperas. In evange. an.* Tu autem cum oraveris intra in cubiculum tuum et clauso ostio ora patrem tuum. *ps̄.* Magnificat. *Oratio.*

Tuere domine populum tuum et ab omnibus peccatis clementer emunda : quia nulla ei nocebit adversitas si nulla ei dominetur iniquitas. Per dominum.

Sabbato. *Lectio j.*

Sed et loth qui erat cum abram fuerunt greges ovium et armenta et tabernacula : nec po-

---

[1] usi sunt : E.G.W.   [2] asine : E.G.   [3] dico : W.

ferat eos capere terra ut habitarent simul. Erat quippe substantia eorum multa et non quibant habitare communiter. Unde et facta est rixa inter pastores gregum abram et loth. Eo autem tempore chananeus et phereseus habitabant in terra illa. *D*ixit ergo Abram [*Lectio ij.*] ad loth: Ne queso sit jurgium inter me et te: et inter pastores meos et pastores tuos. Fratres enim sumus. Ecce universa terra coram te est: recede a me obsecro. Si ad sinistram ieris: ego dextram tenebo. Si tu[1] dexteram elegeris: ego ad sinistram pergam. *Lectio iij.* *E*levatis itaque loth oculis: vidit omnem circa regionem jordanis que universa irrigabatur antequam subverteret dominus sodomam et gomorram sicut paradisus domini: et sicut egyptiis[2] venientibus in Segor. Elegit sibi loth regionem circa jordanem: et recessit ab oriente: divisique sunt alterutrum a fratre suo. *In evangelio an.* Cum[3] sero esset factum erat navis in medio mari: et Jesus solus in terra: et videns eos laborantes in remigando: erat enim ventus contrarius eis. *ps̄.* Benedictus. *Oro.* *O*bservationis hujus jejunii annua celebritate letantes: quesumus domine: ut quadragesimalibus actionibus inherentes: plenis ejus effectibus gaudeamus. Per dominum. *Ad horas ut supra. Si in isto sabbato xl. vel in aliis sabbatis usque ad dominicam in ramis palmarum festum duplex evenerit: vespere erunt de festo: et memoria de dominica. Si vero festum ix. lectionum in tali sabbato evenerit: vespere erunt de dominica: et memoria de sancto. Si autem in dominica prima xl. vel in aliis dominicis usque ad dominicam in ramis palmarum festum ix lectionum evenerit: sive sit duplex sive simplex differatur. Sed si sit duplex de eo dicantur vespere in dominica: et fiat memoria de dominica. Si vero simplex incipiatur de sancto ad capitulum: et fiat memoria de dominica. Item in xl. fiat tantum memoria de festo trium lectionum que scilicet in feriis dicetur ante memoriam de peccatis.*

¶ *Dominica j. quadragesime.*
Sabbato ad vesperas an. Benedictus. *ps̄.* Ipsum. *Capitulum.*
*H*ortamur vos ne in vacuum gratiam dei recipiatis: ait enim: tempore accepto exaudivi te: et in die salutis adjuvi te. *Re.* Emendemus. *Hymnus.*
*E*x more docti mystico servemus hoc jejunium deno dierum circulo ducto quater notissimo. Lex et prophete primitus hoc pretulerunt postmodum: Christus sacravit omnium rex atque factor temporum. Utamur ergo partius[4]: verbis cibis et potibus: sompno jocis et artius: perstemus in custodia.[5] Vitemus autem pessima que subruunt mentes vagas: nullumque demus callido hosti locum tyrannidis. Dicamus omnes cernui: clamemus atque singuli: ploremus ante judicem: flectamus iram

---

[1] 'tu' om.: E.G.W.   [2] Egyptus: G,W.   [3] pro 'Cum' Dum: G.
[4] parcius: E.   [5] custodiam: E.G.

vindicem. *N*ostris malis offendimus tuam deus clementiam: effunde nobis desuper remissor indulgentiam. *M*emento quod sumus tui licet caduci plasmatis: ne des honorem nominis tui precamur alteri. *L*axa malum quod fecimus auge bonum quod poscimus placere quo tandem tibi possimus hic et perpetim. *P*resta beata trinitas concede simplex unitas: ut fructuosa sint tuis jejuniorum munera. Amen. ℣ Angelis suis deus mandavit de te. Ut custodiant de[1] te in omnibus viis tuis. *In evangelio an̄.* Ecce nunc tempus acceptabile ecce nunc dies salutis in his ergo diebus exhibeamus nos sicut dei ministros: in multa pacientia in vigiliis in jejuniis et in charitate non ficta. *ps̄.* Magnif. *Or̄o.* *D*eus qui ecclesiam tuam annua quadragesimali observatione purificas: presta familie tue ut quod a te optinere abstinendo nititur: hoc bonis operibus exequatur. Per. *Ad complet. an̄.* Signatum est super nos lumen vultus tui domine deus dedisti leticiam in corde meo. *ps̄.* Cum invocarem. *etc. Capit.* Tu in nobis.[2] *Re.* In manus tuas domine. Commendo spiritum meum. ℣ Redemisti me domine deus veritatis. Commendo. Gloria. In manus tuas. *Hymnus.* *C*hriste qui lux es et dies noctis tenebras detegis lucisque lumen crederis lumen beatum predicans. Precamur sancte domine defende nos in hac nocte sit nobis in te requies quietam noctem tribue. *N*e gravis somnus irruat nec hostis nos surripiat ne caro illi consentiens nos tibi reos statuat. *O*culi somnum capiant cor ad te semper vigilet dextera tua protegat famulos qui te diligunt. *D*efensor noster aspice insidiantes reprime guberna tuos famulos quos sanguine mercatus es. *M*emento nostri domine in gravi isto corpore qui es defensor anime adesto nobis domine. Deo patri.[3] ℣ Custodi nos. *An̄.* O rex gloriose inter sanctos tuos qui semper es laudabilis et tamen ineffabilis tu in nobis es domine et nomen sanctum tuum invocatum est super nos ne derelinquas nos deus noster sed in tremendo judicio nos collocare digneris. Inter sanctos et electos tuos. Rex benedicte. *ps̄.* Nunc dimittis. ℣ Rex benedicte tuos per prospera dirige servos. Rex benedicte. ℣ Ut tergat miseras pia per jejunia culpas. Rex benedicte. ℣ Atque colant pure solennia mistica pasche. Inter sanctos. Kyrieleison. *etc. Et sic dicitur[4] completorium usque ad dominicam quartam quadragesime preter versiculos qui non dicuntur nisi in diebus ix. lectionum. Et sciendum quod non mutantur preces solite ad completorium sive ad primam propter quadragesimam[5] sed ad completorium et ad primam dicitur*

---

[1] 'de' om.: E.G.
[2] 'clericus' add: E.G.
[3] 'sit gloria ejusque soli filio: cum spiritu paraclyto et nunc et imperpetuum. Amen' add: E.G.
[4] *dicatur*: G.
[5] *pro* 'propter' *preterquam in quadragesima*: G.

versiculus. Fiat misericordia tua.[1] *etc. more solito: sequitur ut in feriis versiculus.* Exaudi domine vocem.[2] *etc. ps.* Miserere mei. Gloria patri *ut supra in* adventu.[3]

Ad matuti. Invitato. Non sit vobis vanum surgere ante lucem. Quia promisit dominus coronam vigilantibus. *ps.* Venite. *Hymnus.* Summe largitor premii spes qui es unica mundi preces intende servorum ad te devote clamantum. Nostra te conscientia grave offendisse monstrat quam emundes supplicamus ab omnibus piaculis. Si renuis quis tribuet indulge quia potens es te corde rogare mundo fac nos precamur domine. Ergo acceptare nostrum qui sacrasti jejunium quo mistice paschalia capiamus sacramenta. Summa nobis hoc conferat in deitate trinitas in qua gloriatur unus per cuncta secula deus. Amen. *In primo noct. an.* Pro fidei meritis. *ps.* Beatus vir. *etc. cum psalmis ut notatur in prima dominica adventus.* ℣ Dicet domino. Susceptor meus es tu et refugium meum deus meus sperabo in eum.

Sermo beati maximi episcopi. Lec.
Audistis fratres charis- [*j.* simi: sicut evangelica tuba cecinit dominum ac redemptorem nostrum adversus temptamenta diaboli reluctantem quidem verbis sed spiritu dimicantem. Sermone enim certamen agit: sed peragit majestate victoriam: nec sine ingenti mysterio hujusmodi putemus esse conflictum: in quo aut[4] accensus diabolus in verba prorumpit aut rerum dominus tentatori suo verbis nihilominus respondere dignatur. *Re.* Ecce nunc tempus acceptabile: ecce nunc dies salutis commendemus nosmetipsos in multa patientia in jejuniis multis. Per arma justicie virtutis dei. ℣ In omnibus exhibeamus nosmetipsos sicut dei ministros in multa pacientia. Per arma. *Lectio ij.*

In his autem omnibus nostre salutis est ratio: nobis salvator esurit: pro nobis loquitur: nos in illo vincimus: quia nos ei causa sumus pugnandi. Nam quis ambigat unigenitum patris cui nulla obviare poterat creatura pro illis inisse[5] certamen quorum se carne vestivit. *Re.* In omnibus exhibeamus nos sicut dei ministros in multa pacientia. Ut non vituperetur ministerium nostrum. ℣ Ecce nunc tempus acceptabile ecce nunc dies salutis commendemus nosmetipsos in multa pacientia. Ut. *Lectio iij.*

Humani igitur corporis forma hostem callidissimum proditus[6] suasit ad prelium: quem verus dei filius veri hominis responsione confudit. Propter quod errabundus et anceps temptator mollia suspensaque temptamenta rimatur: quia licet carnalis viri speciem contemplaretur in Christo: presentia tamen divinitatis ejus concitatus:

---

[1] 'domine super nos' add: E.G.
[2] 'meam qua clamavi ad te. Miserere mei et exaudi me' add: E.G.
[3] 'domini' add: E.G.
[4] 'aut' om.: E.K.
[5] iniisse: E.G.
[6] prodire: E.G.W.

T

DOMINICA PRIMA

suspicabatur eum plus [1] esse quam hominem. *Rc.* Paradisi portas aperuit nobis jejunii tempus. Suspiciamus illud orantes et deprecantes: Ut in die resurrectionis cum domino gloriemur. ℣ Ecce nunc tempus acceptabile: ecce nunc dies salutis nemini dantes ullam offensionem. Ut. Gloria. Ut.

In secundo nocturno an. Nature. *ps.* Conserva me *etc.* ℣ Ipse liberavit me. De laqueo venantium et a verbo aspero.

Animabat itaque [*Lectio iiij.* illum presumere congressum partus femineus: sed terrebat virginitas parientis. Quamvis enim Christum maria eve utique filia peperisset: non tamen eum conceperat de adam. Cum ergo inimicus dei filium videret tanta per miracula procreatum: volvebat secum ut arbitror atque admirans dicebat. Quis iste est qui nesciente me hunc ingressus est mundum. *Re.* Emendemus in melius que ignoranter peccavimus ne subito preoccupati die[2] mortis queramus spacium penitentie et invenire non possumus.[3] Attende domine et miserere: quia peccavimus tibi. ℣ Peccavimus cum patribus nostris injuste egimus iniquitatem fecimus. Attende. *Lectio v.*

Novi quidem quia de femina natus est: sed nescio unde conceptus. Astat ecce mater: sed patrem investigare non possum. Partum video: sed non agnosco nascentem. Et quod stupori meo accrescit: incon-sueta lege pariendi etiam edito filio mater exultat ut virgo. *Re.* In jejunio et fletu plorabunt[4] sacerdotes dicentes. Parce domine parce populo tuo et ne des hereditatem tuam in perditionem. ℣ Inter vestibulum et altare plorabunt[4] sacerdotes dicentes. Parce. *Lectio vi.*

En jacet in cunabulis parvulus: suffundit lachrimis vultum. Similemque se esse mortalium vagitibus prodit. Et cum nihil ei de infantia desit: nulla tamen inest ei velut in infante corruptio. Pannis obsitus sordet: sed celum illi radio stelle letioris arridet: atque in honorem ipsius ministrantes angeli ei[5]: inter sydera terrasque concurrunt et exultantes annunciant quam non intelligo novitatem. *Re.* Scindite corda vestra et non vestimenta vestra. Et convertimini ad dominum deum quia benignus et misericors est. ℣ Revertimini unusquisque a via sua mala et pessimis cogitationibus suis. Et convertimini. Gloria. Et.

In iij. nocturno an. Sponsus. *ps.* Celi erarrant. ℣ Scapulis suis obumbrabit tibi. Et sub pennis ejus sperabis.

In illo [*Secundum mattheum.* tempore: Ductus est Jesus in desertum a spiritu ut temptaretur[6] a dyabolo. Et reliqua. *Omelia beati gregorii pape.*

Ostendit enim fratres [*Lec. vij.* evangelista matheus Jesum non ab alieno: sed ab ipso spiritu sancto: qui super eum

---

[1] 'deum' add: E.G.
[2] diei: E.
[3] possimus: E.G.
[4] plorabant: E.G.W.
[5] 'ei' om.: E.
[6] tentaretur: E.W.

in specie columbe descendit in desertum esse ductum. Permisit se enim a maligno spiritu temptari ut nobis exemplum pugnandi ostenderet. *Re.* Abscondite elemosinam in sinu pauperis et ipsa orat pro vobis ad dominum. Quia sicut aqua extinguit ignem ita elemosina extinguit peccatum. ⁊ Honora dominum de tua substantia et de primiciis frugum tuarum da pauperibus. Quia sicut.

Cum ergo majus [*Lectio viij.*] sit occidi quam temptari: non est mirum si se permisit a capite temptari qui se permisit a membris crucifigi. In eo enim quod superaturus diabolum xl. diebus et xl. noctibus jejunavit: necessaria nobis arma contra temptationes diaboli: jejunium et orationem esse ostendit. *Re.* Angelis suis mandavit de te ut custodiant te in omnibus viis tuis. In manibus portabunt te ne unquam offendas ad lapidem pedem tuum. ⁊ Super aspidem et basiliscum ambulabis et conculcabis leonem et draconem. In manibus. *Lectio ix.*

Dignum est enim fratres: ut qui per totum annum nobis viximus: saltem istis diebus sacris deo vivamus: ut non solum de nostris rebus: sed etiam de nostris corporibus deo decimas demus. Sicut enim fomentum omnium vitiorum est gula: sic nutrix omnium virtutum est abstinentia. Quamdiu enim primi parentes in paradiso in abstinentia manserunt: tamdiu cibo vetito abstinuerunt. Postquam vero gule desideriis satisfecerunt: paradisi amenitatem protinus amiserunt. *Re.* Ductus est Jesus in desertum a spiritu ut temptaretur a diabolo. Et accedens temptator dixit ei. Si filius dei es dic ut lapides isti panes fiant. ⁊ Et cum jejunasset quadraginta diebus et quadraginta noctibus postea esuriit. Et accedens. Gloria patri. Si filius. *Octavum Resp. et nonum non nisi in dominica dicantur: quia de evangelio sumuntur.*[1] *Responsorium feriale. Re.* Tribularer si nescirem misericordias tuas domine tu dixisti nolo mortem peccatoris sed potius*[2] convertatur et vivat. Qui chananeam et publicanum vocasti ad penitentiam. ⁊ Et petrum lachrymantem suscepisti misericors domine. Qui. *Et notandum quod post Responsorium feriale incipiendum est ad primum Resp. Ecce nunc: in feriis quando non fit de aliqua historia dominicali nisi de hac: et istud primum Responsorium dicitur hic in feria: propter paucitatem Responsorium: cum duo Responsoria ejusdem historie excipiuntur quoad ferias: scilicet viii. Re. et ix.* ⁊ Ipse liberavit. *In laudibus an.*

Cor mundum crea in me deus et spiritum rectum innova in visceribus meis. *ps.* Miserere. *an.* O domine salvum me fac: o domine bene prosperare. *ps.* Confitemini. *an.* Sic benedicam te in vita mea domine: et in nomine tuo levabo manus meas.

---

[1] *sumitur: E.W.*

[2] 'ut' add: G.

DOMINICA PRIMA

ps. Deus deus meus. *an.* In spiritu humilitatis[1] animo contrito suscipiamur domine a te: et sic fiat sacrificium nostrum ut a te suscipiatur hodie: et placeat tibi domine deus. *ps.* Benedicite. *an.* Laudate deum celi celorum et aque omnes. *ps.* Laudate dominum. *Cap.* Ecce nunc tempus acceptabile: ecce nunc dies salutis: nemini dantes ullam offensionem: ut non vituperetur ministerium nostrum. Deo gratias. Audi benigne con- [*Hymnus.* ditor nostras preces cum fletibus: in hoc sacro jejunio: fusas quadragenario. Scrutator alme cordium infirma tu scis virium: ad te reversis exhibe remissionis gratiam. Multum quidem peccavimus: sed parce confitentibus: ad laudem tui nominis: confer medelam languidis. Sic corpus extra conteri dona per abstinentiam: jejunet ut mens sobria: a labe prorsus criminum. Presta beata trinitas. ℣ Scuto circundabit te veritas ejus. Non timebis a timore nocturno. *In evangelio an.* Ductus est Jesus in desertum a spiritu: ut temptaretur a diabolo[2]: et cum jejunasset quadraginta diebus et quadraginta noctibus postea esuriit. *ps.* Benedictus. *Oratio.* Deus qui ecclesiam tuam. *Ad primam an.* Jesus autem cum jejunasset quadraginta diebus et quadraginta noctibus postea esuriit. *ps.* Deus deus meus respice. *an.* Te deum. *ps.* Quicunque. *Ad tertiam an.* Non in solo pane vivit homo: sed in omni verbo quod procedit de ore dei. *ps.* Legem pone. *Capitulum.* Derelinquat impius viam suam: et vir iniquus cogitationes suas: et revertatur ad dominum et miserebitur ejus: et ad deum nostrum: quoniam multus est ad ignoscendum. *Re.* Participem me fac deus omnium timentium te. Et custodientium mandata tua. ℣ Aspice in me et miserere mei secundum judicium diligentium nomen tuum. Et custodientium. Gloria. Participem. ℣ Dicet domino *Oratio* Deus qui ecclesiam. *Ad sextam an.* Vade sathana non temptabis dominum deum tuum. *ps.* Defecit in salutare. *Capitulum.* Querite dominum dum inveniri potest: invocate eum dum prope est ait dominus omnipotens. *Re.* Ab omni via mala prohibui pedes meos. Ut custodiam mandata tua domine. ℣ A judiciis tuis non declinavi quia tu legem posuisti mihi. Ut custodiam. Gloria. Ab omni. ℣ Ipse liberavit. *Oratio ut supra.* *Ad nonam. an.* Dominum deum tuum adorabis et illi soli servies. *ps.* Mirabilia. *Capitulum.* In omnibus exhibeamus nosmetipsos sicut dei ministros in multa patientia. *Re.* Declara super nos deus. Tuam misericordiam. ℣ Declaratio sermonum tuorum dat intellectum domine. Tuam misericordiam. Gloria. Declara super. ℣ Scapulis suis. *Oratio ut supra. Ad vesperas an.* Dixit dominus. *ps.* Ipsum. *etc. Cap.* Hortamur vos.

---

[1] 'et' add: E. 'et in': G.
[2] dyabolo: E.

Re. Esto nobis domine. Turris fortitudinis. ℣ A facie inimici. Turris. Gloria. Esto nobis. *Hymnus.* Ex more docti mystico. ℣ Angelis suis. *In evangelio añ.* Reliquit eum temptator et accesserunt angeli et ministrabant ei. *ps̄.* Magnificat. *Oratio.* Deus qui ecclesiam tuam.

❡ *De tempore vesperarum in quadragesima.*

Vespere in omnibus dominicis diebus quadragesime dicantur hora vesperarum et non ante prandium: omnes alie vespere tam ix. lectionum duplicium festorum quam feriarum dicuntur [1] *ante prandium. Et notandum quod parvi versiculi et capitula que ponuntur hac dominica dicantur continue tam diebus dominicis quam feriis cum de xl. agitur usque ad passionem domini. Hymni vero Responsoria horalia* [2] *et Responsorium* Esto nobis: *tantum per primam quindenam.*

❡ *De prostratione ad* Pater noster: *Et notandum quod in xl. omnibus diebus profestis finita pulsatione antequam incipiantur hore: dicatur communiter ab omnibus cum prostratione.* [3] *Oratio dominicalis scilicet* Pater noster. *Deinde surgentibus cunctis incipiat hebdomadarius horam in cujus inceptione dicto* Deus in adjutorium meum intende: Domine ad adjuvandum me festina. *omnes genu flectant terram vel scabellum sive librum: si coram eis fuerit osculando: et iste ordo in inceptione cujuslibet hore servetur. Similiter ad matutinas dum dicitur* Pater noster: *ante lectionem fiat prostratio a toto choro quousque dicitur* Et ne nos. *Item eodem modo fiat prostratio in laudibus Ad* [4] Deus in adjutorium: *sicut fit in inceptione horarum etc.*

❡ *Feria secunda.*

Ad matu. Invitato. Venite. *ps̄.* Jubilemus. *Hymnus.* Summe largitor. *In nocturno añ.* Dominus defensor. *ps̄.* Dominus illuminatio. *etc.* [5] *Antiphone et psalmi illius ferie.* ℣ Dicet domino. *Sermo. Lectio j.*

Quia igitur fratres nobis est colluctatio adversus spiritales [6] nequitias arripiamus jejunium: ut et vitia et auctores vitiorum glorioso certamine superare possimus: jejunium vero aperuit celum: paradisum reseravit: legem meruit: gratiam contulit. Nam unde diabolus adam per gulam exclusit: Christus latronem jejunando reduxit. *Re.* Tribularer. *Lectio ij.*

Jejunium etiam helyam elevavit ad celum: et crapula populum israeliticum demersit ad tartarum. Et legem fratres quam aaron perdidit manducando: reparavit moyses iterum jejunando. Et quod super omnia est jejunavit et dominus ut largiretur et gratiam. *Re.* Ecce nunc. *Lectio iij.*

Tria sunt frates que obtinent nostre salutis sacramentum: lex: prophetia: et gratia: que tamen humano generi quadraginta dierum sunt adquisita [7] jejunio. Nam et moyses quadra-

---

[1] dicantur: G.
[2] horialia: W.
[3] Sic punctuatur brev. nostrum perperam.
[4] 'vesperas': add: E.G.W.
[5] et cetere antiphone: E.G.W.
[6] spirituales: E.G.W.
[7] acquisita: E.G.

DOMINICA PRIMA QUADRAGESIME.

ginta diebus et noctibus: et helyas et dominus tot diebus: totidemque noctibus jejunaverunt: ut sociata et equata jejunia unius auctoris proderent sacramentum. *Re.* In omnibus. ℣ Ipse liberavit me. *In laudibus an.* Miserere. *ps.* Ipsum. *Cap.* Ecce nunc tempus. *Hymnus.* Audi benigne conditor. ℣ Scuto circundabit. *In evangelio an.* Venite benedicti patris mei: percipite regnum quod vobis paratum est ab origine mundi. *ps.* Benedictus. Kyrieleison. *etc. Hic prosternat se chorus et sacerdos similiter in medio chori super scabellum.* Pater noster. Et ne nos. Sed libera nos.[1] *Ego* dixi domine miserere mei. Sana animam meam: quia peccavi tibi. *Convertere* domine usquequo. Et deprecabilis esto super servos tuos. *Oculi* domini super justos. Et aures ejus ad preces eorum. *Fiat* misericordia tua domine super nos. Quemadmodum speravimus in te. Oremus pro omni gradu ecclesie. Sacerdotes tui induantur justiciam: et sancti tui exultent. *Pro* pastore nostro Dominus conservet eum et vivificet eum: et beatum faciat eum in terra: et non tradat eum in animam inimicorum ejus. *Pro* rege nostro. Domine salvum fac regem et exaudi nos in die qua invocaverimus te. *Pro* cuncto populo christiano. Salvum fac populum tuum domine: et benedic hereditati tue: et rege eos et extolle illos usque ineternum. *Pro* cunctis benefactoribus nostris. Benefac domine bonis et rectis corde. *Pro* pace. Fiat pax in virtute tua: et habundantia in turribus tuis. *Oremus* pro fidelibus defunctis. Requiem eternam dona eis domine: et lux perpetua luceat eis. Requiescant in pace. Amen. *Pro* fratribus nostris absentibus. Salvos fac servos tuos et ancillas tuas deus meus sperantes in te. *Pro* afflictis et captivis. Libera[2] deus israel ex omnibus tribulationibus eorum. *Mitte* eis domine auxilium de sancto. Et de syon tuere eos. *Etiam* pro peccatis et negligentiis nostris. Domine ne memineris iniquitatum nostrarum antiquarum cito anticipent nos misericordie tue quia pauperes facti sumus nimis. *Adjuva* nos deus salutaris noster. Et propter gloriam nominis tui domine libera nos: et propitius esto peccatis nostris propter nomen tuum. *Exaudi* domine vocem meam qua clamavi ad te. Miserere mei et exaudi me. *ps.* Miserere mei deus. *etc. totus psalmus dicatur cum* Gloria patri *a choro alternatim. Iste preces majores dicantur ad matutinas et ad vesperas. Minores vero ad horas. Ad versiculum* Exurge domine adjuva nos. Et libera nos propter nomen tuum. *In matutinis et vesperis surgat solus sacerdos aliis prostratis et dicat orationem. Oratio.* Converte nos deus salutaris noster: et ut nobis jejunium quadragesimale proficiat: mentes nostras celestibus instrue disciplinis. Per dominum. *Hic surgant omnes. Memoria pro*

---

[1] '*etc.*' add: G.

[2] 'eos' add: G.

peccatis omnibus stantibus dicatur añ. Convertimini ad me in toto corde vestro: in jejunio et fletu et planctu dicit dominus. ℣ Domine non secundum peccata nostra facias nobis. *Chorus flexis genibus respondeat.* Neque secundum iniquitates nostras retribuas nobis. *Sacerdos stans dicat orationem.*

*E*xaudi quesumus domine supplicum preces: et confitentium tibi parce peccatis. ut pariter nobis indulgentiam tribuas benignus et pacem. Per dominum. *Hic surgant omnes.* Benedicamus domino. Deo gratias. *Deinde prosternat se sacerdos et chorus similiter ut prius usque post psalmos familiares cum orationibus completos: qui semper incipientur ex ea parte qua regitur chorus: et alternatim a choro dicentur. Sequantur psalmi familiares et dicendi sunt psalmi cum prostratione per totam quadragesimam ad omnes horas usque ad vesperas in cena domini: qui festive dicentur: nisi in festis sanctorum et dominicis. ps̄.* Ad dominum cum tribularer *cum* Gloria patri. ℣ Salvos fac servos tuos et ancillas tuas. Deus meus sperantes in te. ℣ Mitte eis domine auxilium de sancto. Et de syon tuere eos. Dominus vobiscum. Et cum spiritu. *Oratio.*

*D*eus qui charitatis dona per gratiam sancti spiritus tuorum cordibus fidelium infudisti: da famulis et famulabus tuis pro quibus tuam deprecamur clementiam salutem mentis et corporis ut te tota virtute diligant: et que tibi placita sunt tota dilectione perficiant. Per Christum. *Pro defunctis. ps̄.* De profundis. *sine* Gloria patri. ℣ Requiem eternam. ℣ Requiescant. Dominus vobiscum. *Oratio.*

*A*bsolve quesumus domine animas famulorum famularumque tuarum ab omni vinculo delictorum: ut in resurrectionis gloria inter sanctos et electos tuos resuscitati respirent. Per Christum. *Post psalmos familiares nunquam dicitur* Requiescant in pace. *Sequantur*[1] *laudes pro defunctis. añ.* Exultabunt *etc. Idem est processus de prostrationibus in ferialibus vesperis quadragesime. In aliis vero horis ad versiculum* Exurge domine *Sacerdos cum aliis prostratus erit post orationem et psalmos familiares: plenarie cum orationibus predictis. In precibus scilicet ad matutinas et vesperas semper incipitur psalmus* Miserere mei deus *ex ea parte qua chorus regitur. Ad primam añ.* Vivo ego dicit dominus nolo mortem peccatoris: sed ut magis convertatur et vivat. *ps̄.* Deus in nomine. *añ.* Adesto. *ps̄.* Quicunque vult. *Re.* Jesu Christe. Kyrieleison. *etc. Preces solite.* Domine sancte pater omnipotens. *etc. Psalmi familiares.* Levavi oculos. Gloria patri. ℣ Salvos fac. ℣ Mitte. Dominus vobiscum. *Oratio.*

*P*retende domine famulis et famulabus tuis dexteram celestis auxilii: ut te toto corde perquirant: et que digne postulant assequantur. Per Christum.

---

[1] *Sequatur: G.*

DICENDAS IN QUADRAGESIMA.

Pro defunctis ps̄. De profundis. ℣ Requiem eternam. ℣ Requiescant in pace. ℣ Dominus vobiscum. *Oratio.*

Fidelium deus omnium conditor et redemptor animabus famulorum famularumque tuarum: remissionem cunctorum tribue peccatorum: ut indulgentiam quam semper optaverunt: piis supplicationibus consequantur. Qui vivis.

¶ *Sequantur septem psalmi penitentiales quotidie in profestis diebus usque ad cenam domini cum antiphona.* Ne reminiscaris domine delicta nostra vel parentum nostrorum: neque vindictam sumas de peccatis nostris. *Post septem psalmos cum predicta antiphona predictus sacerdos in medio chori super scabellum prostratus dicat letaniam cum precibus et orationibus sequentibus: ut patet in fine psalterii: choro respondente. Omnes orationes cum prostratione dicantur a sacerdote post septem psalmos semper: nisi in die Absolutionis. Sacerdos in medio chori prostratus ut predicitur incipiat letaniam sic:* Kyrieleison Christeleison. Christe audi nos. *etc. Et sic prosequatur totam letaniam sacerdos et chorus similiter dicat idem quod sacerdos jam predixerit usque* Kyrieleison *ante orationem dominicalem. Dictis septem psalmis et letania cum orationibus. Deinde sequitur lectio martyrologii*[1] *etc. in capitulo ut in aliis diebus.* Preciosa in conspectu domini. *Ad orationes vero in capitulo* Sancta maria *etc.*[2]

Omnipotens sempiterne deus *etc. nullus erit prostratus in matrice ecclesia nec alibi nisi qui voluerit ex devotione: quia quasi memorie sunt. etc. Postea sequatur commendatio in choro videlicet ps̄.* Beati immaculati: *usque* Ad dominum cum tribularer. *In fine vero tantum dicatur.* Requiem eternam. Kyrieleison. Christeleison. Kyrieleison. Pater noster. Et ne nos. Requiem eternam. Credo videre. A porta. Dominus vobiscum. Oratio. Absolve. Per Christum dominum nostrum. Requiescant in pace. *Ad tertiam an̄.* Cognoscimus domine quia peccavimus veniam petimus quam non meremur manum tuam porrige lapsis qui latroni confitenti paradisi januam aperuisti. *ps̄.* Legem pone. *Cap.* Derelinquat. *Re.* Participem. ℣ Dicet domino. kyrieleison. *etc. Preces minores. Oratio.* Converte nos. *Psalmi familiares.* Letatus sum. *Preces ut supra. Oratio.* Deus qui charitatis. Per Christum. *Pro defunctis ps̄.* De profundis. *etc. Ōro.* Absolve. Per Christum.[3] *Ad sextam an̄.* Per arma justicie virtutis dei commendemus nosmetipsos in multa paciencia. *ps̄.* Defecit. *Cap.* Querite dominum. *Re.* Ab omni. ℣ Ipse liberavit. kyrieleison. *etc. Ōro.* Converte nos. *Pro familia. ps̄.* Ad te levavi. *Preces ut supra. Ōro.* Pretende. *Pro defunctis ps̄.* De profundis. *etc. Oratio.* Fidelium. *Ad nonam an̄.* Advenerunt nobis dies penitentie ad redimenda peccata et salvandas animas. *ps̄.*

---

[1] *martyrologii: G.* [2] *pro 'etc.' et: G.* [3] 'etc.' add: E.G.W.

DOMINICA PRIMA QUADRAGESIME.

Mirabilia. *Cap.* In omnibus exhibeamus. *Re.* Declara. ℣ Scapulis. Kyrieleison. *etc. Oratio.* Converte. *Psalmi familiares.* Nisi quia dominus. *Preces ut supra. Oṙo.* Deus qui charitatis. *Pro defunctis ps̄.* De profundis. *etc. Oṙo.* Absolve per Christum *etc. He antiphone predicte super horas dicantur quotidie quando de feria agitur usque ad passionem domini. Ad vesperas an̄.* Inclinavit. *ps̄.* Dilexi. *Capitulum.* Hortamur vos. *Re.* Esto nobis. *Hymnus* Ex more docti. ℣ Angelis suis. *In evangelio an̄.* Quod uni ex minimis meis fecistis mihi fecistis dicit dominus. *ps̄.* Magnificat. *Oratio.* Absolve quesumus domine nostrorum vincula peccatorum: et quicquid pro eis meremur propiciatus averte. Per dominum. *Memoria pro peccatis. an̄.* Quis scit si convertatur et ignoscat deus et relinquat post se benedictionem. ℣ Domine non secundum. *Oratio.* Exaudi quesumus domine. *Predicte memorie pro peccatis dicantur ad matutinas et ad vesperas in feriis usque ad cenam domini. Psalmi familiares.* Qui confidunt. *Preces ut supra. Oṙo.* Pretende. *Pro defunctis. ps̄.* De profundis et cetera. *ut supra. Oratio.* Animabus quesumus domine famulorum famularumque tuarum oratio proficiat supplicantium: ut eas et a peccatis omnibus exuas et tue redemptionis facias esse participes. Qui vivis. *Ad completorium ut supra. Psalmi familiares.* In convertendo. *Preces ut supra. Oratio.* Deus qui charitatis. *Pro defunctis ps̄.* De profundis etc.[1] *Oratio.* Fidelium. *Hoc ordine agitur in diebus profestis usque ad cenam domini: excepto Responsorio* Jesu Christe *quod in passione non dicitur: nisi in festis sanctorum. Mutabuntur autem antiphone et*[2] *Responsoria: capitula et orationes: et versus ad completorium: et hymni secundum quod in anti phonario ordinatum est ordine tamen non mutato.*

⁋ *Feria tertia.*
Sermo beati leonis pape. Lectio j.
Licet nobis dilectissimi appropinquans paschale jejunium quadragesime ipse legitimi temporis cursus indicet: cohortatio tamen nostri etiam sermonis adhibenda est: que auxiliante domino nec inutilis sit pigris: nec onerosa devotis. Nam cum omnem observantiam nostram ratio istorum[3] dierum poscat augeri: nemo est ut confido de vobis qui se ad opus horum non gaudeat incitari. *Lectio ij.*
Natura etenim nostra adhuc manente mortalitate mutabilis: etiam si ad summa queque virtutum studio[4] provehatur: semper tamen sicut potest habere quo recedat ita potest habere quo crescat. Hec est utique perfectorum vera justicia: ut nunquam se presumant esse perfectos ne ab itineris nondum finiti intentione cessantes ibi incidant in deficiendi periculum: ubi proficiendi deposuerunt appetitum. *Lectio iij.*

---

[1] 'etc.' om.: G.
[2] 'et' om.: E.G.
[3] pro 'istorum' illorum: G.
[4] studia: E.G.

Quia ergo nemo nostrum dilectissimi tam perfectus et sanctus est: ut perfectior sanctiorque esse non possit: omnes simul sine differentia graduum: sine discretione meritorum ab his in que pervenimus in ea que nondum apprehendimus pia aviditate curramus: et ad mensuram consuetudinis nostre necessariis aliquid addamus augmentis. *In evange. añ.* Domus mea domus orationis vocabitur. *ps.* Benedictus. *Oratio.*

Respice quesumus domine familiam tuam et presta: ut apud te mens nostra tuo desiderio fulgeat: que se carnis maceratione[1] castigat. Per dominum. *Memoria pro peccatis. añ.* Convertimini. ℣ Domine non secundum. *Oratio.* Exaudi quesumus *etc. ut supra. Ad vesperas in evangel. añ.* Abiit Jesus foras extra civitatem in bethaniam: ibique docebat eos de regno dei. *ps.* Magnificat. *Oratio.*

Ascendant ad te domine preces nostre: et ab ecclesia tua cunctam repelle nequitiam. Per dom. *Memoria pro peccatis. añ.* Quis scit. *Versiculus et oratio ut supra.*

¶ *Feria iiij.*
Sermo beati leonis pape. Lectio j.

Semper quidem nos dilectissimi sapienter et juste vivere decet: et in[2] voluntates nostras actionesque dirigere: quod divine novimus placere justicie. Sed cum hi appropinquant dies quos illustriores nobis salutis nostre sacramenta fecerunt: diligentiore sollicitudine corda mundanda sunt: et studiosius exercenda est disciplina virtutum: ut sicut ipsa mysteria quadam sui parte majora sunt: ita et nostra observantia superet in aliquo consuetudinem suam.

Si enim rationale et [*Lectio ij.*] quodammodo religiosum videtur per diem festum in vestitu nitidiore prodire et habitu corporali hylaritatem mentis ostendere. Si ipsam quoque orationis domum propensiore tunc cura: et ampliore cultu quantum possumus adornamus[3]: nonne dignum est ut anima christiana que verum vivumque dei templum est speciem suam prudenter exornet: et redemptionis sue celebratura sacramentum omni circumspectione precaveat: ne ulla eam macula iniquitatis obfuscet. *Lectio iij.*

Nam quid prodest honestatis formam preferens cultus exterior: si interiora hominis aliquorum sordeant contaminatione vitiorum? Omnia igitur que animi puritatem et speculum mentis obnubilant[4]: abstergenda sedulo et quadam elimatione radenda[5] sunt. Scrutetur quisque conscientiam suam: seque ante se statuat: proprii censura judicii[6] videat: si in secreto cordis sui illam quam Christus dat pacem inveniat. *In evangelio añ.* Generatio hec prava et perversa signum querit: et signum non dabitur ei nisi signum jone prophete. *ps.* Benedictus. *Oratio.*

---

[1] imaceratione: W.
[2] 'id' add: E.G.W.
[3] adoramus: W.
[4] 'et' add: E.G.W.
[5] reddenda: E.
[6] 'et' add: E.G.W.

QUADRAGESIME.

Preces nostras quesumus domine clementer exaudi: et contra cuncta nobis adversantia dexteram tue majestatis extende. Per. *Ad vesperas. in evange. an.* Sicut fuit jonas in ventre ceti tribus diebus et tribus noctibus ita erit filius hominis in corde terre. *ps.* Magnificat. *Oratio.*

Mentes nostras quesumus domine lumine tue claritatis illustra: ut videre possimus que agenda sunt et que recta sunt agere valeamus. Per do. *etc. ut supra.*

Feria v.
Sermo beati leonis pape. Lectio j.

Predicaturus vobis dilectissimi sacratissimum maximumque jejunium quo aptius utar exordio quam ut verbis apostoli quo[1] Christus loquebatur incipiam dicamque quod lectum est. Ecce nunc tempus acceptabile: ecce nunc dies salutis. Quamvis enim nulla [*Lec. ij.*] sint tempora que divinis non sint plena muneribus: et semper nobis ad misericordiam dei per ipsius gratiam prestetur accessus: nunc tamen omnium mentes majori studio ad spirituales profectus moneri[2] et ampliori fiducia animari oportet quando ad universa pietatis officia illius nos diei in quo redempti sumus recursus invitat: ut excellens super omnia dominice passionis sacramentum purificatis et corporibus et animis celebremus. *Lectio iij.*

Debebatur quidem tantis mysteriis ita incessabilis devotio et continua[3] reverentia: ut tales permaneremus in conspectu dei: quales nos in ipso paschali festo dignum est inveniri. Sed quia hec fortitudo paucorum est: et dum carnis fragilitati austerior observantia relaxatur: dumque per varias actiones vite hujus solicitudo distenditur: necesse est de mundano pulvere etiam religiosa corda sordescere magna institutionis divine salubritate provisum est: ut ad reparandam[4] mentium puritatem quadraginta nobis dierum exercitatione mederetur. *In evangelio an.* Si vos manseritis in sermone meo veri discipuli mei eritis et cognoscetis veritatem et veritas liberabit vos. *ps.* Benedictus. *Oratio.*

Omnipotens sempiterne deus qui nobis in observatione jejunii et elemosinarum largitione posuisti nostrorum remedia peccatorum concede nos mente et corpore tibi semper esse devotos. Per dominum. *Ad vesperas. In evange. an.* Ego enim ex deo processi et veni neque enim a meipso veni: sed pater meus ille me misit. *ps.* Magnificat. *Oratio.*

Averte quesumus domine iram tuam propiciatus a nobis: et facinora nostra quibus indignationem tuam provocamus expelle. Per dominum.

❡ *Feria vj.*
Sermo beati augustini episcopi.

Quoniam jejuniorum [*Lectio j.*] tempus est fratres charissimi de jejunio cum sanctitate vestra tractandum est ut sciatis quem-

---
[1] que: E.G.
[2] moveri: E.G.W.
[3] continuo: W.
[4] reparandum: E.G.

admodum jejunetis. Jejunia enim christianorum spiritaliter potius quam carnaliter exercenda sunt. Unde a peccatis principaliter jejunemus: ne jejunia nostra sicut judeorum jejunia a domino respuantur. *Lectio ij.* Quale est jejunium ut a cibis quos dominus creavit nescio quis inpostor [1] abstineat: et peccatorum sagina pinguescat. Non tale jejunium ego elegi dicit dominus. Nam si flectas inquit ut circulum cervicem tuam cilicium autem et crinem [2] substernas: nec sic vocabis inquit jejunium electum. *Lec. iij.* Sed quid? Solve inquit nodum iniquitatis et obstinationem malorum: dimitte aflictos in requiem: et omnem conventionem dissipa. Parum est jejunium abstinere tantummodo a peccatis nisi addamus et bona. Frange inquit esurienti panem tuum: et egenos sine tecto educ in domum tuam. Si videris nudum vesti eum. *In evange. an.* Angelus domini descendebat de celo et movebatur aqua et sanabatur unus. *ps.* Benedictus. *Oratio.* Esto domine propitius plebi tue et quam tibi facis esse devotam benigno refove miseratus auxilio. Per dominum nostrum. *Ad vesperas in evange. an.* Qui me sanum fecit ille mihi precepit: tolle grabatum tuum et ambula in pace. *ps.* Magnificat. *Oratio.* Exaudi nos misericors deus: et mentibus nostris gratie tue lumen. ostende. Per dominum.

¶ *Sabbato.*
Sermo beati johannis episcopi.
Confitemini domino quo- [*Lec. j.*] niam bonus est. Spiritus sanctus medelam purgandi facinoris et curam admissi delicti obtulit: dum qualiter iram dei placaremus ostendit. Non vult peccatoribus inferre vindictam qui dare querit confitentibus veniam. *Lectio ij.* Non enim vult irasci qui prestruit. Sanctitati consulit qui medicinam vulneribus suggerit. Misereri cupit: qui reis salutis consilia et utilitatis remedia tribuit. Ceterum punire non vult: quia ad hoc premonet ne cogatur ulcisci. Vult enim aboleri offensam: si qui offenderit damnaverit culpam. Vult ut confessione [*Lectio iij.*] jam vivat: qui precepta contempsit ut pereat et cui peccatum attulit mortem: ei [3] confessio afferat sanitatem. Confessio enim penitentiam monstrat: penitentia satisfactionem ostendat [4] satisfactio veniam sibi divina pietate consiliat. Nec enim poterit indulgentia tribui: nisi ira dei possit confessione placari. *In evangelio an.* Assumpsit Jesus discipulos suos et ascendit in montem et transfiguratus est ante eos. *ps.* Benedictus. *Oratio.* Populum tuum quesumus domine propitius respice: atque ab eo flagella tue iracundie clementer averte. Per dominum.

---

[1] impostor: E.G.W.
[2] cinerem: E.G.W.
[3] pro 'ei' et: E. ut: G.
[4] ostendit: E.G.

DOMINICA SECUNDA QUADRAGESIME.

¶ *Dominica ij quadragesime. Sabbato. Ad vesperas an.* Benedictus. *ps.* Ipsum. *Cap.* Hortamur. *Re.* Ecce odor. *Hymnus.* Ex more docti. ℣ Angelis suis. *In evange. an.* Neminem[1] dixeritis visionem donec filius hominis a mortuis resurgat. *ps.* Magnificat. *Oratio.*

Deus qui conspicis omni nos virtute destitui : interius : exteriusque custodi. ut et ab omnibus adversitatibus muniamur in corpore et a pravis cogitationibus mundemur in mente. Per. *Ad matuti. Invita.* Ploremus coram domino deo nostro. Qui fecit nos. *ps.* Venite. *Hymnus.* Summe largitor. *In primo nocturno an.* Pro fidei meritis. *ps.* Beatus vir. *etc.* ℣ Dicet domino. *Lectio prima.*

Senuit autem ysaac et caligaverunt oculi ejus ei videre non poterat. Vocavitque esau filium suum majorem et dixit ei. Fili mi. Qui respondit. Assum. Cui pater. Vides inquit quod senuerim : et ignorem diem morris mee. Sume arma tua et[2] pharetram et arcum et egredere foras. Cunque aliquid apprehenderis fac mihi inde pulmentum sicut me velle nosti et affer ut comedam : et benedicat tibi anima mea antequam moriar. *Re.* Tolle arma tua pharetram et arcum et affer de venatione tua ut comedam. Et benedicat tibi anima mea. ℣ Cunque venatu aliquid attuleris fac mihi inde pulmentum ut comedam. Et. *Lectio ij.*

Quod cum audisset rebecca et ille abisset[3] in agrum ut jussionem patris expleret dixit filio suo jacob. Audivi patrem tuum loquentem cum esau fratre tuo et dicentem ei. Affer mihi de venatione tua et fac cibos ut comedam et benedicam tibi coram domino antequam moriar. *Re.* Ecce odor filii mei sicut odor agri pleni quem benedixit dominus crescere te faciat deus meus sicut arenam maris. Et donet tibi de rore celi benedictionem. ℣ Qui maledixerit tibi sit ille maledictus : et qui benedixerit tibi : benedictionibus repleatur. Et donet. *Lectio iij.*

Nunc ergo fili mi acquiesce consiliis meis : et pergens ad gregem affer mihi duos hedos[4] optimos : ut faciam escas patri tuo quibus libenter vescetur.[5] Quas cum intuleris et comederit benedicat tibi priusquam moriatur. *Re.* Det tibi deus de rore celi et de pinguedine terre habundantiam : serviant tibi tribus populi. Esto dominus fratrum tuorum. ℣ Et incurventur ante te filii matris tue. Esto. Gloria patri. Esto.

In ij. nocturno an. Nature. *ps.* Conserva.[6] *etc.* ℣ Ipse liberavit. *Sermo beati johannis episcopi. Lect. iiij.*

Portabat autem rebecca geminos in utero fratres ante ortus principia bellatores. Certantes filios ante mater sentit quam novit : ante patitur quam videt : ante sustinet quam agnoscit. Licuit filiorum bella sentire quos nondum licuit generare. *Re.*

---
[1] Nemini : E.G.W.
[2] 'et' om. : G.
[3] abiisset : E.G.
[4] edos : E.
[5] vescitur : E.G.
[6] Beatus vir : E.

DOMINICA SECUNDA

Dum iret jacob de bersabee: et pergeret aram locutus est ei deus dicens. Terram in qua dormis tibi dabo et semini tuo. ℣ Edificavit ibi jacob ex lapidibus altare in honorem domini fundens oleum desuper: et benedixit ei deus[1] dicens. Terram. *Lectio v.*
Certamen inter fratres in utero geritur: bellum inter natos[2] committitur: materna viscera quatiuntur: nec ad ortus principia properatur sed ante principia: nova certamina celebrantur. Vellem causas tanti certaminis noscere. Quis certare docuerat: quis pugnare monstrarat? Sed notum est cunctis istorum certamine fratrum causas duorum exprimi populorum. *Re.* Dum exiret jacob de terra sua: vidit gloriam dei et ait: Quam terribilis est locus[3] iste: non est hic aliud nisi domus dei et porta celi. ℣ Vere dominus est in loco isto et ego nesciebam. Quam.
Denique interrogat [*Lectio vj.* dominum. Quid est inquit domine istud[4] quod geritur? Quid est quod in utero meo te teste tractatur? Quid facturi sunt nati qui sic luctantur innati? Aut que natorum suscipiam vota: cum sic luctamine innatorum concutior. Duo sunt inquit dominus populi in utero tuo: et due gentes de ventre tuo dividentur: et populus populum superabit: et major minori serviet. *Re.* Vere dominus est in loco isto et ego nesciebam. Quam terribilis est locus iste: non est hic aliud nisi domus dei et porta celi. ℣ Cunque evigilasset jacob a somno ait. Quam. Gloria. Quam.
In iij. noctur. an. Sponsus. *ps.* Celi enarrant. *etc.* ℣ Scapulis suis. *Secundum mattheum.*
In illo tempore: Egressus Jesus de genezareth[5]: secessit in partes tyri et sydonis. Et ecce mulier chananea a finibus illis egressa clamavit dicens: Miserere mei domine fili david. Et reliqua.
Omelia beati johannis episcopi.
Tirus[6] nanque fra- [*Lectio vij.* tres sors domini interpretatur. Dominus autem finibus tyri appropinquavit quando pro redemptione generis humani venit in mundum: quatenus ipsum genus humanum de sorte diaboli ad sortem suam revocaret. *Re.* Si dominus deus meus fuerit mecum in via ista qua ego ambulo et custodierit me: et dederit mihi panem ad edendum: et vestimentum quo operiar et revocaverit me cum salute. Erit mihi dominus in refugium: et lapis iste in signum. ℣ Surgens ergo mane jacob tulit lapidem quem supposuerat capiti suo: et erexit in titulum fundensque oleum desuper dixit. Erit. *Lectio viij.*
Sidon vero inutilis venatio dicitur. Et dominus fines sydonis appropinquavit: quando genus humanum de inutili venatione diaboli ad utilem pertraxit. Mulier quoque chananea typum ecclesie tenet: que quotidie spiritaliter tot filios parit:

---

[1] de lis: W.
[2] innatos: E.G.
[3] locutus: E.
[4] illud: W.
[5] genesareth: G.
[6] Tyrus: G.

quot fideles per undam baptismatis regenerat. Notandum autem quod mulier primum a finibus suis egressa post dominum clamasse dicitur: quia nisi ecclesia prius pristinos errores anathematizasset: ad noticiam dei pervenire non posset. *Re.* Erit mihi dominus in deum: et lapis iste quem erexi in titulum: vocabitur domus dei et de universis quos dederis mihi. Decimas et hostias pacificas offeram tibi. ℣ Si reversus fuero prospere in domum patris mei. Decimas. *Lectio ix.*

Rogavit ergo mater pro filia quia ecclesia pro incorruptione eorum qui peccatis et vitiis subjacent: sollicite invigilat: aliquando suadendo: aliquando exhortando: aliquando eam[1] acrius increpando: aliquando orationis opem impendendo. Ideo etiam dominus mulieri clamanti non respondit: ut constantia mulieris probaretur: utrum in prece perseveraret an non. Mulier post apostolos clamavit: quia ecclesia non solum eorum doctrinam diligit: sed etiam actiones imitatur. *Re.* Vidi dominum facie ad faciem. Et salva facta est anima mea. ℣ Et dixit nequaquam vocaberis jacob: sed israel erit nomen tuum. Et. Gloria. Et. *Responsoria ferialia. Re.* Oravit jacob et dixit: domine qui dixisti mihi revertere in terram nativitatis tue. Erue me de manu fratris mei: quia valde eum timeo. ℣ Deus in cujus conspectu ambulaverunt patres mei domine: qui pascis me a juventute mea. Erue. *Re.* Dixit angelus ad jacob: Dimitte me aurora est: respondit ei: non dimittam te nisi benedixeris mihi: et benedixit eum in eodem loco. ℣ Cunque mature surrexisset jacob: ecce vir luctabatur cum eo usque mane: et cum vidisset quod superare eum non posset dixit ad eum. Dimitte. *Re.* Minor sum cunctis miserationibus tuis domine abraham in baculo meo transivi jordanem istum: et nunc cum duabus turmis regredior. Libera me domine de manibus esau: quia valde contremit[2] cor meum illum timens. ℣ Domine qui dixisti mihi: revertere in terram nativitatis tue: et benefaciam tibi. Libera me. ℣ Ipse liberavit. *In laudibus.* an.

Domine labia mea aperies et os meum annunciabit laudem tuam. *ps.* Miserere. an. Dextera domini fecit virtutem: dextera domini exaltavit me. *ps.* Confitemini. an. Factus est adjutor meus deus meus. *ps.* Deus deus meus. an. Trium puerorum cantemus hymnum quem cantabant in camino ignis benedicentes dominum. *ps.* Benedicite. an. Statuit ea in eternum et in seculum seculi preceptum posuit et non preteribit. *ps.* Laudate. *Capitulum.* Ecce nunc. *Hymnus.* Audi benigne. ℣ Scuto. *In evange.* an. Egressus Jesus secessit in partes tyri et sydonis: et ecce mulier

---

[1] 'eam' om.: G.

[2] contremuit: E.G.

DOMINICA SECUNDA

chananea a finibus illis egressa clamavit dicens : miserere mei domine fili david. *ps̄.* Benedictus. *Oratio* Deus qui conspicis. *Ad primam an̄.* Domine dimitte eam quia clamat post nos. ait illis Jesus : non sum missus nisi ad oves que perierunt domus israel. *ps̄.* Deus deus meus respice. *An̄.* Te deum. *ps̄.* Quicunque vult. *etc. Ad tertiam an̄.* Non sum missus nisi ad oves que perierunt domus israel. *ps̄.* Legem pone. *Cap.* Derelinquat. *Re.* Participem. ℣ Dicet domino. *Oratio.* Deus qui conspicis. *Ad sextam an̄.* Missus sum ad oves que perierunt domus israel dicit dominus. *ps̄.* Defecit. *Capitulum.* Querite dominum. *Re.* Ab omni. ℣ Ipse liberavit. *Oratio ut supra. Ad nonam an̄.* O mulier magna est fides tua fiat tibi sicut petisti. *ps̄.* Mirabilia. *Cap.* In omnibus. *Re.* Declara. ℣ Scapulis. *Oratio ut supra. Ad vesperas an̄.* Dixit dominus. *ps̄.* Ipsum. *etc. Cap.* Hortamur. *Re.* Esto nobis. *Hymnus.* Ex more. ℣ Angelis suis. *In evange. an̄.* Dixit dominus mulieri chananee: non est bonum sumere panem filiorum et mittere canibus ad manducandum : utique domine: nam et catelli edunt de micis que cadunt de mensa dominorum suorum. ait illi Jesus : mulier magna est fides tua: fiat tibi sicut petisti. *ps̄.* Magnificat. *Oro.* Deus qui conspicis.

❡ *Feria ij. Ad matutinas invitatorium.* Venite. *ps̄.* Jubilemus. *Hymnus.* Summe largitor. *In nocturno antiphona.* Dominus defensor. *ps̄.* Dominus illuminatio. *etcetera.* ℣ Dicet domino. *Lectio j.*

Dixit autem jacob rebecce matri sue. Nosti quod esau frater meus homo pilosus sit et ego lenis ? Si attrectaverit me pater meus et senserit : timeo ne putet me sibi voluisse illudere et inducat super me maledictionem pro benedictione. Ad quem mater. In me sit ait ista maledictio fili mi : audi tantum vocem meam et perge[1] affer que dixi. *Lectio ij.*

Abiit et attulit deditque matri. Paravit autem rebecca cibos sicut noverat velle patrem illius et vestibus esau valde bonis quas apud se habebat domi : induit eum. Pelliculasque hedorum circundedit manibus et colli nuda protexit.[2] *Lectio iij.*

Deditque pulmentum: et panes quos coxerat tradidit : Quibus illatis : dixit. Pater mi. Qui respondit. Audio. Quis es tu fili mi. Dixitque jacob. Ego sum esau primogenitus tuus : feci sicut precepisti mihi. Surge sede et comede de venatione mea : ut benedicat mihi anima tua. ℣ Ipse liberavit me. *In laudibus an̄.* Miserere. *ps̄.* Ipsum *etc. In evange. an̄.* Ego principium qui et loquor vobis. *ps̄.* Benedictus. *Oratio.*

Presta quesumus omnipotens deus ut familia tua que se affligendo carnem ab alimentis abstinet: sectando justiciam a culpa jejunet. Per dominum. *Memoria pro peccatis. et psalmi*

---

[1] pergens : G.

[2] prospexit : W.

familiares etc. ut supra. Ad horas ut in feria secunda ebdomade precedentis. Ad vesperas in evange. añ. Qui me misit mecum est: et non reliquit me solum quia que placita sunt ei facio semper. *p̄s.* Magnificat.

Adesto supplicationi- [*Oratio.*] bus nostris omnipotens deus: et quibus fiduciam sperande pietatis indulges consuete misericordie tribue benignus effectum. Per dominum.

⁋ *Feria iij.*   *Lectio j.*

Rursum ysaac[1] ad filium suum. Quomodo inquit tam cito invenire potuisti fili mi? Qui respondit. Voluntas dei fuit ut cito mihi occurreret quod volebam. Dixitque ysaac. Accede huc ut tangam te fili mi: et probem utrum tu sis filius meus esau an non. *Lectio ij.*

Accessit ille ad patrem: et palpato eo dixit ysaac: Vox quidem vox jacob est sed manus: manus sunt esau. Et non cognovit ysaac[2]: quia pilose manus similitudinem majoris expresserant. *Lectio iij.*

Benedicens ergo illi ait. Tu es filius meus esau? Respondit. Ego sum. Ait ille. Affer mihi inquit cibos de venatione tua fili mi ut benedicat tibi anima mea. Quos cum allatos[3] comedisset: obtulit etiam vinum. Quo hausto: dixit ad eum. Accede ad me et da mihi osculum fili mi. Accessit et osculatus est eum. *In evangelio añ.* Unus est enim magister vester qui in celis est Christus dominus. *p̄s.* Benedictus. *Oro.*

Perfice quesumus domine benignus in nobis observantie sancte subsidium: ut que te auctore facienda cognovimus: te opitulante impleamus. Per dominum. *Ad vesperas. in evange. añ.* Qui major est vestrum erit minister vester: quia omnis qui se exaltat humiliabitur dicit dominus. *p̄s.* Magnificat.   *Oratio.*

Propiciare domine supplicationibus nostris et animarum nostrarum medere languoribus ut remissione percepta in tua semper benedictione letemur. Per dominum.

⁋ *Feria iiij.*   *Lectio j.*

Statimque ut sensit vestimentorum illius fragrantiam: benedicens ait. Ecce odor filii mei sicut odor agri pleni: cui benedixit dominus. Det tibi dominus deus de rore celi et de pinguedine terre habundantiam frumenti vini et olei et serviant tibi populi et adorent te tribus. *Lectio ij.*

Esto dominus fratrum tuorum et incurventur ante te filii matris tue. Qui maledixerit tibi sit ille maledictus: et qui benedixerit tibi benedictionibus repleatur. *Lectio iij.*

Vix ysaac sermonem impleverat et egresso jacob foras: venit esau coctosque de venatione cibos intulit patri dicens. Surge pater mi et comede de venatione filii tui ut benedicat mihi anima tua. *In evange. añ.* Ecce ascendimus hierosolimam et filius hominis tradetur ad crucifigendum. *p̄s.* Benedictus. *Oro.*

---

[1] isaac : G.   [2] pro 'ysaac' eum : E.G.W.   [3] oblatos : E.G.W.

DOMINICA SECUNDA QUADRAGESIME.

Populum tuum domine propitius respice: et quos ab escis carnalibus precipis abstinere: a noxiis quoque vitiis cessare concede. Per dominum. *Ad vesperas in evangelio añ.* Tradetur enim gentibus ad illudendum et flagellandum et crucifigendum. *ps.* Magnificat.

Deus innocentie resti-[*Oratio.* tutor et amator dirige ad te tuorum corda servorum: ut spiritus tui fervore concepto: et in fide inveniantur stabiles et in opere efficaces. Per dominum in unitate ejusdem.[1]

¶ *Feria v.* *Lectio j.*

Dixitque illi ysaac. Quis enim es tu? Qui respondit. Ego sum filius tuus primogenitus esau. Expavit ysaac stupore vehementi: et ultra quam credi potest admirans ait. Quis igitur ille est qui dudum captam venationem attulit mihi et comedi ex omnibus priusquam tu venires? Benedixique ei et erit benedictus. *Lectio ij.*

Auditis esau sermonibus patris irrugiit clamore magno: et consternatus ait: Benedic etiam et mihi pater mi. Qui ait. Venit germanus tuus fraudulenter et accepit benedictionem tuam. *Lectio iij.*

At ille subjunxit. Juste vocatum est nomen ejus jacob. Subplantavit enim[2] me en altera vice. Primogenita mea ante tulit: et nunc secundo surripuit benedictionem meam. *In evange.* añ. Ego non ab homine testimonium accipio sed hec dico ut vos salvi sitis. *ps.* Benedictus. *Oŕo.*

Presta nobis domine quesumus auxilium gratie tue: ut jejuniis et orationibus convenienter intenti liberemur ab hostibus mentis et corporis. per do. *Ad vesperas in evange. Añ.* Opera que ego facio testimonium perhibent de me quia pater me misit. *ps.* Magnificat. *Oratio.*

Adesto domine famulis tuis et perpetua dona largire poscentibus: ut his qui te auctore et gubernatore gloriantur: et congregata restaures et restaurata conserves. Per dominum.

¶ *Feria vi.* *Lectio j.*

Rursumque esau ad patrem. Nunquid non reservasti ait et mihi benedictionem? Respondit ysaac. Dominum tuum illum constitui et omnes fratres ejus servituti illius subjugavi. Frumento et vino stabilivi eum: et tibi post ea fili mi ultra quid faciam? Cui esau ait: Num et[3] unam inquit tantum benedictionem habes pater? Mihi quoque obsecro ut benedicas.

Cunque ejulatu mag-[*Lec. ij.* no fleret: motus ysaac dixit ad eum In pinguedine terre et in rore celi desuper erit benedictio tua. Vives[4] gladio: et fratri tuo servies: tempusque veniet: cum excuties et solves jugum ejus de cervicibus tuis.

Oderat ergo semper [*Lectio iij.* Esau jacob. pro benedictione qua benedixerat ei pater. Dixitque in corde suo. Venient dies luctus patris mei: ut occidam jacob fratrem meum. Nunciata sunt hec rebecce: que mittens et

---

[1] 'in unitate ejusdem' om.: E. per dominum ejusdem: G. [2] 'et' om.: E.G.W. [3] pro 'enim' ei: W. [4] 'in' add: G.

DOMINICA TERTIA QUADRAGESIME.

vocans jacob filium suum: dixit ad eum. Ecce Esau frater tuus minatur ut occidat te. *In evange. añ.* Malos male perdet: et vineam suam locabit aliis agricolis qui reddant ei fructum temporibus suis. *ps.* Benedictus dominus. *Oratio.*

Da quesumus omnipotens deus: ut sacro nos purificante jejunio sinceris mentibus ad sancta ventura facias pervenire. Per dominum nostrum. *Ad vesperas in evange. añ.* Querentes eum tenere timuerunt turbas: quia sicut prophetam eum habebant. *ps.* Magnificat. *Oratio.*

Da quesumus domine populo tuo salutem mentis et corporis: ut bonis operibus inherendo: tue semper virtutis mereatur protectione defendi. Per dominum.

¶ *Sabbato.* *Lectio j.*

Nunc ergo fili audi vocem meam et consurge[1] fuge ad laban fratrem meum in aran: habitabisque cum eo dies paucos donec quiescat furor fratris tui: et cesset indignatio ejus obliviscaturque eorum que fecisti in eum: postea mittam et adducam te inde huc. Cur utroque orbabor filio in uno die. *Lectio ij.*

Dixitque rebecca ad ysaac: Tedet me vite mee propter filias heth: Si acceperit jacob uxorem de stirpe hujus terre nolo vivere. Vocavit itaque ysaac jacob ad eum[2]: et benedixit eum: precepitque ei dicens: Noli accipere conjugem[3] de genere chanaan. *Lectio iij.*

Sed vade et proficiscere in mesopotamiam[4] syrie ad domum Bathuel patrem[5] matris tue: et accipe tibi inde uxorem de filiabus laban avunculi tui. Deus autem omnipotens benedicat tibi: et crescere te faciat atque multiplicet: ut sis in turbas populorum: et det tibi benedictionem abraham et semini tuo post te: ut possideas terram peregrinationis tue quam pollicitus est avo tuo. *Re.* Pater peccavi in celum: et coram te jam non sum dignus vocari filius tuus. Fac me sicut unum ex mercenariis tuis. ℣ Quanti mercennarii in domo patris mei abundant panibus ego autem hic fame pereo surgam et ibo ad patrem meum et dicam ei Fac me. Gloria patri. Fac me. *In evan. añ.* Vadam ad patrem meum et dicam ei pater fac me sicut unum ex mercennariis tuis.[6] *ps.* Benedictus. *Oratio.*

Da quesumus domine nostris effectum jejuniis salutarem: ut castigatio carnis assumpta: ad nostrarum vegetationem transeat animarum per dominum nostrum.

¶ *Dominica tertia quadragesime. Sabbato ad vesperas añ.* Benedictus. *ps.* Ipsum. *Capitulum.* Hortamur vos. *Re.* Igitur joseph ductus est in egyptum: fuitque dominus cum eo. Per quem erat vir in cunctis prospere agens. ℣ Misertus enim est deus illius et omnia opera ejus dirigebat. Per. *Hymnus.*

---

[1] consurgens : E.G.W.
[2] 'ad eum' om. : G.
[3] conjungem : W.
[4] mesopothomiam : E.
[5] patris : E.
[6] suis : W.

DOMINICA TERTIA

*J*am ter quaternis trahitur horis dies ad vesperum occasu sol pronunciat noctis redire tempora. *N*os ergo signo deum[1] tutemur claustra pectoris: ne serpens ille callidus: intrandi temptet[2] aditus. *S*ed armis pudicitie mens fulta vigil libere: sobrietate comite: hostem repellat improbum. *S*ed nec ciborum crapula tandem distendat corpora: ne vi per somnum animam ludificatam polluat. *P*resta beata trinitas: concede simplex unitas: ut fructuosa sint tuis jejuniorum munera. Amen. ℣ Angelis suis. *In evangelio añ*. Dedit pater penitenti filio stolam primam pariter et annulum: nam et calciamenta illi tribuens celebravit magnum convivium habemus stolam primam in lavachro et annulum fidei signaculum. *p͞s*. Magnificat. *Oratio*.

*Q*uesumus omnipotens deus vota humilium respice: atque ad defensionem nostram dexteram tue majestatis extende. Per dominum. *Ad matu. invita*. Populus domini et oves pascue ejus. Venite adoremus. *p͞s*. Venite. *Hymnus*.

*C*larum decus jejunii monstratur orbi celitus: quod Christus auctor omnium: cibis dicavit abstinens. *H*oc moyses charus deo legisque lator factus est hoc helyam per aera curru levavit igneo. *H*inc daniel mysteria victor leonum viderat per hoc amicus intimus sponsi johannes claruit. *H*ec nos sequi dona deus exempla parsimonie: tu robur auge mentium dans spiritale gaudium. *P*resta pater per filium presta per almum spiritum: cum his per evum triplici unus deus cognomine. Amen. *In j. nocturno añ*. Pro fidei. *p͞s*. Beatus vir. *etc*. ℣ Dicet domino. *Lectio j*.

*J*oseph cum sedecim[3] esset annorum pascebat gregem cum fratribus suis adhuc puer: et erat cum filiis bale et zelphe uxorum patris sui. Accusavitque fratres suos apud patrem crimine pessimo. Israel autem diligebat joseph super omnes filios suos:[4] eo quod in senectute genuisset eum. Fecitque ei tunicam polimitam. *Re*. Videntes joseph a longe loquebantur mutuo fratres dicentes: ecce somniator venit: Venite occidamus eum et videamus si prosint illi sompnia sua. ℣ Cunque vidissent joseph fratres sui quod a patre cunctis fratribus plus amaretur oderant eum nec poterant ei quicquam pacifice loqui unde et dicebant. Venite. *Lectio ij*.

*V*identes autem fratres ejus quod a patre plus cunctis fratribus amaretur oderant eum: nec poterant ei quicquam pacifice loqui. Accidit quoque ut visum somnium referret fratribus suis que causa majoris odii seminarium fuit. *Re*. Dixit judas fratribus suis: ecce hysmaelite transeunt venite venumdetur: et manus nostre non polluantur. Caro enim et frater noster est. ℣ Cunque venisset ruben ad puteum et non invenisset eum:

---

[1] domini: E.G.W.
[2] tentet: E.G.
[3] sexdecim: G.
[4] 'suos' om.: G.W.

scissis vestibus pergens ad fratres ait: puer non comparet: et ego quo ibo. Caro. *Lectio iij.*

Dixitque[1] ad eos: Audite somnium meum quod vidi. Putabam nos ligare manipulos in agro: et quasi consurgere manipulum meum et stare: vestrosque manipulos circunstantes adorare manipulum meum. Responderunt fratres ejus. Nunquid rex noster eris: aut subjiciemur ditioni tue? Hec ergo causa somniorum atque sermonum invidie et odii fomitem ministrabat. *Re.* Extrahentes joseph de lacu vendiderunt hysmaelitis viginti[2] argenteis. Reversusque ruben ad puteum et[3] cum non invenisset eum scidit vestimenta sua cum fletu et dixit: Puer non comparet: et ego quo ibo. ℣ At illi intincta tunica joseph in sanguine hedi emiserunt[4] qui ferret eam ad patrem et diceret: vide si tunica filii tui sit an non. Reversusque. Gloria. Puer.

In ij. nocturno an. Nature. p̄s̄. Conserva *etc.* ℣ Ipse liberavit.

Sermo beati johannis epis. Lec. iiij.

Mittitur a jacob patre sanctissimo: joseph sanctus ad fratres: qui salutem patris ad illos: et ipsorum ad patrem deferret: ut inter absentes medius utriusque salutis nuncius extitisset[5]: ut quod de semet[6] absentes scire non poterant joseph referente cognoscerent: et disjunctos hujus relatio jungeret quos locorum diversitas separabat. *Re.* Videns jacob vestimenta joseph scidit vestimenta sua cum fletu et dixit. Fera pessima devoravit filium meum joseph. ℣ Congregatis autem cunctis liberis ejus ut consolarentur dolorem patris sui: noluit eos audire sed dixit. Fera pessima. *Iste versiculus dicetur tantum in feria.* ℣ Vide si tunica filii tui sit an non quam cum agnovisset pater ait. Fera pessima. *Lectio v.*

Quem cum venientem de longe conspicerent: ecce inquiunt: ecce adest somniator ille: Venite itaque occidamus illum et videamus quid portendant[7] illi somnia ejus. O nephanda rabies iniquorum. Non licet joseph: non licet inquam impunitum esse qui bonus est. Non[8] licet meliorem tutum esse cum malis: et quasi invidi aliquid perdant: aut dispendium alicujus rei incurrant: sic bonorum vita est detrimentum pessimorum. *Re.* Joseph dum intraret in terram egypti: linguam quam non novit audivit. Manus ejus in laboribus servierunt: et lingua ejus inter principes loquebatur sapientiam. ℣ Divertit ab oneribus dorsum ejus. Manus. *Lectio vj.*

Selant[9] mansuetum invidi: modestum superbi: probum improbi mitem tumidi inimica emulatione lacescunt.[10] Patitur joseph sanctus innocentis vite invidiam et emulos in se fratres sancta excitat vita. Bonum

---

[1] Dixit: E.
[2] triginta: E.G.
[3] 'et' om.: G.
[4] miserunt: E.G.
  existeret: E.G.W.
[6] semetipsis: E.G.W.
[7] protendant: E.W.
[8] Num: E.
[9] Zelant: E.G.
[10] lacessunt: G.

mali videre non possunt. Denique ad se venientem lacerant: seviunt: necare festinant. Nolunt meliorem vivere ne degeneres ipsi possent improperia sustinere. *Re.* Memento mei dum bene tibi fuerit. Ut suggeras pharaoni ut educat me de isto carcere quia furtim sublatus sum et hic innocens in lacum missus sum. ℣ Tres enim adhuc dies sunt post quos recordabitur pharao ministerii tui et revocabit te in gradum pristinum tunc memento mei. Ut suggeras. Gloria. Ut.

In iij nocturno añ. Sponsus. *ps.* Celi enarrant. ℣ Scapulis. *Sec.*

In illo tempore Erat [*lucam.* Jesus ejiciens demonium et illud erat mutum. Et cum ejecisset demonium locutus est mutus: et admirate sunt turbe. Et reliqua.

Omelia beati augustini episcopi.

In uno eodemque [*Lectio vij.* homine fratres charissimi: dominus tria mirabilia operatus est. Cecus videt: mutus loquitur: obsessus a demone[1] eruitur. Signat enim genus humanum quod tunc diabolo se subdidit quando deum creatorem suum diabolo suadente contempsit. *Re.* Merito hec patimur quia peccavimus in fratrem nostrum videntes angustiam anime ejus dum deprecaretur nos et non audivimus. Idcirco venit super nos tribulatio. ℣ Dixit ruben fratribus suis nunquid non dixi vobis nolite peccare in puerum et non audistis me. Idcirco. *Lectio viij.*

Tunc etiam videndi deum perdidit dignitatem: quando ad concupiscendum vetitum lignum oculos aperuit. Loquelam pariter amisit: quia postquam peccato se subdidit a laude dei cessavit. Veniente itaque fratres in mundum domino: demoniacus iste curatus est: quia postquam deus humanam naturam sibi conjunxit: immundorum spirituum potestates ab humanis cordibus expulit. Tunc enim videndi deum officium recepit: quando per fidem illum intueri cepit. *Re.* Dixit ruben fratribus suis nunquid non dixi vobis nolite peccare in puerum et non audistis me? En sanguis ejus exquiritur. ℣ Merito hec patimur quia peccavimus in fratrem nostrum videntes angustiam anime ejus dum deprecaretur nos et non audivimus. En sanguis. *Lectio ix.*

Loquelam pariter recepit quando genus humanum ora prius tacentia ad confessionem aperuit. Et cum ejecisset demonium: locutus est mutus et admirate sunt turbe. Turbe vero que mirabantur: immundi sunt spiritus intelligendi qui videntes genus humanum de sua potestate liberari: et illuminari: timore simul et admiratione perterriti sunt. *Re.* Nunciaverunt jacob dicentes joseph filius tuus vivit et ipse dominatur in tota terra Egypti: quo audito revixit spiritus ejus et dixit. Sufficit mihi vadam et videbo eum antequam moriar. ℣ Cunque audisset jacob quod filius ejus viveret quasi de gravi somno evigilans ait. Sufficit. Gloria. Sufficit.

Responsoria ferialia. Re. Tollite hinc vobiscum munera et

---

[1] demonio: G.

ite ad dominum terre et cum inveneritis adorate eum super terram. Deus autem meus faciat vobis eum placabilem et remittat et hunc fratrem vestrum vobiscum et eum quem tenet in vinculis. ℣ Sumite de optimis terre frugibus in vasis vestris et deferte viro munera. Deus autem. Re. Iste est frater vester minimus de quo dixeratis mihi : deus misereatur tui fili mi : festinavitque in domo et ploravit. Quia erumpebant lachryme et non poterat se continere. Re. Attollens autem joseph oculos vidit benjamin flentem[1] commota sunt omnia viscera ejus super fratre suo. Quia erumpebant. Re. Loquens joseph fratribus suis et[2] dixit pax vobis nolite timere. Pro salute enim vestra misit me dominus ante vos. ℣ Nolite timere nec durum vobis esse videatur quod vos vendidistis me in his regionibus. Pro salute. Gloria. Pro salute. Re. Dixit joseph undecim fratribus ego sum joseph quem vendidistis in egyptum : adhuc vivit pater vester senior de quo dixeratis mihi. Ite adducite eum ad me ut possit vivere. ℣ Biennium enim est[3] quod cepit fames esse in terra et adhuc restant anni quinque. Ite. Gloria. Ite. ℣ Ipse liberavit. *In laudibus antiphona.* Fac benigne in bona voluntate tua ut edificentur domine muri hierusalem. *ps.* Miserere. *An.* Dominus mihi adjutor est : non timebo quid faciat mihi homo. *ps.* Confitemini. *an.* Deus misereatur nostri et benedicat nobis. *ps.* Deus deus meus. *An.* Vim virtutis sue oblitus est ignis ut pueri tui liberarentur illesi. *ps.* Benedicite. *an.* Sol et luna laudate deum quia exaltatum est nomen ejus solius. *ps.* Laudate. *Cap.* Ecce nunc. *Hymnus.* Jesu quadragenarie dicator abstinentie qui ob salutem mentium hoc sanxeras jejunium. Quo paradiso redderes servata parsimonia : quos inde castrimargie[4] huc illecebra depulit. Adesto nunc ecclesie : adesto penitentie que pro suis excessibus orat profusis fletibus. Tu retro acta crimina tua remitte gratia : et a futuris adhibe custodiam mitissime. Ut expiati animis[5] : jejuniorum victimis : tendamus ad paschalia digne colenda gaudia. Presta pater per filium. ℣ Scuto circundabit. *In evange. an.* Erat Jesus ejiciens demonium : et illud erat mutum : et cum ejecisset demonium : locutus est mutus : et admirate sunt turbe. *ps.* Benedictus. *Oro.* Quesumus omnipotens deus. *Ad primam an.* Si in digito dei ejicio demonia : profecto venit in vos regnum dei. *ps.* Deus deus meus respice. *an.* Te deum. *ps.* Quicunque vult. *etc. Ad tertiam an.* Dum fortis armatus custodit atrium suum in pace sunt omnia que possidet. *ps.* Legem pone. *Cap.* Derelinquat. *Re.* Bonum mihi domine quod humiliasti me : bonum mihi lex oris tui. Super milia auri et argenti. ℣ Manus tue domine

---

[1] 'et' add : G. [2] 'et' om. : G. [3] est enim : E.G.W.
[4] gastrimargie : G. [5] annuis : E.G.

fecerunt me et plasmaverunt me: da mihi intellectum ut discam mandata tua. *Super.* Gloria. *Super.* Bonum. ℣ Dicet domino. *Oratio.* Quesumus omnipotens. *Ad sextam an.* Qui non colligit mecum dispergit: et qui non est mecum contra me est. *ps.* Defecit. *Cap.* Querite dominum. *Re.* Servus tuus ego sum: Da mihi intellectum domine. ℣ Ut discam mandata tua. Da. Gloria. Servus. ℣ Ipse liberavit. *Oratio ut supra. Ad nonam an.* Cum immundus spiritus exierit ab homine ambulat per loca inaquosa querens requiem et non invenit. *ps.* Mirabilia. *Cap.* In omnibus. *Re.* Septies in die laudem dixi tibi domine deus meus. Ne perdas me. ℣ Erravi sicut ovis que perierat require servum tuum domine: quia mandata tua non sum oblitus. Ne. Gloria. Septies. ℣ Scapulis suis. *Oratio ut supra. Ad vesperas an.* Dixit dominus. *ps.* Ipsum. *Cap.* Hortamur vos. *Re.* Educ de carcere animam meam. Ut confiteatur[1] nomini tuo domine. ℣ Periit fuga a me: et non est qui requirat animam meam. Ut. Gloria. Educ. *Hymnus.* Jam ter quaternis. ℣ Angelis suis. *In evange. an.* Extollens quedam mulier vocem de turba dixit: beatus venter qui te portavit et ubera que suxisti. at Jesus ait illi: quinimo[2] beati qui audiunt verbum dei et custodiunt illud. *ps.* Magnificat. *Oro.* Quesumus omnipotens deus.

⁋ *Et notandum quod hymni Responsoria horalia et Responsorium* Educ de carcere: *que ponuntur hac dominica dicantur quottidie tam diebus dominicis quam ferialibus per istam quindenam cum de xl. agitur.*

⁋ *Feria secunda. Ad matu. invita.* Venite. *ps.* Jubilemus. *Hymnus.* Clarum decus. *In nocturno an.* Dominus defensor. *ps.* Dominus illuminatio. ℣ Dicet domino. *Lectio j.*

Aliud quoque sompnium vidit quod narrans fratribus ait: Vidi per somnium quasi solem et lunam et stellas undecim adorare me. Quod cum patri suo et fratribus retulisset increpavit eum pater et dixit: Quid sibi vult hoc somnium quod vidisti: Num ego et mater tua et fratres tui adorabimus te super terram? Invidebant igitur ei fratres sui: pater vero rem tacitus considerabat. *Lectio ij.*

Cunque fratres illius in pascendis gregibus morarentur in sichem: dixit ad eum israel. Fratres tui pascunt oves in sichimis: veni mittam te ad eos. Quo respondente: presto sum ait. Vade et vide si cuncta prospera sint erga fratres tuos et pecora: et renuncia mihi quid agatur.

Missus de valle [*Lectio iij.* ebron: venit in sichem. Invenitque eum vir errantem in agro: et interrogavit quid quereret. At ille respondit: Fratres meos quero: indica mihi ubi pascunt greges. Dixitque ei vir. Recesserunt de loco isto: audivi autem eos

---

[1] confiteantur: E.

[2] quinimmo: E. W.

dicentes: eamus in dothaym. ⁊ Ipse liberavit. *In laudibus an.* Miserere. *ps.* Ipsum. *&c. Capitulum* Ecce nunc. *Hymnus* Jesu quadragenarie. ⁊ Scuto circundabit. *In evange. an.* Amen dico vobis: quia nemo propheta acceptus est in patria sua. *ps.* Benedictus kyrieleison. *Oratio.*
Cordibus nostris quesumus domine gratiam tuam benignus infunde ut sicut ab escis corporalibus abstinemus: ita quoque sensus nostros a noxiis retrahamus excessibus. Per dominum. *Memoria pro peccatis. an.* Convertimini. ⁊ Domine non. *Oratio* Exaudi. *Psalmi familiares ut supra. Ad primam an.* Vivo ego. *ps.* Deus in nomine. *an.* Adesto. *ps.* Quicunque vult. *etc. Ad tertiam an.* Cognoscimus. *ps.* Legem pone. *Cap.* Derelinquat *Re.* Bonum mihi. ⁊ Dicet domino. Kyrieleison. *etc. Oratio* Cordibus. *Ad sextam an.* Per arma. *ps.* Defecit. *Cap.* Querite. *Re.* Servus tuus. ⁊ Ipse liberavit. Kyriel. *Oratio ut supra. Ad nonam an.* Advenerunt. *ps.* Mirabilia. *Cap.* In omnibus. *Re.* Septies. ⁊ Scapulis Kyriel. *etc. Oratio ut supra. Ad vesperas an.* Inclinavit. *ps.* Dilexi. *Cap.* Hortamur. *Re.* Educ. *Hym.* Jam ter quaternis. ⁊ Angelis suis. *In evange. an.* Jesus autem transiens per medium illorum ibat. *ps.* Magnificat. Kyrieleison. *etc. Oratio.*
Subveniat nobis domine misericordia tua: ut ab imminentibus peccatorum nostrorum periculis te mereamur protegente[1] salvari. Per dominum.

❡ *Feria iij.* *Lectio prima.*
Perrexit ergo joseph post fratres suos: et invenit eos in dothaym. Qui cum vidissent eum procul antequam accederet ad eos cogitaverunt occidere illum et mutuo loquebantur: Ecce somniator venit: venite occidamus eum: et mittamus in cisternam veterem dicemusque fera pessima devoravit eum. Et tunc apparebit quid illi prosint somnia sua. *Lectio ij.*
Audiens autem hoc ruben: nitebatur liberare eum de manibus eorum: et dicebat. Non interficiamus animam ejus: nec effundamus sanguinem: sed projicite eum in cisternam hanc que est in solitudine: manusque vestras servate innoxias. Hoc autem dicebat volens eripere eum de manibus eorum et reddere patri suo. *Lectio iij.*
Confestim igitur ut pervenit ad fratres: nudaverunt eum tunica talari et polimita: miseruntque in cisternam que non habebat aquam. Et sedentes ut comederent panem viderunt viatores hysmaelitas venire de galaad et camelos eorum portantes aromata et resinam et stacten in egyptum. *In evangelio an.* Si duo ex vobis consenserint super terram de omni re quamcunque petierint fiet illis a patre meo dicit dominus. *ps.* Benedictus. *Oratio.*
Exaudi nos omnipotens et misericors deus: et continentie salutaris propitius nobis

---
[1] 'eripi; te liberante' add: G.

DOMINICA TERTIA

dona concede. per do. *Ad vesperas in evangelio an.* Ubi duo vel tres congregati fuerint in nomine meo in medio eorum sum dicit dominus. *ps.* Magnificat. *Oratio.*

*T*ua nos domine protectione defende et ab omni semper iniquitate custodi. Per dominum.

¶ *Feria quarta.*[1] *Lectio prima.*

*D*ixit ergo judas fratribus suis. Quid autem nobis prodest si occiderimus fratrem nostrum et celaverimus sanguinem ipsius? Melius est ut vendatur[2] hysmahelitis[3] et manus nostre non polluantur: frater enim et caro nostra est. Acquieverunt fratres sermonibus ejus. *Lectio secunda.*

*E*t pretereuntibus hysmahelitis negociatoribus extrahentes eum de cisterna vendiderunt hysmahelitis. xx.[4] argenteis: qui duxerunt eum in egyptum. Reversusque ruben ad cisternam non invenit puerum et scissis vestibus pergensque ad fratres suos ait: Puer non comparet et ego quo ibo. *Lectio iij.*

*T*ulerunt autem tunicam ejus et in sanguine hedi quem occiderant tinxerunt: mittentes qui ferrent ad patrem et dicerent. Hanc invenimus: vide utrum tunica filii tui sit an non? Quam cum agnovisset jacob ait. Tunica filii mei est: fera pessima comedit eum bestia devoravit joseph. *In evangelio an.* Audite et intelligite traditiones quas dominus dedit vobis. *ps.* Benedictus. *Oratio.*

*P*resta nobis quesumus domine ut salutaribus jejuniis eruditi a noxiis quoque vitiis abstinentes propiciationem tuam facilius impetremus. Per dominum. *Ad vesperas in evange. an.* Non lotis manibus manducare non coinquinat hominem. *ps.* Magnificat. *Oratio.*

*C*oncede quesumus omnipotens deus ut qui protectionis tue gratiam querimus: liberati a malis omnibus secura tibi mente serviamus. Per dominum.

¶ *Feria v.* *Lectio j.*

*S*cissisque vestibus indutus est cilicio lugens filium multo tempore. Congregatis autem cunctis liberis ejus ut lenirent[5] dolorem patris: noluit recipere consolationem sed ait. Descendam ad filium meum lugens in infernum. *Lectio ij.*

*I*gitur ductus est joseph in egyptum. Emitque eum putiphar[6] eunuchus pharaonis princeps exercitus vir egyptius de manu hysmahelitarum a quibus perductus erat. Fuitque dominus cum eo et erat vir in cunctis prospere agens. *Lectio iij.*

*H*abitabatque in domo domini sui: qui optime noverat dominum esse cum eo: et omnia que gerebat ab eo dirigi in manu illius. Invenitque joseph gratiam coram domino suo: et ministrabat ei. A quo prepositus omnibus gubernabat creditam sibi domum et universa que tradita ei fuerant. *In evangelio an.* Operamini non cibum qui perit sed qui permanet in vitam eternam. *ps.* Benedictus.

*C*oncede quesumus [*Oratio.* omnipotens deus: ut jejuniorum nobis sancta devotio et

---

[1] *tertia*: E.G.W.   [2] venundetur: G.   [3] hysmaelitis: E. hismaelitis: G.
[4] triginta: E.G.   [5] linirent: E.G.   [6] phutiphar: G.

purificationem tribuat: et majestati tue nos reddat acceptos. Per dominum. *Ad vesperas in evange. an.* Panis enim dei est qui descendit de celo et dat vitam mundo. *ps.* Magn. *Oratio.*

Subjectum tibi populum quesumus domine propiciatio celestis amplificet: et tuis semper faciat servire mandatis. Per dominum.

☙ *Feria vj.* *Lectio j.*

Benedixit dominus domui egyptii propter joseph et multiplicavit tam in edibus quam in agris cunctam substantiam ejus: nec quicquam aliud noverat: nisi panem quo vescebatur. Erat autem Joseph pulcher facie et decorus aspectu. *Lectio ij.*

Post multos itaque dies injecit domina oculos suos in joseph et ait: Dormi mecum. Qui nequaquam acquiescens operi nephario dixit ad eam: Ecce dominus meus omnibus mihi traditis ignorat quod[1] habeat in domo sua: nec quicquam est quod non in mea sit potestate vel non tradiderit mihi preter te que uxor ejus es. *Lectio iij.*

Quomodo ergo possum malum hoc facere et peccare in deum[2] meum. Hujuscemodi verbis per singulos dies loquebatur: et mulier molesta erat adolescenti et ille recusabat stuprum. Accidit autem ut quadam die intraret Joseph domum et operis quippiam absque arbitris faceret: et illa apprehensa vestimenti ejus lacinia diceret: Dormi mecum. Qui relicto in manu ejus pallio fugit: et egressus est foras.

In evange. an. Aqua quam ego dedero qui biberit ex ea non sitiet unquam. *ps.* Benedictus. *Oratio.*

Jejunia nostra quesumus domine benigno favore prosequere: ut sicut ab alimentis abstinemus in corpore: ita a vitiis jejunemus in mente. Per dominum. *Ad vesperas in evange. an.* Veri adoratores adorabunt patrem in spiritu et veritate. *ps.* Magnificat. *Oratio.*

Presta quesumus omnipotens deus: ut qui in tua protectione confidimus cuncta nobis adversantia te adjuvante vincamus. Per dominum.

☙ *Sabbato.* *Lectio j.*

Cunque vidisset mulier vestem in manibus suis: et se esse contemptam: vocavit homines domus sue et ait ad eos: En introduxit virum hebreum ut illuderet nobis. Ingressus est ad me ut coiret mecum. Cunque ego succlamassem et audisset vocem meam reliquit pallium quod tenebam: et fugit foras. *Lectio ij.*

In argumentum ergo fidei retentum pallium ostendit marito revertenti domum et ait: Ingressus est ad me servus hebreus quem adduxisti ut illuderet mihi. Cunque vidisset me clamare: reliquit pallium et fugit foras. His auditis dominus et nimium credulus verbis conjugis iratus est valde. Tradiditque joseph in carcerem ubi vincti regis custodiebantur: et erat ibi clausus. *Lectio iij.*

Fuit autem dominus cum joseph et misertus illius dedit

---

[1] quid : E.G.W.

[2] dominum : E G.W.

DOMINICA QUARTA

ei gratiam in conspectu principis carceris: qui tradidit in manu ipsius universos vinctos qui in custodia tenebantur et quicquid fiebat sub ipso erat nec noverat aliquid cunctis ei creditis. Dominus enim erat cum illo: et omnia opera ejus dirigebat. *In evange. añ.* Inclinavit se Jesus et scribebat in terra: si quis sine peccato est mittat in eam lapidem. *ps̄.* Benedictus. *Oratio.* Presta quesumus omnipotens deus: ut qui se affligendo carnem ab alimentis abstinent: sectando justiciam a culpa jejunent. Per dominum.

¶ *Dominica iiij. quadragesime. Sabbato ad vesperas añ.* Benedictus. *ps̄.* Ipsum. *etc.*[1] *Cap.* Hortamur. *Re.* Moyses famulus. *Hym.* Jam ter quaternis. ℣ Angelis suis. *In evangelio añ.* Nemo te condemnavit mulier: nemo domine nec ego te condemnabo jam amplius noli peccare. *ps̄.* Magnificat. *Oratio.* Concede quesumus omnipotens deus: ut qui ex merito nostre actionis affligimur: tue gratie consolatione respiremus. Per dominum. *Ad completorium*[2] *añ.* Signatum.[3] *ps̄.* Cum invocarem *etc.*[4] *Cap.* Tu in nobis. *Re.* In pace in idipsum. Dormiam et requiescam. ℣ Si dedero somnum oculis meis et palpebris meis dormitationem. Dormiam. Gloria. In pace. *Et sciendum*[5] *quod licet istud Responsorium reincipiatur a choro post primam inceptionem: infra passionem tamen non reincipietur post ultimam inceptionem. scilicet post versum sed reinceptum ab eo qui versum cantat prosequatur chorus* In idipsum. *Hymnus.* Cultor dei memento te fontis et lavacri rorem subiisse[6] sanctum[7] te crismate innovatum. Fac cum vocante somno castum petis cubile frontem locumque cordis crucis figura signet. Crux pellit omne crimen fugiunt crucem tenebre tali dicata signo mens fluctuare nescit. Procul o[8] procul vagantum portenta somniorum: procul esto pervicaci prestigiator hastu.[9] O tortuose serpens qui mille per meandros fraudesque flexuosas agitas quieta corda. Discede Christus hic est Christus hic est liquesce signum quod ipse nosti damnat tuam catervam. Corpus licet fatiscens jaceat reclive paululum[10]: Christum tamen sub ipso meditabitur[11] sopore. Gloria eterno patri et Christo vero regi. paraclitoque sancto et nunc et in perpetuum. Amen. ℣ Custodi nos.[12] *Añ.* Media vita in morte sumus quem querimus adjutorem nisi te domine qui pro peccatis nostris juste irasceris. Sancte deus: Sancte fortis: Sancte et misericors salvator

---

[1] 'etc.' om.: G.
[2] 'ut notatur in completorio post psalterium ordinatim positis (fo. lxxiij. E.)' add: E.G.
[3] 'ut supra dominica prima quadragesime' add: G.
[4] pro 'etc.' In te domine speravi, Qui habitat. Ecce nunc' add: G.
[5] 'est' add: E.G.
[6] subiisse: E.
[7] sancte: E.
[8] 'o' om.: G.
[9] astu: E.G.
[10] paulum: G.
[11] meditatur: G.
[12] 'ps̄. Nunc dimittis' add: E.G.

QUADRAGESIME.

amare morti ne tradas nos. ℣ Ne projicias nos in tempore senectutis cum defecerit virtus nostra: ne derelinquas nos domine. Sancte deus. ℣ Qui cognoscis occulta cordium parce peccatis nostris. Sancte fortis. ℣ Noli claudere aures tuas ad preces nostras domine. Sancte et misericors. *Et tunc finiatur antiphona: nec flectatur genu ad aliquem*[1] *istarum repetitionum. Isti versus*[2] *vero non dicuntur: nisi in festis ix lectionum.* Kyrieleison. *etc. Et sic dicatur completorium usque ad cenam domini: sed infra passionem non dicitur* Gloria patri *ad Responsorium* In pace: *nisi in festis sanctorum. Ad matutinas Invita.* Hodie si vocem domini audieritis. Nolite obdurare corda vestra. *p̄s.* Venite. *Percantato invitatorio post tertium versum: rectores chori prosequantur psalmum.* Sicut in exacerbatione *etc. Hymnus.* Clarum decus. *In primo nocturno an̄.* Pro fidei. *p̄s.* Beatus vir *etc.* ℣ Dicet domino. *Lectio j.*

Hec sunt nomina filiorum israel: qui ingressi sunt in egyptum cum jacob singuli cum domibus suis introierunt. ruben: symeon: levi: juda[3]: ysachar: zabulon et benjamin[4]: dan[5] et neptali[6]: gad et azar.[7] *Re.* Locutus est dominus ad moysen dicens descende in egyptum dic pharaoni ut dimittat populum meum. Induratum est cor pharaonis non vult dimittere populum meum nisi in manu forti. ℣ Videns vidi afflictionem populi mei qui est in egypto et gemitum eorum audivi et descendi liberare eum. Induratum. *Lectio ij.*

Erant igitur omnes anime eorum qui egressi sunt de femore jacob septuaginta quinque. Joseph autem in egypto erat. Quo mortuo et universis fratribus ejus omnique cognatione sua filii israel creverunt et quasi germinantes multiplicati sunt ac roborati nimis impleverunt terram. *Re.* Stetit moyses coram pharaone et dixit hec dicit dominus. Dimitte populum meum ut sacrificet mihi in deserto. ℣ Dominus deus hebreorum misit me ad te ut dicam tibi. Dimitte. *Lectio iij.*

Surrexit in terra rex novus super egyptum qui ignorabat joseph: et ait ad populum suum Ecce populus filiorum israel multus et fortior nobis est. Venite sapienter opprimamus eum: ne forte multiplicetur et si ingruerit contra nos bellum: addatur inimicis nostris expugnatisque nobis egrediatur e terra. Preposuit itaque eis magistros operum ut affligerent eos oneribus. Edificaveruntque urbes tabernaculorum pharaonis phiton et ramesses quantoque opprimabantur[8] tantomagis multiplicabantur et crescebant. *Re.* Cantemus domino: gloriose enim honorificatus est equum et ascensorem projecit in mare. Adjutor et protector factus est mihi dominus in salutem. ℣ Currus pharaonis et exercitum

---

[1] aliquam: G. [2] versiculi: E.G. [3] judas: E.G.W.
[4] benjamini: W. [5] dam: E.G. [6] neptalim: E.G.W.
[7] azer: E.G. [8] opprimebantur: E.G. opprimabentur: W.

DOMINICA QUARTA

ejus projecit in mare. *Adjutor.* Gloria. *Adjutor.*
In secundo nocturno an. Nature. *ps.* Conserva. ℣ Ipse liberabit me de laqueo venantium.
Sermo beati johannis epi. Lec. iiij.

Stabat moyses in monte non armis sed precibus pugnaturus. Stabat extensis ad celum manibus devoto orans affectu: non de terra sed de celo auxilium postulabat. Pugnat cum hostibus absens: cum externis sine bello decertat ut quem loci diversitas ab inimicis sejunxerat: orationis effectus bellatorem presentem hostibus exhiberet. *Re.* In mari via tua et semite tue in aquis multis. Deduxisti sicut oves populum tuum in manu moysi et aaron. ℣ Illuxerunt choruscationes tue orbi terre commota est et contremuit terra. Deduxisti. *Lectio v.*

Fit moyse orante pugna occulta: sed manifesta victoria. Latenter dimicat ut evidenter devincat. Solus orat: ut multi salventur. Sabat moyses in monte: jam proximus celo: jam vicinus syderibus: et quanto eum sublimitas montis extulerat: tanto oratio deo proximum exhibebat. *Re.* Qui persequebantur populum tuum domine demersisti eos in profundum. Et in columna nubis ductor eorum fuisti domine. ℣ Deduxisti sicut oves populum tuum in manu moysi et aaron. Et in columna. *Lectio vj.*

Fit moyse orante victoria: cessante mesticia. Potentior hostis efficitur: justi corpore fatigato. Desinit israel vincere: moyse desistente in prece: ut dum adversa populis exhibentur: orationis nobis potentia monstraretur. Denique tamdiu ista adversitas valuit: quamdiu jugis oratio defuit. Perseverante prece: perseverans victoria roboratur. *Re.* Moyses famulus domini jejunavit quadraginta diebus quadraginta noctibus. Ut legem domini mereretur accipere. ℣ Ascendit moyses in montem synai. Ut legem domini. Gloria patri. Ut legem domini.
In iij. noct. an. Sponsus. *ps.* Celi enarrant. *Re.* Scapulis suis obumbrabit. *Sec. johannem.*

In illo tempore. Abiit Jesus trans mare galilee quod est tyberiadis: et sequebatur eum multitudo magna: quia videbant signa que faciebat super his qui infirmabantur. Et reliqua.
Omelia venerabilis bede presbyteri. *Lectio vij.*

Turbe fratres que dominum secute sunt electorum ecclesia intelligitur: ex omnibus gentibus collecta. Hec enim quotidie dominum sequitur: non egressu[1] pedis. sed imitatione operis. Ecce etenim appropinquante pascha die festo judeonem sequentem se multitudinem dominus verbo salutis pariter et opere curationis erigebat. *Re.* Splendida facta est facies moysi dum respiceret in eum dominus. Videntes seniores claritatem vultus ejus admirantes timuerunt valde. ℣ Descendit moyses de monte synai portans duas

---

[1] gressu: E.G.W.

QUADRAGESIME.

tabulas lapideas in manibus suis scriptas utrasque digito dei. Videntes. *Lectio viij.*

Et nos ergo fratres charissimi hujus exemplo facti appropinquante pascha id est die nostre redemptionis adjuncta fratrum caterva dominum toto corde sequamur: et ejus gratiam flagitemus: ut nos spiritalium donis virtutum saciare dignetur: quatenus tempore sacrosancte resurrectionis illius interius exteriusque decenter ornati: sacramenta nostre salutis puro corpore simul et corde sumamus. *Re.* Ecce mitto angelum meum qui precedat te et custodiat semper. Observa et audi vocem meam et inimicus ero inimicis tuis: et affligentes te affligam et precedet te angelus meus. ℣ Israel si me audieris non erit in te deus recens neque adorabis deum alienum ego enim dominus. Observa. *Lectio ix.*

Quod sublevasse oculos Jesus et venientem ad se multitudinem vidisse perhibetur: divine pietatis indicium est: quia videlicet cunctis ad se venire querentibus gratia misericordie celestis occurrere consuevit: et ne querendo errare possint lucem sui spiritus aperire currentibus solitus est. Quinque autem panes quibus dominus multitudinem populi saturavit: quinque sunt libri moysi Possumus enim et per duos pisces alios duos intelligere libros oracula scilicet prophetarum et cantica psalmorum. *Re.* Audi israel precepta domini et ea in corde tuo quasi in libro scribe. Et dabo tibi terram fluentem lac et mel. ℣ Observa igitur et audi vocem meam et inimicus ero inimicis tuis. Et dabo. Gloria. Et dabo. *Responsoria ferialia.* *Re.* Attendite popule meus legem meam. Inclinate aurem vestram in verba oris mei. ℣ Aperiam in parabolis os meum loquar propositiones ab initio seculi. Inclinate. *Re.* Vos qui transituri estis jordanem edificate altare domino de lapidibus quos ferrum non tetigit. Et offerte super illud holocausta et hostias pacificas deo vestro. ℣ Cunque intraveritis terram quam dominus daturus est vobis edificate ibi altare domino deo. Et offerte. *Re.* Sicut fui cum moyse ita ero tecum dicit dominus. Confortare et esto robustus introduces populum meum ad terram lacte et melle manantem. ℣ Quoniam tecum sum dominus deus tuus in omnibus ad quecunque perrexeris. Confortare. *Re.* Popule meus quid feci aut quid molestus fui tibi: responde mihi quoniam ego eduxi vos de terra egypti et de domo servitutis: quadraginta annis in heremo manna plui vobis. Et obliti estis me dicit dominus. ℣ Adduxi vos per desertum quadraginta annis ego dominus. Et obliti. *Re.* Adduxi vos per desertum quadraginta annis ego dominus non sunt attrita vestimenta vestra manna de celo plui vobis. Et obliti estis me dicit dominus. ℣ Popule meus quid feci tibi aut quid molestus fui responde mihi quoniam ego eduxi vos de terra egypti. Et obliti. *Re.* Adduxit eos dominus in fortitudine terre cibavit

DOMINICA QUARTA

eos nascentiis agrorum. Suxerunt mel de petra et oleum de firma petra. ℣ Cibavit eos ex adipe frumenti et de petra melle saturavit eos. Suxerunt. ℣ Ipse liberavit. *In laudibus antiphona.* Tunc acceptabis sacrificium justicie si averteris faciem tuam a peccatis meis. *ps.* Miserere. *Añ.* Bonum est sperare in domino quam sperare in principibus. *ps.* Confitemini. *añ.* Benedicat nos deus deus noster benedicat nos deus. *ps.* Deus deus meus. *añ.* Potens es domine eripere nos et de manu mortis liberare nos deus noster. *ps.* Benedicite. *Añ.* Reges terre et omnes populi laudate deum. *ps.* Laudate. *Cap.* Ecce nunc tempus. *hym.* Jesu quadragenarie. ℣ Scuto circumdabit. *In evangelio añ.* Abiit Jesus trans mare galilee et sequebatur eum multitudo magna quia videbant signa que faciebat: erat autem proximum pascha dies festus judeorum. *ps.* Benedictus. *Oratio.* Concede quesumus. *Ad primam añ.* Cum sublevasset oculos Jesus et vidisset maximam multitudinem venientem ad se dicit ad philippum: unde ememus panes ut manducent hii: hoc autem dicebat temptans eum ipse enim sciebat quid esset facturus. *ps* Deus deus meus respice. *añ.* Te deum. *ps.* Quicunque vult. *Ad tertiam añ.* Accepit ergo Jesus panes et cum gratias egisset distribuit discumbentibus similiter et ex piscibus quantum volebant. *ps.* Legem pone. *Cap.* Derelinquat. *Re.* Bonum. ℣ Dicet domino. *Oro.* Concede. *Ad sextam añ.* De quinque panibus et duobus piscibus saciavit dominus quinque milia hominum. *ps.* Defecit. *Cap.* Querite. *Re.* Servus. ℣ Ipse liberavit. *Oro. ut supra. Ad nonam añ.* Saciavit dominus quinque milia hominum de quinque panibus et duobus piscibus. *ps.* Mirabilia. *Cap.* In omnibus. *Re.* Septies. ℣ Scapulis suis. *Oratio ut supra etc.*[1] *Ad vesperas añ.* Dixit dominus. *ps.* Ipsum. *Cap.* Hortamur. *Re.* Educ. *Hymnus.* Jam ter quaternis. ℣ Angelis suis. *In evang. añ.* Cum vidissent turbe signum quod fecerat Jesus: dicebant: vere hic est propheta qui venturus est in mundum. *ps.* Magnificat. *Oratio.* Concede quesumus.

⁋ *Feria ij ad matu. invita.* Venite. *ps.* Jubilemus. *Hymnus.* Clarum decus. *In nocturno añ.* Dominus defensor. *ps.* Dominus illuminatio. ℣ Dicet domino. *Lectio j.*

Oderuntque filios israel egyptii: et affligebant illudentes eis: atque ad amaritudinem perducebant vitam eorum operibus duris luti et lateris omnique famulatu suo[2] in terre operibus premebantur. *Lectio ij.*

Dixit autem rex egypti obstetricibus hebreorum: quarum una vocabatur Seffera[3]: altera phua: precipiens eis. Quando obstetricabitis hebreas et partus tempus advenerit: si masculus fuerit interficite illum: si femina reservate. *Lectio iij.*

---

[1] 'dc.' om.: G.   [2] quo: E.G.W.   [3] Seffora: E. sefora: G.

*T*imuerunt autem obstetrices deum: et non fecerunt juxta preceptum regis egypti: sed conservabant mares. Quibus ad se accersitis rex ait. Quidnam est hoc quod facere noluistis [1]: ut pueros reservaretis? Que responderunt: non sunt hebree sicut egyptie mulieres. Ipse enim obstetricandi habent scientiam et priusquam veniamus ad eas pariunt. ℣ Ipse liberavit. *In laudibus añ.* Miserere. *ps̄.* Ipsum. *Cap.* Ecce nunc. *Hymnus.* Jesu quadragenarie. ℣ Scuto. *In evangelio añ.* Auferte ista hinc dicit dominus et nolite facere domum patris mei domum negociationis. *ps̄.* Benedictus.

*P*resta quesumus omni- [*Oño.* potens deus ut observationes sacras annua devotione recolentes et corpore tibi placeamus et mente. Per dominum. *Memoria pro peccatis et psalmi familiares ut supra. Ad horas antiphone capitula Responsoria versiculi etc. ut supra. Oratio de die. Ad vesperas A ñ.* Inclinavit. *ps̄.* Dilexi. *Cap.* Hortamur. *Re.* Educ. *Hymnus.* Jam ter quaternis. ℣ Angelis suis. *In evange. añ.* Solvite templum hoc dicit dominus et post triduum excitabo illud: hoc autem dicebat de templo corporis sui. *ps̄.* Magnificat. *Oratio.*

*D*eprecationem nostram quesumus domine benignus exaudi: et quibus supplicandi prestas affectum tribue defensionis auxilium. Per dominum.
Feria iij. *Lectio prima.*

*B*ene ergo fecit deus obstetricibus: et crevit populus confortatusque est nimis. Et quia timuerunt obstetrices deum: edificavit illis domos. Precepit ergo pharao omni populo suo dicens. Quicquid masculini sexus natum fuerit in flumen projicite: quicquid autem feminei reservate. *Lectio ij.*

*E*gressus est post hec vir de domo levi: accepta uxore [2] stirpis sue: que concepit et peperit filium: et videns eum infantem elegantem abscondit tribus mensibus. *Lectio iij.*

*C*unque jam celare non posset: sumpsit fiscellam scirpeam: et linivit eam bitumine ac pice: posuitque [3] intus infantulum: et exposuit eum in charecto [4] ripe fluminis: stante procul sorore ejus: et considerante eventum rei. *In evangelio añ.* Mea doctrina non est mea: sed ejus qui misit me patris. *ps̄.* Benedictus.

*S*acre nobis domine [*Oratio.* quesumus observationis jejunia: et pie conversationis augmentum: et tue propiciationis continuum prestent auxilium. Per dominum nostrum. *Ad vesperas in evange. añ.* Unum opus feci et admiramini: quia totum hominem sanum feci in sabbato. *ps̄.* Magnificat. *Oratio.*

*M*iserere domine populo tuo: et continuis tribulationibus laborantem propitius respirare concede. Per dom.

¶ *Feria iiij.* *Lectio j.*

*E*cce autem descendebat filia pharaonis ut lavaretur in

---

[1] voluistis: E.G.W.
[2] et accepit uxorem: E.G.W.
[3] 'que' om.: E.W.
[4] carecto: G.

DOMINICA QUARTA

flumine: et puelle ejus gradiebantur per crepidinem alvei. Que cum vidisset fiscellam in papirione[1]: misit unam de famulabus suis et allatam aperiens: cernensque in ea parvulum vagientem[2] miserta ejus ait. De infantibus hebreorum hic est. *Lectio ij.*

Cui soror pueri. Vis inquit ut vadam et vocem tibi hebream mulierem que nutrire possit infantulum? Respondit. Vade: Perrexit puella: et vocavit matrem ejus. Ad quam locuta est filia pharaonis: Accipe ait puerum istum et nutri mihi: et ego dabo tibi mercedem tuam. *Lectio iij.*

Suscepit mulier et nutrivit puerum: adultumque tradidit filie pharaonis. Quem illa adoptavit in locum filii. Vocavitque nomen ejus moyses dicens: quia de aqua tuli eum. *In evange. añ.* Rabbi quis peccavit hic aut parentes ejus ut cecus nasceretur: respondit Jesus et dixit: neque hic peccavit: neque parentes ejus: sed ut manifestentur opera dei in illo. *ps̄.* Benedictus. *Oratio.*

Deus qui et justis premia meritorum: et peccatoribus per jejunium veniam prebes: miserere supplicibus tuis: ut reatus nostri confessio indulgentiam valeat percipere delictorum. Per dominum. *Ad vesperas in evangelio añ.* A seculo non est auditum: quia quis aperuit oculos ceci nati. *ps̄.* Magnificat. *Oratio.*

Pateant aures misericordie tue domine precibus supplicantium: et ut petentibus desiderata concedas: fac eos que tibi sunt placita postulare. Per[3] dominum.

❡ *Feria v.* *Lectio j.*

In diebus illis: Postquam creverat moyses egressus ad fratres suos vidit afflictionem eorum et virum egyptium percutientem quendam de hebreis fratribus suis. Cunque circumspexisset huc atque illuc et nullum adesse vidisset: percussum egyptium abscondit sabulo. *Lectio ij.*

Et egressus die altero conspexit duos hebreos rixantes. Dixitque ei qui faciebat injuriam. Quare percutis proximum tuum? Qui respondit Quis constituit te principem et judicem super nos? Num occidere tu me vis: sicut occidisti heri egyptium. *Lectio iij.*

Timuit moyses et ait Quomodo palam factum est verbum istud? Audivitque[4] pharao sermonem hunc: et querebat occidere moysen.[5] Qui fugiens de conspectu ejus moratus est in terra madian et sedit juxta puteum. *In evange. añ.* Pater diligit filium et omnia demonstrat ei que ipse facit. *ps̄.* Benedictus. *Oratio.*

Presta nobis quesumus domine ut salutaribus jejuniis eruditi: a noxiis quoque vitiis abstinentes: propiciationem tuam facilius impetremus. Per dominum. *Ad vesperas. In evange. añ.* Sicut pater suscitat mortuos et vivificat sic et filius quos vult vivificat. *ps̄.* Magnificat. *Oratio.*

---

[1] papyrione: G. [2] vagiantem: E. [3] 'eundem' add: E.
[4] adivit: E. [5] moysem: G.

Populi tui deus institutor et rector peccata quibus impugnatur expelle: ut semper tibi placitus et tuo munimine sit securus. Per dominum.

¶ *Feria vj.* *Lectio prima.*
Erant autem sacerdoti madian septem filie Que venerunt ad hauriendam aquam et impletis canalibus adaquare cupiebant greges patris sui. Supervenere pastores et ejecerunt eas. Surrexitque moyses et defensis puellis: adaquavit oves earum. *Lectio ij.*
Que cum revertissent ad raguel patrem suum: dixit ad eas. Cur velocius venisti solito? Responderunt. Vir egyptius liberavit nos de manu pastorum insuper et hausit aquam nobiscum potumque dedit ovibus. At ille. Ubi est inquit? Quare dimisistis hominem? Vocate eum ut comedat panem.
Juravit ergo moyses [*Lec. iij.* quod habitaret cum eo. Accepitque sefforam[1] filiam ejus uxorem que peperit ei filium: quem vocavit gersan dicens. Advena fui in terra aliena. Alterum vero peperit: quem[2] vocavit eleazar dicens. Deus enim patris mei adjutor meus et eripuit me de manu pharaonis. *In evange. an.* Lazarus amicus noster dormit eamus et a somno excitemus eum. *ps.* Benedictus. *Oratio.*
Deus qui ineffabilibus mundum renovas sacramentis: presta quesumus: ut ecclesia tua eternis proficiat institutis: et temporalibus non destituatur auxiliis. Per dominum. *Ad vesperas in evange. an.* Domine si hic fuisses lazarus non esset mortuus ecce jam fetet quadriduanus[3] in monumento. *ps.* Magnificat. *Oratio.*
Da quesumus omnipotens deus: ut qui infirmitatis nostre conscii: de tua virtute confidimus: sub tua semper protectione gaudeamus. Per dominum.

¶ *Sabbato.* *Lectio prima.*
Post multum temporis mortuus est rex egypti: et ingemiscentes filii israel propter opera vociferati sunt. Ascenditque clamor eorum ad deum pro operibus: et audivit gemitum eorum ac recordatus est federis quod pepigerat cum abraham ysaac et jacob. Et respexit dominus filios israel et liberavit eos. *Lectio ij.*
Moyses autem pascebat oves jethro soceri sui sacerdotis madian. Cunque minasset gregem ad interiora deserti: venit ad montem dei oreb. Apparuitque ei dominus in flamma ignis de medio rubi et videbat quod rubus arderet: et non combureretur. *Lectio iij.*
Dixit ergo Moyses: Vadam et videbo visionem hanc magnam: quare non comburatur rubus. Cernens autem dominus quod pergeret ad videndum: vocavit eum de medio rubi et ait. Moyses moyses. Qui respondit. Assum. At ille. Ne appropries inquit huc. Solve calciamenta de pedibus tuis. Locus enim in quo stas

---

[1] seforam: G.   [2] quam: W.   [3] quatriduanus: E.G.W.

terra sancta est. Et ait. Ego sum deus patris tui. Deus abraham : et deus ysaac. et deus jacob. Abscondit moyses faciem suam : non enim audebat respicere contra deum. *In evange. añ.* Ego sum lux mundi qui sequitur me non ambulat in tenebris sed habebit lumen vite dicit dominus. *pȿ.* Benedictus. *Oratio.*

Fiat quesumus domine per gratiam tuam fructuosus nostre devotionis affectus : quia tunc nobis proderunt suscepta jejunia si tue sint placita pietati. Per dominum.

¶ *Dominica in passione domini. Sabbato ad vesperas. añ.* Benedictus. *pȿ.* Ipsum. *Cap.*

Faciem meam non averti ab increpantibus et conspuentibus in me dominus deus auxiliator meus : et ideo non sum confusus. *Re.* Circundederunt me viri mendaces : sine causa flagellis ceciderunt me. Sed tu domine defensor vindica me. ℣ Quoniam tribulatio proxima est : et non est qui adjuvet. Sed tu. *Et reincipiatur Responsorium : quia in passione domini non dicitur* Gloria patri. *ad Re. vel ad officium in missa : nec in matutinis ad* Venite *nisi in festis sanctorum.* Hymnus.

Vexilla regis prodeunt : fulget crucis mysterium quo carne carnis conditor suspensus est patibulo. Confixa clavis viscera : tendens manus vestigia : redemptionis gratia : hic immolata est hostia. Quo vulneratus insuper mucrone diro lancee : ut nos lavaret crimine : manavit unda sanguine. Impleta sunt que concinit david fideli[1] carmine : dicendo nationibus : regnavit a ligno deus. Arbor decora et fulgida ornata regis purpura : electa digno stipite : tam sancta membra tangere. Beata cujus brachiis precium pependit seculi : statera facta est corporis : predamque tulit tartaris. O crux ave spes unica : hoc passionis tempore : auge piis justiciam : reisque dona veniam. Te summa deus trinitas : collaudet omnis spiritus quos per crucis misterium salvas rege per secula. Amen. ℣ Dederunt in escam meam fel. Et in siti mea potaverunt me aceto. *In evange. añ.* Ego sum qui testimonium perhibeo de me ipso : et testimonium perhibet de me qui misit me pater. *pȿ.* Magnificat. *Oratio.*

Quesumus omnipotens deus familiam tuam propitius respice : ut te largiente regatur in corpore : et te servante custodiatur in mente. Per do.

Ad matutinum Invita. Quadraginta annis proximus fui generationi huic. Et dixi semper hi errant corde. *pȿ.* Venite. *Finito primo versu reincipiatur invitatorium.* ℣ Quoniam deus magnus *etc.* Et dixi. *etc. Percantato autem ultimo versu scilicet* Quadraginta *a rectore chori incipiatur invitatorium et percantetur a choro nec sequatur* Gloria patri. *Et hoc ordine dicatur psalmus* Venite. *cum suo invitatorio quotiens infra passionem*

---

[1] fidelis : E.

de passione dicitur: sive dominica: sive feria. *Hymnus.*
Pange lingua gloriosi prelium certaminis: et super crucis tropheum dic triumphum nobilem: qualiter redemptor orbis immolatus vicerit. *De parentis prothoplasti[1] fraude facta condolens quando pomi noxialis morte morsu corruit: ipse lignum tunc notavit damna ligni ut solveret. Hoc opus nostre salutis ordo depoposcerat: multiformis proditoris ars ut artem falleret et medelam ferret inde hostis unde leserat. Quando venit ergo sacri plenitudo temporis: missus est ab arce patris natus orbis conditor atque ventre virginali caro factus prodiit. Gloria et honor deo usque quo altissimo una patri filioque inclyto paraclito cui laus est et potestas per eterna secula. Amen. In j. nocturno an.* Pro fidei. *ps.* Beatus vir *etc. Psalmi vero finiantur cum* Gloria patri *ut prius.* ℣ Erue a framea deus animam meam. Et de manu canis unicam meam.

Verba hieremie pro- [*Lectio j.* phete filii helchie de sacerdotibus qui fuerunt in Anathoth[2] in terra benjamin: quod factum est verbum domini ad eum in diebus Josie filii Amon regis juda: in tertiodecimo anno regni ejus. Hec dicit dominus. *Sic finientur omnes lectiones de prophetis per totum annum exceptis tribus noctibus tenebrarum.* Re. Isti sunt dies quos observare debetis temporibus suis. Quartadecima die ad vesperum pascha domini est: et in quintadecima solennitatem celebrabitis altissimo domino. ℣ Locutus est dominus ad moysen[3] dicens: loquere filiis israel et dices ad eos. Quarta decima.

Et factum est in [*Lectio ij.* diebus Joachim filii josie regis juda usque ad consummationem undecimi anni sedechie filii josie regis juda usque ad transmigrationem hierusalem in mense quinto. Re. Multiplicati sunt qui tribulant me: et dicunt non est salus illi in deo ejus. Exurge domine salvum me fac deus meus. ℣ Nequando dicat inimicus meus: prevalui adversus eum. Exurge. *Lec. iij.*

Et factum est verbum domini ad me dicens: Priusquam te formarem in utero novi te: et antequam exires de vulva sanctificavi te: et prophetam in gentibus dedi te. Et dixi: A. a. a. domine deus: Ecce nescio loqui quia puer ego sum. Re. Deus meus es tu ne discedas a me. Quoniam tribulatio proxima est: et non est qui adjuvet. ℣ Deus deus meus respice in me quare me dereliquisti. Quoniam.

Notandum quod tertium Responsorium sextum et nonum omisso Gloria patri *repeti debent.*

In ij. nocturno An. Nature. *ps.* Conserva *etc.* ℣ De ore leonis libera me domine. Et a cornibus unicornium humilitatem meam.

Sermo beati johannis episcopi.
Magnum hiere- [*Lectio iiij.* mie sanctissimi meritum:

---

[1] protoplasti: G. [2] anathot: G. [3] moysem: E.G.

magnum in eum collatum est divinitus donum. Magnum inquam hieremie est meritum: qui ante promeretur quam nascitur: ante sanctificatur quam editur: ante propheta constituitur: quam mundi exordio potiatur. *Re.* In te jactatus sum ex utero de ventre matris mee: deus meus es tu ne discedas a me. Quoniam tribulatio proxima est: et non est qui adjuvet. ℣ Salva me ex ore leonis: et a cornibus unicornium humilitatem meam. Quoniam. *Lectio v.*

Dicuntur ejus merita: et ab eo necdum exercentur officia. Dona narrantur: nec tamen donorum cause tractantur. Promotio dicitur: et necdum promotionis negotium aperitur. Noli inquit dominus putare hieremia quod hodie prophetam te constituo: aut nunc primum ad istam gentem corrigendum[1] premitto. *Re.* In proximo est tribulatio mea domine. et non est qui adjuvet ut fodiant manus meas et pedes meos: libera me de ore leonis. Ut enarrem nomen tuum fratribus meis. ℣ Erue a framea deus animam meam: et de manu carnis unicam meam. Ut. *Lectio vj.*

Olim enim olim mihi probatus ac notus es: olim consecratus ac dignus: olim propheta gentibus institutus. Te mihi aptum te idoneum prescientia[2] ista monstravit. Tibi prophetandi presagium et fiduciam predicandi attribui.[3] Per te prophete officia et mee dispositionis nuncia proferri ad illos institui. *Re.* Tota die contristatus ingrediebar domine: quoniam anima mea impleta est illusionibus. Et vim faciebant qui querebant animam meam. ℣ Et qui inquirebant mala mihi locuti sunt vanitates. et dolos tota die meditabantur. Et vim.

In tertio nocturno an. Sponsus. *ps.* Celi enarrant. *etc.* ℣ Ne perdas cum impiis deus animam meam. Et cum viris sanguinum vitam meam.

In illo tempore: [*Sec. johannem.* Dicebat Jesus turbis judeorum et principibus sacerdotum. Quis ex vobis arguet me de peccato? Si veritatem dico: quare vos non creditis mihi. Et reliqua.

Omelia beati gregorii pape de eadem lectione. *Lectio vij.*

Nemo enim fratres dominum de peccato arguere poterat: qui in mundum absque peccato venerat ut peccatores a peccato solveret. Ut autem extenderet eos a peccatis posse liberari si in eum credere vellent subjunxit dicens: Si veritatem dico quare non creditis mihi? Qui est ex deo[4]: id est qui verbum dei libenter audit: et libentius opere complet: nullo modo se ex deo esse dubitet. *Re.* Doceam[5] iniquos vias tuas: et impii ad te convertentur. Libera me de sanguinibus deus salutis mee. ℣ Domine labia mea aperies: et os meum annunciabit laudem tuam. Libera. *Lectio viij.*

Qui vero verbum dei audire contemnit: vel si id cum aure corporis audierit: illud

---

[1] corrigendam: E.G.W.   [2] presentia: E   [3] attribuit: G.
[4] 'etc.' add: G.   [5] Docebo: E.G.

IN PASSIONE.

nullo studio in opere mittere conatur profecto se ex deo non esse manifestat. Quod enim dominus verbum dei[1] judeis testatur quod ex deo non essent: ipsi de se[2] operibus manifestant dicentes: Nonne bene dicimus nos[3] quia samaritanus es tu: et demonium habes. Samaritanus quippe interpretatur custos. *Re.* Ne avertas faciem tuam a puero tuo domine. Quoniam tribulor velociter exaudi me. ℣ Eripe me domine ab homine malo: a viro iniquo libera me. Quoniam.

Negavit enim dominus demonium se habere: sed non negavit se samaritanum esse: quia noverat se nostrum custodem esse. Nam quos per increpationem corrigere non valebat: blanda promissione ad corrigendum provocat[4] dicens: Amen amen dico vobis: si quis sermonem meum servaverit: mortem non videbit in eternum. Alia est enim mors anime et alia corporis. Anima vero fratres per peccatum moritur corpus etiam propter penam peccati. *Re.* Qui custodiebant animam meam consilium fecerunt in unum dicentes. Deus dereliquit eum persequimini et comprehendite eum: quia non est qui liberet eum: deus meus[5] ne longe eas a me: deus meus in adjutorium meum intende. ℣ Omnes inimici mei adversum me cogitabant mala mihi: verbum iniquum mandaverunt adversum me dicentes. Deus dereliquit. *Hec Responsoria que* [Lectio ix. *sequuntur per ferias dicuntur cum aliis de historia si opus fuerit. Responsoria ferialia.* *Re.* Deus meus eripe me de manu peccatoris: et de manu contra legem agentis et iniqui. Quoniam tu es patientia mea. ℣ Deus ne elongeris a me: deus meus in auxilium meum respice. Quoniam. *Re.* Adjutor et susceptor meus tu es domine: et in verbum tuum speravi. Declinate a me maligni et scrutabor mandata dei mei. ℣ Iniquos odio habui: et legem tuam dilexi. Declinate. *Re.* Ne perdas cum impiis deus animam meam et cum viris sanguinum vitam meam. Redime me domine. ℣ Ne tradideris me in animas tribulantium me: quoniam insurrexerunt in me testes iniqui. Redime. *Re.* Pacifice loquebantur mihi inimici mei: et in ira molesti erant mihi. Vidisti domine ne sileas ne discedas a me. ℣ Ego autem dum mihi molesti essent induebam me cilicio: et humiliabam in jejunio animam meam. Vidisti. *Re.* Vide quia tribulor velociter exaudi me. Intende anime mee et libera eam propter inimicos meos eripe me domine. ℣ Libera me ab his qui oderunt me: et ne avertas faciem tuam a puero tuo. Intende. ℣ Intende anime mee et libera eam. Propter inimicos meos eripe me. *In laudibus.* *antiphona.*

Vide domine afflictionem meam: quoniam erectus

---

[1] de: E.G.W. [2] se de: E.G. [3] 'nos' om.: E.G.
[4] provocabat: E.G. [5] 'meus' om.: E.G.W.

est inimicus meus. *ps̄*. Miserere. *an̄*. In tribulatione invocavi dominum et exaudivit me in latitudine. *ps̄*. Confitemini. *An̄*. Judicasti domine causam anime mee defensor vite mee domine deus meus. *ps̄*. Deus deus meus. *an̄*. Popule meus quid feci tibi aut quid molestus fui responde mihi. *ps̄*. Benedicite. *an̄*. Nunquid redditur pro bono malum: quia foderunt foveam anime mee. *ps̄*. Laudate. *Capitulum.*
Christus assistens pontifex futurorum bonorum per amplius et perfectius tabernaculum non manufactum: id est non hujus creationis: neque per sanguinem hircorum aut vitulorum: sed per proprium sanguinem introivit semel in sancta eterna redemptione inventa. Deo gratias. *Hymnus.*
Lustra sex qui jam peracta tempus implens corporis se volente natus ad hoc passioni deditus agnus in cruce levatur immolandus stipite. Hic acetum fel arundo sputa clavis lancea mite corpus perforatur sanguis unda profluit: terra pontus astra mundus quo lavantur flumine. Crux fidelis inter omnes arbor una nobilis: nulla silva talem profert fronde flore germine: dulce lignum dulces clavos: dulce pondus sustinet. Flecte ramos arbor alta tensa laxa viscera et rigor lentescat[1] ille quem dedit nativitas: ut superni membra regis miti tendas stipite. Sola digna tu fuisti ferre precium seculi atque portum preparare nauta mundo naufrago quem sacer cruor perunxit fusus agni corpore. Gloria et honor deo usque quo altissimo: una patri filioque inclyto paraclito: cui laus est et potestas per eterna secula. Amen. ℣ Eripe me de inimicis meis deus meus. Et ab insurgentibus in me liberare me. *In evange. an̄.* Quis ex vobis arguet me de peccato si veritatem dico quare vos non creditis mihi: qui est ex deo verba dei audit: propterea vos non auditis: quia ex deo non estis. *ps̄*. Benedictus. *Oratio.* Quesumus omnipotens deus. *Ad primam an̄.* Anime impiorum fremebant adversum me: et gravatum est cor meum super eos. *ps̄*. Deus deus meus respice. *ps̄*. Quicunque vult. *Non mutetur antiphona in passione: nisi in festis sanctorum. Cap.* Domine miserere. *statim sequatur versiculus* Exurge domine adjuva nos. *quia* Jesu Christe *non dicitur infra passionem: nisi in festis sanctorum. Ad tertiam an̄.* Ego demonium non habeo: sed honorifico patrem meum dicit dominus. *ps̄*. Legem pone. *Capitulum.*
Confundantur qui me persequuntur: et non confundar ego: paveant illi et non paveam ego ait dominus omnipotens. *Re.* Erue a framea mea[2] deus animam meam. Et de manu canis unicam meam. ℣ Salva me ex ore leonis: et a cornibus unicornium. Et de. *Responsorium* Erue *repetatur.*

---

[1] lantescat: W.

[2] 'mea' om.: E.G.W.

IN PASSIONE.

Eodem modo fiat de aliis Responsoriis ad horas. ℣ De ore leonis. *Oratio.* Quesumus omnipotens deus. *Ad sextam añ.* Ego gloriam meam non quero est qui querat et judicet. *ps̄.* Defecit. *Capitulum.* Judicasti domine causam anime mee defensor vite mee domine deus meus. *Re.* De ore leonis libera me domine. Et a cornibus unicornium humilitatem meam. ℣ Erue a framea deus animam meam: et de manu canis unicam meam. Et a. *Re.* De ore. ℣ Intende anime. *Oratio ut supra. Ad nonam añ.* Abraham pater vester exultavit ut videret diem meum: vidit et gavisus est. *ps̄.* Mirabilia. *Capitulum.* Posui faciem meam ut petram durissimam: et scio quoniam non confundar ait dominus omnipotens. *Re.* Principes persecuti sunt me gratis: et a verbis tuis formidavit cor meum. Letabor ego super eloquia tua. ℣ Quasi qui invenit spolia multa. Letabor. *Re.* Principes. ℣ Ne perdas. *Oratio ut supra. Ad vesperas añ.* Dixit dominus. *ps̄.* Ipsum. *Cap.* Faciem meam. *Re.* Usquequo exaltabitur inimicus meus super me. Respice et exaudi me domine deus meus. ℣ Qui tribulant me exultabunt si motus fuero: ego autem in misericordia tua speravi. Respice. *Reincipiatur Responsorium* Usquequo. *Hoc Responsorium dicatur quotidie ad vesperas per hebdomadam quando de temporali agitur. Hymnus.*

Vexilla regis prodeunt. *Et notandum quod capitula et hymni que dicuntur in hac dominica: dicenda sunt quotidie usque ad cenam domini quando de temporali agitur: et per idem tempus dicendi sunt versiculi ad vesperas ante laudes et in laudibus. Re.*[1] Dederunt in escam. *In evange. añ.* Tulerunt lapides ut jacerent in Jesum: Jesus autem abscondit se et exivit de templo. *ps̄.* Magnificat. *Oratio.* Quesumus omnipotens deus.

❡ *Feria ij. Ad matutinas Invitato.* Venite. *ps̄.* Jubilemus. *Hymnus* Pange lingua. *In nocturno antiphona* Dominus defensor. *ps̄.* Dominus illuminatio. ℣ Erue. *Lectio j.* Et dixit dominus ad me: Noli dicere quia puer ego[2] sum: quoniam ad omnia que mittam te ibis: et universa que mandavero tibi loqueris. Ne timeas a facie eorum: quia ego tecum sum: et[3] eruam te dicit dominus. Hec dicit.

Et misit dominus [*Lectio ij.* manum suam et tetigit os meum: et dixit dominus[4] ad me. Ecce dedi verba mea in ore tuo. Ecce constitui te hodie super gentes: et super regna: ut evellas et destruas et disperdas et dissipes et edifices: et plantes. *Lectio iij.* Et factum est verbum domini ad me dicens: Quid tu vides hieremia? Et dixi. Virgam vigilantem ego video. Et dixit dominus ad me: Bene vidisti: quia vigilabo ego super verbo

---

[1] *pro* 'Re.' X.: F.G.
[2] 'ego' om.: G.W.
[3] *pro* 'et' *ut*: G.
[4] 'dominus' om.: G.

A A

meo ut faciam illud. *Tertium Responsorium post versum repetatur.* ℣ Intende anime. *In laudibus an̄.* Miserere. *ps̄.* Ipsum. *Cap.* Christus assistens. *Hymnus.* Lustra sex qui. ℣ Eripe me. *In evangelio an̄.* In die magno festivitatis stabat Jesus et clamabat dicens: si quis sitit veniat ad me et bibat. *ps̄.* Benedictus. Kyrieleison.

Sanctifica quesumus [*Oratio.* domine nostra jejunia: et cunctarum nobis propitius indulgentiam largire culparum. Per dominum. *Memoria pro peccatis: et psalmi familiares ut supra. Ad primam an̄.* Anime impiorum. *ps̄.* Deus in nomine. *ps̄.* Beati immaculati. *ps̄.* Quicunque vult. *Capitulum.* Domine miserere. ℣ Exurge domine *etc. Ad tertiam an̄.* Judicasti. *ps̄.* Legem pone. *Cap.* Confundantur. *Re.* Erue a framea. ℣ De ore leonis. Kyrieleison. *etc. Oratio ut supra.* Sanctifica quesumus domine. *Ad sextam an̄.* Popule meus. *ps̄.* Defecit. *Cap.* Judicasti. *Re.* De ore leonis. ℣ Intende anime. Kyrieleison. *etc. Oratio ut supra. Ad nonam an̄.* Nunquid redditur. *ps̄.* Mirabilia. *Cap.* Posui faciem. *Re.* Principes. ℣ Ne perdas. Kyriel. *etc. Oratio ut supra. Sic dicantur hore in hac prima hebdomada passionis ut in ista feria prenotantur quando de temporali agitur. Ad vesperas an̄.* Inclinavit. *ps̄.* Dilexi. *etc. Cap.* Faciem meam. *Re.* Usquequo. *Hymnus.* Vexilla regis. ℣ Dederunt. *In evange. an̄.* Si quis sitit veniat et bibat: et de ventre ejus fluent aque vive. *ps̄.* Magnificat. Kyrieleison.

Da quesumus domine [*Oratio.* populo tuo salutem mentis et corporis: ut bonis operibus inherendo: tua semper mereatur protectione defendi. Per dominum.

❡ *Feria iij.*   *Lectio prima.*

Et factum est verbum domini ad me secundo dicens: Quid tu vides: Et dixi: Ollam succensam ego video: et faciem ejus a facie aquilonis. *Lectio ij.*

Et dixit dominus ad me: Ab aquilone pandetur omne malum: super omnes habitatores terre: quia ecce ego convocabo omnes cognationes regnorum aquilonis dicit dominus.

Et venient et ponent [*Lec. iij.* unusquisque solium suum in introitu portarum hierusalem: et super muros ejus in circuitu: et super universas urbes juda: et loquar judicia mea cum eis super omni malitia eorum qui dereliquerunt me: et libaverunt diis alienis: et adoraverunt opus manuum suarum. *In evange. an̄.* Tempus meum nondum advenit: tempus autem vestrum semper est paratum. *ps̄.* Benedictus. Kyrieleison.   *Oratio.*

Nostra tibi quesumus domine sint accepta jejunia que nos et expiando gratia tua dignos efficiant: et ad remedia perducant eterna. Per dominum. *Ad vesperas in evange. an̄.* Quidam autem judei dicebant: quia bonus est: alii autem dicebant non: sed seducit turbas. *ps̄.* Magnificat.   *Oratio.*

Da nobis quesumus domine perseverantem in tua volun-

IN PASSIONE.

tate famulatum: ut in diebus nostris et merito et numero populus tibi serviens augeatur. Per dominum.

Feria iiij. *Lectio j.*
Et dixit dominus ad me: Tu ergo accinge lumbos tuos et surge: et loquere ad eos omnia que ego precipio tibi. Ne formides a facie eorum: nec enim timere te faciam vultum eorum. Hec dicit. *Lectio ij.*
Ego quippe dedi te hodie in civitatem munitam: et in columnam ferream: et in murum eneum super omnem terram regibus juda principibus ejus et sacerdotibus: et omni populo terre. *Lectio iij.*
Et bellabunt adversum te: et non prevalebunt: quia tecum ego sum ait dominus ut liberem te. Et factum est verbum domini ad me dicens: Vade et clama in auribus hierusalem dicens: Hec dicit[1] dominus: Recordatus sum tui: miserans adolescentiam tuam. *In evange. an.* Oves mee vocem meam audiunt: et ego dominus agnosco eas. *ps.* Benedictus. *Oratio.*
Sanctificato hoc jejunio deus tuorum corda fidelium miserator illustra: et quibus devotionis prestas affectum prebe supplicantibus pium benignus auditum. Per dominum. *Ad vesperas in evange. an.* Multa bona opera operatus sum vobis: propter quod opus vultis me occidere. *ps.* Magnificat. *Oro.*
Adesto supplicationibus nostris omnipotens deus: et quibus fiduciam sperande pietatis indulges: consuete misericordie tribue benignus effectum. Per dominum.

❧ *Feria quinta.* *Lectio j.*
Audite verbum domini domus jacob: et omnes cognationes domus israel. Hec dicit dominus: Quid invenerunt patres vestri in me iniquitatis: quia elongaverunt a me et ambulaverunt post vanitatem: et vani facti sunt. Hec dicit dominus.
Et non dixerunt ubi [*Lectio ij.*] est dominus: qui ascendere nos fecit de terra egypti. Et[2] quis[2] transduxit vos[3] per desertum per terram inhabitabilem et inviam per terram sitis: et imaginem mortis: per terram in qua non ambulavit vir: neque habitavit homo. *Lectio iij.*
Et induxi[4] vos in terram carmeli: ut comederetis fructum ejus et optima illius: et ingressi contaminastis terram meam et hereditatem meam posuistis in abominationem. *In evange. an.* Magister dicit tempus meum prope est apud te facio pascha cum discipulis meis. *ps.* Benedictus. *Oratio.*
Presta quesumus omnipotens deus: ut dignitas conditionis humane per immoderantiam sauciata: medicinalis parsimonie studio reformetur. Per dominum. *Ad vesperas in evan. an.* Desiderio desideravi hoc pascha manducare vobiscum antequam paciar.[5] *ps.* Magnificat. *Oratio.*
Esto quesumus domine propitius plebi tue: ut que tibi

---

[1] dixit: E.
[2] 'et' om.: E.G.W. 'qui': E.G.W.
[3] pro 'vos' nos: G.W.
[4] induxit: W. [5] patiar: E.G.

DOMINICA IN PASSIONE.

non placent respuens: tuorum potius repleatur delectationibus mandatorum. Per dominum.

¶ *Feria vj.*   *Lectio prima.*

Hec dicit dominus. Sacerdotes non dixerunt ubi est dominus: et tenentes legem nescierunt me: et pastores prevaricati sunt in me: et prophete prophetaverunt in baal: et idola secuti sunt. Hec dicit. *Lectio ij.*

Propterea adhuc judicio contendam vobiscum ait dominus: et cum filiis vestris disceptabo. Transite ad insulas cethym[1] et videte et in cedar mittite et considerate vehementer: videte si factum est hujuscemodi.[2] si mutavit gens deos suos: et certe ipsi non sunt dii.

Populus vero meus [*Lectio iij.* mutavit gloriam suam in idolum. Obstupescite celi super hoc: et porte ejus desolamini vehementer dicit dominus. Duo enim mala fecit populus meus. Me dereliquerunt fontem aque vive: et foderunt sibi cisternas dissipatas que continere non valent aquas. *In evange. añ.* Quid molesti estis huic mulieri? opus enim bonum operata est in me. *ps.* Benedictus. *Oratio.*

Cordibus nostris quesumus domine gratiam tuam benignus infunde: ut peccata nostra castigatione voluntaria cohibentes: temporaliter potius maceremur: quam suppliciis deputemur eternis. Per dominum. *Ad vesperas in evan. añ.* Mittens hec mulier in corpus meum hoc unguentum ad sepeliendum me fecit. *ps.* Magnificat. *Oratio.*

Concede quesumus omnipotens deus ut qui protectionis tue gratiam querimus liberati a malis omnibus secura tibi mente serviamus. Per dominum.

¶ *Sabbato.*   *Lectio prima.*

Nunquid servus est israel aut vernaculus? Quare ergo factus est in predam: super eum rugierunt leones et dederunt vocem suam. Posuerunt terram ejus in solitudinem: et civitates ejus exuste sunt: et non est qui habitet in eis. Hec dicit. *Lectio ij.*

Et nunc quid tibi vis in via egypti ut bibas aquam turbidam. Et quid tibi cum via assiriorum ut bibas aquam fluminis. Arguet te malicia tua: et aversio tua increpabit te. Scito et vide: quia malum et amarum est reliquisse te dominum deum tuum: et non esse timorem ejus apud te: dicit dominus deus exercituum. *Lec. iij.*

A seculo confregisti jugum meum: rupisti vincula mea et dixisti. Non serviam. In omni enim sublimi colle: et sub omni ligno frondoso stupro sternebaris[3] meretrix. Ego plantavi te vineam electam: omne semen verum. Quomodo ergo conversa es in pravum vinea aliena. Si laveris te nitro et multiplicaveris tibi herbam borith: maculata es iniquitate tua coram me dicit dominus deus. *In evange. añ.* Principes sacerdotum consilium fecerunt ut Jesum occiderent dicebant

---

[1] cethim : G.   [2] hujusmodi : E.
[3] prosternebaris : E.G.   prosternabaris : W.

DOMINICA IN RAMIS PALMARUM.

autem non in die festo ne forte tumultus fieret in populo. *pɼ.* Benedictus. *Oratio.* Proficiat quesumus domine plebs tibi dicata pie devotionis affectu: ut sacris actionibus erudita quanto majestati tue sit[1] gratior: tanto donis potioribus augeatur. Per dominum.

℣ *Dominica in ramis palmarum. Ad vesperas añ.* Benedictus. *pɼ.* Ipsum. *Cap.* Faciem meam. *Re.* Circundederunt. *Hymnus.* Vexilla regis. ℣ Dederunt. *In evange. añ.* Clarifica me pater apud temetipsum claritate quam habui priusquam mundus fieret. *pɼ.* Magnificat. *Oratio.* Omnipotens sempiterne deus: qui humano generi ad imitandum humilitatis exemplum salvatorem nostrum carnem sumere et crucem subire fecisti: concede propitius: ut et patientie ipsius habere documenta et resurrectionis consortia mereamur. Per eundem. *Ad matutinas Invitato.* Ipsi vero non cognoverunt vias meas. Quibus juravi in ira mea si introibunt in requiem meam. *pɼ.* Venite. *Dicto autem ultimo versu scilicet* Quadraginta *usque ad* hij errant corde *Chorus subjungat invitatorium et percantet scilicet.* Ipsi vero *etc. Sequatur hymnus.* Pangue lingua gloriosi.[2] *añ.* Pro fidei. *pɼ.* Beatus vir. *etc.* ℣ Erue a framea deus. *Lec. j.* Hec dicit dominus deus exercituum Israel holocaustomata vestra addite victimis vestris et comedite carnes: quia non sum locutus cum patribus vestris: et non precepi eis in die qua eduxi eos de terra egypti de verbo holocaustomatum · et victimarum. *Re.* In die qua invocavi te domine dixisti noli timere. Judicasti causam meam et liberasti me deus meus. ℣ In die tribulationis mee clamavi ad te quia exaudisti me. In die.[3] *Lec. ij.* Sed hoc verbum precepi eis dicens. Audite vocem meam et ero vobis deus et vos eritis mihi populus: et ambulate in omni via qua mandavi vobis: ut bene sit vobis. Non audierunt nec inclinaverunt aurem suam: sed abierunt in voluptatibus et pravitate cordis sui mali. *Re.* Fratres mei elongaverunt a me et noti mei. Quasi alieni recesserunt a me. ℣ Amici mei et proximi mei. Quasi.

Factique sunt retrorsum et non inante a die qua [*Lec. iij.* egressi sunt patres eorum de terra egypti usque ad diem hanc. Et dices ad eos: hec est gens que non audivit vocem meam domini dei sui nec recepit disciplinam. Periit fides: et ablata est de ore eorum. Tonde capillum tuum et projice et sume indirectum planctum quia projecit dominus et reliquit generationem furo. is sui quia fecerunt filii juda malum in oculis meis dicit dominus. *Re.* Attende domine ad me et audi voces adversariorum meorum. Nunquid redditur pro bono malum quia foderunt foveam anime mee. ℣ Homo pacis mee in

---

[1] fit: E.W.   [2] *In primo nocturno* add: E.G.
[3] pro 'In die' Judicasti: E.G.W.

DOMINICA

quo sperabam ampliavit adversum me supplantationem. Nunquid. *Re.* Attende.
In secundo noct. añ. Nature. *ps̄.* Conserva *etc.* ℣ De ore leonis.
Sermo beati maximi episcopi.

Psalmi vicesimi [*Lectio iiij.* primi qui lectus est seriem decursuri: diligenter prius debemus intendere quid in superscriptione contineat ut cognita ejus origine: intelligentiam ipsius facilius consequamur: et manifesto[1] capite possint rectius membra discerni. *Re.* Conclusit vias meas inimicus insidiator factus est mihi sicut leo in abscondito replevit et inebriavit me amaritudine deduxerunt in lacum mortis vitam meam et posuerunt lapidem contra me. Vide domine iniquitates illorum et judica causam anime mee defensor vite mee. ℣ Factus sum in derisum omni populo meo canticum eorum tota die. Vide domine.

Inscribitur enim [*Lectio quinta.* ita. In finem pro susceptione matutina psalmus ipsi david. Nisi fallor susceptio matutina solis ortum semper antevenit. Et priusquam orbem radiorum clarus splendor illuminet: matutinum noctium tenebris terminum ponit ac resoluta sensim caliginum cecitate rebus cunctis facies quedam ac lumen infunditur. *Re.* Noli esse mihi domine alienus parce mihi in die mala confundantur omnes qui me persequuntur. Et non confundar ego. ℣ Confundantur omnes inimici mei qui querunt animam meam ut auferant eam. Et non. *Lectio vj.*

Et cum veluti sub una macerie tenebrarum mundus in confusione jacuerit: interveniente matutino diversa specierum varietate distinguitur: hoc est cum omnia ceca fuerint oculi omnium reparantur. Nox enim quodammodo aufert oculos mundo: aurora restituit. Atque ita antematutina susceptione perfruimur ut gloriosius postmodum solis splendore pociamur. *Re.* Salvum me fac deus quoniam intraverunt aque usque ad animam meam. Non avertas faciem tuam a me quoniam tribulor exaudi me deus meus. ℣ Intende anime mee et libera eam propter inimicos meos eripe me. Non. *Re.* Salvum.

In tertio nocturno añ. Sponsus *ps̄.* Celi enarrant. *etc.* ℣ Ne perdas. *Secundum mattheum.*[2]

In illo tempore: Cum appropinquasset Jesus hierosolimis et venisset bethfage[3] ad montem oliveti: tunc misit duos discipulos dicens eis. Ite in castellum quod contra vos est: et statim invenietis asinam alligatam et pullum cum ea. Solvite: et[4] adducite mihi. Et reliqua.

Omelia venerabilis bede presbyteri. *Lectio vij.*[5]

Dominus quidem Jesus ante quinque dies pasche venit cum turba multa in hierusalem: et post hanc vicem non recessit inde donec pateretur et resurgeret a mortuis: ut etiam per hoc claresceret quia non invitus

---

[1] manifestato: E.G.W.   [2] *Lectio vij.*: E.G.   [3] bethphage: G.
[4] pro 'et' ei: E.   [5] 'eadem lectio' add: E. 'de eadem lect.': G.

IN RAMIS PALMARUM.

sed sponte pateretur. *Re.* Dominus Jesus ante sex dies pasche venit bethaniam ubi fuerat lazarus mortuus. Quem suscitavit Jesus. ℣ Convenerunt autem ibi multi judeorum ut lazarum viderent. Quem.

Ante quinque dies [*Lec. viij.* pasche id est[1] hodierna die magno precedentium sequentiumque populorum gaudio deductus: venit in templum dei: et erat quotidie docens in eo. Quinto demum peracto die ubi veteris pasche sacramenta hactenus observata consummavit: ac novi deinceps observanda discipulis sacramenta tradidit: egressus in montem oliveti tentus est a judeis et mane crucifixus. *Re.* Cogitaverunt autem principes sacerdotum: ut et[2] lazarum interficerent. Propter quem multi veniebant et credebant in Jesum. ℣ Testimonium ergo perhibebat turba que erat cum eo quando lazarum vocavit de monumento: et suscitavit eum a mortuis. Propter. *Lectio ix.*

Ad montem igitur oliveti veniens dominus ad exhibenda sibi duo jumenta discipulos misit: ut significaret in utrunque populum: circuncisionis: scilicet et preputii predicatores esse destinandos. Sedet dominus super asinam et pullum filium subjugalis: quia requiescit in corde humilium et quietorum. *Re.* Cum audisset[3] turba quia venit Jesus hierosolymam. Cum ramis palmarum processerunt ei obviam. ℣ Et cum appropinquasset ad descensum montis oliveti: omnes turbe gaudentes: et deum voce magna collaudantes. Cum ramis. *Reincipiatur Responsorium.* Cum audissent[4] ℣ Intende anime.

In laudibus. *antiphona.*

Domine deus auxiliator meus: et ideo non sum confusus. *ps.* Miserere mei deus. *an.* Circundantes circumdederunt me: et in nomine domini vindicabor in eis. *ps.* Confitemini. *an.* Judica causam meam defende: quia potens es domine. *ps.* Deus deus meus. *An.* Cum angelis et pueris fideles inveniantur triumphatori mortis clamantes: osanna in excelsis. *ps.* Benedicite. *an.* Confundantur qui me persequuntur: et non confundar ego domine deus meus. *ps.* Laudate. *Cap.* Christus assistens. *Hymnus.* Lustra sex qui. ℣ Eripe me domine. *In evangelio an.* Turba multa que convenerat ad diem festum clamabat ad dominum: benedictus qui venit in nomine domini: osanna in excelsis. *ps.* Benedictus. *Oratio.* Omnipotens sempiterne deus. *Ad primam an.* Anime impiorum. *ps.* Deus deus meus respice. *ps.* Quicunque vult. *Cap.* Domine miserere. ℣ Exurge domine. Kyrieleison. *etc. Ad tectiam an.* Pueri hebreorum tollentes ramos olivarum: obviaverunt domino clamantes et dicentes osanna in excelsis. *ps.* Legem pone. *Cap.* Confundantur. *Re.* Fratres mei. ℣ Amici mei. ℣ Erue a framea.

---

[1] pro 'id est,' idem : W.
[2] 'et' om.: E.G.W.
[3] pro 'aud.' vidisset: G. videsset: E.
[4] vidisset: E. audisset: G.W.

Oratio. Omnipotens sempiterne deus. *Ad sextam an.* Pueri hebreorum vestimenta prosternebant in via et clamabant dicentes: osanna filio david benedictus qui venit in nomine domini. *ps.* Defecit. *Cap.* Judicasti domine. *Re.* Attende. ℣ Homo pacis. ℣ Intende anime. *Oratio ut supra. Ad nonam an.* Osanna filio david benedictus qui venit in nomine domini rex israel osanna in excelsis. *ps.* Mirabilia. *Cap.* Posui faciem. *Re.* Noli esse. ℣ Confundantur. ℣ Ne perdas. *Oratio ut supra. Ad vesperas an.* Dixit dominus *ps.* Ipsum. *Cap.* Faciem meam. *Re.* Dominus Jesus. *Hymnus.* Vexilla regis. ℣ Dederunt in escam. *In evange. an.* Occurrunt turbe cum floribus et psalmis redemptori obviam et victori triumphanti digna dant obsequia filium dei ore gentes predicant: et in laudem Christi voces sonant per nubila osanna. *ps.* Magnificat. *Oratio.* Omnipotens sempiterne deus.

⁋ *Feria ij. Ad matutinas Invitato.* Venite. *ps.* Jubilemus *Hymnus* Pange lingua *In nocturno an.* Dominus defensor. *ps.* Dominus illuminatio. ℣ Erue a framea. *Lectio j.* Posuerunt offendicula sua in domo: in qua invocatum est nomen meum ut polluerent eam: et edificaverunt excelsa tophet que est in valle filii emon[1]: ut incenderet[2] filios suos et filias suas igni que non precepi nec cogitavi in corde meo. *Re.* Dominus mecum est tanquam bellator fortis: propterea persecuti sunt me et intelligere non potuerunt domine probans renes et corda. Tibi revelavi causam meam. ℣ Tu autem domine sabaoth qui judicas juste et probas renes et corda: videam queso ultionem tuam ex eis. Tibi. *Lec. ij.* Ideo ecce dies venient dicit dominus: et[3] non dicetur amplius tophet et vallis filii emon: sed vallis interfectionis. Et sepelient[4] in tophet eo quod non sit locus ad sepeliendum pre multitudine cadaverum. *Re.* Dixerunt impii apud se non recte cogitantes circunveniamus justum: quoniam contrarius est operibus nostris: promittit se scientiam dei habere filium dei se nominat et gloriatur patrem se habere deum. Videamus si sermones illius veri sint: et si est verus filius dei: liberet eum de manibus nostris morte turpissima condemnemus eum. ℣ Tanquam nugaces estimati sumus ab illo: et abstinet se a viis nostris: tanquam ab immundiciis et prefert novissima justorum. Videamus. *Lec. iij.* Et erit morticinum populi hujus in cibos volucribus celi et bestiis terre: et non erit qui abigat. Et quiescere faciam de urbibus juda: et de plateis hierusalem vocem gaudii et vocem leticie: vocem sponsi et vocem sponse. In desolatione enim erit terra. *Re.* Dominus Jesus. *ut supra.* ℣ Intende. *In laudibus antiphona.*

---

[1] ennon: E.G.
[2] inciderent: E.G.
[3] 'et' om.: E.
[4] sepelientur: E.G.W.

IN RAMIS PALMARUM.

Faciem meam non averti ab increpantibus et conspuentibus in me. *ps.* Miserere mei deus. *Añ.* Framea suscitare adversus eos qui dispergunt gregem meum. *ps.* Verba mea. *añ.* Appenderunt mercedem meam triginta argenteis quos appreciatus sum ab eis. *ps.* Deus deus meus. *añ.* Inundaverunt aque super caput meum : dixi perii : invocabo nomen tuum domine deus. *ps.* Confitebor. (*ultimus.*) *añ.* Labia insurgentium et cogitationes eorum vide domine. *ps.* Laudate. *Capitulum* Christus assistens. *Hymnus.* Lustra sex qui. ℣ Eripe me. *In evangelio antiphona.* Non haberes in me potestatem : nisi desuper datum tibi fuisset. *ps.* Benedictus. Kyrieleison. *Oratio.* Da quesumus omnipotens deus : ut qui in tot adversis ex nostra infirmitate deficimus intercedente unigeniti filii tui passione respiremus. Qui tecum. *Memoria pro peccatis et psalmi familiares ut supra. Ad primam añ.* Anime impiorum. *ps.* Deus in nomine. *ps.* Quicunque vult. *Capitulum.* Domine miserere. ℣ Exurge. Kyrieleison. *etc. Ad tertiam añ.* Judicasti. *ps.* Legem pone. *Capitulum.* Confundantur. *Re.* Fratres mei. ℣ Erue a framea. Kyrieleison. *etc. Oratio.* Da quesumus. *Ad sextam añ.* Populi meus. *ps.* Defecit. *Cap.* Judicasti. *Re.* Attende. ℣ Intende. Kyrieleison. *etc. Oratio ut supra. Ad nonam añ.* Nunquid. *ps.* Mirabilia. *Cap.* Posui faciem. *Re.* Noli esse. ℣ Ne perdas. Kyriel. *Oratio ut supra. Et sic dicantur hore usque ad cenam domini : orationibus tantum mutatis. Ad vesperas añ.* Inclinavit. *ps.* Dilexi. *etc. Cap.* Faciem meam. *Re.* Salvum me fac. *Hym.* Vexilla regis. ℣ Dederunt. *In evangelio antiphona.* Tanto tempore vobiscum eram docens vos in templo et non me tenuistis : modo flagellatum ducitis ad crucifigendum. *psalmus.* Magnificat. Kyrieleison. *Oratio.* Adjuva nos deus salutaris noster : et ad beneficia recolenda quibus nos instaurare dignatus es tribue venire gaudentes. Per dominum.

¶ *Feria iij. Ad matu. Invita.* Jubilemus. *ps.* Venite. *Hym.* Pange lingua. *In nocturno añ.* Ut non delinquam. *ps.* Dixi custodiam. ℣ Erue a framea.

Hi in sterquilinium [*Lectio j.* super faciem terre erunt : et eligent magis mortem quam vitam : omnes qui residui fuerunt de cognitione hac pessima in universis locis que derelicta sunt ad que ejeci eos dicit dominus exercituum. *Rc.* Insurrexerunt in me viri iniqui absque misericordia quesierunt me interficere : et non pepercerunt in faciem meam spuere : et lanceis suis vulneraverunt me : et concussa sunt omnia ossa mea. Ego autem estimabam me tanquam mortuum super terram. ℣ Et dederunt in escam meam fel et in siti mea potaverunt me aceto. Ego autem. *Lectio ij.*

Et dices ad eos : Hec dicit dominus. Nunquid qui

DOMINICA IN RAMIS PALMARUM.

cadet[1] non resurget: et qui aversus est non revertetur: quare ergo aversus est populus iste in hierusalem aversione contentiosa? Apprehenderunt mendacium: et noluerunt reverti. Attendi et auscultavi: nemo quod bonum est loquitur: nullus est qui agat penitentiam super peccato suo dicens: Quid feci? Omnes conversi sunt ad cursum suum quasi equus impetu vadens ad prelium. *Responsorium.* Viri impii dixerunt opprimamus virum justum injuste et deglutiamus eum tanquam inferi vivum: auferamus memoriam illius de terra: et de spoliis ejus sortem mittamus inter nos: ipsi enim homicide thezaurisaverunt sibi malum. Insipientes et maligni oderunt sapientiam: et rei facti sunt in cogitationibus suis. ℣ Dixerunt impii apud se non recte cogitantes: circunveniamus justum quoniam contrarius est operibus nostris. Insipientes. *Lectio iij.*

Milvus in celo cognovit tempus suum: turtur et hyrundo et cyconia[2] custodierunt tempus adventus sui: populus autem meus non cognovit judicium domini. Quomodo dicitis sapientes nos sumus et lex domini nobiscum est. Vere mendacium operatus est stilus mendax scribarum: confusi sunt sapientes perterriti et capti sunt: verbum enim domini projecerunt: et sapientia nulla est in eis. *Responsorium.* Cogitaverunt *ut supra in dominica.* ℣ Intende. *In laudibus antiphona.*

Vide domine et considera quoniam tribulor velociter exaudi me. *ps.* Miserere. *an.* Discerne causam meam domine ab homine iniquo et doloso eripe me. *ps.* Judica. *an.* Dum tribularer clamavi ad dominum de ventre inferi et exaudivit me. *ps.* Deus deus meus. *an.* Domine vim patior responde pro me quia nescio quid dicam inimicis meis. *ps.* Ego dixi. *an.* Dixerunt impii: opprimamus virum justum quoniam contrarius est operibus nostris. *ps.* Laudate. *Cap.* Christus assistens. *Hymnus.* Lustra sex qui. ℣ Eripe me. *In evangelio an.* Nemo tollet a me animam meam: sed ego pono eam et iterum sumo eam. *ps.* Benedictus. *Oratio.*

Omnipotens sempiterne deus da nobis ita dominice passionis sacramenta peragere: ut indulgentiam percipere mereamur. Per eundem dominum. *Ad vesperas in evange. an.* Potestatem habeo ponendi animam meam: et iterum assumendi eam. *ps.* Magnificat. *Oratio.*

Tua nos misericordia deus et ab omni surreptione vetustatis expurget: et capaces sancte novitatis efficiat. Per dominum. ¶ *Feria iv. Ad matutinas Invitato.* In manu. *ps.* Venite *Hym.* Pange lingua. *In noct. an.* Avertet dominus. *ps.* Dixit insipiens. ℣ Erue a framea.

Dabo mulieres eorum [*Lec. j.* exteris[3]: agros eorum heredibus alienis: quia a minimo usque ad maximum omnes

---

[1] cadit: G. [2] hirundo et ciconia: G. [3] exte: W.

FERIA QUINTA IN CENA DOMINI.

avariciam sequuntur. A propheta usque ad sacerdotem cuncti faciunt mendacium: et sanabant contritionem filie populi mei ad ignominiam dicentes: Pax pax cum non esset pax. *Re.* Deus israel propter te sustinui improperium: operuit reverentia faciem meam: extraneus factus sum fratribus meis: et hospes filiis matris mee. Quoniam zelus domus tue comedit me. ℣ Improperia improperantium tibi ceciderunt super me. Quoniam. *Lectio ij.* Confusi sunt: quia abhominationem fecerunt: quinimmo confusione non sunt confusi et erubescere nescierunt. Idcirco cadent inter corruentes in tempore visitationis sue corruent dicit dominus. *Re.* Contumelias et terrores passus sum ab eis qui erant pacifici mei. et custodientes latus meum. Dicentes decipiamus eum et prevaleamus illi: sed tu domine mecum es tanquam bellator fortis cadant in opprobrium sempiternum et videam vindictam in eis; quia tibi revelavi causam meam. ℣ Omnes inimici mei adversum me cogitabant mala mihi: verbum iniquum mandaverunt adversum me. Dicentes. *Lectio iij.* Congregans congregabo eos ait dominus. Non est uva in vitibus: et non sunt ficus in ficulnea: folium defluxit et dedi eis que pretergressa sunt. Quare sedemus? Convenite et ingrediamur civitatem munitam et sileamus ibi: quia dominus noster silere nos fecit: et potum dedit nobis aquam fellis.

Re. Cum audisset. ℣ Intende domine. *In laudibus antiphona.* Libera me de sanguinibus deus deus meus: et exultabit lingua mea justiciam tuam. *pš.* Miserere. *An.* Contumelias et terrores passus sum ab eis: et dominus mecum est tanquam bellator fortis. *pš.* Te decet. *an.* Ipsi vero in vanum quesierunt animam meam, introibunt in inferiora terre. *pš.* Deus deus meus. *an.* Omnes inimici mei audierunt malum meum domine: letati sunt quoniam tu fecisti. *pš.* Exultavit. *an.* Alliga domine in vinculis nationes gentium: et reges eorum in compedibus. *pš.* Laudate. *Cap.* Christus assistens. *Hymnus.* Lustra sex qui. ℣ Eripe me. *In evange. an.* Symon dormis non potuisti una hora vigilare mecum. *pš.* Benedictus. *Oratio.* Presta quesumus omnipotens deus: ut qui nostris excessibus incessanter affligimur: per unigeniti tui passionem liberemur. Qui tecum. *Memoria pro peccatis, et psalmi familiares et ad horas ut supra.*

❡ *In cena domini vespere festive sicut in dominica pulsentur et dicantur: et pneuma dicatur more solito. Ad vesperas an.* Beatus vir. *pš.* Nisi dominus. *Cap.* Faciem meam. *Re.* Circundederunt me. *Hym.* Vexilla regis. ℣ Dederunt. *In evange. an.* Quotidie apud vos eram in templo docens et non me tenuistis: et ecce flagellatum ducitis ad crucifigendum. *pš.* Magnificat. *nec dicatur* Kyrieleison *nec preces sequantur.* Oṝo.

FERIA QUINTA

Respice quesumus domine super hanc familiam tuam pro qua dominus noster Jesus Christus non dubitavit manibus tradi nocentum[1]: et crucis subire tormentum. Qui tecum. *Nec ulla fiet*[2] *memoria.*

Ad completorium ut[3] [4] *supra cum tribus versibus.* ℣ Ne projicias. ℣ Qui cognoscis. ℣ Noli claudere. *dicatur* Kyrieleison. *sine prostratione et sine psalmo* Miserere.

Ad matutinas et ad horas diei signa festive pulsentur sicut in dominica. Pulsato autem classico ad matutinas et cereis xxiiij. et uno medio et eminentiore preter xxiiij. de consuetudine nostra accensis: et dicta a singulis oratione dominica sicut ad omnes horas per tres dies sequentes: preterquam ad vesperas cum prostratione. Rector chori in stallo incipiat antiphonam Selus[5] domus *p̄s.* Salvum me fac deus. *assistens intonizet psalmum in cujus inceptione omnes genua flectant: sicut superius diebus ferialibus in quadragesima ordinatur in inceptione* Deus in adjutorium *et sic fiat duobus diebus sequentibus. Et notandum quod hoc triduo* Domine labia *et* Deus in adjutorium *et* Gloria patri: *et pneuma post antiphonam*[6] *et versiculus et* Gloria patri *post psalmos et* Jube domine. *et* Tu autem domine *et versiculus sacerdotalis ante laudes: et que deberent dici in*[7] *capitulo: pretermittuntur: nisi in absolutione post septem psalmos quorum singulis* Gloria patri *subjungimus.*[8] *In matutinis post singulos psalmos finitos: singule candele extinguantur ab uno de tribus sacristis: et ad Responsoria dicto versu similiter. Tres prime lectiones de Jeremia*[9] *quasi lamentando cantantur a pueris variata terminatione ultima. Tres medie lectiones et tres ultime pronuncientur in modum lectionis pro defunctis.*

Ad matutinas in nocte cene. In nocturno antiphona.

Selus domus tue comedit me: et opprobria exprobrantium tibi ceciderunt super me. *p̄s.* Salvum me fac. *An.* Avertantur retrorsum et erubescant qui cogitant mihi mala. *p̄s.* Deus in adjutorium. *An.* Deus meus eripe me de manu peccatoris. *p̄s.* In te domine speravi non confundar. (ij) *Versiculi et*[10] *Responsiones semitono finiantur.* ℣ Exurge domine. Et judica causam meam. Pater noster *cum prostratione dicatur sicut fiet in omnibus orationibus dominicis istarum trium noctium ante lectionem preteritarum*[11] *in sabbato ante pronunciationem evangelii ut patet inferius. nec dicatur* Et ne nos. *more solito:*

---

[1] nocentium: E.G.
[2] fiat: G.
[3] notatur in fine psalterii [fol. lxxiiij. E.]: E.G.
[4] *An.* Signatum est. *p̄s.* Cum invocarem. In te domine speravi. Qui habitat. Ecce nunc. *Cpm.* Tu in nobis. *K̄e.* In pace *ut supra cum tribus etc.* add: E.G.
[5] zelus: E.G.W.
[6] antiphonas: E.G.W.
[7] pro 'in' a: E.G.
[8] pro 'singulis' Gloria patri *subjungimus*' *singularia subjungamus*: E.G.
[9] hieremia: E.G.W.
[10] 'et' om.: E.
[11] preterquam: G.

sed statim dicto Pater noster *sequitur prima lectio hoc modo.*

Quomodo sedet [*Lec. j. Aleph.* sola civitas plena populo: facta est quasi vidua domina gentium princeps provinciarum: facta est sub tributo. *Beth.* Plorans ploravit in nocte: et lachryme ejus in maxillis ejus. Non est qui consoletur eam ex omnibus charis ejus. Omnes amici ejus spreverunt eam et facti sunt ei inimici. *Re.* In monte oliveti oravi ad patrem: pater si fieri potest transeat a me calix iste: spiritus quidem promptus est: caro autem infirma: Fiat voluntas tua. ℣ Veruntamen non sicut ego volo: sed sicut tu vis. Fiat. *Lec. ij.*

Migravit juda propter [*Gymel.* afflictionem et multitudinem servitutis: habitavit inter gentes nec invenit requiem. Omnes persecutores ejus apprehenderunt eam inter angustias. *Deleth.* Vie syon lugent eo quod non sint qui veniant ad solennitatem. Omnes porte ejus destructe: sacerdotes ejus gementes virgines ejus squalide[1]: et ipsa oppressa amaritudine. *Re.* Tristis est anima mea usque ad mortem: sustinete hic et vigilate mecum. Nunc videbitis turbam que circumdabit me: vos fugam capietis et ego vadam immolari pro vobis. ℣ Vigilate et orate dicit dominus: ut non intretis in temptationem. Nunc videbitis. *Lectio iij. Hee.*

Facti sunt hostes ejus in capite: inimici illius locupletati sunt: quia dominus locutus est super eam propter multitudinem iniquitatum ejus: parvuli ejus ducti sunt in captivitatem ante faciem tribulantis. *Vau* Et[2] egressus est a filia syon omnis decor ejus: facti sunt principes ejus velut arietes non invenientes pascua: et abierunt absque fortitudine ante faciem subsequentis. *Re.* Ecce vidimus eum non habentem speciem neque decorem aspectus ejus in eo non est: hic peccata nostra portavit: et pro nobis dolens: ipse autem vulneratus est propter iniquitates nostras. Cujus livore sanati sumus. ℣ Vere languores nostros ipse tulit: et dolores nostros ipse portavit. Cujus. *Re.* Ecce vidimus *reincipiatur. In secundo nocturno añ.* Liberavit dominus pauperem a potente: et inopem cui non erat adjutor. *p̄s.* Deus judicium. *Añ.* Cogitaverunt impii et locuti sunt nequiciam: iniquitatem in excelso locuti sunt. *p̄s.* Quam bonus. *añ.* Exurge domine et judica causam meam. *p̄s.* Ut quid deus. ℣ Deus meus eripe me. De manu peccatoris. *Expositio beati augustini de psalmo lxiij. Lectio iiij.*

Exaudi deus orationem meam dum tribulor: a timore inimici erue animam meam. Sevierunt inimici in martyres. Quid orabat ista vox corporis Christi? Hoc orabat ut eruerentur ab inimicis: ut non eos possent occidere inimici. *Responsorium.* Unus ex discipulis meis tradet me hodie: ve illi per quem tradar ego.

---

[1] squallide: G.

[2] 'Et' om.: E.G.W.

Melius illi erat si natus non fuisset. ℣ Qui intingit mecum manum in parapside hic me traditurus est in manus peccatorum. Melius. *Lectio quinta.*

Ergo exauditi non sunt: quia occisi sunt: et deseruit dominus contritos corde servos suos: et sperantes in se despexit? Absit. Quis enim invocavit dominum et derelictus est? Quis speravit in eum: et desertus est ab eo? Exaudiebantur ergo et occidebantur: et tamen ab inimicis eruebantur. ℟. Eram quasi agnus innocens ductus sum ad immolandum et nesciebam: consilium fecerunt inimici mei adversum me dicentes: Venite mittamus lignum in panem ejus: et eradamus eum de terra viventium. ℣ Omnes inimici mei adversum me cogitabant mala mihi: verbum iniquum mandaverunt adversum me dicentes: Venite. *Lectio vj.*

Ergo hoc orat[1] vox martyrum: a timore inimici erue animam meam: non ut me[2] occidat inimicus: sed ut non timeam occidentem inimicum. Erue[3] a timore inimici: et subde timori tuo. Non timeam eum qui corpus occidit: sed timeam eum qui habet potestatem et corpus et animam occidere in gehenna[4] ignis. *Responsorium.* Una hora non potuistis vigilare mecum qui exhortabamini mori pro me. Vel judam non videtis quomodo non dormit: sed festinat tradere me judeis. ℣ Quid dormitis surgite et orate ut non intretis in temptationem. Vel. *Reincipiatur Responsorium* Una hora.

In iij. nocturno an. Dixi iniquis nolite loqui adversus deum iniquitatem. *ps.* Confitebimur. *an.* Terra tremuit et quievit dum resurgeret in judicio deus. *ps.* Notus in judea. *an.* In die tribulationis mee deum exquisivi manibus[5] meis. *ps.* Voce mea. ℣ Homo pacis mee in quo sperabam. Ampliavit adversum me supplantationem.

Fratres convenien- [*Lectio vij.* tibus nobis in unum jam non est dominicam cenam manducare. Unusquisque enim suam cenam presumit ad manducandum. Et alius quidem esurit: alius autem ebrius est. Nunquid domos non habetis ad manducandum et bibendum aut ecclesiam dei contemnitis et confunditis eos qui non habent. Quid dicam vobis: laudo vos in hoc? non laudo. *Responsorium.* Seniores populi consilium fecerunt ut Jesum dolo tenerent et occiderent. Cum gladiis et fustibus exierunt tanquam ad latronem. ℣ Cogitaverunt iniquitatem sibi: et egrediebantur foras. Cum. *Lectio viij.*

Ego enim accepi a domino quod et tradidi vobis: quoniam dominus Jesus in qua nocte tradebatur accepit panem: et gratias agens fregit et dixit: Accipite et manducate hoc est corpus meum quod pro vobis tradetur: hoc facite in meam commemorationem. ℟. Revelabunt celi iniquitatem jude: et

---

[1] orabat: G.   [2] 'non' add: E.G.W.   [3] 'me' add: E.G.
[4] gehennam: G.   [5] 'me' add: W.

IN CENA DOMINI.

terra adversus eum consurget: et manifestum erit peccatum illius in die furoris domini. Cum eis qui dixerunt domino deo recede a nobis scientiam viarum tuarum nolumus. ℣ In die perditionis servabitur: et ad diem ultionis ducetur. Cum. *Lec. ix.* Similiter et calicem postquam cenavit accepit dicens: Hic calix novum testamentum est in meo sanguine: hoc facite quotienscunque bibetis in meam commemorationem. Quotienscunque enim manducabitis panem hunc et calicem bibetis: mortem domini annunciabitis donec veniat. *Re.* O juda qui dereliquisti consilium pacis: et cum judeis consiliatus es triginta argenteis vendidisti sanguinem justum. Et pacem osculo ferebas quam in pectore non habebas. ℣ Os tuum habundavit malicia: et lingua tua concinnabat dolos. Et pacem. *Responsorium* O juda *repetatur. Ad Responsorii noni repetitionem pulsetur classicum. Versiculus sacerdotalis ante laudes his tribus diebus non dicatur: sed statim inchoetur antiphona super laudes. Omnes etiam prostrationem faciant in inceptione prime antiphone super laudes et a versiculo* Mortem autem crucis. *quousque finiatur servitium fiat prostratio. Dicto autem ultimo Responsorio: rector chori hebdomadarius incipiat statim antiphonam in stallo suo. an.* Justificeris.
In laudibus antiphona.
Justificeris domine in sermonibus tuis et vincas cum judicaris. *ps.* Miserere. *an.* Dominus tanquam ovis ad victimam ductus est: et non aperuit os suum. *ps.* Domine refugium. *an.* Contritum est cor meum in medio mei contremuerunt omnia ossa mea. *ps.* Deus deus meus. *an.* Exhortatus[1] es in virtute tua: et in refectione sancta tua domine. *ps.* Cantemus. *An.* Oblatus est quia ipse voluit et peccata nostra ipse portavit. *ps.* Laudate. *In evange. an.* Traditor autem dedit eis signum dicens: quem osculatus fuero ipse est tenete eum. *ps.* Benedictus. *Hac antiphona predicta incepta: statim altior cereus qui solus accensus superest extinguatur: et provideatur ut non appareat candela accensa in ecclesia: donec servitium finiatur. Interim quinque pueri stantes ante gradus[2] altaris versis ad chorum vultibus dicant alta voce* Kyrieleison. kyrieleison. kyrieleison. *duo diaconi ante ostium chori occidentalis respondeant:* Domine miserere nobis. *Chorus stans hinc inde subjungat* Christus dominus factus est obediens usque ad mortem. *Pueri.* Christeleison. *Tres vicarii in medio chori dicant* ℣ Qui passurus advenisti propter nos. *Pueri* Christeeleison. *Predicti Vicarii* ℣ Qui discipulos pavisti corpore tuo atque cruore. *Pueri.* Christeeleison. *Iidem vicarii* ℣ Agno miti basia cui lupus dedit venenosa. *Duo diaconi ante ostium chori:* Domine miserere nobis. *Chorus:* Christus dominus *etc. ut supra. Pueri iterum*

---

[1] Exaltatus: G.

[2] gradum: E.G.

IN CENA DOMINI.

Kyriel. kyriel. kyriel. *duo diaconi* Domine miserere. *Chorus.* Christus[1] dominus *etc. Predicti vicarii qui prius cantabant tres versus dicant versiculum* Mortem autem crucis. *Sicque in*[2] *omnibus in silentio prostratis dicta oratione dominicali dicant bini et bini preces minores scilicet feriales.*[3] *tacite.* Et ne nos. Ego dixi domine *Psalmus vero* Miserere mei deus : *a rectore chori inceptus mediocri voce a choro alternatim finiatur. Deinde psalmo finito singuli eorum* Respice quesumus domine : *ut supra.* Qui tecum *etc. premisso tantum* Oremus *tacite dicant : absque tamen* Dominus vobiscum. *seu* Benedicamus domino. *Qua finita dato a succentore signo. scilicet percutiente ter manu librum proferatur candela accensa. Hoc ordine qualibet trium noctium fiat.*

Ad primam *an.* Dominus tanquam ovis ad victimam ductus est et non aperuit os suum. *ps.* Deus in nomine. *ps.* Beati immaculati. *ps.* Retribue servo. ℣ Christus factus est pro nobis obediens usque ad mortem. Mortem autem crucis. *Deinde* Pater noster *et preces minores bini et bini premittendo* Et ne nos *tacite cum prostratione dicant. psalmus* Miserere *a rectore chori incipiatur medicori voce et a choro alternetur. Sequatur statim post psalmum oratio* Respice quesumus domine. *cum silentio.* Preciosa *et cetere*[4] *in capitulo pretermittantur. Eodem modo dicantur hore sequentes cum psalmis ad ipsam horam*[5] *pertinentibus et sic fiat duobus diebus sequentibus. Hoc triduo missa privata non solet dici in matrici ecclesia.*

In secundis vesperis in cene domini. Dicta communione cantor incipiat ad vesperas antiphonam.

Calicem salutaris accipiam et nomen domini invocabo. *ps.* Credidi propter. *an.* Cum his qui oderunt pacem eram pacificus cum loquebar illis impungnabant[6] me gratis. *ps.* Ad dominum cum tribularer. *an.* Ab hominibus iniquis libera me domine. *ps.* Eripe me domine. *an.* Custodi me a laqueo quem statuerunt mihi et ab scandalis operantium iniquitatem. *ps.* Domine clamavi. *an.* Considerabam ad dexteram et videbam et non erat qui cognosceret me. *ps.* Voce mea. *A diacono serviente ad altare incipiatur antiphona per assignationem rectoris chori. an.* Cenantibus autem accepit Jesus panem benedixit ac fregit dedit discipulis suis. *ps.* Magnificat *antiphona sine pneuma finiatur. Prelatus dicat.* Dominus vobiscum. Oremus. *Oratio.*

Refecti vitalibus alimentis quesumus domine deus noster : ut quod tempore nostre mortalitatis exequimur immortalitatis tue munere consequamur. Per dominum. *Diaconus.* Ite missa est. *In ecclesiis exterioribus dicatur* Benedicamus domino. *Sicque consummatis omnibus recedant.*[7] *Post hec bini et bini dicant completorium. privatim*

---

[1] pro 'Christus' omipotens : E.
[2] 'in' om.: E.G.
[3] *ferialiter* : G.
[4] *cetera* : G.
[5] *ipsas horas* : G.
[6] impugnabant : E.G.W.
[7] '*Completorium dicator ut notatum est post psalterium* [*fo. lxxiij. E.*]' add: E.G.

DE BENEDICTIONIBUS

post prandium cum antiphona Dominus tanquam.[1] *ps̄.* Cum invocarem. *ps̄.* In te domine. *ps̄.* Ecce nunc. ℣ Christus factus est.[2] Pater noster.[3] Et ne nos. Ego dixi *etc.*[4] *ps̄.* Miserere mei. *Subjuncta continuo post psalmum oratione.* Respice. *premisso tamen.* Oremus. *Signa non pulsentur.*

❡ *De benedictionibus et gratiis per annum.*

Benedictiones et gratie a festo sancte trinitatis usque ad cenam domini diebus in quibus non est jejunium: preterquam a nativitate domini usque post octavam Epiphanie: ubi mutatur lectio ut infra. Hoc modo dicantur ante prandium. Benedicite dominus. *statim sequatur* Oculi omnium. *etc.* Gloria patri *etc.* Kyrieleison. Christeeleison. Kyrieleison. Pater noster. Et ne nos. Oremus. Benedic domine nos. Per Christum dominum nostrum. Amen. Jube domine. Mense celestis *etc.* Lectio. Deus charitas. *usque* Maneamus in ipso. *Post prandium* Deus pacis. *Sequitur* Confiteantur. Gloria patri. Sicut erat. Agimus tibi gratias. *ps̄.* Laudate dominum omnes gentes. Quoniam confirmavit. Gloria patri. Sicut erat. Kyrieleison Christeeleison. kyriel. Pater noster. Et ne nos. Dispersit. Benedicam. In domino. Magnificate. Sit nomen domini.

Sequitur sine Oremus. Retribuere. Benedicamus domino. Ave regina celorum mater regis.[5] ℣ Post partum. Oremus Meritis et precibus sancte marie. *et sequatur benedictio episcopalis si presens fuerit. Deinde pro defunctis singulis diebus: nisi in festo duplici et in hebdomada pasche.* *ps̄.* De profundis. Kyrieleison. Christeeleison. Kyrieleison. Pater noster. Et ne nos. Requiem. Credo. A porta. Dominus vobiscum. Oremus. Fidelium deus. Qui vivis. Fidelium anime.

❡ *Ad cenam per totum annum preter hebdomadam pasche dicatur* Benedicite dominus. Cenam sanctificet.[6] In nomine patris et filii et spiritus sancti. Amen.

❡ *Post cenam* Benedictus deus. Adjutorium. Sit nomen domini. Retribuere. Ave regina. *etc.* *ps̄.* De profundis *ad cenam non dicitur. Diebus vero jejunii per tempus predictum tempore quadragesimali excepto ut infra ante prandium dicatur:* Edent pauperes. *etc. ut supra. usque ad benedictionem que erit:* Cibo spiritualis. Lectio. Gratia domini nostri Jesu Christi. *usque* In Christo Jesu domino nostro. *Post prandium.* Deus pacis. Memoriam fecit. *etc. ut supra. In nativitate domini tantum mutatur*[7] *lectio que erit* Apparuit gratia dei. *usque* vivamus in hoc seculo. *Hec lectio dicatur*

---

[1] 'ovis ad victimam ductus est et non aperuit os suum' add: E.G.

[2] 'pro nobis obediens usque ad mortem. Mortem autem crucis' add: E.G.

[3] 'et Ave Maria' add: E.G.

[4] '*ut supra in feriis ad matutinas cum psalmo.* Miserere' *add*: E.G.

[5] 'mater regis' om.: G.

[6] Hec duo verba in rubro imprimuntur apud E.

[7] *mutetur*: G.

C C

ET GRATIIS PER ANNUM.

tantum usque ad epiphaniam. In epiphania et per octavam. Surge illuminare : *usque* orta est. *et postea ut supra.*

❡ *Die lune prime hebdomade in quadragesima et omnibus diebus sequentibus usque ad cenam domini : nisi in dominicis diebus dicatur ante prandium* Edent pauperes *etc. Lectio* Frange esurienti. *usque* ait dominus omnipotens. *Post prandium loco* Laudate dominum omnes gentes *dicatur psalmus* Miserere mei deus. *etc. ut supra. Diebus vero dominicis more solito scilicet* Oculi omnium : *cum psalmo* Laudate dominum omnes gentes *post prandium.*

❡ *Benedictiones et gratie a cena domini usque ad festum sancte trinitatis. In die cene benedictio et gratie communes et solite scilicet* Edent pauperes. *etc. Lectio* Gratia domini. *Dicitur autem post prandium dicta lectione :* Deus pacis *etc. p̃s̃.* Laudate dominum omnes gentes *etc. ob reverentiam cene dominice.*

❡ *In die parasceue benedictio et gratie ut supra in die cene.*

❡ *In vigilia pasche dicatur primo ad prandium :* Benedicite dominus. *sequitur statim.* All'a. Confitemini domino quoniam bonus quoniam in seculum misericordia ejus. Gloria patri. *etc. non dicatur* Kyrieleison *vel* Pater noster *sed statim sequatur* Oremus. Benedic domine. *etc.* Jube domine *etc.* Mense celestis. *Lectio.* Si consurrexistis *etc. usque* non que super terram. *Post prandium* Deus pacis. *etc. sequitur* Laudate dominum omnes gentes. *etc.* Gloria patri *etc. non sequitur* kyrieleison *vel* Pater noster : *sed statim* Oremus. Spiritum nobis. Per dominum. in unitate ejusdem spiritus sancti. *et respondeatur* Amen. *Et sequitur benedictio episcopalis si presens sit episcopus : sin autem nihil amplius.*

❡ *In die pasche ante prandium :* Benedicite. Dominus. Hec dies. *etc.* Gloria patri. *etc. ut prius.* Oremus. Benedic domine. *etc. ut prius. Lectio.* Expurgate. *usque* epulemur in domino. *Post prandium* Deus pacis *etc. et sequitur.* Confitemini domino *etc.* Gloria patri *etc.* Oremus. Spiritum nobis. *etc. Et sequatur benedictio episcopalis si sit presens. Ad cenam.* Benedicite dominus. Cenam sanctificet *etc.* In nomine patris. *Post cenam.* Benedictus deus. *etc.* Adjutorium. Sit nomen. Oremus. Spiritum nobis. *etc. et sic per totam septimanam usque ad diem sabbati et tunc dicatur ante prandium* All'a. Hec dies. *etc. Post prandium* All'a. Laudate pueri dominum. *etc. ut prius.* Oremus. Spiritum nobis. *etc. et*[1] *sequatur benedictio episcopalis si sit presens. Die autem dominica scilicet in octava pasche dicantur gratie more consueto. scilicet* Oculi omnium *etc. et sequantur*[2] Kyrieleison. Christeeleison. Kyrieleison *et* Pater noster : *remanente tantum lectione* Expurgate. *etc. usque ad ascensionem domini. Ab ascensione vero domini usque ad penthecosten cum lectione* Primum

---

[1] *'et' om.: G.*

[2] *sequatur: G.*

FERIA SEXTA IN PARASCEUE.

quidem *etc. usque* assumptus est. *A penthecoste vero usque ad festum sancte trinitatis cum lectione* Dum complerentur *usque pariter in eodem loco. Diebus vero jejunii tempore predicto.* Edent pauperes. *etc. ut supra cum lectionibus predictis:*

Feria vj. in parasceue domini etc.[1]
Ad matutinas in primo nocturno antiphona.

Astiterunt reges terre et principes convenerunt in unum adversus dominum et adversus Christum ejus. *ps.* Quare fremuerunt. *an.* Diviserunt sibi vestimenta mea et super vestem meam miserunt sortem. *ps.* Deus deus meus respice. *an.* Insurrexerunt in me testes iniqui et mentita est iniquitas sibi. *ps.* Dominus illuminatio mea. ℣ Diviserunt sibi vestimenta mea. Et super vestem meam miserunt sortem. Pater noster. *cum prostratione dicatur. Lec. j. Aleph.*[2]

Quomodo obtexit caligine in furore suo dominus filiam syon: projecit de celo in terram inclytam israel: et non est recordatus scabelli pedum suorum in die furoris sui. *Beth.* Precipitavit dominus nec pepercit omnia speciosa jacob: destruxit in furore suo munitiones virginis juda [3] dejecit in terram: polluit regnum et principes ejus. *Re.* Omnes amici mei dereliquerunt me et prevaluerunt insidiantes mihi: tradidit me quem diligebam: et terribilibus oculis plaga crudeli percutiens. Aceto potaverunt me. ℣ Et dederunt in escam meam fel et in siti mea. Aceto potaverunt. *Lec. secunda.*

Confregit in ira furoris [*Gymel.*[4] omne cornu israel: avertit retrorsum dexteram suam a facie inimici et succendit in jacob quasi ignem flamme devorantis in gyro. *Deleth.* Tetendit arcum suum quasi inimicus: firmavit dexteram suam quasi hostis: et occidit omne quod pulchrum erat visu in tabernaculo filie syon: effudit quasi ignem indignationem suam. *Re.* Velum templi scissum est et omnis terra tremuit latro de cruce clamabat dicens. Memento mei domine dum veneris in regnum tuum. ℣ Amen dico tibi hodie mecum eris in paradiso. Memento. *Lectio iij. Hec.*[5]

Factus est dominus velut inimicus precipitavit israel: precipitavit omnia menia ejus: dissipavit munitiones ejus: et replevit in filia juda humiliatum et humiliatam. *Vau.* Et dissipavit quasi ortum tentorium suum: demolitus est tabernaculum suum. Oblivioni tradidit dominus in syon festivitatem et sabbatum: et obprobrio in indignatione furoris sui regem et sacerdotem. *Re.* Vinea mea electa ego te plantavi. Quomodo conversa es in amaritudinem[6] ut me crucifigeres et barrabam[7] dimitteres. ℣ Ego quidem plantavi te vineam meam electam omne semen verum. Quomodo. *Responsorium Vinea mea reincipiatur.*

In secundo nocturno an. Vim faciebant qui querebant animam

---

[1] 'etc.' om.: G.   [2] *Aleph. Lectio j.*: E.W.   [3] 'et' add: G.
[4] *Gimel*: G.   [5] *Phe.*: E.G.   [6] amaritudine: E.W.   [7] barabbam: G.

meam. *ps.* Domine ne in furore tuo. (*ij.*) *an.* Confundantur et revereantur qui querunt animam meam ut auferant eam. *ps.* Expectans expectavi. *an.* Alieni insurrexerunt in me et fortes quesierunt animam meam. *ps.* Deus in nomine tuo. ℣ Insurrexerunt in me testes iniqui. Et mentita est iniquitas sibi.

Expositio beati augustini de psalmo lxiij. *Lectio iiij.*

Exacuerunt tanquam gladium linguas suas: intenderunt arcum rem amaram. Arcum dicit insidias. Qui enim gladio cominus pugnat: aperte pugnat. Qui sagittam mittit: fallit ut feriat. Prius enim sagitta percutit: quam venire ad vulnus prevideatur. *Re.* Tanquam ad latronem existis cum gladiis comprehendere me. Quotidie apud vos eram in templo docens et non me tenuistis et ecce flagellatum ducitis ad crucifigendum. ℣ Cunque injecissent manus in Jesum et tenuissent eum dixit ad eos. Quotidie.

Sed quem laterent in- [*Lec. v.* sidie cordis humani? Nunquid et dominum nostrum Jesum Christum qui non opus habebat ut ei testimonium quisquam perhiberet de homine. Ipse enim sciebat quid esset in homine sicut evangelista testatur. Tamen audiamus eos et intueamur eos quasi nesciente domino facere quod moliuntur. Intenderunt arcum rem amaram: ut sagittarent in abscondito immaculatum. *Re.* Barrabas latro dimittitur et innocens Christus occiditur: nam et judas armiductor sceleris qui per pacem didicit facere bellum. Osculando tradidit dominum Jesum Christum. ℣ Ecce turba et qui vocabatur judas venit et dum appropinquaret ad Jesum. Osculando. *Lectio vj.*

Quod dixit intenderunt arcum hoc est in abscondito quasi fallentes insidiis. Nostis enim quibus dolis id egerunt: quem admodum discipulum ei coherentem pecunia corruperunt ut sibi traderetur: quomodo falsos testes procuraverunt: quibus insidiis: et dolis egerunt: ut sagittarent in abscondito immaculatum. *Re.* Tradiderunt me in manus impiorum et inter iniquos projecerunt me et non pepercerunt anime mee congregati sunt adversum me fortes. Et sicut gigantes[1] steterunt contra me. ℣ Astiterunt reges terre et principes convenerunt in unum. Et sicut. *Re.* Tradiderunt *reincipiatur.*

In iij. nocturno an. Ab insurgentibus in me libera me domine quia occupaverunt animam meam. *ps.* Eripe me. *an.* Longe fecisti notos meos a me traditus sum et non egrediebar. *ps.* Domine deus salutis. *an.* Captabunt in animam justi et sanguinem innocentem condempnabunt. *ps.* Deus ultionum. ℣ Ab insurgentibus in me. Libera me domine.

Tres ultime lectiones de epistolis Pauli. *Lectio vij.*

Fratres: Festinemus ingredi in illam requiem: ut ne in

---

[1] gygantes: G.

IN PARASCEUE.

idipsum quis incidat incredulitatis exemplum. Vivus est enim sermo dei et efficax: et penetrabilior omni gladio ancipiti: et pertingens usque ad divisionem anime et spiritus. Compagum quoque et medullarum ac discretor cogitationum et intentionum cordis: et non est ulla creatura invisibilis in conspectu ejus. *Re.* Jesum tradidit impius summis principibus sacerdotum et senioribus populi petrus autem sequebatur a longe. Ut videret finem. ℣ Et ingressus petrus in atrium principis sacerdotum sedebat cum ministris. Ut. *Lectio viij.* Omnia autem nuda et aperta sunt[1] oculis ejus ad quem nobis sermo. Habentes ergo pontificem magnum qui penetravit celos Jesum filium dei teneamus confessionem. Non enim habemus pontificem qui non possit compati infirmitatibus nostris: temptatum autem per omnia pro similitudine absque peccato. Adeamus ergo cum fiducia ad thronum gratie ejus: ut misericordiam consequamur et gratiam inveniamus in auxilio opportuno. *Re.* Caligaverunt oculi mei a fletu meo: quia elongatus est a me qui consolabatur me videte omnes populi. Si est dolor similis sicut dolor meus. ℣ O vos omnes qui transitis per viam attendite et videte. Si est. *Lectio ix.* Omnis nanque pontifex ex hominibus assumptus pro hominibus constituitur in his que pertinent ad deum: ut offerat dona et sacrificia pro peccatis. Qui condolere possit his qui ignorant et errant: quoniam et ipse circundatus est infirmitate. Et propterea debet quemadmodum et pro populo: ita etiam et pro semetipso offerre pro peccatis. *Re.* Tenebre facte sunt dum crucifixissent Jesum judei et circa horam nonam exclamavit Jesus voce magna: deus meus ut quid me dereliquisti. Et inclinato capite emisit spiritum tunc unus ex militibus lancea latus ejus perforavit et continuo exivit sanguis et aqua. ℣ Cum ergo accepisset acetum dixit consummatum est. Et. *Re.* Tenebre reincipiatur. Dicto autem Responsorio rector chori ebdomodarius[2] incipiat antiphonam. An.* Proprio filio suo non pepercit deus sed pro nobis omnibus tradidit illum. *ps.* Miserere. *an.* Anxiatus est in me[3] spiritus meus et in me turbatum est cor meum. *ps.* Domine exaudi. (*ij.*) *an.* Ait latro ad latronem nos quidem digna factis recipimus hic autem quid fecit: memento mei domine dum veneris in regnum tuum. *ps.* Deus deus meus. *an.* Dum conturbata fuerit anima mea domine misericordie memor eris. *ps.* Domine audivi. *an.* Memento mei domine deus dum veneris in regnum tuum. *ps.* Laudate. *Ordo ut in cena domini hac nocte servetur. In evange. an.* Posuerunt super caput ejus causam ipsius scriptam: Jesus nazarenus rex

---

[1] 'in' add: E.   [2] *hebdomadarius*: G.
[3] pro 'in me' me in: W.   pro 'in' super: G.

IN SABBATO

judeorum. *ps.* Benedictus. *Finita antiphona subjungant pueri statim* kyrieleison. *etc. ut supra ordinatum est. A tribus vicariis* ℣ Te qui vinciri voluisti nosque a mortis vinculis eripuisti. ℣ Qui expansis in cruce manibus traxisti omnia ad te secula. ℣ Vita in ligno moritur infernus et mors lugens expoliatur. *etc. ut in nocte cene ordinatum est. Ad horas sicut in cena domini: bini et bini dicant horas privatim ordo ut superius.*

❡ *De secundis vesperis in die parasceue.[1] Prelato autem cum silentio communicato cum ceteris qui communicari voluerint idem prelatus ad altare cum suis et in choro bini et bini dicant privatim vesperas. Ad vesperas añ.* Calicem. *ps.* Credidi propter. *etc. ut supra. In evange. añ.* Jesus autem cum accepisset acetum dixit consummatum est: et inclinato capite tradidit spiritum. *ps.* **Magnificat.** *Finita antiphona voce submissa: prelatus dicat mediocri voce* Oremus. Refecti vitalibus. per dominum. *Chorus.* Amen. *Sicque prelato ab altari digresso: chorus discedat. Ad completorium ut supra.*

❡ *In sancto sabbato pasche. Ad matutinas. In j. nocturno añ.* In pace in idipsum dormiam et requiescam. *ps.* Cum invocarem. *añ.* Habitabit in tabernaculo tuo requiescet in monte sancto tuo. *ps.* Domine quis habitabit. *añ.* Caro mea requiescet in spe. *ps.* Conserva. ℣ In pace in idipsum. Dormiam et requiescam. *Lectio j. Aleph.* Quomodo obscuratum est aurum mutatus est color optimus. Dispersi sunt lapides sanctuarii in capite omnium platearum. *Beth.* Filii syon incliti et amicti auro primo: quomodo reputati sunt in vasa testea et in opera manuum figuli. *Gymel.* Sed et lamie nudaverunt mammam: lactaverunt catulos suos. Filia populi mei crudelis quasi strutio[2] in deserto. *Re.* Sepulto domino signatum est monumentum volventes lapidem ad ostium monumenti. Ponentes milites qui custodirent illud. ℣ Ne forte veniant discipuli ejus et furentur eum et dicant plebi surrexit a mortuis. Ponentes.

Adhesit lingua [*Lec. ij. Deleth.* lactentis ad palatum ejus in siti: parvuli petierunt panem et non erat qui frangeret eis. *Hee.* Qui vescebantur voluptuose interierunt in viis: qui nutriebantur in croceis amplexati sunt stercora. *Vau.* Et major effecta est iniquitas filie populi mei peccato sodomorum: que subversa est in momento et non ceperunt in ea manus. *Re.* Hierusalem luge et exue vestibus jocunditatis induere cinere et cilitio. Quia in te occisus est salvator israel. ℣ Deduc quasi torrentem lachrymas per diem et noctem et non taceat pupilla oculi tui. Quia. *Lectio iij. Sai.* Candidiores nazarei ejus nive: nitidiores lacte: rubicundiores ebore antiquo: sapphiro[3] pulchriores. *Heth.* Denigrata est super carbones facies eorum: et non sunt cogniti in plateis:

---

[1] *parasceues: G.*   [2] *struthio: G.*   [3] *saphiro: E.G.W.*

FERIA SEXTA IN PARASCEUE.

adhesit cutis eorum ossibus aruit et facta est quasi lignum. *Teth.* Melius fuit occisis gladio quam interfectis fame: quoniam illi statim mortui sunt: isti excubaverunt[1] consumpti ab sterilitate terre. *Re.* Plange quasi virgo plebs mea ululate pastores in cinere et cilitio. Quia veniet dies domini magna et amara valde. ℣ Ululate pastores et clamate aspergite vos cinere. Quia veniet. *Re.* Plange.

In ij. nocturno an. Elevamini porte eternales et introibit rex glorie. *ps.* Domini est terra. *an.* Credo videre bona domini in terra viventium: *ps.* Dominus illuminatio. *an.* Domine abstraxisti ab inferis animam meam. *ps.* Exaltabo. (*j.*) ℣ Caro mea Requiescet in spe.

Expositio beati augustini de psalmo lxiij. *Lectio iiij.*

Accedit homo ad cor altum: et exaltabitur deus. Illi dixerunt quis nos videbit? Defecerunt scrutantes consilia mala. Accessit homo ad ipsa consilia: passus est se teneri homo. Non enim teneretur nisi homo aut videretur nisi homo aut crederetur[2] nisi homo aut crucifigeretur et moreretur nisi homo. *Re.* Recessit pastor noster fons aque vive in cujus transitu sol obscuratus est: nam et ille captus est qui captivum tenebat primum hominem. Hodie portas mortis et seras pariter salvator noster disrupit. ℣ Ante cujus conspectum mors fugit ad cujus vocem mortui resurgunt videntes autem eum porte mortis confracte sunt. Hodie portas. *Lectio v.*

Accessit ergo homo ad omnes illas passiones: que in illo nihil valerent nisi esset homo. Sed si ille non esset homo: non liberaretur homo. Accessit homo ad cor altum: id est cor secretum: objiciens humanis aspectibus se hominem servans intus deum: celans formam dei in qua equalis est patri: et ferens formam servi quo major est pater. *Re.* O vos omnes qui transitis per viam: attendite et videte: Si est dolor similis sicut dolor meus. ℣ Attendite universi populi et videte. Si. *Lectio vj.*

Ipse enim dixit utrumque: sed aliud ex forma dei: aliud ex forma servi. Dixit ex forma dei: ego et pater unum sumus: dixit ex forma servi: quoniam pater major me est. Unde ex forma dei ego et pater unum sumus. Quia cum in forma dei esset constitutus: non rapinam arbitratus est esse[3] equalis[4] deo. Unde ex forma servi: quoniam pater major me est. Quia semetipsum exinanivit: formam servi accipiens. Accessit ergo homo ad cor altum: et exaltabitur deus. *Re.* Ecce quomodo moritur justus: et nemo percipit corde: et viri injusti tolluntur: et nemo considerat a facie iniquitatis ablatus est justus. Et erit in pace memoria ejus. ℣ In pace factus est locus ejus: et in syon habitatio ejus. Et erit. *Re.* Ecce.

In iij. nocturno an. Deus

---

[1] extabuerunt : E.G.W.
[2] cederetur : G.W.
[3] 'se' add : G.
[4] equalem : E.G.

IN SANCTO

adjuvat me: et dominus susceptor est anime mee. *ps̄.* Deus in nomine. *an̄.* In pace factus est locus ejus et in syon habitatio ejus. *ps̄.* Nctus in judea. *an̄.* Factus sum sicut homo sine adjutorio inter mortuos liber. *ps̄.* Domine deus salutis. ℣ In pace factus est locus ejus. Et habitatio ejus in syon. *Hic non fiat prostratio dum dicitur oratio dominica: sed stando dicatur ob reverentiam evangelii. Tres ultime lectiones de expositione evangelii Secundum mattheum: de omelia venerabilis bede presbyteri. et legatur septima lectio a diacono sine titulo: et sine* Et reliqua. *et sine pronunciatione omelie hoc modo.* Lectio vij.

Vespere sabbati que lucescit in prima sabbati venit maria magdalene et altera maria videre sepulchrum.

Vigilias nobis hujus sacratissime noctis sicut ex lectione evangelica fratres carissimi audivimus resurrectio domini et salvatoris nostri dedicavit. Juste etenim hanc pro ejus amore vigiliis celebramus et hymnis: qui pro nostro amore in ea dormire in morte ac de morte voluit excitari. *Re.* Estimatus sum cum descendentibus in lacum. Factus sum sicut homo sine adjutorio inter mortuos liber. ℣ Posuerunt me in lacu inferiori: in tenebrosis et in umbra mortis. Factus. *Lectio viij.*

Quod[1] autem in lectione evangelica dictum est: quia sancte mulieres vespere sabbati que lucescit in prima sabbati venerunt videre sepulchrum: ita intelligendum est: quia vespere quidem venire ceperint: sed lucescente mane in prima sabbati ad sepulchrum pervenerint: id est vespere aromata paraverint[2] quibus corpus domini ungere desiderabant: sed parata vespere aromata mane ad sepulchrum detulerint.[3] *Re.* Agnus dei Christus immolatus est pro salute mundi. Nam de parentis prothoplasti fraude facta condolens: quando pomi noxialis morte morsu corruit: ipse[4] lignum tunc notavit damna ligni ut solveret. ℣ Christus factus est pro nobis obediens usque ad mortem: mortem autem crucis. Nam. *Lectio ix.*

Sepulto nanque sexta feria domino: reverse a monumento mulieres paraverunt aromata quamdiu operari licebat. Et sabbato quidem siluerunt secundum mandatum sicut lucas aperte designat. Cum autem transisset sabbatum vesperaque adveniente tempus operandi redisset: mox prompte ad devotionem emerunt que minus paraverant aromata: sicut marcus commemorat: ut venientes ungerent Jesum. Et valde mane una sabbatorum venerunt ad monumentum orto jam sole. *Re.* Sicut ovis ad occisionem ductus est: et dum male tractaretur non aperuit os suum. Traditus est ad mortem ut vivificaret populum suum. ℣ In pace factus est locus ejus: et in syon habitatio ejus. Traditus. *Re.* Sicut ovis.

---

[1] Quot : E.
[2] paraverunt : G.
[3] detulerunt : E.G.
[4] ipsum : E.

SABBATO PASCHE.

In laudibus antiphona. O mors ero mors tua: morsus tuus ero inferne. *ps̄.* Miserere. *an̄.* Plangent eum quasi unigenitum: quia innocens dominus occisus est. *ps̄.* Bonum est. *an̄.* Attendite universi populi et videte dolorem meum. *ps̄.* Deus deus meus. *an̄.* A porta inferi erue domine animam meam. *ps̄.* Ego dixi. *An̄.* O vos omnes qui transitis per viam attendite et videte si est dolor sicut dolor meus. *ps̄.* Laudate. *In evange. an̄.* Mulieres sedentes ad monumentum lamentabantur flentes dominum. *ps̄.* Benedictus. *Finita antiphona sequatur Kyrieleison a pueris et cetera ut supra.* ℣ Qui prophetice prompsisti ero mors tua o mors. ℣ Qui latroni in cruce confitenti paradisi mansionem aperuisti. ℣ Fac nos tuam Jesu mortem digne venerari. *etc. ut supra. Ad horas ut supra. bini et bini dicant horas privatim ordo ut supra. Post missam completo sacramento et communicatis qui communicari voluerint: cantor incipiat vesperas.* [1] *An̄.* Alleluia alleluia alleluia alleluia. *ps̄.* Laudate dominum omnes gentes. Quoniam confirmata. Gloria patri. Sicut erat. *Post psalmum tota cantetur antiphona sine pneuma. Qua finita statim incipietur antiphona a diacono qui legit evangelium. An̄.* Vespere autem sabbati que lucescit: in prima sabbati venit maria magdalene et altera maria videre sepulchrum. all'a. *ps̄.* Magnificat *cum* Gloria patri *et* Sicut erat. *Antiphona vero ante psalmum Magnificat non percantatur licet festum sit duplex: sed post psalmum percantatur antiphona sine pneuma. Prelatus* Dominus vobiscum. *Oratio.*

Spiritum nobis domine tue charitatis infunde: ut quos sacramentis paschalibus saciasti: tua facias pietate concordes. Per dominum. In unitate ejusdem. *Diaconus.* Ite missa est. *Ad completorium.* Deus in adjutorium. etc. *an̄.* Alleluia. iiij. *ps̄.* Cum invocarem. *ps̄.* In te domine speravi. *ps̄.* Ecce nunc. *Et sequatur statim.* All'a. ℣ Confitemini domino quoniam bonus: quoniam in seculum misericordia ejus. *Non reincipiatur* All'a. *nec dicatur versiculus* In resurrectione tua Christe. *ante diem resurrectionis: sequitur collecta* Dominus vobiscum. *Oratio.* Spiritum nobis domine *etc. ut prius.* Dominus vobiscum. Benedicamus domino *sine* all'a.

¶ *Notandum quod infra octavas pasche ncn dicuntur* Kyrieleison preces: capitula: hymni: psalmus Quicunque vult. *ps̄.* Qui habitat. *ps̄.* Nunc dimittis. *nec Responsoria ad horas: nec pneuma in fine antiphonarum sine versiculo: usque in sabbato ad vesperas in octava pasche: ncc* Domine labia *ad matutinas ncc* Converte nos *ad completorium: nec* Fidelium anime. *Et hec predicta pretermittantur tam ad matutinas quam ad vesperas et completorium. Et ad alias horas*

---

[1] '*In vigilia pasche ad vesperas*' add: W.

usque in sabbato. *Et sciendum est quod omnia invitatoria: Responsoria: officia: offertoria communio et omnes alie tam de sanctis quam de servitio paschali a die pasche usque ad festum sancte trinitatis debent terminari cum* Alleluia *excepta antiphona* Gratias tibi deus. *ad quam non sequitur* Alleluia.

❡ *In die pasche ad matutinas non dicatur* Domine labia: *sed incipiatur:* Deus in adjutorium. *etc. Invitatorium* Alleluia alleluia. Christus hodie surrexit. All'a all'a. *ps̄.* Venite exultemus.

In primo nocturno. antiphona.
Ego sum qui sum: et consilium meum non est cum impiis: sed in lege domini voluntas mea est. all'a. *ps̄.* Beatus vir. *Añ.* Postulavi patrem meum all'a: dedit mihi gentes all'a: in hereditatem all'a. *ps̄.* Quare fremuerunt. *Añ.* Ego dormivi et somnum cepi et exurrexi quoniam dominus suscepit me alleluia all'a. *ps̄.* Domine quid multiplicati. ℣ Resurrexit dominus. Sicut dixit vobis all'a. *Secundum marcum.*
In illo tempore: Maria magdalene et maria jacobi et salomee emerunt aromata ut venientes ungerent Jesum. Et valde mane una sabbatorum veniunt ad monumentum orto jam sole. Et reliqua.

Omelia beati gregorii pape. Lec. j.
Commendat nobis sacratissima lectio sanctarum mulierum devotionem: angelorum apparitionem: et quid his majus est dominicam resurrectionem. Pulchre ergo mulieres iste uno nomine censentur: ut quibus fuerat una voluntas: unum esset et vocabulum. Maria ergo magdalene ipsa est soror lazari: que unxit dominum unguento. Maria jacobi mater est jacobi minoris et joseph: et soror matris domini. Maria salomee: a vico[1] vel a viro dicta est. Tradunt enim eam duos viros habuisse: cleopham scilicet et salomeum: ipsamque volunt esse que alibi maria cleophe appellatur. Tu. *Re.* Angelus domini descendit de celo et accedens revolvit lapidem et super eum sedit et dixit mulieribus nolite timere scio enim quia crucifixum queritis. Jam surrexit venite et videte locum ubi positus erat dominus. all'a. ℣ Angelus domini locutus est mulieribus dicens: quem queritis an Jesum queritis. Jam. *Lectio ij.*
Veniunt ergo sancte mulieres cum aromatibus sepulchrum domini visitare: et eum quem viventem dilexerant: etiam mortuum studio humanitatis obsequuntur. Et valde mane una sabbatorum veniunt ad monumentum orto jam sole. Ab initio enim seculi usque ad domini resurrectionem dies precedebat: et nox sequebatur. A domini vero resurrectione nox precedens ad sequentem diem pertinet: quia qui in hujus noctis parte ultima a mortuis resurrexit: ipsam noctem in diem commutavit. *Re.* Angelus domini locutus est mulieribus

---

[1] victo: W.

SANCTO PASCHE.

dicens: quem queritis an Jesum queritis. Jam surrexit venite et videte all'a alleluia. ℣ Ecce precedet vos in galileam: ibi eum videbitis sicut dixit vobis. Jam surrexit. *Lectio iij.*

*E*rgo iste mulieres venientes sepulchrum domini visitare: sexus sui fragilitatem considerantes: et magnitudinem lapidis recolentes: qui tam magnus fuisse fertur: ut vix a viginti hominibus moveri posset: dicebant Quis revolvet nobis lapidem ab ostio monumenti? Et respicientes viderunt revolutum lapidem. Angelus enim domini descendit de celo: et accedens revolvit lapidem et sedebat super eum. Non ut egressuro domino viam panderet: sed ut egressus ejus indicium omnibus daret. *Re.* Dum transisset sabbatum maria magdalene et maria jacobi et Salomee emerunt aromata: Ut venientes ungerent Jesum alleluia alleluia. ℣ Et valde mane una sabbatorum veniunt ad monumentum orto jam sole. Ut venientes. Gloria patri. All'a all'a. *ps.* Te deum laudamus. ℣ Surrexit dominus vere. Et apparuit simoni alleluia. *In laudibus:* Deus in adjutorium. *etc.* *Antiphona.*

*A*ngelus autem domini descendit de celo: et accedens revolvit lapidem et sedebat super eum alleluia alleluia. *ps.* Dominus regnavit. *añ.* Erat autem aspectus ejus sicut fulgur vestimenta ejus sicut nix all'a alleluia. *ps.* Jubilate. *añ.* Pre timore autem ejus exterriti sunt custodes: et facti sunt velut mortui alleluia. *ps.* Deus deus meus ad te. *añ.* Respondens autem angelus dixit mulieribus: nolite timere: scio enim quod Jesum queritis alleluia. *ps.* Benedicite. *añ.* Cito euntes dicite discipulis: quia surrexit dominus all'a. *ps.* Laudate. ℣ Surrexit dominus de sepulchro. Qui pro nobis pependit in ligno. all'a. *In evange. añ.* Et valde mane una sabbatorum veniunt ad monumentum orto jam sole all'a. *ps.* Benedictus. *Antiphona percantetur ante psalmum et post psalmum.* *Oratio.*

*D*eus qui hodierna die per unigenitum tuum eternitatis nobis aditum devicta morte reserasti: vota nostra que preveniendo aspiras: etiam adjuvando prosequere. Per eundem. Benedicamus domino all'a all'a. Deo gratias alleluia alleluia.

Ad primam Deus in adjutorium. *etc. añ.* Alleluia all'a all'a all'a. *ps.* Deus in nomine. *ps.* Beati immaculati. *ps.* Retribue. *Post antiphonam sequitur Graduale.* Hec dies quam fecit dominus exultemus et letemur in ea. ℣ Resurrexit dominus. *Oratio.* Deus qui hodierna die. *Non dicitur* Preciosa. *ubi non legitur lectio de martylogio. Ubi vero lectio de martylogio dicatur* Preciosa: *cum oratione* Sancta maria. *et* Dominus vobiscum: *et concludatur cum* Benedicamus domino *sine* alleluia: *nec sequitur alia lectio nec* Deus in adjutorium: *nec preces subsequentes: et ita per totam septimanam. Ad tertiam añ.* Alleluia *iiij. ps.* Legem pone. *Graduale.*[1] Hec

---
[1] *Graduale: W.*

IN DIE SANCTO PASCHE.

dies. ℣ Surrexit dominus vere. *Oratio.* Deus qui hodierna. *Ad sextam añ.* Alleluia. *iiij. p͞s.* Defecit. *Graduale*[1] Hec dies. ℣ Surrexit dominus de sepulchro. *O͞ro.* Deus qui hodierna. *Ad nonam. añ.* Alleluia. *iiij. p͞s.* Mirabilia. *Graduale*[1] Hec dies. ℣ Gavisi sunt discipuli. Viso domino all'a. *O͞ro.* Deus qui hodierna. *Notandum quod Oratio* Deus qui hodierna die *quotidie ad horas dicetur usque ad octavam pasche. Ad vesperas.* Deus in adjutorium. *etc. Añ.* Alleluia. *iiij. p͞s.* Dixit dominus. *p͞s.* Confitebor. *p͞s.* Beatus vir qui. *Hi psalmi cum predicta antiphona dicantur ad vesperas per totam hebdomadam. Graduale.* Hec dies. ℣ Confitemini domino quoniam bonus : quoniam in seculum misericordia ejus. *Graduale post versum non repetatur* Alleluia ℣ Epulemur in azymis sinceritatis et veritatis. *non repetatur* All'a *post versum. Eodem modo fiat in vesperis tribus diebus sequentibus.* ℣ Resurrexit dominus. *In evange. añ.* Et respicientes viderunt revolutum lapidem : erat quippe magnus valde. all'a. *p͞s.* Magnificat. *Oratio.*
Concede quesumus omnipotens deus : ut qui resurrectionis dominice solennia colimus : innovatione tui spiritus a morte anime resurgamus. Per eundem dominum. In unitate ejusdem. Dominus vobiscum. Benedicamus domino all'a. all'a. Deo gratias all'a all'a.
❧ *Ad processionem ad fontes in ecclesiis exterioribus scilicet simplicis parochie añ.* All'a *iij. p͞s.* Laudate pueri dominum. *Et post quemlibet versum psalmi percantatur aña.* All'a *iij. Sequitur.* Alleluia. ℣ Laudate pueri *a duobus pueris si ibi fuerint : sin autem ab aliis : post versum non repetatur* Alleluia. ℣ Surrexit dominus vere. *Oratio.*
Deus qui multiplicas ecclesiam tuam in sobole renascentium fac eam gaudere propitius de suorum profectibus filiorum. Per Christum.
❧ *In statione ante crucem. añ.* Alleluia *iij. p͞s.* In exitu israel. *et post psalmum percantetur antiphona* All'a *iij. et sequatur ibidem in statione antiphona* Crucifixum. *ut infra in octava pasche ad matutinas. Vel Resp.* Sedit angelus ad sepulchrum domini : stola claritatis coopertus : videntes eum mulieres nimio terrore perterrite astiterunt a longe : tunc locutus est angelus et dixit eis : Nolite timere dico vobis : quia illum quem queritis mortuum jam vivit et vita hominum cum eo surrexit alleluia. ℣ Crucifixum in carne laudate : et sepultum propter vos glorificate : resurgentemque de morte adorate. Nolite. *Alternatim scilicet in vesperis diversis.* ℣ Surrexit dominus de sepulchro. Qui pro nobis pependit. *Oratio.*
Deus qui pro nobis filium tuum crucis patibulum subire voluisti : ut inimici a nobis expelleres potestatem : concede

---

[1] *Gradale: W.*

RUBRICA PASCHALIS.

nobis famulis tuis: ut resurrectionis gloriam consequamur. Per eundem Christum. *Ad introitum chori memoria de sancta Maria. añ.* Alma redemptoris. ℣ Post partum virgo. *Oratio.* Gratiam tuam quesumus domine mentibus nostris infunde: ut qui angelo nunciante Christi filii tui incarnationem cognovimus: per passionem ejus et crucem ad resurrectionis gloriam perducamur. Per eundem Christum.

Memoria de omnibus sanctis. añ. Lux perpetua lucebit sanctis tuis domine alleluia: et eternitas temporum all'a all'a alleluia. ℣ Vox leticie et exultationis. In tabernaculis justorum all'a. *Oratio.* Presta quesumus omnipotens et misericors deus: ut in resurrectione domini nostri Jesu Christi cum omnibus sanctis percipiamus veraciter portionem. Qui tecum. Benedicamus domino all'a. Deo gratias alleluia. *Et sic per hebdomadam usque ad diem sabbati cum propriis orationibus ad fontes: mutatis antiphonis de domina in memoria sua prout inferius notatur. Item aliud Responsorium in statione ante crucem de processione in matrici ecclesia. Re.* Rex noster in cruce debellans mortis principem: tulit fortior armato spolia diluculo resurgens in gloria processit in mundum: reliquit sudarium in sepulchro. Ad patris solium victor revexit tropheum. all'a. *Hic versus cantetur a tribus vicariis.* ℣ O mira Christi regis clementia quis vidit talia latronis crucem tolerans: jubet cherubim[1] gladium versantem crucis socio latroni paradisum aperire. Ad patris. *In capella vero ubi non fit processio in hebdomada pasche: ad vesperas dicuntur omnes quinque psalmi sub una antiphona scilicet.* Alleluia iiij. *et statim postea sequatur Graduale de die cum versu a choro: et sequatur Alleluia de die a duobus vel tribus secundum copiam clericorum in medio chori: nec repetatur all'a sed dicatur statim versiculus et sequatur antiphona cum psalmo* Magnificat. *et fiant memorie de resurrectione: de domina: et de omnibus sanctis: prout inferius notatur. scilicet dominica in octava pasche ad primas vesperas. Ad completorium.* Deus in adjutorium. *etc.* añ. All'a iiij. p̄s. Cum invocarem. p̄s. In te domine speravi. p̄s. Ecce nunc. *Graduale.* Hec dies. ℣ In resurrectione tua Christe. Celum et terra letentur alleluia. Dominus vobiscum. *Oratio.* Spiritum nobis. Dominus vobiscum. Benedicamus domino *sine* Alleluia. *Et hoc modo dicatur completorium infra hebdomadam pasche usque post vesperas in sabbato.*

¶ *Si in septimana pasche major letania evenerit: nihil de festo nec de jejunio fiat ante vel post: nec de aliquo alio festo: preterquam de festo Annunciationis beate marie virginis: prout ad dictum festum notatur. Si in dominica octave pasche festum istud*

---

[1] cherubin: W.

FERIA SECUNDA

vel aliquod aliud evenerit: sive duplex sive simplex quasi novem lectionum nihil fiet ibi de festo: sed differatur in crastinum: vel proximam feriam vacantem: et in ipsa dominica ad secundas vesperas dicantur antiphone de festo duplici cum psalmis dominicalibus. Si vero in aliis dominicis usque ad ascensionem evenerit festum duplex vel simplex cum regimine chori ibi fiat de festo et differatur dominica usque in proximam feriam vacantem: et tunc ipso die dominico nulla fiet memoria de dominica: sed tantum memorie de resurrectione: de domina: et de omnibus sanctis. Et preterea licet die dominica dictum sit de officio dominicali et feria ij dicendum sit de festo quasi ix. lectionum in vesperis die dominica que erunt de festo: nulla fiet memoria de dominica: sed tantum de resurrectione et aliis ut supra. ¶ Si vero in octava pasche festum iij. lectionum evenerit: de eo fiat[1] memoria. Similiter fiat si in ceteris dominicis seu festis sanctorum ix. lectionum etiam duplicium usque ad ascensionem evenerit: memoria siquidem de sancto precedet memoriam de resurrectione. ¶ Si autem in die feriali usque ad rogationes hujusmodi festum trium lectionum evenerit: de eo dicatur nisi per commemorationem beate Marie virginis: vel quia de dominica ferialiter dici debeat impediatur. ¶ *Feria ij.*
Ad matu. invita. Surrexit dominus vere. Alleluia. *ps.* Venite. *In nocturno an.* Alleluia all'a all'a. *ps.* Cum invocarem. *ps.* Verba mea. *ps.* Domine ne in furore (*j.*) ℣ Resurrexit dominus. *Secundum Lucam.*
In illo tempore: Exeuntes duo ex discipulis Jesu: ibant ipsa die in castellum quod erat in spacio stadiorum sexaginta ab[2] hierusalem nomine emaus: et ipsi loquebantur ad invicem de his omnibus que acciderant. Et reliqua.
Omelia beati gregorii pape. Lect.
In quotidiana nobis so-[*prima.* lennitate laborantibus: pauca loquenda sunt: et fortasse hec utilius proderunt: quia sepe et alimenta que minus sufficiunt: avidius sumuntur. Lectionis ergo evangelice summatim sensum statui[3] non per singula verba discurrere: ne lectionem nostram[4] valeat sermo prolixior expositionis onerare. Tu autem. *Re.* Maria magdalena[5] et altera maria ibant diluculo ad monumentum: Jesum quem queritis non est hic surrexit sicut locutus est. Precedet vos in galileam: ibi eum videbitis alleluia alleluia. ℣ Cito euntes dicite discipulis ejus et petro: quia surrexit dominus. Precedet vos in galileam. *Lectio ij.*
Ecce audistis fratres charissimi: quia duobus discipulis ambulantibus in via: non quidem credentibus: sed tamen de se loquentibus dominus apparuit: sed ejus speciem quam recognoscerent non ostendit. Hoc ergo egit foris dominus in oculis corporis: quod apud

---
[1] *fiet*: W. [2] pro 'ab' *ad*: W. [3] *statim*: W.
[4] *dilectionem vestram*: W. [5] *magdalene*: W.

ipsos agebatur intus in oculis cordis. *Re.* Tulerunt dominum meum et nescio ubi posuerunt eum: ait ei angelus. Noli flere maria: surrexit sicut dixit: precedet vos in galileam ibi eum videbitis alleluia alleluia. ℣ Dum ergo fleret inclinavit se et prospexit in monumentum: et vidit duos angelos in albis sedentes: qui dicunt ei. Noli flere maria: surrexit sicut dixit precedet. *Lectio iij.*

Ipsi nanque apud semetipsos intus et amabant et dubitabant: eis autem dominus foris et presens aderat et quis esset non ostendebat. De se ergo loquentibus presentiam exhibuit: sed de dubitantibus cognitionis sue speciem abscondit. Verba quidem contulit: duritiam intellectus increpavit: sacre scripture mysteria que de seipso erant aperuit. Et tamen quia adhuc in eorum cordibus peregrinus erat a fide ire se longius finxit. *Re.* Congratulamini mihi omnes qui diligitis dominum: quia quem querebam apparuit mihi. Et dum flerem ad monumentum vidi dominum meum. all'a. ℣ Recedentibus discipulis non recedebam: sed amoris ejus igne succensa ardebam desiderio. Et. Gloria patri. All'a. *ps̄.* Te deum. ℣ Surrexit dominus vere. *In laudibus quotidie per hebdomadam dicatur hec sola antiphona.* *An̄.* Alleluia Alleluia. *ps̄.* Dominus regnavit *et ceteri psalmi de laudibus.* ℣ Surrexit dominus de sepulchro. *In evange. an̄.* Qui sunt hi sermones quos confertis adinvicem ambulantes et estis tristes. alleluia. respondens unus cui nomen cleophas dixit ei: tu solus peregrinus es in hierusalem: et non cognovisti que facta sunt in illa his diebus. alleluia. quibus ille dixit: que. et dixerunt de Jesu nazareno qui fuit vir propheta potens in opere et sermone coram deo et omni populo. alleluia all'a. *ps̄.* Benedictus. *Oratio.*

Deus qui solennitate paschali mundo remedia contulisti: populum tuum quesumus celesti dono prosequere: ut et perfectam libertatem consequi mereatur: et ad vitam proficiat sempiternam. Per dom. *Ad horas ut supra cum oratione* Deus qui hodierna die *Et sic hore quotidie dicantur usque ad sabbatum. Ad vesperas. an̄.* Alleluia *iiij. ps̄.* Dixit dominus *etc. ut supra. Graduale* Hec dies. ℣ Dicat nunc israel quoniam bonus quoniam in seculum misericordia ejus. Alleluia. ℣ Nonne cor nostrum ardens erat in nobis de Jesu dum loqueretur nobis in via. ℣ Resurrexit dominus. Sicut. *In evange. an̄.* Et coegerunt illum dicentes: mane nobiscum domine: quia advesperascit. all'a. *ps̄.* Magnificat. *Oratio.*

Concede quesumus omnipotens deus: ut qui peccatorum nostrorum pondere premimur a cunctis malis imminentibus per hec paschalia festa liberemur. Per dom. *Ad processionem ut supra ad fontes.* *Oratio.*

Deus qui omnes in Christo renatos genus regium et sacerdotale fecisti: da nobis velle et posse que precipis: ut populo ad eternitatem vocato una sit fides mentium et pietas actionum. Per eundem domi. *In statione ante crucem secundum modum processionis matricis ecclesie. Re.* Christus resurgens ex mortuis: jam non moritur: mors illi ultra non dominabitur: quod enim vivit vivit deo. Alleluia all'a. ℣ Dicant nunc judei: quomodo milites custodientes sepulchrum perdiderunt regem ad lapidis positionem: quare non servabant petram justicie: aut sepultum[1] reddant aut resurgentem adorent et nobiscum dicentes. All'a. ℣ Surrexit dominus de sepulchro. *Oratio.* Deus qui pro nobis. *Memoria de domina contingens ista die. añ.* Speciosa. *De omnibus sanctis añ.* Lux perpetua. *etc.*

¶ *Feria iij ad matuti. invi.* Surrexit dominus vere. Alleluia. *ps̄.* Venite. *In nocturno añ.* Alleluia *iij. ps̄.* Domine deus meus. *ps̄.* Domine dominus noster. *ps̄.* In domino confido. ℣ Surrexit dominus. *Secundum lucam.* In illo tempore: Stetit Jesus in medio discipulorum suorum et dixit eis: Pax vobis ego sum: nolite timere: Et reliqua. *Omelia venerabilis Bede presbyteri. Lectio j.* Quinquies igitur dominus noster Jesus Christus ipsa qua resurrexit die apparuisse hominibus legitur. Apparuit igitur primo marie magdalene ac deinde eidem marie et alteri ejusdem nominis femine: et tertio simoni petro: quarto cleophe et socio ejus: qui regressi sunt in hierusalem nunciare discipulis quod viderant. *Re.* Virtute magna reddebant apostoli. Testimonium resurrectionis Jesu Christi domini nostri all'a all'a. ℣ Repleti quidem spiritu sancto loquebantur cum fiducia. Testimonium. *Lectio ij.* Et invenerunt congregatos undecim et eos qui cum eis erant dicentes: quod surrexit dominus vere et apparuit simoni. Et ipsi narrabant que gesta erant in via: et quomodo cognoverunt eum in fractione panis. Dum autem hec adinvicem loquerentur: Jesus stetit in medio eorum et dixit eis: Pax vobis. Ego sum nolite timere. *Re.* Surgens Jesus dominus noster stans in medio discipulorum suorum dixit pax vobis all'a. Gavisi sunt discipuli viso domino. all'a. ℣ Surrexit dominus de sepulchro qui pro nobis pependit in ligno. Gavisi. *Lectio iij.* Quod ergo dominus in medio discipulorum de se loquentium stetit: hoc est quod ipse dominus alibi cunctis fidelibus promisit dicens. Ubi duo vel tres congregati fuerint in nomine meo: ibi sum in medio eorum. Et pulchre resurgens a mortuis primo pacem discipulis commendavit: ut per suam passionem et resurrectionem angelicam et humanam naturam reconciliatam esse ostenderet. *Re.* Surrexit pastor bonus qui posuit animam suam pro ovibus suis. Et pro suo grege mori dignatus est alleluia alleluia. ℣ Etenim pascha nostrum immolatus est Christus. Et. Gloria patri. Alleluia. *ps̄.* Te deum laudamus.

---

[1] sepulchrum : W.

℣ Surrexit dominus vere. *In laudibus an̄.* Alleluia alleluia. *pṡ.* Dominus regnavit. *etc.* ℣ Surrexit dominus de sepulchro. *In evangelio antiphona* Stetit Jesus in medio discipulorum suorum et dixit eis pax vobis. all'a. all'a. *pṡ.* Benedictus. *Or̄o.*

Deus qui ecclesiam tuam novo semper fetu multiplicas: concede famulis tuis: ut sacramentum vivendo teneant quod fide perceperunt. Per dominum. *Ad horas ut supra. Ad vesperas an̄.* Alleluia *iiij. pṡ.* Dixit dominus. *etc. Graduale.* Hec dies. ℣ Dicant nunc qui redempti sunt a domino quos redemit de manu inimici de regionibus congregavit eos. Alleluia. ℣ Respondens autem angelus dixit mulieribus quem queritis: ille autem dixerunt: Jesum nazarenum. ℣ Resurrexit dominus. *In evange. an̄.* Obtulerunt discipuli domino partem piscis assi et favum mellis all'a alleluia. *pṡ.* Magnificat. *Oratio.*

Concede quesumus omnipotens deus ut qui paschalis festivitatis solennia colimus: in tua semper sanctificatione vivamus. Per dominum.

Ad processionem ad fontes. Or̄o.

Deus qui credentes in te fonte baptismatis innovasti hanc renatis in Christo concede custodiam: ut nullo erroris impulsu gratiam tue benedictionis: amittant. Per eundem. *De domina an̄.* Ave regina celorum: ave domina. *De omnibus sanctis ut supra.*

❡ *Feria iiij. ad matu. Invita.* Surrexit dominus vere. *pṡ.* Venite. *In nocturno an̄.* All'a *iij.* *pṡ.* Salvum me fac. *(j.) pṡ.* Usquequo domine. *pṡ.* Dixit insipiens. ℣ Resurrexit. *Secundum Johannem.*

In illo tempore: Manifestavit se Jesus discipulis suis ad mare tyberiadis: manifestavit autem sic. Erant simul simon petrus: et thomas qui dicitur didimus: et nathanael qui erat a chana galilee et filii zebedei et alii ex discipulis ejus duo. Et reliqua.

Omelia beati gregorii pape. Lec. j.

Pulchre ergo dominus septima apparitione septem discipulis apparuit: quia illi ad ejus visionem perventuri sunt qui septiformis spiritus sancti gratia illuminati sunt et in lucrandis animabus invigilant. *Re.* Ecce vicit leo de tribu juda radix david aperire librum. Et solvere septem signacula ejus all'a all'a. ℣ Et unus de senioribus dixit mihi ne fleveris dignus est agnus qui occisus est accipere virtutem et fortitudinem et aperire librum. Et solvere.

Per mare ergo presens [*Lec. ij.* seculum signatur: et soliditate litoris illa perpetuitas quietis eterne figuratur. Discipuli ergo in mari erant: quia inter fluctus seculi hujus adhuc laborabant. Dominus autem in litore stetit: quia ab eorum corruptione et mortalitate alienus erat. *Re.* Isti sunt agni novelli qui annunciaverunt all'a. Modo venerunt ad fontes repleti sunt claritate alleluia alleluia. ℣ In conspectu agni amicti stolis albis et palme in manibus eorum. Modo venerunt. *Lectio iij.*

Bis in sancto evangelio legimus quod ad domini

E E

FERIA QUINTA PASCHE.

jussionem rhetia laxata sint ad piscationem: primum ante passionem et nunc secundo post resurrectionem. Illa ergo piscatio ante passionem presentem ecclesiam designat: que bonos simul et malos colligit: nec eligit quos trahat: quia et quos eligere possit ignorat. In hac ergo piscatione que post resurrectionem domini facta est: soli boni pisces capiuntur: per quos electorum numerus significatur. *Re.* De ore prudentis procedit mel alleluia[1] dulcedo mellis est lingua ejus alleluia. Favus distillans labia ejus alleluia all'a.[2] ℣ Sapientia requiescit in corde ejus et prudentia in sermone oris illius. Favus distillans. Gloria patri. All'a. *ps.* Te deum. ℣ Surrexit dominus vere. *In laudibus antiphona.* Alleluia alleluia. *ps.* Dominus regnavit. *etc.* ℣ Surrexit dominus de sepulchro. *In evange. añ.* Mane autem facto stetit Jesus in littore dixitque ad discipulos pueri: nunquid pulmentarium habetis: responderunt non: dixitque eis mittite in dexteram navigii rhete[3] et invenietis. alleluia. *ps.* Benedictus. *Oratio.*

Deus qui nos resurrectionis dominice annua solennitate letificas: concede propitius: ut per temporalia festa que agimus pervenire ad gaudia eterna mereamur. Per eundem dominum. *Ad horas ut supra.*

Ad vesperas añ. Alleluia *iiij.*[4] *ps.* Dixit dominus *etc.* Graduale Hec dies. ℣ Dextera domini fecit virtutem dextera domini exaltavit me. All'a. ℣ In die resurrectionis mee dicit dominus precedam vos in galileam. ℣ Resurrexit dominus. *In evange. añ.* Dixit Jesus discipulis suis afferte de piscibus quos prendidistis nunc ascendit autem simon petrus et traxit rhete in terram plenum magnis piscibus all'a. *ps.* Magnificat. *Oratio.*

Presta quesumus omnipotens deus: ut hujus paschalis festivitatis mirabile sacramentum: et temporalem nobis tranquillitatem tribuat et vitam conferat sempiternam. Per do. *Ad fontes*

Deus qui credentes in [*oratio.* te populos gratie tue largitate multiplicas respice propitius ad electionem tuam: ut qui sacramento baptismatis sunt renati regni celestis mereantur introitum. Per Christum. *De domina añ.* Anima mea. *De omnibus sanctis ut supra.*

❡ *Feria v. Ad matutinas Invitato:* Surrexit dominus vere *etc. ps.* Venite. *In nocturno añ.* All'a *iij. ps.* Domine quis habitabit. *ps.* Conserva me. *ps.* Exaudi domine justiciam. ℣ Resurrexit dominus. *Secundum* In illo tempore: [*johannem.* Maria stabat ad monumentum foris plorans. Dum ergo fleret: inclinavit se et prospexit in monumentum. et vidit duos angelos in albis sedentes unum ad caput et unum ad pedes ubi positum fuerat corpus Jesu. Et reliqua.

Omelia[5] *beati gregorii pape. Lec. j.*

Considerandum est nobis fratres charissimi: quantus amor

---

[1] 'all'a' add: W.   [2] 'all'a' om.: W.   [3] 'rete' hic et alibi: N.W.
[4] iij.: N.   [5] 'Homelia' hic et passim: N.

FERIA SEXTA PASCHE.

domini hujus mulieris mentem accenderat: que etiam discipulis petro videlicet et johanne a monumento discedentibus non discedebat. *Re.* Maria magdalene. Dum ergo maria fleret: [*Lec. ij.* inclinavit se et prospexit in monumentum. Et quia monumentum viderat vacuum: jam dominum furatum de monumento discipulis nunciaverat: et quamvis huc illucque domini corpus quereret: anxia tamen de ejus absentia frequentius monumentum aspiciebat: ubi eum positum noverat. *Re.* Tulerunt dominum. *Lectio iij.* Unde et si dominum statim videre non meruit: vidit tamen duos angelos in albis sedentes unum ad caput et unum ad pedes ubi positum fuerat corpus Jesu. Per caput enim altitudo divinitatis designatur: et [1] per pedes humanitas exprimitur. Possumus etiam per duos angelos duo testamenta cognoscere: unum prius et aliud sequens. *Re.* Congratulamini. *ps.* Te deum. ℣ Surrexit dominus vere. *In laudibus an.* All'a all'a. *ps.* Dominus regnavit. *etc.* ℣ Surrexit dominus de sepulchro. *In evangelio an.* Maria stabat ad monumentum plorans vidit angelos in albis sedentes et sudarium quod fuerat super caput Jesu. all'a. *ps.* Benedictus. *Oratio.* Deus qui diversitatem gentium in confessione tui nominis adunasti: da ut renatis fonte baptismatis una sit fides mentium et pietas actionum. Per do. *Ad horas ut supra. Ad vesperas an.* Alleluia. *iiij. ps.* Dixit dominus. *etc. Graduale* Hec dies. ℣ Lapidem quem reprobaverunt edificantes hic factus est in caput anguli a domino factum est [2] et est mirabile in oculis nostris. All'a. ℣ Surrexit dominus et occurrens mulieribus ait: avete tunc accesserunt et tenuerunt pedes ejus. ℣ Resurrexit dominus. *In evange. an.* Tulerunt dominum meum et nescio ubi posuerunt eum si tu sustulisti eum dicito mihi. all'a. et ego eum tollam. all'a. *ps.* Magnificat. *Oratio.* Deus qui nos per paschalia festa letificas: concede propitius: ut ea que devote agimus te adjuvante fideliter teneamus. Per dominum. *Ad processionem ad fontes. Oratio.* Da quesumus omnipotens deus: ut ecclesia tua et suorum firmitate membrorum et nova semper fecunditate letetur. Per Christum. *De domina an.* Tota pulchra. *etc. ut supra.*
❡ *Feria vj. Ad matuti. Invitato.* Surrexit dominus vere. *etc. ps.* Venite. *In nocturno an.* Alleluia. *iij. ps.* Celi enarrant. *ps.* Exaudiat te dominus. *ps.* Domine in virtute tua. ℣ Resurrexit. *Secundum matheum.* In illo tempore: Undecim discipuli abierunt in galileam in montem ubi constituerat illis Jesus: et videntes eum adoraverunt: quidam autem dubitaverunt. Et reliqua. *Omelia beati gregorii pape. Lec. j.* Dominus igitur Jesus Christus cum se passurum et resur-

---

[1] 'et' om.: N.

[2] 'istud' add: N.

SABBATO PASCHE.

recturum prediceret: etiam locum ubi a discipulis videndus esset designavit dicens. Postquam resurrexero precedam vos in galileam. Galilea quippe transmigratio facta interpretatur. *Re.* Virtute magna. *Lectio ij.*

Et apte dominus post resurrectionem in galilea videtur: quia jam transmigraverat de corruptione ad incorruptionem de ignobilitate ad gloriam [1]: de mortalitate ad immortalitatem. In monte ergo discipuli dominum viderunt: quia illi eum quandoque videre merebuntur in altitudine celorum qui nunc vana desideria calcant terrenorum. *Re.* Surgens Jesus.

Merito autem post [*Lectio iij.* resurrectionem discipuli dominum adoraverunt: qui etiam eum ante passionem in miraculis deum esse cognoverunt. Quod vero dicitur: quidam autem dubitaverunt: illud est quod evangelista ait. Quia cum vidissent dominum in conclavi residentes: existimabant se spiritum videre. *Re.* Surrexit pastor bonus. *ps̄.* Te deum laudamus. ℣ Surrexit dominus vere. *In laudibus ut supra. In evange. añ.* Undecim discipuli in galilea videntes dominum adoraverunt. all'a. *ps̄.* Benedictus. *Oratio.*

Omnipotens sempiterne deus: qui paschale sacramentum in reconciliationis humane federe contulisti da mentibus nostris ut quod professione celebramus imitemur affectu.[2] *Ad horas ut supra. Ad vesperas añ.* Alleluia. *iiij. ps̄.* Dixit dominus. *etc. Graduale.* Hec dies. ℣ Benedictus qui venit in nomine domini deus dominus et illuxit nobis. Alleluia. ℣ Surrexit altissimus de sepulchro qui pro nobis pependit in ligno. ℣ Resurrexit dominus. *In evange. añ.* Data est mihi omnis potestas in celo et in terra all'a alleluia. *ps̄.* Magnificat. *Oratio.*

Concede quesumus misericors deus: ut quod paschalibus exequimur institutis fructiferum nobis omni tempore sentiamus. Per dominum. *Ad fontes oratio.*

Deus per quem nobis et redemptio venit: et prestatur adoptio: respice in opera misericordie tue: ut in Christo renatis et eterna tribuatur hereditas et vera libertas. Per eundem Christum. *De domina añ.* Quam pulchra es. *etc. ut supra.*

℣ *Sabbato. ad matu. Invita.* Surrexit dominus vere. *etc. ps̄.* Venite. *In nocturno añ.* Alleluia *iij. ps̄.* Dominus regit me. *ps̄.* Domini est terra. *ps̄.* Judica me domine. ℣ Resurrexit dominus.

In illo tempore: [*Sec. johannem.* Una sabbati maria magdalene venit mane cum adhuc tenebre essent ad monumentum: et vidit lapidem sublatum a monumento. Et reliqua.

Omelia beati gregorii pape. Lec. j.

Maria ergo magdalene mox ut dominum in monumento positum vidit: emit aromata et mane prima sabbati ante lucem ad sepulchrum domini venit. Spiritaliter ergo tenebre in corde mulieris erant: cum ad domini monumentum venit: quia

---

[1] 'de ign. ad glo.' om.: N.W.

[2] 'Per dominum' add: N.

resurrectionis ejus ignara viventem inter mortuos requirebat. *Re.* Ecce[1] nunc.[2] *Lectio ij.*

Et vidit lapidem sublatum a monumento atque festina discipulis nunciavit. Quod cum discipuli audissent illi pre ceteris cucurrerunt qui pre ceteris amaverunt: petrus scilicet et johannes. Per petrum ergo seniorem significatur gentilis populus: per juniorem vero johannem synagoga judeorum. *Re.* Isti sunt agni. *Lectio tertia.*

Vidit ergo johannes posita linthiamina[3]: non tamen introivit: quia videlicet synagoga et scripture sacramenta cognovit: et tamen ad fidem passionis dominice credendo intrare distulit. Venit autem petrus sequens eum: et introivit in monumentum: quia secuta posterior ecclesia gentium mediatorem dei et hominum hominem Christum Jesum et cognovit carne mortuum et viventem credidit. *Re.* De ore prudentis. *ps.* Te deum. ℣ Surrexit dominus vere. *In laudibus ut supra. In evange. an.* Currebant duo simul et ille alius discipulus precucurrit citius petro et venit prior ad monumentum. all'a. *ps.* Benedictus. *Oro.*

Concede quesumus omnipotens deus: ut qui festa paschalia venerando egimus: per hec contingere ad gaudia eterna mereamur. Per dominum. *Dicantur etiam hore isto die ut supra: excepto quod non dicetur graduale:*[4] *sed loco gradualis dicetur* Alleluia. *cum versu.* Hec dies. *post quem versum non repetitur.* Alleluia All'a. ℣ Hec dies quam fecit dominus exultemus et letemur in ea.

❦ *In octava*[5] *pasche.*
Sabbato ad vesperas an. Alleluia. all'a. alleluia. *ps.* Benedictus dominus deus meus qui docet. *et ceteri psalmi feriales sub hac antiphona. Capitulum.*

Christus resurgens ex mortuis jam non moritur: mors illi ultra non dominabitur: quod enim vivit vivit deo. *Responsorium non dicatur. Hymnus.*

Chorus nove hierusalem novam meli dulcedinem promat colens cum sobriis paschale festum gaudiis. Quo Christus invictus leo dracone surgens obruto dum voce viva personat a morte functos excitat. Quam devorarat improbus predam refudit tartarus captivitate libera Jesum sequuntur agmina. Triumphat ille splendide et dignus amplitudine: soli polique patriam unam facit rempublicam. Ipsum canendo supplices regem precemur milites: ut in suo clarissimo nos ordinet palatio. Per secula[6] mete nescia patri supremo gloria: honorque sit cum filio et spiritu paraclyto. Amen. ℣ Mane nobiscum domine. Quoniam advesperascit et inclinata est jam dies. all'a. *Sic dicantur antiphone: psalmi: capitulum: hymnus: et versiculus in sabbatis usque ad ascensionem domini quando de dominica agitur.*

❦ *Et sciendum quod ad ultimam particulam versiculi tam de festis sanctorum quam de resurrectione tempore isto sequitur* alleluia:

---

[1] 'Et ecce vicit': N.   [2] pro 'nunc,' vicit: W.   [3] lintheamina: N.W.
[4] *gradale hic et passim*: N.   [5] *octavis*: N.   [6] secla: W.N.

nunquam autem ad primam partem: nisi quando dicuntur loco Responsoriorum. Ad versiculum autem de prima scilicet Exurge domine. *nec sequitur ad primam partem nec ad ultimam. In evan. añ.* Cum esset sero die illo una sabbatorum et fores essent clause ubi erant discipuli congregati: stetit Jesus in medio et dixit eis: pax vobis. all'a. *ps̄.* Magnificat. *Oratio.* Deus qui hodierna die per unigenitum. Benedicamus domino all'a alla. *Memoria de cruce. añ.* Crucem sanctam subiit qui infernum confregit accinctus est potentia: surrexit die tertia. all'a. ℣ Dicite in nationibus.[1] Quia dominus regnavit a ligno. alleluia. *Oratio.* Deus qui pro nobis filium tuum. *ut supra. De domina. añ.* Paradisi porta.[2] ℣ Post partum virgo. *cum* alleluia *Oratio* Gratiam tuam. *ut supra. De omnibus sanctis añ.* Lux perpetua. ℣ Vox leticie *cum* alleluia. *Oratio* Presta quesumus omnipotens deus. *ut supra. Hec antiphona erat de omnibus sanctis quolibet die sabbati usque*[3] *ad ascensionem domini. Ad completorium.*[4] Converte nos. Deus in adjutorium. Gloria patri. *etc. añ.* Alleluia all'a all'a. all'a. *ps̄.* Cum invocarem *ps̄.* In te domine speravi. *ps̄.* Qui habitat. *ps̄.* Ecce nunc benedicite dominum. *Cap.* Tu in nobis. *Hymnus.* Jesu salvator seculi verbum patris altissimi lux lucis invisibilis custos tuorum pervigil.

Tu fabricator omnium. discretor atque temporum fessa labore corpora noctis quiete recrea. Ut dum gravi in corpore brevi manemus tempore sic caro nostra dormiat ut mens in Christo vigilet. Te deprecamur supplices ut nos ab hoste liberes ne valeat seducere tuo redemptos sanguine. Quesumus auctor omnium in hoc paschali gaudio ab omni mortis impetu tuum defendas populum. Gloria tibi domine qui surrexisti a mortuis cum patre et sancto spiritu in sempiterna secula. Amen. *Hi duo versus dicantur in fine omnium hymnorum quorum metro conveniunt usque ad ascensionem domini nisi in hymno* Chorus nove hierusalem. *Et quandocunque fit servitium de sancta Maria tunc in fine hymnorum ejusdem metri dicetur.*[5] Quesumus auctor. *cum* Gloria tibi domine qui natus es. ℣ In resurrectione tua.[6] *añ.* All'a resurrexit dominus all'a. sicut dixit vobis all'a all'a. *ps̄.* Nunc dimittis. Kyrieleison. *etc. Et sic dicatur completorium generaliter usque ad ascensionem domini. Ab hoc die dicantur capitula hymni versiculi et antiphone cum pneuma.*[7] *Responsoria ad horas et preces ad primam et ad completorium et* Fidelium anime *etc. Ad matutinas.* Domine labia. Deus in adjutorium. Gloria patri. *etc. Invitato.* Surrexit dominus vere. all'a. *ps̄.* Venite. *Hoc invitatorium*

---

[1] '*Re.*' add: N.
[2] 'per evam cunctis clausa est et per mariam virginem iterum patefacta est. all'a.' add: W.N.
[3] '*usque*' om.: W.
[4] '*ut in fine psalterii notatur fo. lxxviii.*' add: N.
[5] *dicatur*: N.
[6] 'christe. *Re.* celum et terra letentur. all'a.' add: N.   [7] *neuma*: N.W.

IN OCTAVA PASCHE.

dicatur singulis dominicis usque ad ascensionem domini quando de dominica agitur. Hymnus.

Aurora lucis rutilat celum laudibus intonat mundus exultans jubilat gemens infernus ululat. Cum rex ille fortissimus mortis confractis viribus pede conculcans tartara solvit a pena miseros. Ille qui clausus lapide custoditur sub milite triumphans pompa nobili victor surgit de funere. Solutis jam gemitibus et inferni doloribus quia surrexit dominus resplendens clamat angelus. Tristes erant apostoli de nece sui domini quem pena mortis crudeli[1] servi damnarant impii. Quesumus auctor. Gloria tibi domine qui surrexisti. *In nocturno an̄.* Alleluia all'a all'a. *ps̄.* Beatus vir. *ps̄.* Quare fremuerunt. *ps̄.* Domine quid multiplicati. ℣ Resurrexit. *Secundum johannem.*

In illo tempore: cum esset sero die illa una sabbatorum: et fores essent clause ubi erant discipuli congregati propter metum judeorum venit Jesus et stetit in medio et dixit eis. Pax vobis. Et reliqua.

Omelia beati gregorii pape. Lec. j.

Illud ergo corpus domini fratres charissimi intravit ad discipulos januis clausis: quod ad humanos videlicet oculos per nativitatem suam clauso exiit[2] utero virginis. Palpandam carnem prebuit quam clausis januis introduxit ut profecto esse post resurrectionem ostenderet corpus suum: et ejusdem nature et alterius glorie. *Re.* Dignus es[3] domine accipere librum et aperire signacula ejus quoniam occisus es et redemisti nos deo. In sanguine tuo. alleluia. ℣ Parce domine parce populo tuo quem redemisti Christe. In sanguine.

Stans ergo Jesus in [*Lectio ij.*] medio discipulorum: dixit eis. Pax vobis. Pulchre ergo dominus post resurrectionem discipulis suis primum commendavit pacem: ostendens nimirum discordiam angelorum et hominum per suam resurrectionem pacificatam. Ex illo enim tempore quo primus homo peccando a consortio angelorum sequestratus est: inter eos magna extitit discordia: sed dominus per suam resurrectionem pacem redditam ostendens ait discipulis. Pax vobis. Sicut misit me pater et ego mitto vos. *Re.* Ego sicut vitis fructificavi suavitatem odoris all'a. Transite ad me omnes qui concupiscitis me et a generationibus meis adimplemini all'a all'a. ℣ Ego diligentes me diligo: et qui mane vigilaverint ad me invenient me. Transite.

Misit enim domi- [*Lectio iij.*] nus[4] pater filium suum: quando eum incarnari constituit. Misit filius apostolos quando ad eandem incarnationem predicandam ad universum orbem eos direxit. Hoc cum dixisset: insufflavit et dixit eis Accipite spiritum sanctum. Bis legimus apostolos spiritum sanctum accepisse: nunc primum domino consistente in terra. Postmodum vero eo presidente in celo eundem spiritum perfectius acceperunt. *Re.*

---

[1] creduli: W.
[2] exivit: N.
[3] est: N.
[4] pro 'dominus' deus: W.N.

Audivi vocem in celo tanquam vocem tonitrui[1] magni all'a. Regnabit deus noster in eternum all'a. quia facta est salus et virtus et potestas Christi ejus. Alleluia alleluia. ℣ Vidi angelum dei volantem per medium celi voce magna clamantem et dicentem. Regnabit. Gloria. Alleluia.

Hec Responsoria sequentia dicuntur[2] *diebus ferialibus per istam quindenam et ordinatim reincipiantur. Et si omnia ista Responsoria ferialia non dicantur in prima septimana propter festa: tunc in septimana sequenti incipiatur ad ea Responsoria que non fuerunt prius dicta. Iste ordo servetur in alia quindena sequenti de Responsoriis ferialibus. scilicet* Narrabo. *etc.* Re. Locutus est ad me unus ex septem angelis dicens veni ostendam tibi novam nuptam sponsam agni. Et vidi hierusalem descendentem de celo ornatam monilibus suis alleluia alleluia alleluia. ℣ Et sustulit me in spiritu in montem magnum et altum. Et vidi. Re. Audivi vocem in[3] celo angelorum multorum dicentium: Timete dominum et date claritatem illi et adorate eum qui fecit celum et terram mare et fontes aquarum alleluia alleluia. ℣ Vidi angelum dei volantem per medium celi voce magna clamantem et dicentem: Timete dominum. Re. Vidi portam civitatis ad orientem positam et apostolorum nomina et agni super eam scripta. Et super muros ejus angelorum custodiam. Alleluia. ℣ Vidi civitatem sanctam hierusalem descendentem de celo ornatam tanquam sponsam viro suo. Et super muros. Gloria patri. Alleluia. Re. Vidi hierusalem descendentem de celo ornatam auro mundo et lapidibus[4] preciosis intextam. Alleluia alleluia. ℣ Abintus in fimbriis[5] aureis circumamicta varietate. Alleluia. Re. Hec est hierusalem civitas magna celestis ornata tanquam sponsa agni. Quoniam tabernaculum facta est. alleluia. ℣ Porte ejus non claudentur per diem: nox enim non erit in ea. Quoniam tabernaculum. Re. Platee tue hierusalem sternentur auro mundo alleluia: et cantabitur in te canticum leticie alleluia. Et per omnes vicos tuos ab universis dicetur alleluia alleluia. ℣ Quoniam confortavit seras portarum tuarum: benedixit filiis tuis in te. Et per omnes. Gloria patri. Alleluia. Re. Speciosa facta es et suavis in delitiis tuis alleluia: altitudo tua similis est palme indeficienti. In plenitudine charitatis. alleluia all'a all'a ℣ Ego diligentes me diligo: et qui mane vigilaverint ad me invenient me. In plenitudine charitatis. Re. Veniens a libano quam pulchra facta es alleluia. Et odor vestimentorum tuorum super omnia aromata alleluia alleluia. ℣ Speciosa facta es et suavis in deliciis tuis. Et odor vestimentorum tuorum super. Re. Ostendit mihi angelus fontem aque vive: et dixit ad me all'a. Hic deum adora. alleluia alleluia alleluia.

---

[1] tonitrui : N.
[2] dicantur : N.
[3] pro 'in' de : N.
[4] lampadibus : N.
[5] fimbriis in : N.

IN OCTAVA PASCHE.

℣ Postquam audissem et vidissem cecidi ut adorarem ante pedes angeli qui mihi hec ostendebat: et dixit mihi. Hic. Gloria patri. Alleluia. all'a all'a. *Re.* In diademate capitis aaron lapides preciosi fulgebant. Dum perficeretur opus dei. alleluia alleluia alleluia. ℣ Corona aurea super caput ejus expressa signo sanctitatis. Dum perficeretur opus dei alleluia. *Re.* Docete filios vestros alleluia ut memoriter teneant alleluia. Et ore decantent alleluia. ℣ Confiteantur domino misericordie ejus et mirabilia ejus filiis hominum. Et ore. *Re.* Candidi facti sunt nazarei ejus alleluia splendorem deo dederunt alleluia. Et sicut lac coagulati sunt alleluia alleluia. ℣ In omnem terram exivit sonus eorum et in fines orbis terre verba eorum. Et sicut. Gloria patri. All'a all'a. *Nec dubitetur quin istud ultimum Responsorium dicatur infra*[1] *non obstante quod dicitur de apostolis.* p̃s. Te deum laudamus. ℣ Surrexit dominus vere. *In laudibus añ.* Alleluia alleluia. p̃s. Dominus regnavit. *ceteri psalmi de laudibus sub hac antiphona. Cap.* Expurgate vetus fermentum ut sitis nova conspersio sicut estis azimi etenim pascha nostrum immolatus est Christus. Deo gratias. *Hymnus.* Sermone blando angelus predixit mulieribus in galilea dominus videndus est quamtotius.[2] Ille dum pergunt concite apostolis hoc dicere videntes eum vivere osculantur pedes domini. Quo agnito discipuli in galileam propere pergunt videre faciem desideratam domini. Claro paschali gaudio sol mundo nitet radio cum Christum jam apostoli visu cernunt corporeo. Ostensa sibi vulnera in Christi carne fulgida resurrexisse dominum voce fatentur publica. Rex Christe clementissime tu corda nostra posside ut tibi laudes debitas reddamus omni tempore. Quesumus auctor omnium. Gloria tibi domine. ℣ Surrexit dominus de sepulchro. *In evange. añ.* Post dies octo januis clausis ingressus est dominus et dixit eis pax vobis. alleluia alleluia. p̃s. Benedictus. Presta quesumus om- [*Oratio.* nipotens deus: ut qui festa paschalia peregimus: hec te largiente moribus et vita teneamus. Per dominum. *Ista oratio dicatur ad matutinas horas missam et vesperas per totam hebdomadam quando de temporali agitur. Memoria de cruce añ.* Crucifixus surrexit a mortuis redemit nos all'a all'a. ℣ Dicite in nationibus. *Oratio.* Deus qui pro nobis. *De domina añ.* Paradisi. ℣ Post partum. *Oratio.* Gratiam tuam. *De omnibus sanctis añ.* Absterget deus omnem lachrymam ab oculis sanctorum et jam non erit amplius neque luctus neque clamor: sed nec ullus dolor quoniam priora transierunt all'a all'a. ℣ Vox leticie. *Oratio.* Presta quesumus omnipotens. *Hec antiphona dicetur in memoria de omnibus sanctis qualibet die dominica: sive agatur*

---

[1] *in feria: W.N.*

[2] *quamtocius: N.*

DOMINICA

de dominica: vel non ad matutinas usque ad ascensionem nisi forte aliquod festum plurimorum martyrum in dominica contigerit: et tunc loco Absterget *dicetur antiphona de omnibus sanctis. an.* Sancti et justi. *Ad primam hymnus.* Jam lucis. *An.* All'a all'a all'a all'a all'a all'a alleluia. *ps.* Deus in nomine. *ps.* Beati immaculati. *ps.* Retribue. *ps.* Quicunque vult. *Sub hac antiphona quotienscunque antiphone alleluiatice dicuntur ad horas usque ad festum penthecostes. Capitulum.* Domine miserere. *Re.* Jesu Christe. *cum* alleluia. ℣ Qui surrexisti a mortuis miserere nobis. All'a all'a. Gloria patri. Jesu Christe ℣ Exurge domine. Kyrie. Pater noster. Et ne nos. *Preces etc. que ad primam pertinent more solito dicantur. Ad tertiam hymnus.* Nunc sancte. *an.* Alleluia *ix. ps.* Legem pone. *Capitulum.*

Christus passus est pro nobis vobis relinquens exemplum: ut sequamini vestigia ejus qui peccatum non fecit nec inventus est dolus in ore ejus. *Re.* Resurrexit dominus. All'a all'a. ℣ Sicut dixit vobis. All'a all'a. Gloria. Resurrexit. ℣ Surrexit dominus vere. *Oratio.* Presta quesumus omnipotens deus. *Ad sextam hymnus.* Rector potens. *an.* Alleluia *iiij. ps.* Defecit.

Christus semel pro pec- [*Cap.* catis nostris mortuus est justus pro injustis: ut nos offerret deo mortificatos quidem carne: vivificatos autem spiritu. *Re.* Surrexit dominus vere: Alleluia all'a. ℣ Et apparuit simoni. All'a all'a. Gloria patri. Surrexit. ℣ Surrexit dominus de sepulchro. *Oratio* Presta quesumus omnipotens deus. *Ad nonam hymnus.* Rerum deus. *an.* All'a *iiij. ps.* Mirabilia testimonia. *Capitulum.*

Christus surrexit a mortuis primitie dormientium: quoniam quidem per hominem mors: et per hominem resurrectio mortuorum. *Re.* Surrexit dominus de sepulchro. All'a all'a. ℣ Qui pro nobis pependit in ligno. All'a all'a. Gloria patri. Surrexit. ℣ Gavisi sunt. *Oratio ut supra. Et notandum quod antiphona super nocturnos: et antiphone super laudes et etiam antiphone que dicuntur ad horas hac die: ac etiam hymni et versiculi ad matutinas Capitula et Responsoria horalia quotidie dicantur usque ad ascensionem domini tam diebus dominicalibus quam ferialibus quando de temporali agitur.*[1]

Ad vesperas an. Alleluia *iiij. ps.* Dixit dominus. *ps.* Confitebor. *ps.* Beatus vir. *ps.* Laudate pueri. *ps.* In exitu israel. *sub hac antiphona. Capitulum.* Christus resurgens. *Hymnus.*

Ad cenam agni providi: et stolis albis candidi: post transitum maris rubri: Christo canamus principi. *Cujus corpus sanctissimum in ara crucis torridum: cruore ejus roseo gus-*

---

[1] '*Antiphone etiam predicte dicende sunt in festis sanctorum que pro festis ix. lectionum simplicium habentur et etiam in trium lectionum et commemoratione de domina et in aliis commemorationibus usque ad vigiliam penthecostes excepto festo inventionis sancte crucis quod proprias laudes habet*' add: W.N.

IN OCTAVA PASCHE.

tando vivimus deo. *Protecti pasche vespere a devastante angelo: erepti de durissimo pharaonis imperio.* Jam pascha[1] nostrum Christus est: qui immolatus agnus est: synceritatis azyma[2] caro ejus oblata est. O vere digna hostia per quam fracta sunt tartara redempta plebs captivata[3] reddita vite premia. Consurgit Christus tumulo[4]: victor redit de baratro: tyrannum trudens vinculo et reserans paradisum. Quesumus auctor. Gloria tibi domine. ℣ Mane nobiscum. *Et dicantur antiphone psalmi capitula hymni et versiculi in dominicis ad vesperas usque ad ascensionem domini quando de dominica agitur. In evange. añ.* Mitte manum tuam et cognosce loca clavorum all'a: et noli esse incredulus: sed fidelis all'a. *pš.* Magnificat. *Oratio* Presta quesumus omnipotens. *Memoria de resurrectione. añ.* Crucem sanctam. ℣ Dicite in nationibus. *Oratio* Deus qui pro nobis. *De domina añ.* Paradisi. ℣ Post partum. *Oratio.* Gratiam tuam. *De omnibus sanctis añ.* Sancti tui domine florebunt sicut lilium alleluia: et sicut odor balsami erunt ante te all'a. ℣ Vox leticie. *Oratio.* Presta quesumus. Qui tecum. *Et cum istis antiphonis versiculis et orationibus fiant memorie in omnibus secundis vesperis dominicalibus: et in omnibus vesperis*[5] *ferialibus tam in primis quam in secundis sanctorum: quorum festa pro ix lectionum seu duplici habentur. usque ad ascensionem domini: preterquam in primis vesperis: de festis sanctorum que in dominica contingunt in quibus facienda est processio ante crucem etc.*

❡ *Feria ij ad matu. invitato.* Alleluia alleluia alleluia[6] *pš.* Venite. *Hoc invitatorium dicitur omnibus feriis usque ad ascensionem domini: quando de feria agitur. Hymnus.* Aurora lucis. *In nocturno añ.* Alleluia *iij. pš.* Dominus illuminatio. *pš.* Ad te domine clamavi. *pš.* Afferte *quilibet psalmus cum* Gloria patri ℣ Resurrexit dominus.

❡ *Notandum quod si psalmi feriales in aliqua feria suis locis dici non possint propter aliquod festum superveniens: vel alia de causa: in tali feria sequentis hebdomade non dicuntur illi qui fuerunt omissi: sed illi psalmi qui inveniuntur scripti in feria ejusdem hebdomade. Apocalypsis legatur his duabus septimanis.*

*A*pocalypsis Jesu Chris-[*Lec. j.* ti quam dedit illi deus palam facere servis suis que oportet fieri cito: et significavit mittens per angelum suum servo suo johanni qui testimonium perhibuit verbo dei et testimonium Jesu Christi in his quecunque vidit. *Re.* Locutus est. *Lectio ij.*

*B*eatus qui legit et qui audit verba prophetie hujus: et servat ea que in ea scripta sunt. Tempus enim prope est. Johannes septem ecclesiis que sunt in asia: gratia vobis et pax ab eo qui est et qui erat et qui venturus est. *Re.* Audivi. *Lectio iij.*

---

[1] pescha : N.
[2] azima : N.
[3] 'jam' add : N.
[4] tumulto : W.
[5] 'domin. et in omn. vesp.' om.: N.
[6] all'a *ij.* : W.N.

DOMINICA

Et a septem spiritibus qui in conspectu throni ejus sunt. Et ab[1] Jesu Christo qui est testis fidelis primogenitus mortuorum et princeps regum terre. Qui dilexit nos et lavit nos a peccatis nostris in sanguine suo: et fecit nos regnum et sacerdotes deo et patri suo ipsi gloria et imperium in secula seculorum. amen. *Re.* Vidi portam. ℣ Surrexit dominus vere. *In laudibus an.* Alleluia alleluia. *ps.* Dominus regnavit *etc. Capitulum* Expurgate. *Hymnus.* Sermone blando. ℣ Surrexit dominus de sepulchro. *In evange. an.* Misi digitos meos in fixuram clavorum et manus meas in latus ejus et dixi dominus meus et deus meus alleluia. *ps.* Benedictus. *Oratio* Presta quesumus omnipotens deus. *Memoria de resurrectione an.* Crucifixus. ℣ Dicite in. *Oro.* Deus qui pro nobis. *De domina an.* Paradisi. ℣ Post partum. *Oro.* Gratiam tuam. *De omnibus sanctis an.* Sancti et justi in domino gaudete all'a: vos elegit deus in hereditatem sibi. all'a. ℣ Vox leticie. *Oratio.* Presta quesumus omnipotens. *Cum istis antiphonis versiculis et orationibus debent fieri memorie de resurrectione: de domina: et de[2] omnibus sanctis ad omnes matutinas scilicet in feriis et in festis iij. lectionum et in festis sanctorum que[3] pro festis ix. lectionum habentur et duplicibus in dominicis non contingentibus usque ad ascensionem domini: excepto festo inventionis sancte crucis in quo dicetur versiculus de resurrectione.* Surrexit dominus de sepulchro. *Ad horas ut supra cum oratione dominicali. Et sic dicantur hore diebus ferialibus usque ad ascensionem domini quando de temporali agitur. Ad vesperas an.* All'a iiij. *ps.* Dilexi. *ps.* Credidi *etc. Cap.* Christus resurgens. *Hymnus.* Ad cenam agni. ℣ Mane nobiscum. *In evange. an.* Quia vidisti me thoma credidisti: beati qui non viderunt et crediderunt. all'a. *ps.* Magnificat *Oratio.* Presta quesumus. *Memorie ut supra.*

¶ *Si autem diebus ferialibus aliquod festum evenerit tempore isto. Et hujusmodi antiphone. scilicet.* Misi digitos. Quia vidisti: *et consimiles non dicantur diebus suis ferialibus assignatis nihilominus servetur ordo earundem aliis feriis vacantibus: et sumantur et reincipiantur eo ordine prout inferius singulis diebus ponuntur ita quod antiphona que deberet dici ad psalmum* Magnificat *et non dicitur propter festum impediens: dicatur alio die ad psalmum* Benedictus. *etc. Quando vero servicium dominicale propter festum quod occurrit transfertur in feriam: dicatur ferialiter de dominica hoc modo. Invitatorium feriale psalmi pertinentes ad feriam cum Responsoriis de dominica: et expositione dominicali et ceteris omnibus de dominica: excepto quod missa de dominica dicetur ferialiter. etc.*

¶ *Feria iij. ad matu. invitato.* Alleluia. *ps.* Venite *Hymnus.* Aurora. *In nocturno an.* Alleluia. *ps.* Dixi custodiam. *ps.*

---

[1] pro 'ab' a: N.   [2] 'de' om.: N.   [3] qui: W.N.

IN OCTAVA PASCHE.

Expectans. *ps.* Beatus qui intelligit. ℣ Resurrexit. *Lect. j.*

Ecce venit cum nubibus et videbit eum omnis oculus et qui eum pupugerunt: et plangebant[1] se super eum omnis tribus terre etiam amen. Ego sum alpha et o principium et finis dicit dominus deus qui est et qui erat: et qui venturus est omnipotens. *Lectio ij.*

Ego johannes frater vester et particeps in tribulatione et regno et patientia in Christo Jesu. Fui in insula que appellatur pathmos propter verbum dei et testimonium Jesu. *Lec. iij.*

Fui in spiritu in dominica die et audivi post me vocem magnam tanquam tube dicentis: Quod vides scribe in libro: et mitte septem ecclesiis que sunt in asia: epheso: et smyrne: et pergamo: et tiathire: et sardis: et philadelphie et laodicie. ℣ Surrexit dominus vere. *In laudibus ut supra. In evange. an.* Multa quidem et alia signa fecit Jesus in conspectu[2] discipulorum suorum alleluia: que non sunt scripta in libro hoc. alleluia. *ps.* Benedictus. *Ad vesperas an.* Alleluia iiij. *ps.* Letatus sum *In evange. an.* Hec autem scripta sunt ut credatis: quia Jesus est Christus filius dei: et ut credentes vitam habeatis in nomine ejus. all'a. *ps.* Magnificat.

¶ *Feria iiij. ad matu. invi.* Alleluia *ps.* Venite. *Hymnus* Aurora. *In nocturno an.* Alleluia. *ps.* Dixit insipiens. *ps.* Exaudi deus orationem meam. *ps.* Miserere mei deus quoniam. *Lec. j.*

Et conversus sum ut viderem vocem que loquebatur mecum. Et conversus vidi septem candelabra aurea: et in medio septem candelabrorum aureorum similem filio hominis vestitum podere: et precinctum ad mammillas zona aurea. *Lectio ij.*

Caput autem et capilli ejus erant candidi tanquam lana alba et tanquam nix. Et oculi ejus velut flamma ignis et pedes ejus similes auricalco sicut in camino ardenti. *Lectio iij.*

Et vox illius tanquam vox aquarum multarum. Et habebat in dextera stellas septem: et de ore ejus gladius ex utraque parte acutus exibat. Et facies ejus sicut sol lucet in virtute sua. *In laudibus ut supra. In evange. an.* Post dies octo. *ps.* Benedictus. *Ad vesperas*[3] *an.* All'a *iiij. ps.* Nisi dominus edificavit *etc. In evange. an.* Mitte manum. *ps.* Magnificat.

¶ *Feria v. ad matu. invita.* Alleluia. *ps.* Venite. *Hym.* Aurora. *ps.* Salvum me fac deus. *ps.* Deus in adjutorium. *ps.* In te domine speravi. (*ij.*) *Lectio j.*

Et cum vidissem eum cecidi ad pedes ejus tanquam mortuus. Et posuit dexteram suam super me dicens: Noli timere. Ego sum primus et novissimus et vivus: et fui mortuus: et ecce sum vivens in secula seculorum. *Lectio ij.*

Et habeo claves mortis et inferni. Scribe ergo que vidisti: et que sunt: et que oportet fieri post hec. Sacramentum septem stellarum quas vidisti in

---

[1] plangent: W.N.
[2] pro 'cons.' medio: N.
[3] Pro 'Ad vesp.' In vesperis: N.

dextera mea: et septem candelabra aurea: et[1] septem stelle: angeli sunt septem ecclesiarum: et candelabra septem septem ecclesie sunt. *Lectio iij.*

*E*t angelo ephesi ecclesie scribe. Hec dicit qui tenet septem stellas in manu[2] sua: qui ambulat in medio septem candelabrorum aureorum. Scio opera tua et laborem et patienciam tuam: et quia non potes sustinere malos. *In evange. añ.* Misi digitos meos. *p̄s.* Benedictus. *Ad vesperas añ.* Alleluia *iij. p̄s.* Memento domine david. *etc. In evange. añ.* Quia vidisti *p̄s.* Mag.

☙ *Feria vj. ad matu. invitato.* Alleluia *p̄s.* Venite. *Hymnus.* Aurora lucis. *In nocturno añ.* All'a. *p̄s.* Exultate deo. *p̄s.* Deus stetit. *p̄s.* Deus quis similis. *Lectio j.*

*E*t temptasti[3] eos qui se dicunt apostolos esse et non sunt: et invenisti eos mendaces et patientiam habes et sustinuisti propter nomen meum: et non defecisti. Sed habeo adversum te quod charitatem tuam primam reliquisti. *Lectio ij.*

*M*emor esto itaque unde excideris: et age penitentiam: et prima opera fac. Sin autem: veniam tibi et movebo candelabrum tuum de loco suo: nisi penitentiam egeris. *Lectio iij.*

*S*ed hoc habes bonum: quia odisti facta nicholaitarum[4] que et ego odi. Qui habet aures: audiat quid spiritus dicat ecclesiis. Vincenti dabo edere de ligno vite: quod est in medio paradisi dei mei. *In evange. añ.*

Multa quidem. *p̄s.* Benedictus. *Ad vesperas añ.* All'a *iiij. p̄s.* Confitebor tibi domine. *etc. De domina vel unde in crastino dicendum erit: nisi festum duplex contigerit: quia tunc habebit proprias antiphonas super psalmos. Supradictus ordo antiphonarum super psalmos ad vesperas servetur usque ad ascensionem domini quando de feria agitur.*

☙ *Et notandum quod singulis diebus sabbati vacantibus a festis quasi ix. lectionum ab octava pasche usque ad ascensionem dicetur de commemoratione beate marie cum tribus lectionibus et regimine chori. Et si in predictis diebus non potest servicium ejus dici propter festa contingentia tunc alio die septimane dicatur de ea eodem modo quo scribitur in rubrica de commemoratione ejusdem. Dicetur etiam de ea feria tertia rogationum: vel secunda et feria sexta post octavam ascensionis prout dictis locis notatur.*

☙ *Dominica ij.*
Sabbato ad vesperas añ. Alleluia. *p̄s.* Benedictus dominus deus meus. *Capitulum.* Christus resurgens. *Hym.* Chorus nove. ℣ Mane nobiscum. *In evange. añ.* Hec autem scripta sunt. *p̄s.* Magnificat. *Oratio.*

*D*eus qui in filii tui humilitate jacentem mundum erexisti fidelibus tuis perpetuam concede leticiam: ut quos perpetue mortis eripuisti casibus gaudiis facias sempiternis perfrui. Per eundem.[5] *Memoria ut supra. Ad matu invita.* Surrexit dominus vere. *p̄s.* Venite *Hymnus.*

---

[1] 'et' om.: N.   [2] pro 'manu' dextera: N.   [3] tentasti: N.
[4] nicolaitarum: N.   [5] pro 'eun.' dominum: N.

SECUNDA POST PASCHE.

Aurora lucis. *In nocturno añ.* Alleluia. *ps̄.* Cum invocarem. *ps̄.* Verba mea. *ps̄.* Domine ne in furore (*j*). ℣ Resurrexit dominus. *Secundum johannem.*

*I*n illo tempore: Dixit Jesus discipulis suis. Ego sum pastor bonus. Bonus pastor animam suam dat pro ovibus suis. Et reliqua.

Omelia beati gregorii pape. Lect.

*B*onus pastor Christus [*prima.* est factus[1]: qui nobis rationabilem sensum tribuit: et spiritalem intellectum ministrat: et sacramento corporis sui ac sanguinis nos in presenti reficit: et in futuro ad sacietatem sue contemplationis perducit. Fuerunt etiam boni pastores petrus et paulus. *Re.* Dignus es. *Lectio*

*S*ed aliud est bonum [*secunda.* esse per naturam. et aliud per gratiam. Illi enim ut boni essent: a domino acceperunt: dominus autem a nemine nisi a se ipso ut bonus esset accepit. *Re.* Ego sum vitis vera. *Lec. iij.*

*Q*uantum vero bonus pastor oves sibi commissas diligere debeat: manifestatur cum subditur. Bonus pastor animam suam dat pro ovibus suis. Christus enim animam suam posuit pro ovibus suis ostendens bonis pastoribus etiam si necessitas evenerit: pro ovibus sibi commissis non debere mortem timere. *Re.* Audivi vocem. *ps̄.* Te deum laudamus. ℣ Surrexit dominus vere. *In laudibus añ.* Alleluia. *ps̄.* Dominus regnavit. *etc. Capitulum.* Expurgate. *Hymnus.* Sermone blando. ℣ Surrexit dominus de sepulchro. *In evange. añ.* Ego sum pastor bonus qui pasco oves meas et pro ovibus meis pono animam meam all'a. *ps̄.* Benedictus. *Oratio ut supra. Memorie ut supra in octava pasche. Ad horas ut supra cum oratione dominicali. Ad vesperas añ.* Alleluia. *ps̄.* Dixit dominus. *etc. Capitulum.* Christus resurgens. *Hymnus.* Ad cenam agni. ℣ Mane nobiscum. *In evange. añ.* Pastor bonus animam suam ponit pro ovibus suis alleluia. *ps̄.* Magnificat. *Oratio.* Deus qui in filii tui. *Memorie ut supra.*

❦ *Feria ij. ad matu. invi.* Alleluia *Hymnus* Aurora lucis. *In nocturno añ.* Alleluia. *ps̄.* Exaltabo *ps̄.* In te domine speravi. *ps̄.* Beati quorum. ℣ Resurrexit dominus. *Lectio j.*

*E*t angelo smyrne ecclesie scribe. Hec dicit primus et novissimus qui fuit mortuus et vivit. Scio tribulationem tuam et paupertatem tuam: sed dives es et blasphemaris ab his qui se dicunt judeos esse et non sunt sed sunt synagoga sathane. Nihil horum timeas que passurus es. *Responsoria ut supra. feria secunda ut patet in regula*[2] *de Responsoriis in octava pasche post ultimam lectionem. Lectio ij.*

*E*cce missurus est diabolus ex vobis aliquem[3] in carcerem ut temptemini et habebitis tribulationes decem diebus. Esto fidelis usque ad mortem: et dabo tibi coronam vite. Qui habet aures audiendi audiat quid spiritus dicat ecclesiis. Qui vicerit non ledetur a morte secunda. *Lectio iij.*

---

[1] pro 'factus' fratres: N.W. [2] *clausulis*: N. [3] aliquos: N.

DOMINICA

Et angelo pergami ecclesie scribe. Hec dicit qui habet rompheam[1] ex utraque parte acutam. Scio ubi habitas: ubi sedes est sathane: et tenes nomen meum et non negasti fidem meam. Sed habeo adversus te pauca: quia habes illic tenentes doctrinam balaam qui docebat balac mittere scandalum coram filiis israel: scilicet edere de sacraficiis[2] idolorum et fornicari. *In evange. an.* Pastor bonus animam suam ponit pro ovibus suis alleluia. *ps.* Benedictus. *Oratio dominicalis: que dicetur per totam hebdomadam. Ad vesperas in evangelio an.* Mercennarius est cujus non sunt oves proprie: videt lupum venientem et dimittit oves et fugit all'a. *ps.* Magnificat.

¶ *Feria iij. Ad matuti. invita. etc. ut supra. In nocturno an.* Alleluia. *ps.* Quemadmodum *ps.* Deus auribus. *ps.* Eructavit cor. ℣ Resurrexit dominus.

Et angelo tyatire eccle- [*Lec. j.*] sie scribe. Hec dicit filius dei: qui habet oculos tanquam flammam ignis et pedes ejus similes auricalco: novi opera tua: et fidem et charitatem et patientiam tuam et ministerium tuum: et opera plura prioribus.

Sed et habeo adver- [*Lectio ij.*] sus te pauca: quia permittis mulierem jezabel: que se dicit prophetam docere et seducere servos meos fornicari et manducare de idolaticis et dedi illi tempus ut penitentiam ageret et non vult penitere a fornicatione sua. *Lectio iij.*

Ecce mittam[3] eam in lectum et qui mechantur cum ea in tribulatione maxima erunt nisi penitentiam egerint ab operibus suis: et filios ejus interficiam in mortem. Et hec scient omnes ecclesie: quia ego sum scrutans renes et corda: et dabo unicuique vestrum secundum opera vestra.[4] *In evange. an.* Mercennarius est cujus non sunt oves proprie videt lupum venientem et dimittit oves et fugit et lupus rapit et dispergit oves. alleluia. *ps.* Benedictus. *Ad vesperas in evange. an.* Ego sum pastor ovium ego sum via et veritas: ego sum pastor bonus et cognosco meas et cognoscunt me mee. alleluia all'a. *ps.* Magnif.

¶ *Feria iiij. Invitatorium ut supra. In nocturno an.* Alleluia. *ps.* Miserere mei deus miserere mei. *ps.* Si vere utique. *ps.* Eripe me domine. ℣ Resurrexit dominus. *Lectio j.*

Et angelo sardis ecclesie scribe. Hec dicit qui habet septem spiritus dei: et septem stellas. Scio opera tua quia nomen habes quod vivas et mortuus es. Esto vigilans et confirma cetera que moritura erant. Non enim invenio opera tua plena coram deo meo. *Lectio ij.*

In mente ergo habe quoliter acceperis et audieris et serva et penitentiam age. Si ergo non vigilaveris veniam ad te tanquam fur: et nescias[5] qua hora veniam ad te. Sed habes pauca nomina in sardis: qui non inquinaverunt vestimenta sua et ambulabunt mecum in albis quia digni sunt. *L. iij.*

---

[1] rumpheam: W.N.   [2] sacrificiis: W.N.   [3] ego mitto: N.
[4] pro 'ves.' sua: N.   [5] nescies: N.

SECUNDA POST PASCHA.

Qui vicerit sic vestietur vestimentis albis: et non delebo nomen ejus de libro vite et confitebor nomen ejus coram patre meo et coram angelis ejus. Qui habet aures audiendi audiat quid spiritus dicat ecclesiis. *In evange. añ.* Sicut novit me pater et ego agnosco patrem et animam meam pono pro ovibus meis alleluia. *ps̄.* Benedictus. *Ad vesperas in evange. añ.* Alias oves habeo que non sunt ex hoc ovili et illas oportet me adducere et vocem meam audient et fiet unum ovile et unus pastor all'a. *ps̄.* Magnificat.

¶ *Feria v. Invitato. etc. ut supra. In nocturno añ.* Alleluia *ps̄.* Deus judicium. *ps̄.* Quam bonus. *ps̄.* Ut quid deus. ℣ Resurrexit dominus. *Lectio j.*

Et angelo philadelphie ecclesie scribe. Hec dicit sanctus et verus qui habet clavem david: qui aperit et nemo claudit: claudit et nemo aperit scio opera tua: Ecce dedi coram te ostium apertum quod nemo potest claudere: quia modicam habes virtutem et servasti verbum meum et non negasti nomen meum.

Ecce dabo tibi de [*Lectio ij.*] synagoga sathane: qui dicunt se judeos esse et non sunt. Ecce faciam illos ut veniant et adorent ante pedes tuos et scient quia dilexi te: quoniam servasti verbum patientie mee. *Lect. iij.*

Et qui vicerit faciam illum columpnam[1] in templo dei mei et foras non egredietur amplius. Et scribam super eum nomen dei mei et nomen civitatis dei mei nove hierusalem: que descendit de celo a deo meo et nomen meum novum. Qui habet aures audiendi audiat quid spiritus dicat ecclesiis. *In evan. añ.* Pastor bonus animam suam. *ps̄.* Benedictus. *quere supra in feria ij. ad matutinas. Ad vesperas in evangelio añ.* Mercennarius. *quere supra in feria ij. ad vesperas. ps̄.* Magnificat.

¶ *Feria vj. invita. etc. ut supra. In nocturno añ.* Alleluia *ps̄.* Quam dilecta. *ps̄.* Benedixisti. *ps̄.* Inclina domine. ℣ Resurrexit dominus. *Lectio j.*

Et angelo laodicie ecclesie scribe. Hec dicit amen: testis fidelis et verus qui est principium creature dei. Scio opera tua: quia neque frigidus es neque calidus: utinam frigidus esses aut calidus: sed quia tepidus es et nec frigidus nec calidus incipiam te evomere ex ore meo. *Lectio ij.*

Quia dicis quod dives sum et locupletatus et nullius egeo: et nescis quia tu es miser et miserabilis et pauper: et cecus et nudus. Suadeo tibi emere a me aurum ignitum et probatum ut locuples fias. et vestimentis albis induaris: et non appareat confusio nuditatis tue: et collirio inunge oculos tuos ut videas. Ego quos amo: arguo et castigo. *Lectio iij.*

Ecce sto ad ostium et pulso: si quis audierit vocem meam: et aperuerit mihi januam introibo ad illum: et cenabo cum illo: et ipse mecum. Qui vicerit dabo ei sedere mecum in throno meo

---

[1] columnam : W.N.

sicut et ego vici et sedi cum patre meo in throno ejus. Qui habet aures audiendi audiat: quid spiritus dicat ecclesiis. *In evange. an.* Mercennarius est. *quere supra in feria iij. ad matutinas. ps.* Benedictus.

☙ *Dominica tertia.*
Sabbato ad vesperas an. Alleluia. *ps.* Benedictus dominus deus meus. *etc. Cap.* Christus resurgens. *Hym.* Chorus nove ℣ Mane nobiscum. *In evange. an.* Alias oves. *quere in feria quarta precedente ad vesperas. ps.* Magnificat. *Oratio.*
Deus qui errantibus ut in viam possint redire justicie: veritatis tue lumen ostendis: da cunctis qui christiana professione censentur et illa respuere que huic inimica sunt nomini: et ea que sunt apta sectari. Per dominum. *Ad matuti. invitato.* Surrexit dominus vere. *ps.* Venite. *Hymnus* Aurora lucis. *In nocturno an.* All'a. *ps.* Domine deus meus. *ps.* Domine dominus noster. *ps.* In domino confido. ℣ Resurrexit. *Secundum* *Johannem*
In illo tempore: Dixit Jesus discipulis suis. Modicum et jam non videbitis me: et iterum modicum et videbitis me quia vado ad patrem. Et reliqua.
Omelia venerabilis Bede presbyteri. *Lectio j.*
Modicum tempus erat fratres futurum quo discipuli dominum non viderent: illud videlicet quo erat quieturus in monumento. Et iterum modicum erat futurum quo eum viderent: illi scilicet quadraginta dies in quibus eis post resurrectionem suam usque ad tempus ascensionis apparuit. *Re.* Si oblitus fuero tui all'a: obliviscatur me dextera mea. Adhereat lingua mea faucibus meis si non meminerim[1] tui all'a all'a. ℣ Super flumina babylonis illic sedimus et flevimus dum recordaremur tui syon. Adhereat. *Lectio ij.*
Quod autem ait: quia vado ad patrem: non de divinitate sed de humanitate loquitur. Manens ergo cum patre per divinitatem: discipulis apparuit per humanitatem. Et revertens ad patrem per humanitatem: mansit cum discipulis per divinitatem. *Re.* Viderunt te aque deus viderunt te aque et timuerunt Multitudo sonitus aquarum vocem dederunt nubes all'a all'a all'a. ℣ Illuxerunt choruscationes tue orbi terre commota est et contremuit terra. Multitudo. *Lectio iij.*
Et bene dominus ad patrem ire dicitur quia quamdiu cum discipulis conversatus est: potuit simul cum ipsis ad humanitatem pertinentia pati. Sed post resurrectionem ita a patre est clarificatus: ut nihil horum patiatur. *Re.* In toto corde meo alleluia exquisivi te alleluia. Ne repellas me a mandatis tuis all'a all'a. ℣ ·Vide humilitatem meam et eripe me: quia legem tuam non sum oblitus. Ne. Gloria patri. Alleluia. *Responsoria ferialia Re.* Narrabo nomen tuum fratribus meis alleluia. In medio ecclesie laudabo te alleluia alle-

---
[1] meminero: N.W.

TERTIA POST PASCHA.

luia. ℣ Qui timetis dominum laudate eum universum semen jacob glorificate eum. In medio. *Re.* In ecclesiis benedicite deo alleluia. Domino de fontibus israel alleluia alleluia. ℣ Psalmum dicite nomini ejus date gloriam laudi ejus. Domino. *Re.* Hymnum cantate nobis all'a. Quomodo cantabimus canticum domini in terra aliena. alleluia alleluia. ℣ Illic interrogaverunt nos qui captivos duxerunt nos verba cantionum. Quomodo cantabimus. Gloria. Alleluia. *Re.* Deus canticum novum cantabo tibi alleluia. In psalterio decem cordarum psallam tibi alleluia alleluia. ℣ Qui das salutem regibus. qui redemisti david servum tuum de gladio maligno eripe me. In. *Re.* Alleluia audivimus eam in effrata: invenimus eam in campis silve. Introibimus in tabernaculum ejus adorabimus in loco ubi steterunt pedes ejus. alleluia all'a. ℣ Surge domine in requiem tuam tu et archa sanctificationis tue. Introibimus. *Re.* Deduc me in semita mandatorum tuorum all'a: quia ipsam volui alleluia. Inclina cor meum in testimonia tua. Alleluia all'a all'a. ℣ Averte oculos meos ne videant vanitatem in via tua vivifica me. Inclina. Gloria. All'a. *Re.* Cantate deo alleluia. Psalmum dicite ei alleluia. ℣ Benedicite nomini ejus: date gloriam laudi ejus. Psalmum. *Re.* Bonum est confiteri domino all'a. Et psallere all'a. ℣ Ad annunciandum mane misericordiam tuam: et veritatem tuam per noctem. Et. *Re.* Dicant nunc qui redempti sunt[1] all'a. A domino. all'a. ℣ Quos redemit de manu inimici de regionibus congregavit eos. A domino. Gloria. All'a. *Quo ordine et qualiter ista Responsoria sunt dicenda: vide supra feria ij. post octavam pasche.* ℣ Surrexit dominus vere. *In laudibus añ.* Alleluia. *pš.* Dominus regnavit etc. *Cap.* Expurgate. *Hymnus* Sermone blando. ℣ Surrexit dominus de sepulchro. *In evange. añ.* Modicum et non videbitis me dicit dominus: iterum modicum et videbitis me: quia vado ad patrem all'a all'a. *pš.* Benedictus. *Oratio.* Deus qui errantibus. *Ad horas ut supra cum oratione dominicali. Ad vesperas añ.* Alleluia. *pš.* Dixit dominus etc. *Capit.* Christus resurgens. *Hym.* Ad cenam agni. ℣ Mane nobiscum. *In evange. añ.* Quid est hoc quod dicit modicum all'a. nescimus quid loquitur. all'a. *pš.* Magnificat. *Oratio.* Deus qui errantibus.

¶ *Feria ij. invita. etc. ut supra. In nocturno añ.* Alleluia. *pš.* Exultate justi in domino. *pš.* Benedicam dominum. *pš.* Judica domine nocentes. *Lectiones de epistolis canonicis incipiantur et legantur usque ad ascensionem et Responsoria cantentur de psalmis quia et david prophetavit[2] de passione: et resurrectione: et ascensione: et apostoli predicaverunt que a domino didicerunt usque ad ascensionem ejus corporali fruentes presentia.* ℣ Resurrexit. *Lectio j.*

---

[1] *quos redemisti*: N.
[2] *prophetisavit*: W. *prophetixavit*: N.

Jacobus dei et domini nostri Jesu Christi servus: duodecim tribubus que sunt in dispersione salutem. Omne gaudium existimate fratres mei cum in temptationes[1] *varias incideritis: scientes quod probatio fidei vestre patientiam operatur.* Re. Narrabo nomen tuum. *Lectio ij.*
Patientia autem opus perfectum habeat: ut sitis perfecti et integri in nullo deficientes. Si quis autem vestrum indiget sapientia: postulet a deo qui dat omnibus affluenter et non increpat[2] et dabitur ei. Re. In ecclesiis. *Lectio iij.*
Postulet autem in fide nihil hesitans. Qui enim hesitat similis est fluctui maris qui a vento movetur et circunfertur. Non ergo estimet homo ille quod accipiat aliquid a deo. Vir duplex animo: inconstans est in omnibus viis suis. Re. Hymnum. *In evangelio añ.* Amen amen dico vobis: quia plorabitis et flebitis vos: mundus autem gaudebit: vos autem contristabimini: sed tristicia vestra vertetur in gaudium. all'a. *ps̄.* Benedictus. *Oratio dominicalis que dicetur per totam hebdomadam. Ad vesperas in evan. añ.* Mundus autem gaudebit vos autem contristabimini: sed tristicia vestra vertetur in gaudium: all'a. *ps̄.* Magnificat.
¶ *Feria iij. invitato. etc. ut supra. In nocturno añ.* Alleluia. *ps̄.* Deus noster refugium. *ps̄.* Omnes gentes. *ps̄.* Magnus dominus. ℣ Resurrexit. *Lectio j.*

Glorietur autem frater humilis in exaltatione sua: dives autem in humilitate sua: quoniam sicut flos feni transibit. Exortus est enim sol cum ardore: et arescit[3] fenum et flos ejus decidit: et decor vultus ejus periit.[4] Ita et dives in itineribus suis marcescet. *Lectio ij.*
Beatus vir qui suffert temptationem: quoniam cum probatus fuerit accipiet coronam vite: quam repromisit deus diligentibus se. Nemo cum temptatur dicat quoniam a deo temptatur. Deus autem intemptator[5] malorum est. Ipse enim neminem temptat. *Lectio iij.*
Unusquisque vero temptatur a concupiscentia sua abstractus et illectus. Deinde concupiscentia cum concepit[6] parit peccatum. Peccatum vero cum consummatum fuerit generat mortem. *In evange. añ.* Tristicia vestra vertetur in gaudium: et gaudium vestrum nemo tollet a vobis all'a all'a. *ps̄.* Benedictus.
Ad vesperas in evange. añ. Tristicia vestra all'a: vertetur in gaudium all'a. *ps̄.* Magnificat.
¶ *Feria quarta invitato. etc. ut supra. In nocturno añ.* Alleluia. *ps̄.* Deus repulisti. *ps̄.* Exaudi deus deprecationem. *ps̄.* Nonne deo. ℣ Resurrexit dominus. *Lectio j.*
Nolite itaque errare fratres mei dilectissimi: Omne datum optimum: et omne donum perfectum desursum est descen-

---

[1] tentationes: N.W.   [2] improperat: N.W.   [3] arefecit: N.W.
[4] deperit: N.   [5] intentator: N. intemtator: W.   [6] conceperit: N.W.

dens a patre luminum. Apud quem non est transmutatio nec vicissitudinis obumbratio. *Lec. ij.*

*V*oluntarie enim genuit nos verbo veritatis : ut simus inicium aliquod creature ejus. Scitis fratres mei dilectissimi. Sit autem omnis homo velox ad audiendum tardus autem ad loquendum : et tardus ad iram.

*I*ra enim viri justi- [*Lectio iij.* ciam dei non operatur. Propter quod abjicientes omnem immundiciam et habundantiam malicie : in mansuetudine suscipite insitum verbum quod potest salvare animas vestras. *In evange. añ.* Tristicia implevit cor vestrum : et gaudium vestrum nemo tollet a vobis all'a all'a. *p͞s.* Benedictus. *Ad vesperas in evange. añ.* Iterum videbo vos alleluia : et gaudebit cor vestrum all'a. *p͞s.* Magnificat.

❡ *Feria v. invitatorium etc. ut supra. In nocturno añ.* Alleluia. *p͞s.* Confitebimur. *p͞s.* Notus in judea. *p͞s.* Voce mea. ℣ Resurrexit dominus. *Lectio j.*

*E*stote autem factores verbi et non auditores tantum fallentes vosmetipsos. Quia si quis auditor est verbi et non factor : hic comparabitur viro consideranti vultum nativitatis sue in speculo. Consideravit enim se et abiit : et statim oblitus est qualis fuerit. *Lectio ij.*

*Q*ui autem prospexerit in lege perfecte libertatis et permanserit in ea : non auditor obliviosus factus : sed factor operis : hic beatus in facto suo erit : Si quis autem putat se religiosum esse : non refrenans linguam suam sed seducens cor suum hujus vana est religio. *Lectio iij.*

*R*eligio munda et immaculata apud deum et patrem hec est. Visitare pupillos et viduas in tribulatione eorum : et immaculatum se custodire ab hoc seculo. Fratres mei nolite in personarum acceptione habere fidem domini Jesu Christi. *In evange. añ.* Mundus autem gaudebit. *p͞s.* Benedictus. *Ad vesperas in evange. añ.* Tristicia vestra vertetur. *p͞s.* Magnificat.

❡ *Feria vj. invitato. etc. ut supra. In nocturno añ.* Alleluia. *p͞s.* Fundamenta. *p͞s.* Domine deus salutis. *p͞s.* Misericordias domini. ℣ Resurrexit dominus. *Lectio j.*

*E*tenim si introierit in conventu vestro vir aureum annulum habens in veste candida : introierit autem et pauper in sordido habitu : et intendatis in eum qui est indutus in veste preclara : et dixeritis ei : tu sede hic : bene. Pauperi autem dicatis : tu sta illic : aut sub scabello pedum meorum : nonne judicatis apud vosmetipsos : et facti estis judices cogitationum [1] iniquarum.

*A*udite fratres mei [*Lectio ij.* dilectissimi. Nonne deus elegit pauperes in hoc mundo : divites autem in fide et heredes regni quod repromisit deus diligentibus se. Vos autem exhonorastis pauperem : Nonne divites per potentiam opprimunt vos : et ipsi trahunt vos ad judicia. Nonne ipsi blasphemant bonum nomen quod invocatum est super vos. *Lectio iij.*

---

[1] cognitonum (sic) : N..

Si tamen legem perficitis regalem secundum scripturas: Diliges proximum tuum sicut teipsum: benefacitis. Si autem personas accipitis: peccatum operamini redarguti a lege quasi transgressores. Quicunque autem totam legem servaverit: offendat autem in uno: factus est omnium reus. *In evange. an.* Tristicia vestra. alleluia. *ps̄.* Benedictus.

ℂ *Dominica iiij.*
Sabbato ad vesperas an̄. Alleluia. *ps̄.* Benedictus. *etc. Cap.* Christus resurgens. *Hymnus.* Chorus nove. ℣ Mane nobiscum. *In evan. an̄.* Iterum autem videbo vos et gaudebit cor vestrum: et gaudium vestrum nemo tollet a vobis all'a. *ps̄.* Magnificat. *Ōro.* Deus qui fidelium mentes unius efficis voluntatis: da populis tuis id amare quod precipis: id desiderare quod promittis: ut inter mundanas varietates ibi nostra fixa sint corda ubi vera sunt gaudia. Per dominum. *Memorie ut supra. Ad matutinas invitato.* Surrexit *etc. ps̄.* Venite. *Hymnus* Aurora. *In noct. an̄.* Alleluia. *ps̄.* Salvum me fac deus. *ps̄.* Usque quo domine. *ps̄.* Dixit insipiens ℣ Resurrexit. *Sec. Johannem.* In illo tempore: Dixit Jesus discipulis suis. Vado ad eum qui me misit: et nemo ex vobis interrogat me quo vadis. Sed quia hec locutus sum vobis tristicia implevit cor vestrum. Et reliqua. *Omelia venerabilis bede presbyteri. Lectio j.* Sicut enim doctus paterfamilias cum in longinquam regionem profecturus est: tunc maxime sibi subjectos qualiter se providere debeant commonet: sic dominus Jesus Christus ab apostolis corporaliter recessurus: specialiter quomodo in mundo conversari deberent eis ostendere dignatus est dicens. In hoc cognoscent omnes quia mei discipuli estis: si dilectionem habueritis ad invicem. *Re.* Si oblitus fuero. *Lectio ij.* Eademque nocte qua tradendus erat: non solum pedes discipulorum lavit sed etiam mysterium corporis et sanguinis sui eis tradidit: et non solum suam resurrectionem sed etiam ascensionem predicere voluit dicens. Vado ad eum qui misit me: id est revertor ad eum qui me incarnari constituit: et tam lucida et tam preclara erit ascensio mea ut nullus vestrum indigeat me interrogare quo vadam: videntibus cunctis: quia ad celos pergam. *Re.* Viderunt. *Lec. iij.* Quia enim dominus noverat quod hec sua verba tanto majorem tristiciam in cordibus apostolorum generarent quanto se vicinius ab eis recessurum predicebat: blanda eos consolatione lenire curavit dicens. Sed ego veritatem dico vobis expedit vobis ut ego vadam. Expedit ut forma servi vestris subtrahatur aspectibus quatinus amor divinitatis artius vestris infigatur mentibus: sicque suspensis ad superna cordibus vestris: ad accipienda jam spiritus sancti dona capaces fiatis. *Re.* In toto. ℣ Surrexit. *In laudibus an̄.* Alleluia. *ps̄.* Dominus regnavit *etc. In evang. an̄.* Vado ad eum qui misit me: sed quia hec locutus sum vobis tristicia

QUARTA POST PASCHA.

implevit cor vestrum. all'a. *ps̄.* Benedictus. *Oratio.* Deus qui fidelium. *Ad horas ut supra cum oratione dominicali. Ad vesperas in evangelio añ.* Ego veritatem dico vobis expedit vobis ut ego vadam nisi ego abiero paraclitus non veniet. all'a. *ps̄.* Magnificat. *Oratio ut supra.* ¶ *Feria ij. invita. etc. ut supra. In nocturno añ.* Alleluia. *ps̄.* Dixit injustus. *ps̄.* Noli æmulari. *ps̄.* Domine ne in furore. (*ij.*) ℣ Resurrexit. *Lectio j.*

Quod[1] autem fuit ab initio quod audivimus quod vidimus oculis nostris quod prospeximus et manus nostre contrectaverunt de verbo vite: et vita manifestata est: et vidimus et testamur: et annunciamus vobis vitam eternam que erat apud patrem et apparuit nobis. *Lectio ij.*

Quod vidimus et audivimus annunciamus vobis: ut et vos societatem habeatis nobiscum et societas vestra sit cum patre et filio Jesu Christo. Et hec scripsimus vobis ut gaudeatis: et gaudium vestrum sit plenum. *Lectio iij.*

Et hec est annunciato quam audivimus ab eo: et annunciamus vobis quoniam deus lux est et tenebre in eo non sunt ulle. Si dixerimus quoniam societatem habemus cum eo et in tenebris ambulamus: mentimur et non facimus veritatem. *In evangelio añ.* Dum venerit paraclytus spiritus veritatis ille arguet mundum de peccato: et de justicia et de judicio alleluia. *ps̄.* Benedictus. *Ad vesperas in evangelio añ.* Cum autem venerit ille spiritus veritatis docebit vos omnem veritatem et que ventura sunt annunciabit vobis alleluia. *ps̄.* Magnificat.

¶ *Feria iij. invita. etc. ut supra. In nocturno añ.* Alleluia. *ps̄.* Audite hec omnes gentes. *ps̄.* Deus deorum. *ps̄.* Quid gloriaris. ℣ Resurrexit dominus. *Lectio j.*

Si[2] autem in luce ambulamus: sicut ipse est in luce: societatem habemus ad invicem: et sanguis Jesu Christi filii ejus emundat nos ab omni peccato.

---

[1] *P*etrus apostolus Jesu Christi electis advenis dispersionis ponti galatie capadocie asie et bithinie secundum prescientiam dei patris in sanctificationem spiritus in obedientiam et aspersionem sanguinis Jesu Christi. Gratia vobis et pax multiplicetur. Tu autem. *Lectio ij.* *B*enedictus deus et pater domini nostri Jesu Christi qui secundum misericordiam suam magnam regeneravit nos in spem vivam per resurrectionem Jesu Christi ex mortuis in hereditatem incorruptibilem et immarcessibilem conservatam in celis in ['in' om.: N.] vobis qui in virtute dei custodimini per fidem in salutem paratam revelari in tempore novissimo. *L. iij.* *I*n quo exultabitis modicum nunc si oportet contristari in variis tentationibus ut probatio vestre fidei multo preciosior sit auro quod per ignem probatur: inveniatur in laudem et gloriam et honorem in revelationem Jesu Christi. *In evange. etc.:* W.N.

[2] *Q*uem cum non videritis diligitis: in quem nunc quoque non videntes creditis credentes exultabitis leticia inenarrabili et glorificata reportantes finem fidei vestre salutem animarum. *Lectio ij.* *D*e qua salute exquisierunt atque scrutati sunt prophete qui de futura in vobis gratia prophetaverunt: scrutantes in quod vel quale tempus significaret in eis spiritus Christi prenuncians eas que in Christo sunt passiones et posteriores glorias. *Q*uibus revelatum est quia non [*Lectio iij.*] sibi ipsis vobis autem ministrabant ea que nunc nunciata sunt vobis per eos qui evangelizaverunt vobis: spiritu sancto misso de celo in quem desiderant angeli prospicere. *In evan. etc.:* W.N.

Si dixerimus quoniam peccatum non habemus: ipsi nos seducimus: et veritas in nobis non est. *Lectio ij.*

*S*i confiteamur peccata nostra: fidelis et justus est deus: ut remittat nobis peccata nostra et emundet nos ab omni iniquitate. Si dixerimus quoniam non peccavimus: mendacem eum facimus et verbum ejus non est in nobis. *Lectio iij.*

*F*ilioli mei hec scribo vobis ut non peccetis. Sed si quis peccaverit: advocatum habemus apud patrem Jesum Christum justum et ipse est propiciatio pro peccatis nostris. Non pro nostris autem tantum: sed etiam pro totius mundi. Et in hoc scimus quoniam cognovimus eum: si mandata ejus observemus. *In evang. an.* Non enim loquetur a semetipso: sed quecunque audiet loquetur: et que ventura sunt annunciabit vobis all'a. *ps.* Benedictus. *Ad vesperas in evan. an.* Ille me clarificabit: quia de meo accipiet et annunciabit vobis all'a. *ps.* Magnificat. ¶ *Feria iiij. invitato. etc. ut supra. In nocturno an.* Alleluia. *ps.* Exaudi deus orationem meam. *ps.* Jubilate deo omnis terra. *ps.* Exurgat[1] deus. ℣ Resurrexit dominus. *Lectio j.*

*Q*ui[2] dicit se nosse deum: et mandata ejus non custodit: mendax est: et veritas in eo non est. Qui autem servat verbum ejus vere in eo charitas dei perfecta est. In hoc scimus quoniam in ipso sumus: si in ipso perfecti fuerimus. Qui dicit se in ipso manere. debet sicut ille ambulavit: et ipse ambulare. *Lec. ij.*

*C*harissimi non mandatum novum scribo vobis: sed mandatum vetus quod habuistis ab initio. Mandatum vetus est verbum quod audistis. Iterum mandatum novum scribo vobis quod est verum: et in ipso et in vobis: quia tenebre transierunt: et verum lumen jam lucet. *Lectio iij.*

*Q*ui dicit se in luce esse: et fratrem suum odit: in tenebris est usque adhuc. Qui diligit fratrem suum in lumine manet: et scandalum in eo non est. Qui odit fratrem suum in tenebris est: et in tenebris ambulat et nescit quo eat: quoniam tenebre obcecaverunt oculos ejus. *In evange. an.*

---

[1] Exurge: N.
[2] *P*ropter quod succincti lumbos mentis vestre sobrii perfecti sperate in eam que offertur vobis gratiam in revelationem Jesu Christi quasi filii obedientie non configurati prioribus ignorantie vestre desideriis sed secundum eum qui vocavit vos sanctum ut et ipsi in omni conversatione sancti sitis quoniam scriptum est. Sancti eritis quoniam et ego sanctus sum *Lect. ij.*

*E*t si patrem invocatis eum qui sine personarum acceptione judicat secundum uniuscujusque opus in timore incolatus vestri tempore conversamini scientes quod non corruptibilibus auro vel argento redempti estis de vana vestra conversatione paterne traditionis: sed precioso sanguine quasi agni incontaminati et immaculati Christi Jesu precogniti quidem ante constitutionem mundi. *Lectio iij.*

*M*anifestavi [*M*anifestati: N.] autem novissimis temporibus propter vos. Qui per ipsum fideles estis in domino qui suscitavit eum a mortuis et dedit ei gloriam ut fides vestra et spes esset in deo animas vestras castificantes in obedientia caritatis in fraternitatis amore simplici corde invicem diligite attentius renati non ex semine corruptibili per verbum dei vivi et permanentis. *In evan. etc.*: W.N.

QUARTA POST PASCHAM.

Ego veritatem. *ps̄.* Benedictus. *Ad vesperas in evange. añ.* Dum venerit. *ps̄.* Magnificat.

⁋ *Feria v. invitato. etc. ut supra. In noct. añ.* Alleluia. *ps̄.* Attendite popule. *ps̄.* Deus venerunt. *ps̄.* Qui regis. ℣ Resurrexit dominus.

Scribo[1] vobis filioli : [*Lectio j.* quoniam remittuntur vobis peccata propter nomen ejus. Scribo vobis patres quoniam cognovistis eum qui ab initio est. Scribo vobis adolescentes: quoniam vicistis malignum. Scribo vobis infantes : quia cognovistis patrem. Scribo vobis juvenes : quia fortes estis : et verbum dei in vobis manet : et vicistis malignum. *Lec. ij.*

Nolite diligere mundum : nec ea que in mundo sunt. Si quis diligit mundum non est charitas patris in eo. Quoniam omne quod est in mundo concupiscentia carnis est : et concupiscentia oculorum et superbia vite que non ex patre sed ex mundo est. *Lectio iij.*

Et mundus transibit : et concupiscentia ejus. Qui autem facit voluntatem dei : manet in eternum. Filioli : novissima hora est : et sicut audistis : quia antichristus venit : nunc ab initio antichristi multi facti sunt. *In evange. añ.* Cum autem venerit. *ps̄.* Benedictus. *Ad vesperas in evang. añ.* Non enim. *ps̄.* Magnificat.

⁋ *Feria sexta. invitato. etc. ut supra. In nocturno añ.* All'a. *ps̄.* Deus ultionum. *ps̄.* Cantate (j) *ps̄.* Dominus regnavit exultet. ℣ Resurrexit. *Lectio j.*

Videte[2] qualem charitatem dedit nobis pater : ut filii dei nominemur et simus. Propter hoc mundus non novit nos quia non novit eum. Charissimi : nunc filii dei sumus : et nondum apparuit quod erimus. Scimus quoniam cum apparuerit similes ei erimus : quoniam videbimus eum sicuti est. *Lectio ij.*

Et omnis qui habet spem hanc in eo sanctificat se : sicut et ille sanctus est. Omnis qui facit peccatum : et iniquitatem facit : et peccatum est iniquitas. Et scitis quia ille apparuit : ut peccata mundi tolleret : et peccatum in eo non est. *Lectio iij.*

Et omnis qui in eo manet non peccat. Et omnis qui peccat

---

[1] Omnis caro ut fenum : et omnis gloria ejus tanquam flos feni. Exaruit fenum et flos ejus decidit : verbum autem domini manet in eternum. Hoc est autem verbum quod evangelizatum est in vobis.
Deponentes igitur omnem ma- [*Lect. ij.* liciam et omnem dolum et simulationes et invidias et omnes detractiones sicut modo geniti infantes rationabiles et sine dolo lac concupiscite ut in eo crescatis in salutem : si tamen gustatis quoniam suavis est dominus. *Lectio iij.*
Ad quem accedentes lapidem vivum ab hominibus quidem reprobatum a deo autem electum et honorificatum et ipsi tanquam lapides vivi super edificamini domos spirituales sacerdotium sanctum offerentes spiritales hostias deo per Jesum Christum. Tu autem. *In evange. etc.:* W.N.

[2] Carissimi obsecro vos tanquam advenas et peregrinos abstinere vos a carnalibus desideriis que militant adversus animam : conversationem vestram inter gentes habentes bonam ut in eo quod detractant de vobis tanquam de malefactoribus ex bonis operibus vos considerantes glorificent deum in die visitationis. *Lectio ij.*
Subjecti igitur estote omni humane creature propter deum : sive regi quasi precellenti : sive ducibus tanquam ab eo missis ad vindictam malefactorum : laudem vero bonorum. *Lectio iij.*
Quia sic est voluntas dei ut benefacientes obmutescere faciatis imprudentium hominum ignorantiam. Quasi liberi et non quasi velamen habentes malicie libertatem sed sicut servi dei. Tu autem. *In evan. etc.:* W.N.

non vidit eum nec cognovit eum. Filioli nemo vos seducat. Qui facit justiciam justus est: sicut et ille justus est. Qui facit peccatum ex diabolo est: quoniam ab initio diabolus peccat. *In evangelio an.* Dum venerit. *ps.* Benedictus.

¶ *Dominica quinta.*
Sabbato ad vesperas an. Alleluia. *ps.* Benedictus. *etc. Capitulum.* Christus resurgens. *Hymnus.* Chorus nove: ℣ Mane nobiscum. *In evan. an.* Ille me clarificabit. *ps.* Magnificat.

Deus a quo bona [*Oratio* cuncta procedunt largire supplicibus[1]: ut cogitemus te inspirante que recta sunt: et te gubernante eadem faciamus. Per dominum. *Memoria ut supra. Ad matutinas. invita. etc. ut supra. In nocturno an.* All'a. *ps.* Dominus regit. *ps.* Domini est terra. *ps.* Judica. ℣ Resurrexit. *etc. Sec. Johannem.*

In illo tempore Dixit Jesus discipulis suis. Amen amen dico vobis: si quid petieritis patrem in nomine meo: dabit vobis. Usque modo non petistis quicquam in nomine meo. Et. reliqua.
Omelia venerabilis Bede presbyteri. Lectio j.

Discipuli quidem domini fratres charissimi non petierunt eatenus quicquam in nomine salvatoris: quia dum ipsum salvatorem visibili presentia complecterentur: minus ad invisibilia salutis dona mentis intuitum erexerunt. *Re.* Narrabo nomen. *Lec. ij.*

Petite inquit dominus et accipietis: ut gaudium vestrum sit plenum. Ordo quippe sensus est. Petite ut gaudium vestrum sit plenum et accipietis. Plenum ergo gaudium perpetuam pacem appellat. Aliquando vero carnales carnalia petunt: et ideo a domino non exaudiuntur. Aliquando etiam boni bona petunt: sed illorum mala merita pro quibus petunt eis obsistunt ne exaudiantur et tamen licet illi non merentur accipere pro quibus petimus: nobis pro affectu charitatis merces retribuetur. *Re.* In ecclesiis.

Aliquando vero sancti [*Lec. iij.* sancta petunt: sed quia eorum petitio in presenti non impletur: restat ut in futuro impleatur. Aliquando etiam sancti in oratione contraria anime sue ignoranter petunt: occulto tamen judicio non ad voluntatem: sed ad salutem exaudiuntur. Multo enim salubrius est exaudiri ad salutem: quam ad voluntatem. *Re.* Hymnum canamus.[2] ℣ Surrexit dominus vere. *In laudibus. ps.* Dominus regnavit *etc. In evan. an.* Usque modo non petistis quicquam in nomine meo petite et accipietis. all'a. *ps.* Benedictus. *Oratio.* Deus a quo. *Ad horas ut supra cum oratione dominicali. Ad vesperas in evan. an.* Petite et accipietis: ut gaudium vestrum plenum sit: ipse enim pater amat vos: quia vos me amastis et credidistis. all'a. *ps.* Magnificat. *Oro. ut supra. Si feria secunda vel tertia in rogationibus festum aliquod evenerit: sive duplex sive simplex quod alio tempore esset novem lectionum totum fiat de festo cum*

---

[1] 'tuis' add: W.N.

[2] cantate: N.

QUINTA POST PASCHA.

missa post tertiam. Post sextam vero fiat processio et missa de jejunio. Si vero festum quod pro festo trium lectionum tantum habetur sic evenerit: tantum memoria inde fiat.

℟ *Feria ij. invitato. etc. ut supra. In nocturno añ.* All'a. *ps̄.* Dominus illuminatio. *ps̄.* Ad te domine clamavi. *ps̄.* Afferte. ℣ Resurrexit. Filioli[1] mei non diligamus verbo neque in lingua: sed opere et veritate. In hoc cognoscimus: quia ex veritate sumus: et in conspectu ejus suademus corda nostra: quoniam si reprehenderit nos cor nostrum: major est deus corde nostro: et novit omnia. *Re.* Deus canticum. *Lectio ij.* Charissimi si cor nostrum non reprehenderit nos fiduciam habemus ad deum: et quicquid petierimus accipiemus ab eo quoniam mandata ejus custodivimus et ea que sunt placita coram eo facimus. *Re.* Alleluia. *Lectio iij.* Et hoc est mandatum ejus ut credamus in nomine filii ejus Jesu Christi: et diligamus alterutrum sicut dedit mandatum nobis. Et qui servat mandata ejus: in illo manet et ipse in eo. *Re.* Deduc me. *In evan. añ.* Ipse enim pater amat vos: quia vos me amastis et credidistis all'a. *ps̄.* Benedictus. *Oratio dominicalis. Ad horas ut supra cum oratione dominicali. Ad vesperas añ.* Alleluia. *ps̄.* Dilexi *etc.*

℟ *Feria iij. cantetur de domina nisi impediatur per festum ut predicitur: et tunc cantetur de domina die lune precedenti: si fieri posset[2] competenter. Ad vesperas añ.* Alleluia. *ps̄.* Letatus sum. *In evang. añ.* Exivi a patre et veni in mundum: iterum relinquo mundum et vado ad patrem all'a all'a. *ps̄.* Magnificat.

℟ *In vigilia ascensionis si festum duplex vel quod alias pro festo simplici novem lectionum haberetur evenerit: fiat de festo et memoria de vigilia: et post tertiam fiat missa de sancto: et post nonam fiat processio: et missa de vigilia. Si festum quod pro festo iiij. lectionum in ista vigilia evenerit: memoria tantum fiat[3] de sancto.*

℟ *Si die ascensionis festum duplex sive simplex novem lectionum evenerit: differatur in crastinum: et post vesperas in die ascensionis fiat memoria de sancto: et in illo crastino tantum fiat memoria de ascensione. Si vero festum tantum iiij. lectionum in die evenerit: nec etiam de eo fiat memoria. Si infra octavas ascensionis festum iiij. lectionum tantum evenerit: memoria tantum fiet de sancto etiam die octavo fiet memoria. Si festum quod dicatur ix. lectionum infra octavas evenerit totum fiat*

---

[1] Omnes honorate fraternitatem diligite: deum timete regem honorificate. Servi subditi estote in omni timore dominis non tantum bonis et modestis: sed etiam discolis. *Lectio ij.* Hec est enim gratia si propter conscientiam sustinet quis tristiciam patiens injuste: Que enim est gratia si peccantes et colaphizati suffertis? Sed si benefacientes patienter sustinetis hec est gratia apud deum. Tu autem. *Lectio iij.* In hoc enim vocati estis quia et Christus passus est pro nobis vobis relinquens exemplum: ut sequamini vestigia ejus. Qui peccatum non fecit nec inventus est dolus in ore ejus. Tu. *In evan. etc.: W.N.*

[2] *possit: N.*

[3] *fiat tantum: N.*

DOMINICA ROGATIONUM.

de festo: etiam in dominica: et memoria de ascensione etiam tam in primis vesperis quam in secundis de sancto dicantur antiphone et psalmi de ascensione. scilicet Viri Galilei. *etc. usque ad capitulum quod erit de festo ix. lectionum sicuti*[1] *infra octavas nativitatis domini dicuntur antiphone et psalmi de nativitate scilicet.* Tecum principium. *usque ad capitulum de festo ix. lectionum. Eodem modo etiam fiat in festis apostolorum philippi et jacobi: sancti johannis Beverlacti: et*[2] *sancti willelmi: licet sint duplicia si infra dictas octavas evenerint. Et si infra dictas octavas hujusmodi festa evenerint: tunc dicantur Responsoria antiphone et psalmi quando de ascensione dicitur que non fuerint prius dicta: ita quod omnia dicantur si fieri potest. Octavo vero die totum fiat de ascensione sive duplex festum sive simplex ix. lectionum evenerit: et differatur festum in crastinum: ita tamen quod vespere ipso die octavo dicantur de sancto: sicut dicerentur si tale festum in crastino contigerit: prout infra notatur: excipitur tamen festum sancti willelmi quod non differtur si sic evenerit: quo sic eveniente anticipetur servitium octavarum: et fiat die mercurii precedenti: et in primis vesperis dicantur de sancto willelmo antiphone.* In willelmi laudibus *super psalmos feriales: et fiat memoria de octavis. Item infra octavas ascensionis quando fit*[3] *de festo novem lectionum.* Invitatorium Exultent in domino *etc. etiam de confessore: nisi duplex fuerit ejus festum etc. omnia alleluiatice. In secundis vesperis* an. Viri galilei. ps̄. Dixit dominus domino meo. sede. *In dominica vero cum fit de festo novem lectionum*[4]*: dicatur memoria de ascensione in matutinis et secundis vesperis cum antiphonis* Cum venerit paraclitus *et*[5] Hec locutus sum *et oratione* Omnipotens sempiterne deus: *quia quasi de ascensione sunt.*

¶ *Item si festum fiat in dominica: expositio dominicalis legetur in die lune cum antiphonis et Responsoriis ad feriam spectantibus scilicet de ascensione. Et capitulo* Estote. *et oratione* omnipotens sempiterne deus *ad matutinas et ad vesperas: et in secundis vesperis de sancto: erit super psalmos antiphona* Viri galilei. ps̄. Dixit dominus. *Quando autem de dominica agitur Capitulum* Estote *tantum dicitur ad matutinas et ad vesperas. Capitulum autem* Primum quidem. *etc. ad alias horas cum oratione* Concede.

¶ *Si festum duplex vel quasi ix. lectionum in crastino octavarum ascensionis evenerit: de eo fiet et memoria de ascensione cum antiphona et oratione dominicali ad matutinas: et ad missam*[6]*: ad vesperas. Si festum sit duplex tunc in primis vesperis de sancto dicantur antiphone de festo duplici cum psalmis ferialibus: et memoria de octava ascensionis. Si festum sit simplex quasi ix. lectionum incipiatur de sancto ad*

---

[1] sicut: N.
[2] 'et' om.: N.
[3] fiet: N.
[4] 'et' add: N.
[5] 'et' om.: N.
[6] 'et' add: N.

IN VIGILIA ASCENSIONIS DOMINI.

capitulum et sequatur memoria de octava ascensionis. Et in secundis vesperis de festo duplici dicuntur super psalmos feriales antiphone de laudibus. Et in festo simplici novem lectionum antiphona alleluiatica. Si vero festum trium lectionum ibidem evenerit dicatur de domina: et fiat memoria de festo: et memoria de ascensione ut predictum est. Item memorie que fient de festo trium lectionum infra octavas ascensionis: et in matutinis et in vesperis die veneris: et matutinis die sabbati post octavas cum eisdem antiphonis fient: quibus tempore paschali.

℣ *In vigilia ascensionis ad matu. invitato.* Alleluia. *p̄s.* Venite *Hym.* Aurora. *In nocturno an̄.* Alleluia. *p̄s.* Dixit insipiens. *p̄s.* Exaudi deus orationem meam et ne despexeris. *p̄s.* Miserere mei deus quoniam conculcavit. ℣ Resurrexit dominus. *Sec. Johannem.*

In illo tempore: Sublevatis Jesus oculis in celum: dixit. Pater: venit hora clarifica filium tuum: ut filius tuus clarificet te. Et reliqua.

Omelia beati augustini ep̄i. Lec. j.

Glorificatum a patre filium secundum formam servi quam pater suscitavit a mortuis: et ad suam dexteram collocavit res ipsa indicat: et nullus ambigit christianus. Sed quoniam non tantum dixit pater clarifica filium tuum: sed addidit etiam: ut filius tuus clarificet te. *Re.* Cantate deo. *Lectio ij.*

Merito queritur quomodo patrem clarificaverit filius cum sempiterna claritas patris nec diminuta fuerit in forma humana: nec augeri potuerit in sua perfectione divina? Sed in seipsa claritas patris nec augeri nec minui potest. *Re.* Bonum est. *Lectio iij.*

Hoc autem [1] per evangelium Christi factum est: ut per [2] filium [3] innotesceret gentibus: profecto patrem glorificavit et filius. Si autem tantummodo mortuus fuisset filius nec resurrexisset: proculdubio nec a patre clarificatus esset nec patrem clarificasset. Nunc autem resurrectione clarificatus a patre: resurrectionis sue predicatione clarificat patrem. *Re.* Dicant nunc. *Non dicitur p̄s.* Te deum. ℣ Surrexit [4] dominus vere? *In laudibus an̄.* Alleluia. *p̄s.* Dominus regnavit, *etc. Capitulum.*

Multitudinis credentium erat cor unum et anima una nec quisquam eorum que possidebat aliquid suum esse dicebat: sed erant illis omnia communia. *Hym.* Sermone blando. ℣ Surrexit dominus de sepulchro. *In evange. an̄.* Clarifica me pater apud temetipsum claritate quam habui priusquam mundus fieret all'a. *p̄s.* Benedictus. *Oratio.*

Presta quesumus omnipotens pater ut nostre mentis intentio quo [5] solennitatis venture gloriosus auctor ingressus est semper intendat: et quo fide pergit conversatione perveniat. Per eundem. *Memoria non addatur nisi forte evenerit de sancto aliquo. Et si de sancto forte*

---

[1] 'quia' add: N.W.
[2] 'per' om.: W.
[3] 'pater' add: N.W.
[4] Resurrexit: N.
[5] 'unigenitus filius tuus dominus noster' add: N.

ageretur: tantum fiet [1] *memoria de ascensione quia non sunt amplius dicende memorie de resurrectione: nec de domina: nec de omnibus sanctis. Ad horas ut supra cum oratione dominicali, etc.*
℟ *In vigilia ascensionis.*
Ad vesperas antiphona.

Vado parare vobis locum et iterum veniam ad vos all'a. et gaudebit cor vestrum. all'a all'a. *ps.* Nisi dominus. *an.* Rogabo patrem meum et alium paraclitum dabit vobis all'a. *ps.* Beati omnes. *An.* Nisi ego abiero paraclitus non veniet dum assumptus fuero mittam vobis. all'a. *ps.* Sepe expugnaverunt. *An.* Euntes in mundum universum predicate evangelium omni creature alleluia: qui crediderit et baptizatus fuerit salvus erit: all'a. qui vero non crediderit condennabitur all'a. *ps.* De profundis. *Ana.* Illi autem profecti predicaverunt ubique domino cooperante et sermonem confirmante sequentibus signis all'a all'a. *ps.* Domine non est exaltatum. *Capitulum.*

Primum quidem sermonem feci de omnibus o theophile: que cepit Jesus facere et docere usque in diem qua precipiens apostolis per spiritum sanctum quos elegit assumptus est. *Re.* Omnis pulchritudo. ℣ Nisi ego.

Eterne rex altissime [*Hymnus.* redemptor et fidelium quo mors soluta deperit datur triumphus gratie. Scandens tribunal dextere patris potestas omnium collata est Jesu celitus que non erat humanitus. Ut trina rerum machina celestium terrestrium et infernorum condita flectat genu jam subdita. Tremunt videntes angeli versam vicem [2] mortalium culpat [3] caro purgat caro regnat deus dei caro. Tu Christe nostrum gaudium manens olympo preditum mundi regis qui fabricam mundana vincens gaudia. Hinc te precantes quesumus ignosce culpis omnibus et corda sursum subleva ad te superna gratia. Ut cum rubente ceperis clarere nube judicis penas repellas debitas reddas coronas perditas. Tu esto nostrum gaudium qui es futurus premium sit nostra in te gloria per cuncta semper secula. Gloria tibi domine qui scandis supra sydera cum patre et sancto spiritu in sempiterna secula. Amen. *Hi duo versus subjungantur ad omnes Hymnos quorum metro conveniunt: usque ad vesperas in vigilia penthecostes. etiam si de sanctis agatur: salvo quod si feria sexta in crastino octavarum dicatur de domina: tunc dicetur versus* Gloria tibi domine qui natus es. *etc.* ℣ Ascendens Christus in altum. Captivam duxit captivitatem alleluia. *In evan. an.* Pater manifestavi nomen tuum hominibus quos dedisti mihi nunc autem pro eis rogo non pro mundo quia ad te vado alleluia. *ps.* Magnificat. *Oratio.* Presta quesumus omnipotens pater. Benedicamus domino *sicut in die pasche ad vesperas. Nulla fiet memoria nisi de festo duplici si forte evenerit in hac vigilia. Ad completorium an.*

---

[1] *fiat*: N.   [2] versa vice: N.   [3] culpa: W.

IN FESTO ASCENSIONIS DOMINI.

Alleluia. *ut supra in octavis pasche.*[1] *ps̄.* Cum invocarem. *etc. Capl'm.* Tu in nobis. *Hymnus.* Jesu salvator *etc. Tu* esto. Gloria tibi domine qui scandis supra. ℣ Ascendit deus in jubilatione. Et dominus in voce tube all'a. *An̄.* Alleluia ascendens Christus in altum alleluia captivam duxit captivitatem all'a all'a. *ps̄.* Nunc dimittis. Kyrieleison. *etc. Hoc modo dicatur completorium usque ad vigiliam penthecostes. de quocunque fit*[2] *servicium excepto quod quando fit plenum servicium de domina dicetur in fine hymni.* Gloria tibi domine qui natus es. *post versum* Tu esto.
Ad matu. invita. All'a Christum ascendentem in celum. Venite adoremus. All'a. *ps̄.* Venite.

*H*ymnum canamus [*Hymnus.* glorie hymni novi nunc personent Christus novo cum tramite ad patris ascendit thronum. *A*postoli tunc mystico in monte stantes chrismatis cum matre clara virgine Jesu videbant gloriam. *Q*uos alloquentes angeli quid astra stantes cernitis salvator hic est inquiunt Jesus triumpho nobili. Sicque venturum asserunt quemadmodum hunc viderant summa polorum culmina scandere Jesum splendida. *D*a nobis illuc sedula devotione tendere quo te sedere cum patre in arce regni credimus. *T*u esto. Gloria tibi domine. *In nocturno antiphona.*

*E*levata est magnificentia tua super celos deus alleluia. *ps̄.* Domine dominus noster. *an̄.* Dominus in templo sancto suo dominus in celo alleluia. *ps̄.* In domino confido. *an̄.* A summo celo egressio ejus et occursus ejus all'a. *ps̄.* Celi enarrant. ℣ Ascendens Christus. *Sec. marc.*

*I*n illo tempore : Recumbentibus undecim discipulis apparuit illis Jesus et exprobravit incredulitatem illorum : et duriciam cordis quia his qui viderant eum resurrexisse a mortuis non crediderunt. Et reliqua. *Omelia beati gregorii pape. Lectio j.*

*Q*uod resurrectionem dominicam discipuli tarde crediderunt : non tam illorum infirmitas quam nostra ut ita dicam futura firmitas fuit. Ipsa namque resurrectio illius : illis dubitantibus per multa argumenta monstrata est. Que dum nos legentes agnoscimus quid aliud quam de illorum dubitatione solidamur. *Re.* Post passionem suam per dies quadraginta apparens eis : loquens de regno dei all'a. Et videntibus illis elevatus est all'a : et nubes suscepit eum ab oculis eorum alleluia. ℣ Et convescens precepit eis ab hierosolymis ne discederent sed expectarent promissionem patris. Et. *Lectio ij.*

*A*d insinuandam quoque veritatem dominice resurrectionis : notandum nobis est : quod lucas referat dicens. Convescens precepit eis ab hierosolimis ne discederent. Et post pauca : videntibus illis elevatus est : et nubes suscepit eum ab oculis eorum. Notate verba : signate mysteria. Convescens elevatus est. Comedit et ascendit : ut videlicet per effectum comestionis veritas patesceret

---

[1] *pro 'ut sup. in oct. pas.' All'a all'a all'a : N.* [2] *fiet : N.*

IN FESTO

carnis. *Re.* Omnis pulchritudo domini exaltata est super sydera species ejus in nubibus celi. Et nomen ejus in eternum permanet alleluia. ℣ [1] Nisi ego abiero paraclitus non veniet dum assumptus fuero mittam vobis eum. Et nomen. *Hic versus sequens semper ad matutinas. et ad processionem dicetur.* ℣ A summo celo egressio ejus et occursus ejus usque ad summum ejus. Et nomen. *Lectio iij.*

Marcus vero priusquam celum dominus ascenderet: eum de cordis atque infidelitatis duricia increpasse discipulos commemorat. Qua in re quid aliud considerandum est: nisi quod idcirco dominus tunc discipulos increpavit cum eos corporaliter reliquit. Ut verba que recedens diceret: in corde audientium artius impressa remanerent. *Re.* Non conturbetur [2] cor vestrum ego vado ad patrem et dum assumptus fuero a vobis mittam vobis alleluia. Spiritum veritatis et gaudebit cor vestrum. all'a. ℣ Ego rogabo patrem et alium paraclitum dabit vobis. Spiritum. Gloria. Alleluia. *ps̄.* Te deum. ℣ Ascendit deus in jubilatione. *In lau. an.*

Viri galilei quid aspicitis in celum hic Jesus qui assumptus est a vobis in celum sic veniet alleluia. *ps̄.* Dominus regnavit. *aña.* Cunque intuerentur in celum euntem illum dixerunt alleluia. *ps̄.* Jubilate. *an.* Elevatis manibus ferebatur in celum et benedixit eis all'a. *ps̄.* Deus deus meus. *an.* Exaltate regem regum et hymnum dicite deo alleluia. *ps̄.* Benedicite *an.* Videntibus illis elevatus est et nubes suscepit eum in celo all'a. *ps̄.* Laudate. *Capl'm.* Primum. *Hymnus.*

Jesu nostra redemptio amor et desiderium. deus creator omnium homo in fine temporum. Que te vicit clementia ut ferres nostra crimina crudelem mortem patiens ut nos a morte tolleres. Inferni claustra penetrans tuos captivos redimens victor triumpho nobili ad dextram patris residens. Ipsa te cogat pietas ut mala nostra superes parcendo et voti compotes nos tuo vultu saties. Tu esto. Gloria tibi domine. ℣ Elevata est magnificentia tua. Super celos deus. all'a. *In evange. an.* Ascendo ad patrem meum et patrem vestrum deum meum et deum vestrum all'a. *ps̄.* Benedictus. *Oratio.*

Concede quesumus omnipotens deus: ut qui hodierna die unigenitum tuum redemptorem nostrum ad celos ascendisse credimus: ipsi quoque mente in celestibus habitemus. Per eundem. *Ad primam an.* Viri galilei. *ps̄.* Deus in nomine. *ps̄.* Beati immaculati. *ps̄.* Retribue. *ps̄.* Quicunque vult. *etc. sub una antiphona. Re.* Jesu Christe *cum* alleluia. ℣ Qui scandis supra sydera miserere nobis all'a all'a.[3] Gloria. Jesu Christe. ℣ Exurge domine *et cetera que ad primam pertinent. Ad tertiam an.* Cunque intuerentur. *ps̄.* Legem pone. *Capitulum.* Primum quidem. *Re.* Ascendens Christus in altum all'a all'a. ℣ Captivam duxit

---

[1] '*Hic versus sequens dicitur ad primas vesperas tantum*' add: W.N.

[2] turbetur: N.
[3] 'all'a' om.: N.W.

ASCENSIONIS DOMINI.

captivitatem. all'a. all'a Gloria. Ascendens: ℣ Ascendit deus in jubilatione. *Oratio.* Concede. *Ad sextam an̄.* Elevatis manibus. *p̄s.* Defecit. *Capitulum.*

*E*t convescens precepit eis ab hierosolimis ne discederent sed expectarent promissionem patris quam [1] audistis inquit per os meum. *Re.* Ascendit deus in jubilatione all'a all'a. ℣ Et dominus in voce tube. Alleluia all'a. Gloria. Ascendit. ℣ Ascendo ad patrem. *Ōro.* Concede. *Ad nonam an̄.* Videntibus. *p̄s.* Mirabilia. *Capitulum.*

*V*iri galilei quid statis aspicientes in celum hic Jesus qui assumptus est a vobis in celum sic veniet quemadmodum vidistis eum euntem in celum. *Re.* Ascendo ad patrem meum et patrem vestrum all'a alleluia. ℣ Deum meum et deum vestrum. All'a all'a. Gloria. Ascendo. ℣ Elevata est. *Ōro.* Concede. *Ad vesperas antiphone de laudibus cum psalmis dominicalibus. Capitulum.* Primum quidem. *Re.* Non relinquam vos. Nisi ego. Gloria. Alleluia. *quere istud Responsorium in feria iiij. sequente. Hymnus.* Eterne rex altissime. ℣ Ascendens Christus in altum. *In evange. an̄.* O rex glorie domine virtutum qui triumphator hodie super omnes celos ascendisti ne derelinquas nos orphanos sed mitte promissum patris in nos spiritum veritatis all'a. *p̄s.* Magnificat. *Ōro.* Concede.

❡ *Feria vj. ad matuti. invita.* Ascendit Christus in altum. Alleluia. *p̄s.* Venite. *Hymnus.* Hymnum canamus. *In nocturno an̄a.* Exaltare domine in virtute tua cantabimus et psaltemus all'a. *p̄s.* Domine in virtute. *an̄.* Exaltabo te domine quoniam suscepisti me alleluia. *p̄s.* Ipsum. *an̄.* Ascendit deus in jubilatione et dominus in voce tube. all'a. *p̄s.* Omnes gentes. ℣ Ascendens Christus in altum. *Lectio j.*

*P*rimum quidem sermonem feci de omnibus o teophile [2] que cepit Jesus facere et docere usque in diem qua precipiens apostolis per spiritum sanctum quos elegit assumptus est. Quibus et prebuit seipsum vivum post passionem suam in multis argumentis per dies quadraginta apparens eis: et loquens de regno dei. *Re.* Ite in orbem universum et predicate dicentes alleluia. Qui crediderit et baptizatus fuerit salvus erit all'a all'a all'a. ℣ Signa autem eos qui crediderint hec sequentur in nomine meo demonia ejicient linguis loquentur novis. Et [3] qui crediderit. *Lectio ij.*

*E*t convescens precepit eis ab hierosolimis ne discederent: sed expectarent promissionem patris quam audistis inquit per os meum. Quia johannes quidem baptizavit aqua: vos autem baptizabimini spiritu sancto: non post multos hos dies. *Re.* Tempus est ut revertar ad eum qui misit me dicit[4] dominus nolite contristari: nec turbetur cor vestrum. Rogo pro vobis patrem ut ipse vos custodiat all'a alleluia. ℣ Pacem meam do vobis:

---

[1] quem : W.N.
[2] theophile : W.N.
[3] 'Et' om. : N.
[4] 'dicit' om. : W.

SABBATO

pacem relinquo vobis. Rogo pro vobis patrem. *Lectio iij.*

*I*gitur qui convenerant: interrogabant eum dicentes: Domine si in tempore hoc restitues regnum israel? Dixit autem eis: Non est vestrum nosse tempora vel momenta: que pater posuit in sua potestate. sed accipietis virtutem supervenientis spiritus sancti in vos et eritis mihi testes in hierusalem et in omni judea et Samaria: et usque ad ultimum terre. Et cum hoc dixisset videntibus illis elevatus est: et nubes suscepit eum ab oculis eorum. *Re.* Ascendens Christus in altum all'a: captivam duxit captivitatem. Dedit dona hominibus. Alleluia alleluia. ℣ Ascendit deus in jubilatione: et dominus in voce tube. Dedit. Gloria patri. Alleluia. *ps.* Te deum laudamus. ℣ Ascendit deus in jubilatione. *In laudibus añ.* Viri galilei. *ps.* Dominus regnavit. *et ceteri psalmi sub hac antiphona. Cap.* Primum quidem. *Hym.* Jesu nostra redemptio. ℣ Elevata est. *In evange. añ.* Dominus quidem Jesus postquam locutus est eis ascendit in celum et sedet a dextris dei all'a. *ps.* Benedictus. *Oratio.* Concede quesumus. *Ad primam hec sola antiphona. añ.* Cunque intuerentur. *psalmi ut supra. Re.* Jesu Christe *etc. ut supra. Ad tertiam et ad alias horas antiphone sequentes de laudibus et cetera ut supra. Ad vesperas añ.* Viri galilei. *ps.* Dixit dominus. *et ceteri psalmi dominicales sub hac aña. Cap.* Primum quidem. *Hym.* Eterne rex altissime. ℣ Ascendens Christus in altum. *In evangelio añ.* Rogabo patrem meum. *ps.* Magnificat. *Oro.* Concede quesumus.

ℭ *Sabbato ad matu. invita.* Ascendens Christus [1] in altum. *ps.* Venite. *Hymnus.* Hymnum canamus. *In nocturno añ.* Exaltare super celos deus alleluia et super omnem terram gloria tua alleluia. *ps.* Miserere mei deus miserere mei. *añ.* Non turbetur cor vestrum alleluia: ego vado ad patrem alleluia. *ps.* Cantate (*j.*) *añ.* Nimis exaltatus es alleluia: super omnes deos alleluia. *ps.* Dominus regnavit exultet. ℣ Ascendens Christus in altum.

*C*unque intuerentur [*Lectio j.*] in celum euntem illum: ecce duo viri astiterunt juxta illos in vestibus albis: qui et dixerunt. Viri galilei quid statis aspicientes in celum. Hic Jesus qui assumptus est a vobis in celum: sic veniet quemadmodum vidistis eum euntem in celum. *Re.* Ponis nubem ascensum tuum domine. Qui ambulas super pennas ventorum alleluia. ℣ Qui facis angelos tuos spiritus: et ministros tuos ignem urentem. Qui ambulas. *Lectio ij.*

*T*unc reversi sunt hierosolymam a monte qui vocatur oliveti: qui est juxta civitatem hierusalem sabbati habens iter. Et cum introissent cenaculum: ascenderunt ubi manebant petrus et johannes: jacobus et Andreas: philippus et thomas: Bartholomeus et mattheus: jacobus alphei et simon zelotes: et judas

---

[1] 'Christus' om. : N.

Jacobi. Hi omnes erant perseverantes unanimiter in oratione cum mulieribus et maria matre Jesu [1] et fratribus ejus. *Re.* Exaltare domine alleluia: In virtute tua alleluia. ℣ Cantabimus et psaltemus. In virtute tua all'a.

*E*t dum complerentur [*Lec. iij*. dies penthecostes: erant omnes pariter in eodem loco. Et factus est repente de celo sonus tanquam advenientis spiritus vehementis: et replevit totam domum ubi erant sedentes. Et apparuerunt illis dispartite lingue tanquam ignis seditque supra singulos eorum spiritus sanctus. Et repleti sunt omnes spiritu sancto: et ceperunt loqui variis linguis prout spiritus sanctus dabat eloqui illis. Tu. *Re.* Si enim non abiero paraclytus non veniet ad vos: si autem abiero: mittam eam ad vos. Cum autem venerit ille docebit vos omnem veritatem alleluia. ℣ Non enim loquetur a semetipso: sed quecunque audiet loquetur. et que ventura sunt annunciabit vobis. Cum autem venerit ille. Gloria patri. Alleluia. *In laudibus añ.* Viri galilei quid admiramini aspicientes. *ps̄.* Dominus regnavit. *Cetera ut supra feria sexta. In evange. añ.* Nisi ego abiero. *ps̄.* Benedictus Dominus deus. *Oratio.* Concede quesumus. *Ad horas ut supra in die precedenti.*

¶ *Dominica infra octavas Ascensionis.*
Sabbato ad vesperas. añ. Viri galilei quid admiramini aspicientes. *Et cetere antiphone se-*

quentes cum psalmis dominicalibus. Capitulum. Primum quidem sermonem. *Hymnus.* Eterne rex altissime. ℣ Ascendens Christus in altum. *In evangelio añ.* Euntes in mundum universum. *ps̄.* Magnificat. *Oratio.* Concede. *Ad matutinas invitatorium.* Alleluia. Christum ascendentem. *ps̄.* Venite. *Hymnus.* Hymnum canamus. *In nocturno añ.* Elevata est. *ps̄.* Domine dominus noster. *Añ.* Dominus in templo. *ps̄.* In domino confido. *añ.* A summo. *ps̄.* Celi enarrant. ℣ Ascendens Christus in altum. *Sec. johan.*

*I*n illo tempore: Dixit Jesus discipulis suis. Cum venerit paraclitus quem ego mittam vobis a patre spiritum veritatis quia patre procedit: ille testimonium perhibebit de me. Et reliqua.
Omelia venerabilis Bede presbyteri. *Lectio j.*

*B*ene autem dominus ipsum spiritum a se mitti: et a patre procedere perhibet: non quod aliter procedat a patre: et aliter a filio: vel aliter mittatur a filio: et aliter a patre sed quia ipsa missio processio est: et ipsa processio missio. Neque enim diversitas est procedentis vel mittentis quibus una est essentia parque deitas. *Responsoria sicuti in die ascensionis.*

*N*on enim minor est [*Lec. ij.* ille qui procedit illo a quo procedit: neque minor est ille qui mittitur: illo a quo mittitur quia quod est pater hoc est filius: hoc est et spiritus sanctus. Quia enim amborum spiritus est coeternus et

[1] pro 'Jesu' ejus : N.

DOMINICA INFRA OCTAVAS ASCENSIONIS.

consubstantialis: sicut procedit a patre ita et a filio: et sicut mittitur a filio: mittitur et a patre.

Venit etiam a seipso [*Lec. iij.* idem spiritus: quia verus est deus sicut apostolus ait. Hec omnia operatur unus atque idem spiritus: dividens singulis prout vult. Adveniens autem spiritus testimonium perhibuit de[1] domino: quia discipulorum cordibus aspirans omnia que de illo erant scienda mortalibus clara illis luce revelavit.[3] *ps̄.* Te deum laudamus. ℣ Ascendit deus in jubilatione. *In laudibus añ.* Viri galilei. *ps̄.* Dominus regnavit. *añ.* Cunque intuerentur. *ps̄.* Jubilate. *etc. Capitulum.*

Estote prudentes et vigilate in orationibus: ante omnia autem mutuam in nobismetipsis charitatem continuam habentes: quia charitas operit multitudinem peccatorum. *Hymnus.* Jesu nostra redemptio. ℣ Elevata. *In evange. añ.* Cum venerit paraclitus quem ego mittam vobis spiritum veritatis qui a patre procedit ille testimonium perhibebit de me all'a. *ps̄.* Benedictus. *Oratio.*

Omnipotens sempiterne deus fac nos tibi semper et devotam gerere voluntatem et majestati tue syncero corde servire. Per dominum. *cetera ut in die. Ad primam et ad alias horas sicut in die ascensionis cum oratione* Concede. *Ad vesperas añ.* Viri galilei. *et cetere antiphone sequentes cum psalmis dominicalibus. Cap.* Estote prudentes. *Hym.* Eterne rex altissime. ℣ Ascendens Christus.

In evange. añ. Hec locutus sum vobis ut cum venerit hora eorum reminiscamini: quia ego dixi vobis all'a. *ps̄.* Magnificat. *Oratio* Omnipotens sempiterne deus. *Cetera sicut in die: preter Responsorium.*

¶ *Feria ij. et iij. sicut supra in feria sexta et[2] in sabbato: nisi impediatur per aliquod festum contingens in feria vj. vel in sabbato: et tunc in feria ij. et iij. sumantur antiphone et psalmi et Responsoria que non fuerunt prius dicta. Et provideatur sic quod semper dicantur alternatim. Ad horas et ad missam et ad vesperas quere supra. Sed si forte transferatur dominica propter aliquod festum ix. lectionum tunc fiat in ij. feria cum expositione evangelii et oratione* Omnipotens sempiterne deus. *et capitulo* Estote. *tantum in matutinis et vesperis sicut in dominica. In aliis horis ut supra cum oratione* Concede. *prout plenius notatur supra in vigilia ascensionis.*

¶ *Feria ij. ad matutinas invitato.* Ascendit Christus. *ps̄.* Venite Exultemus. *Hymnus.* Hymnum canamus. *In nocturno añ.* Exaltare. *ps̄.* Domine in virtute. *Et cetera ut supra in feria vj.*

Erant autem in [*Lectio j.* hierusalem habitantes judei viri religiosi ex omni natione que sub celo est. Facta autem hac voce convenit multitudo et mente confusa est: quoniam audiebat unusquisque lingua sua illos loquentes. Stupebant autem omnes et mirabantur ad invicem dicentes: Quidnam vult

---

[1] pro 'perh. de' dat: N. 'perhibuit' om.: W. [3] revelabit: N.
[2] pro 'et' vel: N.

FERIA QUARTA IN OCTAVA ASCENSIONIS.

hoc esse? Alii autem irridentes dicebant: quia musto pleni sunt isti. *Lectio ij.*

Petrus autem et johannes ascendebant in templum: ad horam orationis nonam. Et quidam vir qui erat claudus ex utero matris sue bajulabatur: quem ponebant quotidie ad portam templi que dicitur speciosa ut peteret elemosynam ab introeuntibus in templum. Tu autem.

[*Lectio iij.*] Is cum videret petrum et johannem incipientes introire in templum: rogabat ut elemosynam acciperet ab eis. Intuens autem in eum petrus cum johanne dixit: Respice in nos. At ille intendebat in eos sperans se aliquid accepturum ab eis.

℣ *Feria iij.* [*Lectio j.*

Petrus autem claudo dixit: Argentum et aurum non est mihi: quod autem habeo hoc tibi do. In nomine Jesu Christi nazareni surge et ambula. Et apprehensa ejus manu dextera allevavit eum: et protinus consolidate sunt bases ejus et plante: et exiliens stetit et ambulabat. *Lectio ij.*

Et intravit cum illis in templum: ambulans et exiliens et laudans deum. Et vidit omnis populus eum ambulantem et laudantem deum. Cognoscebant autem illum quoniam ipse erat qui ad elemosynam sedebat ad speciosam portam templi. Et impleti sunt stupore et extasi in eo quod contigerat illi.

Cum tenerent[1] au- [*Lectio iij.* tem petrum et johannem: cucurrit omnis populus ad eos ad porticum salomonis stupentes: Videns autem petrus: respondit ad populum: Viri israelite quid admiramini in hoc? Aut nos quid intuemini quasi nostra virtute aut pietate fecerimus hunc ambulare. Deus abraham et deus ysaac et deus jacob: deus patrum nostrorum glorificavit filium suum Jesum quem vos quidem tradidistis et negastis ante faciem pilati judicante illo dimitti.

℣ *Feria iiij. ad matuti. invita.* Ascendit Christus. *ps.* Venite. *Hymnus.* Hymnum canamus. *In noc. an.* Pacem meam do vobis alleluia: pacem relinquo vobis alleluia. *ps.* Cantate (*ij.*) *an.* Dominus in syon. alleluia. magnus et excelsus alleluia. *ps.* Dominus regnavit. irascantur. *an.* Dominus in celo all'a paravit sedem sanctam suam alleluia. *ps.* Benedic anima (*j.*) ℣ Ascendens Christus. *Lec. j.*

Auctorem vero vite interfecistis: quem deus suscitavit a mortuis cujus nos testes sumus. Deus autem qui prenunciavit per os omnium prophetarum pati Christum suum: implevit sic. Penitemini igitur et convertimini: ut deleantur vestra peccata: ut cum venerint tempora refrigerii a conspectu domini et miserit eum qui predicatus est vobis Jesum Christum quem oportet celum quidem suscipere usque in tempora restitutionis omnium que locutus est deus per os sanctorum suorum a seculo prophetarum. *Re.* Ego rogabo patrem et alium paraclitum dabit vobis ut maneat vobiscum in

---

[1] viderent: N.

IN OCTAVA ASCENSIONIS.

eternum. Spiritum veritatis alleluia. ℣ Si enim non abiero paraclytus non veniet ad vos: si autem abiero mittam eum ad vos. Spiritum. *Lectio ij.* Loquentibus autem illis ad populum: supervenerunt sacerdotes et magistratus templi et saducei dolentes quod docerent populum et annunciarent in Jesum resurrectionem ex mortuis. Et injecerunt in eos manus et posuerunt eos in custodiam in crastinum. Erat enim jam vespera. Multi autem eorum qui audierant verbum crediderunt: et factus est numerus virorum quinque milia. Factum est autem in crastinum ut congregarentur principes eorum et seniores et scribe in hierusalem et anna[1] princeps sacerdotum et cayphas[2] et johannes et alexander et quotquot erant de genere sacerdotali. ℟. Non relinquam vos orphanos all'a. vado et venio ad vos. Et gaudebit cor vestrum all'a. all'a. ℣ Nisi ego abiero paraclitus non veniet: dum assumptus fuero mittam vobis eum. Et gaudebit. *Lectio iij.* Et statuentes eos in medio interrogabant: In qua virtute aut in quo nomine fecistis hoc vos? Tunc petrus repletus spiritu sancto dixit ad eos: Principes populi et seniores[3]: Si nos hodie judicamur in benefacto hominis infirmi in quo ille salvus factus est: notum sit omnibus vobis et omni populo israel quia in nomine Jesu Christi nazareni quem vos crucifixistis: quem deus suscitavit a mortuis: in hoc ille stat coram vobis sanus. Videntes vero constantiam petri et johannis vocantes eos et comminantes dimiserunt eos: non invenientes quomodo punirent eos propter populum: quia omnes clarificabant id quod factum fuerat in eo quod acciderat. Annorum erat amplius xl. homo: in quo factum erat illud signum sanitatis. ℟. Viri galilei quid admiramini aspicientes in celum alleluia. Quemadmodum vidistis eum ascendentem in celum ita veniet. Alleluia all'a all'a. ℣ Cunque intuerentur in celum euntem illum: ecce duo viri astiterunt juxta illos in vestibus albis qui et dixerunt. Quemadmodum. Gloria. Alleluia. *p͞s.* Te deum. ℣ Ascendit deus. *In laudibus an̄.* Viri galilei. *p͞s.* Dominus regnavit *etc. sub una antiphona. Capitulum.* Primum quidem. *Hymnus.* Jesu nostra redemptio. ℣ Elevata est. *In evange. an̄.* Illi autem profecti. *p͞s.* Benedictus. *Oratio.* Concede. *Ad horas et ad missam ut supra.*

¶ *Si festum ix. lectionum in hac feria quarta contingat: anticipetur servitium hujus diei: et fiat feria tertia precedenti: dum tamen servitia assignata feriis sexte et sabbato prius dicta fuerint. Est tamen sciendum quod antiphone super psalmos. Magnificat et Benedictus non mutantur quin semper in suo ordine dici debent.*

¶ *In octava ascensionis ad vesperas an̄.* Viri galilei. *et*[4] *cetere antiphone sequentes cum psalmis dominicalibus. Capitulum.*

---

[1] annas : N.
[2] caiphas : N.
[3] 'Prin. pop. et sen.' om. : W.N.
[4] 'et' om. : N.

IN OCTAVA ASCENSIONIS.

Unicuique vestrum [1] data est gratia secundum mensuram donationis Christi propter quod dicit: Ascendens in altum captivam duxit captivitatem: dedit dona hominibus. *Hymnus.* Eterne rex altissime. ℣ Ascendens Christus in altum. *In evange. añ.* Pater manifestavi nomen. *ps̄.* Magnificat. *Ōro.* Concede quesumus. *Ad matutinas invitato.* All'a. Christum ascendentem. *ps̄.* Venite. *Hymnus.* Hymnum canamus. *In nocturno añ.* Elevata est. ℣ *ps̄.* Domine dominus noster. *et cetera ut supra.* ℣ Ascendens Christus in altum.

In illo tempore: [*Secun. lucam.* Dixit Jesus discipulis suis. Ego mittam promissum patris mei in vos. Et reliqua. *Omelia venerabilis Bede presbyteri. Lec. j.*

Promissum patris gratiam dicit spiritus sancti: de cujus promissi expectatione: hic quoque subinfertur cum dicitur: Vos autem sedete in civitate quousque induamini virtute ex alto. Virtutem autem eis ex alto superventuram pollicetur: quia quamvis et antea spiritum sanctum habuerint: plenius tamen hunc illo ascendente celos perceperunt. *Re.* Post passionem. *Lec. ij.*

Ante autem passionem ejus per spiritus sancti potentiam multa demonia ejiciebantur: multos sanabant egrotos. Verbum vite quibus valuere predicabant: et ipso resurgente a mortuis specialius sunt ejusdem spiritus gratia recreati: quando sicut johannes scripsit insufflavit et dicit[2] eis: Accipite spiritum sanctum. *Responsorium.* Omnis pulchritudo. *Lectio iij.*

Siquidem majores ejus virtutes sunt ex alto induti: cum post dies decem assumptionis dominice hunc in linguis igneis susceperunt: et tanta per eum sunt fiducia fortitudinis inflammati: ut nullis principum terroribus quin omnibus in nomine Jesu loquerentur possent prohiberi. *Re.* Non conturbetur. *ps̄.* Te deum laudamus. ℣ Ascendit deus in jubilatione. *In laudibus añ.* Viri galilei. *et cetere antiphone sequentes. ps̄.* Dominus regnavit. *etc. Cap.* Unicuique nostrum. *In evang. añ.* Ascendo ad patrem meum. *ps̄.* Benedictus. *Oratio* Concede. *Cetera ad matutinas et horas ut supra in die ascensionis. Ad vesperas añ.* Viri galilei: *et cetere antiphone sequentes cum psalmis dominicalibus. Cap.* Unicuique. *cetera sicut in die: preter Responsorium.*

ℭ *Feria vj. post octavam ascensionis. Si vacaverit a festo duplici vel quasi ix. lectionum tunc cantetur de domina ut predicitur: et* [3] *fiat memoria de festo iij. lectionum si contigerit: et memoria de ascensione cum antiphona.* Cum venerit. *et oratione dominicali ad matu. et ad missam. Et quando dicitur ipso die de festo quasi ix. lectionum dicuntur omnia alleluiatice ut in tempore paschali. Cum vero a festo vacaverit: ad vesperas añ.* Viri galilei. *ps̄.* Confitebor. *ps̄.* Domine probasti me. *et ceteri psalmi qui ad diem pertinent. Capitulum.* Estote prudentes. *Hymnus:*

---

[1] nostrum : W.N.   [2] dixit : N.   [3] 'd' om. : N.

IN VIGILIA PENTHECOSTES.

Eterne rex altissime. ℣ Ascendens Christus. *In evang. an.* Hec locutus sum. *ps.* Magnificat. *Oro.* Omnipotens sempiterne deus. *Si vero vespere isto die dicantur de aliquo sancto : fiat ad ipsas memoria cum ana.* Hec locutus sum *et oratione* Omnipotens sempiterne deus.

❡ *Si in vigilia penthecostes festum ix. lectionum evenerit: preoccupetur etiam si duplex fuerit: si trium lectionum memoria fiat tantum ad matutinas.*

❡ *Si in septimana penthecostes festum iij. lectionum vel quasi ix. lectionum simpliciter evenerit: omnino pretermittatur. Si vero duplex nihil fiat de festo ibi : sed differatur in septimanam sequentem : et celebretur in prima feria vacante a festo ix. lectionum. Excipitur tamen festum beati willelmi : quod quidem si dominica penthecostes ij. feria ejusdem hebdomade : vel in iij. : iiij. : vj. vel sabbato evenerit: festum ejus celebrari debet die veneris : si tamen ejus festum in quinta feria ejusdem hebdomade evenerit ibidem celebretur cum memoria de octava: et missa in capitulo et antiphonis super psalmos dominicales.* Dum complerentur *ad utrasque vesperas. Si vero in die sancte trinitatis festum duplex vel ix. lectionum evenerit: differatur in crastinum. Et si hujusmodi festum fuerit duplex ad vesperas in die sancte trinitatis incipiatur ad capitulum de sancto. Si autem fuerit simplex ix. lectionum fiat ad ipsas vesperas tantum memoria de sancto. Nec omittatur memoria de festo trium lectionum in ipso die contingente.*

❡ *In vigilia Penthecostes ad matu. invitato.* Ascendit Christus in altum. *ps.* Venite. *Hym.* Hymnum canamus. *In nocturno an.* Pacem meam *ut supra feria quarta. ps.* Cantate (*ij.*) *an.* Dominus in syon. *ps.* Dominus regnavit irascantur. *an.* Dominus in celo. *ps.* Benedic (*j.*) ℣. Ascendens[1] Christus in altum.

*I*n illo tem- [*Sec. johannem.* pore : Dixit Jesus discipulis suis. Si diligitis me mandata mea servate. Et reliqua. *Omelia Origenis doctoris.* Lectio j.

*S*piritum paraclitum Christus promisit apostolis. Quo autem modo promiserit advertamus. Si diligitis me inquit mandata mea servate. Et ego[2] rogabo patrem et alium paraclitum dabit vobis ut maneat vobiscum in eternum spiritum veritatis. *Re.* Ego rogabo. *Lectio ij.*

*H*ic est utique in trinitate spiritus sanctus : quem patri et filio consubstantialem et coeternum fides catholica confitetur. Ipse est de quo dicit apostolus : Charitas dei diffusa est in cordibus nostris : per spiritum sanctum qui datus est nobis. Quomodo ergo dicit dominus? Si diligitis me mandata mea servate. Et ego rogabo patrem : et alium paraclitum dabit vobis : cum hoc dicat de spiritu sancto quem nisi habeamus nec diligere deum possumus nec mandata ejus servare. *Responsorium.* Non relinquam vos. [*Lectio ij.*

---

[1] Ascendit : W.N.

[2] 'ego' om. : N.

IN VIGILIA PENTHECOSTES.

Quomodo diligimus[1] ut eum accipiamus: quem nisi habeamus diligere non valemus. Aut quomodo mandata servabimus: ut eum accipiamus: quem nisi habeamus mandata servare non possumus. An forte precedit in nobis charitas qua diligimus Christum: ejusque faciendo mandata mereamur accipere spiritum sanctum. *Re.* Viri galilei. *non dicatur psalmus* Te deum. ℣ Ascendit deus in jubilatione. *In laudibus hec sola antiphona* Viri galilei. *ps.* Dominus regnavit. *etc. Cap.* Estote prudentes. *Hymnus* Jesu nostra redemptio. ℣ Elevata est. *In evange. añ.* Si diligitis me mandata mea servate. all'a all'a alleluia. *ps.* Benedictus. *Oratio.*

Presta quesumus omnipotens deus: ut claritatis tue super nos splendor effulgeat: et lux tue lucis corda eorum qui per gratiam tuam renati sunt: sancti spiritus illustratione confirmet. Per dominum in unitate ejusdem. Dominus vobiscum. Benedicamus domino all'a all'a. *Ad horas ut supra infra octavas ascensionis cum oratione* Omnipotens sempiterne deus.

¶ *In vigilia Penthecostes ad vesperas antiphona.*

Non vos relinquam orphanos alleluia: vado et venio ad vos all'a: et gaudebit cor vestrum all'a. *ps.* Laudate pueri. *añ.* Rogabo patrem meum et alium paraclitum dabit vobis. all'a. *ps.* Laudate dominum omnes gentes. *añ.* Nisi ego abiero paraclitus non veniet: dum assumptus fuero mittam vobis all'a. *ps.* Lauda anima mea dominum. *añ.* Euntes in mundum universum predicate evangelium omni creature all'a: qui crediderit et baptizatus fuerit salvus erit all'a: qui vero non crediderit condemnabitur all'a. *ps.* Laudate dominum quoniam bonus. *añ.* Illi autem profecti predicaverunt ubique domino cooperante: et sermonem confirmante sequentibus signis. Alleluia all'a. *ps.* Lauda hierusalem dominum.

Dum compleren- [*Capitulum.* tur dies penthecostes erant omnes discipuli pariter in eodem loco. *Re.* Repleti sunt omnes.

Beata nobis gau- [*Hymnus.* dia anni reduxit orbita: cum spiritus paraclitus effulsit in discipulos. *I*gnis vibrante lumine lingue figuram detulit verbis ut essent proflui et caritate fervidi. *L*inguis loquuntur omnium turbe pavent gentilium: musto madere deputant quos spiritus repleverat. *P*atrata sunt hec mystice pasche peracto tempore: sacro dierum numero: quo lege fit remissio. *T*e nunc deus piissime vultu precamur cernuo illapsa nobis celitus largire dona spiritus. *D*udum sacrata pectora tua replesti gratia: dimitte nunc peccamina: et da quieta tempora. *S*it laus patri cum filio sancto simul paraclyto: nobisque mittat filius charisma sancti spiritus. Amen. *Hi duo versus subjungantur ad omnes hymnos infra octavas Penthecostes quorum metro conveniunt.* ℣ Spiritus domini replevit

---

[1] diligemus: W.N.

IN FESTO

orbem terrarum. Et hoc quod continet omnia scientiam habet vocis all'a. *In evange. an.* Ego mittam vobis spiritum veritatis: ut maneat vobiscum in eternum in illa die vos cognoscetis: quia a patre exivi et in vobis ero alleluia. *ps̄.* Magnificat. *Oratio.* Presta quesumus omnipotens deus. Benedicamus domino *sicut in die pasche ad vesperas.*[1] *Ad completorium.*[2] *an.* Alleluia[3] *ut supra in octava Pasche. ps̄.* Cum invocarem. *Capitulum.* Tu in nobis. *Hymnus.* Jesu salvator. ℣ Spiritus sanctus docebit vos: Omnem veritatem alleluia. *An.* Alleluia. Spiritus paraclitus alleluia docebit vos omnia[4] alleluia alleluia. *ps̄.* Nunc dimittis servum. Kyrieleison. etc. *Isto modo dicatur completorium usque ad diem sabbati: salvo quod in die penthecostes: feria secunda tertia et quarta dicuntur loco hymni sequentis*[5]: *prout suis locis notantur.*

¶ *Ad matutinas invitatorium.* Alleluia. Spiritus domini replevit orbem terrarum: Venite adoremus alleluia. *ps̄.* Venite. *Hym.* Jam Christus astra ascenderat: regressus unde venerat: promisso patris munere sanctum daturus spiritum. Solennis urgebat dies quo mystico septemplici orbis volutus[6] septies signat beata tempora. Dum hora cunctis tertia: repente mundus intonat orantibus apostolis deum venisse nunciat. De patris ergo lumine decorus ignis almus est qui fida Christi pectora calore verbi concremat. Dudum sacrata. Sit laus patri. *In nocturno an.* Factus est repente de celo sonus advenientis spiritus vehementis alleluia alleluia. *ps̄.* Magnus dominus.[7] *an.* Confirma hoc deus quod operatus es in nobis a templo sancto tuo quod est in hierusalem alleluia. *ps̄.* Exurgat deus. *An.* Emitte spiritum tuum et creabuntur: et renovabis faciem terre alleluia alleluia. *ps̄.* Benedic. (*ij.*) ℣ Spiritus domini. *Sec. johannem.* In illo tempore: Dixit Jesus discipulis suis. Siquis diligit me: sermonem meum servabit. Et pater meus diliget eum et ad eum veniemus: et mansionem apud eum faciemus. Et reliqua. *Homelia beati gregorii pape.*

Hodie nanque spiritus sanctus repentino sonitu super discipulos venit: mentesque carnalium in sui amorem permutavit. Et foris apparentibus linguis igneis: intus facta sunt corda flammantia: quia dum deum in ignis visione suscipiunt: per amorem suaviter intus arserunt. *Re.* Dum complerentur dies penthecostes erant omnes pariter dicentes all'a: et subito factus est sonus de celo all'a. Tanquam spiritus torrens replevit totam domum all'a all'a. ℣ Repleti sunt omnes spiritu sancto: et ceperunt loqui. Tanquam spiritus. *Lectio ij.* Ipse nanque spiritus sanctus amor est: unde et johannes[8]

[*Lectio j.*]

---

[1] '*sic. in d. pas. ad vesp.*': *om. N.*
[2] *ut notatum est post psalterium in completoriis seriatim: N.*
[3] *Alleluia iiij.: N.*
[4] '*omnia*' *om.: N.*
[5] *sequentia: N.*
[6] *voluptus: W.*
[7] '*est*' *add: N.*
[8] *joannes: N.*

PENTHECOSTES.

dicit: Deus charitas est. Qui ergo mente integra deum desiderat: profecto jam habet quem amat. Neque enim quisquam deum posset diligere si eum quem diligit non haberet. Sed ecce si unusquisque vestrum requiritur[1] an diligat deum: tota fiducia et mente secura respondet diligo. *Re.* Repleti sunt omnes spiritu sancto et ceperunt loqui prout spiritus sanctus dabat eloqui illis. Et convenit multitudo dicentium all'a. ℣ Loquebantur variis linguis apostoli magnalia dei. Et convenit. *Lectio iij.*

Vere deum diligimus: si ejus mandata servamus. Vere eum diligimus: si ad mandata ejus a nostris nos voluptatibus coartamus. Nam qui adhuc per illicita desideria defluit profecto deum[2] non amat quia ei in sua voluntate contradicit. *Re.* Advenit ignis divinus non comburens sed illuminans: nec consumens sed lucens: et invenit corda discipulorum receptacula munda. Et tribuit eis charismatum dona. Alleluia. ℣ Invenit eos concordes charitate et illustravit eos inundans divinitas deitatis. Et tribuit. Gloria. All'a. *ps̄.* Te deum. ℣ Loquebantur variis linguis apostoli. Magnalia dei all'a. *In laudibus*

Dum complerentur [*antiphona.* dies penthecostes: erant omnes pariter dicentes all'a. *ps̄.* Dominus regnavit. *Añ.* Spiritus domini replevit orbem terrarum all'a. *ps̄.* Jubilate. *añ.* Repleti sunt omnes spiritu sancto et ceperunt loqui all'a. *ps̄.* Deus deus meus. *añ.* Fontes et omnia que moventur in aquis hymnum dicite deo all'a. *ps̄.* Benedicite. *añ.* Loquebantur variis linguis apostoli magnalia dei all'a all'a alleluia. *ps̄.* Laudate. *Cap.* Dum complerentur. *Hymnus.*

Impleta gaudent viscera: afflata sancto spiritu voces diversas intonant: fantur dei magnalia. Ex omni gente cogniti grecis latinis barbaris cunctisque admirantibus linguis loquuntur omnibus.[3] Judea tunc incredula vesana torvo spiritu ructare musti crapulam alumnos Christi concrepat. Sed signis et virtutibus occurrit et docet petrus falsa profari perfidos johelis testimonio. *Dudum. Sit laus.* ℣ Spiritus sanctus domini. *In evange. añ.* Accipite spiritum sanctum quorum remiseritis peccata remittuntur eis all'a. *ps̄.* Benedictus. *Oratio.*

Deus qui hodierna die corda fidelium sancti spiritus illustratione docuisti: da nobis in eodem spiritu recte sapere et de ejus semper consolatione gaudere. Per dominum in unitate ejusdem. Benedicamus domino *sicut in die pasche ad matutinas. et sic in omnibus duplicibus istius septimane. Ad primam añ.* Dum complerentur. *ps̄.* Deus in nomine tuo.[4] *ps̄.* Beati immaculati. *ps̄.* Retribue. *ps̄.* Quicunque vult. *sub hac antiphona. Re.* Jesu Christe fili dei vivi miserere nobis. All'a all'a. ℣ Qui spiritum paraclitum misisti apostolis. Miserere nobis. All'a all'a.

---

[1] requiratur: N.
[2] pro 'deum' eum: W.N.
[3] omnium: N.
[4] '*ps̄.* Deus in no. tuo' om.: W.

IN FESTO PENTHECOSTES.

Gloria patri. Jesu Christe. ℣ Exurge. *etc. Ad tertiam. Hymnus.* *V*eni creator spiritus mentes tuorum visita imple superna gratia que tu creasti pectora. Qui paraclitus diceris donum dei altissimi fons vivus ignis caritas et spiritalis unctio. Tu septiformis munere dextre dei tu digitus tu rite promisso patris sermone ditans guttura. Accende lumen sensibus infunde amorem cordibus infirma nostri corporis virtute firmans perpeti.[1] Hostem repellas longius pacemque dones protinus ductore sic te previo vitemus omne noxium. Per te sciamus da patrem noscamus atque filium te utriusque spiritum credamus omni tempore. Dudum sacrata. Sit laus. *an.* Spiritus. *ps.* Legem pone. *Cap.* Dum complerentur. *Re.* Repleti sunt omnes spiritu sancto. All'a all'a. ℣ Et ceperunt loqui. All'a all'a. Gloria. Repleti. ℣ Loquebantur. *Oro.* Deus qui hodierna. *Ad sextam Hymnus.* Rector potens. *an.* Repleti. *ps.* Defecit. *Capitulum.* *F*actus est repente de celo sonus tanquam advenientis spiritus vehementis: et replevit totam domum ubi erant apostoli sedentes. *Re.* Loquebantur variis linguis apostoli. All'a all'a. ℣ Magnalia dei. All'a alla. Gloria. Loquebantur. ℣ Spiritus domini replevit. *Oratio ut supra. Ad nonam Hymnus.* Rerum deus. *an.* Loquebantur. *ps.* Mirabilia. *Capitulum.*

*A*pparuerunt apostolis dispertite lingue tanquam ignis seditque supra singulos eorum spiritus sanctus. *Re.* Spiritus domini replevit orbem terrarum. All'a all'a. ℣ Et hoc quod continet omnia scientiam habet vocis. All'a all'a. Gloria. Spiritus domini. ℣ Spiritus sanctus docebit. *Oratio ut supra. Ad vesperas an.* Dum complerentur. *et cetere antiphone de laudibus cum psalmis dominicalibus. Capitulum.* Dum complerentur. *Re.* Advenit ignis. *Hym.* Beata nobis gaudia. ℣ Spiritus domini replevit. *In evange. an.* Hodie completi sunt dies penthecostes all'a: hodie spiritus sanctus in igne discipulis apparuit: et tribuens eis charismatum dona misit eos in universum mundum predicare et testificari: qui crediderit et baptizatus fuerit salvus erit all'a. *ps.* Magnificat. *Oratio.* Deus qui hodierna.

Ad completorium ut supra in vigilia: excepto quod loco hymni dicetur sequentia.[2]

*A*lma chorus domini nunc pangat nomina summi. Messias sother[3]: emanuel sabaoth adonay.[4] Est unigenitus: via vita: manus homousyon. Principium primogenitus sapientia virtus. Alpha caput: finisque simul vocitatur et est o.[5] Fons et origo boni paraclitus ac mediator. Agnus: ovis: vitulus: serpens: aries: leo: vermis. Os verbum: splendor: sol: gloria: lux et imago. Panis: flos: vitis:

---

[1] perpetim : N.
[2] pro '*ut supra .... sequentia*' *ut notatum est in completoriis post psalterium seriatim positis : N.*
[3] soter : N.
[4] adonai : N.
[5] oo : N.

mons janua petra lapisque. *An-gelus et sponsus: pastorque propheta sacerdos. Athanathos kyros: theos* [1] *: panteon: craton: et ysos.* [2] *Salvificet nos sit cui secula per omnia doxa.* ℣ Spiritus sanctus docebit. *etc.*

ℭ *Feria ij. ad matu. invitato.* Repleti sunt omnes spiritu sancto. All'a. *pś. Venite. Hym.* Jam Christus astra. *In nocturno an.* Factus est. *pś.* Magnus dominus *etc. ut supra in die Penthecostes.* ℣ Spiritus domini replevit.

*I*n illo tem- [*Scd'm johannem.* pore: Dixit Jesus discipulis suis. Sic deus dilexit mundum ut filium suum unigenitum daret: ut omnis qui credit in ipsum non pereat: sed habeat vitam eternam. Et reliqua.
Sermo ex commentario beati augustini episcopi. Lectio j.
*N*on enim misit deus filium suum in mundum ut judicet mundum: sed ut salvetur mundus per ipsum. Ergo quantum in medico est sanare venit egrotum. Ipse se interimit qui precepta medici observare non vult: venit salvator ad mundum. Quare salvator dictus est mundi: nisi ut salvet mundum: non ut judicet mundum. Salvari non vis ab ipso: ex te ipso judicaberis. *Re.* Spiritus sanctus replevit totam domum ubi erant apostoli: et apparuerunt illis dispertite lingue tanquam ignis: seditque super singulos eorum. Et repleti sunt omnes spiritu sancto et ceperunt loqui variis linguis prout spiritus sanctus dabat eloqui illis all'a all'a all'a. ℣ Dum essent discipuli in unum congregati propter metum judeorum sonus repente de celo venit super eos. Et repleti sunt. *Lectio ij.*

*V*ide quid ait. Qui credit in eum non [3] judicatur. Qui autem non credit: quid dictum [4] sperabis: nisi indicatur.[5] Jam inquit judicatus est. Nondum apparuit judicium: sed jam factum est judicium. Novit enim dominus qui sunt ejus. Novit qui permaneant ad coronam: et qui permaneant ad flammam. Novit in area sua triticum: novit paleam: novit segetem: novit et [6] zyzania. *Re.* Jam non dicam vos servos sed amicos meos: quia omnia cognovistis que operatus sum in medio vestri all'a. Accipite spiritum sanctum in vobis paraclitum ipse est quem pater mittet vobis alleluia. ℣ Quorum remiseritis peccata remittuntur eis. Accipite. *Lectio iij.*

*J*am judicatus est qui non credit. Quare judicatus est? Quia non credit in nomine unigeniti filii dei. Hoc est autem judicium: quia lux venit in mundum: et dilexerunt homines magis tenebras quam lucem. Erant enim mala opera eorum. Fratres mei quorum opera bona invenit dominus? Nullorum. Omnium mala opera invenit. *Re.* Loquebantur variis linguis apostoli all'a magnalia dei. Prout spiritus sanctus dabat eloqui illis

---

[1] 'et' add: N.
[2] pro 'craton' crator: W. panton craton isus: N.
[3] 'non' om.: W.
[4] dicturum: N.
[5] judicabitur: N.
[6] 'et' om.: N.

FERIA TERTIA PENTHECOSTES.

alleluia. ℣ Repleti sunt omnes spiritu sancto et ceperunt loqui. Prout spiritus sanctus dabat eloqui. Gloria patri. Alleluia. *ps̄.* Te deum laudamus. ℣ Loquebantur. *In laudibus an̄.* Dum complerentur. *ps̄.* Dominus regnavit. *An̄.* Spiritus domini. *ps̄.* Jubilate. *etc.* *Cap.* Dum complerentur. *Hymnus.* Impleta gaudia.[1] ℣ Spiritus sanctus docebit. *In evange. an̄.* Sic deus dilexit mundum ut filium suum unigenitum daret: ut omnis qui credit in ipso non pereat: sed habeat vitam eternam all'a. *ps̄.* Benedictus. *Oratio.* Deus qui apostolis tuis sanctum dedisti spiritum: concede plebi tue pie petitionis effectum: ut quibus dedisti fidem largiaris et pacem. Per dominum in unitate ejusdem. *Ad primam ut supra. Ad tertiam hymnus.* Veni creator. ℣ Qui paraclitus. ℣ Dudum sacrata. ℣ Sit laus. *Antiphone capitula et Responsoria ut supra. Oratio.* Deus qui hodierna. *Hec oratio dicetur quotidie ad horas usque ad festum sancte trinitatis. Ad sextam hymnus.* Tu septiformis. ℣ Accende. ℣ Dudum ℣ Sit laus. *etc. ut supra. Ad nonam hymnus.* Hostem repellas. ℣ Per te sciamus. ℣ Dudum. ℣ Sit laus. *etc. ut supra. Et sic dicantur hymni ad horas per totam hebdomadam etiam si de festo alicujus sancti diceretur. Ad vesperas an̄.* Dum complerentur. *ps̄.* Dixit dominus. *an̄.* Spiritus. *ps̄.* Confitebor *etc. Cap.* Dum complerentur. *Hym.* Beata nobis gaudia. ℣ Spiritus domini replevit. *In evang. an̄.* Non enim misit deus filium suum in mundum ut judicet mundum: sed ut salvetur mundus per ipsum all'a. *ps̄.* Magnificat. *Oratio.* Deus qui apostolis. *cetera sicut in die: preter Responsorium quod non dicetur hic: nec in diebus sequentibus. Ad completorium loco hymni Sequentia.*

Laudes deo devotas. Dulci voce ac sonora. Plebs resultet catholica. Spiritus sancti gratia. Apostolis die hodierna. In igneis linguis est infusa. Paracliti presentia. Emundet nos a peccati macula. Pura sibi aptans habitacula. Charismatum et munera. Pectoribus nostris pius infundat. Vita nostri ei ut complaceat. Per seculorum secula. Conclamemus alleluia. Sit deo laus pietas honor virtus et gloria. ℣ Spiritus sanctus docebit. *etc.*

⁋ *Feria iiij. ad matu. invita.* Repleti sunt. *ps̄.* Venite. *Hym.* Jam Christus. *In nocturno an̄.* Factus est. *ps̄.* Magnus dominus *etc. ut in die.* ℣ Spiritus domini replevit. *Secundum johannem.* In illo tempore Dixit Jesus discipulis suis. Amen amen dico vobis: qui non intrat per ostium in ovile ovium: sed ascendit aliunde: ille fur est et latro. Et reliqua.

Sermo ex commentario beati augustini episcopi. *Lectio j.* Hoc tenete ovile Christi esse ecclesiam catholicam. Quicunque vult intrare ad ovile: per ostium intret: Christum

---

[1] gaudent : W.N.

FERIA QUARTA PENTHECOSTES.

verum predicet. Non solum Christum verum predicet : sed [1] Christi gloriam querat : non suam. Nam multi querendo gloriam suam oves Christi sparserunt potius quam congregaverunt. *Re.* Spiritus sanctus procedens a throno apostolorum pectora invisibiliter penetravit novo sanctificationis signo. Ut in ore eorum omnium genera nascerentur linguarum all'a. ℣ Advenit ignis divinus non comburens sed illuminans : et tribuit eis charismatum dona. Ut.

Humilis est enim [*Lectio ij.* janua Christus dominus. Qui intrat per hanc januam : oportet ut humiliet se : ut sano capite possit intrare. Qui autem se non humiliat sed extollit : per maceriam vult ascendere. Qui autem per maceriam ascendit : ideo exaltatur ut cadat. *Re.* Disciplinam et sapientiam docebat eos dominus alleluia : firmavit in illis gratiam spiritus sui. Et intellectu implevit corda eorum all'a all'a. ℣ Repentino nanque sonitu spiritus sanctus venit super eos. Et. *Lectio iij.*

Qui non intrat per ostium in ovile ovium : sed ascendit aliunde : ille fur est et latro. Oves suas vult dicere oves alienas ad hoc suas : id est furto ablatas : non ut salvet : sed ut occidat. Ergo fur est : quia quod alienum est : suum esse dicit latro : quia et quod est furatus occidit. *Re.* Spiritus domini replevit orbem terrarum. Et hoc quod continet omnia scientiam habet vocis all'a all'a. ℣ Omnium est enim artifex omnem habens virtutem omnia prospiciens. Et. Gloria patri. All'a.[2] *ps.* Te deum. ℣ Loquebantur. *In laudibus an.* Dum complerentur. *ps.* Dominus regnavit. *an.* Spiritus domini. *ps.* Jubilate. *etc. Cap.* Dum complerentur. *Hymnus.* Impleta gaudia. ℣ Spiritus sanctus docebit. *In evang. an.* Ego sum ostium dicit dominus : per me si quis introierit salvabitur et pascua inveniet all'a. *ps.* Benedictus.

Adsit nobis domine [*Oratio.* quesumus virtus spiritus sancti : que et corda nostra clementer expurget : et ab omnibus tueatur adversis. Per dominum. In unitate ejusdem. *Ad horas ut supra : scilicet in feria secunda. Ad vesperas an.* Dum complerentur. *ps.* Dixit dominus. *etc. ut supra. In evangel. an.* Si quis introierit per me salvabitur : et ingredietur et egredietur et pascua inveniet all'a. *ps.* Magnificat. *Oratio.* Assit. *Ad completorium loco hymni sequentia.* Almi chorus domini. *etc.*

¶ *Feria iiij. ad matuti. invitato.* Repleti. *ps.* Venite. *Hym.* Jam Christus. *In noct. an.* Factus est. *ps.* Magnus dominus *etc. ut supra.* ℣ Spiritus domini replevit. *Secundum johannem.*

In illo tempore : Dixit Jesus turbis judeorum. Nemo potest venire ad me : nisi pater qui misit me traxerit eum. Et reliqua.

Sermo ex commentario beati Augustini episcopi. *Lectio j.*

Magna gratie commendatio. Nemo venit nisi tractus.

---

[1] pro 'Non so. Chr. ver. pred. sed ' et ' add : N.
[2] ' All'a ' bis : N.

FERIA QUINTA PENTHECOSTES.

Quem trahat et quem non trahat: quare illum trahat et illum non trahat: noli velle judicare: si non vis errare. Semel accipe et intellige: Nondum traheris: ora ut traharis. Quid hic dicimus fratres? Si trahimur ad Christum: ergo inviti credimus. Ergo violentia adhibetur: non voluntas excitatur. *Re.* Repleti sunt. *Lectio ij.*
Intrare ecclesiam quisquam potest volens[1]: accedere ad altare potest volens[1]: accipere sacramentum potest volens[1]: credere non potest nisi volens. Si trahitur ait aliquis: invitus venit. Si invitus venit: nec credit. Si non credit: non venit. Non enim ad Christum ambulando currimus: sed credendo. Nec motu corporis: sed voluntate cordis accedimus. *Re.* Apparuerunt apostolis dispertite lingue tanquam ignis all'a. Seditque supra singulos eorum spiritus sanctus all'a all'a. ⊽ Factus est repente de celo sonus advenientis spiritus vehementis. Seditque. *Lectio ij.*[2]
Si ergo advertitis nemo venit ad me nisi quem pater attraxerit. Noli cogitare: invitum trahi. Invitus trahitur animus et amore. Quomodo ergo voluntate credo si trahor. Ego dico parum est voluntate: etiam voluptate traheris. Quid est trahi voluptate? Delectare in domino: et dabit tibi petitiones cordis tui. *Re.* Advenit. *ps.* Te deum. ⊽ Loquebantur. *In laudibus añ.* Dum complerentur. *ps.* Dominus regnavit. *añ.* Spiritus.

ps. Jubilate *etc. Cap.* Dum complerentur. *Hym.* Impleta. ⊽ Spiritus sanctus docebit. *In evang. añ.* Ego sum panis vivus dicit dominus qui de celo descendi.[3] all'a all'a. *ps.* Benedictus.
Mentes nostras que- [*Oratio.* sumus domine paraclitus qui a te procedit illuminet: et inducat in omnem sicut tuus promisit filius veritatem. Qui tecum. In unitate ejusdem. *Ad horas ut supra. Ad vesperas añ.* Dum complerentur. *ps.* Dixit dominus. *etc. In evang. añ.* Ego sum panis vivus qui de celo descendi: si quis manducaverit ex hoc pane vivet in eternum: et panis quem ego dabo caro mea est pro mundi vita[4] alleluia alleluia. *ps.* Magnificat. *Oratio.* Mentes nostras. *Ad completorium loco hymni Sequentia.* Laudes deo. *etc.*
❦ *Feria v. ad matu. invita.* Repleti sunt. *ps.* Venite. *Hymnus.* Jam Christus. *In nocturno añ.* Factus est. *ps.* Magnus dominus. *ps.* Exurgat. *ps.* Benedic anima (*ij.*) *sub hac prima antiphona: et ita dicantur per duos dies sequentes.* ⊽ Spiritus domini replevit. *Secundum lucam.*
In illo tempore: Convocatis Jesus duodecim apostolis: dedit illis virtutem et potestatem super omnia demonia: et ut languores curarent. Et reliqua. *Omelia venerabilis Bede presbyteri.* *Lectio j.*
Concessa primum potestate signorum: misit predicare regnum dei: ut promissorum magnitudini attestaretur etiam

---

[1] nolens : W.N.
[2] *iij. : N.*
[3] descendit : W.
[4] pro 'vita' vera : W.

FERIA QUINTA PENTHECOSTES.

magnitudo factorum: fidemque verbis daret virtus ostensa: ut[1] nova facerent qui nova predicarent. Unde nunc quoque cum fidelium numerositas excrevit intra sanctam ecclesiam: multi sunt qui vitam vertutum tenent: et signa virtutum non habent: quia frustra miraculum foris ostenditur si deest quod intus operetur. *Re.* Spiritus sanctus replevit orbem. *Lectio ij.*

Et ait ad illos: Nihil tuleritis in via: neque virgam neque peram: neque panem neque pecuniam: neque duas tunicas habeatis. Solet queri: quomodo mattheus et lucas commemoraverunt dixisse dominum discipulis suis: ut nec virgam ferrent. cum dicat marcus: et precepit eis ne quid tollerent in via: nisi virgam tantum. *Re.* Jam non dicam. *Lectio iij.*

Quod ita solvitur: ut intelligamus sub alia significatione dictam virgam que secundum marcum ferenda est: et sub alia illam que secundum mattheum et lucam non est ferenda. Sicut sub alia significatione intelligitur temptatio: de qua dictum est: Deus neminem temptat. Et sub alia de qua dictum est Temptat vos dominus deus vester ut sciat si diligitis eum. Illa seductionis est: hec probationis. Utrunque ergo accipiendum est a domino apostolis dictum: et ut ne[2] virgam ferrent: et ut non nisi virgam ferrent. *Re.* Loquebantur. *p̄s.* Te deum laudamus. ℣ Loquebantur. *In laudibus hec sola ana.*

Dum complerentur. *p̄s.* Dominus regnavit. *etc. Et ita dicatur per duos dies sequentes una cum capitulo sequente. Capl'm.* Factus est repente. *Hymnus.* Impleta. ℣ Spiritus sanctus docebit. *In evangelio an.* Convocatis Jesus duodecim apostolis dedit illis virtutem et potestatem super omnia demonia: et ut languores curarent: et misit illos predicare regnum dei: et sanare infirmos alleluia all'a. *p̄s.* Benedictus. *Oratio.*

Presta quesumus omnipotens et misericors deus: ut spiritus sanctus adveniens templum nos glorie sue dignanter inhabitando perficiat. Per dominum. In unitate ejusdem.

¶ *Ab hoc die ita ordinantur antiphone et Responsoria ad horas infra istas octavas. Ad primam an.* Spiritus domini. *p̄s.* Deus in nomine. *p̄s.* Beati immaculati. *p̄s.* Retribue *p̄s.* Quicunque vult. *etc. ut supra. Ad tertiam an.* Repleti sunt. *p̄s.* Legem pone. *Cap.* Dum complerentur. *Re.* Spiritus domini replevit. ℣ Et hoc. ℣ Loquebantur. *Oratio.* Deus qui hodierna. *Ad sextam an.* Fontes. *p̄s.* Defecit. *Cap.* Factus est repente. *Re.* Loquebantur. ℣ Magnalia. ℣ Repleti sunt. *Ōro.* Deus qui hodierna *Ad nonam an.* Loquebantur. *p̄s.* Mirabilia. *Cap.* Apparuerunt. *Re.* Repleti sunt. ℣ Et cepit.[3] ℣ Spiritus sanctus docebit. *Oratio ut supra. Ad vesperas an.* Dum complerentur. *p̄s.* Dixit dominus. *et ceteri psalmi dominicales sub hac*

---

[1] et: N.W.   [2] nec: N.   [3] ceperunt: N.

FERIA SEXTA PENTHECOSTES.

antiphona. Cap. Factus est repente. *Hym.* Beata nobis gaudia. ℣ Spiritus domini replevit. *In evange. an.* Egressi duodecim apostoli circuibant per castella evangelizantes et curantes ubique all'a all'a. *ps.* Magnificat. *Oratio* Presta quesumus. *Ad completorium die jovis et die veneris. Hymnus.* Jesu salvator seculi. *cum versibus* Dudum et Sit laus. *etc.*

⁋ *Feria vj. ad matu. invita.* Repleti. *ps.* Venite. *In noct. an.* Factus est. *ps.* Magnus dominus. *etc.* ℣ Spiritus domini replevit. *Secundum lucam.* In illo tempore: Factum est in una dierum: et Jesus sedebat docens. Et erant pharisei docentes et legis doctores: qui venerant ex omni castello galilee judee et hierusalem: et virtus dei erat ad sanandum eos. Et reliqua.

Omelia venerabilis Bede presbyteri. *Lectio j.*
Ubi dominus sedens docuerit: quando scribis et phariseis considentibus paraliticum curavit: lucas breviandi gratia preterit[1]: sed matheus et marcus qui narrant: questionem facere videntur: quoniam quidem matheus in civitate sua: marcus in capharnaum hoc eum fecisse testantur. Que questio difficilius solveretur: si matheus etiam nazareth nominaret. *Re.* Spiritus domini replevit.[2] *Lectio ij.*
Nunc vero vel ipsa galilea in qua erat nazareth intelligenda est dicta civitas Christi: ad distinctionem videlicet regionis transmarine gerasenorum: de qua transfretando sicut matheus scribit: venerat galileam. Vel certe ipsa capharnaum civitas Christi est dicta: quam non nascendo: sed virtutibus illustrando suam ipse fecerat. *Re.* Disciplinam. *Lectio iij.*
Et ecce viri portantes in lecto hominem: qui erat paraliticus: et querebant eum inferre et ponere ante eum. Curatio paralitici hujus: anime post diuturnam illecebre carnis inerciam ad Christum suspirantis indicat salvationem. Que primo omnium ministris: qui eam sublevent[3] et Christo afferant idem[4] bonis doctoribus qui spem salvationis opemque intercessionis suggerant indiget. *Re.* Spiritus domini replevit. *ps.* Te deum. ℣ Loquebantur. *In laudibus an.* Dum complerentur. *ps.* Dominus regnavit. *etc. In evange. an.* Factum est in una dierum et Jesus sedebat docens et erant pharisei sedentes et legis doctores qui venerant ex omni castello galilee et judee et hierusalem et virtus erat domini ad sanandum eos alleluia alleluia. *ps.* Benedictus. *Oratio.*
Da quesumus ecclesie tue misericors deus: ut spiritu sancto congregata hostili nullatenus incursione turbetur. Per dominum. *invitatorium ejusdem.*[5] *Ad horas ut supra in feria quinta. Ad vesperas an.* Dum complerentur. *ps.* Dixit dominus. *et ceteri psalmi dominicales sub*

---

[1] preteriit : N.
[2] pro 'dom. rep.' sanctus procedit : W.N.
[3] sublevant : N.
[4] pro 'idem' id est : N.
[5] pro 'invit. ejus.' etc. In unitate ejusdem · W.N.

SABBATO POST PENTHECOSTES.

hac antiphona. Capl'm. Factus est repente. *Hymnus.* Beata nobis. ℣ Spiritus domini replevit. *In evangelio añ.* Tulit ergo paraliticus lectum suum in quo jacebat magnificans deum et omnis plebs ut vidit dedit laudem deo alleluia all'a. *ps̄.* Magnificat. *Oratio.* Da quesumus ecclesie tue. *etc.*

⁋ *Sabbato ad matuti. invita.* Repleti sunt omnes. *ps̄.* Venite. *Hymnus* Jam Christus. *In noct. añ.* Factus est. *ps̄.* Magnus dominus *etc.* ℣ Spiritus domini replevit. *Sec. lucam.*

In illo tempore: Surgens Jesus de synagoga introivit in domum simonis. Socrus autem simonis: tenebatur magnis febribus. Et reliqua.

Omelia venerabilis bede presbyteri.   *Lectio j.*

Si virum a demonio liberatum moraliter animum ab immunda cogitatione purgatum significare dixerimus: consequenter femina febribus tenta: sed ad imperium domini curata: carnem ostendit a[1] concupiscentie sue fervore per continentie precepta frenatam. *Re.* Repleti.   *Lectio ij.*

Omnis enim amaritudo et ira: et indignatio: et clamor: et blasphemia: spiritus immundi furor est. Fornicationem vero immundiciam: libidinem: concupiscentiam malam: et avariciam que est simulacrorum servitus febre illecebre carnis intellige. *Re.* Apparuerunt.

Et rogaverunt illum [*Lectio iij.* pro ea. Et stans super illam: imperavit febri[2] et dimisit illam. Modo salvator rogatus modo ultro sanabat egrotos: ostendens se contra peccatorum quoque passiones et precibus semper annuere fidelium. Et ea que ipsi minime in se intelligunt vel intelligenda dare vel etiam non intellecta dimittere: juxta quod psalmista postulat: Delicta quis intelligit: ab ocultis meis munda me domine. *Re.* Advenit ignis. *ps̄.* Te deum. ℣ Loquebantur. *In laudibus añ.* Dum complerentur. *ps̄.* Dominus regnavit. *etc. Cap.* Factus est repente. *Hymnus* Impleta. ℣ Spiritus sanctus domini. *In evangelio añ.* Cum sol autem occidisset omnes qui habebant infirmos variis languoribus ducebant illos ad Jesum et sanabantur all'a. *ps̄.* Benedictus.

Mentibus nostris que- [*Oro.* sumus domine spiritum sanctus benignus infunde cujus et sapientia conditi sumus et providentia gubernamur. Per dominum in unitate ejusdem. *Ad horas ut supra feria quinta.*

⁋ *Rubrica de festo sancte trinitatis queratur in vigilia penthecostes ut patet plane.*

⁋ *In festo sancte trinitatis. Sabbato ad vesperas. antiphona.*

Gloria tibi trinitas equalis una deitas: et ante omnia secula et nunc et imperpetuum. *ps̄.* Benedictus dominus deus meus. *añ.* Laus et perhennis gloria deo patri et filio sancto simul paraclito in secula seculorum. *ps̄.* Exaltabo te domine. *añ.* Gloria laudis resonet in ore omnium

---

[1] 'a' om.: W.N.   [2] febrem: N.

IN FESTO

patri geniteque proli spiritui sancto pariter resultet laude perhenni. *ps.* Lauda anima mea. *An.* Laus deo patri pariterque proli et tibi compar studio perhenni spiritu [1] nostro resonet ab ore omne per evum. *ps.* Laudate dominum quoniam bonus. *an.* Ex quo omnia : per quem omnia in quo omnia : ipsi gloria in secula. *ps.* Lauda hierusalem dominum. *Capitulum.* O altitudo divitiarum sapientie et scientie dei quam incomprehensibilia sunt judicia ejus : et investigabiles vie ejus : quoniam ex ipso et per ipsum et in ipso sunt omnia : ipsi gloria in secula seculorum amen. *ps.* Benedictus dominus. *Hymnus.* Adesto sancta trinitas : par splendor una deitas : qui extas rerum omnium sine fine principium. *Te* celorum militia : laudat adorat predicat : triplexque mundi machina benedicit per secula. *Assumus* et nos cernui te adorantes famuli : vota precesque supplicum hymnis junge celestium. *Unum* te lumen credimus : quod et ter idem colimus : alpha et o quem dicimus : te laudat omnis spiritus. *Laus* patri sit ingenito : laus ejus unigenito : laus sit sancto spiritui : trino deo et simplici. amen. ℣ Benedicamus patrem et filium cum sancto spiritu. Laudemus et superexaltemus eum in secula. *In evan. an.* Gratias tibi deus gratias tibi vera una trinitas : una et summa deitas sancta et una unitas. *ps.* Magnificat. *Oratio.*

Omnipotens sempiterne deus qui dedisti nobis famulis tuis in confessione vere fidei eterne trinitatis gloriam agnoscere : et in potentia majestatis adorare unitatem quesumus ut ejusdem fidei firmitate ab omnibus semper muniamur adversis. In quo [2] vivis et regnas deus per omnia secula seculorum. Benedicamus domino. Deo gratias. *Ad completorium an.* Miserere. *ps.* Cum invocarem *etc. Cap.* Tu in nobis. Salvator mundi domine [*Hym.* qui nos salvasti hodie in hac nocte nos protege et salva omni tempore. *Adesto* nunc propicius et parce supplicantibus : tu dele nostra crimina tu tenebras illumina. *Ne* mentem somnus opprimat nec hostis nos surripiat : nec ullis caro petimus commaculetur sordibus. *Te* reformator sensuum votis precamur cordium : ut puri castis mentibus surgamus a cubilibus. *Deo* patri. *etc. Notandum quod ille hymnus dicetur in omnibus festis duplicibus abhinc usque ad nativitatem domini : et ab octava epiphanie usque ad quadragesimam :* [3] *excepto festo purificationis in quo dicetur hymnus.* Corde natus. ℣ Custodi nos. *an.* Salva nos. *ps.* Nunc dimittis kyr. *etc. Ad matu. invitato.* Deum verum unum in trinitate et trinitatem in unitate. Venite adoremus. *ps.* Venite. *Hymnus.* Adesto sancta trinitas. *In j. noct. an.* Adesto deus unus omnipotens : pater et filius et spiritus sanctus. *ps.* Domine dominus noster. *An.* Te unum in

---

[1] spiritus : N.
[2] qua : N.W.

[3] *Ab 'excepto' usque ad 'Ad matu.' om.: N.*

SANCTE TRINITATIS.

substantia trinitatem in personis confitemur. *ps.* Celi enarrant. *an.* Te semper idem esse vivere et intelligere profitemur. *ps.* Domini est terra. ℣ Benedicamus patrem. *Lectio j.*

Confitemur et credimus sanctam atque ineffabilem trinitatem patrem et filium et spiritum sanctum unum deum naturaliter esse unius substantie: unius nature: uniusque majestatis atque virtutis. Et patrem quidem non genitum: non creatum sed ingenitum profitemur. *Re.* Benedicat nos deus deus noster benedicat nos deus. Et metuant eum omnes fines terre. ℣ Deus misereatur nostri et benedicat nos deus. Et. Gloria. Et. *Licet post quemlibet versum scribatur* Gloria patri *in antiphonario: non tamen dicetur sepius hodie quam aliis festis ix. lectionum sed in dominicis diebus quibus de dominica agitur: dicitur* Gloria patri *ad Responsorium de trinitate: quod erit nonum Responsorium dominicis quodcunque istorum contigerit. Lectio ij.*

Ipse enim a nullo originem duxit: ex quo et filius nativitatem: et spiritus sanctus processionem accepit. Fons igitur ipse et origo est totius divinitatis. Ipse quoque pater essentia quidem ineffabilis: substantie sue filium genuit ineffabilem nec tamen aliud quam quod ipse est. *Re.* Benedictus dominus deus israel qui facit mirabilia solus. Et benedictum nomen majestatis ejus. In eternum. ℣ Replebitur majestate ejus omnis terra. fiat fiat. Et benedictum. *post.*[1] Gloria patri. In eternum. *repetatur tantum.*[1]

Genuit deus deum: [*Lectio iij.* lux lucem ab ipso ergo est omnis paternitas in celo et in terra. Filium quoque de substantia patris sine initio ante secula natum: nec tamen factum esse fatemur: quia nec pater sine filio: nec filius[2] aliquando extitit sine patre. *Re.* Quis deus magnus sicut deus noster. Tu es deus qui facis mirabilia. ℣ Notam fecisti in populis virtutem tuam: redemisti in brachio tuo populum tuum. Tu. Gloria. Tu.

In ij. nocturno an. Te invocamus te adoramus te laudamus o beata trinitas. *ps.* Eructavit. *an.* Spes nostra salus nostra: honor noster o beata trinitas. *ps.* Deus noster. *an.* Libera nos: salva nos: justifica nos o beata trinitas. *ps.* Fundamenta. ℣ Benedictus es domine in firmamento celi. Et laudabilis et gloriosus et superexaltatus in secula. *Lectio iiij.*

Filius ergo deus de patre: pater autem deus: sed non de filio. Ille autem filius patris: et deus de patre: equalis tamen per omnia filius patri: quia nec nasci cepit aliquando: nec desiit. Hic etiam unius cum patre essentie creditur. Propter quod et homousyon[3] patri dicitur: hoc est ejusdem cum patre substantie. *Re.* Magnus dominus et magna virtus ejus. Et sapientie ejus non est numerus. ℣ Magnus dominus et laudabilis

---

[1] '*post*' *et* '*repet. tant.*' *om.: W.*   [2] filium: W.   [3] homousion: W.N.

IN FESTO

valde: et magnitudinis ejus non est finis. Et. Gloria. Et.

*H*omo enim grece [*Lectio v.* unum usya [1] vero substantia dicitur. Quod utrunque conjunctum: sonat una substantia. Sempiternus quoque est filius. Quoniam si[2] semper pater fuit[3]: semper habuit filium cum pater esset. Et ob hoc filium de patre natum sine initio confitemur. Nec enim eundem filium dei: pro eo quod de patre sit genitus dissecte nature portiunculam[4] nominamus sed perfectum patrem perfectum filium sine diminutione sine dissectione genuisse asserimus: quia solius divinitatis est: inequalem filium non habere. *Re.* Gloria patri geniteque proli et tibi compar utriusque semper spiritus alme deus unus. Omni tempore seculi. ℣ Da gaudiorum premia: da gratiarum munera: dissolve litis vincula: astringe pacis federa. Omni. Gloria. Omni.   *Lectio vj.*

*S*piritum quoque sanctum qui est tertia in trinitate persona: unum atque equalem cum deo patre et filio credimus esse deum: unius substantie: unius quoque esse nature. Non tamen genitum vel creatum: sed ab utrisque procedentem amborum esse spiritum. Hic etiam spiritus sanctus nec ingenitus nec genitus creditur: ne aut si ingenitum dixerimus duos patres dicamus aut si genitum duos filios predicare monstremur. Qui tamen nec patris tantum: nec filii tantum: sed simul patris et filii spiritus dicitur. *Re.* Honor virtus et potestas et imperium sit trinitati in unitate: unitati in trinitate. In perhenni seculorum tempore. ℣ Trinitati lux perhennis unitati sit decus perpetim. In. Gloria. In perhenni.

In iij. nocturno an. Charitas pater est: gratia Christus: communicatio spiritus o beata trinitas. *ps.* Cantate (*j.*) *an.* Verax est pater: veritas filius: veritas spiritus o beata trinitas. *ps.* Dominus regnavit exultet. *an.* Una igitur pater logos paraclytusque substantia est o beata trinitas. *ps.* Cantate (*iij.*) ℣ Verbo domini celi firmati sunt. Et spiritu oris ejus omnis virtus eorum.

*I*n illo tem- [*Secun. johannem.* pore: Erat homo ex phariseis nichodemus nomine: princeps judeorum. Hic venit ad Jesum nocte et dixit ei. Rabbi scimus: quia a deo venisti magister. Et reliqua.

Omelia venerabilis Bede presbyteri.   *Lectio vij.*

*S*icut ex lectione sancti evangelii fratres charissimi audistis princeps judeorum venit ad Jesum nocte cupiens secreta ejus allocutione plenius discere mysteria fidei: cujus aperta ostensione signorum aliquatenus jam rudimenta susceperat. *Re.* Summe trinitate simplici deo una divinitas: equalis gloria: coeterna majestas patri prolique sanctoque flamini. Qui totum subdit suis orbem legibus. ℣ Prestet nobis gratiam deitas beata: patris ac nati pariterque spiritus almi. Qui totum. Gloria patri. Qui.   *Lectio viij.*

---

[1] usia: W.N.
[2] pro 'si' sic: W.N.
[3] 'quod' add: N.
[4] portiuncula: N.

SANCTE TRINITATIS.

Rabbi inquit scimus: quia a deo venisti magister. A deo igitur venisse Jesum ad magisterium celeste mundo adhibendum confessus est: deum cum illo fuisse miraculis prodentibus intellexit: necdum tamen ipsum deum esse cognovit. Sed quia quem magistrum noverat veritatis studiose docendus adiit: merito ad agnitionem divinitatis ejus perfecte doctus subiit merito utriusque nativitatis ejus divine scilicet et humane: sed et passionis atque ascensionis ipsius archana percepit: necnon etiam modum secunde regenerationis. *Re.* Tibi laus: tibi gloria: tibi gratiarum actio. In secula sempiterna o beata trinitas. ℣ Et benedictum nomen glorie tue sanctum et laudabile et superexaltatum. In secula. Gloria. In secula. *Lectio ix.*

Respondit Jesus et dixit ei Amen amen dico tibi: nisi quis renatus fuerit denuo: non potest videre regnum dei. Que sententia tanto apertius cunctis fidelibus lucet: quanto constat: quia sine hujus luce fideles esse nequeunt. Respondit ergo nichodemus: et ait. Quomodo potest homo nasci cum sit senex? Nunquid potest in ventrem matris sue iterato introire et renasci? Secunde nativitatis adhuc nescius de una quam noverat nativitate an posset iterari querebat. Notandum autem quia quod de carnali dixit: hoc etiam de spiritali est generatione sciendum: nequaquam videlicet eam postquam semel expleta fuerit posse repeti. *Re.* Benedicamus patrem et filium cum sancto spiritu laudemus et superexaltemus eum. In secula. ℣ Benedictus es domine in firmamento celi et laudabilis et gloriosus. In secula. Gloria. In secula. *ps.* Te deum. ℣ Benedicamus patrem.

In laudibus. *Antiphona.*
O beata et benedicta et gloriosa trinitas pater et filius et spiritus sanctus. ℣ Tibi laus: tibi gloria tibi gratiarum actio. *ps.* Dominus regnavit. *Dicuntur autem isti versus de laudibus et consimiles post psalmos ante antiphonas et non sunt dicendi isti versus nisi ad laudes.* *ana.* O beata[1] benedicta gloriosa trinitas pater filius spiritus sanctus. ℣ Miserere miserere miserere nobis. *ps.* Jubilate. *an.* O vera summa sempiterna trinitas pater et filius et spiritus sanctus. ℣ Tibi laus tibi gloria tibi gratiarum actio. *ps.* Deus deus meus. *an.* O vera summa sempiterna trinitas pater et filius et spiritus sanctus. ℣ Miserere miserere miserere nobis. *ps.* Benedicite. *an.* Te jure laudant te adorant te glorificant omnes creature tue o beata trinitas. ℣ Tibi laus tibi gloria tibi gratiarum actio. *ps.* Laudate. *Cap.* O altitudo. *Hymnus.*
O pater sancte mitis atque pie o Jesu Christe fili venerande paraclitusque spiritus o alme deus eterne. Trinitas sancta unitasque firma, deitas vera bonitas immensa lux angelorum salus orphanorum spesque cunctorum. Serviunt tibi cuncta

---

[1] 'et' add: W.N.

IN FESTO

que creasti te tue cuncte laudant creature nos quoque tibi psallimus devoti tu nos exaudi. Gloria tibi omnipotens deus trinus et unus magnus et eternus te decet hymnus honor laus et decus nunc et in evum. Amen. ℣ Sit nomen domini benedictum. Ex hoc nunc. *In evang. añ.* Benedicta sit creatrix et gubernatrix omnium sancta et individua trinitas et nunc et semper et per infinita seculorum secula. *ps̄.* Benedictus. *Oratio.* Omnipotens sempiterne deus. *Ad primam hec sola aña. añ.* O beata. *ps̄.* Deus in nomine. *ps̄.* Beati immaculati. *ps̄.* Retribue. *ps̄.* Quicunque vult. *Capl'm.* Domine miserere. *Re.* Jesu Christe fili dei vivi. Miserere nobis. ℣ Qui sedes ad dexteram patris. Miserere. Gloria. Jesu. ℣ Exurge *etc. Ad tertiam añ.* O beata. *ps̄.* Legem pone. Deus charitas est et qui [*Cap.* manet in charitate in deo manet et deus in eo.[1] *Re.* Benedicamus patrem et filium. Cum sancto spiritu. ℣ Laudemus et superexaltemus eum in secula. Cum. Gloria. Benedicamus. ℣ Benedictus es domine. *Oṝo.* Omnipotens sempiterne deus. *Ad sextam aña.* O vera summa. *ps̄.* Defecit. *Capitulum.* Gratia domini nostri Jesu Christi et charitas dei et communicatio sancti spiritus sit semper cum omnibus nobis. *Re.* Benedictus es domine. In firmamento celi. ℣ Et laudabilis et gloriosus et superexaltatus in secula. In. Gloria. Benedictus. ℣ Verbo domini. *Oratio ut supra.*

Ad nonam añ. Te jure. *ps̄.* Mirabilia. *Capitulum.* Tres sunt qui testimonium dant in celo pater et filius et spiritus sanctus et hi tres unum sunt. *Re.* Verbo domini celi firmati sunt. ℣ Et spiritu oris ejus omnis virtus eorum. Celi. Gloria. Verbo. ℣ Sit nomen domini. *Oratio ut supra. Ad vesperas añ.* O beata et benedicta. *et cetere añe. de laudibus sine versibus cum psalmis dominicalibus. Cap.* Gratia domini. *Re.* Honor virtus. *Hym.* O pater sancte. ℣ Benedicamus patrem. *In evang. añ.* Te deum patrem ingenitum te filium unigenitum te spiritum sanctum paraclitum sanctam et individuam trinitatem toto corde et ore confitemur laudamus atque benedicimus tibi gloria in secula. *ps̄.* Magnificat. *Oratio.* Omnipotens sempiterne deus. *Notandum quod prima quinta feria post octavas penthecostes festum nove solennitatis corporis Christi Romanus pontifex. Urbanus quartus statuit solenniter celebrari: et per octo dies sequentes celeberrime solennizari in officiis divinis prout ordinatum est in festis epiphanie et ascensionis dominice. Et quia in consimilibus simile est judicium: ideoque si festum duplex vel ix. lectionum evenerit in die mercurii precedenti festum corporis Christi propter excellentiam festi corporis Christi vespere illo die omnino erunt de corpore Christi cum antiphonis propriis et psalmis ad easdem ordinatis. Memoria tantum de festo precedente si*

---

[1] 'Deo gratias' add : N.

CORPORIS CHRISTI.

duplex fuerit aliter non. Si vero in die corporis Christi festum duplex sive simplex ix. lectionum evenerit. differatur in crastinum et post secundas vesperas in die corporis Christi: fiat memoria de sancto et in illo crastino tantum fiat memoria de festo corporis Christi si festum sit duplex. Si vero sit festum simplex ix. lectionum medie lectiones fiant de festo corporis Christi. Festis[1] apostolorum sancti barnabe et commemorationis sancti pauli exceptis in quibus medie lectiones non fient. Si autem festum trium lectionum in illo die corporis Christi evenerit: nulla fiet memoria.

ℂ *In festo corporis Christi. Ad vesperas antiphona.*

Sacerdos in eternum Christus dominus secundum ordinem melchisedech panem et vinum optulit. *ps.* Dixit dominus. *an.* Miserator dominus escam dedit timentibus se in memoriam suorum mirabilium. *ps.* Confitebor. *an.* Calicem salutaris accipiam et sacrificabo hostiam laudis. *ps.* Credidi propter. *an.* Sicut novelle olivarum ecclesie filii sint in circuitu mense domini. *ps.* Beati omnes qui timent. *ana.* Qui pacem ponit fines ecclesie. frumenti ex adipe saciat nos dominus. *ps.* Lauda hierusalem.

Dominus Jesus in qua [Capl'm. nocte tradebatur accepit panem et gratias agens fregit et dixit: accipite et manducate hoc est corpus meum quod pro vobis tradetur. *Re.* Homo quidam fecit cenam magnam et misit servum suum hora cene dicere invitatis ut venirent. Quia parata sunt omnia. ℣ Venite comedite panem meum et bibite vinum quod miscui vobis. Quia. Gloria patri. Quia. *Hymnus.*

Pange lingua gloriosi corporis mysterium sanguinisque preciosi quem in mundi precium fructus ventris generosi rex effudit gentium. Nobis datus nobis natus ex intacta virgine et in mundo conversatus sparso verbi semine sui moras incolatus miro clausit ordine. In supreme nocte cene recumbens cum fratribus observata lege plene cibis in legalibus cibum turbe duodene se dat suis manibus. Verbum caro panem verum verbo carnem efficit fitque sanguis Christi merum et si sensus deficit ad firmandum cor sincerum sola fides sufficit. Tantum ergo sacramentum veneremur cernui et antiquum documentum novo cedat ritui prestet fides supplementum sensuum defectui. Genitori genitoque laus et jubilatio: salus honor virtus quoque sit et benedictio: procedenti ab utroque compar sit laudatio. Amen. ℣ Panem de celo prestitisti eis. Omne delectamentum in se habentem all'a. *In evangelio an.* O quam suavis est domine spiritus tuus: qui ut dulcedinem tuam in filios demonstrares pane suavissimo de celo prestito esurientes replens bonis fastidiosos divites dimittens inanes. *ps.* Magnificat. *Oro.*

Deus qui nobis sub sacramento mirabili passionis tue

---

[1] *Festo: N.*

memoriam reliquisti : tribue quesumus : ita nos corporis et sanguinis tui sacra mysteria venerari : ut redemptionis tue fructum in nobis jugiter sentiamus. Qui vivis et regnas cum deo patri. *etc. Completorium vero fiat sicut in festo sancte trinitatis cum hymno.* Salvator mundi : *et in fine hymni.* Gloria tibi domine qui natus es. *Hic versus dicatur in fine omnium hymnorum quorum metro convenit per octavas etiam si de sanctis agatur nisi in hymno* Verbum supernum.

Ad matuti. Invitato. Christum regem adoremus dominantem gentibus. Qui se manducantibus dat spiritus pinguedinem. *ps.* Venite. *Hymnus.*

Sacris solenniis juncta sint gaudia et ex precordiis sonent preconia recedant vetera nova sint omnia corda voces et opera. Noctis recolitur cena novissima qua Christus creditur agnum et azyma dedisse fratribus juxta legitima[1] priscis indulta patribus. Post agnum typicum expletis epulis corpus dominicum datum discipulis sic totum omnibus quod totum singulis ejus fatemur manibus. Dedit fragilibus corporis ferculum dedit et tristibus sanguinis poculum dicens accipite quod trado vasculum omnes ex eo bibite. Sic sacrificium istud instituit cujus officium committi voluit solis presbyteris quibus sic congruit ut sumant et dent ceteris. Panis angelicus fit panis hominum dat panis celicus figuris terminum o res mirabilis manducat dominum pauper servus et humilis. Te trina deitas unaque poscimus sicut ut[2] nos visitas sicut te colimus per tuas semitas duc nos quo tendimus ad lucem quam[3] inhabitas. Amen. *In j.*

Fructum sa- [*nocturno an.* lutiferum gustandum dedit dominus mortis sue tempore. *ps.* Beatus vir. *ana.* A fructu frumenti et vini multiplicati fideles in pace Christi requiescunt. *ps.* Cum invocarem. *an.* Communione calicis quo deus ipse sumitur non vitulorum sanguine congregavit nos dominus. *ps.* Conserva me. ℣ Panem celi dedit eis. Panem angelorum manducavit homo. Alleluia. *Lectio j.*

Immensa divine largitatis beneficia exhibita populo christiano : inestimabilem ei conferunt dignitatem. Neque enim est aut fuit aliquando tam grandis natio que habeat deos appropinquantes sibi : sicut adest nobis deus noster. Unigenitus siquidem dei filius sue divinitatis volens nos esse participes : naturam nostram assumpsit : ut homines deos faceret factus est homo : et hoc insuper quod de nostro assumpsit totum nobis contulit ad salutem. *Re.* Immolabit hedum multitudo filiorum israel ad vesperam pasche. Et edent carnes et azimos panes. ℣ Pascha nostrum immolatus est Christus itaque epulemur in azimis sinceritatis et veritatis. Et. *Lectio ij.*

Corpus nanque suum pro nostra reconciliatione in ara

---

[1] legitimo : N.   [2] 'ut' om. : W.N.   [3] quem : N.

crucis hostiam optulit[1] deo patri: sanguinem suum fudit in precium simul et lavacrum: ut redempti a servitute miserabili: a peccatis omnibus mundaremur. Et ut tanti beneficii jugis in nobis maneret memoria: corpus suum in cibum et sanguinem suum in potum sub specie panis et vini fidelibus sumendum dereliquit. *Re.* Comedetis carnes et saturabimini panibus. Iste est panis quem dedit vobis dominus ad vescendum. ℣ Non moyses dedit vobis panem de celo sed pater meus dat vobis panem de celo verum. Iste. *Lectio iij.*

O preciosum corpus et admirandum convivium salutiferum: et omni suavitate repletum. Quid enim hoc convivio preciosius esse potest? in quo non carnes vitulorum et hircorum ut olim in lege sed nobis Christus sumendus proponitur verus deus. Quid hoc sacramento mirabilius? In ipso nanque panis et vinum in corpus Christi et sanguinem: substantialiter convertuntur. Ideoque Christus deus et homo perfectus: sub modici panis et vini specie continetur. Manducatur itaque a fidelibus sed minime laceratur. Quinimo[2] diviso sacramento: integer sub qualibet divisionis particula perseverat. *Re.* Respexit helyas ad caput suum subcinericium panem qui surgens comedit et bibit. Et ambulavit in fortitudine cibi illius usque ad montem dei. ℣ Si quis manducaverit ex hoc pane vivet in eternum. Et ambulavit. Gloria patri. Et ambulavit.

In ij. nocturno an̄. Memor sit dominus sacrificii nostri et holocaustum nostrum pingue fiat. *ps̄.* Exaudiat. *an̄.* Paratur nobis mensa domini adversus omnes qui tribulant nos. *ps̄.* Dominus regit me. *an̄.* In voce exultationis resonant epulantes in mensa domini. *ps̄.* Quemadmodum desiderat. ℣ Cibavit eos ex adipe frumenti.[3] Et de petra melle saturavit eos alleluia. *Lec. iiij.*

Unde ut integro celebritatis officio institutionem tanti sacramenti solenniter recoleret plebs fidelis: romanus pontifex urbanus quartus hujus sacramenti devotione affectus pie statuit prefate institutionis memoriam prima quinta feria post octavas penthecostes a cunctis fidelibus celebrari ut qui per totum anni circulum hoc sacramento utimur ad salutem: ejus institutionem illo specialiter tempore recolamus: quo spiritus sanctus corda discipulorum edocuit ad plene cognoscenda hujusmodi sacramenti mysteria. Nam in[4] eodem tempore incepit hoc sacramentum a fidelibus frequentari. *Re.* Panis quem ego dabo caro mea est pro mundi vita: litigabant ergo judei dicentes. Quomodo potest hic nobis dare carnem suam ad manducandum. ℣ Locutus est populus contra dominum: anima nostra nauseat super cibo isto levissimo. Quomodo. *Lectio v.*

Ut autem predicta quinta feria: et per octavas sequentes ejusdem salutaris institutionis honorificentius agatur

---

[1] obtulit: W.N.
[2] Quinimmo: N.
[3] '*Re.*' add: N.
[4] 'in' om.: N.

IN FESTO

memoria : prefatus romanus pontifex eis qui hujusmodi horis in hac solennitate personaliter in ecclesiis interessent : stipendia spiritualia apostolica largitione concessit. Unde omnibus vere penitentibus et confessis qui matutinali officio hujus festi presentialiter interessent in ecclesia ubi celebraretur : centum dies. Qui vero misse totidem.[1] *Re.* Cenantibus illis accepit Jesus panem et benedixit ac fregit deditque discipulis suis et ait. Accipite et comedite hoc est[2] corpus meum. ℣ Dixerunt viri tabernaculi mei quis det de carnibus ejus ut saturemur. Accipite. *Lectio vj.*

Illis autem qui interessent in[3] primis illius festi vesperis : similiter centum. Qui vero in[3] secundis vesperis : totidem. His qui prime : tertie : sexte : none : ac completorii adessent officiis : pro qualibet horarum ipsarum quadraginta dies. Illis vero qui per ipsius festi octavas in matutinalibus vespertinis misse ac predictarum horarum officiis presentes extiterint : singulis diebus octavarum ipsarum centum dierum indulgentiam misericorditer tribuit perpetuis temporibus duraturam. *Re.* Accepit Jesus calicem postquam cenavit dicens hic calix novum testamentum est in meo sanguine. Hoc facite in meam commemorationem. ℣ Memoria memor ero et tabescet in me anima mea. Hoc facite. Gloria patri. Hoc facite.

In iij nocturno añ. Introibo ad altare dei sumam Christum qui renovat juventutem meam. *ps.* Judica me deus et discerne. *añ.* Cibavit nos dominus ex adipe frumenti et de petra melle saturavit nos. *ps.* Exultate deo. *añ.* Ex altari tuo domine Christum sumimus in quem cor et caro nostra exultant. *ps.* Quam dilecta. ℣ Educas panem de terra. Et vinum letificet cor hominis alleluia. *Secundum johannem.*

In illo tempore : Dixit Jesus discipulis suis et turbis judeorum. Caro mea vere est cibus et sanguis meus vere est potus. Et reliqua.

Sermo ex commentario beati augustini episcopi. *Lectio vij.*

Cum enim cibo et potu id appetant homines ut non esuriant neque sitiant hoc vere non prestat nisi iste cibus et potus : qui eos a quibus sumitur immortales et incorruptibiles facit : idem[4] : societas ipsorum sanctorum ubi pax erit et unitas plena atque perfecta. *ps.* Qui manducat meam carnem et bibit meum sanguinem. In me manet et ego in illo. ℣ Non est alia natio tam grandis que habeat deos appropinquantes sibi sicut deus noster adest nobis. In.

Propterea quippe [*Lectio viij.*] sicut etiam ante nos hoc intellexerunt homines dei : dominus noster Jesus Christus corpus et sanguinem suum in eis rebus commendavit que ad unum aliquid rediguntur. Ex multis nanque granis unus panis efficitur : et ex multis racemis vinum confluit. *Re.* Misit me pater vivens

---

[1] 'Tu autem. Deo gratias' add : N.
[2] 'enim' add : N.
[3] 'in' om. : N.
[4] id est : N.

et ego vivo propter patrem. Et qui manducat me vivit propter me. ℣ Cibavit eum dominus panem[1] vite et intellectus. Et. Et qui manducat car-[*Lec. ix.*] nem meam et bibit meum sanguinem in me manet et ego in eo. Hoc est ergo manducare illam escam et illum bibere potum : in Christo manere et illum in se manentem habere. Ac per hoc qui non manet in Christo et in quo non manet Christus : proculdubio non manducat spiritualiter ejus carnem : licet carnaliter et visibiliter premat dentibus sacramenta corporis et sanguinis Christi. *Re.* Unus panis et unum corpus multi sumus. Omnes qui de uno pane et de uno calice participamus. ℣ Parasti in dulcedine tua pauperi deus qui habitare facis unanimes in domo. Omnes. Gloria. Omnes. *ps̄.* Te deum. ℣ Panem de celo.

In laudibus *antiphona.*
Sapientia edificavit sibi domum miscuit vinum et posuit mensam all'a. *ps̄.* Dominus regnavit. *an̄.* Angelorum esca nutrivisti populum tuum et panem de celo prestitisti illis all'a. *ps̄.* Jubilate. *an̄.* Pinguis est panis Christi et prebebit delicias regibus all'a. *ps̄.* Deus deus meus. *an̄.* Sacerdotes Christi incensum et panes offerunt deo all'a. *ps̄.* Benedicite. *an̄.* Vincenti dabo manna absconditum et nomen novum all'a. *ps̄.* Laudate. *Cap.* Dominus Jesus in. *Hymnus.*
Verbum supernum prodiens nec patris linquens dexteram ad opus suum exiens venit ad vite vesperam. *In* mortem a discipulo suis tradendus emulis prius in vite ferculo se tradidit discipulis. *Q*uibus sub bina specie carnem dedit et sanguinem ut duplicis substantie totum cibaret hominem. *S*e nascens dedit socium convescens in edulium se moriens in pretium se regnans dat in premium. *O* salutaris hostia que celi pandis ostium bella premunt hostilia da robur fer auxilium. *U*ni trinoque domino sit sempiterna gloria qui vitam sine termino nobis donet in patria. Amen. ℣ Posuit fines tuos pacem. Et adipe frumenti saciat te all'a. *In evange. an̄.* Ego sum panis vivus qui de celo descendi : si quis manducaverit ex hoc pane vivet in eternum all'a. *ps̄.* Benedictus. *Oratio.* Deus qui nobis. *Ad primam an̄.*[2] Sapientia. *ps̄.* Deus in nomine *et ceteri psalmi. ps̄.* Quicunque vult *sub hac antiphona. Re.* Jesu Christe fili dei vivi. Miserere nobis. All'a all'a. Qui corpus tuum dedisti discipulis. Miserere nobis. All'a all'a.[3] Gloria Jesu. ℣ Exurge domine *etc. Ad tertiam an̄.* Angelorum. *ps̄.* Legem pone. *Cap.* Dominus Jesus in qua nocte. *Re.* Panem celi dedit eis. All'a all'a. ℣ Panem angelorum manducavit homo. All'a all'a. Gloria. Panem. ℣ Cibavit eos. *Oratio.* Deus qui nobis. *Ad sextam an̄.* Pinguis. *ps̄.* Defecit. Quotienscunque mandu-[*Cap.* cabitis panem hunc et calicem bibetis mortem domini annunciabitis donec veniat. *Re.* Cibavit eos ex adipe frumenti.

---

[1] pane : N.W.   [2] 'ut supra' add : N.   [3] 'all'a all'a' om. : N.

RUBRICA DE FESTIS CONTINGENTIBUS

All'a all'a. ℣ Et de petra melle saturavit eos. Alleluia alleluia. Gloria. Cibavit. ℣ Educas panem. *Oratio ut supra. Ad nonam an.* Vincenti. *ps.* Mirabilia. Quicunque manducaverit [*Cap.* panem vel biberit calicem domini indigne reus erit corporis et sanguinis domini. *Re.* Educas panem de terra. All'a all'a. ℣ Et vinum letificet cor hominis. All'a all'a. Gloria. Educas. ℣ Posuit fines tuos. *Oro. ut supra. Ad vesperas antiphone de laudibus cum psalmis de primis vesperis. Cap.* Dominus Jesus in. *Re.* Respexit helyas. ℣ Si quis. *Hym.* Verbum supernum. ℣ Panem de cęlo. *In evange. an.* O sacrum convivium in quo Christus sumitur recolitur memoria passionis ejus mens impletur gratia et future glorie nobis pignus datur alleluia. *ps.* Magnificat. *Oratio.* Deus qui nobis. *Ad completorium ut supra.*[1] *Quotidie infra octavas excepta dominica infra fiat servitium de corpore Christi: nisi impediatur per festum duplex vel ix. lectionum hoc modo. Ad matuti. invitato.* Christum regem. *ps.* Venite. *Prima antiphona de primo nocturno super psalmos ad matutinas qui dicuntur in die. Tres lectiones de festo corporis Christi cum tribus Responsoriis de historia ordinatim iteratis incipiendo a primo. Ad laudes et ad vesperas infra octavas una antiphona scilicet* Sapientia. *Ad horas dicantur cetere an. de laudibus: Cap. Hymni: Responsoria horalia et versiculi sicut in die super psalmos* Magnificat *et* Benedictus: *et etiam ad memoriam cum dicitur de sancto infra octavas. etiam in dominica an̄e. de primis vesperis scilicet* Sacerdos. *et cetere an̄e. ordinatim iterate. Oratio.* Deus qui nobis.

℻ *Si vero festum duplex vel novem lectionum infra octavas evenerit: de eis dicatur etiam in dominica et in primis vesperis et in secundis an̄a.* Sapientia: *cum psalmis de festo corporis Christi: et versiculis alleluiatice: tam ad vesperas matutinas quam ad horas. Ad vesperas matutinas et missam memoria de festo corporis Christi.*

℻ *Rubrica de festis sanctorum willelmi: johannis baptiste Petri et pauli forte contingentibus infra istas octavas.*

℻ *Si festa corporis Christi et sancti willelmi concurrant: dicatur ipso die solenniter de corpore Christi: et habebit plene ultimas vesperas suas cum memoria de sancto willelmo tantum. In crastino vero dicatur de sancto willelmo cum memoria de festo corporis Christi: et per octavas dicatur de festo corporis Christi cum memoria de sancto willelmo ad matutinas et ad vesperas cum an̄a.* In willelmi laudibus. *et ceteris ut in festo suo: sed in dominica infra dicatur de festo sancti Barnabe sine mediis lectionibus cum memoriis corporis Christi et sancti willelmi. Octava vero die dicatur de festo corporis Christi: sed sine mediis lectionibus de sancto willelmo: et die veneris sequenti dicatur de octava*[2] *sancti willelmi cum ix. lectionibus.*

---

[1] pro 'supra' in fine psalterii fo. lxxix. N.   'de' add : W

INFRA OCTAVAS CORPORIS CHRISTI.

⁋ Si dies dominica infra octavas corporis Christi contigerit infra octavas sancti willelmi et a festo ix. lectionum vacaverit: fiant medie lectiones de sancto willelmo. Si vero dies octavarum [1] *sancti willelmi in dicta dominica contigerit: dicatur de sancto willelmo cum mediis lectionibus de corpore Christi. Si dies octavarum corporis Christi infra octavas sancti willelmi contigerit: fiant medie lectiones de sancto willelmo.*

⁋ Quandocunque festa corporis Christi et nativitatis sancti johannis baptiste concurrunt: differatur festum sancti johannis in crastinum: et die mercurii precedenti: jejunetur vigilia et fiat servitium de sancta Etheldreda cum missa de vigilia: et dies corporis Christi habebit omnino ultimas vesperas suas: et memoria de sancto johanne añ. Ingresso ℣ Fuit homo. *cum* alleluia. Oratio. Deus qui presentem diem. *et* [2] *fiat totum servitium in crastino de sancto johanne cum memoria de festo corporis Christi. Per octavas corporis Christi singulis diebus fiat memoria de sancto Johanne in matutinis et vesperis cum antiphonis de primis vesperis iteratis: sed ad vesperas de vigilia apostolorum petri et pauli et in die nulla fiat de sancto Johanne memoria: sed tantum de festo corporis Christi: et tunc illo anno die dominica infra octavas fiat servitium de corpore Christi absque mediis lectionibus de sancto Johanne. Die vero octavarum corporis Christi et sancti Johannis sic concurrentium: totum servitium fiat de octavis corporis Christi cum mediis lectionibus de octavis sancti johannis.*

⁋ Item [3] *si* [4] *festum sanctorum martyrum johannis et pauli die dominica infra octavas corporis Christi:. vel die octavarum contigerit: fiant de eis medie lectiones. De aliis autem festis iij. lectionum etiam si dictis diebus contigerint: fiet tantum memoria preterquam de sancta Etheldreda et sancto Leone in vigilia contingente ut infra notatur.*

⁋ Cum autem vigilia nativitatis sancti Johannis baptiste: vel apostolorum petri et pauli contigerit infra octavas corporis Christi predictas: totum servitium dicetur de festo corporis Christi: et memoria de sancta Etheldreda: vel de sancto leone. In dicta vero vigilia et in die ad utrasque vesperas añ. Sapientia *et psalmi de festo corporis Christi: cum memoria de eodem tantum. Quando octava corporis Christi in crastino apostolorum evenerit: tunc illo anno ad secundas vesperas apostolorum petri et pauli* añ. Sapientia. *Cap.* Petrus ad se. Re. Petre amas me. *Hymnus.* Exultet celum. ℣ Tu es petrus. Aña. *super psalmum* Magnificat. Quem dicunt. *Oratio.* Deus qui beato petro apostolo. *In crastino ad matutinas memoria de sancto petro.* añ. Petrus ad se. ℣ Tu es petrus. *Oratio.* Deus qui beato petro. *et memoria de sancto johanne: et tunc illo die dicantur vespere et totum servitium de octavis corporis Christi cum memoria de apostolis.* añ.

---

[1] *octava*: N.
[2] *pro 'et' etc.*: N.
[3] '*Item*' om.: N.
[4] '*si*' om.: W.

INFRA OCTAVAS CORPORIS CHRISTI.

Gloriosi principes. ℣ In omnem terram. *Oro.* Deus qui hodierna. *et memoria de octavis sancti johannis. an.* Ingresso. ℣ Fuit homo. *Oratio.* Deus qui presentem. *et die sequenti dicatur totum de commemoratione sancti pauli cum novem lectionibus et memoria de sancto Petro ana.* Solve jubente. ℣ Tu es petrus. *Oratio.* Deus qui beato petro : *et memoria de octava sancti johannis an.* Apertum est. ℣ Fuit homo. *Oratio.* Deus qui presentem.

¶ *Si autem festum duplex in octavis corporis Christi contigerit: videlicet festa sancti willelmi: et nativitas*[1] *sancti johannis: sive apostolorum petri et pauli: tunc anticipetur servitium octavarum et fiat die mercurii precedente cum ix. lectionibus et medie lectiones de festo iij. lect. in predictas vigilias scilicet Etheldrede virginis et Leonis pape cum missa in capitulo de predictis vigiliis: et tunc dicantur proprie antiphone super psalmos feriales de dictis festis ad primas vesperas: nec fiat aliqua mentio deinceps de illis: nisi memoria tantum ad vesperas cum ana.* O sacrum. *Item si festum ix. lectionum in octava die contigerit: differatur in crastinum: et incipiatur de sancto ad capitulum: et memoria de festo corporis Christi. Si vero die veneris post octavas predictas festum duplex contigerit prime vespere tunc erunt cum antiphonis pertinentibus ad festum duplex: et psalmis ferialibus cum memoriis de octavis predictis.*

---

[1] *nativitatis: N.*
[2] '*homo*' add : *W. N.*

¶ *Feria vj.*   *Lectio j.*

Hujus sacramenti figura precessit: quando manna pluit deus patribus in deserto: qui quotidiano celi pascebantur alimento. Unde dictum est: Panem angelorum manducavit homo. Sed tamen panem illum qui manducaverunt: in deserto omnes mortui sunt. *Lectio ij.*

Ista autem esca quam accipitis: iste panis vivus qui de celo descendit vite eterne substantiam ministrat. Et quicunque hunc panem manducaverit[2]: non morietur in eternum: quia corpus Christi est. *Lectio iij.*

Considera utrum nunc prestantior sit panis angelorum an caro Christi: que utique est corpus vite. Manna illud de celo: hoc super celum. Illud celi: hoc domini celorum. Illud corruptioni obnoxium: si in diem alterum servaretur: hoc alienum ab omni corruptione.

¶ *Sabbato.*   *Lectio j.*

Quantis igitur utimur exemplis ut probemus hoc non esse quod natura formavit; sed quod benedictio consecravit. Majoremque vim esse benedictionis quam nature quia benedictione etiam natura ipsa mutatur. Unde virgam tenebat moyses: projecit eam: et facta est serpens. Rursum apprehendit caudam serpentis: et in virge naturam revertitur. Vides ergo prophetica gratia bis mutatam esse naturam: et serpentis et virge.

Marach[3] fluvius [*Lectio ij.* amarissimus erat: ut sitiens populus bibere non posset. Misit

---

[3] *Marath: N.*

moyses lignum in aquam et amaritudinem suam aquarum natura deposuit: quam infusa subito gratia temperavit. Advertimus igitur majorem esse gratiam quam naturam. Et adhuc tamen prophetice benedictionis numeramus gratiam.

Quod si tantum valuit [Lec. iij. lingua humana benedictio: ut naturam converteret: quid dicimus de ipsa consecratione divina ubi ipsa verba domini salvatoris operantur. Nam sacramentum ipsum quod accipitis Christi sermone conficitur.

¶ *Dominica infra octavas corporis Christi: omnia dicantur sicut in die preter antiphonas super psalmos in primis vesperis que erunt:* Sapientia *cum sequentibus: et preter hymnum qui erit* Verbum supernum *et preter Responsoria ad utrasque vesperas: que non dicentur: et preter legendam et antiphonas super psalmos.* Magt. *et* Benedictus *ut supra.* Lectio j.

De totius mundi partibus legistis: quia ipse dixit et facta sunt: ipse mandavit et creata sunt. Sermo ergo qui potuit ex nihilo facere quod non erat: non potuit ea que sunt: in id mutare quod non erat. Non est enim minus dare quam mutare novas naturas rebus. *Lec. ij.*

Cujus argumentis utimur suis utamur exemplis: incarnationis quoque astruamus mysterii veritatem. Nunquid nature usus presensit[1]: cum dominus noster Jesus Christus ex maria virgine[2] nasceretur. Si ordinem nature querimus: viro mixta femina generare consueverat.

Liquet igitur quod [*Lec. iij.* preter nature ordinem virgo generavit. Et hoc quod conficimus corpus ex virgine est. Quid hic querimus nature ordinem in Christi corpore: cum preter naturam sit ipse dominus noster Jesus partus ex virgine Vera itaque caro Christi est: que crucifixa est: que sepulta est. Lectio iiij.

Vere ergo carnis illius sacramentum est. Ipse enim dominus noster Jesus clamat: hoc est corpus meum. Ante benedictionem verborum celestium alia species nominatur. Post consecrationem sanguis Christi significatur. Tu dicis amen: Hoc est. Verum est. Quod sermo sonat: effectus[3] sentiat.

Panis est in altari [*Lectio v.* usitatus ante verba sacramentorum.[4] Ubi accessit consecratio: de pane fit caro Christi. Quomodo autem potest qui panis est esse corporis Christi? Consecratio igitur quibus verbis et cujus sermonibus est[5]? Domini Jesu. Nam per reliqua omnia que dicuntur: laus deo offertur. Lectio vj.

Oratione petitur pro populo pro regibus: et pro ceteris. Ubi autem sacramentum conficitur: jam non suis sermonibus sacerdos utitur; sed sermonibus Christi. Ergo sermo Christi hoc conficit sacramentum. Quis sermo Christi? Hic nempe quo

---

[1] prensensit : N.   [2] 'virgine' om. : N.   [3] affectus : N.
[4] pro 'sacramentorum' consecrationis : N.   [5] 'est' om. : N.

facta sunt omnia celum terra et maria. *Secundum johannem.* In illo tempore Dixit Jesus discipulis suis et turbis judeorum. Caro mea vere est cibus: et sanguis meus verus [1] est potus. Et reliqua. *Omelia ut supra.*[2] Christus panis est de quo qui manducat vivit in eternum. De quo ipse dixit: Et panis quem ego dabo caro mea est pro mundi vita. Determinat quomodo sit panis non solum secundum verbum quo vivunt omnia: sed secundum carnem assumptam pro mundi vita. Corpus et sanguinem [*Lec. iij.* Christi dicimus illud quod de fructibus terre acceptum et prece mystica consecratum: recte [3] sumimus ad salutem spiritualem in memoriam [4] dominice passionis: quod cum per manus hominis ad ipsam invisibilem speciem perducatur [5]: non sanctificatur ut sit tam magnum sacramentum: nisi operante invisibiliter spiritu sancto. *Lectio ix.* Hoc sacramentum pietatis est: et signum unitatis: et vinculum charitatis. Qui vult vivere accedat et credat: incorporet [6] hunc cibum et potum: et societatem [7] recipiet corporis et membrorum suorum quod est ecclesie in predestinatis. *etc. ut supra.*
¶ *Feria ij.* *Lectio j.* Sacramentum ecclesie duobus confici et duobus constare videtur: visibili scilicet elementorum specie: et invisibili domini nostri Jesu Christi carne et sanguine. Et sacramento et re sacramenti: id est corpore Christi. Sicut Christi persona constat et conficitur ex deo et homine: cum ipse Christus verus sit deus: et verus homo. *Lectio ij.* Conficitur autem ecclesie sacrificium duobus: sacramento et re sacramenti: id est corpore Christi. Caro ejus est quam in forma panis opertam in sacramento accipimus: et sanguis ejus quem sub specie vini ac sapore potamus.[8] Caro videlicet est carnis: et sanguis sacramentum est sanguinis. *Lectio iij.* Sicut ergo celestis panis qui vere caro Christi est suo modo vocatur corpus Christi: cum revera sit sacramentum corporis Christi: illius videlicet quod visibile: quod palpabile mortale in cruce positum est. Vocaturque ipsa carnis immolatio que sacerdotis manibus fit Christi passio: mors: crucifixio. Non rei veritate: sed signante mysterio.
¶ *Feria iij.* *Lectio j.* Iteratur etiam hoc mysterium: et ob commemorationem passionis Christi: sicut ipse ait. Hoc quotienscunque agitis: in meam commemorationem facite. Quotienscunque ergo sumitis panem hunc: et bibitis hunc calicem: mortem domini annunciabitis donec veniat. *Lectio ij.* Non utique sic accipiendum est donec Christi mors veniat: quia ultra jam non morietur: sed donec ipse dominus veniat ad judicium. Interim autem

---

[1] vere : N.
[2] *pro 'ut supra' beati Augustini episcopi: N.*
[3] rite : N.W.
[4] memoria : N.
[5] perducitur : N.
[6] pro 'incorporet' in corpore ecclesie W.N.
[7] societatem : N.
[8] putamus : W.

semper mors Christi est per seculi vitam posteris nuncianda: ut discant qua charitate dilexerit suos qui pro eis mori dignatus est: cui omnes vicem debemus rependere charitatis.

Quia ad hoc nos prior [*Lec. iij.* dilexit cum essemus gehenne filii: ut diligeremus eum jam a morte liberati: quia morte domini liberati sumus hujus rei memores in edendo carnem: et bibendo sanguinem ejus que pro nobis oblata sunt significamus.

❡ *Feria iij.* *Lectio j.*
Utrum sub figura: an sub veritate hoc mysticum calicis sacramentum fiat: veritas ait: Caro mea vere est cibus et sanguis meus vere est potus. Alioquin quomodo magnum[1] erit panis quem ego dabo caro mea est pro mundi vita: nisi vera sit caro. *Lectio ij.*

Sed quia Christum fas vorari dentibus non est voluit hunc panem et vinum ibi in mysterio[2] vere carnem suam et sanguinem suum consecratione spiritus sancti potentialiter creari: et quotidie pro mundi vita mystice immolari. *Lectio iij.*

Corpus Christi et veritas et figura est. Veritas dum corpus Christi et sanguis in virtute spiritus sancti: et in virtute ipsius ex panis et vini substantia efficitur. Figura vero est id quod exterius sentitur.

❡ *In octava corporis Christi ad vesperas añ.* Sapientia. *pš.* Dixit dominus *et cetere antiphone et psalmi sicut in die. Capl'm.* Dominus Jesus. *Hymnus* Pange lingua. ℣ Panem de celo. *In evange. añ.* O quam suavis. *pš.* Magnificat. *etc. ut in die matutinis missa: et secundis vesperis: preter Responsorium in secundis vesperis cum legenda sequente.*

Intra catholicam ec- [*Lectio j.* clesiam in mysterio[3] corporis Christi nihil a bono majus: nihil a malo minus perficitur sacerdote: quia non in merito consecrantis: sed in verbo efficitur creatoris: et in virtute spiritus sancti. Si enim in merito esset sacerdotis: nequaquam ad Christum pertineret. *Responsoria ut in die.* *Lectio ij.*

Nunc autem sicut ipse est qui baptizat: ita ipse est qui per spiritum sanctum hanc suam efficit carnem: et transit vinum in sanguinem. Unde et sacerdos: jube hec inquit offerri per manus angeli tui sancti in sublime altare tuum: in conspectu divine majestatis tue. Ut quid deferenda in lucem deposcit: nisi ut intelligatur quod ista fiant in eo sacerdotio. *Lectio iij.*

Hanc ergo oblationem benedictam: per quam benedicimur.[4] Ascriptam per quam homines in celo ascribuntur. Ratam: per quam in visceribus Christi esse censeamur. Rationabilem: per quam a bestiali sensu exuamur: acceptabilem: ut qui nobis ipsis displicemus: per hanc acceptabiles ejus unico filio simus. *Lectio iiij.*

Credendum est quod in verbis Christi sacramenta confician-

---

[1] verum : N.
[2] ministerio : W.
[3] mystico : N.
[4] benedicimus : N.

tur. Cujus enim potentia creantur: prius ejus utique verbo ad melius procreantur. Reliqua omnia que sacerdos dicit aut clerus chori canit: nihil aliud quam laudes et gratiarum actiones sunt: aut certe obsecrationes et fidelium petitiones. *Lectio v.* Omnia quecunque voluit dominus fecit in celo et in terra: et[1] quia sic voluit: sic factum est. Ita licet figura panis et vini videatur: nihil aliud tamen quam caro Christi et sanguis post consecrationem credenda sunt. Unde ipsa veritas ad discipulos. Hec inquit caro mea est pro mundi vita. *Lec. vj.* Panem quidem istum quem sumimus in mysterio: illum utique intelligo panem qui manu sancti spiritus formatus est in utero virginis: et[2] igne passionis decoctus in ara crucis. Panis enim angelorum factus est cibus hominum. Unde ipse ait: Ego sum panis vivus qui de celo descendi. Et iterum: Panis quem ego dado: caro mea est pro mundi vita. *Sec. johannem.* In illo tempore: Dixit Jesus discipulis suis et turbis judeorum. Caro mea vere est cibus et sanguis meus verus est potus. Et reliqua. *Lectio vij.* Si quotienscunque effunditur sanguis Christi in remissionem peccatorum funditur: debeo illum semper accipere: ut semper mihi peccata dimittantur. Qui semper pecco: semper debeo habere medicinam. Qui scelerate vivunt in ecclesia et communicare non desinunt: putantes se tali communione mundari: discant nihil ad emendationem sibi proficere. *Lec. octava.* Nunquid carnes sancte hauserunt a te malitias tuas? Et apostolus: Probet se inquit homo: et sic de pane illo edat: et de calice bibat. Non iste panis est qui vadit in corpus: sed panis vite eterne qui anime nostre substantiam fulcit. Iste panis quotidianus est. Accipe quotidie: quod quotidie tibi prosit. Sic vive: ut quotidie merearis accipere. *Lectio ix.* Sancta malis possunt obesse: quia bonis sunt ad salutem: malis ad judicium. Unde apostolus: Qui manducat et bibit indigne: judicium sibi manducat et bibit. Non quia res illa mala est: sed quia malus male accipit quod bonum est. Non enim mala erat buccella[3] que judae data est a domino. Salutem medicus dedit: sed quia ille qui indignus accepit: ad perniciem suam accepit. *et cetera sicut in die ut patet supra.*

¶ *Rubrica de dominicis ordinandis.*

Notandum autem quod octo dominice debent fieri ante festum beati Petri ad vincula ad minus scilicet ut frequentius. Cum autem prolixum fuerit tempus inter festum sancte trinitatis et predictum festum sancti petri. Vel si idem festum beati Petri in dominica evenerit: tunc fiant novem vel decem dominice ante predictum festum sancti petri: et si in ipsis dominicis diebus non possunt fieri: fiant diebus ferialibus

---

[1] 'et' om.: N.   [2] 'et' om.: N.   [3] buccella: W.N.

DE DOMINICIS ORDINANDIS.

quando competentius erit. ⁋ *De dominica feriali. Et sciendum quod quando fit dominica in feria in ferialibus vesperis precedentibus semper dicetur antiphona contingens[1] feriam : et oratio de dominica precedente non illa que in crastino sequetur[2] ad expositionem : excepto quod quando incipitur in feria historia* Deus omnium *quia tunc dicetur oratio de crastino : et ad matutinas legatur expositio evangelii cum tribus primis Responsoriis de historia : et cum antiphona de evangelio ejusdem dominice super psalmum* Benedictus. *sine precibus et prostratione ad matutinas et cetera omnia ad matutinas et horas que ad feriam pertinent cum oratione de illa dominica.* ⁋ *Et notandum quod quando incipitur historia* Deus omnium *ferialiter : et plures dominice sequuntur ferialiter nulla dominica dominicaliter interveniente : tunc in prima dominica feriali dicantur Responsoria* Deus omnium. Dominus qui eripuit. Ego te tuli. *In secunda dominica feriali Responsoria* Prevaluit. Montes gelboe. Exaudisti. *In tertia dominica feriali Responsoria* Audi domine. Preparate. Domine si conversus. *In quarta dominica feriali reincipiatur ad secundum Responsorium de primo nocturno scilicet.* Dominus[3] *qui eripuit : et sic deinceps quousque dominica dominicaliter cantetur : et tunc in proxima dominica feriali : sive in feria ferialiter dicatur primo Responsorium feriale scilicet* Domine si conversus. *et tunc secundum Responsorium et tertium de historia et sic deinceps. Iste ordo servetur de aliis dominicis ferialibus cum necesse fuerit usque ad adventum domini. Item providendum est ut singulis annis die dominica quando incipitur historia* Adaperiat: *sive incipiatur ante kalendas Octobris vel post in inceptione ejusdem historie : dicendum est officium dominice xviij. nisi fuerit litera dominicalis A : tunc enim in inceptione dicte historie dicendum est de officio dominice xvij.* ⁋ *De historia* Deus omnium. *Historia siquidem* Deus omnium *incipiatur secunda feria post trinitatem : vel tertia vel quarta non impediente festo iij. lectionum. Sed si predicte tres ferie occupate fuerint festis ix. lectionum vel octavis sancti willelmi : incipiatur historia in dominica sequente proxima post octavas corporis* Christi. *Et si in predicta dominica festum duplex contingat : fiat de festo : et differatur dominica usque in crastinum vel in primam feriam vacantem scilicet tertiam vel quartam non obstante festo iij. lectionum et sic de similibus illo tempore. Et si festum simplex ix. lectionum in illa dominica evenerit : differatur festum usque in crastinum : nisi in crastino sequatur aliud festum ix. lectionum vel forte vigilia : ut vigilia sancti johannis baptiste : sequitur festum sancti Albani : ita quod congrue differri non potest : tunc enim debet anticipari ad diem sabbati precedentem : si a festo ix. lectionum vacaverit. Quod si die sabbati festum ix.*

---

[1] 'ad' add: W.N.   [2] sequatur: N.   [3] Deus: W.

lectionum contigerit: differatur ad feriam tertiam vel aliam a festo ix. lectionum proximo vacantem: et incipiatur historia suo loco. Et si forte in illo die quando fit servitium de sancto festum iij. lectionum contigerit: tantum memoria fiat de eo: preterquam de sancto Bertino: de quo fiunt medie lectiones licet festum sancti Cuthberti transferatur: prout ad dictum festum notatur. In ipsa vero dominica nulla fiat memoria de festo ix. lectionum. quod sic transfertur: usque ad secundas vesperas in dominica: et ibi incipiatur ad capitulum de sancto: quia [1] quandocunque festum sancti alicujus ix. lectionum differtur: nulla memoria fiat de sancto: quousque festum ipsum incipiatur celebrari. Quandocunque vero die dominica debet fieri servitium dominicale: si amittat primas vesperas propter duplex festum precedens in die sabbati: et secundas vesperas propter aliud festum ix. lectionum sequens in die lune: de ea fiet memoria in die sabbati: et die dominica cum antiphona et oratione ad illam dominicam ordinatim pertinentibus: nisi tempore paschali: quia tunc sufficit memoria de resurrectione. ¶ De festis ix. lectionum contingentibus. Si vero festum ix. lectionum minime duplex in dominica quando non est inchoanda historia evenerit: totum dicatur de festo vel de dominica: nisi processio tantum: preterquam in ultima dominica ante adventum: ibi enim festum ix. lectionum cedit illi dominice prout notatur infra in serie dominicarum dominica xxv. Si autem quando inchoanda est historia festum ix. lectionum contigerit: differatur [2] festum usque in crastinum prout notatur supra de historia Deus omnium. Excipitur tamen festum decollationis sancti johannis baptiste si in dominica evenerit: quia tunc fiet prout ibi invenietur. Et excipiuntur octave precipue que non differuntur nec anticipantur propter inchoationem historie. Quando autem historia ex aliqua causa suprascripta loco suo inchoari non potest: per hebdomadam si ferie vacaverint incipiatur. Si nulla vacaverit et historia duratura sit plusquam per unam hebdomadam: differatur in dominicam proximam vel aliam sequentem. Si non sit duratura ultra unam hebdomadam: tunc ex necessitate tota in mediis feriis percantetur: et festum iij. lectionum si forte contigerit illo anno pretermittatur. Cum vero festum ix. lectionum infra hoc predictum tempus in sabbato celebratur: si in sexta feria precedente vespere de illo propter aliud festum duplex fieri non poterint: tunc in sabbato vespere de eo fiant: sive historia incipienda sit sive non: quia dominice non habentur pro festo ix. lectionum. Alias vero erunt vespere de dominica: excipiuntur tamen octave [3] assumptionis et nativitatis beate marie virginis si in sabbato evenerint [4]: que omnino habebunt ultimas vesperas sicut ibi notatur. Hoc enim generaliter per totum annum observetur: ut quodlibet festum novem lectionum unas ad

[1] 'quia' om.: N.
[2] differtur: N.
[3] octava: N.
[4] evenerit: N.

DE DOMINICIS ORDINANDIS.

minus habeat vesperas. sexta die a Nativitate domini si dominica fuerit: et aliis dominicis et festis ix. lectionum que festa duplicia precedunt et festa ix. lectionum sequuntur: duntaxat exceptis. ⁋ *Si inter Penthecostes*[1] *et adventum domini historia sequens historiam.* Deus omnium : *sit inchoanda : et kalende mensis evenerint die lune vel martis sive mercurii : historia debet inchoari dominica precedente. Si vero die jovis vel veneris sive sabbato inchoetur dominica sequente. Si in ipsis kalendis dominica evenerit : ibi inchoetur nisi duplex festum impediat : vel festum decollationis sancti johannis baptiste : quod si in dominica evenerit propter inchoationem historie differri non debet. Quotienscunque autem inchoanda est historia inchoetur die dominica si potest. Si vero debeat inchoari in feria : inchoetur in secunda vel tertia vel quarta*[2] *feria et non in alia : et semper cum expositione dominicali : et Responsoriis de historia ut notatur supra in principio istius rubrice. Nec dicetur dominica aliqua ferialiter ultra quartam feriam nisi quando nulla dies dominica contingit inter octavas epiphanie et lxx. prout notatur ante historiam* Domine ne in ira. ⁋ *Item sciendum est quod usque ad adventum in feriis vacantibus in quibus non dicitur de commemoratione dicetur de feria cum legenda tali tempore assignata : et Responsoriis de historia. In quatuor vero temporum*[3] *non dicetur de festo iij. lectionum in eis contingente. nisi memoria tantum prout plenius notatur in quattuor temporum*[3] *in adventu.* ⁋ *De suffragiis consuetis : quando et qualiter debent dici : invenietur post psalterium. Quando vero infra octavas aliquod festum evenerit : de quo cantatur : fiat memoria de octavis. nisi in passione Petri et Pauli ubi non fit memoria de sancto johanne baptista : et in assumptione beate marie ubi non fit memoria de sancto laurentio quod propter festorum excellentiam contingit. Quando vero festum evenerit infra octavas de quo non cantatur fiat memoria de festo : et de octavis cantetur ut in festis contingentibus infra octavas assumptionis et nativitatis : et apostolorum Petri et Pauli.* ⁋ *De Responsoriis dicendis in inceptione historie. Ubi autem incipitur historia semper unum Responsoriorum de historia incipienda cantetur ad primas vesperas nisi quando in mediis feriis hebdomade incipitur : excepto in inceptione* Adonay : *quia* Peto domine *in cujus inceptione dicitur Responsorium* Omni tempore : *et* Adonay *habentur pro una historia : excipitur etiam de predictis historiis* Deus omnium : *quia licet incepta fuerit ferialiter : tamen in primis vesperis suis dominicalibus dicitur Responsorium* Deum time. *quod non est de hystoria.* ⁋ *Ab octavis penthecostes usque ad kalendas Augusti leguntur libri regum et cantatur* Deus omnium : *quando de temporali agitur. Et est sciendum quod quandocunque primo legende sunt lectiones de libro*

---

[1] *Penthecosten*: W.N.   [2] '*vel quarta*' om. : N.   [3] *temporibus*: N.

DOMINICA PRIMA

regum: sive dominicaliter sive ferialiter: semper incipiendum est a principio scilicet Fuit vir unus. *ut patet infra.*

❡ *Dominica prima post octavas penthecostes.*
Sabbato ad vesperas añ. Benedictus. *ps̄.* Ipsum. *etc. Cap.* Benedictus deus. *Re.* Deum time et mandata ejus observa. Hoc est omnis homo. ℣ Timentibus deum nihil deest nec his qui eum diligunt in veritate. Hoc est. Gloria. Hoc. *Hymnus.* O lux beata. ℣ Vespertina. *In evange. añ.* Loquere domine quia audit servus tuus. *ps̄.* Magnificat. *Oro.* Deus [1] in te sperantium: *et tamen ista oratio et sequentes dominicales querantur cum expositionibus dominicalibus in fine de temporali. Hee antiphone sequentes dicende sunt in sabbatis ad vesperas super psalmum* Magnificat *usque ad kalendas augusti quando cantatur de dominica. Añ.* Cognoverunt omnes a dan usque barsabee [2] quod fidelis samuel propheta esset domini. *ps̄.* Magnificat. *añ.* Prevaluit david in philisteum in funda [3] et lapide in nomine domini. *ps̄.* Magnificat. *añ.* Nonne iste est david de quo canebant in choro dicentes saul percussit mille et david decem milia in milibus suis. *ps̄.* Magnificat. *añ.* Iratus rex saul dixit mihi mille dederunt et filio ysai dederunt decem milia. *ps̄.* Magnificat. *añ.* Quis enim in omnibus sicut david fidelis inventus est in regno suo egrediens et regrediens et pergens ad imperium regis. *ps̄.* Magnificat. *Añ.* Dixitque david ad dominum cum vidisset angelum cedentem populum: ego sum qui peccavi: ego inique egi: isti qui oves sunt quid fecerunt. *ps̄.* Magnificat. *Añ.* Montes gelboe nec ros nec pluvia veniat super vos quia ibi abjectus est clypeus fortium: clypeus saul quasi non esset unctus oleo: quomodo ceciderunt fortes in prelio: jonathas in excelsis tuis interfectus est: saul et jonathas amabilis et decori valde in vita sua: in morte quoque non sunt separati. *ps̄.* Magnificat. *Añ.* Rex autem david cooperto capite incedens lugebat filium dicens: absalon fili mi: fili mi absalon quis mihi det ut ego moriar pro te fili mi absalon. *ps̄.* Magnificat. ❡ *Quando vero tempus fuerit prolixius: tunc omnes antiphone predicte dicantur. Quando vero brevius contigerit antiphone semper ultime dicantur scilicet añ.* Montes gelboe *et añ.* Rex autem david *et alie precedentes pretermittantur. Quando vero dominica tantum fit dominicaliter: tunc dicatur in sabbato añ.* Loquere domine *super psalmum.* Magnificat. *Quando vero due dominice fiunt tantum dominicaliter: tunc in sabbato prime dominice dicatur añ.* Loquere domine: *super psalmum* Magnificat. *et in sabbato secunde dominice dicatur añ.* Rex autem david.

Ad matuti. invita. Laudemus Jesum Christum. Quia ipse est redemptor omnium seculorum. *ps̄.* Venite. *Hym.* Nocte surgentes. *In j. nocturno añ.* Pro

---

[1] 'qui.' add: W.   [2] bersabee: W.N.   [3] funba: W.

POST OCTAVAS PENTHECOSTES.

fidei. *ps̄.* Beatus vir. *etc.* ℣ Memor fui. *Lectio j.*

Fuit vir unus de ramathasophim[1] de monte ephraym: et nomen ejus helcana filius jeroboam: filii elue[2]: filii thau filii suph ephrateus.[3] Et habuit duas uxores. Nomen uni anna: et nomen secunde fenenna. Fueruntque fenenne filii: anne autem non erant liberi. *Re.* Deus omnium exauditor est ipse misit angelum suum et tulit me de ovibus patris mei. Et unxit me unctione misericordie sue. ℣ Dominus qui eripuit me de ore leonis et de manu bestie liberavit. me. Et. *Lectio ij.*

Et ascendebat vir ille de civitate sua: statutis diebus ut adoraret et sacrificaret domino exercituum in sylo. Erant autem ibi duo filii hely: ofni et finees sacerdotes domini. Venit ergo dies et immolavit helcana. Deditque fenenne uxori sue et cunctis filiis ejus et filiabus partes. Anne autem dedit partem unam tristis quia annam diligebat. Dominus autem concluserat vulvam ejus. *Re.* Dominus qui eripuit me de ore leonis et de manu bestie liberavit me. Ipse me eripiet de manibus inimicorum meorum. ℣ Misit deus misericordiam suam et veritatem suam animam meam eripuit de medio catulorum leonum. Ipse.

Affligebat quoque [*Lectio iij.* eam emula ejus et vehementer angebat: in tantum ut exprobraret quod conclusisset deus vulvam ejus. Sicque faciebat per singulos annos cum redeunte tempore ascenderent in templum domini: et sic provocabat eam. Porro illa flebat et non capiebat cibum. *Re.* Ego et tuli de domo patris tui dicit dominus et posui te pascere gregem populi mei et fui tecum in omnibus ubicunque ambulasti. Firmans regnum tuum. In eternum. ℣ Fecique tibi nomen grande juxta nomen magnorum qui sunt in terris et regem dedi tibi ab omnibus inimicis tuis. Firmans. Gloria. In eternum. *In ij. nocturno an̄.* Nature. *ps̄.* Conserva. *etc.* Media nocte.

Dixit vero anne hel-[*Lec. iiij.* cana vir suus. Anna cur fles et quare non comedis et quamobrem affligitur cor tuum? Nunquid non ego melior sum tibi quam decem filii? Surrexit autem anna postquam comederat in sylo et biberat: et hely sacerdote sedente super sellam ante postes templi[4] domini cum esset anna amaro animo: oravit dominum flens largiter et votum vovit dicens. Domine exercituum si respiciens videris afflictionem famule tue et recordatus mei fueris nec oblitus ancille tue: dederisque serve tue sexum virilem: dabo eum domino omnibus diebus vite ejus: et novacula non ascendet super caput ejus. *Re.* Prevaluit david in philisteum in funda et lapide in nomine domini. Agminum dei israel. ℣ Ut sciat omnis terra quia est deus in israel quia nec in hasta nec in gladio salvat dominus. Agminum. *Lectio v.*

Factum est autem cum illa multiplicaret preces coram

---

[1] ramatasophim: N.
[2] eliu: N.
[3] efrateus: N.
[4] pro 'templi' domus: W.N.

DOMINICA I[A.] POST OCTAVAS PENTHECOSTES.

domino: ut hely observaret os ejus. Porro anna loquebatur in corde suo tantumque labia illius movebantur et vox penitus non audiebatur. Estimavit ergo eam hely temulentam: dixitque ei. Usquequo ebria eris? Digere paulisper vinum quo mades. *Re.* Montes gelboe nec ros nec pluvia veniat super vos. Ubi ceciderunt fortes israel. ℣ Omnes montes qui in circuitu ejus sunt visitet dominus a gelboe autem transeat. Ubi. *Lectio vj.*

Respondens anna: nequaquam inquit domine mi. Nam mulier infelix nimis ego sum: vinumque et omne quod inebriare potest non bibi sed effudi animam meam in conspectu domini. Ne reputes ancillam tuam quasi unam de filiabus belial: quia ex multitudine doloris et meroris mei locuta sum usque in presens. Tunc hely ait. Vade in pace: et deus israel det tibi petitionem quam rogasti eum. *Re.* Exaudisti domine orationem servi tui ut edificarem templum nomini tuo. Benedic et sanctifica domum istam in sempiternum deus israel. ℣ Domine qui custodis pactum et misericordiam servis tuis: qui ambulant coram te in toto corde suo. Benedic et. Gloria. Benedic. *In iij. noc. añ.* Sponsus. *p̅s̅.* Celi enarrant. *etc.* ℣ Exaltare. *Secun-*

In illo tempore: [*dum lucam.* Dixit Jesus discipulis suis. Homo quidam erat dives etc. *Quere omnes expositiones cum antiphonis et orationibus infra post historiam* Vidi dominum. *vij.*

Responsorium. Audi domine hymnum et orationem quam servus tuus orat coram te domine ut sint oculi tui aperti et aures tue intente. Super domum istam die ac nocte. ℣ Respice domine de sanctuario tuo et de exselso[1] celorum habitaculo. Super. *viij. Responsorium.* Preparate corda vestra domino et servite illi soli. Et liberabit vos de manibus inimicorum vestrorum. ℣ Auferte deos alienos de medio vestri. Et liberabit. *ix. Responsorium de trinitate quando dicitur de dominica. Et dicetur primum Responsorium prima dominica post trinitatem quando de dominica agitur et sic seriatim reincipiendo: ita tamen quod ultimum Responsorium dicatur ultima die dominica historie.* Vidi dominum. *Responsorium feriale.* Domine si conversus fuerit populus tuus et oraverit ad sanctuarium tuum. Tu exaudies in celo domine et libera eos de manibus inimicorum eorum. ℣ Si peccaverit in te populus tuus et conversus egerit penitentiam veniensque oraverit in loco isto. Tu. *Hec vero Responsoria sequentia non dicuntur ante secundam vel tertiam dominicam et Re.* Planxit. *sexto[2] loco nisi fuerint medie lectiones de aliquo sancto et Re.* Tactus *octavo loco dicantur. Et postquam ipsa vel eorum alterum dicta fuerint dicenda sunt deinceps diebus dominicis tantum durante historia.* ¶ *Et est sciendum quod quando quatuor diebus dominicis dicendum est de ista historia: tunc predicta Responsoria*

---

[1] excelso : W.N.

[2] octavo? N.

DOMINICA II^{DA.} POST OCTAVAS PENTHECOSTES.

non dicuntur ante tertiam dominicam nisi in dominicis sequentibus medie lectiones contingant: tunc anticipentur ne omnino pretermittantur. Quando vero tribus vel duobus tantum: dicenda sunt in secunda dominica. Quando uno die dominico tantum: tunc ipso die dicantur Re. Planxit autem david planctu magno super saul et jonatham filium ejus et dixit: quomodo ceciderunt fortes in bello. Et interierunt arma bellica. ℣ Montes gelboe nec ros nec pluvia super vos descendat ubi ceciderunt fortes in bello. Et in. *Re.* Tactus david dolore nimio pro jonatha saulis filio quod subisset[1] necem in prelio aiebat. O jonatha nimis speciose o mi frater doleo super te o jonatha amabilis valde te dilexi fateor unice. ℣ David pius hebreorum audiens exicium jejunando duxit diem super mortem fortium et pre ceteris dilectum sic plangebat socium. O jonatha. *ps̄.* Te deum. ℣ Excelsus super. *In laudibus añ.* Regnavit. *et cetera*[2] *in psalterio. Cap.* Benedictio et claritas. *Hymnus.* Ecce jam noctis. ℣ Dominus regnavit. *In evang. añ.* Homo quidam erat dives *ut infra. ps̄.* Benedictus. *Oratio.* Deus in te sperantium. *Ad primam aña.* Dominus regit. *ps̄.* Deus deus meus respice. *ps̄.* Dominus regit. Gloria. *ps̄.* Domini est terra. *ps̄.* Ad te domine levavi. Gloria. *ps̄.* Judica. *ps̄.* Deus in nomine. Gloria. *ps̄.* Confitemini. Gloria. *ps̄.* Beati immaculati. Gloria. *ps̄.* Retribue. Gloria. *añ.* Te deum patrem. *ps̄.* Quicunque vult. *etc. Ad tertiam aña.* Laus et perhennis. *ps̄.* Legem pone. *Cap.* Deus charitas. *Re.* Inclina. ℣ Ego dixi. *Oratio.* Deus in te sperantium: *Ad sextam añ.* Gloria laudis. *ps̄.* Defecit. *Cap.* Gratia domini nostri. *Re.* In eternum domine. ℣ Dominus regit. *Oratio ut supra. Ad nonam añ.* Ex quo omnia. *ps̄.* Mirabilia. *Cap.* Tres sunt. *Re.* Clamavi. ℣ Ab occultis. *Oratio ut supra. Sic dicantur hore singulis dominicis usque ad adventum domini quando de dominica agitur cum oratione ad dominicam pertinente. Ad vesperas añ.* Dixit dominus. *ps̄.* Ipsum. *etc. Cap.* Dominus autem dirigat. *Hym.* Lucis creator. ℣ Dirigatur. *In evang. añ.* Rogo te pater. *ps̄.* Magnificat. *Oratio ut supra.*

¶ *Dominica ij. post octavas penthecostes.* Lectio j.

Et factum est post circulum dierum concepit anna et peperit filium: vocavitque nomen ejus samuel eo quod a domino postulasset eum. Ascendit autem helcana et omnis domus ejus ut immolaret domino hostiam solennem et votum suum: et anna non ascendit.

Dixit enim viro suo. [*Lec. ij.* Non vadam donec ablactetur infans: et ducam eum et appareat ante conspectum domini et maneat ibi jugiter. Et ait ei helcana vir suus. Fac quod bonum tibi videtur: et mane donec ablactes eum: precorque ut impleat dominus verbum suum. *Lect. iij.*

---

[1] subiisset: N.

[2] 'ut' add: N.

*E*t abiit helcana in ramatha in domum suam. Puer autem samuel erat minister in conspectu domini ante faciem hely sacerdotis. Porro filii hely filii belial nescientes dominum: neque officium sacerdotum ad populum. *Lectio iiij.*

*S*ed quicunque immolasset victimam: veniebat puer sacerdotis dum coquerentur carnes et habebat fuscinulam tridentem in manu sua et mittebat eam in lebetem vel in caldariam vel in ollam sive in cacabum et omne quod levabat fuscinula tollebat sacerdos sibi. *Lectio v.*

*S*ic faciebant universo israeli venientium in sylo. Etiam antequam adolerent adipem veniebat puer sacerdotis et dicebat immolanti. Da mihi carnem ut coquam sacerdoti. Non enim accipiam a te carnem coctam sed crudam. Dicebatque illi immolans. Incendatur primum juxta morem hodie adeps et tolle tibi quantumcunque desiderat anima tua. Qui respondens aiebat illi. Nequaquam. Nunc enim dabis: alioquin tollam vi. *Lectio vj.*

*E*rat enim peccatum puerorum grande nimis coram domino: quia detrahebant homines a sacrificio domini. Samuel autem ministrabat ante faciem domini: puer accinctus ephod lineo. Et tunicam parvam faciebat ei mater sua quam afferebat statutis diebus ascendens cum viro suo: ut immolaret hostiam solennem et votum suum. Et benedixit hely helcane et uxori ejus.

¹ lectulo: N.W.

❡ *Dominica iij. post octavas penthecostes.* *Lectio j.*

*F*actum est ergo in die quadam hely jacebat in loco¹ suo et oculi ejus caligaverant: nec poterat videre lucernam dei² antequam extingueretur. Samuel autem dormiebat in templo domini: ubi erat archa dei. Et vocavit dominus samuel. Qui respondens ait. Ecce ego. Et cucurrit ad hely et dixit. Ecce ego. Vocasti enim me. Qui dixit. Non vocavi te. Revertere et dormi: et abiit et dormivit.

*E*t adjecit dominus vocare [*L. ij.* rursum samuel. Consurgensque samuel abiit ad hely: et dixit. Ecce ego quia vocasti me. Qui respondit Non vocavi te fili mi. Revertere et dormi. Porro samuel necdum sciebat dominum neque revelatus fuerat ei sermo domini. *Lectio iij.*

*E*t adjecit dominus et vocavit adhuc samuel tertio. Qui consurgens abiit ad hely: et dixit. Ecce ego quia vocasti me. Intellexit ergo hely quia dominus vocaret puerum: et ait ad samuelem. Vade et dormi. Et si deinceps vocaverit te: Dices Loquere domine quia audit servus tuus. *Lectio iiij.*

*A*biit ergo samuel et dormivit in loco suo. Et venit dominus et stetit: et vocavit sicut vocaverat secundo: Samuel samuel. Et ait samuel: Loquere domine quia audit servus tuus. Et dixit dominus ad samuelem. Ecce ego facio verbum in israel quod quicunque audierit: tinnient ambe aures ejus. *Lectio v.*

² diei: W.N.

DOMINICA IV^{A.} ET V^{A.} POST OCTAVAS PENTHECOSTES.

In die illo suscitabo adversum heli omnia que locutus sum super domum ejus. Incipiam et complebo. Predixi enim ei quod judicaturus essem domum ejus in eternum: propter iniquitatem[1]: eo quod noverat indigne agere filios suos et non corripuit eos. Idcirco juravi domui heli quod non expietur iniquitas domus ejus victimis et muneribus usque in sempiternum. *Lectio vj.*

Dormivit autem samuel usque mane: aperuitque hostia domus domini. Vocavit ergo Heli samuelem[2] et dixit. Samuel fili mi. Qui respondens ait Presto sum. Et interrogavit eum. Quis est sermo quem locutus est ad te dominus. Oro te ne celaveris a me. Indicavit itaque ei Samuel universos sermones: et non abscondit ab eo. Et ille respondit. Dominus est. Quod bonum est in oculis suis faciat.

¶ *Dominica iiij.* *Lectio j.*

Crevit autem Samuel: et dominus erat cum eo: et non cecidit ex omnibus verbis ejus in terram. Et cognovit universus israel a dan usque ad bersabee: quod fidelis samuel propheta esset domini. Et addidit dominus ut appareret in sylo quoniam revelatus fuerat dominus Samueli in sylo juxta verbum domini: et evenit sermo samuelis universo israeli. *Lectio ij.*

Et factum est: In diebus illis convenerunt philistiim in pugnam. Egressus est nanque israel obviam philistiim in prelium: et castra metatus est juxta lapidem adjutorii. Porro philistiim venerunt in afec: et instruxerunt aciem contra israel. *Lec. iij.*

Inito autem certamine terga vertit israel philistiis[3]: et cesa sunt in illo certamine passim per agros quasi quattuor milia virorum. Et reversus est populus ad castra. Dixeruntque majores natu de israel. Quare percussit nos dominus hodie coram philistiim. *Lectio iiij.*

Afferamus ad nos de sylo archam federis domini: et veniat in medium nostri ut salvet nos de manu inimicorum nostrorum. Misit ergo populus in sylo: et tulerunt inde archam federis domini exercituum sedentis super cherubin. Erantque duo filii Heli ofni et phinees cum archa federis domini. Tu. *L. v.*

Cunque venisset archa federis domini in castra: vociferatus est omnis israel clamore grandi et personuit terra. Et audierunt philistiim vocem clamoris dixeruntque. Quenam est hec vox clamoris magni in castris hebreorum. Et cognoverunt quod archa federis domini venisset in castra. *Lectio vj.*

Timuerunt philistiim dicentes: Venit deus in castra: et ingemuerunt. Ve nobis: non enim fuit tanta exultatio heri et nudiustertius: Ve nobis. Quis nos servabit de manu deorum sublimium istorum. Hi sunt dii qui percusserunt egyptum omni plaga in deserto.

¶ *Dominica quinta. Lec. prima.*

Confortamini et estote viri philistiim: ne serviatis

---

[1] 'ejus' add: N.   [2] Samuel: W.N.   [3] philisteis: N.

DOMINICA QUINTA ET SEXTA

hebreis : sicut illi servierunt nobis. Confortamini et bellate. Pugnaverunt Philistiim : et cesus est israel: et fugit unusquisque in tabernaculum suum. *Lectio ij.*

Et facta est plaga magna nimis : et ceciderunt de israel triginta milia peditum. Et archa dei capta est. Duo quoque filii heli mortui sunt ofni et phinees. Currens autem vir de Benjamin ex acie : venit in sylo in die illo : scissa veste : et consparsus pulvere caput. *Lectio iij.*

Cunque ille venisset : Heli sedebat super sellam contra viam expectans. Erat enim cor ejus pavens pro archa domini. Vir autem ille postquam ingressus est nunciaverunt [1] urbi : et ululavit omnis civitas. *Lectio iiij.*

Et audivit Heli sonitum clamoris : dixitque. Quis est hic sonitus tumultus hujus. At ille festinavit et venit : et nunciavit heli. Heli autem erat nonaginta et octo annorum : et oculi ejus caligaverant : et videre non poterant. *Lectio v.*

Et dixit ad heli. Ego sum qui veni de prelio : et ego qui de acie fugi hodie. Cui ille ait : Quid actum est fili mi? Respondens autem qui nunciabat. Fugit inquit israel coram philistiim : et ruina magna facta est in populo. Insuper et duo filii tui mortui sunt ofni et phinees : et archa dei capta est.

Cunque ille nomin- [*Lectio vj.* asset archam dei : cecidit de sella retrorsum juxta ostium : et fractis cervicibus mortuus est. Senex enim erat vir et grandevus : et ipse judicavit israel quadraginta annis. Tulerunt autem philistiim archam dei : et intulerunt eam in templum dagon.

¶ *Dominica qua cantatur añ.* Montes gelboe. *Lectio j.*

Philistiim autem pugnabant adversum israel : et fugerunt viri israel ante faciem philistinorum et ceciderunt interfecti in monte gelboe. Irrueruntque philistiim in saul et in filios ejus : et percusserunt jonatham et aminadab et melchisue filios saul. Totumque pondus prelii versum est in saul. Et consecuti sunt eum viri sagittarii : et vulneratus est vehementer a sagittariis.

Dixitque saul ad [*Lectio ij.* armigerum suum : Evagina gladium tuum et percute me : ne forte veniant incircuncisi isti et interficiant me : illudentes mihi. Et noluit armiger ejus : fuerat enim nimio terrore perterritus.

Arripuit itaque saul [*Lec. iij.* gladium suum : et irruit super eum. Quod cum vidisset armiger ejus videlicet quod mortuus esset saul : irruit etiam ipse super gladium suum et mortuus est cum eo. Mortuus est ergo saul et tres filii ejus : et armiger illius pariter. *Lectio iiij.*

Videntes autem filii israel [2] qui erant trans vallem et trans jordanem quod fugissent viri israelite : et quod mortuus esset saul et filii ejus : reliquerunt civitates suas et fugerunt. Veneruntque philistiim et habitaverunt ibi. *Lectio v.*

Facta autem die altera : venerunt philistiim ut expoliarent

---

[1] nunciavit : W.

[2] 'illi' add : N.

ET SEPTIMA POST OCTAVAS PENTHECOSTES.

interfectos: et invenerunt saul et tres filios ejus jacentes in monte gelboe. Et prosciderunt caput saul: et expoliaverunt eum armis: et miserunt eum [1] in terram philistinorum per circuitum: ut annunciaretur in templo idolorum et in populis. Et posuerunt arma ejus in templo astaroth. Corpus vero ejus suspenderunt in muro bethsan. Tu. *L. vj.*
Quod cum audissent habitatores jabesgalaad [2] quecunque fecerant philistiim saul: surrexerunt viri fortissimi omnes et ambulaverunt tota nocte: et tulerunt cadaver saul: et cadavera filiorum ejus de muro bethsan. Veneruntque jabes: et combusserunt ea ibi.[3] Et tulerunt ossa eorum et sepelierunt in nemore jabes: et jejunaverunt septem diebus.

❡ *Dominica qua cantatur añ.* Rex autem david. *Lectio j.*
Igitur considerato david populo suo: constituit super eum tribunos et centuriones: et dedit populi tertiam partem sub manu joab: et tertiam sub manu abisai filii saruie fratris joab: et tertiam sub manu ethai qui erat de geth. *Lectio ij.*
Dixitque rex ad populum suum. Egrediar et ego vobiscum. Et respondit populus. Non exibis. Sive enim fugerimus: non magnopere ad eos de nobis pertinebit: sive media pars ceciderit e nobis: non satis curabunt: quia tu unus pro decem milibus computaris. Melius est igitur ut sis nobis in urbe presidium.[4] Ad quos rex ait. Quod vobis rectum videtur hoc faciam. *Lectio iij.*
Stetit ergo rex juxta portam. Egrediebaturque populus per turmas suas centeni et milleni. Et precepit rex joab et Abisai et ethai dicens: Servate mihi puerum absalon. Et omnis populus audiebat precipientem regem cunctis principibus pro absalon. *Lectio iiij.*
Itaque egressus est populus in campum contra israel: et factum est prelium in saltu effraim: et cesus est ibi populus israel ab exercitu david. Factaque est plaga magna in illa die: viginti milium. *Lectio v.*
Fuit autem ibi prelium dispersum super faciem omnis terre. Et multo plures erant quos saltus consumpserat de populo: quam hii quos voraverat gladius in illo die. Accidit autem ut occurreret Absalon servis david insedens mulo. Cunque ingressus fuisset mulus subter condensam quercum et magnam: adhesit caput ejus quercui: et illo suspenso inter celum et terram mulus cui insederat pertransivit.
Vidit autem quispiam et [*L. vj.* nunciavit joab dicens: Vidi absalon pendere de quercu. Tulit ergo joab tres lanceas in manu sua: et infixit eas in corde absalon. Cunque adhuc palpitaret herens in quercu: cucurrerunt decem juvenes armigeri joab: et percutientes interfecerunt eum. Dixit autem rex ad chusi: estne pax puero Absalon? Cui respondens chusi. Fiant

---

[1] 'eum' om.: W.N.
[2] jabesgala: W.N.
[3] pro 'ibi' igni: W.N.
[4] presidio: N.W.

DOMINICA PRIMA AUGUSTI.

inquit sicut puer inimici domini regis: et universi qui consurgunt adversus eum in malum. Contristatus itaque rex ascendit cenaculum porte et flevit: et sic loquebatur dicens: Fili mi absalon: absalon fili mi. Quis mihi tribuat ut ego moriar pro te: absalon fili mi: fili mi absalon, *etc.* ❡ *Hec historia canenda est a kalendis augusti usque ad kalendas septembris. quando de temporali agatur. Sabbato ad vesperas an.* Benedictus. *ps̄.* Ipsum. *Cap.* Benedictus deus. *Re.* Gyrum celi. *Hymnus.* Deus creator. ℣ Vespertina oratio *In evangelio an.* Omnis sapientia a domino deo est et cum illo fuit semper et est ante evum. *ps̄.* Magnificat. *an.* Sapientia edificavit sibi domum excidit columnas septem subdidit sibi gentes superborum et sublimium colla propria virtute calcavit. *ps̄.* Magnificat. *An.* Sapientia clamitat in plateis: si quis diligit sapientiam ad me declinet et eam inveniet: et eam cum invenerit beatus est si tenuerit eam. *ps̄.* Magn. *an.* Ego in altissimis habitavi: et thronus meus in columna nubis. *ps̄.* Magn. *Quando ultima dominica de historia cantatur dominicaliter: tunc in sabbato dicatur ultima antiphona super psalmum.* Magnificat.[1] *Dum tamen in eadem historia prius fuerit dictum dominicaliter: alias dicatur prima antiphona. Et sic fiat in aliis historiis usque ad adventum domini. Ad matu.* Invita. Regem regum dominum: Venite adoremus. *ps̄.* Venite. *Hymnus.* Primo dierum.

In j. nocturno an. Pro fidei. *ps̄.* Beatus vir. *etc.* ℣ Memor fui. Parabole salomonis [*Lectio j.* filii david regis israel: ad sciendam sapientiam et disciplinam ad intelligenda verba prudentie: et suscipiendam eruditionem doctrine: justiciam et judicium et equitatem: ut detur parvulis astutia: adolescenti scientia et intellectus. *Re.* In principio deus antequam terram faceret priusquam abyssos constitueret: priusquam produceret fontes aquarum: antequam montes collocarentur. Ante omnes colles generavit me dominus. ℣ Quando preparabat celos aderam cum eo cuncta componens. Ante. *Lectio ij.* Audiens sapiens sapientior erit: et intelligens gubernacula possidebit. Animadvertet parabolam et interpretationem verba sapientium et enigmata eorum. Timor domini initium sapientie: sapientiam atque doctrinam stulti despiciunt. *Re.* Girum celi circuivi sola: et in fluctibus maris ambulavi in omni gente et in omni populo primatum tenui. Superborum et sublimium colla propria virtute calcavi. ℣ Ego in altissimis habitavi: et thronus meus in columna nubis. Superborum. *Lectio iij.* Sapientia foris predicat: in plateis dat vocem suam: in capite turbarum clamitat: in foribus portarum urbis profert verba sua dicens: Usquequo parvuli diligitis infantiam: et stulti ea que sibi sunt noxia cupiunt: et imprudentes odiunt scientiam.

---

[1] pro 'Mag.' Benedictus: N.

DOMINICA PRIMA AUGUSTI.

Re. Emitte domine sapientiam de sede magnitudinis tue ut mecum sit et mecum laboret. Ut sciam quid acceptum sit coram te. Omni tempore. ℣ Da mihi domine sedium tuarum assistricem sapientiam. Ut. Gloria. Omni.

In ij. nocturno an̄. Nature. *ps̄.* Conserva. *etc.* ℣ Media nocte.

Convertimini ad [*Lectio iiij.*] correctionem meam. En proferam vobis spiritum meum : et ostendam verba mea : quia vocavi et renuistis : extendi manum meam : et non fuit qui aspiceret. Despexistis omne consilium meum : et increpationes meas neglexistis. *Re.* Da mihi domine sedium tuarum assistricem sapientiam : et noli me reprobare a pueris tuis. Quoniam servus tuus sum ego et filius ancille tue. ℣ Domine pater et deus vite mee ne derelinquas me in cogitatu maligno. Quoniam servus. *Lectio v.*

Ego quoque in interitu vestro ridebo : et subsannabo cum vobis quod timebatis advenerit : cum irruerit repentina calamitas : et interitus quasi tempestas ingruerit : quando venerit super nos tribulatio et angustia. Tunc invocabunt me et non exaudiam : mane consurgent et non invenient me : eo quod exosam habuerint disciplinam : et timorem domini non susceperint : nec acquieverint consilio meo et detraxerint universe correptioni mee. *Re.* Domine pater et deus vite mee ne derelinquas me in cogitatu maligno extollentiam oculorum meorum ne dederis mihi : et desiderium malignum averte a me : domine aufer a me concupiscentiam. Et animo irreverenti et infrunito ne tradas me domine. ℣ Verbum iniquum et dolosum longe fac a me domine divitias et paupertates ne dederis mihi. Et. *Lectio vj.*

Comedent ergo fructus vite sue : suisque consiliis saturabuntur. Aversio parvulorum interficiet eos : et prosperitas stultorum perdet illos. Qui autem me audierit : absque terrore requiescet : et habundantia perfruetur malorum timore sublato. *Re.* Verbum iniquum et dolosum longe fac a me domine : divitias et paupertates ne dederis mihi. Sed tantum victui meo tribue necessaria. ℣ Ne forte saciatus evomam illud et perjurem nomen dei mei. Sed. Gloria. Sed.

In iij. nocturno an̄. Sponsus. *ps̄.* Celi enarrant. *etc.* ℣ Exaltare. *quere infra expositionem. vij. Responsorium.* Initium sapientior[1] [2]domini intellectus bonus omnibus facientibus eum. Laudatio ejus manet in seculum seculi. ℣ Dispersit dedit pauperibus. Laudatio. *viij. Responsorium.* Super salutem et omnem pulchritudinem dilexi sapientiam : et proposui pro luce habere illam. Venerunt mihi omnia bona pariter cum illa. ℣ Dixi sapientie soror mea es : et[3] prudentiam vocavi amicam meam. Venerunt. *ix. Responsorium de trinitate. ps̄.* Te deum. ℣ Excelsus. *In laudibus an̄.* Regnavit. *etc. ut in psalterio. Cap.* Benedictio.

---

[1] sapientie : W.N.   [2] 'timor' add : W.N.   [3] 'et' om. : N.

DOMINICA SECUNDA AUGUSTI.

Hymnus. Jam nunc paterna. *y* Dominus regnavit. *Quere antiphonam et orationem in serie dominicarum sequentium.*

❡ *Dominica ij.* *Lectio j.*

Audite filii disciplinam patris et attendite: ut sciatis prudentiam. Donum bonum tribuam vobis. Legem meam ne [1] derelinquatis. Nam et ego filius fui patris mei tenellus et unigenitus coram matre mea: et docebat me atque dicebat. Suscipiat verba mea cor tuum: custodi precepta mea et vives. *Lectio ij.*

Posside sapientiam: posside prudentiam: ne obliviscaris neque declines a verbis oris mei. Ne dimittas eam et custodiet te: dilige eam et liberabit te.[2] Principium sapientie posside sapientiam: et in omni possessione tua acquire prudentiam. *Lectio iij.*

Arripe illam et exaltabit te: glorificaberis ab ea: cum eam fueris amplexatus. Dabit capiti tuo augmenta gratiarum: et [3] corona inclyta proteget te. Audi fili mi: et suscipe verba mea: ut multiplicentur tibi anni vite. *Lectio iiij.*

Viam sapientie monstrabo tibi: ducam te per semitas equitatis: quas cum ingressus fueris non artabuntur gressus tui: et currens non habebis offendiculum. Tene disciplinam ne dimittas eam: custodi illam: quia [4] ipsa est vita tua. *Lectio v.*

Ne secteris semitas[5] impiorum: nec tibi placeat malorum via. Justorum autem semita quasi lux splendens procedit: et crescit usque ad perfectam diem. Via impiorum tenebrosa nesciunt ubi corruant. Fili mi ausculta sermones meos: et ad eloquia mea inclina aurem tuam. *Lec. vj.*

Omni custodia serva cor tuum: quia ex ipso vita procedit. Remove a te os pravum et detrahentia labia sint procul a te. Oculi tui recta videant: et palpebre tue precedant gressus tuos. Dirige semitam pedibus tuis: et omnes vie tue stabilientur.[6] Ne declines ad dexteram neque ad sinistram: averte pedem tuum a malo. *etc.*

❡ *Dominica tertia.* *Lectio j.*

Fili mi custodi sermones meos: et precepta mea reconde tibi. Fili mi honora dominum et valebis: preter eum vero non quesieris alienum. Serva mandata mea et vives: et legem meam quasi pupillam oculi tui. Liga eam in digitis tuis: scribe illam in tabulis cordis tui. Tu autem. *Lectio ij.*

Dic sapientie soror mea es: et prudentiam voca amicam tuam: ut custodiat te a muliere extranea et ab aliena que verba sua dulcia facit. De fenestra enim domus mee per cancellos prospexi[7]: et video parvulos. Considero vecordem juvenem qui transit per plateas juxta angulum et prope viam domus illius graditur in obscuro advesperascente die in noctis tenebris et caligine.

Et ecce mulier occur- [*Lec. iij.* rit illi in ornatu meretricio

---

[1] pro 'ne' non : N.
[2] pro 'lib. te' conservabit : N.
[3] 'et' om. : N.
[4] 'quia' om. : N.W.
[5] pro 'sect. sem.' delecteris in semitis : N.W.
[6] stabiliantur : N.
[7] prospexit : W.

DOMINICA TERTIA AUGUSTI.

preparata ad capiendas animas: garrula et vaga quietis impatiens: nec valens in domo consistere: nunc pedibus suis foris: nunc in plateis: nunc juxta angulos insidians: apprehensumque deosculatur juvenem: et procaci vultu blanditur dicens: Victimas pro salute debui: hodie reddidi vota mea. Idcirco egressa sum in occursum tuum desiderans te videre et repperi. *Lectio iiij.*

*I*ntexui funibus lectum meum: stravi tapetibus pictis ex egypto: aspersi cubile meum myrrha et aloe: et cynamomo. Veni inebriemur uberibus et fruamur cupitis amplexibus: donec illucescat dies. Non enim est vir in domo sua abiit via longissima. Sacculum pecunie secum tulit in die plene lune reversurus est domum suam. Irretivit eum multis sermonibus et blanditiis labiorum protraxit illum. *Lec. v.*

*S*tatim eam sequitur quasi bos ductus ad victimam: et quasi agnus lasciviens et ignorans: et nescit quod ad vincula stultus trahatur donec transfigat sagitta jecur ejus: velut si avis festinet ad laqueum: et nescit quia de periculo anime illius agitur. Nunc ergo fili audi me et attende verbis oris mei: ne abstrahatur in viis illius mens tua ne decipiaris semitis ejus. *Lectio vj.*

*M*ultos enim vulneratos dejecit: et fortissimi quique interfecti sunt ab ea. Vie inferi domus ejus penetrantes in inferiora mortis. Nunquid non sapientia clamitat: et prudentia dat vocem suam. In summis excelsisque verticibus super viam in mediis semitis stans juxta portas civitatis in ipsis foribus loquitur dicens: O viri ad vos clamito: et vox mea ad filios hominum. Intelligite parvuli astutiam: et insipientes animadvertite. Audite quoniam de rebus magnis locutura sum: et aperientur labia mea: ut recta predicent. Veritatem meditabitur guttur meum et labia mea detestabuntur impium.

¶ *Lectiones feriales in historia* In principio. *Lectio j.*

*I*sti[1] sunt omnes sermones mei: non est in eis pravum quid neque perversum. Recti sunt intelligentibus: et equi invenientibus scientiam. Accipite disciplinam meam et non pecuniam: doctrinam magisquam aurum eligite. *Lectio ij.*

*M*elior est enim sapientia cunctis operibus preciosissimis: et omne desiderabile ei non potest comparari. Ego sapientia habito in concilio: et eruditis intersum cogitationibus. Timor domini odit malum: et arrogantiam et superbiam et viam pravam: et os bilingue detestor. *Lectio iij.*

*M*eum est consilium et equitas: mea est prudentia: mea est fortitudo: per me reges regnant: et legum conditores justa decernunt. Per me principes imperant; et potentes decernunt justiciam. Ego diligentes me diligo; et qui mane vigilaverint ad me invenient me.

¶ *Dominica a kalendas*[2] *septembris usque ad medium ejusdem mensis.*

---

[1] *Justi*: N.W.

[2] *kalendis*: W.N.

DOMINICA PRIMA

Sabbato ad vesperas an. Benedictus.[1] *ps.* Ipsum. *etc. Cap.* Benedictus deus. *Re.* Antequam comedam. *Hymnus.* Deus creator. ℣ Vespertina oratio. *In evangelio an.* Cum audisset job nunciorum verba sustinuit patienter et ait: si bona suscepimus de manu domini: mala autem quare non suscipiamus: in omnibus his non peccavit job labiis suis: neque aliquid stultum contra deum locutus est. *ps.* Magn. *An.* In omnibus his non peccavit job labiis suis: neque stultum quid contra deum locutus est. *ps.* Magn. *Ad matuti. invitatorium.* Laudemus nomen domini quoniam suavis est. In hymnis confitemini illi: quia ipse est dominus deus noster. *ps.* Venite exultemus. *Hymnus.* Primo dierum. *In primo nocturno an.* Pro fidei. *ps.* Beatus vir. ℣ Memor fui. *Lec. j.* Vir erat in terra Hus nomine job. Et erat vir ille simplex et rectus ac timens deum et recedens a malo. Natique sunt ei septem filii: et tres filie. Et fuit possessio ejus septem milia ovium: et tria milia camelorum. Quingenta quoque juga boum et quingente asine: ac familia multa nimis. Eratque vir ille magnus inter omnes orientales. *Re.* Si bona suscepimus de manu domini: mala autem quare non suscipiamus. Dominus dedit dominus abstulit: sicut domino placuit ita factum est: sit nomen domini benedictum. ℣ In omnibus his non peccavit job labiis suis: neque stultum quid contra deum locutus est. Dominus. *L. ij.*

Et ibant filii ejus et faciebant convivium per domos unusquisque in die suo. Et mittentes vocabant tres sorores suas ut comederent et biberent cum eis. Cunque in orbem transissent dies convivii: mittebat ad eos job et sanctificabat illos. Consurgensque diluculo offerebat holocausta per singulos. Dicebat enim: Neforte peccaverint filii mei: et benedixerint deo in cordibus suis. Sic faciebat job cunctis diebus. *Re.* Antequam comedam suspiro et tanquam inundantis[2] aque sic rugitus meus: quia timor quem timebam evenit mihi: et quod verebar accidit. Nonne dissimulavi nonne silui et jam quievi: et venit super me indignatio tua domine. ℣ Nolo multa fortitudine contendas mecum: ne magnitudinis tue mole me premas equitatem proponas contra me. Nonne. Quadam autem die [*Lectio iij.* cum venissent filii dei: ut assisterent coram domino: affuit inter eos etiam sathan. Cui dixit dominus. Unde venis? Qui respondens ait: Circuivi terram et perambulavi eam. Dixitque dominus ad eum Nunquid considerasti servum meum job quod non sit similis ei in terra homo simplex et rectus ac timens deum et recedens a malo. *Re.* Utinam appenderentur[3] peccata mea quibus iram merui. Et calamitas quam patior in statera. ℣ Quasi arena maris hec gravior appareret unde et verba mea dolore sunt plena. Et. Gloria. Et.

---

[1] Magnificat: N.   [2] mundantis: W.   [3] appenderetur: N.

SEPTEMBRIS.

In ij. nocturno an. Nature. *ps.* Conserva. *etc.*[1] ℟ Media nocte. *Lectio iiij.*

Respondit sathan et ait: Nunquid frustra timet job deum? Nonne tu vallasti eum ac domum ejus: universamque substantiam ejus per circuitum. Operibus manuum ejus benedixisti: et possessio ejus crevit in terra. Sed extende paululum manum tuam: et tange cuncta que possidet: nisi in faciem benedixerit tibi. *Re.* Quare detraxistis sermonibus veritatis ad increpandum verba componitis: et subvertere nitimini[2] amicum vestrum. Veruntamen que cogitastis[3] explete. ℟ Militia est vita hominis super terram: et sicut dies mercennarii dies ejus. Veruntamen.

Dixit ergo dominus [*Lectio v.* ad sathan Ecce universa que habet in manu tua sunt: tantum in eum ne extendas manum tuam. Egressusque est sathan a facie domini. Cum autem quadam die filii et filie job comederent et biberent vinum in domo[4] fratris sui primogeniti: nuncius venit ad job qui diceret: Boves arabant et asine pascebantur juxta eos et irruerunt sabei: tuleruntque omnia et pueros percusserunt gladio: et evasi ego solus ut nunciarem tibi. *Re.* Induta est caro mea putredine et sordibus pulveris cutis mea aruit et contracta est. Memento mei domine: quia ventus est vita mea. ℟ Dies mei sicut umbra declinaverunt: et ego sicut fenum arui. Memento. *Lectio vj.*

Cunque adhuc ille loqueretur: venit alter et dixit: Ignis dei de celo cecidit et tactas oves puerosque consumpsit: et effugi ego solus ut nunciarem tibi. Venit alius et dixit: Chaldei fecerunt tres turmas et invaserunt camelos: et tulerunt eos: necnon et pueros percusserunt gladio: et effugi ego solus ut nunciarem tibi. Alius intravit et dixit: Filiis tuis et filiabus vescentibus et bibentibus vinum in domo[5] fratris sui primogeniti: repente ventus vehemens irruit a regione deserti: et percussit quattuor angulos domus: que corruens oppressit liberos tuos et mortui sunt: et effugi ego solus ut nunciarem tibi. *Re.* Memento mei deus: quia ventus est vita mea. Nec aspiciet me visus hominis. ℟ Si tacuero non quiescet dolor meus: et si locutus fuero non recedet a me. Nec. Gloria. Nec. *In iij. nocturno an.* Sponsus. *ps.* Celi enarrant *etc.* ℟ Exaltare domine. *vij.*[6] *Responsorium.* Paucitas dierum meorum finietur brevi: dimitte me domine sine plangam paululum dolorem meum. Antequam vadam ad terram tenebrosam et opertam mortis caligine. ℟ Ecce in pulvere sedeo et in pulvere dormio: et si mane me quesieris non subsistam. Antequam. *viij. Responsorium.* Ne abscondas me domine a facie tua manum tuam longe fac a me. Et formido tua non me terreat. ℟ Voca me et respondebo tibi aut certe loquor[7] et tu responde mihi. Et formido.

---

[1] *et ceteri: N.* [2] *nitemini: N.* [3] *cogitatis: W.N*
[4] *domum: N.* [5] *domum: W.N.*
[6] *'vij.' om.: N.* [7] *loquar. W.N.*

DOMINICA SECUNDA SEPTEMBRIS.

ix. Responsorium de trinitate. ps. Te deum. ℣ Excelsus. *In laudibus an.* Regnavit. *ps.* Dominus regnavit.

¶ *Dominica ij.*   *Lectio j.*

Factum est autem cum quadam die venissent filii dei et starent coram domino: venisset quoque sathan inter eos et staret in conspectu ejus ut diceret dominus ad sathan. Unde venis? Qui respondens ait: Circuivi terram et perambulavi eam.

Et dixit dominus ad [*Lectio ij.* Sathan Nunquid considerasti servum meum job quod non sit similis ei [1] in terra vir simplex et rectus et timens deum ac recedens a malo: et adhuc retinens innocentiam. Tu autem commovisti me adversus eum: ut affligerem eum frustra. *Lectio iij.*

Cui respondens sathan ait: Pellem pro pelle: et cuncta que habet homo dabit pro anima sua. Alioquin mitte manum tuam: et tange os ejus et carnem: et tunc videbis quod in faciem benedicat tibi. Dixit ergo dominus ad sathan: Ecce in manu tua est. Veruntamen animam illius serva. *Lectio iiij.*

Egressus igitur sathan a facie domini percussit job ulcere pessimo a planta pedis usque ad verticem ejus: qui testa saniem radebat sedens in sterquilinio. Dixit autem illi uxor sua. Adhuc tu permanes in simplicitate tua. Benedic deo et morere. Qui ait ad illam. Quasi una de stultis mulieribus locuta es. Si bona suscepimus de manu domini: mala autem quare non susti-

neamus. In omnibus his non peccavit job labiis suis. *Lectio v.*

Igitur audientes tres amici job: omne malum quod accidisset ei: venerunt singuli de loco suo eliphaz themanites: et baldad suites: et sophar naamathites. Condixerant enim sibi ut pariter venientes visitarent eum [2]: et consolarentur.[3]   *Lectio vj.*

Cunque elevassent procul oculos suos non cognoverunt eum. Et exclamantes ploraverunt: scissisque vestibus sparserunt pulverem super caput suum in celum: et sederunt cum eo in terra septem diebus et septem noctibus: et nemo loquebatur ei verbum: videbant enim dolorem esse vehementem. *Feria quarta. iiij. temporum.*

Post hec aperuit job [*Lectio j.* os suum et maledixit diei suo et dixit. Pereat dies in qua natus sum: et nox in qua dictum est conceptus est homo. Dies illa vertetur [4] in tenebras. Non requirat eum deus desuper et non in recordatione sit: et non illustretur lumen. *Lectio ij.*

Obscurent eum tenebre et umbra mortis occupet eum caligo: et involvatur amaritudine. Noctem illam tenebrosus turbo possideat: non computetur [5] in diebus anni: nec numeretur in mensibus. Sit nox illa solitaria nec laude digna. *Lectio iij.*

Maledicant ei qui maledicunt diei qui parati sunt suscitare leviathan. Obtenebrentur stelle caligine ejus. Expectet lucem et non videat: nec ortum surgentis aurore. Quia non

---

[1] pro 'sim. ei' ei similis: N.   [2] 'eum' om.: N.   [3] consolaretur: W.
[4] vertatur: W.N.   [5] pro 'comp.' occupetur: N.

DOMINICA TERTIA SEPTEMBRIS.

conclusit ostia ventris que [1] portavit me: nec abstulit mala ab oculis meis.

❡ *Feria vj.* *Lectio j.*

Respondens autem eliphaz [2] themanites dixit: Si ceperimus loqui tibi: forsitan moleste accipies. Sed conceptum sermonem tenere quis possit. Ecce docuisti plurimos et manus lassas roborasti. Vacillantes roboraverunt sermones tui: et genua trementia confortasti. *Lectio ij.*

Nunc autem venit super te plaga et defecisti: tetigit te et conturbatus es. Ubi est timor tuus: fortitudo tua: patientia tua: et perfectio viarum tuarum. Recordare obsecro. Quis unquam innocens perierit: aut quando deleti sunt recti. Quin potius vidi eos qui operantur iniquitatem: et seminant dolores et metunt eos flante deo periisse et spiritu ire ejus esse consumptos. *Lectio iij.*

Rugitus leonis et vox leene et dentes catulorum leonum contriti sunt. Tigris periit eo quod non haberet predam: et catuli leonis dissipati sunt. Porro ad me dictum est verbum absconditum: et quasi furtive suscepit auris mea venas susurrii ejus.

❡ *Sabbato.* *Lectio j.*

In horrore visionis nocturne quando solet sopor occupare homines: pavor tenuit me et tremor et omnia ossa mea perterrita sunt. Et cum spiritus me presente transiret: inhorruerunt pili carnis mee. Stetit quidam cujus non agnoscebam vultum imago coram oculis meis: et vocem quasi aure lenis audivi. Nunquid homo comparatione dei justificabitur: aut factore suo purior erit vir. *Lectio ij.*

Ecce qui serviunt ei non sunt stabiles et in angelis suis reperit pravitatem. Quanto magis hi qui habitant domos luteas: qui terrenum habent fundamentum consumentur [3] velud [4] a tinea. De mane usque ad vesperam succidentur: et quia nullus intelligit in eternum peribunt. *Lec. iij.*

Qui autem reliqui fuerint auferentur ex eis: morientur et non in sapientia. Voca ergo si est qui tibi respondeat: et ad aliquem sanctorum convertere. Virum stultum interficit iracundia et parvulum occidit invidia. Ego vidi stultum firma radice: et maledixi pulchritudini ejus statim.

❡ *A* [5] *medio septembris. Dominica iij.*

Sabbato ad vesperas. an. Benedictus. *ps.* Ipsum. *etc. Cap.* Benedictus deus. *Re.* Omni tempore. *Hymnus.* Deus creator. ℣ Vespertina oratio. *In evangel. an.* Ingressus raphael archangelus ad tobiam [6] salutavit eum dicens: gaudium tibi semper sit: cui tobias ait: quale gaudium mihi erit: qui in tenebris sedeo et lumen celi non video: cui angelus ait: forti animo esto in proximo est ut a deo cureris. *ps.* Magn. *Ad matu. Invita.* Laudemus nomen. *ps.* Venite. *Hymnus.* Primo dierum. *In j. noct. an.* Pro fidei. *ps.* Beatus vir. *etc.* ℣ Memor. *Lectio j.*

Tobias ex tribu et civitate neptalim: que est in supe-

---

[1] qui : N. [2] eliphan : N. [3] consumetur : N. [4] velut : W.N.
[5] Pro 'A' In : N. [6] 'thobiam' (passim) : W.N.

rioribus galilee supra naason post viam que ducit ad occidentem in sinistro habens civitatem sophet. Cum captus esset in diebus salmanasar regis assyriorum: in captivitate tamen positus viam veritatis non deseruit: ita ut omnia que habere poterat: quotidie concaptivis fratribus qui erant ex suo genere impertiret.[1] *Re.* Peto domine ut de vinculo improperii hujus absolvas me aut certe desuper terram eripias me. Ne reminiscaris delicta mea vel parentum meorum neque vindictam sumas de peccatis meis quia eruis sustinentes te domine. ℣ Omnia judicia tua justa sunt et omnes vie tue misericordia[2] et veritas et nunc[3] domino[4] memento mei. Ne. *Lectio ij.*

Denique cum irent omnes ad vitulos aureos quos jeroboam fecerat rex israel: hic solus fugiebat consortia omnium et pergebat ad hierusalem ad templum: domini et ibi adorabat[5] dominum deum israel. Omnia primitiva sua et decimas suas fideliter offerens: ita ut in tertio anno proselitis et advenis ministraret omnem decimationem. *Re.* Omni tempore benedic deum et pete ab eo ut vias tuas dirigat. Et omni tempore consilia tua in ipso permaneant. ℣ Memor esto fili quoniam pauperem vitam gerimus habebis multa bona si timueris deum. Et. *Lectio iij.*

Hec et his similia secundum legem dei puerulus observabat. Cum vero factus fuisset vir: accepit uxorem annam de tribu sua: genuitque ex ea filium: nomen suum imponens ei: quem ab infantia timere deum docuit et abstinere ab omni peccato. *Re.* Memor esto fili quoniam pauperem vitam gerimus. Habebis multa bona si timueris deum. ℣ Fiducia magna erit coram summo deo elemosina omnibus facientibus eam. Habebis. Gloria. Habebis.

In ij. nocturno an̄. Nature. *ps̄.* Conserva. *etc.* ℣ Media nocte. *Lec. iiij.*

Igitur cum per captivitatem devenisset cum uxore sua et filio in civitatem ninivem cum omni tribu sua: et omnes ederent ex cibis gentilium: iste custodivit animam suam: et nunquam contaminatus est in escis eorum. *Re.* Sufficiebat nobis paupertas nostra ut divicias computaremus nunquam fuisset pecunia ista pro qua misisti filium nostrum. Baculum senectutis nostre. ℣ Heu me fili mi ut quid te misimus peregrinari lumen oculorum nostrorum. Baculum. *Lectio v.*

Et quoniam memor fuit domini in toto corde suo: dedit illi deus gratiam in conspectu salmanasar regis: et dedit ei potestatem quocunque vellet ire: habens libertatem quecunque facere voluisset. Pergebat enim per omnes qui erant in captivitate: et monita salutis dabat eis. *Re.* Benedicite deum celi et coram omnibus viventibus confitemini ei. Quia fecit nobiscum misericordiam suam. ℣ Tempus est ut revertar ad eum qui me misit: vos autem benedicite. deum. Quia. *Lectio vj.*

---

[1] impartiret: W.N.   [2] 'tua' add: W.   [3] 'et ver. et nunc' om.: W.
[4] domine: W.N.   [5] adorabunt: N.

SEPTEMBRIS.

Cum autem venisset [1] in rages civitatem medorum: et ex eis [2] quibus honoratus fuerat a rege habuisset decem talenta argenti: et cum in multa turba generis sui gabelum [3] egentem videret qui erat ex tribu ejus: sub cyrographo [4] dedit illi memoratum pondus argenti. *Re.* Tempus est ut revertar ad eum qui me misit: vos autem benedicite deum: Et enarrate omnia mirabilia ejus. ℣ Benedicite deum celi et coram omnibus viventibus confitemini ei. Et. Gloria patri. Et. *In iij. nocturno añ.* Sponsus p̄s. Celi enarrant. *vij. Responsorium.* Tribulationes civitatum audivimus quas passe sunt et defecimus timor et hebetudo mentis cecidit super nos et super liberos nostros ipsi montes nolunt recipere fugam nostram. Domine miserere. ℣ Peccavimus cum patribus nostris injuste egimus iniquitatem fecimus. Domine. *viij. Responsorium.* Nos alium deum nescimus preter dominum in quo speramus. Qui non despiciet nos nec amovet salutem suam a genere nostro. ℣ Indulgentiam ejus fusis lachrymis postulemus et humiliemus illi animas nostras. Qui non. *ix. Responsorium de trinitate.* p̄s. Te deum. ℣ Excelsus super. *In laudibus añ.* Regnavit p̄s. Dominus regnavit. *etc.*

Item lectiones feriales. Lectio j.

Post multum vero temporis mortuo salmanasar rege cum regnaret sennacherib filius ejus pro eo: et filios israel exosos haberet in conspectu suo: tobias quotidie pergebat per omnem cognationem suam: et consolabatur eos dividebatque unicuique prout poterat de facultatibus suis. Esurientes alebat nudisque vestimenta prebebat: et mortuis atque occisis sepulturam soliatus exhibebat. *Lectio ij.*

Denique cum reversus esset: rex sennacherib fugiens a judea plagam: quam circa eum deus fecerat propter blasphemiam suam et iratus multos occideret de filiis israel: tobias sepeliebat corpora eorum. At ubi nunciatum est regi: jussit eum occidi: et tulit omnem substantiam ejus.

Tobias vero cum filio [*Lec. iij.*] suo et cum uxore fugiens: nudus latuit: quia multi diligebant eum. Post dies vero quadraginta duos: occiderunt regem filii ipsius et reversus est tobias ad domum suam: omnisque facultas ejus restituta est ei.

Item lectiones feriales. Lec. j.

Post hec vero cum esset dies festus domini et factum esset prandium bonum in domo tobie: dixit filio suo. Vade et adduc aliquos de tribu nostra timentes deum ut epulentur nobiscum. Cunque abisset [5] reversus nunciavit unum ex filiis israel jugulatum jacere in platea. Statimque exiliens de accubitu suo: relinquens prandium jejunus pervenit ad corpus tollensque illud portavit in domum suam occulte: ut dum sol occubuisset caute sepiliret eum. *Lectio ij.*

Cunque occultasset corpus manducavit panem cum luctu et tremore memorans illum

---

[1] venissent : N.   [2] his : N.   [3] gabellum : N.
[4] cyragrapho : W. chirographo : N.   [5] abiisset: N.

DOMINICA QUARTA

sermonem quem dixit dominus per amos prophetam. Dies festi vestri convertentur in lamentationem et luctum. Cum vero occubuisset sol: abiit et sepelivit eum. *Lectio iij.*

Arguebant autem illum omnes proximi sui dicentes. Jam hujus rei causa interfici jussus es: et vix effugisti mortis imperium: et iterum sepelis mortuos. Sed tobias plus timens deum quam regem rapiebat corpora occisorum et occultabat in domo sua et mediis noctibus sepeliebat ea.

Item lectiones feriales. Lectio j.

Contigit autem ut quadam die[1] fatigatus a sepultura veniens domum: jactasset se juxta parietem et obdormisset: et[2] ex nido hyrundinum dormienti illi calida stercora inciderent super oculos ejus: fieretque cecus. Hanc autem temptationem ideo permisit deus evenire illi: ut posteris daretur exemplum patientie ejus sicut et sancti job. *Lectio ij.*

Nam cum ab infantia sua semper deum timuerit et mandata ejus custodierit: non est contristatus contra deum quod plaga cecitatis evenerit ei: sed immobilis in dei timore permansit agens gratias deo omnibus diebus vite sue. *Lectio iij.*

Nam sicut beato job insultabant reges: ita isti parentes et cognati ejus irridebant vitam ejus dicentes. Ubi est spes tua pro qua elemosinas et sepulturas faciebas? Tobias vero increpabat eos dicens. Nolite ita loqui quoniam filii sanctorum sumus: et vitam illam expectamus quam daturus est his: qui fidem suam nunquam mutant ab eo.

❡ Dominica iiij. Septembris. Sabbato ad vesperas. an. Benedictus dominus. *ps.* Ipsum. *Capitulum.* Benedictus deus. *Hic non dicitur Responsorium: quia ista historia et* Peto domine *quasi pro una habentur. Hymnus.* Deus creator. ℣ Vespertina oratio. *In evangelio an.* Adonai domine deus magne et mirabilis: qui dedisti salutem in manu femine exaudi preces servorum tuorum. *ps.* Magnificat. *Ad matutinas invitatorium.* Laudemus nomen. *ps.* Venite exultemus. *Hymnus.* Primo dierum. *In primo nocturno an.* Pro fidei. *ps.* Beatus vir qui. *etc.* ℣ Memor fui. *Lectio prima.*

Anno igitur duodecimo regni sui: nabuchodonosor rex assyriorum qui regnabat in ninive civitate magna: pugnavit contra arphaxat regem medorum: et obtinuit eum: et cor ejus elevatum est: et vocavit holofernem principem militie sue dixitque cogitationem suam in eo esse: ut omnem terram suo subjugaret imperio. *Rc.* Adonai domine deus magne et mirabilis qui dedisti salutem in manu femine. Exaudi preces servorum tuorum. ℣ Benedictus es domine qui non derelinquis presumentes de te: et de sua virtute gloriantes humilias. Exaudi. *Lectio ij.*

Tunc holofernes preparans se: tulit aurum de domo regis multum: et profectus est

---

[1] 'cum' add: N.

[2] 'et' om.: N.W.

tam ipse quam omnis exercitus qui cooperuerunt faciem terre sicut locuste. Audientes hec filii israel timuerunt valde et congregati sunt omnes ad oziam et dixerunt: Tradamus nos sponte in manus holofernis. Melius est enim ut captivi benedicamus domino viventes: quam moriamur et simus obprobrium omni carni. *Re.* Tribulationes. *ut supra in precedenti historia.*

Respondit ozias. [*Lectio iij.* Equo animo estote fratres: et hos quinque dies expectemus misericordiam a domino. Si autem transactis quinque diebus non venerit nobis adjutorium: facimus [1] que dixistis. Audiens hec judith vidua: misit ad presbyteros et dixit eis. Dicamus flentes domino ut secundum voluntatem suam sic faciat nobiscum misericordiam suam: et orate ut firmum faciat consilium meum dominus. *Re.* Benedixit te dominus in virtute sua qui per te ad nihilum redegit inimicos nostros. Ut non deficiat laus tua de ore hominum. ℣ Benedictus dominus qui creavit celum et terram: quia hodie nomen tuum ita magnificavit. Ut. *Lectio iiij.*

Tunc judith orans dominum transivit portas ipsa et abra ejus: et occurrerunt ei exploratores assyriorum: et duxerunt eam ad tabernaculum holofernis. Statimque captus est in oculis suis holofernes: bibitque vinum multum nimis una die quantum nunquam biberat in vita sua. Ut autem sero factum est festinaverunt servi illius ad hospicia sua. Erant autem omnes fatigati a vino: eratque Judith sola in cubiculo. Porro holofernes jacebat in lecto nimia ebrietate sopitus. *Re.* Nos alium deum. *ut supra.* *Lectio v.*

Stetit autem judith ante lectum holofernis orans cum lachrymis: et oratione facta accessit ad columnam que erat ad caput lecti ejus: et pugionem ejus qui in ea ligatus pendebat exolvit: et apprehendit comam capitis ejus et percussit bis in [2] cervicem ejus et abscidit caput ejus. Et exierunt due quasi ad orationem: et transeuntes castra venerunt ad portam civitatis: et dixit judith a longe custodibus murorum. Aperite portas quoniam nobiscum est deus: qui fecit virtutem in israel. *Re.* Dominator domine celorum et terre: creator aquarum rex universe creature. Exaudi orationem servorum tuorum. ℣ Tu domine cui humilium semper et mansuetorum placuit deprecatio. Exaudi orationem servorum. *Lec. vj.*

Cum audissent viri civitatis vocem judith: accendentes luminaria venerunt ad illam universi. Et proferens de pera sua caput holofernis: ostendit illis dicens: Ecce caput holofernis principis militie assyriorum. Tunc omnis populus adorantes dominum dixerunt ad eam: Benedixit te dominus in virtute sua: quia per te ad nihilum redegit inimicos nostros. Porro ozias princeps populi israel dixit ad eam: Benedicta es tu filia a domino deo

---

[1] faciemus: W.   [2] 'in' om.: N.

DOMINICA PRIMA

excelso : pre omnibus mulieribus super terram. Et dixit omnis populus : fiat fiat. *Re.* Domine deus qui conteris bella ab initio eleva brachium tuum super gentes que cogitant servis tuis mala. Et dextera tua glorificetur in nobis. ℣ Allide virtutem illorum : in virtute tua cadat virtus eorum in iracundia tua. Et dextera tua. Gloria patri. Et dextera tua. Gloria. *vij. Responsorium.* Laudate dominum deum nostrum. Qui non deseruit sperantes in se : et in me adimplevit misericordiam suam quam promisit domui israel. ℣ Laudate dominum omnes gentes. Qui non deseruit sperantes. *viij. Responsorium.* Domine rex omnipotens in ditione tua cuncta sunt posita : et non est qui possit resistere voluntati tue. Libera nos propter nomen tuum. ℣ Exaudi orationem nostram : et converte luctum nostrum in gaudium. Libera. *ix. Responsorium de trinitate. p͞s.* Te deum. ℣ Excelsus. *In laudibus an̄.* Regnavit. *p͞s.* Dominus regnavit. *etc.*

⁋ *Dominica a kalendis Octobris usque ad kalendas novembris.*
Sabbato ad vesperas an̄. Benedictus. *p͞s.* Ipsum. *Cap.* Benedictus deus. *Re.* Exaudiat dominus. *Hymnus.* Deus creator. ℣ Vespertina. *In evange. an̄.* Da pacem domine in diebus nostris : quia non est alius qui pugnet pro nobis nisi tu deus noster. *p͞s.* Magnificat. *An̄.* Adaperiat dominus cor vestrum in lege sua et in preceptis¹ suis : et faciat pacem. *p͞s.* Magt. *An̄.* Tua est potentia tuum regnum domine : tu es super omnes gentes da pacem domine in diebus nostris alleluia. *p͞s.* Magt. *An̄.* Exaudiat dominus orationes vestras : et reconcilietur vobis : nec vos deserat in tempore malo dominus deus vester alleluia. *p͞s.* Magt. *Ad matu. invitato.* Adaperiat dominus cor vestrum in lege sua et in preceptis suis : et faciat pacem. *p͞s.* Venite. *Hymnus.* Primo dierum. *In j. nocturno an̄.* Pro fidei. *p͞s.* Beatus vir. *etc.* ℣ Memor fui. *Lectio j.*

Et factum est postquam percussit alexander philippi macedo : qui primus regnavit in grecia : egressus de terra cethim percussit² darium regem persarum et medorum : constituit prelia multa et omnium obtinuit munitiones : et interfecit reges terre : et pertransiit usque ad fines terre : et accepit spolia multitudinis gentium et siluit terra in conspectu ejus. *Re.* Adaperiat dominus cor vestrum in lege sua et in preceptis suis : et faciat pacem in diebus vestris. Concedat vobis salutem et redimat vos a malis. ℣ Exaudiat dominus orationes vestras : et reconcilietur vobis : nec vos deserat in tempore malo. Concedat. *Lec. ij.*

Et congregavit virtutem et exercitum fortem nimis : et exaltatus est : et elevatum est cor ejus et obtinuit regiones gentium : et tyrannos : et facti sunt illi in tributum. Et post hec decidit in lectum : et cognovit quia moreretur : et vocavit pueros suos nobiles qui erant secum nutriti a juventute sua :

---

¹ precuptis : W.
² 'percussit' om. : N.

et divisit illis[1] regnum suum cum adhuc viveret. *Re.* Exaudiat dominus orationes vestras et reconcilietur vobis: nec vos deserat in tempore malo. Dominus deus vester. ℣ Adaperiat dominus cor vestrum in lege sua et in preceptis suis et faciat pacem. Dominus. *Lectio iij.* Et regnavit alexander annis duodecim: et mortuus est. Et obtinuerunt pueri ejus regnum unusquisque in loco suo: et imposuerunt sibi omnes diademata post mortem ejus et filii eorum post eos annis multis: et multiplicata sunt mala in terra. *Re.* Tua est potentia tuum regnum domine tu es super omnes gentes. Da pacem domine in diebus nostris. ℣ Creator omnium deus terribilis et fortis: justus et misericors. Da pacem. Gloria. Da pacem. *Lectio iiij.* Et exiit ex eis radix peccati: antiochus illustris filius antiochi regis qui fuerat rome obses: et regnavit in anno centesimo tricesimo et septimo regni grecorum. In diebus illis exierunt ex israel filii iniqui: et suaserunt multis dicentes: Eamus et disponamus testamentum in gentibus que circa nos sunt: quia ex quo recessimus ab eis invenerunt nos multa mala. *Re.* Refulsit sol in clypeos aureos: et resplenduerunt montes ab eis. Et fortitudo gentium dissipata est. ℣ Erat enim exercitus magnus valde et fortis: et appropinquavit judas et exercitus ejus in prelium. Et fortitudo. *Lectio v.* Et bonus visus est sermo in oculis eorum. Et destinaverunt aliqui de populo et abierunt ad regem: et dedit illis potestatem ut facerent justicias gentium. Et edificaverunt gymnasium in hierosolymis secundum leges nationum: et fecerunt sibi preputia et recesserunt a testamento sancto et juncti sunt nationibus: et venumdati sunt ut facerent malum. *Re.* Impetum inimicorum ne timueritis: memores estote quomodo salvi facti sunt patres nostri. Et nunc clamemus in celum: et miserebitur nostri deus noster. ℣ Mementote mirabilium ejus que fecit pharaoni et exercitui ejus in mari rubro. Et. *Lectio vj.* Et prosperatum est regnum in conspectu regis antiochi: et cepit regnare in terra egypti: ut regnaret super duo regna. Et intravit rex in egyptum in multitudine gravi: in curribus et elephantibus et equitibus: et copiosa navium multitudine. Et constituit bellum adversus ptholemeum regem egypti: et veritus est ptholemeus[2] a facie ejus et fugit: et ceciderunt vulnerati multi. *Re.* Ornaverunt faciem templi coronis aureis: et dedicaverunt altare domino. Et facta est leticia magna in populo. ℣ In hymnis et confessionibus benedicebant dominum. Et. Gloria. Et. *vij. Responsorium.* In hymnis et confessionibus benedicebant dominum. Qui magna fecit in israel: et victoriam dedit illis dominus omnipotens. ℣ Ornaverunt faciem templi coronis aureis: et dedicaverunt altare domino. Qui. *viij. Responsorium.* Congregati sunt inimici nostri et

---

[1] illi: W.

[2] ptholomeus: W.N.

DOMINICA SECUNDA OCTOBRIS.

gloriantur in virtute sua: contere fortitudinem illorum domine: et disperge illos. Ut cognoscant quia non est alius qui pugnet pro nobis nisi tu deus noster. ℣ Disperge illos in virtute tua: et destrue eos protector noster domine. Ut cognoscant. *ix. Responsorium de trinitate. p̄s.* Te deum laudamus. ℣ Excelsus. *In laudibus añ.* Regnavit. *p̄s.* Dominus regnavit. *etc. ut in psalterio.*

❡ *Dominica ij.*   *Lectio j.*

In diebus illis surrexit matathias[1] filius johannis filii symeonis[2] sacerdos ex filiis joarim ab hierusalem: et consedit in monte modin. Et habebat filios quinque: johannem qui cognominabatur gaddis: et symeonem[3] qui cognominabatur thasi: et judam qui cognominabatur machabeus: et eleazarum qui cognominabatur abaron: et jonathan qui cognominabatur apphus.[4] Hi viderunt mala que fiebant in populo juda et hierusalem. *Lectio ij.*

Et dixit Matathias: Ve mihi. Ut quid natus sum videre contritionem populi mei: et contritionem civitatis sancte: et sedere illic cum datur in manus inimicorum. Sancta in manu extraneorum facta sunt: templum ejus sicut homo ignobilis: vasa glorie ejus captiva abducta sunt. *Lectio iij.*

Trucidati sunt senes ejus in plateis: et juvenes ejus ceciderunt in gladio inimicorum. Que gens non hereditavit regnum ejus: et non obtinuit spolia ejus. Omnis compositio ejus ablata est. Que erat libera: facta est ancilla. Et ecce sancta nostra et pulchritudo nostra et claritas nostra desolata est: et coinquinaverunt eam gentes. Quid ergo nobis adhuc vivere. *L. iiij.*

Et scidit matathias et filii ejus vestimenta sua et operuerunt se ciliciis: et planxerunt valde: et convenerunt illuc qui missi erant a rege antiocho ut cogerent eos qui confugerant in civitatem modin immolare et thura incendere: et a lege dei sui discedere. Et multi de templo[5] israel consentientes accesserunt ad eos. Sed matathias et filii ejus constanter steterunt. *Lectio v.*

Et respondentes qui missi erant ab antiocho: dixerunt matathie. Princeps et clarissimus et magnus es in civitate hac: et ornatus filiis et fratribus. Ergo accede prior et fac jussum regis sicut fecerunt omnes gentes et viri juda: et qui remanserunt in hierusalem: et eris tu et filii tui inter amicos regis: et amplificatus argento et auro: et muneribus multis. *Lectio vj.*

Et respondit matathias: et dixit magna voce. Et si omnes gentes regi antiocho obediunt: ut discedant unusquisque a servitute legis patrum suorum et consentiant mandatis ejus: ego et filii mei et fratres mei obediemus legi patrum nostrorum. Propicius nobis sit deus. Non est nobis utile relinquere legem et justicias dei.

❡ *Dominica tertia.*   *Lectio j.*

Non audiemus verba regis antiochi: nec sacrificabimus transgredientes legis nostre

---

[1] mathathias: N.   [2] symonis: N.   [3] symonem: N.
[4] aphus: N.   [5] pro 'templo' populo: W.N.

mandata: ut eamus altera via. Et ut cessavit loqui verba hec: accessit quidam judeus in omnium oculis sacrificare idolis super aram in civitate modin secundum jussum regis. *Lectio ij.*

*E*t vidit matathias et doluit et contremuerunt renes ejus. Et accensus est furor ejus secundum judicium legis: et insiliens trucidavit eum super aram. Sed et virum quem miserat rex Antiochus qui cogebat immolare occidit in ipso tempore: et aram destruxit. Et zelatus est legem sicut fecit phinees zamri filio saloni. *Lectio iij.*

*E*t exclamavit Mathathias in civitate voce magna dicens: Omnis qui zelum habet legis statuens testamentum exeat post me. Et fugit ipse et filii ejus in montes: et reliquerunt quecunque habebant in civitate. Tu.

*T*unc congregata [*Lectio iiij.* est ad eos synagoga judeorum fortis viribus ex israel: omnis voluntarius[1] in lege. Et omnes qui fugiebant a malis: additi sunt ad eos: et facti sunt illis ad firmamentum. *Lectio v.*

*E*t collegerunt exercitum et percusserunt peccatores in ira sua: et viros iniquos in indignatione sua. Et ceteri fugerunt ad nationes ut evaderent. Et circuivit matathias et amici ejus: et destruxerunt aras. *Lectio vj.*

*E*t circunciderunt pueros incircuncisos quotquot invenerunt in finibus israel in fortitudine: et persecuti sunt filios superbie. Et prosperatum est opus in manu eorum. Et obtinuerunt legem de manibus gentium: et de manibus regum et non dederunt cornu peccatori.

¶ *Dominica iiij.* *Lectio j.*

*E*t judas machabeus et jonathas frater ejus transierunt jordanem: et abierunt viam trium dierum per desertum. Et occurrerunt eis nabuthei et susceperunt eos pacifice: et narraverunt eis omnia que acciderant fratribus eorum in galadithide: et quia multi ex eis comprehensi sunt in Bathara[2] et bosor et in valimis et incassor et mageth et charnaim.[3] *Lectio ij.*

*H*e sunt civitates omnes munite et magne: sed in ceteris civitatibus galadithidis tenentur comprehensi. Et in crastinum constituerunt admonere[4] exercitum civitatibus his et comprehendere et tollere eos in una die. Et convertit judas et exercitus ejus viam in desertum bosor repente: et occupavit civitatem. et occidit omnem masculinum in ore gladii. *Lectio iij.*

*E*t accepit omnia spolia eorum et succendit eam igni. Et surrexerunt inde nocte: et ibant usque ad munitionem. Et factum est diluculo cum levassent oculos suos ecce populus multus cujus non erat numerus: portantes schalas et machinas ut comprehenderent munitiones et expugnarent eos. *Lectio iiij.*

*E*t vidit judas quia cepit bellum: et clamor belli ascendit ad celum sicut tuba: et clamor magnus de civitate: et exercitui suo dixit: Pugnate hodie pro fratribus vestris. Et venit

---

[1] voluptarius: W.
[2] batharra: N.
[3] chanaim: N.
[4] admovere: N.

DOMINICA QUARTA OCTOBRIS.

tribus ordinibus post eos: et exclamaverunt tubis: et clamaverunt in oratione. *Lectio v.*

*E*t cognoverunt castra thimothei[1]: quia machabeus est et refugerunt a facie ejus et percussi sunt plaga magna: et ceciderunt ex eis in illa die fere octo milia virorum. *Lectio vj.*

*E*t divertit judas in maspha: et expugnavit et cepit eam: et occidit omnem masculinum ejus et sumpsit spolia ejus: et succendit eam igni. Inde perrexit et cepit casbon et mage et bosor: et reliquas civitates galadithidis. *etc. ut supra.*

¶ *Notandum quod secundum antiquam consuetudinem ecclesie Eboracensis ultima die qua cantatur historia* Adaperiat: *videlicet in vigilia apostolorum simonis et jude: sive in feria ferialiter: sive in dominica dominicaliter legetur de septem pueris cum matre martyrizatis: et cantatur tertium Responsorium in feria: vel sextum in dominica.* O constantia martyrum. *Et in dominica dividetur legenda in vj. lectiones in feria in tres.* *Lectio j.*

*C*ontigit autem et septem fratres una cum matre apprehensos compelli a rege contingere contra fas carnes porcinas flagris et taureis cruciatos. Unus autem ex illis qui erat primus sic ait: Quid queris: et quid vis discere a nobis. Parati sumus mori magis quam patrias dei leges prevaricari. Iratus itaque rex jussit sartagines et ollas[2] eneas succendi. Quibus statim succensis jussit ei qui prius fuerat locutus amputare linguam: et cute capitis abstracta: summas quoque manus ei et pedes proscidi ceteris ejus fratribus et matre inspicientibus: et torreri in sartagine. *Lectio ij.*

*M*ortuo itaque illo primo: hoc modo sequentem ducebant ad illudendum: et cute capitis ejus cum capillis detracta: interrogabant si manducaret priusquam toto corpore per membra singula puniretur. At ille respondens patria voce dixit: Non faciam. Propter quod et iste sequenti loco primi tormenta suscepit. Post hunc tertius illudebatur: et linguam postulatus cito protulit et manus constanter extendit et cum fiducia ait: E celo ista possideo: sed propter dei leges nunc hec ipsa despicio: quoniam ab ipso me ea recepturum spero. In his autem rex et qui cum ipso erant mirabantur adolescentis animum: quia tamquam nihilum duceret cruciatus. Et hoc ita defuncto: quartum similiter vexabant torquentes. Et cum jam esset ad mortem sic ait: Potius est ab hominibus morti datos spem expectare a deo: iterum ab eo resuscitandos: tibi enim resurrectio ad vitam non erit.[3] *Lectio iij.*

*E*t cum admovissent[4] quintum vexabant eum. At ille respiciens in eum dixit: Potestatem habens inter homines facis quod vis. Noli putare genus nostrum a deo esse derelictum. Patienter sustine: et videbis qualiter te et semen tuum torquebit. Post hunc deducebant et sextum et is[5]

---

[1] timothei: N.   [2] collas: W.
[4] admonuissent: W.
[3] pro 'non erit' noverit: W.
[5] pro 'is' his: W.

DOMINICA PRIMA NOVEMBRIS.

mori incipiens sic ait: nos propter nosmetipsos hec patimur peccantes in deum nostrum. Antiochus autem contemni se arbitrans cum adhuc adolescentior superesset: non solum verbis hortabatur: sed juramento affirmabat se divitem et beatum facturum: et vocavit matrem et suadebat ei ut adolescenti fieret in salutem. Que ait ad filium suum: Fili miserere mei que te in utero novem menses portavi: et lac triennium dedi et alui: et in etatem istam perduxi: peto nate ut non timeas carnificem istum: sed suscipe mortem ut in illa miseratione cum fratribus tuis te recipiam. Et ait adolescens: Quem sustinetis? Non obedio precepto regis sed precepto legis. Tunc rex in hunc super omnes crudelius sevit: indigne ferens a puero derisum se esse. Et hic itaque mundus per omnia obiit in domino confidens. Novissime autem et mater consummata est.

¶ *Dominica a kalendis novembris usque ad adventum domini. Sabbato ad vesperas añ.* Benedictus. *p̄s̄.* Ipsum. *Capitulum.* Benedictus deus. *Re.* Aspice domine de sede. *Hymnus.* Deus creator. ⁊ Vespertina oratio. *In evangelio añ.* Vidi dominum sedentem super solium excelsum: et plena erat omnis terra majestate ejus et ea que sub ipso erant replebant templum. *p̄s̄.* Magnificat. *Añ.* Muro tuo inexpugnabili circumcinge nos domine: et armis tue potentie protege nos semper deus noster. *p̄s̄.* Magnificat. *Añ.* Qui celorum contines thronos et abyssos intueris domine rex regum montes ponderas terram palmo concludis: exaudi nos domine in gemitibus nostris. *p̄s̄.* Magnificat. *Añ.* Aspice domine quia facta est desolata civitas plena divitiis: sedet in tristicia domina gentium: non est qui consoletur eam: nisi tu deus noster. *p̄s̄.* Magnificat. *Añ.* Libera nos deus in mirabilibus tuis: et da gloriam nomini tuo. *p̄s̄.* Magnificat. *Ad matutinas Invitatorium.* Vidi dominum sedentem super solium excelsum: et super muros hierusalem. Tota die non tacebunt cherubin laudare nomen domini. *p̄s̄.* Venite. *Hymnus* Primo dierum. *In j. nocturno añ.* Pro fidei. *p̄s̄.* Beatus vir *etc.* ⁊ Memor fui. *Lectio j.*

Ezechiel propheta cum captivus ductus esset in babylonem cum joachim rege juda: et sedisset in medio captivorum juxta fluvium chobar: aperti sunt celi et vidit visiones dei. Et factum est verbum domini ad eum dicens: Fili hominis sta super pedes tuos et loquar tecum. Hec dicit.[1] *Et sic terminande sunt omnes lectiones de prophetia. Re.* Vidi dominum sedentem super solium excelsum et elevatum[2]: et plena erat omnis terra majestate ejus. Et ea que sub ipso erant replebant templum. ⁊ Seraphin stabant super illud sex ale uni: et sex ale alteri. Et ea que. *Lectio ij.*

Et ingressus est in me spiritus postquam locutus est mihi:

---

[1] 'dominus deus convertimini ad me et salvi eritis' add: N.   [2] levatum: W.

DOMINICA PRIMA NOVEMBRIS.

et statuit me super pedes meos. Et audivi loquentem ad me et dicentem: Fili hominis ecce ego mitto te ad filios israel ad gentes apostatrices que recesserunt a me. *Re.* Aspice domine de sede sancta tua: et cogita de nobis: inclina deus meus aurem tuam: et audi. Aperi oculos tuos et vide tribulationem nostram. ℣ Respice domine de sanctuario tuo: et de excelso celorum habitaculo. Aperi. *Lectio iij.*

Patres eorum prevaricati sunt pactum meum usque ad diem hanc: et filii dura facie et indomabili corde sunt: ad quos ego mitto te. Et dices ad eos: Hec dicit dominus deus: Si forte vel ipsi audiant: et si forte quiescant: quoniam domus exasperans est: et scient: quia propheta fuerit in medio eorum. *Re.* Aspice domine: quia facta est desolata civitas plena divitiis: sedet in tristicia domina gentium. Non est qui consoletur eam nisi tu deus. ℣ Omnes amici ejus spreverunt illam: persecutores ejus apprehenderunt eam inter angustias. Non est.

Tu ergo fili hominis [*Lec. iiij.* ne timeas eos: neque sermones eorum metuas quoniam increduli et subversores sunt tecum: et cum scorpionibus habitas. Verba eorum ne timeas: et vultus eorum ne formides: quia domus exasperans est. *Re.* Super muros tuos hierusalem constitui custodes. Tota die ac nocte non tacebunt laudare nomen domini. ℣ Qui reminiscimini domini ne taceatis: et ne[1] detis silentium ei. Tota. *Lec. v.*

Tu autem fili hominis audi quecunque loquor ad te et noli esse exasperans sicut domus exasperatrix est. Et dixit dominus ad me. Aperi os tuum: et comede quecunque ego[2] do tibi. Et vidi: et ecce manus missa ad me in qua erat involutus liber: et expandit illum coram me qui erat scriptus intus et foris: et scripte erant in eo lamentationes: carmen et ve. *Re.* Muro tuo inexpugnabili circumcinge nos domine: et armis tue potentie protege nos semper. Libera domine deus israel clamantes ad te. ℣ Erue nos in mirabilibus tuis: et da gloriam nomini tuo. Libera. *Lectio vj.*

Et dixit ad me: Fili hominis quodcunque inveneris comede. Comede volumen istud: et vadens loquere ad filios israel. Et aperui os meum: et cibavit me volumine illo. Et dixit ad me. Fili hominis venter tuus comedet: et viscera tua complebuntur volumine isto: quod ego do tibi. Et comedi illud: et factum[3] est in ore meo quasi mel dulce. *Re.* Sustinuimus pacem: et non venit: quesivimus bona: et ecce turbatio: cognovimus domine peccata nostra. Non imperpetuum obliviscaris nos. ℣ Peccavimus cum patribus nostris injuste egimus: iniquitatem fecimus. Non. Gloria. Non. *vij. Responsorium.* Angustie mihi sunt undique: et quid eligam ignoro. Melius est mihi incidere in manus hominum quam derelinquere legem dei mei. ℣ Si enim hoc egero mors mihi est: si autem non

---

[1] 'ne' om.: W.   [2] 'ego' om.: N.   [3] factus: W.N.

egero non effugiam manus vestras. Melius. *viij. Responsorium.* Laudabilis populus quem dominus exercituum benedixit dicens: opus manuum mearum tu es. Hereditas mea israel. ℣ Ego sum dominus deus tuus sanctus israel salvator tuus. Hereditas. *ix. Responsorium de trinitate.*

❡ *Dominica secunda.* *Lectio j.*
Et factum est in anno sexto in sexto mense in quinta mensis: ego sedebam in domo mea et senes juda sedebant coram me: et cecidit super me ibi manus domini. Et vidi: et ecce similitudo quasi aspectus ignis. Ab aspectu lumborum ejus et deorsum ignis: et a lumbis ejus et sursum quasi aspectus splendoris: ut visio electri. *Lectio ij.*
Et emissa similitudo manus apprehendit me in cincimio[1] capitis mei: et elevavit me spiritus inter terram et celum: et adduxit me in hierusalem in visione dei juxta ostium interius quod respiciebat ad aquilonem: ubi erat statutum idolum zeli ad provocandam emulationem.

Et ecce ibi gloria dei [*Lec. iij.* israel secundum visionem quam videram in campo: et dixit ad me: Fili hominis leva oculos tuos ad viam aquilonis. Et levavi oculos meos ad viam aquilonis: et ecce ab aquilone porte altaris idolum zeli in ipso introitu. *Lectio iiij.*
Et dixit ad me: Fili hominis putasne vides tu quid isti faciunt: abhominationes magnas quas domus israel facit hoc: ut procul recedam a sanctuario meo: Et adhuc conversus videbis abhominationes majores.

Et introduxit me ad [*Lectio v.* ostium atrii: et vidi: et ecce foramen unum in pariete. Et dixit ad me: Fili hominis fode parietem. Et cum perfodissem parietem: apparuit ostium unum. Et dixit ad me: Ingredere et vide abhominationes pessimas quas isti faciunt hic. *Lectio vj.*
Et ingressus vidi: et ecce omnis similitudo reptilium animalium abhominatio: et universa idola domus israel depicta erant in pariete in circuitu per totum: et septuaginta viri de senioribus domus israel: et jechonias filius saphan stabat in medio eorum stantium ante picturas. Et unusquisque habebat thuribulum in manu sua: et vapor nebule de thure consurgebat.

❡ *Dominica iij.* *Lectio j.*
Et factus est sermo domini ad me dicens: Fili hominis pone faciem tuam ad hierusalem: et stilla ad sanctuaria: et propheta contra humum israel et dices terre israel. Hec dicit dominus deus. Ecce ego ad te: et ejiciam gladium meum de vagina sua et occidam in te justum et impium. *Lectio ij.*
Pro eo autem quod occidi in te justum et impium idcirco egredietur gladius meus de vagina sua ad omnem carnem ab austro ad aquilonem: ut sciat omnis caro: quia ego dominus eduxi gladium meum de vagina sua irrevocabilem. *Lectio iij.*
Et tu fili hominis ingemisce in contritione lumborum: et

[1] cincino : N.

DOMINICA QUARTA NOVEMBRIS.

in amaritudinibus ingemisces coram eis. Cunque dixerint ad te: quare gemis. Dices. Pro auditu quia venit et tabescet omne cor et dissolventur universe manus et infirmabitur omnis spiritus et per cuncta genua fluent aque: et ecce venit et fiet: ait dominus deus. *Lectio iiij.*

*E*t factus est sermo domini ad me dicens. Fili hominis propheta et dices. Hec dicit dominus deus. Loquere. Gladius gladius exacutus est et limatus: ut cedat victimas exacutus est[1]: ut splendeat limatus est. *Lec. v.*

*Q*ui moves sceptrum filii mei succidisti omne lignum. Et dedi eum ad levigandum ut teneatur manu. Iste exacutus est gladius et iste[2] limatus est: ut sit in manu interficientis. *Lec. vj.*

*C*lama et ulula fili hominis quia hic factus est in populo meo. Hic in cunctis ducibus israel. Qui fugerant gladio traditi sunt cum populo meo. Idcirco plaude super femur quia probatus est: et hoc cum sceptrum subverterit et non erit: dicit dominus deus.

¶ *Dominica iiij.* *Lectio j.*

*E*t factum est verbum domini ad me dicens. Fili hominis propheta de pastoribus israel: propheta et dices pastoribus. Hec dicit dominus deus. Ve pastoribus israel: qui pascebant semetipsos. Nonne greges pascuntur a pastoribus. *Lectio ij.*

*L*ac comedebatis et lanis operiebamini: et quod crassum erat occidebatis: gregem autem meum non pascebatis. Quod infirmum fuit[3] non consolidastis: et quod egrotum non sanastis et quod fractum est non alligastis: et quod abjectum est non reduxistis: quod perierat non requisistis: sed cum austeritate imperabatis eis et cum potentia.

*E*t disperse sunt oves [*Lec. iij.* mee eo quod non esset pastor: et facte sunt in devorationem omnium bestiarum agri et disperse sunt. Erraverunt greges mei in cunctis montibus et in universo colle excelso et super omnem faciem terre dispersi sunt greges mei et non erat qui requireret: non erat inquam qui requireret. *Lectio iiij.*

*P*ropterea pastores audite verbum domini. Vivo ego dicit dominus deus: quia pro eo quod facti sunt greges mei in rapinam: et oves mee in devorationem omnium bestiarum agri: eo quod non esset pastor. Neque enim quesierunt pastores gregem meum sed pascebant pastores semetipsos et greges meos non pascebant. *Lectio v.*

*P*ropterea pastores audite verbum domini. Hec dicit dominus deus. Ecce ego ipse super pastores requiram gregem meum de manu eorum et cessare eos faciam ut ultra non pascant gregem meum nec pascant amplius pastores semetipsos: et liberabo gregem meum de ore eorum et non erit eis ultra in escam.

*H*ec dicit dominus [*Lectio vj.* deus. Ecce ego ipse requiram oves meas: et visitabo eas. Sicut visitat pastor gregem suum in die quando fuerit in

---

[1] 'ut ced. vict. ex. est' om.: N.   [2] ille: W.   [3] 'fuit' om.: N.

DOMINICA QUINTA NOVEMBRIS.

medio ovium suarum dissipitarum sic visitabo oves meas et liberabo eas de omnibus locis in quibus disperse fuerant in die nubis et caliginis.

❧ *Dominica quinta. Lect. prima.*

Et facta est super me manus domini: et eduxit me in spiritu domini: et dimisit in medio campi qui erat plenus ossibus: et circunduxit me per ea in gyro. Erant autem multa valde super faciem campi siccaque vehementer. Et dixit ad me. Fili hominis putasne vivent ossa ista? Et dixi. Domine deus tu nosti. Et dixit ad me. Vaticinare de ossibus istis et dices eis Ossa arida audite verbum domini.

Hec dicit dominus [*Lectio ij.* deus ossibus his. Ecce ego intromittam in vobis spiritum et vivetis: et scietis quia ego dominus: et dabo super vos nervos et succrescere faciam super vos carnes: et superextendam in vobis cutem et dabo vobis spiritum et vivetis et scietis quia ego dominus. Et prophetavi sicut preceperat mihi dominus.

Factusque est sonitus [*Lec. iij.* prophetante me: et ecce commotio: et accesserunt ossa ad ossa: unumquodque ad juncturam suam. Et vidi: et ecce super ea nervi et carnes ascenderunt. Et extenta est in eis cutis desuper: et spiritum non habebant. *Lectio iiij.*

Et dixit ad me. Vaticinare ad spiritum vaticinare fili hominis et dices ad spiritum. Hec dicit dominus deus. A quatuor ventis veni spiritus: et insuffla super interfectos istos et reviviscant. Et prophetavi sicut preceperat mihi. *Lectio v.*

Et ingressus est in ea spiritus et vixerunt et steterunt super pedes suos exercitus grandis nimis valde. Et dixit ad me. Fili hominis ossa hec universa domus israel est. Ipsi dicunt aruerunt ossa nostra: et periit spiritus noster: et abscisi sumus. Propter ea vaticinare et dices ad eos. *Lectio vj.*

Hec dicit dominus deus. Ecce ego aperiam tumulos vestros et educam vos de sepulchris vestris populus meus: et inducam vos in terram israel: et scietis quia ego dominus cum aperuero sepulchra vestra: et eduxero vos de tumulis vestris populus meus: et dedero spiritum meum in vobis et vixeritis: et requiescere vos faciam super humum vestram et scietis quia ego dominus locutus sum et feci: ait dominus deus.

❧ *Hic incipiunt expositiones evangeliorum dominicalium cum antiphonis et orationibus ab octavis penthecostes usque ad adventum domini.*

Dominica j. *Secundum lucam.*

In illo tempore: Dixit Jesus discipulis suis. Homo quidam erat dives: et induebatur purpura et bysso et epulabatur quotidie splendide. Et reliqua.

Omelia venerabilis bede presbyteri. *Lectio vij.*

Dives iste fratres charissimi non abstulisse aliena reprehenditur: sed propria non dedisse. Nec dicitur quia vi quempiam oppressisset: sed quia in acceptis rebus se extulit. Hinc ergo summopere colligendum est: qua pena mulctandus sit

EXPOSITIONES EVANGELIORUM

qui aliena diripit: si inferni damnatione percutitur: qui propria non largitur. *Lectio viij.*

Et sunt nonnulli: qui cultum preciosarum vestium non putant esse peccatum. Quod videlicet si culpa non esset: nequaquam sermo domini tam vigilanter exprimeret quod dives qui torquetur apud inferos bysso et purpura indutus fuisset. Nemo quippe vestimenta precipua [1] nisi ad inanem gloriam querit.

Nam ecce plenus [*Lectio ix.* ulceribus mendicus lazarus: ante januas divitis jacet. Habuisset fortasse enim aliquam excusationem dives: si lazarus pauper et ulcerosus ante ejus januam non jacuisset: et si ejus inopia in suis oculis importuna non esset. *In evange. añ.* Homo quidam erat dives et induebatur purpura et bysso et epulabatur quotidie splendide et erat quidam mendicus nomine lazarus: factum est autem ut moreretur mendicus et portaretur ab angelis in sinum abrahe. *p̄s.* Benedictus. *Oratio.*

Deus in te sperantium fortitudo adesto propitius invocationibus nostris et quia sine te nihil potest mortalis infirmitas presta auxilium gratie tue ut in exequendis mandatis tuis et voluntate tibi et actione placeamus. Per dominum. *Ad vesperas in evangelio añ.* Rogo te pater ut mittas lazarum in domum patris mei habeo enim quinque fratres ut testetur illis ne et ipsi veniant in hunc locum tormentorum. *p̄s.* Magnificat.

¶ *Dominica ij. Secund. lucam.*

In illo tempore: Dixit Jesus discipulis suis similitudinem hanc. Homo quidam fecit cenam magnam et vocavit multos. Et reliqua.

Omelia beati gregorii pape.

Homo iste fratres [*Lectio vij.* Christus est qui fecit cenam magnam: quia sacietatem nobis dulcidinis [2] interne [3] preparavit. Quique vocat multos sed pauci veniunt [4]: quia nonunquam ipsi qui ei per fidem subjecti sunt: eterno ejus convivio male vivendo contradicunt. *Lectio viij.*

Servi enim isti: predicatores signant. Hora cene: finis mundi. Si ergo hora jam cene est cum vocamur: tanto minus debemus nos excusare a convivio dei: quanto appropinquasse jam cernimus finem seculi.

Nos ergo fratres ad [*Lectio ix.* cenam eterni convivii Christus invitat: sed dum alius avaricie alius curiositati: alius voluptati carnis est deditus nimirum reprobi omnes excusant. Pauperes ergo et debiles ceci et claudi [5] vocantur et veniunt quia infirmi quique atque in hoc mundo despecti: plerumque tanto celerius vocem dei audiunt: quanto et in hoc mundo non habent ubi delectentur. *In evange. añ.* Homo quidam fecit cenam magnam et vocavit multos et misit servum suum hora cene dicere invitatis ut venirent quia [6] parata sunt alleluia. *p̄s.* Benedictus. *Oratio.*

Sancti nominis tui domine timorem pariter et amorem

---

[1] preciosa: N. [2] dulcedinis: W.N. [3] pro 'int.' eterne: N.
[4] 'que' add: E. [5] laudi: W. [6] 'omnia' add: W.N.

fac nos habere perpetuum : quia nunquam tua gubernatione destituis quos in soliditate tue dilectionis instituis. Per dominum. *Ad vesperas in evange. añ.* Exi cito in plateas et vicos civitatis et pauperes ac debiles cecos et claudos compelle intrare ut impleatur domus mea. alleluia. *p̄s.* Magnificat.

❡ *Dominica iij. Secund. lucam.*

In illo tempore : Erant appropinquantes ad Jesum publicani et peccatores ut audirent eum. Et reliqua.

Omelia beati gregorii pape. Lec.

Audistis in lectione evan- [*vij.* gelica fratres mei : quia peccatores et publicani accesserunt ad Jesum et non solum ad colloquendum : sed etiam ad convescendum recepti sunt. Quod videntes pharisei : dedignati sunt. Ex qua re colligite quia vera justicia habet compassionem : et falsa justicia dedignationem.

Igitur dominus mur- [*Lec. viij.* murantibus phariseis de convivio peccatorum : hoc benignum paradigma objicit dicens. Quis ex vobis homo qui habet centum oves : et si perdiderit unam ex illis nonne dimittit nonaginta novem in deserto et vadit ad illam que perierat. Ipse ergo dominus centum oves habuit : cum angelorum et hominum substantiam creavit. Sed una ovis tunc periit : quando homo peccando pascua vite dereliquit. *Lectio ix.*

Dimisit ergo dominus nonagintanovem oves in deserto : quia illos summos angelorum choros reliquit in celo quando in terra unum querebat : quia rationalis creature numerus angelorum videlicet et hominum que ad videndum deum condita fuerat : pereunte homine erat imminutus. Et ut perfecta summa ovium integraretur in celo : homo perditus querebatur in terra. *In evange. añ.* Quis ex vobis homo qui habet centum oves et si perdiderit unam ex illis nonne dimittit nonaginta-novem in deserto et vadit ad illam que perierat donec inveniat illam. *p̄s.* Benedictus. *O̊ro.*

Deprecationem nostram quesumus domine benignus exaudi : et quibus supplicandi prestas affectum : tribue defensionis auxilium. Per dominum. *Ad vesperas in evangelio añ.* Que mulier habens dragmas decem : et si perdiderit dragmam unam nonne accendit lucernam et evertit[1] domum et querit diligenter donec inveniat. *p̄s.* Magnificat.

❡ *Dominica iiij. Secund. lucam.*

In illo tempore : Dixit Jesus discipulis suis Estote ergo misericordes sicut et pater vester misericors est. Et reliqua.

Omelia venerabilis bede presbyteri. *Lectio vij.*

Hoc loco nobis nihil aliud precipi existimo : nisi ut ea[2] facta que dubium est quo animo fiant : in meliorem partem interpretemur. Quod enim scriptum est : ex fructibus eorum cognoscetis eos : de manifestis dictum est que non possunt bono animo fieri : sicuti sunt stupra : vel blasphemie : vel furta :

---

[1] everrit : N.

[2] 'ea' om. : W.N.

vel ebrietates et similia: de quibus nobis judicare permittitur.

De genere autem [*Lectio viij.*] ciborum quia possunt bono animo sine vicio concupiscentie quicunque humani cibi[1] indifferenter sumi prohibet apostolus judicari eos qui carnibus vescebantur et vinum bibebant: ab eis qui se ab hujusmodi alimentis temperabant. Qui manducat inquit: non manducantem non spernat: et qui non manducat: manducantem non judicet.

Duo autem sunt in [*Lectio ix.*] quibus temerarium judicium cavere debemus cum incertum est quo animo quisque sit vel qualis futurus sit: qui nunc vel bonus vel malus apparet. Sequitur Dimittite et dimittemini: date et dabitur vobis. Dimittere nos injurias: dare beneficia jubet[2]: ut nobis peccata dimittantur et vita detur eterna. *In evange. añ.* Estote ergo misericordes sicut pater vester misericors est dicit dominus. *ps̄.* Benedictus. *Oratio.*

Protector in te sperantium deus: sine quo nihil est validum nihil sanctum: multiplica super nos misericordiam tuam: ut te rectore te duce sic transeamus per bona temporalia ut non amittamus eterna. Per dominum. *Ad vesperas in evan. añ.* Nolite judicare ut non judicemini: in quo enim judicio judicaveritis judicabimini dicit dominus. *ps̄.* Magnificat.

❡ *Dominica v. Secund. lucam.*

In illo tempore: Cum turbe irruerent ad Jesum ut audirent verbum dei et ipse stabat secus stagnum gennesareth. Et reliqua.

Omelia venerabilis bede presbyteri. *Lectio vij.*

Quia ergo stagnum sive mare presens seculum designat: dominus secus mare stat: postquam vite labentis mortalitatem devincens in ea qua passus est carne: stabilitatem perpetue quietis adiit. Turbarum conventus ad eum: typus est gentium in fide concurrentium.

Due naves secus [*Lectio viij.*] stagnum posite circuncisionem et preputium figurant. Quas bene Jesus vidisse perhibetur: quia in utroque populo novit dominus qui sunt ejus eorumque cor a fluctibus[3] hujus seculi ad future vite tranquillitatem videndo: hoc est misericorditer visitando provehit. *Lectio ix.*

Piscatores autem descenderant et lavabant rhetia. Piscatores sunt ecclesie doctores: qui nos rhete fidei comprehensos: et de profundo ad lumen elevatos quasi pisces littori: sic terre viventium advehunt. Ascendit autem Jesus in unam navim que erat simonis. Navis simonis ecclesia est primitiva. De qua Jesus docebat turbas quia de auctoritate ecclesie usque hodie gentes ad regnum celorum invitat. *In evange. añ.* Ascendens Jesus in navim et sedens docebat turbas all'a. *ps̄.* Benedictus.

Da nobis quesumus [*Oratio.* domine ut et mundi cursus pacifice nobis tuo ordine dirigatur: et ecclesia tua tranquilla

---

[1] pro 'cibi' sibi : W.   [2] 'et' add : N.   [3] fructibus : N.

devotione letetur. Per dominum.
Ad vesperas in evange. añ. Preceptor per totam noctem laborantes nihil cepimus: in verbo autem tuo laxabo rhete. *p̄s.* Magnificat.

¶ *Dominica vj. Sec. mattheum.*
In illo tempore: Dixit Jesus discipulis suis. Amen dico vobis: quia nisi habundaverit justicia vestra plus quam scribarum et phariseorum non intrabitis in regnum celorum. Et reliqua.

Omelia de diversis tractatibus.
Justicia scribarum [*Lectio vij.*] et phariseorum erat hominem non occidere: justicia vero eorum qui regnum celorum intrare desiderant major esse debet: ut non solum homines non occidant: sed ne irascantur aut odio habeant. *Lectio viij.*
Justicia etiam scribarum et phariseorum erat diligere amicum: et odio habere inimicum: et non mechari cum uxore proximi sui atque aliena non rapere. Et justicia eorum est qui intraturi sunt regnum dei: ut non solum amicum in deo: sed etiam inimicum diligant propter deum. *Lectio ix.*
Et ut non solum adulterium non perpetrent in corpore: sed etiam nec delectent in corde: et ut propria largiantur atque raptoribus non resistant. Quibus exemplis profecto patet quia precepta novi testamenti tanto sunt districtiora quanto spiritalia. *In evange. añ.* Amen dico vobis nisi habundaverit justicia vestra plusquam scribarum et phariseorum non intrabitis in

regnum celorum. all'a. *p̄s.* Benedictus. *Oratio.*
Deus qui diligentibus te bona invisibilia preparasti: infunde cordibus nostris tui amoris affectum ut te in omnibus et super omnia diligentes promissiones tuas que omne desiderium superant consequamur. Per dominum. *Ad vesperas in evange. añ.* Si offers munus tuum ante altare et recordatus fueris: quia frater tuus habet aliquid adversum te: relinque ibi munus tuum ante altare: et vade prius reconliari fratri tuo: et tunc veniens offeres munus tuum alleluia. *p̄s.* Magnificat.

¶ *Dominica vij. Sec. marcum.*
In illo tempore: Cum turba multa esset cum Jesu: nec haberent quod manducarent: convocatis discipulis ait illis Misereor super turbam: quia ecce jam triduo sustinent me: nec habent quod manducent. Et reliqua.

Omelia venerabilis bede presbyteri. *Lectio vij.*
Turba ergo fratres triduo dominum sustinent propter sanationem infirmorum: cum electi quique pro animarum languoribus domino perseveranti instantia supplicant. Non vult ergo dominus turbam jejunam dimittere ne deficiant in via: quia electi ne in presenti vita a bono opere cessent: pabulo verbi dei pascendi sunt: quoniam sicut corpus deficit sine cibo: ita anima sine verbo dei. *Lectio viij.*
Quidam autem ex eis de longe venerunt: populus igitur judeorum de prope venit: quia

legis noticiam et dei cognitionem habuit: de longe autem gentilis venit quando post idolorum culturam ad dei cognitionem conversus est. promittit ergo dominus cibum se daturum etiam eis qui de longe veniunt: quia non solum justos sed et [1] peccatores conversos recipit et agnoscit. *Lectio ix.*

Dominus igitur Jesus Christus cum septem panibus paucos pisciculos [2] jussit apponi: quia sanctorum exempla cum predicatione verbi ad imitandum nobis quotidie predicatores preferunt. Recte enim in illa refectione que ex quinque panibus facta est: duo [3] pisces fuisse memorantur et hic incertus numerus ostenditur: quia ad comparationem illorum qui ex populo judeorum credituri erant infinita multitudo ex gentili populo ad fidem venit. *In evange. añ.* Misereor super turbam: quia ecce jam triduo sustinent me nec habent quod manducent: et si dimisero eos jejunos deficient in via alleluia. *pš.* Benedictus. *Oratio.*

Deus virtutum cujus est totum quod est optimum insere pectoribus nostris amorem tui nominis: et presta in nobis religionis augmentum: ut que sunt bona nutrias: ac pietatis studio que sunt nutrita custodias. Per dominum. *Ad vesperas in evan. añ.* Precepit turbe discumbere super terram et accipiens septem panes gratias agens fregit et dedit discipulis suis: et apposuerunt turbe alleluia. *pš.* Magnificat.

⁋ *Dominica viij. Sec. mattheum.*

In illo tempore: Dixit Jesus discipulis suis. Attendite a falsis prophetis qui veniunt ad vos in vestimentis ovium: intrinsecus autem sunt lupi rapaces. A fructibus eorum cognoscetis eos. Et reliqua.

Omelia Origenis doctoris. Lectio

Heretici ergo fratres cha- [vij. rissimi quasi ovium vestimentis se induunt dum catholicorum patrum sententias sue doctrine interserunt: ut facilius simplicium fratrum corda decipere possint. Sciunt enim: quia si semper mala dicerent: citius cogniti caverentur. Et ideo bona malis immiscent: ut dum libenter id quod verum est auditur non facile id quod falsum est discernatur. *Lectio viij.*

Tales ergo lupis rapacibus comparantur: quia quos in occulto decipere non possunt: publice insequuntur. Tales igitur jubet dominus cavere: quia sicut bonorum consortium multum adjuvat: sic malorum societas multum nocet. *Lectio ix.*

A fructibus eorum cognoscetis eos. Noli ergo in heretico querere folia verborum pulchra: sed fidei puritatem. Et noli in christiano solummodo attendere famam bone opinionis: sed fructum inquire [4] perfecte operationis. *In evange. añ.* Attendite a falsis prophetis qui veniunt ad vos in vestimentis ovium: a fructibus eorum cognoscetis eos. *pš.* Benedictus. *Oratio.*

Deus cujus providentia in sui dispositione non fallitur: te

---

[1] pro 'et' etiam: N.W.
[2] discipulos: N.
[3] duos: N.
[4] inquirere: N.

supplices exoramus: ut noxia cuncta submoveas: et omnia nobis profutura concedas. Per dominum. *Ad vesperas in evan. an.* Non potest arbor bona fructus malos facere: neque arbor mala fructus bonos facere: omnis arbor que non facit fructum bonum excidetur et in ignem mittetur. *ps̄.* Magnificat.

❧ *Dominica ix.* *Sec. lucam.*

In illo tempore: Dixit Jesus discipulis suis: Homo quidam erat dives qui habebat villicum: et hic diffamatus est apud illum: quasi dissipasset bona ipsius. Et reliqua.

Omelia beati hieronymi presbyteri. *Lectio vij.*

Spiritualiter enim homo iste fratres charissimi deus omnipotens est. Qui bene dives esse dicitur: quia apud illum sunt omnes thesauri sapientie et scientie absconditi. Illius etiam villici nos sumus quos ad imaginem suam creavit: quibus etiam sensum et intellectum prebuit. *Lectio viij.*

Male autem divitias domini nostri dispensamus: quando sensum quem ad usum accepimus virtutum: et in usum convertimus vitiorum. Diffamamur autem apud dominum quod dissipemus bona ipsius quando ex nobisipsis malam opinionem damus. *Lectio ix.*

Et vocavit dominus villicum et ait illi. Redde rationem villicationis tue. Vocamur ergo ad reddendum rationem villicationis nostre: cum de[1] presenti vita ad judicium ducimur: ubi non solum de opere: sed etiam de ocioso sermone rationem reddituri sumus. *In evangelio an.* Dixit dominus villico quid hoc audio de te redde rationem villicationis tue. all'a. *Oratio.*

Largire nobis quesumus domine semper spiritum cogitandi que recta sunt propitius et agendi: ut qui sine te esse non possumus secundum te vivere valeamus. Per dominum. *Ad vesperas in evange. an.* Quid faciam quia dominus meus aufert a me villicationem: fodere non valeo: mendicare erubesco: scio quid faciam: ut cum amotus fuero a villicatione recipiant me in domos suas. *ps̄.* Magnificat.

❧ *Dominica x.* *Sec. lucam.*

In illo tempore Cum appropinquasset Jesus hierusalem: videns civitatem flevit super illam dicens: Quia si cognovisses et tu. Et reliqua.

Omelia beati gregorii pape. Lec.

Flevit igitur pius redemp-[*vij.* tor ruinam perfide civitatis: quam ruinam: quia ipsa civitas sibi venturam esse non cognoscebat exultabat. Cui a flente domino recte dicitur: quia si cognovisses et tu: subaudis: flevisses[2] quomodo quia nescis quod imminet exultas. *Lec. viij.*

Josephus enim de hujus civitatis eversione ita scribens ait: Post domini ascensionem: et post necem jacobi qui justus est appellatus: suscitavit dominus adversum judeos romanorum principes: vespasianum et tytum[3]: patrem et filium: justo

---

[1] pro 'de' in : N.   [2] 'et tu sub. flev.' om. : N.   [3] titum : N.

dei judicio agente : ut qui patrem et filium negaverant : a[1] patre et filio necarentur. *Lec. ix.*
*I*gitur cum exercitus romanus[2] vastaret regionem judeorum cucurrit omnis judeorum exercitus in civitatem quasi vir unus justo judicio dei exigente : ut qui in pascali solennitate Christum occiderunt : in eadem solennitate ab hostibus circundarentur. *In evange. añ.* Cum appropinquaret dominus hierusalem videns civitatem flevit super illam et dixit : quia si cognovisses et tu : quia veniet dies in te et circundabunt te et coangustabunt te undique : et ad terram prosternent te : eo quod non cognoveris tempus visitationis tue. alleluia. *ps̄.* Benedictus. *Oratio.*
*P*ateant aures misericordie tue domine precibus supplicantium : et ut petentibus desiderata concedas : fac eos que tibi sunt placita postulare. Per dominum. *Ad vesperas in evange. añ.* Scriptum est enim quia domus mea domus orationis est cunctis gentibus : vos autem fecistis illam speluncam latronum : et erat quotidie docens in templo. *ps̄. Magnificat.*
¶ *Dominica xi. Secund. lucam.*
*I*n illo tempore : Dixit Jesus ad quosdam qui in se confidebant tanquam justi : et aspernabantur ceteros parabolam istam. Duo homines ascendebant in templum ut orarent : unus phariseus et alter publicanus. Et reliqua.
Omelia beati gregorii pape. Lec.
*Q*uatuor igitur modis fra- [*vij.* tres charissimi tumor arrogantium dividitur. Primo : cum homo se habere estimat quod non habet. Secundo cum hoc quod habet propria virtute se habere putat. Tertio : cum hoc quod habet non a deo se accepisse sed propriis meritis credit. Quarto : cum ceteris despectis singulariter se habere estimat quod habet. *Lectio viij.*
*Q*uo morbo jactantie iste phariseus laborabat : qui non solum publicano humiliter oranti se preferebat : sed etiam ceteris omnibus dicens : Deus gratias ago tibi : quia non sum sicut ceteri hominum. Jejuno bis in sabbato : decimas do omnium que possideo. *Lectio ix.*
*F*rustra tamen decimas de omnibus que possidebat dabat : qui mentem suam in fundamento humilitatis non collocaverat. Et publicanus a longe stans nolebat nec oculos ad celum levare : sed percutiebat pectus suum dicens : Deus propitius esto mihi peccatori. In tunsione quippe pectoris dolorem ostendit mentis. Noverit enim illum esse qui per prophetam ait. Peccator in quacunque die conversus fuerit et ingemuerit : omnia peccata ejus oblivioni tradentur. *In evan. añ.* Duo homines ascendebant in templum ut orarent : unus phariseus et alter publicanus : descendit hic justificatus in domum suam ab illo. alleluia. *ps̄.* Benedictus. *Oratio.*
*D*eus qui omnipotentiam tuam parcendo maxime et miserando manifestas : multiplica super nos gratiam tuam : ut ad tua promissa currentes celestium

---

[1] 'a' om. : W. [2] 'romanus' om. : N.

bonorum facias esse consortes. Per dominum. *Ad vesperas in evange. an.* Stans a longe publicanus nolebat oculos ad celum levare: sed percutiebat pectus suum dicens: deus propitius esto mihi peccatori. *ps.* Magnificat.

❡ *Dominica xij. Sec. marcum.*
In illo tempore: Exiens Jesus de finibus tyri: venit per sydonem ad mare galilee inter medios fines decapoleos. Et adducunt ei surdum et mutum et deprecabantur eum ut imponat illi manum. Et reliqua.

Omelia venerabilis Bede presbyteri. Lectio vij.
Surdus itaque fratres mirabiliter a domino curatus: genus designat humanum: quod ab errore diabolice deceptionis divina meruit gratia liberari. Obsurduit nanque homo: postquam mortifera serpentis verba contra dominum tumidus audivit: mutusque a laude dei effectus est: ex quo cum seductore colloquium habere presumpsit.

Quia igitur ipse [*Lectio viij.* surdus salvatorem agnoscere: mutus rogare nequibat: adducunt eum amici: et pro ejus salute domino supplicant. Sic nimirum sic [1] in spiritali necesse est curatione geratur: ut si quis humana industria ad auditum confessionemque veritatis converti non potest: divine pietatis offeratur aspectibus: atque ad sanandum eum superne manus flagitetur auxilium. *Lectio ix.*

Apprehendens egrotum Jesus de turba seorsum: misit digitos suos in auriculas et expuens tetigit linguam ejus. Digitos quippe surdo in auriculas mittit ut audiat: cum per dona gratie spiritalis diu non credentes ad auditum sui verbi convertit. Et expuens tetigit linguam ejus cum per ministerium predicationis rationem fidei quam confiteri debeat prestat. *In evangelio an.* Exiens Jesus de finibus tyri: venit per sydonem ad mare galilee inter medios fines decapoleos all'a. *ps.* Benedictus. *Oro.*

Omnipotens sempiterne deus: qui habundantia pietatis tue et merita supplicum [2] excedis et vota: effunde super nos misericordiam tuam: ut dimittas que conscientia metuit: et adjicias quod oratio non presumit. Per dominum. *Ad vesperas in evan. an.* Bene omnia fecit: surdos fecit audire: et mutos loqui. *ps.* Magnificat.

❡ *Dominica tredecima. Secun.*
In illo tempore: Dixit [*lucam.* Jesus discipulis.[3] Beati oculi qui vident que vos videtis. Dico enim vobis quod multi prophete et justi voluerunt videre que vos videtis et non viderunt: et audire que auditis: et non audierunt. Et reliqua.

Omelia venerabilis bede presbyteri. Lectio vij.
Non enim oculi scribarum et phariseorum qui corpus tantum domini videre: sed illi beati oculi qui ejus possunt cognoscere sacramenta. Sancti ergo prophete per spiritum sanctum dominum in carne previderunt futurum: et eum corporaliter sicut

---

[1] 'sic' om.: N.   [2] supplicium: W.   [3] 'suis' add: W.N.

apostoli videbant videre desideraverunt : sed minime viderunt.

*E*t ecce quidam le- [*Lec. viij.*] gisperitus surrexit temptans illum et dicens : Magister quid faciendo vitam eternam possidebo. Surrexit autem non solum corpore ad interrogandum : sed etiam mentis elatione ad temptandum. Sed dominus quem occulta cordis non fallunt : ita suam temperavit responsionem : ut ad interrogationem scribe respondeat : et a temptatore [1] reprehendi non possit. *Lectio ix.*

*M*isit enim eum statim ad legem dicens : In lege quid scriptum est : quomodo legis ? At ille respondens ait : Diliges dominum deum tuum ex toto corde tuo : et ex tota anima tua : et ex omnibus viribus tuis : et ex omni mente tua : et proximum tuum sicut teipsum. Dum igitur dominus legisperito respondit perfectum nobis iter vite celestis ostendit : cui primo de dilectione dei : et proximi legis scripta proponenti dicit. Recte respondisti : hoc fac et vives. *In evangelio añ.* Magister quid faciendo vitam eternam possidebo : ait illi Jesus in lege quid scriptum est : diliges dominum ex toto corde tuo. *ps̄.* Benedictus. *Oratio.*

*O*mnipotens et misericors deus de cujus munere venit : ut tibi a fidelibus tuis digne et laudabiliter serviatur : tribue nobis quesumus : ut ad promissiones tuas sine offensione curramus. Per dominum. *Ad vesperas in evange. añ.* Homo quidam descendebat de hierusalem in hiericho et incidit in [2] latrones qui etiam despoliaverunt eum et plagis impositis abierunt semivivo relicto. *ps̄.* Magnificat.

¶ *Dominica xiiij. Secun. lucam.*

*I*n illo tempore : Dum iret Jesus in hierusalem transibat per mediam samariam et galileam. Et cum ingrederetur quoddam castellum occurrerunt ei decem viri leprosi. Et reliqua.

Omelia venerabilis bede presbyteri. *Lectio vij.*

*D*ominus igitur Jesus Christus propter nostram salutem homo factus : non solum ad se venientibus regnum dei evangelizabat : sed etiam per diversa loca pergens plurimis sanitatem tribuebat. Castellum vero mundum significans intravit dominus: quando ex maria virgine carnem assumens mundo visibilis apparuit. *Lectio viij.*

*P*er leprosos ergo hereticos intelligere possumus : quia sicut lepra varios colores exprimit in cute : sic hereticorum doctrina varios errores generat in sermone. Est enim fratres invisibilis lepra in anima : quando variis peccatis inquinatur conscientia. *Lectio ix.*

*T*ales ergo si emendationem anime accipere volunt : necesse est ut longe stent. id est ut a consortio sanctorum se indignos judicent : magisque [3] clamoribus Jesum interpellent. id est cum magna contritione cordis divinam clementiam exorent. *In evange. añ.* Cum ingrederetur Jesus quoddam castellum :

---

[1] tentatore : W.N.   [2] 'in' om. : W.   [3] magnisque : N.

occurrerunt ei decem viri leprosi qui steterunt a longe: et levaverunt vocem dicentes: Jesu preceptor miserere nobis. *ps.* Benedictus. *Oratio.*
Omnipotens sempiterne deus da nobis fidei spei et charitatis augmentum: et ut mereamur assequi quod promittis: fac nos amare quod precipis. Per dominum. *Ad vesperas[1] in evan. an.* Unus autem ex illis ut vidit quia mundatus est: regressus est cum magna voce magnificans deum alleluia. *ps.* Magnificat.

¶ *Dominica xv. Sec. mattheum.*
In illo tempore. Dixit Jesus discipulis suis. Nemo potest duobus dominis servire. Aut enim unum odio habebit et alterum diliget aut[2] unum sustinebit: et alterum contemnet. Et reliqua.

Omelia venerabilis bede. Lec. vij.
Duo enim domini: deus et diabolus intelliguntur. His ergo duobus dominis unus idemque homo uno eodemque tempore servire simul non potest. Quia valde contraria sunt que dominus precipit et diabolus suggerit. Dominus enim precipit humilitatem: et diabolus suggerit superbiam. Et ut breviter concludam dominus vocat ad virtutes: diabolus ad vitia.

Non potestis deo [*Lectio viij.* servire et mammone id est divitiis. Aliud est enim habere divitias: et aliud servire divitiis. Qui enim divitiarum dominus est: eas ut dominus distribuit. Qui autem earum servus est: illas custodit ut servus. Et ideo dum servituti divitiarum implicatus tenetur: a Christi servitute evacuatur. *Lectio ix.*
Unde eos qui Christo servire desiderant: dominus ad spontaneam paupertatem invitat cum subjungit dicens: Ideo dico vobis: ne solliciti sitis anime vestre quid manducetis: neque corpori vestro quid induamini. Anima enim in hoc loco pro presenti vita ponitur. *In evange. an.* Nolite solliciti esse dicentes: quid manducabimus aut quid bibemus: scit enim pater vester celestis quid vobis necesse sit. alleluia. *ps.* Benedictus. *Oratio.*
Custodi quesumus domine ecclesiam tuam propitiatione perpetua: et quia sine te labitur humana mortalitas tuis: semper[3] auxiliis et abstrahatur a noxiis: et ad salutaria dirigatur. Per dominum. *Ad vesperas in evan. an.* Querite ergo primum regnum dei et justiciam ejus: et hec omnia adjicientur vobis. alleluia. *ps.* Magnificat.

¶ *Dominica xvj. Sec. lucam.*
In illo tempore: Ibat Jesus in civitatem que vocatur naym: et ibant cum illo discipuli ejus et turba copiosa. Et reliqua.

Omelia venerabilis bede presbyteri. Lectio vij.
Suscitaturus ergo dominus mortuum non solum discipulos: sed etiam turbam copiosam secum voluit comitari: ut ex visione miraculi plures ad fidem ejus vocarentur. Defunctus iste qui extra civitatem ad sepeliendum delatus erat: hominem significat mortifero crimine

---

[1] '*Ad vesp.*' om.: *W.N.*   [2] pro 'aut' ut: *N.*   [3] 'et' add: *N.*

soporatum. Quem enim in corde peccare delectat: quasi infra civitatem mortuus jacet.

*C*um vero delectatio [*Lec. viij.*] usque ad operationem perducitur: quasi extra portas civitatis mortuus expellitur. Quia sicut homo habitat in civitate: ita anima ad tempus corpus ingreditur: per quod bonum et malum operari potest. Portas autem civitatis sensus corporeos accipimus: per quos aut vita aut mors ad nostram animam ingreditur. *Lectio ix.*

*M*uniamus ergo fratres portas oculorum ab illicito visu: et aures ne audiant vana: et nares ab illicitis odoribus: et manus a malis operibus: et pedes a pravo itinere et si hos quinque sensus bene custodierimus: spiritaliter a domino resuscitari merebimur. *In evange. añ.* Accessit Jesus et tetigit loculum: hi autem qui portabant steterunt. et ait: adolescens tibi dico surge et resedit qui erat mortuus: et cepit loqui. alleluia. *ps̄.* Benedictus. *Oratio.*

*E*cclesiam tuam domine miseratio continuata mundet et muniat: et quia sine te non potest salva consistere tuo semper munere gubernetur. Per dominum. *Ad vesperas in evange. añ.* Accepit autem omnes timor et magnificabant deum dicentes: quia propheta magnus surrexit in nobis: et quia deus visitavit plebem suam. *ps̄.* Magnificat.

¶ *Dominica xvij. Sec. lucam.*

*I*n illo tempore: Cum intraret Jesus in domum cujusdam principis phariseorum sabbato manducare panem: et ipsi observabant eum. Et ecce homo quidam hydropicus erat ante illum. Et reliqua.

Omelia venerabilis bede presbyteri. Lectio vij.

*P*harisei igitur observabant Jesum: non ut imitari vellent[1]: sed reprehenderent si possent. Per hydropicum igitur avarus quilibet designatur atque luxuriosus. Sicut enim hydropicus quo amplius bibit: eo amplius sitit: sic[2] et avarus quanto magis divitias acquirit: tanto magis in eis acquirendis exardescit. *Lectio viij.*

*E*t respondens Jesus dixit ad legisperitos et phariseos: Si licet sabbato curare? At illi tacuerunt. Quia si dicerent ut liceret sabbato curare reprehensibiles essent ut quid eum observarent utrum sabbato curarent hominem. Si vero dicerent non licet: arguerentur quare sabbato asinum vel bovem solventes a presepio ducerent adaquare. *Lectio ix.*

*E*t ideo non invenientes quid dicerent tacuerunt. Ipse vero apprehensum sanavit eum ac dimisit. Pulchre ergo dominus coram avaris hydropicum curavit: et cum in uno sanaretur infirmitas corporis: in multis morbus curaretur mentis. *In evange. añ.* Dixit Jesus ad legisperitos et phariseos: si licet sabbato curare hominem at illi tacuerunt: ipse vero apprehensum sanavit eum ac dimisit alleluia. *ps̄.* Benedictus. *Oratio.*

---

[1] valerent : N.   [2] 'sic' om. : N.

DOMINICA XVIJ^MA. XVIIJ^MA. ET XIX^MA.

Tua nos domine quesumus gratia semper et preveniat et sequatur ac bonis operibus jugiter prestet esse intentos. Per dominum. *Ad vesperas in evan. an.* Cum invitatus fueris ad nupcias recumbe in novissimo loco ut dicat tibi qui te invitavit amice ascende superius tunc erit tibi gloria coram simul discumbentibus. alleluia. *ps.* Magnificat.

¶ *Dominica xviij. Sec. matheum.*
In illo tempore: Accesserunt ad Jesum saducei[1] et interrogavit eum unus ex eis legisdoctor temptans eum. Magister quod[2] est mandatum magnum in lege? Ait illi Jesus. Diliges dominum deum tuum ex toto corde tuo: et in tota anima tua: et in tota mente tua: hoc est maximum et primum mandatum. Et reliqua.

Omelia beati johannis episcopi.
Phariseus igitur in- [*Lec. vij.*] terrogavit dominum quod esset mandatum magnum in lege: ut dum unum diceret: cetera mandata infamare videretur: ac per hoc illorum odium incurreret: qui aliud mandatum legis laudare volebant. Sed dominus ita responsionem temperavit: ut quod esset mandatum ostenderet: et ipse irreprehensibilis esset. *Lectio viij.*
Ait enim: Diliges dominum deum tuum ex toto corde tuo et in tota anima tua[3]: et in tota mente tua: hoc est maximum et primum mandatum. Quia immensus est deus sine mensura est diligendus. Ut cum eum multum diligimus parum non diligere fateamur. *Lectio ix.*
Nullusque in nobis locus remaneat vacuus qui dei dilectione non repleatur: sed mens lingua et manus ejus dilectionem[4] resonet. Sed quia deum nemo perfecte diligere potest nisi diligat et[5] proximum recte subditur. Secundum autem simile est huic: Diliges proximum tuum sicut te ipsum. Id est sicut nostre voluimus[6] necessitati subveniri: sic subveniamus et proximis. *In evange. an.* Magister quod est mandatum magnum in lege ait illi Jesus diliges dominum deum tuum ex toto corde tuo all'a. *ps.* Benedictus. *Oratio.*
Da quesumus domine populo tuo diabolica vitare contagia: et te solum deum pura mente sectari. Per dominum. *Ad vesperas in evange. an.* Quid vobis videtur de Christo cujus filius est dicunt ei omnes david dicit eis Jesus quomodo david in spiritu vocat eum dominum dicens: dixit dominus domino meo sede a dextris meis. *ps.* Magnificat.

¶ *Dominica xix. Sec. mattheum.*
In illo tempore: Ascendens Jesus in naviculam transfretavit et venit in civitatem suam. Et ecce offerebant ei paraliticum: jacentem in lecto. Et reliqua.

Omelia beati johannis episcopi.
Dominus igitur Jesus [*Lec. vij.*] Christus ideo navim ascendit ut omnia que hominis sunt agens: verum hominem pro nostra salute se venisse demonstraret.

---

[1] pro 'sad.' pharisei: N. [2] quid: N. [3] 'et in to. an. tua' om.: W.N.
[4] dilectione: W.N. [5] 'et' om.: N. [6] volumus: N.

Per paraliticum ergo quilibet peccator designatur: quia calore divini amoris recedens in teporem[1] vel frigus iniquitatis convertitur: in tantum ut si aliquando gravissima mala perpetret: nec ea velut minima pertimescat.

*L*ectus enim in quo [*Lec. viij.* paraliticus portabatur corpus hominis peccatis assuetum: vel conscientiam desperatam signat. Hi autem qui paraliticum domino ad curandum optulerunt[2]: doctores et magistros ecclesie significant. *Lectio ix.*

*O*fferunt enim paraliticum domino ecclesiastici viri: quando peccantem verbis corrigunt et orationibus juvant ut ab ipsis peccatis resipiscant. Qui bene marco narrante quatuor fuisse referuntur: quia quatuor sunt libri evangelii in quibus omnis predicantium doctrina non solum instruitur sed etiam reboratur. *In evange. añ.* Dixit dominus paralitico confide fili remittuntur[3] tibi peccata tua. all'a. *pS.* Benedictus. *Oratio.*

*D*irigat corda nostra quesumus domine tue miserationis operatio: quia tibi sine te placere non possumus. Per dominum. *Ad vesperas in evange. añ.* Tulit ergo paraliticus lectum suum in quo jacebat magnificans deum: et omnis plebs ut vidit dedit laudem deo. *pS.* Magnificat.

❡ *Dominica xx. Sec. mattheum.*

*I*n illo tempore: Loquebatur Jesus cum discipulis suis in parabolis dicens: Simile factum est regnum celorum homini regi qui fecit nuptias filio suo. Et misit servos suos vocare invitatos ad nuptias: et nolebant venire. Et reliqua.

Omelia beati gregorii pape. Lect.

*R*egnum celorum in hoc [*vij.* loco presentem signat ecclesiam id est congregationem justorum in qua dominus non solum regnat: sed etiam quiescit. Homo ille rex spiritaliter deus omnipotens est: et filius ejus dominus Jesus Christus. Qui fecit nuptias filio suo: quando per incarnationis mysterium ei sanctam ecclesiam sociavit. *Lectio viij.*

*M*isit ergo servos suos vocare invitatos ad nuptias: quia incarnationis sue mysterium per patriarchas et prophetas longe ante dicere voluit. qui plurimos ad nuptias Christi vocaverunt: sed reprobi venire nolebant: quia ejus jussionibus permulta[4] opera contradixerunt. *Lectio ix.*

*I*terum misit alios servos apostolos videlicet qui post domini incarnationem ad predicandum evangelium sunt missi: qui tanto securius adventum Christi annunciaverunt quanto ab ipso ore veritatis uberius verbum divinum audierunt. *In evange. añ.* Dicite invitatis ecce prandium meum paravi: tauri mei et altilia occisa omnia parata sunt venite ad nuptias all'a. *pS.* Benedictus.

*O*mnipotens et miseri- [*Oratio.* cors deus universa nobis adversantia propiciatus exclude: ut mente et corpore pariter expediti que tua sunt liberis mentibus exequamur. Per dominum. *Ad vesperas in evange. añ.*

---

[1] tempore: N.
[2] obtulerunt: W.N.
[3] remittantur: N.
[4] per multa: W.N.

DOMINICA XXI^ma. ET XXII^da.

Nuptie quidem parate sunt sed qui invitati erant non fuerunt digni ite ad exitus viarum et quoscunque inveneritis vocate ad nuptias. all'a. *ps̄.* Magnificat.

¶ *Dominica xxi. Sec. johannem.*

*I*n illo tempore: Erat quidam regulus: cujus filius infirmabatur capharnaum. Hic cum audisset quia Jesus adveniret a judea in galileam abiit ad eum et rogabat eum ut descenderet et sanaret filium ejus. Et reliqua. *Omelia beati gregorii pape.*

*R*egulus enim dicitur [*Lec. vij.* sub rege primus vel parvus rex. Et ideo quia ex parte credebat: et ex parte non credebat. non rex sed regulus meruit appellari. Credebat ergo quod dominus per presentiam corporalem salutem filio suo restituere posset: sed non credebat eum per divinitatem ubique esse presentem cujus tam solicite corporalem adventum requirebat dicens. Domine descende priusquam moriatur filius meus.

Quia ergo credebat [*Lect. viij.* rogaturus pro filio accessit: sed quia perfecte non credebat audire meruit. Nisi signa et prodigia videritis: non creditis. Legimus in evangelio mathei: quia cum introisset Jesus capharnaum accessit ad eum centurio: rogans eum et dicens. Domine puer meus jacet in domo paraliticus et male torquetur.

*A*it illi Jesus. Ego [*Lectio ix.* veniam et curabo eum. Quid est ergo quod dominus ad filium reguli rogatus ire noluit: et ad servum centurionis etiam non rogatus ire paratus fuit. Nimirum nostra superbia confunditur qui hominibus non naturam qua ad imaginem dei facti sunt: sed potentiam consideramus. *In evan. an̄.* Domine descende ut sanes filium meum priusquam moriatur: dixit ei Jesus: vade filius tuus vivit. all'a. *ps̄.* Benedictus.

*L*argire quesumus do- [*Oratio.* mine fidelibus tuis indulgentiam placatus et pacem: ut pariter ab omnibus mundentur offensis: et secura tibi mente deserviant. Per dominum. *Ad vesperas in evange. an̄.* Cognovit autem pater quia illa hora erat in qua dixit Jesus filius tuus vivit et credidit ipse et domus ejus tota. *ps̄.* Magnificat.

¶ *Dominica xxij. Sec. mattheum.*

*I*n illo tempore: Dixit Jesus discipulis suis parabolam hanc. Simile est regnum celorum homini regi: qui voluit rationem ponere cum servis suis. Et cum cepisset rationem ponere: oblatus est ei unus qui debebat[1] decem milia talenta. Et reliqua. *Omelia beati hieronimi presbyteri.* *Lectio vij.*

*H*omo iste rex dominus est Jesus Christus: atque hujus regis servi homines sunt: quos ad suam imaginem condidit. Et cum cepisset rationem ponere: oblatus est ei unus qui debebat decem milia talenta id est qui in majoribus criminibus obligatus erat. Cum autem non haberet unde redderet: jussit[2] eum dominus venundari: et uxorem ejus et filios et omnia que habebat et reddi. *Lectio viij.*

---

[1] debeat: N.

[2] pro 'jussit' misit: N.

Tunc enim spiritaliter venundatur servus quando peccator per penitentiam de possessione diaboli ad possessionem convertitur dei. Venundantur quoque uxor et filii : cum caro que peccatis fuit subdita opera et cogitationes carnales in servicium dei immutat. Procidens autem servus ille rogabat eum dicens. Patientiam habe in me: et omnia reddam tibi. *Lectio ix.*
Procidit enim servus ante deum cum peccator suam fragilitatem recognoscens humiliter veniam postulat. Rogat quoque patientiam : ut dignam possit exhibere penitentiam. Misertus autem dominus servi illius dimisit eum et debitum dimisit ei. Ecce enim non solum patientiam quam rogaverat invenit : sed etiam debiti absolutionem. *In evange. añ.* Dixit autem dominus servo redde quod debes procidens autem servus ille rogabat eum dicens: patientiam habe in me et omnia reddam tibi. *ps.* Benedictus. *Oratio.*
Familiam tuam quesumus domine continua pietate custodi : ut a cunctis adversitatibus te protegente sit libera et in bonis actibus tuo nomini sit devota. Per dominum. *Ad vesperas in evange. añ.* Serve nequam[1] omne debitum dimisi tibi quoniam rogasti me nonne ergo oportuit et te misereri conservi tui sicut et ego tui misertus sum. alleluia. *ps.* Magnificat.

¶ *Dominica xxiij. Sec. mattheum.*
In illo tempore : Abeuntes pharisei consilium inierunt : ut caperent Jesum in sermone. Et mittunt ei discipulos suos : cum herodianis dicentes. Magister scimus quia verax es : et viam dei in veritate doces et non est tibi cura de aliquo. Et reliqua. *Omelia venerabilis bede presbyteri.* *Lectio vij.*
Ab illo ergo tempore quo totius mundi monarchia sub unius hominis principatu redacta est : propter pacem et concordiam in populis servandam statutum est ut unusquisque censum capitis sui redderet. Ergo predicante domino nostro Jesu Christo contentio magna inter judeos nata fuerat : propter redditionem census. *Lectio viij.*
Alii vero dicebant pro securitate et quiete : quia romani principes pro eis militarent debere tributa solvi. Econtra ergo[2] scribe et pharisei dicebant: non debere populum dei humanis legibus subjacere. Sub hac occasione consilium ineuntes mittunt ei discipulos suos cum herodianis dicentes. Magister scimus quia verax es etcetera. Dic ergo nobis : quid tibi videtur. Licet censum dari cesari an non ? Quod ideo interrogabant : ut dum dominus unum ex eis affirmaret : aut illorum aut istorum odium incurreret vel contrarius dei legi esse videretur.
Cognita autem Jesus [*Lect. ix.* nequitia eorum dixit. Quid me temptatis hypocrite ? Primum ergo Jesus cogitationes temptatorum denudavit : ut sic saltem in eo cogerentur divinitatem agnoscere. Quibus ergo

---
[1] nequaquam : N.

[2] vero : N.

DOMINICA XXII*ⁿᵃ*. ET XXIV*ᵀᴬ*.

adhuc dicitur.[1] Ostendite mihi numisma census. At illi obtulerunt ei denarium. Et ait illis Jesus. Cujus est imago hec et superscriptio? Dicunt ei. Cesaris.[2] Reddite ergo que sunt cesaris cesari: idest tributum vectigal atque censum. Et que sunt dei deo: idest decimas primitias et spontaneas oblationes. *In evange. añ.* Magister scimus quia verax es et viam dei in veritate doces. all'a. *p̃s.* Benedictus. *Oratio.*

Deus refugium nostrum et virtus adesto piis ecclesie tue precibus auctor ipse pietatis et presta: ut quod fideliter petimus efficaciter consequamur. Per dominum. *Ad vesperas in evangelio añ.* Reddite ergo que sunt cesaris cesari et que sunt dei deo. alleluia. *p̃s.* Magnificat.

¶ *Dominica xxiiij. Secundum*

In illo tempore: [*mattheum.* Loquente Jesu ad turbas: ecce princeps unus accessit et adorabat eum dicens. Domine filia mea modo defuncta est: sed veni et impone manum tuam super eam et vivet. Et reliqua. *Omelia venerabilis bede presbyteri. Lectio vij.*

Inter omnia miracula que dominus Jesus Christus per semetipsum ostendit in terris: tres tantum mortuos resuscitasse legitur. Resuscitavit ergo istam archisinagogi filiam in domo jacentem resuscitavit et filium vidue extra portam civitatis ad sepeliendum delatum: resuscitavit etiam et lazarum quadriduanum[3] mortuum jam fetentem in monumento. *Lectio viij.*

Trina namque mortuorum resuscitatio: signat quia peccatum tribus modis in mente et tribus perpetratur in corpore. In mente agitur suggestione delectatione et consensu. In corpore etiam aliquando occulte aliquando palam: et aliquando consuetudine. Qui vero occulte peccat: quasi infra domum mortuus jacet: sed cum divina gratia ejus cor ad penitentiam agendam inflammat quasi infra domum mortuus resuscitatur. Tales ergo signavit filia archisinagogi.

Qui autem fratres [*Lectio ix.* manifeste peccat quasi extra portam civitatis ad sepeliendum mortuus expellitur. Sed cum tales per divinam gratiam et aliorum correctionem ad penitentiam compurguntur: quasi antequam ad sepulchra perveniant a domino resuscitantur. Hos ergo signavit adolescens filius vidue quem dominus extra portas civitatis resuscitavit. Sunt enim et alii qui non solum publice peccare non erubescunt: sed etiam ipsum peccatum in longam consuetudinem vertunt: quales signavit lazarus quadriduanus[4] mortuus. *In evange. añ.* Loquente Jesu ad turbas ecce princeps unus accessit et adoravit eum dicens: domine filia mea modo defuncta est sed veni impone manum tuam super eam et[5] vivet. alleluia. *p̃s.* Benedictus. *Oratio.*

Absolve quesumus domine tuorum delicta populorum

---

[1] dicit : N.   [2] Cesari : W.   [3] quatriduanum : W.N.
[4] quatriduanus : N.   [5] 'et' om. : N.

et a peccatorum nostrorum nexibus que pro nostra fragilitate contraximus tua benignitate liberemur. Per. *Ad vesperas in evange. an.* Dicebat enim intra se si tetigero fimbriam vestimenti ejus tantum salva ero. alleluia. *ps.* Magnificat.

¶ *Dominica xxv. Sec. johannem.*

In illo tempore: Cum sublevasset ergo oculos Jesus et vidisset quia multitudo maxima venit ad eum dixit ad philippum. Unde ememus panes ut manducent hi? Hoc autem dicebat temptans eum. Ipse enim sciebat: quid esset facturus. Et reliqua.

Omelia venerabilis bede presbyteri.   Lectio vij.

Quod sublevasse oculos Jesus et venientem ad se multitudinem vidisse[1] perhibetur: divine pietatis indicium est: quia videlicet cunctis ad se venire querentibus occurrere consuevit celestis misericordie gratia. Puer vero iste qui quinque panes habuit: populum signat judaicum: qui quinque libros moysi accepit.

Et bene quidem illi [*Lect. viij.* panes ordeacei fuisse referuntur: propter legis duritiam: quia lex ante adventum domini in tantum velata extitit: ut nullus hominum eam spiritaliter intelligere posset: quoadusque veniens benedictionem daret qui legem dederat.   *Lectio ix.*

Per duos enim pisces duos ordines intelligere possumus regalem scilicet et sacerdotalem: a quibus judei regebantur et instruebantur. Discubuerunt ergo viri numero quasi quinque milia quia quinque sunt corporis visus sensus scilicet[2] auditus: gustus: odoratus: et tactus. Hos igitur sensus solicite custodire debemus si convivio domini interesse volumus. *In evange. an.* Cum sublevasset oculos Jesus et vidisset maximam multitudinem venientem ad se dicit ad philippum unde ememus panes ut manducent hi hoc autem dicebat temptans eum ipse enim sciebat quid esset facturus. *ps.* Benedictus.

Excita domine quesu- [*Oratio.* mus tuorum fidelium voluntates: ut divini operis fructum propensius exequentes pietatis tue remedia majora percipiant. Per dominum. *In hac dominica si festum ix. lectionum simplicium contingat: anticipetur vel postponetur festum sancti prout melius et competentius fieri possit et cedat dominice. Si duplex: fiat de dominica die lune: vel die martis: vel die mercurii: non obstante festo iij. lectionum. Et si in sabbato proximo ante dominicam ultimam ante adventum domini festum simplex ix. lectionum evenerit: in illo sabbato ad vesperas incipietur ad capitulum de dominica et in crastino[3] fiant medie lectiones de festo iij lectionum si contigerit. Ad vesperas in evangelio an.* Cum vidissent turbe signum quod fecerat Jesus dicebant: vere hic est propheta qui venturus est in mundum. *ps.* Magnificat. *Oro.* Excita domine.[4]

¶ *Rubrica de festo dedicationis. Et notandum quod si ab octavis*

---

[1] venisse: W.N.
[2] pro 'vi. sen. sc.' sensus scilicet visus: N.
[3] crastinum: N.
[4] 'Finit temporale estivale' add: N.

pasche usque ad ascensionem domini: vel a festo sancte Trinitatis usque ad adventum domini: sive ab octava epiphanie usque ad septuagesimam hoc festum contigerit: fiat plenum servitium de dedicatione per septem dies cum regimine chori: nisi impediatur per festum novem lectionum: vel octavas precipuas: sive per festa trium lectionum habentia propria responsoria vel proprias laudes vel aliquorum qui sunt in canone: vel etiam per commemorationem beate Marie virginis: sive per vigilias: tunc tantum fiet memoria de dedicatione. ❡ Si vero octava festi ad vincula sancti Petri. vel nativitatis sancti Johannis baptiste concurrant cum octavis istis: cedent dicte octave octavis dedicationis. Dominica vero que infra octavas dedicationis evenerit: si a festo novem lectionum vacaverit: fiat servitium de dominica cum memoria et mediis lectionibus de festo dedicationis: nisi historia in ipsa dominica inchoanda fuerit: quia tunc tantum memoria de festo dedicationis fiet. Et in illa dominica erunt antiphone et psalmi de dominica: sive fuerit inchoata sive non. ❡ Octavo autem die fiet de ipsis octavis cum novem lectionibus: nisi in dominica contigerit ubi historia inchoanda fuerit: ut aliud festum novem lectionum in ipso die octavarum evenerit: tunc anticipentur octave: et fiat de ipsis octavis proxima die precedenti. Sed si forte in ipso die aliquod festum novem lectionum contigerit: tunc illo anno die octavarum dedicationis memoria tantum de ipsis octavis fiet. ❡ Quotidie infra octavas invitatoria[1]: hymni: antiphone: et psalmi sicut in die. Una antiphona super nocturnum. versiculi ante lectionem de primo nocturno: et responsoria secundum ordinem nocturnorum ordinatim iterata. Dicatur etiam una antiphona super laudes. Ad vesperas prima antiphona de laudibus: cum psalmis de primis vesperis. Super psalmos Benedictus et Magnificat una de assignatis antiphonis: et cetera ad alias horas ut in die. ❡ Si vero infra adventum vel infra septuagesimam usque ad caput jejunii hoc festum contigerit: erunt octave sine regimine chori usque ad octavam diem: tunc enim fiant ix. lectiones de octava nisi in dominica contigerit. ❡ Si autem a circumcisione domini usque ad octavas epiphanie vel a feria quarta in capite jejunii usque ad feriam quartam ante pascha: vel a vigilia ascensionis domini usque ad vigiliam penthecostes hoc festum forte contigerit: nihil fiat de festo infra octavam nec etiam in octava nisi memoria tantum. ❡ Si enim a vigilia nativitatis domini usque ad circuncisionem domini: vel a feria quarta proxima ante pascha usque in octavam pasche: vel in vigilia Penthecostes: et abhinc usque ad festum sancte Trinitatis hoc festum evenerit semper differatur ubi convenientius possit celebrari: vel post octavam epiphanie: vel post octavas pasche: vel post octavam

---

[1] invitatorium: R.

IN FESTO

corporis Christi: et ibi fiat de festo dedicationis cum octavis suis: nisi impediatur ut predicitur. ℭ Si vero hoc festum in dominica prima adventus domini: vel in aliqua dominica infra quadragesimam usque ad dominicam in ramis palmarum contigerit: differatur in crastinum: et tunc in illa dominica erunt vespere de dedicatione: et memoria de dominica. ℭ Si autem festum dedicationis et festum sancti andree in prima dominica adventus domini concurrant: tunc anticipetur festum sancti andree: et fiat die sabbati: et in illo sabbato erunt vespere de dominica cum memoria de sancto andrea: et in feria secunda fiat festum dedicationis ut supra dictum est. Si enim festum dedicationis in prima dominica adventus domini evenerit: et festum sancti andree in crastino contigerit: tunc anticipetur festum dedicationis: et fiat die sabbati et illo sabbato erunt vespere de dominica: et memoria de festo dedicationis. Si vero hoc festum in prima vel secunda vel tertia vel quarta dominica quadragesime contigerit: et in feria ij. aliud forte sequatur festum duplex: tunc anticipetur festum Dedicationis: et fiat die sabbati: et tunc in illo sabbato dicantur vespere de festo dedicationis: et tantum fiat memoria de dominica. Sed si forte in illo sabbato aliud festum duplex evenerit: tunc illo sabbato fiat de festo: et anticipetur festum dedicationis: sive transferatur in proximam feriam vacantem prout competentius fieri possit. ℭ Si autem in[1] dominica in Ramis palmarum hoc festum evenerit: anticipetur et fiat die sabbati: nisi impediatur per festum Annunciationis dominice: et tunc fiat de festo Dedicationis die Veneris sive alia feria precedenti ubi competentius fieri poterit. Si enim in octavis pasche vel in festo trinitatis hoc festum contigerit differatur in crastinum: et in vesperis in dominica incipiatur capitulum de festo dedicationis. ℭ Si vero in die ascensionis domini vel in festo corporis Christi hoc festum evenerit: differatur in crastinum: et tunc in secundis vesperis die ascensionis: et etiam in festo corporis Christi tantum fiat memoria de festo dedicationis. Si autem festum dedicationis et festum duplex alicujus sancti eodem die concurrant: si hujusmodi festum sit de principalibus duplicibus: fiat ipso die de sancto: et transferatur vel anticipetur festum dedicationis. Si vero hujusmodi festum sancti sit de minoribus duplicibus: tunc fiat de festo dedicationis: et transferatur vel anticipetur festum sancti prout convenientius fieri poterit.

ℭ In festo dedicationis ecclesie ad vesperas antiphona.

Sanctificavit dominus tabernaculum suum: hec est domus dei in qua invocetur nomen ejus de quo[2] scriptum est erit nomen meum ibi dicit dominus. ps̄. Letatus. Añ. Domus hec sancta hierusalem civitas dei nostri: et congregatio celestium angelorum est. ps̄. Qui confidunt. Añ.

---

[1] pro 'in' die: R.

[2] qua: R

DEDICATIONIS ECCLESIE.

Gloriosum et terribile nomen tuum domine : et edificavi[1] domum in universa terra : magnus dominus noster : quia exaltatum est nomen ejus solius : beati qui habitant in domo tua domine in seculum seculi laudabunt te. *ps.* Nisi dominus edificavit. *Añ.* Benedictus es in templo sancto glorie tue quod edificatum est ad laudem et gloriam nominis tui domine. *ps.* Confitebor. (*ij*) *Añ.* In dedicatione hujus templi laudate deum omnis militia celorum : et omnis terra laudet nomen domini : quia exaltatum est nomen ejus solius. ℣ Lauda hierusalem dominum. *Capitulum.*

*V*idi civitatem sanctam hierusalem novam descendentem de celo a deo paratam sicut sponsam ornatam viro suo. *Re.* Fundata est domus domini.

*U*rbs beata hierusalem [*Hym.* dicta pacis visio que construitur in celis vivis ex lapidibus et angelis coronata ut sponsata comite. *N*ova veniens e celo nuptiali thalamo preparata ut sponsata copuletur domino platee et muri ejus ex auro purissimo. *P*orte nitent margaritis adytis patentibus et virtute meritorum illuc introducitur omnis qui pro Christi nomine hic in mundo premitur. *T*unsionibus pressuris expoliti lapides suisque aptantur locis per manus artificis disponuntur permansuri sacris edificiis. *G*loria et honor deo usquequo altissimo una patri filioque inclyto paraclito : cui laus est et potestas per eterna secula. Amen. ℣

Beati qui habitant in domo tua domine. In secula seculorum laudabunt te alleluia. *In evange. añ.* O quam metuendus est locus iste vere non est hic aliud nisi domus dei et porta celi. *ps.* Magnificat. *Oratio.*

*D*eus qui nobis per singulos annos hujus sancti templi tui consecrationis raparas diem : et sacris semper mysteriis representas incolumes exaudi preces populi tui et presta : ut quisquis hoc templum beneficia petiturus ingreditur : cuncta se impetrasse letetur. Per dominum. *Ad matutinas invitatorium.* Filie syon currite assunt enim celebria matris nostre solenia. Jubilemus igitur deo nostro unanimes qui sibi eam gratuita elegit clementia. *ps.* Venite. *Hymnus.* Urbs beata hierusalem. *In j. noct. añ.*

*T*ollite portas principes vestras et elevamini porte eternales. *ps.* Domini est terra. *añ.* Vidit jacob schalam summitas ejus celos tangebat et descendentes angelos et dixit : vere locus iste sanctus est. *ps.* Deus noster refugium. *Añ.* Cum evigilasset jacob de somno ait : vere locus iste sanctus est. *ps.* Magnus dominus. ℣ Domum tuam domine decet sanctitudo. In longitudinem dierum. alleluia.

*Q*uotienscunque fratres [*Lec. j.* charissimi altaris vel templi festivitatem colimus : si fideliter et diligenter attendimus et pie ac juste vivimus : quicquid in templis manufactis agitur totum in nobis spirituali edificatione completur. *Re.* In dedicatione

---

[1] edificavit : R.

IN FESTO

templi decantabat populus laudem. Et in ore eorum dulcis resonat tonus. ℣ In hymnis et confessionibus benedicebant dominum. Et. *Lectio ij.*

Non enim mentitur ille qui dixit: Templum enim domini sanctum est: quod estis vos. Et iterum. Nescitis quoniam corpora vestra templum sunt spiritus sancti. Quibus meritis nisi per gratiam dei meruimus fieri templum dei. *Re.* Fundata est domus domini super verticem montium et exaltata est super omnes colles: et venient ad eam omnes gentes. Et dicent: Gloria tibi domine. ℣ Venientes autem venient cum exaltatione¹ portantes manipulos suos. Et dicent. *Lectio iij.*

Quantum ergo possumus cum ipsius adjutorio laboremus: ne deus noster in templo suo hoc est in nobisipsis inveniat quod oculos sue majestatis offendat. Sed habitaculum cordis nostri evacuetur vitiis et virtutibus repleatur. *Re.* Benedic domine domum istam quam edificavi nomini tuo venientium in loco isto. Exaudi preces in excelso solio glorie tue. ℣ Domine si conversus fuerit populus tuus et oraverit ad sanctuarium tuum. Exaudi preces. Gloria patri. Exaudi. *In ij nocturno añ.* Non est hic aliud: nisi domus dei et porta celi. *ps.* Quam dilecta. *Añ.* Erexit jacob lapidem in titulum fundens oleum desuper. *ps.* Benedixisti. *Añ.* Erit mihi dominus in deum: lapis iste vocabitur domus dei.

ps. Fundamenta. ℣ Bene fundata est domus domini. Supra firmam petram. alleluia. *Lec.*

Et ideo fratres charissi- [*iiij.* mi unusquisque consideret conscientiam suam: et quando se aliquo crimine vulneratum esse cognoverit: prius orationibus: jejuniis: vigiliis: vel elemosynis studeat mundare conscientiam suam et sic eucharistiam presumat accipere. *Re.* Beati qui habitant in domo tua domine. In secula seculorum laudabunt te. ℣ Non privabis bonis eos qui ambulant in innocentia domine virtutum: beati omnes qui sperant in te. In secula.

Si enim reatum suum [*Lect. v.* agnoscens ipse se a divino altari subduxerit: cito ad indulgentiam divine misericordie perveniet. Quia sicut qui se exaltat humiliabitur: ita e contrario qui se humiliat exaltabitur. *Re.* Lapides preciosi omnes muri tui. Et turres hierusalem gemmis edificabuntur. ℣ Vidi civitatem sanctam a deo paratam ornatam monilibus suis. Et turres hierusalem. *Lectio vj.*

Qui enim sicut dixi agnoscens reatum suum: ipse se humiliter ab altari eodem pro emendatione vite removere voluerit: ab eterno illo et celesti convivio excommunicari penitus non timebit. *Re.* Vidi civitatem sanctam hierusalem novam a deo paratam et audivi vocem de celo dicentem: Ecce tabernaculum dei cum hominibus: et habitabit cum illis. ℣ Vidi angelum dei volantem per medium celi voce

---

¹ exultatione : R.

DEDICATIONIS ECCLESIE.

magna clamantem et dicentem. Ecce tabernaculum. Gloria. Ecce tabernaculum. *In tertio noct.* *an.* Edificavit moyses altare domino deo. *ps.* Domine deus salutis. *An.* Qui habitat in adiutorio altissimi: in protectione dei celi commorabitur. *ps.* Ipsum. *An.* Domum istam protege domine: et angeli tui custodiant muros eius. *ps.* Cantate domino. (*ij*) ℣ Hec est domus domini firmiter edificata. Bene fundata supra firmam petram. alleluia. *Secundum Lucam.* In illo tempore: Egressus Jesus perambulabat hiericho. Et ecce vir nomine zacheus: et hic erat princeps publicanorum: et ipse dives. Et reliqua.
Sermo ex commentario venerabilis Bede presbyteri. *Lectio vij.*
Que impossibilia sunt apud homines: possibilia sunt apud deum. Ecce enim camelus deposita gybbi sarcina per foramen acus transit: hoc est dives et publicanus relicto onere divitiarum: contempto censu fraudium: angustam portam artamque viam que ad vitam ducit ascendit. *Re.* Domus mea domus orationis vocabitur·dicit dominus in ea omnis qui petit accipit et qui querit invenit. Et pulsanti aperietur. ℣ Petite et accipietis: querite et invenietis. Et pulsanti. *Lec. viij.*
Mystice autem zacheus qui interpretatur justificatus: credentem ex gentibus populum significat: qui quanto curis secularibus occupatior: tanto flagitiis deprimentibus erat factus humilior. Sed ablutus est: sed sanctificatus: sed justificatus in nomine domini Jesu Christi: et in spiritu dei nostri. Tu autem. *Re.* Mane surgens jacob erigebat lapidem in titulum fundens oleum desuper: votum vovit domino. Vere locus iste sanctus est: et ego nesciebam. ℣ Pavensque ipse dixit: quam terribilis est locus iste. Vere locus iste sanctus. *Lectio ix.*
Qui intrantem hiericho salvatorem videre querebat: sed pro turba non poterat: quia gratie fidei quam salvator attulit participare cupiebat: et insolita vitiorum consuetudo ne ad votum perveniret obstiterat. Ascensa ergo sicomoro transeuntem prope dominum crevit[1]: quia per hanc laudabilem fatuitatem: et si necdum ut est solide: jam tamen raptum et quasi in transitu luci sapientie celestis intendit. *Re.* Terribilis est locus iste non est hic aliud nisi domus dei et porta celi vere enim dominus est in loco isto. Cui laus est per secula. ℣ Vos estis templum dei vivi: et spiritus sanctus habitat in vobis. Cui. Gloria. Cui. *ps.* Te deum laudamus. ℣ Bene fundata est domus domini. Supra firmam petram alleluia.
In laudibus antiphona.
Domum tuam domine decet sanctitudo in longitudinem dierum. *ps.* Dominus regnavit. *an.* Domus mea domus orationis vocabitur. *ps.* Jubilate. *An.* Hec est domus domini firmiter edificata: bene fundata est supra firmam petram. *ps.* Deus deus meus. *an.* Bene fundata

---

[1] cernit: R.

IN FESTO DEDICATIONIS ECCLESIE.

est domus domini supra firmam petram. *ps̄.* Benedicite. *antiphona.* Lapides preciosi omnes muri tui: et turres hierusalem gemmis edificabuntur. *ps̄.* Laudate. *Cap.* Vidi civitatem. *Hymnus.*

Angulare fundamentum lapis Christus missus est: qui compage parietis in utroque nectitur: quem syon sancta suscepit in quo credens permanet. *O*mnis illa deo grata et dilecta civitas plena modulis in laude et canore jubilo trinum deum unicumque cum favore predicant. *H*oc in templo summe deus exoratus adveni et clementi bonitate precum vota suscipe largam benedictionem hic infunde jugiter. *H*ic promereantur omnes petita acquirere et adepta possidere cum sanctis perhenniter paradisum introire translati in requiem. Gloria et honor. ℣ Fundata est domus domini. Super verticem montium alleluia. *In evange. an̄.* Mane surgens jacob erigebat lapidem in titulum fundens oleum desuper votum vovit domino vere locus iste sanctus est et ego nesciebam. *ps̄.* Benedictus. *Oratio* Deus qui nobis. *Ad primam an̄.* Domum tuam. *ps̄.* Deus in nomine. *an̄.* Gratias. *ps̄.* Quicunque. *Re.* Jesu Christe. *cum* alleluia. ℣ Qui sedes. *etc. Si vero hoc festum infra septuagesimam contigerit dicatur Responsorium.* Jesu Christe *sine* alleluia. *Ad tertiam an̄.* Domus mea. *ps̄.* Legem pone. *Capitulum.* Vidi civitatem. *Responsorium.* Domum tuam domine decet sanctitudo. Alleluia alleluia: ℣ In longitudinem dierum. Alleluia. Gloria. Domum. ℣ Bene fundata. *Oratio.* Deus qui nobis. *Ad sextam antiphona.* Hec est domus. *ps̄.* Defecit. *Capitulum.*

Ego johannes audivi vocem magnam de throno dicentem: ecce tabernaculum dei cum hominibus et habitat cum eis. *Re.* Bene fundata est domus domini. Alleluia alleluia. ℣ Supra firmam petram. Alleluia. Gloria. Bene fundata. ℣ Hec est domus. *Oratio ut supra. Ad nonam an.* Lapides. *ps̄.* Mirabilia. *Capitulum.*

Et erat structura muri ejus ex lapide jaspidis: ipsa vero ex auro mundo similis vitro puro. *Re.* Hec est domus domini firmiter edificata. All'a all'a. ℣ Bene fundata est supra firmam petram. Alleluia. Gloria. Hec est. ℣ Fundata est domus domini. Super verticem montium. *Oratio ut supra. Ad vesperas an̄.* Domum tuam. *ps̄.* Dixit dominus. *an̄.* Domus mea. *ps̄.* Letatus sum. *an̄.* Hec est. *ps̄.* Nisi dominus edificavit. *an̄.* Bene fundata. *ps̄.* Confitebor. (*ij.*) *an̄.* Lapides. *ps̄.* Lauda hierusalem. *Cap.* Ego johannes. *Re.* Terribilis. *Hym.* Angulare fundamentum. ℣ Beati qui habitant. *In evangelio an̄.* Zachee festinans descende: quia hodie in domo tua oportet me manere: at ille festinans descendit et suscepit eum gaudens in domum suam: hodie huic domui salus a deo facta est alleluia. *ps̄.* Magnificat. *Ōro.* Deus qui nobis.

¶ *Antiphone sequentes dicantur infra octavas super psalmos* Magnificat *et* Benedictus.

INFRA OCTAVAS DEDICATIONIS.

*E*cce tabernaculum dei cum hominibus et spiritus sanctus habitat in eo: templum enim dei sanctum est quod estis vos. *ps̄.* Magnificat. *an̄.* Pax eterna ab eterno patre huic domui pax perhennis verbum patris sit pax huic domui pacem pius consolator prestet huic domui. *ps̄.* Magnificat. *an̄.* Pax huic domui et omnibus habitantibus in ea pax ingredientibus et egredientibus all'a. *ps̄.* Benedictus. *an̄.* Benedic domine domum istam que edificata est nomini tuo: ut sint oculi tui aperti super eam die ac nocte. *ps̄.* Magnificat. *an̄.* Fundamentum aliud nemo potest ponere preter illud denique quod positum est a Christo domino. *ps̄.* Benedictus. *an̄.* Benedic domine domum istam et omnes habitantes in ea: quia tu domine dixisti pax huic domui benedic domine timentes te pusillos cum majoribus: benedicti vos a domino qui fecit celum et terram. *ps̄.* Magnificat. *an̄.* Benedic domine domum istam quam edificavi nomini tuo venientium in loco isto exaudi preces in excelso solio[1] glorie tue. *ps̄.* Benedictus. *an̄.* Ecce tabernaculum dei cum hominibus et spiritus dei habitat in vobis templum enim dei sanctum est quod estis vos pro cujus amore celebrabitis[2] hodie gaudia templi tempore festi. *ps̄.* Magnificat. *an̄.* Architectus fundavit domum istam et sanctificavit eam in eternum: quia sancta sanctorum manent in ea alleluia. *ps̄.* Benedictus. *etc.*
❡ *Infra octavas dicitur servitium hoc modo. Invitatorium.* Filie syon. *ps̄.* Venite exultemus domino. *Hymnus.* Urbs beata hierusalem. *In nocturno an̄.* Tollite portas. *ps̄.* Domini est terra. *et ceteri psalmi sicut in die sub eadem antiphona.* ℣ Domum tuam. *N*atalem templi hujus [*Lec. j.* diem fratres dilectissimi in Christo propicio cum exultatione et gaudio hodie celebramus et maternam solennitatem matris ecclesie christiani populi colunt: per quam spiritaliter renatos se esse cognoscunt. *Responsoria secundum ordinem nocturnorum ordinatim iterata dicantur. Lec. ij.* *N*am qui per primam nativitatem vasa ire dei fuimus: per secundam vasa misericordie fieri meruimus. Prima enim nativitas nox perduxit ad mortem: secunda renovavit ad vitam. *O*mnes enim nos fra- [*Lec. iij.* tres charissimi ante baptismum phana diaboli fuimus: et post baptismum templa Christi esse meruimus. Ista enim templa fratres charissimi de lignis et lapidibus ideo fabricantur: ut ibi templa dei viventia congregentur: ac sic ad templum dei conveniant. *ps̄.* Te deum. ℣ Bene fundata. *In laudibus hec sola antiphona.* Domum tuam. *ps̄.* Dominus regnavit. *etc. Cap.* Vidi civitatem. *Hymnus* Angulare fundamentum. ℣ Fundata est domus. *In evangelio una antiphona de predictis antiphonis super psalmum* Benedictus. *Oratio.* Deus qui nobis. *Ad primam an̄.* Domus mea. *ps̄.* Deus in nomine. *Antiphona de trinitate.*

---

[1] 'solio' om.: R.W.

[2] celebratis: R.W.

ps. Quicunque vult. *Ad tertiam et ad alias horas ut supra in die cum oratione.* Deus qui nobis. *Ad vesperas hec sola antiphona.* Domum tuam. *cum psalmis de primis vesperis. Capitulum.* Ego johannes. *Hymnus.* Angulare fundamentum. ℣ Beati qui habitant. *Antiphona secundum ordinem super psalmum* Magnificat. *Oratio.* Deus qui nobis.

❡ *Tertio die.*   *Lectio j.*
Unus christianus unum templum dei est et multi christiani multa sunt templa dei. Quoniam enim multa membra faciunt unum corpus : sic multa templa faciunt unum templum. Sed ista templa Christi : hoc est christiane anime per universum mundum sunt disperse. Cum enim dies judicii venerit congregabuntur omnia et in vita eterna facient unum templum. *Lect. ij.*
Gaudeamus ergo fratres charissimi : quia templum dei esse meruimus : sed timeamus ne templum dei malis operibus violemus. Timeamus quod dicit apostolus : Si quis templum dei violaverit : disperdet illum dominus. *Lectio iij.*
Quantum enim possimus[1] cum dei adjutorio studeamus charitatem tenere : luxuriam repudiare : avariciam contempnere : misericordiam querere : odium despicere : charitatem diligere utilia queque facere. Hec si auxiliante deo facimus fratres in templum cordis et corporis nostri deum jugiter invitamus.

❡ *Quarto die.*   *Lectio j.*
Quotiens ergo fratres charissimi natalem templi cupitis celebrare : sobrii et pacifici[2] debetis ad ecclesiam convenire et ante plures dies castitatem etiam cum propriis uxoribus custodire : et secundum vires vestras pauperibus elemosynam exhibere : et tunc spiritaliter ad natalem basilice : et ad sanctorum solennitatem convenire : et quicquid juste volueritis petere a deo : totum poteritis obtinere. *Lec. ij.*
Hec etiam ante omnia oportet ut quomodo ad ecclesiam nitidis vestibus venitis : ita etiam et mundo corde veniatis. Nihil enim prodest ut nitidus appareas in oculis hominum : si sordidus fueris in oculis angelorum. *Lectio iij.*
Duo enim sunt fratres dilectissimi qui in nobis habitare desiderant. Christus enim dominus noster : et diabolus adversarius noster. Ambo ergo pulsant ad ostium cordis nostri. Noli ergo Christum repellere : si vultis[3] adversarium non timere.

❡ *Quinto die.*   *Lectio prima.*
Quotienscunque festivitates celebrande fuerint : non solum casto corpore : sed etiam mundo corde ad ecclesiam veniamus : et ante omnia adversus aliquem hominem odium in corde non servemus. *Lectio ij.*
Qui enim vel unum hominem odio habet audiat scripturam dicentem : Qui fratrem suum odit homicida est. Et si homicida est[4] qui fratrem suum odit : qua fronte ad altare dei communicare presumit. *Lectio iij.*
Et ideo qui injuriam fecit : cito veniam petat : et[5] factam

---

[1] possumus : W.   [2] pacifi : R.   [3] vis : R. W.   [4] 'est' om. : R.   [5] 'qui' add : R.

DEDICATIONIS.

pertulit: cito indulgeat: ut securus in oratione dominica deo dicere potuit.[1] Dimitte nobis debita nostra: sicut et nos dimittimus debitoribus nostris.

¶ *Sexto die.* *Lectio j.*

In dedicationibus quoque ecclesiarum multa signa nostris temporibus videmus peracta. Idcirco nos dedicationes novarum ecclesiarum solenniter venerari oportet: ut sicut corpora aliorum in eis sanari et reformari[2] videmus: ita anime nostre sanentur: et interius misericordia domini renoventur. *Lectio ij.*

Illuminantur namque in ecclesiis deo dedicatis visibiliter ceci: sed corda fidelium in eis invisibiliter gratia sancti spiritus illustrantur. Leprosi ergo visibiliter sanantur: sed invisibiliter qui variis heresibus sunt aspersi spiritaliter in ecclesiis[3] deo dedicatis ad fidem catholicam convertuntur. *Lectio iij.*

Muti quoque visibiliter in consecratis locis loquuntur: sed invisibiliter fatuis et utiliter loqui nescientibus domini gratia recte loqui ministratur. Auditum quoque in predictis locis sanctis visibiliter recipiunt surdi: sed invisibiliter aures precordiorum sancti spiritus illustratione aperiuntur.

¶ *Dominica infra octavas.* ad *vesperas añ.* Domum tuam. *et cetere antiphone cum psalmis de primis vesperis. Capitulum.* Ego johannes. *Hymnus.* Angulare fundamentum. ℣ Beati qui habitant. *Ad psalmum* Magnificat. *antiphona secundum ordinem. Ad matutinas omnia ut in die preter antiphonam ad psalmum* Benedictus. *que dicetur secundum ordinem.* *Lectio j.*

O quam veneranda dies in qua parietes hujus templi divinis precibus consecrati sunt. O amabilis et benedicta dies in qua domus hec domino divinis cultibus et sacris actionibus est dedicata: ut in ea perpetualiter nomen domini invocetur. *Lectio ij.*

O sacratissima dies in qua parietes hujus templi sacris unctionibus et sancto crismate sunt delibuti: ut in ea demum populi oblationes domino offerant: et sacrificia in ea domino sacerdotes consecrent. *Lectio iij.*

O totis visibus[4] amplectenda et amanda dies venerabiliterque ab omnibus colenda: in qua altaria hujus templi divinis unctionibus sunt delibuta: et sancto crismate ab episcopo venerabiliter inuncta: atque divinis precibus consecrata: ut super ea sacerdotes hostias immolarent.

O vere amanda et [*Lectio iiij.*] solenniter colenda dedicationis hujus sancti templi beata dies in qua fundamenta et pavimenta sive tecta hujus templi ab episcopo divinis orationibus sunt dedicata: ut que antea domus vocabatur: postmodum ecclesia ad orandum et conveniendum vocaretur. *Lectio v.*

Tante enim venerationis erant apud patres nostros[5] dedicationes ecclesiarum quante ipsius resurrectionis domini et nativitatis seu penthecostes dies. Nam sancti patres ut legimus

---

[1] possit: R.   [2] formari: R.
[4] viribus: R.

[3] 'ecclesiis' om.: R.W.
[5] nostras: R.

IN OCTAVA DEDICATIONIS.

querentes pignora sanctorum martyrum: in quorum honoribus desiderabant habere ecclesias. Sed non invenientes: quoniam nec corpora eorum adhuc inventa erant: nec reliquias eorum habere poterant. *Lectio ij.*

*P*redicti ergo sancti patres ecclesias fabricabant: et altaria in eis erigebant: atque in honoribus eorum sanctorum de quibus desiderabant habere pignora consecrabant. Pannosque quos super altaria jam sacrata mittebant: postmodum super defunctos ponebant: qui et meritis eorum sanctorum in quorum honoribus ipsa altaria sacrata erant: statim resuscitabantur. *Tres ultime lectiones de expositione evangelii sicut in die.*

¶ *In octava dedicationis ad vesperas añ.* Domum tuam *et cetere antiphone cum psalmis de primis vesperis. Capitulum.* Vidi civitatem. *Hymnus.* Urbs beata hierusalem. ℣ Beati qui habitant. *In evangelio añ.* O quam metuendus. *ps.* Magnificat. *Oratio* Deus qui nobis. *Ad matutinas invitatorium* Filie syon. *Hymni: antiphone et psalmi ut in die.*

O quam metuenda et ve-[*Lec.j.* nerabiliter colenda est sancte ecclesie istius hodierne festivitatis consecratio: in qua visitant angeli orantes et querentes toto corde dominum: et mirabiliter protegendo custodiunt: ut ait propheta. In conspectu angelorum psallam tibi: et confitebor nomini tuo. *Responsoria sicut in die dedicationis. Lec. ij.*

*O*quam venerandus locus domino dedicatus est iste: in quo spiritus celestes angeli quoque atque archangeli: throni et dominationes: principatus et potestates: die noctuque incessanter penetrant spiritualiter corda fidelium. Cunctosque ad bene agendum nutu divino instigant.

*I*n ecclesiis quippe et [*Lec. iij.* deo dicatis oratoriis sepissime videmus cecos illuminari: claudos reformari: leprosos mundari: et reliqua innumerabilia signa manifestissime fieri. In aliis quoque locis hec minime repperimus fieri: nisi in devotione eundi et redeundi ad sancta loca: aut in bona devotione permanendi. *Lectio iiij.*

*C*urramus ergo ad ecclesias deo dicatas: et ibi oremus: ibique sacrificemus: quatinus peccatorum nostrorum remissionem inibi precipiamus et consolationem: ut nostra ministeria in sacratis locis justius et sanctius peragamus. *Lectio v.*

*F*estinemus fratres currere devote ad ecclesias: colamusque venerabiliter eorum[1] encenia: et totis nisibus laudemus dominum in hodierna dedicationis festivitate ut gratiam dei adipisci valeamus. Nam antiqui patres nostri dedicationes templorum in quibus divinum agebant officium: per octo dies venerabiliter et pie viventes venerabantur. *Lectio vj.*

*E*t in eis octo diebus semper in hymnis et canticis atque aliis divinis laudibus in veneratione dedicationum templorum insistebant: solenniterque in omnibus cultibus hos octo dies degentes: gratias ac laudem

---

[1] 'eorum' om. : R.W.

domino semper agebant : et pro eorum sceleribus sive totius populi humiliter poscebant veniamque flagitabant. *Sec. lucam.*

*I*n illo tempore : Egressus Jesus perambulabat hiericho. Et ecce vir nomine zacheus : et hic erat princeps publicanorum : et ipse dives. Et reliqua.

Omeli beati Augustini episcopi.

*S*acheus pusillus : hoc [*Lec. vij.* est nullius nobilitatis in gente. Dignitate sublimis : exiguus meritis sicut populus nationum audito de salvatoris adventu quem sui non receperant : videre cupiebat. Sed nemo facile Jesum videt : nemo potest Jesum videre constitutus in terra.

*E*t quia non prophe- [*Lec. viij.* tas : non regnum tanquam forme gratiam naturalis : ascendit in arborem sicomorum : nativitatem scilicet judeorum vestigio suo prosternens : erat quoque erigens superioris etatis. Et ideo Jesum interioris domus recepit hospitio. *Lectio ix.*

*E*t bene ascendit in arborem ut arbor bona fructus bonos faceret : ac naturali excisus oleastro et contra naturam insertus in bonam olivam : fructum posset legis inferre : radix enim sancta etsi rami inutiles quorum infructuosam gloriam plebs gentium fidem resurrectionis quasi quadam corporis elevatione transcendit.

¶ *Rubrica de commemorationibus.*

*N*otandum vero[1] *quod a festo sancte Trinitatis usque ad festum Nativitatis domini : excepta tertia hebdomada in adventu : et ab octava epiphanie usque ad caput jejunii : et ab octava Pasche usque ad vigiliam Penthecostes : dicatur semel in qualibet septimana de Domina : videlicet die sabbati cum regimine chori : nisi impediatur per festa novem lectionum vel trium lectionum habentia propria responsoria : vel proprias laudes vel aliquorum qui sunt in canone : ut Cosme et Damiani : sive per quatuor tempora vel vigilias : seu per octavas precipuas : vel per[2] dies octavarum alicujus sancti : non impedientibus diebus infra octavas sancti Andree : sancte Agnetis sancti Johannis baptiste : sancti Petri ad vincula : sancti Laurentii : vel sancti Martini. Et si non poterit dici de ea die sabbati propter causas premissas : tunc fiet mutatio de ejus servitio in aliam feriam septimane ubi competentius fieri potest. Nec omittatur ipsius commemoratio quarta hebdomada adventus si dies nativitatis domini tertiam feriam excesserit : et licet officium dominicale transferatur in feriam secundam propter festum sancti Thome contingens in quarta dominica adventus tamen feria tertia ipsius quarte hebdomade dicetur de domina et illo anno dicetur de officio dominicali feria secunda predicta dumtaxat.* ¶ *Sciendum tamen est*[3] *quod si aliquo die septimane occurrerit festum speciale beate virginis : vel etiam aliqua dies octavarum alicujus festi ejusdem et festum vel octave hujusmodi diem sabbati precesserint : dicatur nihilominus die sabbati*

---

[1] *pro 'vero' est: G.*   [2] *'per' om.: R.W.*   [3] *'est' om.: R.W.*

DE COMMEMORATIONE

de commemoratione beate virginis nisi impediatur ex causis suprascriptis : ne amittat jus diei sibi specialiter assignati. Quodsi die sabbati hujusmodi impedimentum occurrat : ejus commemoratio predicta septimana totaliter omittatur. ¶ *Et sciendum est quod quando dicendum est de commemoratione beate virginis : et commemoratio suas primas vesperas habere non potest : pro eo quod tale festum precedit : quod habet suas secundas vesperas : in ipsis vesperis omnino de commemoratione ejusdem virginis est*[1] *memoria facienda.* ¶ *De commemoratione beate Marie virginis infra Adventum : ad vesperas antiphone et psalmi feriales. Cap.* Ecce virgo concipiet et pariet filium : et vocabitur nomen ejus emanuel : butyrum et mel comedet : ut sciat reprobare malum & eligere bonum. *Hymnus.* Ave maris stella dei mater alma : atque semper. *Et ter dicatur primus versus : et sic in omnibus vesperis beate Marie virginis quando dicitur Hymnus* Ave maris stella dei. ℣ Egredietur virga de radice. *In evang. añ.* Ne timeas maria invenisti gratiam apud dominum ecce concipies et paries filium alleluia. *pš.* Magnificat. *Oratio.* Deus qui de beate marie virginis utero : *ut in festo Annunciationis beate marie. Memoria de adventu. Ad completorium añ.* Cum jocunditate. *pš.* Cum invocarem *etc. Capitulum.* Tu in nobis. *Hymnus.* Te lucis etc. *cum versu.* Gloria tibi domine qui natus. ℣ Custodi nos domine. *In evange. añ.* Sub tuum presidium. *pš.* Nunc dimittis. *etc. Ad matutinas invitato.* In honore beatissime marie virginis. Jubilemus domino. *pš.* Venite. *Hymnus.* Quem terra pontus. *In nocturno añ.* Benedicta tu. *pš.* Domine dominus noster. *cum ceteris psalmis de domina.* ℣ Egredietur virga. *Lectio j.*

Missus est angelus gabriel a deo. Raro ante legimus quia apparentes hominibus angeli designantur[2] ex nomine. Verum quotienscunque fit ideo utique fit ut etiam ipso nomine quod ministraturi veniant[3] insinuent. Gabriel nanque fortitudo dei dicitur. Et merito tali nomine prefulget : qui nascituro in carne deo testimonium perhibet : de quo propheta in psalmo. Dominus inquit fortis et potens : dominus potens in prelio. Illo nimirum prelio quo potestates aereas debellare : et ab earum tyrannide mundum veniebat eripere. *Re.* Missus est gabriel angelus ad mariam virginem desponsatam joseph : nuncians ei verbum et expavescit virgo de lumine : ne timeas maria invenisti gratiam apud dominum ecce concipies et paries. Et vocabitur altissimi filius. ℣ Dabit illi dominus deus sedem david patris ejus et regnabit in domo jacob in eternum. Et vocabitur. *Lectio ij.*

Ad virginem desponsatam viro : cui nomen erat joseph de domo david et nomen virginis maria. Quod dicitur de domo

---

[1] 'est' om.: W. 'cum' add: W. 'et' add: E.S.
[2] designentur: G.   [3] veniunt: G.

david: non tantum ad joseph: sed etiam pertinet ad mariam. Legis nanque erat preceptum ut de sua quisque tribu ac familia duceret uxorem: apostolo quoque attestante: qui ad tymotheum scribens ait. Memor esto igitur Jesum Christum resurrexisse a mortuis ex semine david secumdum[1] evangelium meum. Ideo enim veraciter ex semine david ortus est dominus: quia incorrupta ejus genitrix veram de stirpe david originem duxit. *Re.* Ave maria gratia plena dominus tecum. Spiritus sanctus superveniet in te et virtus altissimi obumbrabit tibi quod enim ex te nascetur sanctum vocabitur filius dei. ℣ Quomodo fiet istud quoniam virum non cognosco et respondens angelus dixit ei. Spiritus. *Lectio iij.* Ingressus autem angelus ad eam dixit. Ave gratia plena dominus tecum: benedicta tu in mulieribus. Que salutatio quantum humane consuetudini inaudita: tantum est beate marie dignitati congrua. Vere enim gratia erat plena: cui divino munere collatum est: ut prima inter feminas gloriosissimum deo virginitatis munus offerret. Unde jure angelico[2] aspectu simul et affatu meruit perfrui: que vitam angelicam studuit imitari. *Re.* Suscipe verbum virgo maria quod tibi a domino per angelum transmissum est: concipies per aurem deum paries et hominem. Ut benedicta dicaris inter omnes mulieres. ℣ Paries quidem filium: sed viginitatis non patieris detrimentum efficieris gravida et eris mater semper intacta. Ut benedicta. Gloria patri. Ut benedicta. ℣ Emitte agnum. *In* Prophete predi-*[laudibus an.* caverunt nasci salvatorem de virgine maria. *ps.* Dominus regnavit. *et ceteri psalmi sub eadem ana. Capitulum.* Ecce virgo concipiet. *Hymnus.* O gloriosa domina. ℣ Elegit eam. *In evang. an.* Spiritus sanctus in te descendet maria ne timeas habens in utero filium dei alleluia. *ps.* Benedictus. *Oratio.* Deus qui de beate marie. *Ad primam an.* Orietur sicut sol salvator mundi et descendet in uterum virginis sicut hymber[3] super gramen alleluia. *ps.* Deus in nomine tuo. *etc. Ana*[4] *de Trinitate super psalmum* Quicunque vult salvus esse. *Re.* Jesu Christe. ℣ Qui de virgine *etc. Ad tertiam ana.* Missus est gabriel angelus ad mariam virginem desponsatam joseph. *ps.* Legem pone mihi. *Capitulum.* Locutus est dominus ad achaz. *ut in festo Annunciationis. Re.* Veni ad liberandum nos domine deus virtutum. ℣ Et ostende faciem tuam et salvi erimus. Domine deus. Gloria patri. Veni. ℣ Timebunt gentes. *Oratio ut supra. Ad sextam an.* Ave maria gratia plena dominus tecum benedicta tu in mulieribus alleluia. *ps.* Defecit in salutare. *Capitulum* Ecce virgo concipiet. *ut supra. Re.* Ostende nobis domine: misericordiam tuam. ℣ Et salutare tuum da nobis. Misericordiam. Gloria patri. Ostende nobis. ℣ Memento nostri

---

[1] secundum: E.G.W.S.
[2] anglico: E.
[3] imber: G. ymber: E.W.S.
[4] anē: E.

domine. *Oratio ut supra.* *Ad nonam añ.* Angelus domini nunciavit marie et concepit de spiritu sancto. *ps̄.* Mirabilia testimonia. *Capitulum.* Egredietur virga. *ut in festo Annunciationis. Re.* Super te hierusalem: Orietur dominus. ℣ Et gloria ejus in te videbitur. Orietur. Gloria patri. Super te. ℣ Domine deus virtutum. *Oratio ut supra.*

❡ *In commemoratione beate marie infra nativitatem domini usque ad purificationem. Ad vesperas antiphone et psalmi feriales. Cap.* Beata es maria. *Hymnus.* Ave maris stella. ℣ Post partum virgo. *In evange. añ.* Nesciens mater. *ut infra nativitatem domini. ps̄.* Magnificat. *Oratio.*

Deus qui salutis [1] eterne beate marie virginitate fecunda humano generi premia prestitisti: tribue quesumus ut ipsam pro nobis intercedere senciamus: per quam meruimus auctorem vite suscipere dominum nostrum Jesum Christum filium tuum qui tecum. *Ad completorium ut supra. Ad matutinas invitato.* In honore. *ps̄.* Venite. *Hymnus.* Quem terra pontus. *In nocturno añ.* Benedicta tu. *ps̄.* Domine dominus noster. *etc. ut supra.* ℣ Sancta dei genitrix.

❡ *Sermo beati maximi episcopi.*

Parturiente maria [*Lectio j.* natus est nobis dei filius: ut germane carnis nostre conceptione productus: creato a se homini et pietatem paternam et fraternum largiretur [2] affectum. Et natus est sane ab intacta femina ut deum pariter et hominem testaretur partus humanus: et deum probaret eterna virginitas. Nam sicut non poterat nisi caro de carne nasci: ita non poterat dei caro de femineo utero nisi sine generante prodire. Propter quod ait angelus beatissime marie. Spiritus sanctus superveniet in te: et virtus altissimi obumbrabit tibi: quod nascetur ex te sanctum vocabitur filius dei. *Re.* Beata es maria. *Lectio ij.*

Spiritus inquit sanctus superveniet in te. Idcirco tibi frater virtutem sancti spiritus angelicus sermo pretexit: ne conjecturis carnalis disputationis hebetatus: celeste tibi ipse mysterium terrena argumentatione confundas. Aut [3] non putas eum novum puerum in alvo virginis potuisse formare: qui cum primum conderet hominem nec semen patris nec viscera materna quesivit. Dic itaque [4] quicunque es superne dispensationis arbiter et discussor: que tibi videtur virtus eminencior: partum dedisse virgini: aut perfectum hominem creasse de terra. Primus enim homo [5] ut ait apostolus de terra terrenus: secundus homo de celo celestis. *Re.* Sancta et immaculata. *Lectio iij.*

Si contra naturam esse contendis: quod in [6] mysterio redemptionis nostre sine viro puella asseritur concepisse: cujus quero [7] nature est: quod in parente generis nostri caro sine carne formata est ? Que est ista

---

[1] a verbo 'eterne' usque 'ad finem omnia' om.: G.   [2] largietur: E.
[3] An: N.G.   [4] ita: R.   [5] pro 'homo' hic: E.S.
[6] 'in' om.: F.N.G.S.   [7] queso: N.G.

ratio immo quam ceca contentio ut non credatur deus facere hominem posse de femina quem creditur fecisse de pulvere. Si omnipotentis o homo tali in negocio esse perspicis voluntatem: de opere cur retractas. Omnia enim sicut legitur dominus que voluit fecit in celo et in terra. *Re.* Te laudant angeli sancta dei genitrix que virum non cognovisti et dominum in tuo utero bajulasti concepisti per aurem dominum nostrum. Ut benedicta dicaris inter omnes mulieres. ℣ Ipsum genuisti et in presepe posuisti quem adorat multitudo angelorum. Ut benedicta. Gloria. Ut benedicta. *ps.* Te deum. ℣ Speciosa facta es. *In laudibus an.* O admirabile. *ps.* Dominus regnavit. *etc. Cap.* Felix nanque. *Hymnus* O gloriosa. ℣ Elegit eam. *In evang. an.* Virgo verbo concepit[1] virgo permansit virgo peperit regem omnium regum. *ps.* Benedictus. *Oratio.* Deus qui salutis eterne. *Ad primam an.* Quando natus. *ps.* Deus in nomine. *et cetera. Ad tertiam an.* Rubum. *ps.* Legem pone. *Capit.* Ab initio. *Re.* Sancta dei genitrix. *Oratio ut supra. Ad sextam an.* Germinavit. *ps.* Defecit. *Capitulum.* Et sic in syon. *Re.* Post partum virgo. *Oratio ut supra. Ad nonam an.* Ecce maria. *ps.* Mirabilia. *Cap.* Et radicavi in populo. *Re.* Speciosa. *Oratio ut supra.*

¶ *De domina in tempore paschali. ad vesperas an.* Alleluia *pertinens ad feriam cum psalmis ferialibus. Capitulum.* Beata es maria. *Hym.* Ave maris stella. ℣ Post partum. *In evangelio an.* Ave regina celorum: ave domina. *ps.* Magnificat. *Oratio.* Prosit nobis semper omnipotens pater et precipue inter hec paschalia filii tui[2] solennia: continuata dei genitricis marie memoria que et astitit vulnerata caritate in cruce pendenti et astat regina a dextris in celo regnanti. Per eundem. *Completorium vero non mutatur nisi tantum versus.* Gloria tibi domine qui natus es de virgine. *post versum.* Quesumus auctor omnium. *Ad matutinas Invita.* In honore beatissime *cum* alleluia. *ps.* Venite exultemus. *Hymnus* Quem terra pontus ethera. *Et in fine hymnorum quorum metro convenit dicetur.* Quesumus auctor omnium in hoc.[3] Gloria tibi domine qui natus es de virgine.[4] *In nocturno an.* Alleluia. *iij. ps.* Cantate domino. (*j.*) *ps.* Dominus regnavit exultet. *ps.* Cantate. (*ij.*) ℣ Sancta dei genitrix. Stabant juxta [*Lectio prima.* crucem Jesu[5] mater ejus et soror matris ejus maria cleophe et maria magdalene. Hec nimirum est illa hora de qua Jesus aquam conversurus in vinum dixerat matri. Quid mihi et tibi est mulier. Nondum venit hora mea. Hanc itaque horam predixerat que tunc nondum venerat in qua deberet agnoscere[6] moriturus de qua fuerat mortaliter natus. Tunc ergo divina facturus non divinitatis sed

---

[1] *ut infra nativitatem domini. Oratio* Deus &c. : E.N.G.S.
[2] pro 'tui' sui : E.G.S.
[3] 'paschali' add : G.
[4] 'de virgine' om. : G.
[5] Jesus : N.G.
[6] agnosce : S.

IN COMMEMORATIONE

infirmitatis matrem velut incognitam repellebat. Nunc autem humana jam patiens ex qua fuerat factus homo: affectu commendabat humano. Tunc vero[1] qui mariam creaverat: innotescebat virtute. Nunc vero quod maria pepererat: pendebat in cruce. *Re.* Beata es maria[2] *cum alleluia.* *Lectio ij.*

Moralis igitur insinuatur locus. Facit quod faciendum admonet et exemplo suo instruxit preceptor bonus. ut a filiis piis impendatur cura parentibus tanquam lignum illud ubi erant fixa membra morientis etiam cathedra fuerit[3] magistri docentis. Ex hac doctrina sana didicerat apostolus paulus qui docebat quando dicebat. Si quis autem suis et maxime domesticis non providet. fidem negavit et est infideli deterior. *Re.* Sancta et immaculata. *Lectio iij.*

Quid autem tam cuique domesticum: quam parentes filiis aut filii parentibus. Hujus itaque saluberrimi precepti: ipse magister sanctorum de seipso constituebat exemplum: quando non famule deus quam creaverat et regebat: sed matri homo de qua natus fuerat et quam relinquebat alterum pro se quodammodo filium providebat. Nam cur hoc fecerit quod sequitur indicat. Ait enim evangelista. Ex illa hora accepit eam discipulus in sua: de seipso dicens. Sic quippe commemorare se solet quod eum diligebat Jesus. Suscepit eam igitur discipulus in sua non predia quia nulla proprie possidebat sed officia que propria dispensatione exequenda curabat. *Re.* Felix nanque es. *ps.* Te deum. ℣ Speciosa facta es.[4] *In laudibus an.* Alleluia alleluia. *ps.* Dominus regnavit. etc. *Capitulum.* Felix nanque es. *Hymnus.* O gloriosa domina. ℣ Elegit eam deus. *In evange. an.* Beata dei genitrix. *ps.* Benedictus. *Oratio.* Prosit nobis. *Ad primam an.* Alleluia. *vij.*[5] *ps.* Deus in nomine tuo. *Re.* Jesu Christe *cum* alleluia. ℣ Qui de virgine. *Ad tertiam an.* Alleluia *ix. ps.* Legem pone. *Capitulum.* Ab initio. *Re.* Sancta dei genitrix *cum* alleluia. *Oratio ut supra. Ad sextam an.* Alleluia *iiij. ps.* Defecit in salutare *Capitulum* Et sic in syon. *Re.* Post partum *cum* alleluia. *Oratio ut supra. Ad nonam an.* Alleluia *iiij. ps.* Mirabilia testimonia. *Capitulum* Et radicavi. *Re.* Speciosa facta *cum* alleluia. *Oratio ut supra.*

¶ *In commemoratione beate marie a purificatione beate virginis usque ad caput jejunii: et a festo trinitatis usque ad adventum. Ad vesperas antiphone et psalmi feriales. Capit.* Beatus es maria. *Hymnus.* Ave maris stella. ℣ Sancta dei genitrix. *In evange. an.* Ave regina celorum ave domina angelorum.[6] *quere infra octavas assumptionis beate marie. ps.* Magnificat. *Oratio.* Concede

---

[1] 'vero' om. : N.G.
[2] 'que dominum portasti creatorem mundi. Genuisti qui te fecit et in eternum permanes virgo. ℣ Ave maria gratia plena dominus tecum. Genuisti. cum &c.' add : R.
[3] fuerat : N.G.S.
[4] 'facta es' om. : G.
[5] pro 'vij.' vii: : R.
[6] 'ave domina angelorum' om. : G.

nos famulos tuos. *Ad completorium an.* Cum jocunditate. *ps.* Cum invocarem *etc. Capitulum.* Sub tuum. *ps.* Nunc dimittis. *etc. Ad matutinas invitatorium.* In honore. *ps.* Venite. *Hym.* Quem terra pontus. *In nocturno an.* Benedicta tu. *ps.* Domine dominus noster. *et ceteri psalmi de domina sub hac antiphona.* ⁊ Sancta dei genitrix. *Item in commemoratione beate marie virginis.* Sacrosanctam [*Lectio prima.* venerabilis dei genitricis marie memoriam congrue divinis laudibus catholica frequentat ecclesia: quia ejus sine intermissione salutari indiget auxilio. Nam reverentia que dei matri defertur illi etiam qui eam talem fecit ut et virgo et mater esset exhibetur. Ideo ergo totis desideriis totisque preconiis ejus insistamus[1] laudibus. ut et matrem sentiamus nobis piissimam filiumque ejus judicem serenissimum. Hec est virgo que antiquum diabolice seditionis cyrographum abolevit totique seculo subvenit et celeste regnum credentibus patefecit: dum per spiritum sanctum deum et hominem concepit. *Re.* Beata es maria. Opere precium quippe [*Lec. ij.* est ut intentis celebretur laudibus in terris: cui officiosissime angeli famulantur in celis. Nam si eam ille precipuus gabriel humiliter salutans honorabatur[2] in terris multo amplius eam super celos exaltatam: et ut ita dicam in throno dei collocatam. nunc cum omnibus sanctis honorat laudibus dignissimis. Hec est sola cui nulla virgo potest comparari: quia tanta est ut quanta sit non possit enarrari. Hanc expectabant sancti patriarche: hanc precinebant prophete: omnesque quos spiritus sanctus attigerat optabant videre. *Re.* Sancta et immaculata. *Lectio iij.* Hec tanta tamque sancta regia virgo digno exigit venerari preconio: cujus constat mundum salvari suffragio. Hec est inquam fenestra celi: aurora solis eterni: janua paradisi et veri archa propiciatorii. Hec est ergo domina regum: decus mulierum gemma virginum: lux seculorum: congratulatio angelorum: consolatio miserorum: spes et refugium peccatorum omniumque reparatio credentium. Quicquid igitur boni mundus habet ab illa suscepit: ex qua salutis nostre initium manat. Hec nobis suis semper subvenire dignetur veneratoribus: atque pie sacris precibus a vitiis purget omnibus: seque considerare et collaudare donet in celestibus. *Re.* Felix nanque[3] es sacra virgo maria: et omni laude. *Sermo beati hieronymi presbyteri.* *Lectio j.* Beata et gloriosa virgo maria a prophetis quidem prenunciata: a patriarchis figuris et enigmatibus presignata: ab evangelistis exhibita et monstrata: ab angelo venerabiliter atque officiosissime salutata. Preterea qualis et quanta esset ab eodem divinitus declaratur cum ait: Ave maria gratia plena dominus tecum: benedicta tu in mulieribus.

---

[1] insistemus: S.   [2] honorabat: G.
[3] ab 'es' usque ad 'laude' om.: G.

Talibus namque decebat virginem oppignorari[1] muneribus: ut esset gratia plena que dedit celis gloriam: terris deum: pacemque refudit fidem gentibus: finem vitiis: vite ordinem: moribus disciplinam. *Re.* Beata es maria. *Lectio ij.*

Et bene angelus ad virginem mittitur: quia semper angelis est cognata virginitas. Profecto in carne preter carnem vivere: non terrena vita est sed celestis. Unde et in carne angelicam gloriam acquirere majoris est meriti quam habere. Esse vero[2] angelum felicitatis est: esse vero virginem virtutis: dum[3] hoc[4] obtinere viribus nititur cum gratia: quod habet angelus ex natura. Utrumque tamen et esse virginem vel angelum: divini muneris est officium non humani. *Re.* Sancta et immaculata virginitas. *Lec. iij.*

Ave inquit gratia plena. Et bene plena: quia ceteris per partes prestatur: marie vero simul se tota infudit plenitudo gratie. Hoc quippe est quod david ait: Descendit sicut pluvia in vellus. Vellus itaque[5] cum sit de corpore: nescit corporis passionem. Sic et virginitas cum sit in carne: vitia carnis nescit. Celestis plane ymber[6] virginem[7] vellus placido se infudit elapsu: et tota divinitatis unda se contulit in carnem: quando verbum caro factum est: ac deinde per crucis patibulum expressum: terris omnibus pluviam salutis effudit: et stillicidia gratie humanis prestitit mentibus. Dominus tecum. Mira res. Et jam cum virgine erat qui ad virginem mittebat angelum: et precessit nuncium suum deus: sed a deo non recessit: nec teneri potuit locis: qui omnibus habetur in locis: et totus ubique sine quo nihil totum.

℣ *Item in commemorationibus. Sermo beati Fulberti Carnotensis episcopi.* *Lectio j.*

Non est pretereundum: sed magis memorie commendandum: quod illa dei genitrix lapsorum sublevatrix quondam theophilum penitentem: et[8] suppliciter invocantem ab ipsius diaboli faucibus potenter eripuit. Sed quid gravemur hujus lapsi reparationem paucis effari: cum audire sit opere precium. Is ergo theophilus vicedominus olim cujusdam episcopi ciliciorum ut scriptura testatur propter infortunia sua in tristiciam decidit. Unde contulit sese ad quendam judeum maleficum ejus consilium et auxilium petens. Hoc mediatore locutus cum diabolo christianitatem abnegavit: diabolum adoravit: eique de sua mancipatione factum chirographum[9] tradidit anulo suo signatum. *Re.* Beata es maria que. *Lectio ij.*

Postea vero facti penitens multumque se animi angens quid faceret quo se verteret: tandem collectis fidei et spei viribus

---

[1] oppignerari: R. opignorari: G.
[2] pro 'vero' enim: G.
[3] cum: R.
[4] pro 'hoc' homo: G.
[5] pro 'itaque' namque: G.
[6] imber: G.
[7] pro 'virginem' in virgineum: R.G.
[8] 'se' add: E.G.S.
[9] 'cirographum': R.

SANCTE MARIE.

confugit ad ecclesiam quandam in beate matris domini memoriam dedicatam. Ubi quadraginta dierum afflictione maceratus animo contrito: nomen ejus invocabat jugiter ac implorabat patrocinium. Quid multa? Respexit hunc propicia misericordie mater: et per visionem illi apparens: de impietate coarguit: ad Christi confessionem reconfortavit.[1] Consolata est dolentem pollicendo veniam: et ne dubitaret de promisso supradictum chirographum [2,3] diabolo potenter ereptum: captivo reddidit in pignus libertatis. *Re.* Sancta et immaculata virginitas quibus. *Lectio iij.*

Quod quidem cirographum[4] cum theophilus evigilans supra pectus suum positum inveniret: quam letus extiterit: quam pio affectu voces exultationis et confessionis ediderit non est facile dictu. Noctem vero illam consecuta est dominica dies qua theophilus quasi cum domino a mortuis resurgens episcopo se coram populo presentavit: et rem sicut erat exposuit. Videres populum modo considerata macie vultuque[5] penitentis pie collachrymari. Sed audito quantam et quam celerem misericordiam fuerat consecutus: omnes qui mala conscientia territi pene defecerant: ad spem venie respirabant. Jam vero ut rem brevi fine concludamus: et[6] episcopo jubente malecapti cirographum theophilus igne cremavit. Deinde suffragante clero et populo ductus ad altare cum sacrosanctam communionem de manu episcopi ore susciperet: facies ejus refulsit ut sol. Peractoque deinceps triduo cum laudibus in ecclesia pie matris domini per quam reconciliatus fuerat a laboribus suis bono fine quievit. *Re.* Felix nanque. *ps.* Te deum laudamus. *Sed infra septuagesimam non dicitur psalmus.* Te deum laudamus. *y* Speciosa. *In laudibus an.* Post partum. *ps.* Dominus regnavit *etc. Capitulum.* Felix nanque. *Hymnus.* O gloriosa. *y* Elegit eam deus. *In evange. an.* Beata dei genitrix maria. *ut in primis vesperis assumptionis beate Marie virginis. ps.* Benedictus. *Oratio* Concede. *Ad primam an.* Sancta dei genitrix. *ps.* Deus in nomine tuo. *etc. super psalmum* Quicunque vult *aña*[7] *contingens feriam cum Responsorio* Jesu Christe *et versu* Qui de virgine *etc. Ad tertiam an.* Beata mater *ut in suffragio.*[8] *ps.* Legem pone. *Capitulum* Ab initio. *Re.* Sancta dei genitrix. *Oro.* Concede. *Ad sextam an.* Dignare me laudare te virgo sacrata da mihi virtutes contra hostes tuos. *ps.* Defecit. *Capitulum* Et sic in syon. *Re.* Post partum virgo. *Oratio ut supra. Ad nonam an.* Gaude maria virgo cunctas hereses sola interemisti in universo mundo. *ps.* Mirabilia. *Capitulum.* Et radicavi. *Re.* Speciosa facta es. *Oratio ut supra.*

Notandum vero quod a festo sancte

---

[1] pro 'reconfortavit' revocavit: G.
[2] cyrograpum: S.
[3] 'a' add: E.G.
[4] chirographum: G.
[5] 'que' om.: E.G.S.
[6] 'et' om.: S.
[7] 'aña' om.: S.
[8] pro 'ut in suffragio' et innupta virgo gloriosa regina mundi intercede pro nobis ad dominum: R.

RUBRICA DE COMMEMORATIONIBUS.

Trinitatis usque ad natale domini: et ab octava epiphanie usque ad caput jejunii et ab octava pasche usque ad vigiliam Penthecostes dicatur servitium feria tertia de sancto willelmo: et feria quinta de apostolis quando in hujusmodi feriis festum alicujus sancti non contingit: ita tamen quod festa sanctorum que sequuntur si contingant in[1] *dictis feriis hujusmodi commemorationes non impediant nisi in aliis feriis ejusdem septimane vacantibus de ipsis commemorationibus congrue dici possit videlicet in*[2] *mense januarii. Prisce virginis: Germanici martyris. Mense februarii: Gilberti confessoris. Mense madii*[3] *germani episcopi. Mense junii nichomedis martyris. Petroci*[4] *confessoris Botulphi abbatis: leufridi abbatis. Mense julii Grunbaldi*[5] *confessoris: Praxedis virginis. Mense Augusti: Aidani episcopi. Mense septembris: tecle virginis. Mense octobris Francisci confessoris: wulfrani*[6] *episcopi: Austraberte*[7] *virginis: Germani capuani: Mense novembris: Martini pape.* ¶ *Quando vero dicte commemorationes in feriis predictis ob causam premissam dici non possunt: dicatur de eis aliis diebus vacantibus ejusdem septimane ubi congruentius fieri potest: ita tamen quod si tot dies sint occupati in septimana quod non possit dici nisi de altera*[8] *commemoratione dumtaxat dicatur tunc de apostolis: et commemoratio sancti willelmi illa septimana omittatur. Et quod hic statuitur de apostolis de festo loci in aliis ecclesiis observetur. Itaque sciendum est quod quando aliquo die septimane occurrit festum apostoli: illa septimana commemoratio de apostolis omitti debet omnino. Et sic fiat de commemoratione sancti willelmi quando festum ejus seu aliqua dies octavarum festi ejusdem tali septimana occurrerit. Et notandum quod quando dicitur de sancto willelmo: vel de apostolis: et precedit tale festum quod habet suas vesperas: semper fiet in ipsis vesperis memoria de apostolis: vel de sancto willelmo: tamen ubi tale festum non precedit vespere de eis in die precedenti dicende sunt.* ¶ *Memorandum est: quod vicesimo nono die mensis Octobris. Anno domini M. cccc. septuagesimo octavo: Per generale concilium in ecclesia majori Eboracensi celebratum*[9] *ordinatum et institutum est quod deinceps dicatur de commemorationibus sancti willelmi et apostolorum in adventu. lxx. et tempore paschali sicut in eorum rubrica habetur. Et cum hujusmodi commemorationes suas non possunt habere vesperas primas: tunc omnino fiat de eis memoria cum antiphona versiculo et oratione prout de festis trium lectionum fieri consueverit.*[10] ¶ *Proviso quod regula quarte et sexte feriis assignata temporibus adventus*[11] *septuagesime: et*[12] *tempore paschali. si fieri poterit observetur.*

---

[1] 'in' om.: R.   [2] 'in' om.: E.G.S.   [3] maii: E.G.
[4] Petrocum (?): G.   [5] Grimbaldi: E.G.S.   [6] Vulfranni: G. Wulfranni: S.
[7] Austreberte: E.G.S.   [8] alia: R.   [9] stelebratum: S.
[10] consuevit: G.   [11] 'et' add: G.   [12] 'etiam' add: G.

IN COMMEMORATIONE S. WILELMI.

Etiam[1] *in tempore paschali de sancto wilelmo. Invitatorium.* |Jubilemus *cum* Alleluia *et ad missam secundum* Alleluia *contingens feriam.* ❦ *Item de apostolis tempore eodem. Invitatorium.* Regem apostolorum *cum* alleluia. *secundum* Alleluia. ℣ Ite nunciate *etc.* ❦ *In commemoratione sancti wilelmi ad vesperas antiphone et psalmi feriales. Capit.* Ecce sacerdos magnus. *Hymnus* Iste confessor domini sacratus sobrius castus[2] *etc.* ℣ Amavit eum dominus et ornavit. *In evang. an.* Nostri patris in ministerio *etc. ut in festo sancti wilelmi. ps.* Magnificat. *Oratio.* Deus qui nos beati wilelmi. *etc. ut in festo ejusdem. Non dicantur suffragia consueta. Ad matutinas invitatorium.* Jubilemus regum. *ps.* Venite exultemus domino. *Hymnus.* Iste confessor domini sacratus. *ut supra. In nocturno an.* Ortus clari.[3] *ps.* Beatus vir qui non. *et ceteri psalmi unius confessoris sub hac antiphona. Antiphone et responsoria historialia que hic non scribuntur : querantur in festo sancti wilelmi.* ℣ Amavit eum dominus. *Lectio j.*

Mortuo igitur sancto wilhelmo[4] cum dominus in sancto suo magnificari voluit : et perspicuis inditiis sancti sinceritatem populo propalare : accidit in cujusdam profunde noctis silentio furtiva flamma negligentis custodis alumna civitatem incendio conflagravit. Ex quo quidam globus igneus per medium platearum discurrens et inventa comburens domum orationis in qua sanctum corpus requievit obsedit in circuitu : et flammeo devastavit insultu : tectumque non solum detexit : sed etiam in cinerem ultimum templi edem : vel in carbones redegit desolatorios. *Responsoria historie proprie de prima et secunda turbis alternatim sumptis.* *Lectio ij.*

Prostratum est igitur ad solum civium bonorum solacium : et ipsa domus ad fidei fundata firmitatem ab ipsis fere eradicata est fundamentis. Verum dum flamma furens sua multiplicaret incendia : et quicquid obviam ei fuerat sua voracitate terebraret : adeo quod indignantes[5] eris et ferri lamine quasi palee erant ad pastum ignis cujusdam trabis moles immensa a culminis compage superni separata super humilem tumulum ex alto corruit : et operculum ejus per medium scidit : et partem illam que pedes tegebat seorsum separans a sepulchro in ardentes carbones est resoluta. *Lectio iij.*

Cum omnia itaque abiissent in consumptionem et cibum ignis : inventi sunt carbones vivi super corpus confessoris : ingensque flamma relucens quasi follium[6] flatibus instaurata. Cunctos igitur ad tumulum venientes ingens luctus et acerba nimis lamentatio circumstrepebat : omniumque fuit opinio :

---

[1] '*etiam*' om.: G.
[2] '*domini sacratus sobrius castus*' om.: G.S.
[3] '*germinis hunc nobilitavit et mentis nobilitas genus geminavit*' add: R.
[4] willelmo: E.G.
[5] ingentes: E.G.
[6] folii: E.

quod caro pridem ante rogum in pulverem defluxisset: et quod nunc ossa cineri rogus erogasset: sed fons irriguus de quo aque vive emicant: purique latices de vita eterna salientes sic afflata incendia divinitus temperabant: ut serica vestis in qua celestis gleba fuerat involuta: nulla parte sui ullam senserat ustionem: nec erat ut ardens caro quod subtus latebat: sed quasi argentum candescens in fornace candor carnis ad celestem beatitudinem reservate: inter sila[1] resultavit.

¶ *Item de sancto wilelmo. Lec.j.*

*A*dolescentula igitur quedam a primis cunabulis privata luminis beneficio et tenebris septennio circumsepta ad sancti sepulchrum usque pervenit. Et dum in sancta nocte penthecostes nec precise vigilaret: nec profunde dormiret prout sanitati restituta postea referebat: affuit vir quidam pulcherrimus aspectu canos habens angelicos inestimabili fragrans odore. Qui miseratus ejus miseriam nunc manu pupillas pressit oculorum. Ad cujus manum caligo cessit cecitatis: et ei pro tetra nocte dies redditur serenatus. *Responsoria ut supra notantur. Lectio ij.*

*E*adem[2] etiam nocte quedam mulier dolore viscerum inviscata et caligine ceca decenni ante sancti patris tumulum provoluta fortis oratrix est facta. Et cum oculorum sedes lachrymarum ymbribus frequenter immaduisset: ventris dolorem perdidit: et novum diem invenit admirans plurimum de rerum omnium quas vidit novitate.

*N*ec est omittendum [*Lec. iij.* quod feria secunda post Penthecosten contractus quidam rigidos habens intrinsecus nervos et arefactos: propriis pedibus ad sancti sepulchrum venire non valuit: sed baculo et bajulis sustentatus duobus illuc perducitur: et pii patris gratiam precibus planctu plenis postulavit: donec sanitati restitutus: baculum quo prius portabatur levatum portans in manibus et bajulis sequentibus a remotis: leto et libero gressu domum repedavit.

Item in commemoratione beati wilelmi.   *Lectio j.*

*V*eniant in medium et alia miracula: ut mirifici medici[3] cognoscatur medicina. Tempore eodem mulier quedam annosa sic a primeva etate clausos habuit aurium meatus: quod nullius soni solatio per portam illam anima ejus potuit refocillari. Accedens igitur ante tumulum se prostravit in faciem et lachrymis pavimentum lavit: quousque ad laudem sui confessoris interiorum officinarum hominis claviger Christus aurium claustra tandiu clausa ad recipiendos[4] vocum vices reservavit. *Responsoria ut supra notantur. Lec. ij.*

*M*ulier vero quedam que in etate juvenili lascivis ac saginatis carnibus incedere consueverat: infectis subito visceribus adinstar[5] inflate et lucide vesice per singula membra distenditur. Ignea etiam tabes in

---

[1] fila: E.G.S.   [2] 'die' add: E.G.S.   [3] 'medici' om.: E.G.S.
[4] recipiendas: G.   [5] instar: E.G.S.

SS. PETRI ET PAULI APOSTOLORUM.

profundioribus pulmonis partibus oborta: sitim tam inextinguibilem [1] in ea excitavit: quod ejus incendium alicujus liquoris infusione reprimi non poterat ut credebat.[2] Spretis igitur medicis vivis: ad medici mortui vivum festinatur antidotum. Oneratur enim plaustrum solo corpore plenum et ante ostium beati petri est exoneratum et ad sancti patris wilelmi tractum sarcophagum.[3] *Lectio iij.*
Oleo igitur quod de sancti tumulo emanavit: misera parumper ungitur: et ut misera fari consuevit voce miserabili sanitatis a sancto flagrantiam [4] flagitavit. Mira res; hydropicum liquamen adeo per olei sancti liquoris virtutem dessiccatur et annullatur[5]: quod aquaticus humor intus natus nec foras per aliquam corporis regionem mittitur: nec intus ad morbi fomentum retinetur. Mirum igitur in modum virtute dei cito cepit convalescere: et despiratum[6] corporis robur recuperare: ut longe levior et fortior fierit post divini muneris gratiam: quam ante morbum fuerat per naturam. *ps.* Te deum. ℣ Ora pro nobis. *In laudibus an.* Claudi recti. *ps.* Dominus regnavit *etc. Capitulum.* Benedictionem. *Hymnus.* Jesu redemptor. ℣ Justus germinabit. *In evangelio an.* O wilelme. *ps.* Benedictus. *Oratio.* Deus qui nos. *Ad primam an.* Purgantur. *ps.* Deus in nomine. *Super psalmum.* Quicunque vult. *antiphona de trinitate contingens feriam. Ad tertiam et ad alias horas cetere antiphone de laudibus de propria hystoria cum capitulis et responsoriis de communi unius confessoris et pontificis et oratione ut supra.*

¶ *In commemoratione apostolorum petri et pauli ad vesperas antiphone et psalmi feriales. Capitulum* Non vos me elegistis. *Hymnus.* Jam bone. ℣ Doctor egregie. ℣ Olive bine. ℣ Sit trinitati. *quere istum hymnum in festo apostolorum petri et pauli. Ad matutinas.* ℣ In omnem terram. *In evangelio an.* Isti sunt due olive *ut in festo sanctorum johannis et pauli. ps.* Magnificat. *Oratio.* Deus cujus dextera. *quere in octava die apostolorum petri et pauli. Non dicantur suffragia consueta. Ad matutinas Invitatorium.* Regem apostolorum *ps.* Venite *Hym.* Eterna Christi munera. *In nocturna an.* In omnem terram. *ps.* Celi enarrant. *et ceteri psalmi unius apostoli sub hac antiphona.* ℣ Constitues eos.

¶ *Sermo beati maximi episcopi.*
Beatissimorum aposto- [*Lec. j.* lorum petri et pauli insuperabilem fidem passionemque germanam omni nos devotione fratres necesse est celebrare quia et laudabilis eos vita ad gloriosissimum perduxit occasum: et mirificus obitus perpetuam transmisit ad vitam. Et licet in petro fides emineat: in paulo doctrina

---

[1] extinguibilem: E.S.
[2] pro 'ut credebat' sed crescebat: G.
[3] sarcofagum: E.S.
[4] pro 'flagrantiam' suffragium: G.
[5] annulatur: E.S.
[6] desperatum: E.G.

IN COMMEMORATIONE

precellat: et[1] magisterium tamen pauli fidei plenitudo est: et credulitas petri doctrine est fundamentum. *Responsoria de prima et secunda turbis de communi apostolorum alternatim sumptis.*

Quanti igitur meriti [*Lectio ij.* apud deum suum petrus erat: ut ei post navicule parve remigium: totius ecclesie gubernacula traderentur? Aut quantum in apostolatus sui ministerio complacuisse Christo credimus paulum: qui tantum placere potuit persecutor. Placuit enim: quia non iniqui pectoris studio: sed simplicis ignorantie incauta devotione certabat. Denique ut primum sensibus ejus spiritus veritatis infusus est: ostendit continuo non se Christi sevisse odio: sed amore paterne legis innocenter errasse. *Lectio iij.*

Quid etiam de petro referam: cujus tantum a deo est approbata justicia: tantaque ei potestas attributa est judicandi ut in arbitrio ejus poneretur celeste judicium? Prospicite ergo et estimate quanto nobis sit petrus apostolus honore reverendus: cujus sententiam in terris prolatam: sempiterni judicis equitas non repellat. Et ideo diligenter que sit ejus glorie magnitudo intueamur: cui[2] dum claves regni committuntur eterni[3]: celum[4] illi claudere et aperire permissum est.

Item in commemoratione[5] apostolorum. Sermo ut supra. Lec. j.

Beatissimorum apostolorum memoria fratres cunctis est honoranda credentibus: quos pro justicie pietatisque plenitudine salvator mundi humano generi et patres esse dedit et judices. Quante autem integritatis: quanteve pietatis fuerint: hinc vel maxime providendum est: quod ille eos ad emendationem corrupti seculi: et ad ministerium sue voluntatis elegit: quem non fallebat electio.

Vocavit nanque pe- [*Lect. ij.* trum opibus pauperem: opere piscatorem: qui a conversatione[6] populari et communione urbium segregatus vitam inter fluctus agebat innocuam et victum de simplicitate querebat. Quem tamen ut ita dixerim pauperem: ut competens[7] ei substantia[8] non deesset: quem bene merentem de deo copiosi maris dives unda pascebat. Electus ergo est ad predicationem verbi salutaris: ut mutata vita celestis mysterio acri: qui captura piscium alebatur salute hominum pasceretur. *Lec.*

Gloriosissimum etiam pau- [*iij.* lum ad fidem nominis sui Christus vocat e celo. Qui quod persequi videbatur ecclesiam: non impietate irreligiosi animi seviebat sed nube ignorantie novam non prospiciens gratiam amore antique devotionis errabat. Ideo denique ab oculis ejus veteris umbre caligo detersa est: ut[9] verum illud lumen quod de celestibus choruscabat et sibi acquireret et omnibus revelaret.

Item de apostolis. Sermo unde supra. *Lectio j.*

---

[1] 'et' om.: E.G. [2] 'cui' om.: E.G.S. [3] eterne: E.
[4] pro 'celum' cum: E.G.S. [5] *communi*: E. [6] conversione: E.S.
[7] convertens: R. [8] sustantia: E. [9] 'ut' om.: E.S.

OMNIUM SANCTORUM.

Cum omnes beati apostoli parem gratiam apud dominum sanctitatis obtineant: nescio quo tamen pacto petrus et paulus videntur peculiari quadam in salvatore fidei precellere virtute. Quod quidem ex ipsius domini judicio possumus approbare. Nam petro sicut bono dispensatori claves regni celestis dedit: paulo tanquam idoneo doctori magisterium ecclesiastice institutionis injunxit. Scilicet ut quos iste erudierit ad salutem: ille suscipiat ad quietem. et quorum corda paulus patefecerit doctrina verborum: eorum animabus petrus aperiat regna celorum. *Responsoria ut supra.*

Clavem enim quodam- [*Lec. ij.*] modo a [1] Christo scientie et paulus accepit. Clavis enim dicenda est: qua ad fidem peccatorum dura corda reserantur: mentium secreta panduntur: et quicquid intrinsecus clausum tenetur: in palam rationabili manifestatione producitur. Clavis inquam est: que et conscientiam ad confessionem peccati aperit: et gratiam ad eternitatem mysterii salutaris inducit. *Lectio iij.*

Ambo igitur claves a domino perceperunt scientie iste: ille potentie. Divitias immortalitatis ille dispensat: scientie thesauros iste largitur. Sunt enim thesauri scientie sicut scriptum est: In quo sunt omnes thesauri sapientie et scientie dei absconditi. Ergo beati petrus et paulus eminent inter universos apostolos: et peculiari quadam prerogativa precellunt. Verum inter ipsos quis cui preponatur incertum est. Puto enim illos equales esse meritis: quia equales sunt passione $p\bar{s}$. Te deum. ℣ Annunciaverunt opera. *In laudibus an.* Hoc est preceptum. $p\bar{s}$. Dominus regnavit *etc. sub hac ana. Capitulum.* Per manus apostolorum. *Hym.* Exultet celum. ℣ Dedisti hereditatem. *In evange. an.* Isti sunt viri [2] sancti quos elegit dominus in charitate non ficta: et dedit illis gloriam sempiternam: quorum doctrina fulget ecclesia ut sole luna. $p\bar{s}$. Benedictus. *Oratio.* Deus cujus dextera. *Ad horas omnia de communi apostolorum cum oratione* Deus cujus dextera.

¶ *In commemoratione omnium sanctorum. Ad vesperas antiphone et psalmi feriales. Capitulum.* Sancti per fidem. *hymnus* Christe redemptor omnium *quere in festo omnium sanctorum.* ℣ Exultent justi. *In evange. an.* Beati estis sancti dei omnes. *ut in festo predicto.* $p\bar{s}$. Magnificat. *Oratio.*

Concede quesumus omnipotens deus: ut intercessio nos sancte dei genitricis marie semperque virginis: sanctarumque omnium celestium virtutum: et sanctorum patriarcharum prophetarum apostolorum evangelistarum martyrum confessorum atque virginum: et omnium electorum tuorum ubique letificet: ut dum eorum merita recolimus: patrocinia sentiamus. per eundem. *Non dicantur memorie consuete. Ad matutinas Invita.* Gaudete et exultate. *ut in communi plurimorum martyrum.* $p\bar{s}$. Venite

---

[1] pro 'modo a' mons: E.S.

[2] veri: S.

Hymnus. Christe redemptor *ut supra. In nocturno an.* Secus decursus aquarum. *ps.* Beatus vir *et ceteri psalmi plurimorum martyrum preter nonum psalmum loco cujus erit. ps.* Benedicam. ℣ Exultent justi.   *Lectio j.*

Nos autem fratres charissimi in omnium primordiis sanctorum nominare laudare et glorificare condecet eum: qui cunctos condidit sanctos: per quem omnia subsistunt elementa: cujus majestas nec incipit nec desinit in seculum ut merito omnis principium ac finis creature nominetur. Qui nos cum non [1] essemus: de nihilo potenter creavit: et cum per culpam in damnationem lapsi fuissemus misericorditer restauravit. Deinde debemus attollere beatam mariam virginem genitricem dei: que est templum domini: sacrarium spiritus sancti: in qua deus omnipotens illam mundissimam et sacrosanctam carnem assumpsit. In qua moriendo genus humanum de eterna morte redemit. Illius ergo mereamur precibus adjuvari: que meruit mater effici conditoris nostri. *Re.* Absterget. *ut in communi plurimorum martyrum.*   *Lectio ij.*

Celestes quoque debemus deinde spiritus laudare: qui in hoc mundo divina mandata comperunt[2]: et judicia exercent: et demones a nobis coercendi potestatem divinitus habent. Deinde sanctos patriarchas: et alios sanctos glorificare debemus: quos post creationem mundi in primordiali seculo fuisse cognovimus: cum quibus deum per suos angelos locutum fuisse: et eos illi placuisse non ignoravimus. Deinde sanctos prophetas laudare debemus: quibus omnipotens pater de incarnatione filii sui: et redemptione generis humani consilium suum dignatus est revelare. Post ipsos vero sancti apostoli et evangeliste laudibus glorificandi sunt: qui dominum salvatorem in carne videre: et salutarem ejus doctrinam ab ejus ore suscipere: et mundo tradere meruerunt. *Rc.* Fulgebunt. *ut in communi plurimorum confessorum.*   *Lectio iij.*

Deinde sancti martyres honorandi sunt: qui suum sanguinem pro fide et dilectione salvatoris effuderunt. Quorum alii decollati sunt: alii lapidati: alii aliis cruciatibus necati et mortificati sunt. Post eos confessores beati non solum tempore: sed et merito sequuntur: qui pro sua sanctissima vita: et rectissima doctrina in patria premio eterno munerantur et ditantur. Ipsis in sacra veneratione adjunguntur virgines: que idcirco sponsum immortalem habent in celis: quia spreta carnis delectatione: sponsum mortalem noluerunt habere in terris. Quibus omnibus videlicet sanctis debitam secundum possibilitatem nostram exhibeamus venerationem: ut eorum meritis et precibus ad eterne divinitatis visionem pervenire mereamur. *Rc.* Justi in perpetuum. *quere post vj. lectionem plurimorum martyrum. ps.* Te deum. ℣ Mirabilis

---

[1] 'non' om.: S.   [2] complent: E.R.G.

deus. *In laudibus añ.* Justorum anime *p̄s.* Dominus regnavit *ut in festo omnium sanctorum sub una antiphona. Capitulum.* Reddet deus. *Hymnus.* Jesu salvator *ut in predicto festo.* ℣ Justi autem. *In evange. añ.* Te gloriosus *ut in predicto festo. p̄s.* Benedictus. *Oratio* Concede *ut supra. Ad primam añ.* Cum palma. *p̄s.* Deus in nomine tuo. *Antiphona de Trinitate super psalmum* Quicunque *et cetera. Ad alias horas ut in communi plurimorum martyrum cum oratione* Concede *ut supra.*[1]

¶ *Rubrica de dominicis.*

Ordo officiorum dominicalium inter octavas epiphanie et lxx. Dominica prima septuagesime. 15° kalendas Februarii.[2]

Litera dominicalis D.

Ferialiter . . 1̃. 19° kal. ⎫
Ferialiter . . 2̃. 18° kal. ⎬ Februarii.
Ferialiter . . 3̃. 17° kal. ⎭

¶ *Dominica prima septuagesime* 14° *vel* 13°[3] *kalendas februarii. Litera dominicalis* E *vel* F.

¶ *Tres dominice dicantur in diebus kalendas superius designatis.*

¶ *Dominica prima septuagesime* 12° *kalendas februarii.*

Litera dominicalis G.

Dominicaliter 1̃. 19° kal. ⎫
Ferialiter . . 2̃. 18° kal. ⎬ Februarii.
Ferialiter . . 3̃. 16° kal. ⎭

¶ *Dominica prima septuagesime* 11° *kalendas februarii.*

Litera dominicalis A.

Dominicaliter 1̃. 18° kal. ⎫
Ferialiter . . 2̃. 17° kal. ⎬ Februarii.
Ferialiter . . 3̃. 15° kal. ⎭

¶ *Dominica prima septuagesime* 10° *kalendas februarii.*

Litera dominicalis B.

Dominicaliter 1̃. 17° kal. ⎫
Ferialiter . . 2̃. 16° kal. ⎬ Februarii.
Ferialiter . . 3̃. 14° kal. ⎭

[1] '*Finis communis*' add: G.   [2] '*Febru.*' om.: E.   [3] pro '13°' 15°: E.G.

DE DOMINICIS

⁌ *Dominica prima septuagesime* 9° *kalendas Februarii.*

Litera dominicalis C.

- *Dominicaliter* 1̃. 16° kal. ⎫
- Ferialiter . . 5̃.¹ 16° kal. ⎬ Februarii.
- Ferialiter . . 3̃. 14° kal. ⎭

⁌ *Dominica prima septuagesime* 8° *kalendas Februarii.*

Litera dominicalis D.

- Ferialiter . . 1̃. 19° kal. ⎫
- *Dominicaliter* 2̃. 15° kal. ⎬ Februarii.
- Ferialiter . . 3̃. 14° kal. ⎭

⁌ *Dominica prima septuagesime* 7° *kalendas Februarii.*

Litera dominicalis E.

- Ferialiter . . 1̃. 19° kal. ⎫
- Ferialiter . . 2̃. 18° kal. ⎬ Februarii.
- *Dominicaliter* 3̃. 14° kal. ⎭

⁌ *Dominica prima septuagesime* 6° *kalendas februarii.*

Litera dominicalis F.

- Ferialiter . . 1̃. 19° kal. ⎫
- Ferialiter . . 2̃. 18° kal. ⎪
- Ferialiter . . 3̃. 17° kal. ⎬ Februarii.
- *Dominicaliter* 4̃. 13° kal. ⎭
- Ferialiter . . 5̃. 10° kal. Februarii. *et preoccupetur festum fabiani et sebastiani.*

⁌ *Dominica prima septuagesime* 5° *kalendas februarii.*

Litera dominicalis G.

- *Dominicaliter* 1̃. 19° kal. ⎫
- Ferialiter . . 2̃. 18° kal. ⎪
- Ferialiter . . 3̃. 16° kal. ⎬ Februarii.
- Ferialiter . . 4̃. 10° kal. ⎪
- Ferialiter . . 5̃. 9° kal. ⎭

¹ pro '5' 2: E.

Dominica prima septuagesime 4° kalendas februarii.
    Litera dominicalis A.

Dominicaliter	1.	18° kal.
Ferialiter . .	2.	17° kal.
Ferialiter . .	3.	15° kal.
Ferialiter . .	4.	10° kal.
Ferialiter . .	5.	9° kal.

                               Februarii.

Dominica prima septuagesime 3°[1] kalendas februarii.
    Litera dominicalis B.

Dominicaliter	1.	17° kal.
Ferialiter . .	2.	16° kal.
Ferialiter . .	3.	14° kal.
Dominicaliter	4.	10° kal.
Ferialiter . .	5.	7° kal.

                               Februarii.

Dominica prima septuagesime 2° kalendas februarii.
    Litera dominicalis C.

Dominicaliter	1.	16° kal.
Ferialiter . .	2.	15° kal.
Ferialiter . .	3.	14° kal.
Dominicaliter	4.	9° kal.
Ferialiter . .	5.	6° kal.

                               Februarii.

Dominica prima septuagesime kalendis februarii.
    Litera dominicalis D.

Ferialiter . .	1.	19° kal.
Dominicaliter	2.	15° kal.
Ferialiter . .	3.	14° kal.
Ferialiter . .	4.	7° kal.
Ferialiter . .	5.	6° kal.

                               Februarii.

Dominica prima septuagesime 4° nonas Februarii.
    Litera dominicalis E.

Ferialiter . .	1.	18° kal.
Dominicaliter	2.	14° kal.
Dominicaliter	3.	7° kal.
Ferialiter . .	4.	6°[2] kal.
Ferialiter . .	5.	4° kal.

                               Februarii.

[1] *pro* '3°' 5° : *E*.   [2] pro '6°' 4° : *E*.

DE DOMINICIS

❧ *Dominica prima septuagesime* 3° *nonas Februarii.*
Litera dominicalis F.

Ferialiter . .	1̃.	19° kal.	⎫
Ferialiter . .	2̃.	10° kal.	⎪
Dominicaliter	3̃.[1]	6° kal.	⎬ Februarii.
Ferialiter . .	4̃.	4° kal.	⎪
Ferialiter . .	5̃.	3° kal.	⎭

❧ *Dominica prima septuagesime* 2° *nonas Februarii.*
Litera dominicalis G.

Dominicaliter	1̃.	19° kal.	⎫
Ferialiter . .	2̃.	9° kal.	⎪
Dominicaliter	3̃.	5° kal.	⎬ Februarii.
Ferialiter . .	4̃.	4° kal.	⎪
Ferialiter . .	5̃.	2° kal.	⎭

❧ *Dominica prima septuagesime. Nonis Februarii.*
Litera dominicalis A.

Dominicaliter	1̃.	18° kal.	⎫
Ferialiter . .	2̃.	15° kal.	⎪
Dominicaliter	4̃.[2]	14° kal.	⎬ Februarii.
Ferialiter . .	4̃.	3° kal.	⎪
Ferialiter . .	5̃.	2° kal.	⎭

❧ *Dominica prima septuagesime* 8° *idus Februarii.*
Litera dominicalis B.

Dominicaliter	1̃.	17° kal.	⎫
Dominicaliter	2̃.	10° kal.	⎪
Ferialiter . .	3̃.	9° kal.	⎬ Februarii.
Dominicaliter	4̃.	3° kal.	⎪
Ferialiter . .	5̃.	2° kal.	⎭

❧ *Dominica prima septuagesime* 7° *idus Februarii.*
Litera dominicalis C.

Dominicaliter	1̃.	16° kal.	⎫
Ferialiter . .	2̃.	15° kal.	⎪
Dominicaliter	3̃.	9° kal.	⎬ Februarii.
Ferialiter . .	4̃.	6° kal.	⎪
Dominicaliter	5̃.	2° kal.	⎭

[1] 'pro '3' 5 : E.   [2] pro '4' 3 : E.

❡ *Dominica prima septuagesime 6° idus Februarii.*
  Litera dominicalis D.

  Dominicaliter 1.   15° kal.
  Ferialiter . . 2.   14° kal.
  Ferialiter . . 3.   7° kal. ⟩ Februarii.
  Dominicaliter 4.   kalendis
  Ferialiter . . 5.   2° nonas

❡ *Dominica prima septuagesime 5° idus Februarii.*
  Litera dominicalis E.

  Dominicaliter 1.   14° kal.
  Dominicaliter 2.   7° kal.
  Ferialiter . . 3.   6° kal. ⟩ Februarii.
  Ferialiter . . 4.   4° kal.
  Ferialiter . . 5.   2° nonas

❡ *Dominica prima septuagesime 4° idus Februarii.*
  Litera dominicalis F.

  Ferialiter . . 1.   19° kal.
  Ferialiter . . 2.   1°[1] kal.
  Dominicaliter 3.   6° kal. ⟩ Februarii.
  Ferialiter . . 4.   4° kal.
  Dominicaliter 5.   3° nonas

❡ *Dominica prima septuagesime 3° idus Februarii.*
  Litera dominicalis G.

  Dominicaliter 1.   19° kal.
  Ferialiter . . 2.   10° kal.
  Dominicaliter 3 & 4 in ⟩ Februarii.
   dominicis sequentibus.
  Ferialiter . . 5.   7° idus

❡ *Dominica prima septuagesime 2°[2] idus Februarii.*
  Litera dominicalis A.

  Dominicaliter 1.   18° kal.
  Ferialiter . . 2.   10° kal.
  Dominicaliter 3.   4° kal. ⟩ Februarii.
  Ferialiter . . 4.   2° kal.
  Ferialiter . . 5.   6° idus

[1] pro '1°' 10°: E.K.   [2] pro '2°' 3°: E.

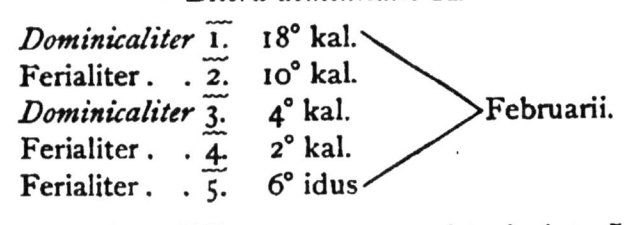

❡ *Dominica prima septuagesime idibus Februarii.*
Litera dominicalis B.

Dominicaliter 1̃. 17° kal.
Dominicaliter 2̃ 3̃ & 4̃ *in*
  dominicis sequentibus.
Ferialiter . . 5̃. 7° idus [1]
} Februarii.

Dominica prima septuagesime 16 *kalendas Martii.*
Litera dominicalis C.

Dominicaliter 1̃. 16° kal.
Dominicaliter 2̃ 3̃ *et* 4̃ *in*
  dominicis sequentibus.
Ferialiter . 5̃. 6°[2] idus
} Februarii.

Dominica prima septuagesime 15° *kalendas Martii.*
Litera dominicalis D.

Ferialiter . . 1̃. 15° kal.
Dominicaliter 2̃. kalendis
Dominicaliter 3̃. 6° idus
Ferialiter . . 2̃.[3] 5° idus
Ferialiter . . 5̃. 3° idus
} Februarii.

Dominica prima septuagesime 14° *kalendas Martii.*
Litera dominicalis E.

Dominicaliter 1̃. 14° kal.
Dominicaliter 2̃. 7° kal.
Ferialiter . . 3̃. 4° kal.
Dominicaliter 4̃. 5° idus
Dominicaliter 5̃. 2° idus
} Februarii.

Dominica prima septuagesime 13°[4] *kalendas Martii.*
Litera dominicalis F.

Dominicaliter 1̃. 6°[5] kal.
Dominicaliter 2̃ & 3̃ *in*
  dominicis sequentibus
Ferialiter . . 4̃. 3° idus
Ferialiter . . 5. Idibus
} Februarii.

---

[1] Pro 'idus' kl. : E.   [2] pro '6°' 9° : E.   [3] pro '2' 4 : E.
[4] *pro* '13°' 15 . E.   [5] pro '6°' 16° : E.

ORDINANDIS.

Dominica prima septuagesime 12° *kalendas Martii.*
   Litera dominicalis G.

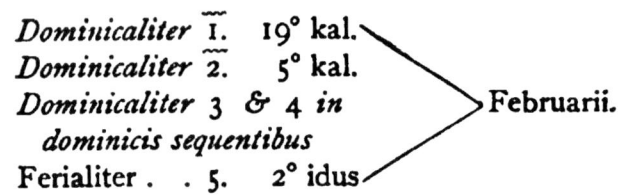

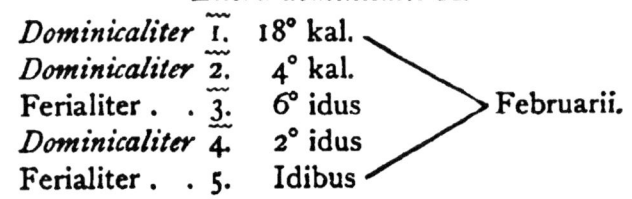

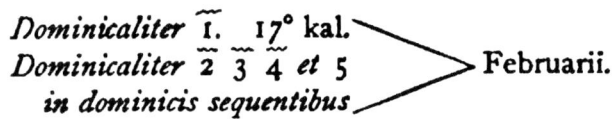

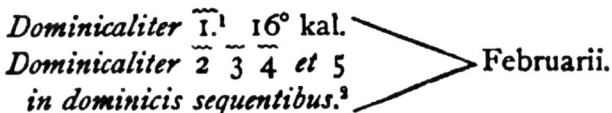

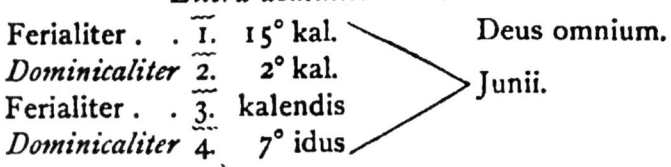

Dominicaliter 1.   19° kal.
Dominicaliter 2.   5° kal.
Dominicaliter 3 & 4 *in dominicis sequentibus*
Ferialiter . . 5.   2° idus
        } Februarii.

Dominica prima septuagesime 11° *kalendas Martii.*
   Litera dominicalis A.

Dominicaliter 1.   18° kal.
Dominicaliter 2.   4° kal.
Ferialiter . . 3.   6° idus
Dominicaliter 4.   2° idus
Ferialiter . . 5.   Idibus
        } Februarii.

Dominica prima septuagesime 10° *kalendas Martii.*
   Litera dominicalis B.

Dominicaliter 1.   17° kal.
Dominicaliter 2 3 4 *et* 5 *in dominicis sequentibus*
        } Februarii.

Dominica prima septuagesime 9° *kalendas Martii.*
   Litera dominicalis C.

Dominicaliter 1.[1]   16° kal.
Dominicaliter 2 3 4 *et* 5 *in dominicis sequentibus.*[2]
        } Februarii.

¶ *Sciendum est autem: quod tempore prescripto non est necesse plus quam tria officia dicere: nisi prolixitate temporis exigente: cum plures fuerint dominice vacantes.*

Ordo officiorum dominicalium inter festum trinitatis et adventum domini.

Festum sancte trinitatis: 16 *kalendas Junii.*
   Litera dominicalis D.

Ferialiter . . 1.   15° kal.   Deus omnium.
Dominicaliter 2.   2° kal.
Ferialiter . . 3.   kalendis
Dominicaliter 4.   7° idus
        } Junii.

[1] pro '1' 2: E.   [2] 'dom. seq.' om.: E.

Dominicaliter 5̃. 11° kal. ⎫
Dominicaliter 6. 4°¹ kal. ⎬ Julii.
Dominicaliter 7. 4° idus ⎪
Ferialiter . . 8. Idibus ⎭

Dominicaliter 9. 14° kal. ⎫ In principio
Dominicaliter 10. 4° nonas ⎬ Augusti.
Dominicaliter 11. 5° idus ⎭

Dominicaliter 12. 10° kal. ⎫
Ferialiter . . 13. 7° kal. ⎬ Septembris.
Dominicaliter 14. 3° kal. ⎪ Si bona.
Dominicaliter 15. 8° idus ⎭

Dominicaliter 16. 12° kal. ⎫ Peto. [*lectionibus*.
Dominicaliter 17. 5° kal. ⎬ Adonay *sine mediis*
Dominicaliter 18. 4° non. ⎪ Octobris.
Dominicaliter 19. 5° idus ⎭ Adaperiat.

Ferialiter . . 20. 13° kal. ⎫
Ferialiter . . 21. 7° kal. ⎬ Novembris.
Ferialiter . . 22. 2° nonas ⎪ Vidi.
Dominicaliter 23. 6° idus ⎭

Dominicaliter 24. 17° kal. . . . . Decembris.
Dominicaliter 25. 10° kal. . . . . Decembris.
Preoccupetur festum

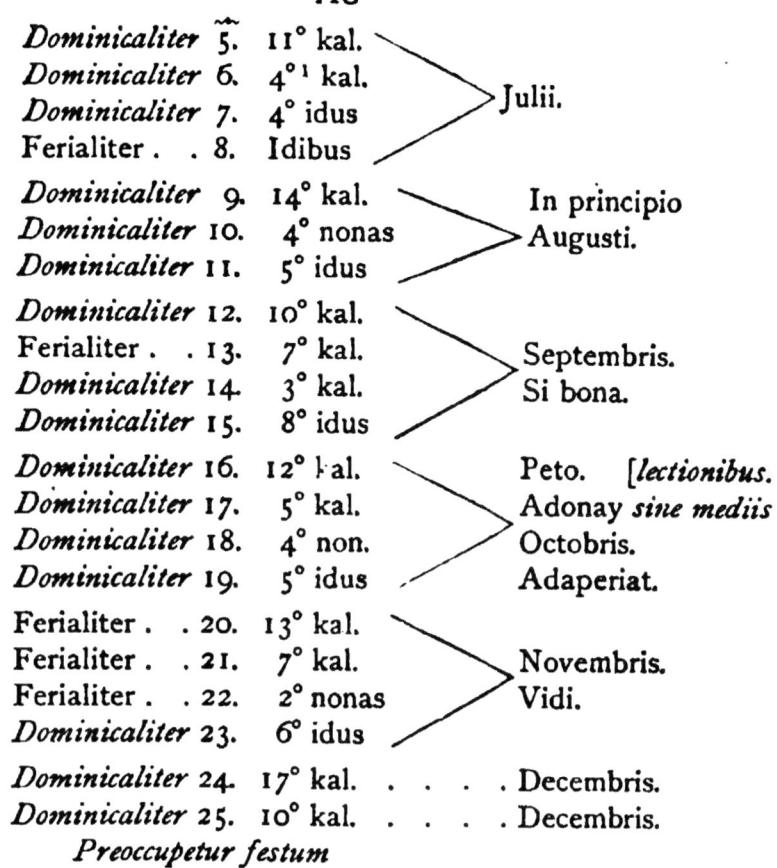

Dominica prima adventus domini 3° kal. decembris.

Festum sancte trinitatis 15° *kalendas Junii.*

Litera dominicalis E.

Ferialiter . . 1̃. 13° kal. ⎫ Deus omnium.
Dominicaliter 2. kalendis ⎬ Junii.
Ferialiter . . 3̃. 2° nonas ⎭

Ferialiter . . 4. 15° kal. ⎫
Ferialiter . . 5̃. 8° idus ⎬ Julii.
Dominicaliter 6. 3° idus ⎪
Ferialiter . . 7̃. 2° idus ⎭

Ferialiter . . 8̃. 17° kal. ⎫
Ferialiter . . 9̃. 3° kal. ⎬ Augusti.
Dominicaliter 10. 3° nonas ⎭ In principio.

¹ pro '4°' 7° : N.S.

DE DOMINICIS ORDINANDIS.

Ferialiter . . 11̃. 8° kal. ⎫
Ferialiter . . 1̃2. 6° kal. ⎬ Septembris.
Dominicaliter 13. 2° kal. ⎬ Si bona.
Dominicaliter 14. 7° idus ⎭

Ferialiter . . 15 16° kal. ⎫ Peto.
Ferialiter . . 16.[1] 9° kal. ⎬ Adonai.
Ferialiter . . 17. 18° kal. ⎬ Octobris.
Dominicaliter 18. 4° kal. ⎬ Adaperiat.
Dominicaliter 19. 3° nonas ⎭

Ferialiter . . 20. 13° kal. ⎫
Dominicaliter 21. 7° kal. ⎬ Novembris.
Dominicaliter 22. 4° nonas ⎬ Vidi.
Dominicaliter 23. 5°[2] idus ⎭

Ferialiter . . 24. 13° kal. . . . . Decembris.
Dominicaliter 25. 9°[3] kal. . . . . Decembris.

Dominica prima adventus domini 2° kal. decembris.

Festum sancte trinitatis 14 *kalendas Junii.*
Litera dominicalis F.

Ferialiter . . 1. 13° kal. ⎫ Deus omnium.
Dominicaliter 2. 4° nonas ⎬ Junii.
Ferialiter . . 3. 3° nonas ⎭

Dominicaliter 4. 16° kal. . . . . Julii.
Dominicaliter 5. 9° kal. . . . . Julii.
Dominicaliter 6. 2° idus . . . . Julii.
Ferialiter . . 7. Idibus . . . . Julii.

Dominicaliter 8. 12° kal. ⎫
Dominicaliter 9. 5° kal. ⎬ Augusti.
Dominicaliter 10. 2° nonas ⎬
Dominicaliter 11. 3° idus ⎭ In principio.

Dominicaliter 12. 8° kal. ⎫
Dominicaliter 13. kalendis ⎬ Septembris.
Ferialiter . . 14. 3° nonas ⎭ Si bona.

Ferialiter . . 15. 16° kal. ⎫ Peto domine.
Ferialiter . . 16. 9° kal. ⎬ Octobris.
Ferialiter . . 17. 8° kal. ⎬ Adonai.
Dominicaliter 18. 2° nonas ⎭ Adaperiat.

[1] pro '16' 19: N.S.   [2] pro '5°' 6°: S.   [3] pro '9°' 11°: N.S.

DE DOMINICIS

Ferialiter . . 19.	17° kal.	
Dominicaliter 20.	13°¹ kal.	
Dominicaliter 21.	6°² kal.	Novembris.
Dominicaliter 22.	3° nonas	Vidi dominum.
Dominicaliter 23.	4° idus	
Dominicaliter 24.	15° kal.	. . . . Decembris.
Dominicaliter 25.	8° kal.	. . . . Decembris.

Dominica prima adventus domini kalendis Decembris.

*F*estum sancte trinitatis 13°³ kalendas Junii.
literа dominicalis G.

Ferialiter . . 1.	12° kal.	Deus omnium.
Dominicaliter 2.	3° nonas	Junii.
Ferialiter . . 3.	2° nonas	
Dominicaliter 4.	15° kal.	
Dominicaliter 5.	8° idus	Julii.
Ferialiter . . 6.	5° idus	
Dominicaliter 7.	Idibus	
Ferialiter . . 8.	17° kal.	In principio.
Dominicaliter 9.	4° kal.	Augusti.
Dominicaliter 10.	2° idus	
Dominicaliter 11.	7° kal.	
Dominicaliter 12.	4° nonas	Septembris.
Ferialiter . . 13.	3° nonas	Si bona.
Dominicaliter 14.	16°⁴ kal.	Peto domine.
Ferialiter . . 15.	15° kal.	
Dominicaliter 16.	9° kal.	Adonay.
Ferialiter . . 17.	8° kal.	*Octobris.*
Dominicaliter 18.	nonis	Adaperiat.
Dominicaliter 19.	2° idus	
Ferialiter . . 20.	16° kal.	
Ferialiter . . 21.	11° kal.	Novembris.
Dominicaliter 22.	2° nonas⁵	Vidi dominum.
Dominicaliter 23.	14° kal.	
Ferialiter . . 24.	11° kal.	Decembris.
Dominicaliter 25.	7° kal.	

Dominica prima adventus 4° nonas Decembris.

[1] pro '13°' 15°: N.S.   [2] pro '6°' 16°: N.S.
[3] *pro* '13°' 15°: *N.S.*   [4] pro '16°' 19°: N.S.   [5] pro '2° nonas' nonas: S.

ORDINANDIS.

*F*estum sancte trinitatis 12° kl. Junii.
      litera dominicalis A.

Ferialiter	1.	11° kal.	Deus omnium.
Dominicaliter	2.	2° nonas	Junii.
Ferialiter	3.	7° idus	
Dominicaliter	4.	14° kal.	
Dominicaliter	5.	7° kal.	Julii.
Ferialiter	6.	4° idus	
Dominicaliter	7.	17° kal.	
Ferialiter	8.	16° kal.	
Dominicaliter	9.	10° kal.	Augusti.
Dominicaliter	10.	3° kal.	In principio.
Dominicaliter	11.	Idibus	
Dominicaliter	12.	6° kal.	Si bona.
Dominicaliter	13.	3° nonas	Septembris.
Ferialiter	14.	8° nonas [1]	
Dominicaliter	15.	15° kal.	Peto domine.
Dominicaliter	16.	8° kal.	Adonai.
Dominicaliter	17.	kalendis	*Octobris.*
Dominicaliter	18.	8° idus	Adaperiat.
Dominicaliter	19.	idibus	
Dominicaliter	20.	11° kal.	. . . Novembris.
Dominicaliter	21.	4° kal.	. . . Nov. Vidi dominum.
Dominicaliter	22.	nonas	. . . Novembris.
Dominicaliter	23.	2° idus	. . . Novembris.
Dominicaliter	24.	13° kal.	
Dominicaliter	25.	6° kal.	Decembris.
Dominica prima adventus		3° nonas	

*F*estum sancte trinitatis 11 kalendas Junii.
      Litera dominicalis B.

Ferialiter	1.	11° kal.	. . . Junii. Deus omnium.
Dominicaliter	2.	nonas	. . . Junii.
Ferialiter	3.	8° idus	. . . Junii.
Dominicaliter	4.	13° kal.	
Dominicaliter	5.	6° kal.	Julii.
Dominicaliter	6.	6° idus	
Ferialiter	7.	3° idus	

[1] pro 'nonas' idus: S.

Dominicaliter 8. 16° kal. ⎫
Dominicaliter 6.[1] 9° kal. ⎬ Augusti.
Dominicaliter 10. 2° kal. ⎭ In principio.

anticipetur festum.

Dominicaliter 11. 19° kal. ⎫
Ferialiter . . 12. 2° kal. ⎬ Septembris.
Dominicaliter 13. 2° nonas ⎭ Si bona.

differatur festum.

Dominicaliter 14. 8° idus . . . . Septembris.
Dominicaliter 15. 14° kal. ⎫ Peto domine.
Dominicaliter 16. 7° kal. ⎪ Octobris.
Ferialiter . . 17. 4° nonas ⎬ Adonai
Dominicaliter 18. 6° nonas ⎪ Adaperiat
Dominicaliter 19. 17° kal. ⎭ *differatur festum.*

Dominicaliter 20. 10° kal. ⎫
Ferialiter . . 21. 7° kal. ⎪ Novembris.
Dominicaliter 22. 3°[2] kal. ⎬ Vidi dominum.
Ferialiter . . 23. 7° idus ⎪
Dominicaliter 24. Idibus ⎭
Dominicaliter 25. 12° kal. Decembris *anticipetur festum.*[3]

Dominica prima adventus domini. 5° kalendas decembris.

*F*estum sancte trinitatis 10° kalendas Junii.
 litera dominicalis E.

Ferialiter . . 1. 19° kal. . . . . Junii. Deus omnium.
Dominicaliter 2. 8° idus . . . . Junii.

Dominicaliter 3. 12° kal. ⎫
Dominicaliter 4. 5° kal. ⎪
Dominicaliter 5. 5° idus ⎬ Julii.
Ferialiter . . 6. 4° idus ⎪
Ferialiter . . 7. 3° idus ⎪
Ferialiter . . 8. 2° idus ⎭

Dominicaliter 9. 15° kal. . . . . Augusti.
Ferialiter . . 10. 3° idus . . . . In principio.

[1] pro '6' 9 : S. [2] pro '3°' 30° : S. [3] 'ant. fest.' om. : N.

Ferialiter	11.	8° kal.	
Ferialiter	12.	2° kal.	Septembris.
Dominicaliter	13.	nonis	Si bona.
Ferialiter	14.	8° idus	
Dominicaliter	15.	13° kal.	Peto domine.
Dominicaliter	16.	6° kal.	Adonai.
Ferialiter	17.	4° kal.	Octobris.
Dominicaliter	18.	5° nonas	Adaperiat.
Dominicaliter	19.	16° kal.	
Dominicaliter	20.	9° kal.	
Ferialiter	21.	7° kal.	Novembris.
Dominicaliter	22.	2° kal.	Vidi dominum.
Dominicaliter	23.	7° idus	
Dominicaliter	24.	18° kal.	. . . . Decembris.
Dominicaliter	25.	11° kal.	. . . . Decembris.

Dominica prima adventus 4° kal. Decembris.

Festum sancte trinitatis 9° *kalendas Junii.*

Litera dominicalis D.

Ferialiter	1.	8° kal.	. . . . Junii. Deus omnium.
Dominicaliter	2.	7° kal.	. . . . Junii.[1]
Ferialiter	3.	15° kal.	
Dominicaliter	4.	11° kal.	
Dominicaliter	5.	4° kal.	Julii.
Dominicaliter	6.	4°[2] idus	
Ferialiter	7.	3° idus	

¶ *Cetere dominice que sequuntur dicuntur sicut ordinatur superius post primam literam dominicalem* D.

¶ *Festum sancte trinitatis* 8° *kalendas Junii.*[3] *Litera dominicalis* E.

Ferialiter	1.	6° kal.	. . . . Junii. Deus omnium.
Ferialiter	2.	16°[4] kal.	
Ferialiter	3.	15° kal.	
Ferialiter	4.	8° idus	
Dominicaliter	5.	3° idus	Julii.
Ferialiter	6.	2° idus	
Ferialiter	7.	idibus	

[1] pro 'Junii' Julii: N.
[2] pro '4°' 7°: N.
[3] pro 'Junii' Julii: N.
[4] pro '16°' 19°: S.

DE DOMINICIS

¶ *Cetere dominice que sequuntur dicuntur sicut ordinatur superius post primam literam dominicalem* E.

¶ *Festum sancte trinitatis.* 7° *kalendas Junii litera dominicalis* F.

    Ferialiter . . 1.[1] 5° kal. . . . . Junii. Deus omnium.
    Dominicaliter 2. 16° kal.
    Ferialiter . . 3. 15° kal.
    Dominicaliter 4. 9° kal.   } Julii.[2]
    Dominicaliter 5. 5° idus
    Ferialiter . . 6. Idibus
    Ferialiter . . 7. 16° kal. . . . . Augusti.

¶ *Cetere dominice que sequuntur dicuntur sicut ordinatur superius post primam literam dominicalem* F.

¶ *Festum sancte trinitatis.* 6° *kalendas Junii. litera dominicalis* G.

    Ferialiter . . 1. 3° kal. . . . . Junii. Deus omnium
    Ferialiter . . 2. 3° kal. . . . . Junii.
    Dominicaliter 3. 15° kal. . . . . Julii.[2]
    Ferialiter . . 4. 12° kal. . . . . Julii.

¶ *Cetere dominice que sequuntur dicuntur sicut ordinatur superius post primam literam dominicalem* G.

¶ *Festum sancte trinitatis* 5° *kalendas Junii. litera dominicalis* A.

    Ferialiter . . 1. 4° kal. . . . . Junii. Deus omnium
    Dominicaliter 2. 14°[3] kal.
    Ferialiter . . 3. 11° kal.
    Dominicaliter 4. 7° kal.   } Julii.
    Ferialiter . . 5. 5° idus

¶ *Cetere dominice que sequuntur dicuntur sicut ordinatur superius post primam literam dominicalem* A.[4]

¶ *Festum sancte trinitatis* 4° *kalendas Junii*[5] *litera dominicalis* B.

    Ferialiter . . 1. 3° kal. . . . . Junii. Deus omnium
    Dominicaliter 2. 13° kal.
    Ferialiter . . 3. 12°[6] kal.
    Dominicaliter 4. 6° kal.   } Julii.
    Ferialiter . . 5. 5°[7] idus
    Ferialiter . . 6. 4° idus

---

[1] pro '1' 15 : S.
[2] pro 'Julii' Junii : N.S.
[3] pro '14°' 4° : N.S.
[4] pro 'A' E : S.
[5] pro 'Junii' Julii : S.
[6] pro '12°' 14° : N.
[7] pro '5°' 3° : N.

¶ *Cetere dominice que sequuntur dicuntur sicut ordinatur superius post primam literam dominicalem* B.

¶ *Festum sancte trinitatis 3° kal. Junii*[1] *litera dominicalis* C.

      Ferialiter . . 1. 2° kal. . . . . Junii. Deus omnium.
      Dominicaliter 2. 12° kal. . . . . Julii.
      Ferialiter . . 3. 11 kal. . . . . Julii.

¶ *Cetere dominice que sequuntur dicuntur sicut ordinatur superius post primam literam dominicalem* C.

¶ *Festum sancte trinitatis 2° kal. Junii litera dominicalis* D.

      Ferialiter . . 1 kalendis . . . . Junii. Deus omnium.
      Dominicaliter 2. 11° kal.
      Dominicaliter 3. 4° kal.
      Ferialiter . . 4. 8° idus
      Dominicaliter 5. 4° idus   } Julii.
      Ferialiter . . 6. 3° idus
      Ferialiter . . 7. 2° idus

¶ *Cetere dominice que sequuntur dicuntur sicut ordinatur superius post primam literam dominicalem* D.

¶ *Festum sancte trinitatis kalendis Junii. litera dominicalis* E.

      Ferialiter . . 1. 3° nonis . . . Junii. Deus omnium.
      Ferialiter . . 2. 16° kal.
      Ferialiter . . 3. 14° kal.
      Ferialiter . . 4. 8° idus
      Dominicaliter 5. 3° idus   } Julii.
      Ferialiter . . 6. 2° idus
      Ferialiter . . 7. idibus
      Ferialiter . . 8. 17° idus[2] . . . . Augusti.
      Ferialiter . . 9. 12° idus[2] . . . . Augusti.

¶ *Cetere dominice que sequuntur dicuntur sicut ordinatur superius post primam literam dominicalem* E.

¶ *Festum sancte trinitatis 4° nonas Junii litera dominicalis* F.

      Ferialiter . . 1. 3° nonas . . . Junii. Deus omnium
      Dominicaliter 2. 16° kal.
      Ferialiter . . 3. 15° kal.   } Julii.[4]
      Dominicaliter 4. kalendis
      Ferialiter . . 8.[3] 8° idus

[1] Julii: N.S.
[2] sic: sed? kal.
[3] sic: sed? 5.
[4] pro 'Julii' Junii: S.

DE DOMINICIS

¶ *Cetere dominice que sequuntur dicuntur sicut ordinatur superius post primam literam dominicalem* F.

¶ *Festum sancte trinitatis 3° nonas Junii litera dominicalis* G.

    Ferialiter . . 1. 2° nonas . . . Junii. Deus omnium.
    Dominicaliter 2. 15° kal.
    Ferialiter . . 3. 12° kal.
    Dominicaliter 4. 8° idus   Julii.
    Ferialiter . . 5. 5° idus
    Dominicaliter 6. idibus
    Ferialiter . . 7. 17° kal. . . . . Augusti.
    Ferialiter . . 8. 15° kal. . . . . Augusti.

¶ *Cetere dominice que sequuntur dicuntur sicut ordinatur superius post primam literam dominicalem* G.

¶ *Festum sancte trinitatis 2° nonas Junii. litera dominicalis* A.

    Ferialiter . . 1. 7° idus . . . Junii. Deus omnium.
    Dominicaliter 2. 14° kal.
    Ferialiter . . 3. 12° kal.
    Dominicaliter 4. 7° kal.   Julii.[1]
    Ferialiter . . 5. 4° idus
    Dominicaliter 6. 17° kal.
    Ferialiter . . 7. 16° kal.   Augusti.
    Ferialiter . . 8. 14° kal.

¶ *Cetere dominice que sequuntur dicuntur sicut ordinatur superius post primam literam dominicalem* A.

¶ *Festum sancte trinitatis nonis Junii. litera dominicalis* B.

    Ferialiter . . 1. 8° Junii . . . Deus omnium
    Dominicaliter 2. 13° kal.
    Ferialiter . . 3. 12° kal.
    Dominicaliter 4. 6° kal.   Julii.
    Dominicaliter 5. 6° idus
    Ferialiter . . 6. 5° idus

¶ *Cetere dominice que sequuntur dicuntur sicut ordinatur superius post primam literam dominicalem* B.

¶ *Festum sancte trinitatis 8° idus Junii litera dominicalis* C.

    Ferialiter . . 1. 7° idus . . . Junii. Deus omnium
    Dominicaliter 2. 12° kal. . . . Julii.
    Ferialiter . . 3. 11° kal. . . . Julii.

[1] pro 'Julii' Junii : S.

¶ *Cetere dominice que sequuntur dicuntur acut*[1] *ordinatur superius post primam literam dominicalem* C.

¶ *Festum sancte trinitatis* 7° *idus Junii. litera dominicalis* D.

    Dominicaliter 1. 11° kal. . . . . Julii. Deus omnium.
    Dominicaliter 2. 4° kal.
    Ferialiter . . 3. 8° idus
    Dominicaliter 4. 4° idus ⎬ Julii.
    Ferialiter . . 5. 3° idus
    Ferialiter . . 6. 2° idus
    Ferialiter . . 7. idibus
    Dominicaliter 8. 14° kal. . . . . Augusti.
    Ferialiter . . 9. 4° kal. . . . . Augusti.

¶ *Cetere dominice que sequuntur dicuntur sicut ordinatur superius post primam literam dominicalem* D.

¶ *Festum sancte trinitatis* 6° *idus Junii. litera dominicalis* E.

    Dominicaliter 1. 10° kal. . . . . Julii. Deus omnium.
    et preoccupetur festum sancti albani.

    Ferialiter . . 2. 8° idus
    Dominicaliter 3. 3° idus
    Ferialiter . . 4. 2° idus ⎬ Julii.
    Ferialiter . . 5. idibus
    Ferialiter . . 6. 17° kal.
    Ferialiter . . 7. 12° kal. ⎬ Augusti.
    Ferialiter . . 8. 10° kal.

¶ *Cetere dominice que sequuntur dicuntur sicut ordinatur superius post primam literam dominicalem* E.

¶ *Festum sancte trinitatis* 5° *idus Junii. litera dominicalis* F.

    Ferialiter . . 1. idus[2] Junii . . . Deus omnium.
    Dominicaliter 2. 9° kal.
    Ferialiter . . 3. 8° idus
    Dominicaliter 4. 2° idus ⎬ Julii.
    Ferialiter . . 5. idibus
    Ferialiter . . 6. 16° kal.
    Dominicaliter 7. 12° kal.
    Dominicaliter 8. 5°[3] kal. ⎬ Augusti.
    Ferialiter . . 9. 4° kal.

[1] *pro* 'acut' *sicut*: N.S.   [2] *pro* 'idus' 4° id.: N.S.   [3] *pro* '5' 4°: N.S.

❡ *Cetere dominice que sequuntur dicuntur sicut ordinatur superius post primam literam dominicalem* F.

❡ *Festum sancte trinitatis 4° idus Junii. litera dominicalis* G.

    Ferialiter . . 1. idibus . . . . Junii. Deus omnium
    Dominicaliter 2. 8° idus
    Ferialiter . . 3. 6° idus
    Ferialiter . . 4. 5°[1] idus ⎬ Julii.
    Dominicaliter 5. idibus
    Ferialiter . . 6. 17° kal.
    Ferialiter . . 7. 15° kal. ⎬ Augusti.
    Ferialiter . . 8. 10° kal.

❡ *Cetere dominice que sequuntur dicuntur sicut ordinatur superius post primam litteram dominicalem* G.

❡ *Festum sancte trinitatis 3° idus Junii. litera dominicalis* A.

    Ferialiter . . 1. idibus . . . . Junii. Deus omnium.
    Dominicaliter 2. 7°[2] kal.
    Ferialiter . . 3. 6° idus ⎬ Julii.
    Ferialiter . . 4. 5° idus
    Ferialiter . . 5. 4° idus
    Dominicaliter 6. 17° kal.
    Ferialiter . . 7. 16° kal. ⎬ Augusti.
    Ferialiter . . 8. 14° kal.

❡ *Cetere dominice que sequuntur dicuntur sicut ordinatur superius post primam literam dominicalem* A.

❡ *Festum sancte trinitatis 2° idus Junii. litera dominicalis* B.

    Ferialiter . . 1. idibus . . . . Junii. Deus omnium.
    Dominicaliter 2. 6°[3] kal.
    Dominicaliter 3. 6° idus
    Ferialiter . . 4. 5° idus ⎬ Julii.
    Ferialiter . . 5. 4° idus
    Ferialiter . . 6. 3° idus
    Dominicaliter 7. 16° kal. . . . . Augusti.
    Ferialiter . . 8. 15° kal. . . . . Augusti.

❡ *Cetere dominice que sequuntur dicuntur sicut ordinatur superius post primam literam dominicalem* B.

[1] pro '5°' 3°: N.S. [2] '7°' om.: S. [3] pro '6°' 9°: N.S.

¶ *Festum sancte trinitatis idibus Junii. litera dominicalis* E.[1]

Ferialiter . .	1.	18° kal.	Deus omnium.
Dominicaliter	2.	5° kal.	
Dominicaliter	3.	5° idus	
Ferialiter . .	4.	4° idus	Julii.
Ferialiter . .	5.	3° idus	
Ferialiter . .	6.	2° idus	
Dominicaliter	7.	15° kal.	
Ferialiter . .	8.	14° kal.	Augusti.
Ferialiter . .	9.	5° kal.	

¶ *Cetere dominice que sequuntur dicuntur sicut ordinatur superius post primam literam dominicalem* E.[1]

¶ *Festum sancte trinitatis* 18° *kal. Julii. litera dominicalis* D.

Ferialiter . .	1.	17° kal.	Deus omnium.
Dominicaliter	2.	4° kal.	
Dominicaliter	3.	4° idus	
Ferialiter . .	4.	3° idus	Julii.
Ferialiter . .	5.	2° idus	
Ferialiter . .	6.	idibus	
Dominicaliter	7.	14° kal.	
Ferialiter . .	8.	12° kal.	Augusti.
Ferialiter . .	9.	4° kal.	

¶ *Cetere dominice que sequuntur dicuntur sicut ordinatur superius post literam dominicalem* D.

¶ *Festum sancte trinitatis* 17° *kal. Julii. litera dominicalis* E.

Ferialiter . .	1.	16° idus	Deus omnium.
Ferialiter . .	2.	8° idus	
Dominicaliter	3.	3° kal.	Julii.
Ferialiter . .	4.	2° idus	
Ferialiter . .	5.	idibus	
Ferialiter . .	6.	17° kal.	
Ferialiter . .	7.	10° kal.	Augusti.
Ferialiter . .	8.	5° kal.	

¶ *Cetere dominice que sequuntur dicuntur sicut ordinatur superius post primam literam dominicalem* E.

[1] pro 'E' C : N.S.

DE DOMINICIS

72B

⁋ *Festum sancte trinitatis* 16° *kalendas Julii. litera dominicalis* F.

Ferialiter	1.	15° kal.	Deus omnium.
Ferialiter	2.	8° idus	
Ferialiter	3.	6° idus	} Julii.
Dominicaliter	4.	2° idus	
Ferialiter	5.	idibus	
Ferialiter	6.	16° kal.	
Dominicaliter	7.	12° kal.	
Dominicaliter	8.	5° kal.	} Augusti.
Ferialiter	9.	4° kal.	

⁋ *Cetere dominice que sequuntur dicuntur sicut ordinatur superius post primam literam dominicalem* F.

⁋ *Festum sancte trinitatis* 15° *kal. Julii. litera dominicalis* G.

Ferialiter	1.	14° kal.	Deus omnium.
Ferialiter	2.	21°[1] kal.	
Dominicaliter[2]	3.	8° idus	} Julii.
Ferialiter	4.	5° idus	
Dominicaliter	5.	idibus	
Ferialiter	6.	17° kal.	. . . . Augusti.
Ferialiter	7.	15° kal.	. . . . Augusti.
Ferialiter	8.	10° kal.	. . . . Augusti.

⁋ *Cetere dominice que sequuntur dicuntur sicut ordinatur superius post primam literam dominicalem* G.

⁋ *Festum sancte trinitatis* 14° *kal. Julii. litera dominicalis* A.

Ferialiter	1.	12° kal.	Deus omnium.
Ferialiter	2.	6° idus	
Ferialiter	3.	5° kal.	} Julii.
Ferialiter	4.	4° idus	
Dominicaliter	5.	17° kal.	
Ferialiter	6.	16° kal.	
Ferialiter	7.	15° kal.	} Augusti.
Ferialiter	8.	14° kal.	

⁋ *Cetere dominice que sequuntur dicuntur sicut ordinatur superius post primam literam dominicalem* A.

---

[1] pro '21°' 12°: N.S.   [2] *pro* 'Dominicaliter' *Ferialiter*: N.S.

ORDINANDIS.

❡ *Festum sancte trinitatis* 13° *kal. Julii. litera dominicalis* B.

Ferialiter	1.	12° kal.	Deus omnium.
Dominicaliter	2.	6° idus	
Ferialiter	4.[1]	5° idus	Julii.
Ferialiter	4.	4° idus	
Ferialiter	5.	3° idus	
Dominicaliter	6.	16° kal.[2]	
Ferialiter	7.	15° kal.	Augusti.
Ferialiter	8.	14° kal.	

❡ *Cetere dominice que sequuntur dicuntur sicut ordinatur superius post primam literam dominicalem* B.

❡ *Festum sancte trinitatis* 12° *kal. Julii. litera dominicalis* C.

Ferialiter	1.	11° kal.	Deus omnium.
Dominicaliter	2.	5° idus	
Ferialiter	3.	4° idus	Julii.
Ferialiter	4.	3° idus	
Ferialiter	5.	2° idus	
Dominicaliter	6.	15° kal.	
Ferialiter	7.	14° kal.	Agusti.[3]
Ferialiter	8.	12° kal.	
Ferialiter	9.	5° kal.	

❡ *Cetere dominice que sequuntur dicuntur sicut ordinatur superius post primam literam dominicalem* C.

[1] pro '4' 3 : S. [2] pro 'kal.' idus : S. [3] sic Y. Augusti : N.S.

Aureus numerus		**K.L.**		*Januarius habet dies xxxj. Luna vero*[1] *xxx.* *Nox habet horas xvj. Dies vero viij.*	
iij.	A	*Januarii.*		*Circumcisio*[2] *domini. duplex festum principale.*	*ix. lec.*
	b	*iiij.*	*nō.*[3]	Octava sc̃i stephani.	iij. lec.
xi.	c	*iij.*	*nō.*	Octava sc̃i johannis.	iij. lec.
	d	*ij.*	*nō.*	Octava sanctorum innocentum.[4]	iij. lec.
xix.	e	*Nonas.*		Depositio sc̃i[5] edwardi regis[6] et confe. non pont.	
viij.	f	*viij.*	*id'.*[7]	*Epiphania domini. duplex festum.*[8]	[*ix. lec.*
	g	*vij.*	*id'.*	*Festum translationis sc̃i wilelmi eboracensis archiepiscopi semper in*[9] *dominica proxima post festum*	
xvj.	A	*vj.*	*id'.*	*epiphanie celebretur tanquam duplex principale.*	
v.	b	*v.*	*id'.*		
	c	*iiij.*	*id'.*	Sc̃i pauli primi heremite confe. non pont.	iij. lec.
xiij.	d	*iij.*	*id'.*		
ij.	e	*ij.*	*id'.*	[et remigii.	*Med. lec.*
	f	*Idibus.*		Octava epiphanie. ix. lect. Sanctorum conf. hilarii	
x.	g	*xix.*	*kl'.*[10]	*Feb.* Sc̃i[11] felicis in pincis conf. non pont.	iij. lec.
	A	*xviij.*	*kl'.*	Sc̃i mauri abbatis confessoris.	iij. lec.
xviij.	b	*xvij.*	*kl'.*	Sc̃i marcelli pape et martyris.	iij. lec.
vij.	c	*xvj.*	*kl'.*	Sc̃i antonii[12] monachi[13] confessoris. xvj.[14]	iij. lec.
	d	*xv.*	*kl'.*	Sc̃e[15] prisce virginis et martyris. v.	iij. lec.
xv.	e	*xiiij.*	*kl'.*	Sc̃i germanici martyris.	iij. lec.
iiij.	f	*xiij.*	*kl'.*	S. martyrum fabiani et sebastiani.[16] xiij.	*ix. lec.*
	g	*xij.*	*kl'.*	Sc̃e agnetis virginis et[17] martyris. ij.	*ix. lec.*
xij.	A	*xj.*	*kl'.*	Sc̃i vincentii martyris.	*ix. lec.*
j.	b	*x.*	*kl'.*	Sc̃e emerentiane virginis & martyris. x.	iij. lec.
	c	*ix.*	*kl'.*	Sc̃i Babille episcopi et sociorum ejus martyrum.	
					[iij. lec.
ix.	d	*viij.*	*kl'.*	*Conversio S. pauli.* projecti[18] martyris *memoria.*	
					[xviij. *ix. lec.*
	e	*vij.*	*kl'.*	S. policarpi episcopi et martyris. vij.	iij. lec.
xvij.	f	*vj.*	*kl'.*	Sc̃i juliani episcopi et confessoris.	iij. lec.
vj.	g	*v.*	*kl'.*	Octava sancte agnetis. xv.	iij. lec.
	A	*iiij.*	*kl'.*		iiij.
xiiij.	b	*iij.*	*kl'.*	Sc̃e batildis regine.	iij. lec.
iij.	c	*ij.*	*kl'.*		xij.[19]

❡ [20]*Post proximam primam*[21] *epiphanie computa x. dies: et in sequenti dominica semper claudetur* alleluia.

❡ [20]*Quere in numero nigro numerum illum: per quem currit luna: et in sabbato*[22] *sequenti claudetur* alleluia.

[1] '*vero*' om.: K.N.
[2] '*circumcisio*: E.K.L.N.
[3] pro '*nō.*' N.: E.L.C. Nõ.: K.N.
[4] innocentium: E.K.L.N.
[5] pro 'sc̃i' scti: E.L.C. S. Scti. vel sancti: N. S. vel Scti: K.
[6] pro 'regis' episcopi: N.
[7] *pro* '*id'.*' *Id.*: E.K.L.C. idus: N.
[8] *festum duplex*: K.N.
[9] '*semper*' om.: K. '*semp. in*' om.: N.
[10] pro '*kl'.*' kal.: E.L.N.C. kl.: K.
[11] 'Sc̃i' abhinc passim om.: E.L.C.
[12] anthonii: E.K.L.N.C.
[13] 'et' add: K.
[14] Hi numeri semper apud N verbis 'iij. lec.' subjiciuntur nunquam anteferuntur.
[15] 'Sc̃e' om.: E.L.C.
[16] fab. & seb. martyrum: E.L.
[17] 'et' om.: N.
[18] 'projecti' om.: K.
[19] 'xij.' om.: K.
[20] *Hanc rubricam* om.: E.L.C.
[21] proximum primum: N.
[22] sabato: K.

(3)

3 C

Februarius habet dies xxviij. Luna xxix.[1] *Et quando est bisextus*[2] *habet dies xxix. Luna xxx.*[3] *Nox habet horas xiiij. Dies vero x.*

Aureus numerus	K.L.				
	d	*Februarii.*[4]	Sc̄e Brigide virginis non martyris.		iij. lec.
xj.	e	*iiij. nō.*	*Purificatio*[5] *marie. duplex fest. princ.*	j.[6]	ix. lec.
xix.	f	*iij. nō.*	Sc̄i blasii episcopi et martyris.	ix.	iij. lec.
viij.	g	*ij. nō.*	Sc̄i giberti[7] confess. non pontifi.		iij. lec.
	A	*Nonas.*	Sc̄e agathe virginis et martyris.	xvij.	*ix. lec.*
xvj.	b	*viij. id'.*	S. confes. vedasti et amandi.[8]	vj.	iij. lec.
v.	c	*vij. id'.*			
	d	*vj. id'.*		xiiij.	
xiiij.[9]	e	*v. id'.*		iij.	
ij.	f	*iiij. id'.*	Sc̄e scolastice virginis non mar.		iij. lec.
	g	*iij. id'.*		xj.	
x.	A	*ij. id'.*			
	b	*Idibus.*		xix.[10]	
xviij.	c	*xvj. kl'.*	*Martii.* S. valentini[11] presbiteri et martyris.	viij.	iij. lec.
vij.	d	*xv. kl'.*			
	e	*xiiij. kl'.*	Sc̄e juliane[12] virginis et martyris.		iij. lec.
xv.[13]	f	*xiij. kl'.*			
iiij.	g	*xij.*[14] *kl'.*			
	A	*xj.*[15] *kl'.*			
xij.	b	*x.*[16] *kl'.*			
j.	c	*ix. kl'.*			
	d	*viij. kl'.*	Cathedra sc̄i petri apostoli du. fe. de minoribus.		ix. lec.
ix.	e	*vij. kl'.*			
	f	*vj. kl'.*	S. mathie apostoli. du. fe. de mi. Locus bissexti.		ix. lec.
xvij.	g	*v. kl'.*			
vj.	A	*iiij. kl'.*			
	b	*iij. kl'.*			
xiiij.	c	*ij. kl'.*			

¶ *Post*[17] *secundam lunam epiphanie computa ij. dies : et*[18] *in sequenti dominica erit semper dominica prima quadragesime.*

[1] *pro 'xxix.' xxx.: E.L.C.*
[2] *bissextus: E.K.L.N.C.*
[3] *pro 'xxx.' xxix.: E.L.C.*
[4] *'Februarii' om.: N.*
[5] *'beate' add : E.L.N.*
[6] Hic numerus diei praecedenti assignatur apud E.L.N.
[7] Gilberti : E.L.N.C.
[8] Ved. & am. confessorum : E.L.
[9] *pro 'xiiij.' xij.: K.N. viij.: E.L.*
[10] Hic numerus diei praecedenti assignatur apud E.L.
[11] *pro 'Valent.' Vedasti: K. V. pape: N.*
[12] Juliani : K.N.
[13] *pro 'xv.' v.: E.L.*
[14] *pro 'xij.' x.: K.*
[15] *pro 'xj.' xij.: K.*
[16] *pro 'x.' xj.: K.*
[17] *Hanc rubricam om.: E.L.*
[18] *'et' om.: N.*

Aureus numerus		K.L.		*Martius habet dies xxxj. Luna xxx.* *Nox habet horas xij. et[1] dies[2] xij.*	
iij.	d	*Martii.*		Sc̄i[3] albini episcopi et confessoris.	iij. lec.
	e	vj.	nō.	Sc̄i cedde[4] episcopi & confessoris.	ix. lec.
xj.	f	v.	nō.		
	g	iiij.	nō.		
xix.	A	iij.[5]	nō.		
viij.	b	ij.[6]	nō.		
	c	*Nonas.*			
xvj.	d	viij.	id'.		
[7]	e	vij.	id'.		
	f	vj.	id'.		
xiij.	g	v.	id'.		
ij.	A	iiij.	id'.	S. gregorii pape et confessoris. *duplex festum de minoribus.*	ix. lec.
	b	iij.	id'.		
x.	c	ij.	id'.		
	d	*Idibus.*			
xviij.	e	xvij.[8]	kl'.	*Aprilis.*[9]	
vij.	f	xvj.[10]	kl'.		
	g	xv.	kl'.		
xv.	A	xiiij.	kl'.		
iiij.	b	xiij.	kl'.	Sc̄i cuthberti episcopi[11] confessoris.	ix. lec.
	c	xij.	kl'.	Sc̄i benedicti abbatis[11] confessoris. xvj.	ix. lec.
xv.[12]	d	xj.	kl'.	v.	
j.	e	x.	kl'.		
	f	ix.	kl'.	xiij.	
ix.	g	viij.	kl'.	*Annunciatio*[13] *marie. fest. du. prin.* ij.[14]	ix. lec.[15]
	A	vij.	kl'.		
xvij.	b	vj.	kl'.	x.	
vj.	c	v.	kl'.		
	d	iiij.	kl'.	xviij.	
xiiij.	e	iij.	kl'.	vij.	
iij.	f	ij.	kl'.		

⁋ *Quere*[16] *in numero nigro numerum illum: per quem currit luna: et in dominica sequenti erit pascha.*

[1] 'et' om.: K.N.
[2] pro 'et dies' Dies vero: E.L.
[3] 'Sancti' hic et passim om.: E.N.L.K.
[4] cede: L.
[5] pro 'iiij. no' ij. No.: K.N.
[6] pro 'ij. no.' iij. No: K.N.
[7] 'v.' add: E.N.C.L.K.
[8] pro 'xvij.' xviij.: K.N.
[9] 'Aprilis' om.: E.C.L.
[10] pro 'xvj.' xvij.: K.N.
[11] 'et' add: E.K.L.N.C.
[12] pro 'xv.' xij.: K.L.N.C.
[13] 'beate' add: E.K.L.N.
[14] ij. om.: K.
[15] 'ix. lec.' om.: L.C.
[16] Hanc rubricam om.: E.C.L.

(5)

Aureus numerus	K.L.		Aprilis habet dies xxx. Luna xxix. Nox habet horas x. Dies vero[1] xiiij.	
	g	Aprilis.		xv.[2]
xj.	A	iiij.[3] Nonas.[4]		iiij.[5]
[6]	b	iij. nō.		
xix.	c	ij. nō.	S. ambrosii episcopi et conf. *duplex festum de minoribus.*	xij. ix. lec.[7]
viij.	d	Nonas.		j.
xvj.	e	viij. id'.		
v.	f	vij. id'.		ix.
	g	vj. id'.		
xiij.	A	v. id'.		xvij.
ij.	b	iiij. id'.		vj.
	c	iij. id'.		
x.	d	ij. id'.		xiiij.
	e	Idibus.		xij.
xvij.[8]	f	xviij. kl'.	*Madii.*[9] Sctorum martyrum[10] tyburtii[11] et[12] valeriani et maximi.	xj. iij. lec.
vij.	g	xvij. kl'.		
	A	xvj. kl'.		
xv.	b	xv. kl'.		xix.[13]
iiij.	c	xiiij. kl'.		viij.[14]
xij.	e	xij.[15] kl'.		
j.	f	xj. kl'.		
	g	x. kl'.		
ix.	A	ix. kl'.	S. Georgii martyris.[16]	ix. lec.
	b	viij. kl'.	Translatio Wilfridi[17] archiep. ebor. *duplex fest. de*[18] *minoribus quasi ix. lec.*	
xvij.	c	vij. kl'.	S. Marci evang. *fest. du. de minoribus quasi ix. lec.*	
vj.	d	vj. kl'.		
	e	v. kl'.	*Memoria.*	
xiiij.	f	iiij. kl'.	Sci vitalis martyris.	iij. lec.[19]
iij.	g	iij. kl'.		
	A	ij. kl'.		

⁋ *Post*[20] *quartam primam epiphanie computa xx. dies : et in dominica sequenti erit dies rogationum.*

[1] 'vero' om.: N.
[2] pro 'xv.' iiij.: L.
[3] 'iiij.' om.: K.
[4] 'Visitatio beate marie' [du.: N.] add: K.N.C.
[5] pro 'iiij.' xv.: L.
[6] 'xix.' add: K.
[7] 'ix. lec.' om.: K.
[8] pro 'xvij.' xviij.: K.L.C.
[9] pro 'Madii' Maii: K.N.
[10] 'Sanctorum Martyrum' om. hic & passim : K.N.
[11] pro 'Tib.' Wyburci : N.
[12] 'et' om.: K.N.
[13] 'xix.' om. : E.
[14] 'viij.' om. : E.K.N.
[15] pro 'xij.' xiij.: K.
[16] 'de minoribus quasi' add: K.
[17] vulfridi : N. vvulfridi : K.
[18] 'de' om.: E.
[19] 'iij. lec.' om.: N.K.
[20] Hanc Rubricam om.: E.L.C.

(6)

Aureus numerus		*K.L.*	*Madius*[1] *habet dies xxxj. Luna xxx.* *Nox habet horas viij. Dies vero*[2] *xvj.*			
xj.	b	*Madii.*	[3] *Philippi et jacobi fest. duplex*[4] *de minoribus quasi ix. lec.*			
	c	*vj. nō.*				
xix.	v.	*nō.*	*Inventio s. crucis.* S.[5] *martyrum*[6] *alexandri eventii et theodori. quasi ix. lec.*			
viij.	e	*iiij. nō.*				
	f	*iij. nō.*				
xvj.	g	*ij. nō.*	Sc̄i[7] *johannis ante portam latinam. quasi ix. lec.*			
v.	A	*Nonas.*[8]	Sc̄i *johannis beverlaci*[9] *archiep. eboracensis duplex festum de minoribus. quasi ix. lec.*			
	b	*viij. id'.*				
xiij.	c	*vij. id'.*		xvj.		
ij.	d	*vj. id'.*	S. mar. gordiani et epimachi.	v.		iij. lec.
	e	*v. id'.*				
x.[10]	f	*iiij. id'.*	S. marty. nerei et[11] achillei[12] et pancratii.			
				[xiij.		iij. lec.
	g	*iij. id'.*		ij.		
xviij.	A	*ij. id'.*				
vij.	b	*Idibus.*		x.		
	c	*xvij.*[13] *kl'.*	*Junii.*			
xv.	d	*xvj. kl'.*		xviij.		
iiij.	e	*xv. kl'.*		vij.		
	f	*xiiij. kl'.*	Sc̄i dunstani episcopi et[14] confessoris.			iij. lec.
xij.	g	*xiij. kl'.*		xv.		
j.	A	*xij. kl'.*		iiij.		
	b	*xj. kl'.*				
ix.	c	*x. kl'.*		xij.		
	d	*ix. kl'.*		j.		
xvij.	e	*viij. kl'.*	Sc̄i urbani pape et martyris.			iij. lec.
xi.[15]	f	*vij. kl'.*	Sc̄i augustini archiep̄i. anglorum. Sc̄i bede presbyteri *mem.*[16]	ix.		ix. lec.
	g	*vj. kl'.*				
xiiij.	A	*v. kl'.*	Sc̄i germani episcopi et conf.	xvij.[18]		iij. lec.
iij.	b	*iiij. kl'.*		vj.		
	c	*iij. kl'.*				
xj.	d	*ij. kl'.*	Sc̄e[17] petronille virginis non mart.	xiiij.		iij. lec.

[1] '*Mayus*' *in capite paginae.* '*Maius*' *hic et passim apud K.N.*
[2] '*vero*' om.: N.
[3] '*Apostolorum*' add : K.N.
[4] *duplex festum* : E.L.
[5] 'S.' om.: E.N.L.
[6] 'S. Martyrum' om.: K.N.
[7] 'Sancti' om.: K.N.
[8] '*Nonas*' om.: K.
[9] '*bervelaci*': C.
[10] *pro* 'x.' *v.*: N.
[11] 'et' om.: K.N.
[12] achilei : K.L.
[13] *pro* 'xvij.' xvj.: K.
[14] 'et' om.: C.
[15] *pro* 'xi.' *vj.*: E.B.K.N.C.
[16] '*mem.*' om.: N.
[17] 'Sancte' om.: E.K.L.N.C.

(7)

Aureus numerus		K.L.	Junius habet dies xxx. Luna xxix. Nox habet horas vj. Dies vero[1] xviij.		
[2]	e	Junii.	Sči nicomedis[3] martyris.	iij.	iij. lec.
xix.[4]	f	iiij.[5] nō.	S.[6] mart.[7] marcellini et petri.	iij.	lec.
viij.	g	iij. nō.		xj.	
xvj.	A	ij. nō.	Sči[8] petroci confessoris non pontificis.	iij.	lec.
v.	b	Nonas.	Sči bonifacii martyris.	xix.	iij. lec.
	c	viij. id'.		viij.	
[9]	d	vij. id'.			
[10]	e	vj. id'.	*Sči willelmi archiēpi. eborac. duplex fest. prin.*[11]	ix. lec.	
			S. conf. medardi et gildardi[12] *Memo.*		
	f	v. id'.	Sčorum martyrum[13] primi et feliciani.[14]	iij. lec.	
x.	g	iiij. id'.			
	A	iij. id'.	Sči barnabe[15] apostoli.	ix. lec.	
xviij.	b	ij. id'.	Sčorum mart. basilidis cirini naboris et nazarii.		
				[iij. lec.	
vij.[16]	c	Idibus.			
	d	xviij. kl'.	*Julii.*[17] Sči basilii archiep. et[18] confessoris.	iij. lec.	
xv.[19]	e	xvij. kl'.	Oct. Sči Wilelmi. Sčorum martyrum viti modesti		
			et crescentie.[20] *Memoria.*	ix. lec.	
iiij.	f	xvi. kl'.	Sčorum[6] mart. cirici[21] et julite.	iij. lec.	
	g	xv. kl'.	Sči botulphi abbatis et confessoris.	iij. lec.	
xij.	A	xiiij. kl'.	Sčorum[6] mart. marci et marcelliani.	iij. lec.	
j.	b	xiij. kl'.	S.[6] martyrum gervasii et prothasii.	iij. lec.	
	c	xij. kl'.		iij. lec.[22]	
ix.	d	xj. kl'.	Sči leufridi[23] abbatis et confessoris.	iij. lec.	
	e	x. kl'.	Sči albani martyris.	ix. lec.	
xvij.	f	ix. kl'.	S.[24] etheldrede virginis non martyris. *Vigilia.*	iij. lec.	
vj.	g	viij. kl'.	*Nativitas S. johannis baptiste dup. fest. princ.*	ix. lec.	
	A	vij. kl'.			
xiiij.	b	vj. kl'.	Storum martyrum johannis et pauli.[25]	iij. lec.	
iij.	c	v. kl'.			
	d	iiij. kl'.	S. leonis pape et confessoris. *Vigilia.*	iij. lec.	
xj.	e	iij. kl'.	*Apostolorum petri et pauli duplex fest. prin.*	iv. lec.	
	f	ij. kl'.	*Commemoratio sancti pauli.*	ix. lec.	

[1] 'vero' om.: N.
[2] xix.: K.N.
[3] nichomedis: E.L.
[4] pro 'xix.' viij.: K.N.
[5] pro 'iiij. nō.' iij.: K.
[6] 'Sanctorum' om.: E.K.L.N.
[7] 'mar. & petri mart.': E.K.L.N.
[8] 'Sancti' hic et passim om.: E.K.L.N.
[9] 'xiij.' add: C.L.
[10] 'ij.' add: C.L.K.
[11] 'confessorum mem.': E.L.
[12] 'med. & gild.' om.: E.L.C.
[13] 'Sanct. mart.' om.: E.L.
[14] 'primi & fel. mart.': N.
[15] 'Barn. ap.' in literis rubris: N.
[16] pro 'vij.' vj.: C.
[17] pro 'Julii' Junii: K.N.
[18] 'et' om.: C.
[19] pro 'xv.' v.: N.
[20] 'mod. & cresc.' om.: E.C.L.
[21] 'circi': C. 'Cirici et inlite et marty.': K.
[22] 'iij. lec.' om.: E.C.L.
[23] leufredi: K.N.
[24] 'Sancte' om.: E.L.
[25] 'johannis & paul.': K.N. [mart.: E.L.]

(8)

Aureus numerus		K.L.		Julius habet dies xxxj. Luna[1] xxx. Nox habet horas viij. Dies vero[2] xvj.[3]	
xix.[4]	g	Julii.[5]		Octava sēi johannis baptiste.	iij. lec.
viij.	A	vj.	nō.	S. swythuni[6] episcopi & conf. Sanctorum martyrum [processi et martiniani.[7]	ix. lec.
	b	v.	nō.		
xvj.	c	iiij.	nō.	Translatio s. martini turonensis epi. et conf.	ix. lec
v.	d	iij.	nō.		
	e	ij.	nō.	Octava apostolorum petri et pauli.	ix. lec.
xiij.	f	Nonas.		Transla. S. thome cantuarensis archiepi.	ix. lec.
ij.	g	viij.	id'.	Sēi[8] grunbaldi[9] sacerdotis & confessoris.	iij. lec.
	A	vij.	id'.	Sēe[10] everildis virginis non martyris.	ix. lec.
x.	b	vj.	id'.	Sanctorum martyrum[11] septem fratrum.	iij. lec.
	c	v.	id'.		
xviij.	d	iiij.	id'.		
vij.	e	iij.	id'.		
	f	ij.	id'.		
xv.	g	Idibus.			
iiij.	A	xvij.	kl'.	Augusti.	
	b	xvj.	kl'.		
xij.	c	xv.[12]	kl'.		
j.	d	xiiij.	kl'.		
	e	xiij.	kl'.	Sēe[10] margarethe[13] virginis &[14] martyris.	ix. lec.[15]
ix.	f	xij.	kl'.	Sēe[10] praxedis virginis non martyris.	iij. lec.
	g	xj.	kl'.	Sēe marie magdalene. ix. lec. Sēi wandegesili[16] abbatis.[17] Memoria.	
xvij.	A	x.	kl'.	Sēi[8] apolinaris[18] episcopi & martyris.	iij. lec.
vj.	b	ix.	kl'.	Sēe[10] christine virginis et mar. Vigilia.	iij. lec.
	c	viij.	kl'.	Sēi[8] jacobi apostoli duplex fest. de minoribus.[19] ix. lec. Sēi christofori martyris.[20] Memoria.	
xiiij.[21]	d	vij.	kl'.	Sēe[10] anne matris marie.	ix.[22] lec.
iij.	e	vj.	kl'.	Sēe marthe virginis non[23] martyris[24][25] Sanctorum[26] martyrum[27] septem dormientium.[28]	Med. lec.
	f	v.	kl'.	S.[8] samsonis epis. & conf. iij.[29] lec. S. pantaleonis mar. memoria.	
xj.	g	iiij.	kl'.	S. mar.[27] felicis[30] simplicii faustini et beatricis.	iij. lec.
xix.	A	iij.	kl'.	S. mar.[27] abdon et sennen.[31]	[32]
	b	ij.	kl'.	Sēi[8] germani episcopi et confessoris.	ix. lec.

[1] 'vero' add: E.K.L.
[2] 'vero' om.: K.N.   [3] xvij.: N.
[4] pro 'xix.' xviij.: K.N.
[5] Junii: K.N.
[6] swithuni: E.K.N.   swythini: C.
[7] 'memoria' add: K.N.
[8] 'Sancti' om.: E.N.C.L.K.
[9] grumbaldi: E.L.C.   grimbaldi: K.N.
[10] 'Sancte' om.: E.N.L.K.C.
[11] sept. fr. mart.: K.
[12] 'xv.' om.: K.
[13] margarete: E.K.N.L.
[14] 'et' om.: C.
[15] iij. lec.: K.N.
[16] Wuandregi: K.   wandregesili: N.
[17] 'abb.' om.: N.K.
[18] appollinaris: C.   apollinaris: E.K.L.N.
[19] 'de min.' om.: E.L.C.
[20] 'martyris' om.: K.
[21] xiij.: K.   [22] iij.: K.
[23] pro 'non' et: L.
[24] 'non mart.' om.: E.N.C.K.
[25] 'ix. lect.' add: E.C.
[26] 'Sanctorum' om.: E.L.C.K.
[27] 'S. mart.' om.: E.N.
[28] Septem mart. dormientium: C.
[29] pro 'iij.' ix.: K.
[30] Felicicis: L.   [31] sennem: E.N.L.
[32] 'iij. lec.' add: K.

Aureus numerus	**K.L.**	*Augustus habet dies xxxj. Luna xxx.* *Nox habet horas x. Dies vero*[1] *xiiij.*	
viij.	c	Augusti.	Ad vincula s. petri. duplex festum principale. Sctorum machabeorum martyrum. *Memoria.*
xvj.	d	iiij. nō.	Sci[2] stephani pape et martyris.[3] iij. lec.
v.	e	iij. nō.	Inventio s. stephani prothomartyris et sociorum
	f	ij. nō.	[ejus martyrum. *ix. lec.*
xiij.	g	Nonas.	Sci oswaldi regis et martyris. *ix. lec.*
ij.	A	viij. id'.	S. mar. Sixti pape felicissimi & agapiti.[4][5] iij. lec.
	b	vij. id'.	Sci donati episcopi & martyris.[6][7] iij. lec.
x.	c	vj. id'.	Oct. S. petri. S. cyriaci et socio. ejus mar.[8] *ix. lec.*[9]
	d	v. id'.	Sci romani martyris. *Vigilia.* iij. lec.
xviij.	e	iiij. id'.	*Sci laurentii martyris.* *ix. lec.*
vij.	f	iij. id'.	Sci tyburtii[10] martyris. iij. lec.
	g	ij. id'.	
xv.	A	Idibus.	S. hypoliti[11] sociorumque ejus martyrum. iij. lec.
iiij.	b	xix. kl'.	Septembris. S. eusebii conf. non pont. *Vig.* iij. lec.
	c	xviij. kl'.	Assumptio[12] marie virginis du. fes. princ. *ix. lec.*
xij.	d	xvij. kl'.	
j.	e	xvj. kl'.	Octava sci laurentii.
	f	xv. kl'.	Sci agapiti martyris. } *tantum*[13] *memoria.*
ix.	g	xiiij. kl'.	Sci magni martyris.
	A	xiij. kl'.	
xvij.	b	xij. kl'.[14]	*Medie lectiones.*
vj.	c	xj. kl'.	Oc. S. marie. S. martyrum tymothei et simphoriani. *ix. lec.*
	d	x. kl'.	*Vigilia.*
xiiij.	e	ix. kl'.	S. bartholomei apli. du.[15] festum de minoribus. Sci[2] audoeni epi. et conf.[16] *Mem.*
iij.	f	viij. kl'.	Sce hilde virginis non martyris. iij. lec.
	g	vij. kl'.	
xj.	A	vj. kl'.	Sci ruffi[17] martyris. iij. lec.
xix.	b	v. kl'.	Sci augustini epi. confessoris[18] et[18] doctoris.[18] S. hermetis[19] marty. du. festum de minoribus.[20]
	c	iiij. kl'.	Decol. s. jo. bap. S.[21] sabine virg. mem. *ix. lec.*
viij.	d	iij. kl'.	S. martyrum felicis et adaucti. iij. lec.
	e	ij. kl'.	Sci aidani epi et confessoris. iij. lec.

[1] '*vero*' *om.*: N.
[2] 'Sancti' *om., passim*: E.N.L.K.
[3] 'martyris' *om.*: K.
[4] 'S. mart. sixti pape felic. & ag.' *om.*: E.L.C. Sixti cum sociis: K.N.
[5] '*Transfiguratio domini* [*duplex: N.*] *ix. lect.*' *add*: E.K.L.N.C.
[6] 'Sci. don. ep. & mar.' *om.*: E.C.L.
[7] *Festum nominis Jesu*: E.C.L. De nomine Jesu du.: K.N.
[8] pro 'mart.' memoria: N.
[9] *ix. lec. om.*: K.N.
[10] Tirburtii: K. tyburcii: E.L.
[11] ypoliti: E.L. Hippolyti: N.
[12] '*beate*' *add*: E.K.L.N.C.
[13] '*tantum*' *om.*: N.
[14] '*Kl'.*' *om.*: K.
[15] '*du.*' *om.*: K.
[16] 'et conf.' *om.*: K.
[17] Ruphi: K.N.
[18] conf. *om.*: K. 'conf. et' *om.* N. 'conf. & doct.' *om.*: E.C.
[19] hemere: L.
[20] '*de minoribus*' *om.*: E.K.N.
[21] 'S. sabine virg. mem.' *om.*: N. 'S.' *om.*: K.

Aureus numerus		K.L.	September habet dies xxx. Luna vero[1] xxix. Nox habet horas xij. Dies vero xij.	
xvj.	f	Septembris.	Sĉi Egidii abbatis. Sĉi prisci mar.	ix. lec.
v.	g	iiij. nō.		
	A	iij. nō.		
xiij.	b	ij. nō.	Trans. s. cuthberti epi. & conf.[2] S. birini epi.	ix. lec.
ij.	c	Nonas.	Sĉi bertini abbatis & conf.	iij. lec.
	d	viij. id'.		
x.	e	vij. id'.	Sĉi Evurcii.[3] *Vigilia.*	iij. lec.
	f	vj. id'.	*Nativitas*[4] *b. marie virg.*[5] S. adriani mar. *tantum memoria.*[6] *duplex principale.*[7]	
xviij.	g	v. id'.	Sĉi Gorgonii[8] mar. *tantum memoria.*	
vij.	A	iiij. id'.		
	b	iij. id'.	Sĉorum mar. prothi et jacinti.[9] *tantum Memoria.*	
xv.	c	ij. id'.		
iiij.	d	Idibus.	Sĉi maurilii epi et conf. tantum memoria.[10] *Med. lec.*	
	e	xviij. kl'.	Octobris. Exaltatio sancte crucis. Sĉorum martyrum cornelii et cypriani. *Mem. tantum.*	ix. lec.
xij.	f	xvij. kl'.	Oct. s. marie. Sĉi nichomedis mar.	ix. lec.
j.	g	xvj. kl'.	Sĉorum mar. eufemie lucie geminani.	iij. lec.
	A	xv. kl'.	Sĉi lamberti episcopi & martyris.	iij. lec.
ix.	b	xiiij. kl'.		
	c	xiij. kl'.		
xvij.	d	xij. kl'.	*Vigilia.*	
vj.	e	xj. kl'.	Sĉi mathei apli. et[11] evang. festum dupl. de[12] min.	ix. lec.
	f	x. kl'.	Sĉorum mar. mauricii sociorumque[13] ejus.	ix. lec.
xiiij.[14]	g	ix. kl'.	Sĉe[15] tecle virginis non[16] martyris.	iij. lec.
iij.	A	viij. kl'.		
	b	vij. kl'.	Sĉi firmini episcopi et martyris.	iij. lec.
xj.	c	vj. kl'.	Sĉorum mart. cypriani et justine.[17]	iij. lec.
xix.	d	v. kl'.	Sĉorum martyrum cosme et damiani.	iij. lec.
	e	iiij. kl'.		
iij.[18]	f	iij. kl'.	Sĉi[19] michaelis Archangeli dup. fest. de minor.	ix. lec.
	g	ij. kl'.	Sĉi hieronymi[20] presbyteri et doctoris[21] *duplex festum de*[22] *minoribus.*	ix. lec.

[1] 'vero' om.: K.
[2] 'et con.' om.: E.L.C.
[3] Euurci: K. 'episcopi' add: E.L.C.
[4] Nativitatis: C.
[5] 'virg.' om.: K.N.
[6] 'tant. me.' om.: N.
[7] 'dupl. princ.' om.: K.N.
[8] Grisogoni mart.: E.L.
[9] jacincti: E.K.L.N.C.
[10] 'memoria' om.: E.L.
[11] 'et' om.: C.
[12] 'de' om.: K.
[13] et sociorum: N.
[14] pro 'xiiij.' xiij.: E.
[15] 'Sancte' om.: E.K.N.
[16] 'non' om.: C. pro 'non' et.: L.
[17] justini: N.
[18] pro 'iij.' viij.: E.K.N.C.
[19] 'Sĉi.' om.: N.
[20] Hyeronimi: N.K.
[21] 'et doc.' om.: E.K.L.N.C.
[22] 'de' om.: K.

Aureus numerus		K.L.		October habet dies xxxj. Luna vero[1] xxix.[2] Nox habet horas xiiij. dies vero x.	
xvj.	A		Octobris.	Sc̄orum conf.[3] germani remigii vedasti bavonis et piatonum. *Med. lec.*[4]	iij. lec.
v.	b	vj.	nō.	Sc̄i thome herford. epī et conf.[5] Leodegarii epis-	
xiij.	c	v.	nō.	[copi et martyris. *ix.*[6] *lec.*	
ij.	d	iiij.	nō.	Sc̄i francisci confessoris non pontificis.	iij. lec.
	e	iij.	nō.		
x.	f	ij.	nō.	Sc̄e[7] fidis virginis et mart. *Mem.*	iij. lec.
	g		*Nonas.*	Sc̄i marci pape & conf.[8] Sc̄orum mart. marcelli & apulei.[9]	iij. lec.
xviij.	A	viij.	id'.	Sc̄e[7] pelagie matrone.	iij. lec.
vij.	b	vij.	id'.	Sc̄orum mart. dionysii[10] sociorumque ejus.	*ix. lec.*
	c	vj.	id'.	Sc̄i paulini archiepi. eboracensis.[11] Sc̄orum mart.[12] gereonis sociorumque ejus.[13] mem.	*ix. lec.*
xv.	d	v.	id'.	Sc̄i nichasii mar. cum sociis suis.	iij. lec.
iiij.	e	iiij.	id'.	S. wilfridi archiep. ebo. *du. fest. de mino.*	*ix. lec.*
	f	ij.	id'.	Transl. sci edwardi regis conf. non pont.	*ix. lec.*
xij.	g	ij.	id'.	Sc̄i calixti pape et martyris.	iij. lec.
j.	A		*Idibus.*	Sc̄i wilfranni[14] episcopi et confessoris.	iij. lec.
	b	xvij.[15]	kl's.	*Novembris.*	
ix.	c	xvj.[16]	kl'.	[*de*[18] *minoribus. ix. lec.*	
	d	xv.[17]	kl'.	Sc̄i luce evangeliste. Sc̄i justi mar. *Memo. du. fest.*	
xvij.	e	xiiij.	kl'.	Festum sanctarum[19] reliquiarum ebo. *du. fes. de minori.*	*ix. lec.*
vj.	f	xiij.	kl'.	Sc̄e[20] austreberte virginis non mart.	iij. lec.
	g	xij.	kl'.	Sc̄arum xj. milium virginum. *ix. lec.* Sancti hylla-	
xiiij.	A	xj.	kl'.	[rionis[21] monachi.[22]	
iij.	b	x.	kl'.	Sc̄i romani episcopi et confessoris.	iij. lec.
	c	ix.	kl'.		
xj.	d	viij.	kl'.	Translatio sc̄i johannis bever. *fest. du. de*[23] *minori.* Sc̄orum crispini & crispiani.[24] *memoria.*	
xix.	e	vij.	kl'.		
	f	vj.	kl'.		*Vigilia.*
viij.	g	v.	kl'.	*Apostolorum symonis & jude. festum*[25] *de*[23] *mino-* [*ribus ix. lec.*	
	A	iiij.	kl'.		
xvj.	b	iij.	kl'.	Sc̄i germani capuani episcopi & conf.	iij. lec.
v.	c	ij.	kl'.	Sc̄i quintini. *Vigilia.*[26]	iij. lec

[1] '*vero*' om.: K.N.
[2] *pro* '*xxix.*' xxx.: E.L.C.
[3] 'Scor. conf.' om.: K.N.
[4] *pro* '*med. lec.*' memoria ix. lec.: E.L.C. [5] 'et conf.' om.: K.N.
[6] *pro* '*ix. lec.*' medie lect.: N.
[7] 'sancte' om.: K.N.
[8] 'conf.' om.: K. [N.
[9] Marci p. & marcelli mart. & apuleii:
[10] Dionysi sociorumque ejus mart.: E.L.C.
[11] *pro* 'archi. Ebor.' martyris: E.L. 'eborac.' om.: C.
[12] 'S. mart.' om.: K.

[13] 'ejus' om.: K.
[14] Vulfrani: E. Wulfranni: K.C.
[15] *pro* '*xvij.*' xviij.: K.
[16] *pro* '*xvj.*' xvij.: K.
[17] *pro* '*xv.*' xvj.: K.
[18] '*de*' om.: K.
[19] 'Sanctarum' om.: N.
[20] 'Sancte' om.: E.L.N.C.
[21] Hylarionis: K.N.
[22] 'med. lec.' add: K.
[23] '*de*' om.: K.
[24] crispiniani: E.L.N.C.
[25] '*duplex*' add: K.C.
[26] '*Vigilia*' om.: C.

(12)

Aureus numerus		K.L.		November habet dies xxx. Luna vero[1] xxx.[2] Nox habet horas xvj. Dies vero[3] viij.	
	d	Novembris.		Festivitas omnium scōrum duplex festum principale.[5]	
xiij.	e	iiij.[4]	nō.	Commemoratio omnium fidelium defunctorum. du. fe.[5]	
ij.	f	iij.	nō.	Scōrum[6] mart.[7] eustachii sociorumque ejus.	iij. lec.
	g	ij.	nō.		
x.	A	Nonas.			
	b	viij.	id'.	Sci leonardi abbatis.	ix. lec.[8]
xviij.	c	vij.	id'.	Sci willebrordi[9] episcopi et confess.	iij. lec.
vij.	d	vj.	id'.	Scōrum mart. quattuor coronatorum.[10]	iij. lec.
	e	v.	id'.	Sci theodori martyris.	iij. lec.
xv.	f	iiij.[11]	id'.	Sci martini pape & confessoris.	iij. lec.
iiij.	g	iij.	id'.	*Sci martini episcopi et conf.*[12] Sci menne mar. memoria.	ix. lec.
	A	ij.	id'.		
xij.	b	Idibus.		Sci briccii[13] [14] epi et confessoris.	iij. lec.
j.	c	xviij.	kl'.	*Decembris.*	
	d	xvij.	kl'.	Sci machuti epi. et confes.	iij. lec.
ix.	e	xvj.	kl'.	Sci eadmundi archiepi cantuar. et conf.	*ix. lec.*
	f	xv.	kl'.	Sci aniani epi et confes.	iij. lec.
xvij.	g	xiiij.	kl'.	Octava sci martini epi.	iij. lec.
vj.	A	xiij.	kl'.		
	b	xij.	kl'.	Sci edmundi regis et martyris.	*ix. lec.*
xiiij.	c	xj.	kl'.		
iij.	d	x.	kl'.	Sce[15] cecilie virg. et mar.	*ix. lec.*
	e	ix.	kl'.	Sci clementis pape & mar. Sce[15] felicitatis[16] matrone et martyris. *Me.*	*ix. lec.*
xj.	f	viij.	kl'.	Sci grisogoni marty.	iij. lec.
xix.	g	vij.	kl'.	*Sce katherine virgi. & mar.*	ix.[17] lec.
	A	vj.	kl'.	Sci lini pape et martyris.	iij. lec.
viij.	b	v.	kl'.		
	c	iiij.	kl'.		
xvj.	d	iij.	kl'.	Sci saturnini epi et mar. *Vigilia.*	iij. lec.
v.	e	ij.	kl'.	*Sci andree apli duplex festum de mino.*	*ix. lec.*

[1] 'vero' om.: K.N.
[2] xxix.: E.L.N.C.
[3] 'vero' om.: K.N.C.
[4] pro 'iiij.' iiiij.: K.
[5] 'ix. lectionum' add: K.N.
[6] 'Scorum' om.: E.K.L.N.
[7] 'mart.' om.: K.
[8] pro 'ix. lect.' iij.: K.N.
[9] Willebrodi: E.L.C.
[10] Quattuor coron. mar.: K.N.
[11] pro 'iiij.' iij.: K.
[12] 'et conf.' om.: K.
[13] Brictii: N. Bricti: K. Bricii: E.L.C.
[14] 'et' add: N.
[15] 'Sce' om.: E.L.N.C.
[16] Fel. et matr. et mar.: K. Felicitatis mart.: E.L. Fel. matrone mart.: N.
[17] pro 'ix.' iij.: K.

(13)

Aureus numerus		K.L.		December habet dies xxxj. Luna vero[1] xxx. Nox habet horas xviij. Dies vero[1] vj.	
		f	*Decembris.*	Sc̄orum martyrum crisanti & darie.[2]	iij. lec.
xiij.		g	*iiij. nō.*		
		A	*iij. nō.*		
x.		b	*ij. nō.*	Sc̄a barbara.[4] *non*[5] *in usu eboracensi.*	
		c	*Nonas.*[6]		
xviij.		d	*viij. id'.*	Sc̄i nicolai[7] ep̄i & confes.	ix. lec.
vij.		e	*vij. id'.*	Octava sc̄i andree apostoli.	iij. lec.
		f	*vj. id'.*	Conceptio bt̄e marie virg. fest. dup. principale.	ix. lec.
xv.		g	*v. id'.*		
iiij.		A	*iiij. id'.*		
		b	*iij. id'.*		
xij.		c	*ij. id'.*		
j.		d	*Idibus.*	Sc̄e[8] lucie virginis et martyris.	ix. lec.
		e	*xix. kals.*	*Januarii.*	
ix.		f	*xviij. kl'.*		
		g	*xvij. kl'.*	O sapientia.	
xvij.		A	*xvj. kl'.*		
vj.		b	*xv. kl'.*		
		c	*xiiij. kl'.*		
xiiij.		d	*xiij. kl'.*		*Vigilia.*
iij.		e	*xij. kl'.*	Sc̄i thome apl̄i duplex festum de minoribus.	ix. lec.
		f	*xj. kl'.*		
xj.		g	*x. kl'.*		
xix.		A	*ix. kl'.*		*Vigilia*
		b	*viij. kl'.*	*Nativitas domini nostri Jesu Christi.*	
viij.		c	*vij. kl'.*	Sc̄i stephani prothomar.	*duplicia*
		d	*vj. kl'.*	Sc̄i johannis[9] apl̄i et evan.	*festa*
xvj.		e	*v. kl'.*	Sc̄orum innocentum.[10]	*principalia.*
v.		f	*iiij. kl'.*	Sc̄i thome archiep̄i cantuar.	
		g	*iij.*[11] *kl'.*		
xiij.		A	*ij. kl'.*	Sc̄i silvestri[12] pape et[13] confessoris.	ix. lec.[14]

[1] '*vero*' om.: K.N.
[2] Crisanti & dar. mart.: K.N.
[3] 'ij.' add: E.K.L.N.C.
[4] Barbare vir.: K.N.
[5] '*est*' add: E.L.C.
[6] '*Nonas*' om.: K.
[7] Nicholai: K.
[8] 'Sc̄e' om.: E.K.L.N.
[9] *joannis*: K.N.
[10] *innocentium*: E.L.N.C.
[11] *pro 'iij.' iiij.*: K.
[12] Sylvestri: N.
[13] '*et*' om.: N.
[14] '*ix. lec.*' om.: K.N.

(14)

⁋ *Tabula¹ annorum communium et bissextilium : literarumque dominicalium quot annis currentium : revolutio cujus est post annos. 28.² post quos ad caput ejusdem cum annis tunc currentibus revertitur: sequitur.*

A	g	f	d	c	b	A	f	e	d	c	A	g	f
			e				g					b	
e	c	b	A	g	e	d	c	b	g	f	e	d	b
d			f				A					c	

⁋ In tabula igitur vel serie literarum dominicalium superposita³ annum vel communem vel bissextilem : literam item dominicalem singulis annis hoc pacto faciliter invenies. Primam nempe literam in suprascripta⁴ serie que est A. accipe et da illi annum salutis. 1486. Sequenti litere que est g. da 1487. et iterum sequentibus literis videlicet f. e. da. 1488. sicque deinceps progrediendo quousque ad numerum anni⁵ currentis⁶ propositi⁷ pervenies.⁸ Quia litera super quam cadit talis numerus anni propositi erit litera dominicalis. Que si unica occurrit: annum communem esse intelliges. Si duplex bissextilem.⁹ Et tunc prior id est superior usque ad festum mathie apostoli utilis erit. Inferior¹⁰ autem ad reliquam¹¹ anni partem accommodabitur.

⁋ *Tabula clavium festorum mobilium simulque aurei numeri : subjuncti revolutio cujus est post annos. 19.¹² post quos cum annis tunc currentibus semper ad ejusdem regreditur initium. Sequitur.*

Claves festorum mobilium.

12. 31. 20. 39. 28. 17. 36. 25. 14. 33. 22. 11. 30. 19. 38. 20.¹³ 15. 34. 23.
5. 6. 7. 8. 9. 10. 11. 12. 13. 14. 15. 16. 17. 18. 19. 1. 2. 3. 4.

Aureus numerus.

⁋ Simili computo ut dictum est de litera dominicali etiam deprehendere potes¹⁴ clavem festorum mobilium. Nam clavium numero primo qui videlicet est 12. da annum 1486. Sequenti numero qui est 31. da 1487. sicque deinceps semper singulos numeros clavium accommoda : donec perduceris ad numerum anni propositi. Nam ubi annus tuus propositus sedem inveniet : illic numerum clavis deprehendes. Sub quo continuo aureus numerus pro nova luna reperienda valens apparebit.

---

¹ *Hanc paginam om.: E.C.L.*
² '28' *om.: K.*
³ supposita : N.
⁴ suprascriptura : N.K.
⁵ 'tui' *add:* N.
⁶ A 'deinceps' usque ad 'currentis' *om.:* K.
⁷ pro 'propositi' depositi : K.
⁸ invenies : N.
⁹ bissextilem : K.
¹⁰ Interior : K.N.
¹¹ pro 'rel.' quamlibet : N. huamlire : K.
¹² '19' *om.: K.*
¹³ pro '20' 16 : N.
¹⁴ potest : N.K.

⁋ *Benedictiones communes[1] dicende sunt per totum annum super lectiones in matutinis nisi[2] festo omnium sanctorum et in omnibus festis beate marie virginis et commemoratione ejusdem.*

i. Benedictione perpetua: benedicat nos pater eternus.

ij. Deus dei filius: nos benedicere et adjuvare dignetur.

iij. Spiritussancti gratia[3]: illuminet corda et corpora nostra.

iiij. Omnipotens dominus: sua gratia nos benedicat.

v. Christus perpetue: det nobis gaudia vite.

vj. Intus et exterius: nos purget spiritus almus.

vij. secundum johannem. Fons evangelii: repleat nos[4] dogmate celi.

vij. sec. Matheum. Per evangelica dicta: deleantur nostra delicta.

vij. sec. Lucam. Evangelica lectio: sit nobis salus et protectio.

vij. secundum Marcum. Evangelicis armis: muniat nos conditor orbis.

viij. Divinum auxilium: maneat semper nobiscum.

ix. Rex angelorum: perducat nos ad regna celorum.

⁋ *Quando vero non pronunciatur[5] evangelium ad matutinas: dicatur vij. benedictio hoc modo.*

Creator omnium rerum: benedicat nos nunc et in evum.

⁋ *In die omnium sanctorum.*

j. Det venie munus: nobis rex trinus et unus.

ij. Virga virens jesse: nos verum ducat ad esse.[6]

iij. Turmis[7] angelicis: societ nos conditor orbis.

iiij. Ordo prophetarum: minuat penas animarum.

v. Cetus apostolicus: sit nobis semper amicus.

vj. Martyribus sisti: faciat nos gratia Christi.

vij. Grex[8] confessorum: purget peccata reorum.

viij. Virginei flores: nostros delete[9] dolores.

ix. Nos rege nos muni: sanctis deus omnibus uni.

⁋ *In festo purificationis beate marie virginis.*

j. Purificans pura: virgo rea pectora cura.

ij. Rex puer oblatus: nostros absterge[10] reatus.

iij. Nos satiet donis: puer implens spem symeonis.

iiij. Virginis o proles: culparum dilue moles.

v. Virgo fecunda: pia nos a crimine munda.

vj. Nos benedic grata: pia mater et inviolata.

vij. Te pia virgo duce[11]: satient nos dogmata luce.

viij. Rex presentatus: sit nobis propitiatus.

ix. Nos societ sanctis: symeon quem gessit in ulnis.

---

[1] '*que*' add: N.
[2] '*in*' add: E.L.C.
[3] '*gratia*' om.: N.K.
[4] '*nos*' om.: N.K.
[5] *pronunciantur*: E.L.
[6] adesse: L.N. isse: K.
[7] Turnis: E.N.
[8] pro '*Grex*' O rex: K.
[9] delere: E.L.
[10] absterget: E.N.L.
[11] dulce: E.L.

(16)

⁋ *In[1] die annunciationis beate marie virginis.*

j. Nos juvet illud ave : per quam patet exitus a ve.[2]

ij. Virgo salutata : juvet omnes prole beata.

iij. De joachim[3] nata : det nobis regna parata.

iiij. Turmam stella maris : benedicat nescia maris.

v. Astergat[4] luctus : oriens de virgine fructus.

vj. Pondera virgo leva : peccans que subdidit eva.

vij. Te pia virgo duce : satient nos dogmata luce.

viij. Demonis a scelere : nos virgo dia[5] tuere.[6]

ix. Nos gabriele rata : salvet partu gravidata.

⁋ *In assumptione beate marie virginis : et dominica infra octavas.*

j. In celo lata : nos servet virgo beata.

ij. Sede locata pia : nostri memor esto maria.

iij. Celo virgo sita : nos sacro pneumate dita.

iiij. Que supra astra manet : lapsorum vulnera sanet.

v. Que celo floret : pro nobis omnibus oret.

vj. Sit nobis grata : virgo super astra levata.

vij. Nato marie[7] duce : repleant nos dogmata luce.

viij. Stellato solio : residens nos protege virgo.

ix. Virgo tuos famulos : fac post te scandere celos.

⁋ *Infra octavas.*

j. die. Oret mente pia : pro nobis virgo maria.

Virgo dei genitrix : sit nobis auxiliatrix.

Nos a peccatis mundet flos virginitatis.

ij. die. Stella maria maris : succurre pỹssima nobis.

Virgo deo digna : poscentibus esto benigna.

Mater virtutis : det nobis dona salutis.

iij. die. Liberet a[8] pena : nos celi porta serena.

Virgo maria tuos : serva sine crimine servos.

Virgo tuum natum : fac nobis propitiatum.[9]

iiij. die. Que peperit Christum : cetum custodiat istum.

Nos juvet ille pater : quem protulit innuba mater.

Inclyta[10] stirps jesse : verum nos ducat ad esse.[11]

v. die. Nos precibus matris : salvet sapientia patris.

Nos cum prole pia : benedicat virgo maria.

Divina subsidia : nobis impetret virgo maria.

vj. die. Regina angelorum : perducat nos ad[12] regna celorum.

Nos proprio nato : pia virgo reconciliato.[13]

Virginis auxilium : foveat nos[14] nunc et in evum.

---

[1] '*In*' *om.* : E.C.
[2] ave : K.N.
[3] joachin : E.
[4] Abstergat : E.N.C.K.
[5] pia : E.N.C.
[6] pro 'tuere' deme. : N.
[7] maria : K.
[8] 'a' *om.* : K.
[9] propiciatum : K.
[10] Inclita : K.
[11] adesse : E.N.
[12] pro 'ad' a : K.
[13] reconciliatio : E.
[14] 'nos' *om.* : E.

❡ *In nativitate beate marie virginis.*

j. Nos hodie nata : benedicat virgo beata.[1]

ij. Nos cibet[2] hic manna : virgo quam[3] protulit[4] anna.

iij. Spiritus alme pia peccata precante maria.

iiij.[5] Peccati moles : tollas anne pia proles.

v. Quam deus ornavit : nos protege filia david.

vj. Intus et exterius : nos purget virginis ortus.

vij. Edita virgo dei : doceat nos dicta[6] mathei.

viij. Celica subsidia : det nobis nata maria.

ix. Inclyta[7] stirps jesse : verum nos ducat ad esse.[8]

❡ *Dominica infra octavas sicut in die preter benedictionem vij. que erit.* Nato marie.

j. die. Fit[9] nobis portus : ad vitam virginis ortus.

Sumamus portum : vite per virginis ortum.

In vite portu : salvemur virginis ortu.

ij. die. Nos juvet in castris : ortus regnantis in astris.

Jungat celicolis : nos vera sportula solis.

Ortus solamen : det nobis virginis amen.

iij. die. Nos ditet[10] venia : ditissima virgo maria.

[11] Nos rege summe pater : nos integra protege mater.

Nos faciat matris : servos sapientia patris.

iiij. die. Nos ope conforta : celorum fulgida porta.

Nos famulos serva : genitrix a morte proterva.

Nos jungat thronis : veri thronus salomonis.

v. die. Ad fontem venie : ducat nos[12] dextera marie.

Ad celi decora : nos transfer virgo decora.

Impetret a genito : nobis veniam[13] pia virgo.

---

[1] pro 'beata' maria : N.K.
[2] cidet : K.
[3] quem : E.
[4] protulisti : N.K.
[5] iij. : K.
[6] pro 'dicta' petam? N.K.
[7] Inclita : K.
[8] adesse : E.K.N.
[9] Sit : C.
[10] dicet : K.
[11] *Hic 'iiij. die'* : N.K.
[12] pro 'nos' nox : C.
[13] venaim : K.

PSALTERIUM.

DIE DOMINICA AD MATUTINAS.

❧ *Iste*[1] *hymnus* Nocte surgentes *dicitur in omnibus diebus*[2] *dominicis ad matutinas quando de dominica agitur:*[3] *a dominica prima post octavas epiphanie usque ad primam dominicam septuagesime: et a prima dominica post festum sancte trinitatis usque ad primam dominicam kalandarum Augusti.*

Nocte surgentesvigilemus omnes: semper in psalmis meditemur: atque viribus totis domino canamus dulciter hymnos. Ut pio regi pariter canentes cum suis sanctis mereamur aulam ingredi celi simul et beatam ducere vitam. Prestet hoc nobis deitas beata patris ac nati pariterque sancti spiritus: cujus reboat in omni gloria mundo. Amen.[1] *Iste hymnus* Primo dierum *dicitur ad matutinas omnibus diebus dominicis: quando de dominica agitur: a prima dominica septuagesime usque ad primam dominicam quadragesime. Et a prima dominica kalendarum Augusti usque ad adventum domini.* Hymnus.

Primo dierum omnium: qui[4] mundus extat conditur[5]: vel quo resurgens conditor: nos morte victa liberet. Pulsis procul torporibus: surgamus omnes ocius: et nocte queramus pium: sicut prophetam novimus. Nostras preces ut audiat: suamque dexteram[6] porrigat: ut[7] expiatos sordibus: reddat polorum sedibus. Ut quique sacratissimo hujus diei tempore: horis quietis psallimus: donis beatis muneret. Presta pater piissime: patrique compar unice: cum spiritu paraclito: regnans per omne seculum. Amen.

❧ [8] *In dominica prima adventus domini añ.* Non auferetur. *pš*. Beatus vir. *Añ.* Domine ne in ira. *usque ad primam dominicam quadragesime. Quando de dominica agitur añ.* Servite *pš*. Beatus vir. *A dominica prima quadragesime usque ad pascha et a* Deus omnium *usque ad adventum domini añ.* Pro fidei meritis vocitatur.[8] Psalmus.[9]

Beatus vir qui non abiit in consilio impiorum: et in via peccatorum non stetit: et in cathedra pestilentie non stetit. Sed in lege domini voluntas ejus: & in lege ejus meditabitur die ac nocte. Et erit tanquam lignum quod plantatum est secus decursus aquarum: quod fructum suum dabit in tempore suo. Et folium ejus non defluet:

---

[1] *Ab 'Iste' usque ad 'Amen' omnia transferuntur apud E. and G. verbisque subjiciuntur quae in hoc breviario sequuntur ab 'Iste hymnus* Primo dierum*' &c. usque ad 'omne seculum amen.'*

[2] *'diebus' om.: E.G.*

[3] *'et' add: E.*

[4] quo: E.G.W S.

[5] conditus: E.G.W.S.

[6] dextram: E.G.S.

[7] pro 'ut' et: G.

[8] *Ab 'In dominica' usque ad 'vocitatur' omnia om.: E.G.*

[9] *pš*. 1: *E.G.*

DIE DOMINICA

et omnia quecunque faciet prosperabuntur. Non sic impii non sic: sed tanquam pulvis quem projicit ventus a facie terre. Ideo non resurgunt impii in judicio: neque peccatores in consilio justorum. Quoniam novit dominus viam justorum: et iter impiorum peribit. *Psalmus.*[1]
Quare fremuerunt gentes: et populi meditati sunt inania. Astiterunt reges terre: et principes convenerunt in unum: adversus dominum et adversus Christum ejus. Dirumpamus vincula eorum: et projiciamus a nobis jugum ipsorum. Qui habitat in celis irridebit eos: et dominus subsannabit eos. Tunc loquetur ad eos in ira sua: et in furore suo conturbabit eos. Ego autem constitutus sum rex ab eo super syon montem sanctum ejus: predicans preceptum ejus. Dominus dixit ad me filius meus es tu: ego hodie genui te. Postula a me et dabo tibi gentes hereditatem tuam: et possessionem tuam terminos terre. Reges eos in virga ferrea: et tanquam vas figuli confringes eos. Et nunc reges intelligite: erudimini qui judicatis terram. Servite domino in timore: et exultate ei cum tremore. Apprehendite disciplinam ne quando irascatur dominus: et pereatis de via justa. Cum exarserit in brevi ira ejus: beati omnes qui confidunt in eo. *ps.*[2]
Domine quid multiplicati sunt qui tribulant me: multi insurgunt adversum me. Multi dicunt anime mee: non est salus ipsi in deo ejus. Tu autem domine susceptor meus es: gloria mea et exaltans caput meum. Voce mea ad dominum clamavi: et exaudivit me de monte sancto suo. Ego dormivi et soporatus sum: et exurrexi: quia dominus suscepit me. Non timebo milia populi circundantis me: exurge domine salvum me fac deus meus. Quoniam tu percussisti omnes adversantes mihi sine causa: dentes peccatorum contrivisti. Domini est salus: et super populum tuum benedictio tua. *ps.*[3]
Cum invocarem exaudivit me deus justicie mee: in tribulatione dilatasti mihi. Miserere mei: et exaudi orationem meam. Filii hominum usquequo gravi corde: ut quid diligitis vanitatem: et queritis mendacium. Et scitote quoniam mirificavit dominus sanctum suum: dominus exaudiet me cum clamavero ad eum. Irascimini et nolite peccare que dicitis in cordibus vestris: et in cubilibus vestris compungimini. Sacrificate sacrificium justicie et sperate in domino: multi dicunt quis ostendit nobis bona. Signatum est super nos lumen vultus tui domine: dedisti leticiam in corde meo. A fructu frumenti vini et olei sui: multiplicati sunt. In pace in idipsum: dormiam et requiescam. Quoniam tu domine singulariter in spe: constituisti me. *ps.*[4]
Verba mea auribus percipe domine: intellige clamorem meum. Intende voci orationis

---

[1] *ps. 2: E.G.*
[2] *ps. 3: E.G.*
[3] *non dicitur ad nocturnum iste ps. 4: E.G. ps. iiij.: S.*
[4] *non dicitur ad nocturnum iste ps. 5: E.G.*

AD MATUTINAS.

mee: rex meus et deus meus. *Q*uoniam ad te orabo domine: mane exaudies vocem meam. *M*ane astabo tibi et videbo: quoniam non deus volens iniquitatem tu es. *N*eque habitabit juxta te malignus: neque permanebunt injusti ante oculos tuos. *O*disti omnes qui operantur iniquitatem: perdes omnes qui loquuntur mendacium. *V*irum sanguinum et dolosum abhominabitur dominus: ego autem in multitudine misericordie tue. *I*ntroibo in domum tuam: adorabo ad templum sanctum tuum in timore tuo. *D*omine deduc me in justicia tua propter inimicos meos: dirige in conspectu tuo viam meam. *Q*uoniam non est in ore eorum veritas: cor eorum vanum est. *S*epulchrum patens est guttur eorum: linguis suis dolose agebant: judica illos deus. *D*ecidant a cogitationibus suis: secundum multitudinem impietatum eorum expelle eos: quoniam irritaverunt te domine. *E*t letentur omnes qui sperant in te: in eternum exultabunt et habitabis in eis. *E*t gloriabuntur in te omnes qui diligunt nomen tuum: quoniam tu benedices justo. *D*omine ut scuto bone voluntatis tue coronasti nos. *Psalmus.*[1]

*D*omine ne in furore tuo arguas me: neque in ira tua corripias me. *M*iserere mei domine quoniam infirmus sum: sana me domine quoniam conturbata sunt ossa mea. *E*t anima mea turbata est valde: et[2] tu domine usquequo. *C*onvertere domine et eripe animam meam: salvum me fac propter misericordiam tuam. *Q*uoniam non est in morte qui memor sit tui: in inferno autem quis confitebitur tibi. *L*aboravi in gemitu meo: lavabo per singulas noctes lectum meum: lachrymis meis stratum meum rigabo. *T*urbatus est a furore oculus meus: inveteravi inter omnes inimicos meos. *D*iscedite a me omnes qui operamini iniquitatem: quoniam exaudivit dominus vocem fletus mei. *E*xaudivit dominus deprecationem meam: dominus orationem meam suscepit. *E*rubescant et conturbentur vehementer omnes inimici mei: convertantur et erubescant valde velociter. *G*loria patri.[3] *añ.* Non auferetur sceptrum de juda: et dux de femore ejus: donec veniat qui mittendus est.[4] *Añ.* Servite domino in timore.[5] *Añ.* Pro fidei meritis vocitatur jure beatus: legem qui domini meditatur nocte dieque.

*D*omine deus meus [*Psalmus.*[6] in te speravi: salvum me fac ex omnibus persequentibus me et libera me. *N*equando rapiat

---

[1] *ps. 6: E.G.*
[2] pro 'et' sed: E.G.W.S.
[3] ❡ '*In omnibus dominicis diebus per adventum usque ad nativitatem domini. In primo nocturno*' add: E.G.
[4] ❡ '*In omnibus dominicis ab octava epyphanie usque ad quadragesimam [et a prima dominica xl. usque ad pascha: E.] quando de dominica agitur. In primo nocturno:*' add: E.G.
[5] '*In omnibus dominicis a dominica trinitatis usque ad adventum domini quando de dominica agitur. In primo nocturno*' add: E. '*In omnibus dominicis a prima dominica quadragesime usque ad passionem: Et dominica trinitatis etc.*' add: G.
[6] *Ps. 7: E.G.*

DIE DOMINICA

733

ut leo animam meam: dum non est qui redimat neque qui salvum faciat. *D*omine deus meus si feci istud: si est iniquitas in manibus meis. *S*i reddidi retribuentibus mihi mala: decidam merito ab inimicis meis inanis. *P*ersequatur inimicus animam meam et[1] comprehendat: et conculcet in terra vitam meam: et gloriam meam in pulverem deducat. *E*xurge domine in ira tua: et exaltare in finibus inimicorum meorum. *E*t exurge domine deus meus in precepto quod mandasti: et synagoga populorum circundabit te. *E*t propter hanc in altum regredere: dominus judicat populos. *J*udica me domine secundum justiciam meam: et secundum innocentiam meam super me. *C*onsumetur nequitia peccatorum et dirige[2] justum: scrutans corda et renes deus. *J*ustum adjutorium meum a domino: qui salvos facit rectos corde. *D*eus judex justus fortis et patiens: nunquid irascitur per singulos dies. *N*isi conversi fueritis gladium suum vibrabit[3]: arcum suum tetendit et paravit illum. *E*t in eo paravit vasa mortis sagittas suas ardentibus effecit. *E*cce parturit injusticiam: concepit dolorem et peperit iniquitatem. *L*acum aperuit et effodit eum: et incidit in foveam quam fecit. *C*onvertetur dolor ejus in caput ejus: et in verticem ipsius iniquitas ejus descendet. *C*onfitebor domino[4] secundum justi-

734

ciam ejus: et psallam nomini dei altissimi. *Psalmus.*[5]
*D*omine dominus noster quam admirabile est nomen tuum in universa terra. *Q*uoniam elevata est magnificentia tua: super celos. *E*x ore infantium et lactentium perfecisti laudem propter inimicos tuos: ut destruas[6] inimicum et ultorem. *Q*uoniam videbo celos tuos opera digitorum tuorum: lunam et stellas que tu fundasti. *Q*uid est homo quod memor es ejus: aut filius hominis quoniam visitas eum. *M*inuisti eum paulo minus ab angelis: gloria et honore coronasti eum: et constituisti eum super opera manuum tuarum. *O*mnia subjecisti sub pedibus ejus: oves et boves universas: insuper et pecora campi. *V*olucres celi et pisces maris: qui perambulant semitas maris. *D*omine dominus noster: quam admirabile est nomen tuum in universa terra. *Psalmus.*[7]
*C*onfitebor tibi domine in toto corde meo: narrabo omnia mirabilia tua. *L*etabor et exultabo in te: psallam nomini tuo altissime. *I*n convertendo inimicum meum retrorsum: infirmabuntur et peribunt a facie tua. *Q*uoniam fecisti judicium meum et causam meam: sedes[8] super thronum qui judicas justiciam. *I*ncrepasti gentes et periit impius: nomen eorum delesti in eternum: et in seculum seculi. *I*nimici defecerunt framee in finem: et civitates

---

[1] 'et' om. : S.
[2] diriges : E.G.W.
[3] vibravit : E.G.W.S.
[4] domini : E.G.W.S.

[5] *ps.* 8 : E.G.
[6] destras : E.
[7] *ps.* 9 : E.G. ix. : S.
[8] sedisti : E.G.

eorum destruxisti. Periit memoria eorum cum sonitu: et dominus in eternum permanet. Paravit in judicio thronum suum: et ipse judicabit orbem terre in equitate: judicabit populos in justicia. Et factus est dominus refugium pauperi: adjutor in opportunitatibus in tribulatione. Et sperent in te qui noverunt nomen tuum: quoniam non dereliquisti querentes te domine. Psallite domino qui habitat in syon: annunciate inter gentes studia ejus. Quoniam requirens sanguinem eorum recordatus est: non est oblitus clamorem pauperum. Miserere mei domine: vide humilitatem meam de inimicis meis. Qui exaltas me de portis mortis: ut annunciem omnes laudaciones tuas in portis filie syon. Exultabo in salutari tuo: infixe sunt gentes in interitu quem fecerunt. In laqueo isto quem absconderunt: comprehensus est pes eorum. Cognoscetur dominus judicia faciens: in operibus manuum suarum comprehensus est peccator. Convertantur peccatores in infernum: omnes gentes que obliviscuntur deum. Quoniam non in finem oblivio erit pauperis: patientia pauperum non peribit in finem. Exurge domine non confortetur homo: judicentur gentes in conspectu tuo. Constitue domine legislatorem super eos: ut[1] sciant gentes quoniam homines sunt. Ut quid domine recessisti longe: despicis in opportunitatibus in tribulacione. Dum superbit impius incenditur pauper: comprehenduntur in consiliis quibus cogitant. Quoniam laudatur peccator in desideriis anime sue: et iniquus benedicitur. Exacerbavit dominum peccator: secundum multitudinem ire sue non queret. Non est deus in conspectu ejus: inquinate sunt vie illius in omni tempore. Auferuntur judicia tua a facie ejus: omnium inimicorum suorum dominabitur. Dixit enim in corde suo: non movebor a generatione in generationem sine malo. Cujus maledictione os plenum est et amaritudine et dolo: sub lingua ejus labor et dolor. Sedet in insidiis cum divitibus in occultis: ut interficiat innocentem. Oculi ejus in pauperem respiciunt: insidiatur in abscondito quasi leo in spelunca sua. Insidiatur ut rapiat pauperem: rapere pauperem dum attrahit eum. In laqueo suo humiliabit eum: inclinabit se et cadet cum dominatus fuerit pauperum. Dixit enim in corde suo: oblitus est deus: avertit faciem suam ne videat in finem. Exurge domine deus[2] exaltetur manus tua: ne obliviscaris pauperum. Propter quid irritavit impius deum: dixit enim in corde suo non requiret. Vides quoniam tu laborem et dolorem consideras: ut tradas eos in manus tuas. Tibi derelictus est pauper: orphano tu eris adjutor. Contere brachium peccatoris et maligni: queretur peccatum illius et non invenietur. Dominus regnabit in eternum et in seculum seculi: peribitis gentes de

---

[1] 'ut' om.: W.S.

[2] 'et' add: E.G.W.S.

DIE DOMINICA

terra illius. *Desiderium pauperum exaudivit dominus : preparationem cordis eorum audivit auris tua. Judicare pupillo et humili : ut non apponat ultra magnificare a homo super terram.* *Psalmus.*[1]

*I*n domino confido : quomodo dicitis anime mee : transmigra in montem sicut passer. *Quoniam ecce peccatores intenderunt arcum : paraverunt sagittas suas in pharetra : ut sagittent in obscuro rectos corde. Quoniam que perfecisti destruxerunt : justus autem quid fecit. Dominus in templo sancto suo : dominus in celo sedes ejus. Oculi ejus in pauperem respiciunt : palpebre ejus interrogant filios hominum. Dominus interrogat justum et impium : qui autem diligit iniquitatem odit animam suam. Pluit*[2] *super peccatores laqueos : ignis sulphur et spiritus procellarum pars calicis eorum. Quoniam justus dominus et justicias dilexit : equitatem vidit vultus ejus.*[3] *A ñ.* Erit ipse expectatio gentium : lavabitque vino stolam suam : et sanguine uve pallium suum.[4] *A ñ.* Deus deus meus in te speravi.[5] *A ñ.* Juste deus judex fortis patiensque benignus : in te sperantes muni miserando fideles. *Psalmus.*[6]

*S*alvum me fac domine quoniam defecit sanctus : quoniam diminute sunt veritates a filiis hominum. *Vana locuti sunt unusquisque ad proximum suum : labia dolosa in corde et corde locuti sunt. Disperdat*[7] *dominus universa labia dolosa : et linguam magniloquam. Qui dixerunt linguam nostram magnificabimus : labia nostra a nobis sunt : quis noster dominus est. Propter miseriam inopum et gemitum pauperum : nunc exurgam dicit dominus. Ponam in salutari : fiducialiter agam in eo. Eloquia domini eloquia casta : argentum igne examinatum : probatum terre purgatum septuplum. Tu domine servabis nos et custodies nos a generatione hac in eternum. In circuitu impii ambulabant*[8] *: secundum altitudinem tuam multiplicasti filios hominum.* *Psalmus.*[9]

*U*squequo domine obliviscerisme in finem : usquequo avertis faciem tuam a me. *Quamdiu ponam consilia in anima mea : dolorem in corde meo per diem. Usquequo exaltabitur inimicus meus super me : respice et exaudi me dominus*[10] *deus meus. Illumina oculos meos ne unquam abdormiam in morte : nequando dicat inimicus meus : prevalui adversus eum. Qui tribulant me exultabunt si motus fuero : ego autem in misericordia tua speravi. Exultabit cor meum in salutari tuo : cantabo domino qui bona tribuit mihi : et psallam nomini domini altissimi.* *Psalmus.*[11]

---

[1] *ps.* 10: *E.G.* x. : *S.*
[2] Pluet : E.G.W.
[3] 'Gloria. Per adventum' add : E.G.
[4] 'Ab octava epyphanie usque ad quadragesimam' add : E.G.
[5] Per estatem et quadragesimam [Per xl. et estatem : G.] add : E.G.
[6] *ps.* 11 : *E.G.*
[7] Disperdet : G.
[8] ambulant : E.G.W.
[9] *ps.* 12 : *E.G.*
[10] domine : E.G.W.S.
[11] *ps.* 13 : *E.G.*

AD MATUTINAS.

*D*ixit insipiens in corde suo: non est deus. *C*orrupti sunt et abhominabiles facti sunt in studiis suis: non est qui faciat bonum: non est usque ad unum. *D*ominus de celo prospexit super filios hominum: ut videat si est intelligens aut requirens deum. *O*mnes declinaverunt simul inutiles facti sunt: non est qui faciat bonum non est usque ad unum. *S*epulchrum patens est guttur eorum: linguis suis dolose agebant: venenum aspidum sub labiis eorum. *Q*uorum os maledictione et amaritudine plenum est: veloces pedes eorum ad effundendum sanguinem. *C*ontritio et infelicitas in viis eorum: et viam pacis non cognoverunt: non est timor dei ante oculos eorum. *N*onne cognoscent omnes qui operantur iniquitatem: qui devorant plebem meam sicut escam panis. *D*ominum[1] non invocaverunt: illic trepidaverunt timore ubi non erat timor. *Q*uoniam dominus in generatione justa est: consilium inopis confudistis: quoniam dominus spes ejus est. *Q*uis dabit ex syon salutare israel: cum averterit dominus captivitatem plebis sue: exultabit jacob et letabitur israel. *Psalmus.*[2]

*D*omine quis habitabit in tabernaculo tuo: aut quis requiescet in monte sancto tuo. *Q*ui ingreditur sine macula: et operatur justiciam. *Q*ui loquitur veritatem in corde suo: qui non egit dolum in lingua sua. *N*ec fecit proximo suo malum: et opprobrium non accepit adversus proximos suos. *A*d nihilum deductus est in conspectu ejus malignus: timentes autem dominum glorificat. *Q*ui jurat proximo suo et non decipit qui pecuniam suam non dedit ad usuram: et munera super innocentem non accepit. *Q*ui facit hec: non movebitur in eternum.[3]

*A*ñ. Pulchriores sunt oculi ejus vino: et dentes ejus lacte candidiores.[4] *A*ñ. Respice et exaudi me domine deus meus.[5] *A*ñ. Surge et in eternum salva[6] munimine sacro: custodique tuos astripotens famulos. ℣ Memor fui nocte nominis tui domine.[7]

*C*onserva me domi-[*Psalmus.*[8] ne quoniam speravi in te: dixi domino deus meus es tu: quoniam bonorum meorum non eges. *S*anctis qui sunt in terra ejus: mirificavit omnes voluntates meas in eis. *M*ultiplicate sunt infirmitates eorum: postea acceleraverunt. *N*on congregabo conventicula eorum de sanguinibus: nec memor ero nominum eorum per labia mea. *D*ominus pars hereditatis mee et calicis mei: tu es qui restitues hereditatem meam mihi. *F*unes ceciderunt mihi in preclaris: etenim hereditas mea preclara est mihi. *B*enedicam dominum qui tribuit mihi intellectum: insuper

---

[1] Deum : E.G.
[2] *ps*. 14 : *E.G.*
[3] 'Gloria. *Per adventum*' add : E.G.
[4] '℣ Et syon species decoris ejus. Re. Deus noster manifeste veniet. *Per octavam epyphanie* [*ab octava epiphanie: G.*] *usque ad quadragesimam*' add : E.G.

[5] '℣ Memor fui nocte nominis tui domine. Re. Et custodivi legem tuam. *Per estatem et quadragesimam*' [*Per quadragesimam et estatem: G.*] add : E.G.
[6] serva : E.G.W.S.
[7] 'Et custodivi legem tuam' add : S.
[8] *ps*. 15 : *E.G.*   xv.: *S.*

3 F

et usque ad noctem increpuerunt me renes mei. *Providebam dominum in conspectu meo semper: quoniam a dextris est mihi ne commovear. Propter hoc letatum est cor meum: et exultavit lingua mea: insuper et caro mea requiescet in spe. Quoniam non derelinques animam meam in inferno: nec dabis sanctum tuum videre corruptionem. Notas mihi fecisti vias vite: adimplebis me leticia cum vultu tuo: delectationes in dextera tua usque in finem.*[1] *Añ.* Bethleem non es minima in principibus juda: ex te enim exiet dux: qui regat populum meum israel: ipse enim salvum faciet populum suum a peccatis eorum.[2] *Añ.* Bonorum meorum non indiges: in te speravi conserva me domine.[3] *Añ.* Nature genitor conserva morte redemptos: facque tuo dignos servitio famulos.

*E*xaudi domine jus-[*Psalmus.*[4] ticiam meam: intende deprecationem meam. *A*uribus percipe orationem meam: non in labiis dolosis. *D*e vultu tuo judicium meum prodeat: oculi tui videant equitatem.[5] *P*robasti cor meum et visitasti nocte: igne me examinasti: et non est inventa in me iniquitas. *U*t non loquatur os meum opera hominum: propter verba labiorum tuorum ego custodivi vias duras. *P*erfice gressus meos in semitis tuis: ut non moveantur vestigia mea. *E*go clamavi quoniam exaudisti me deus: inclina aurem tuam mihi: et exaudi verba mea. *M*irifica misericordias tuas qui salvos facis sperantes in te. *A* resistentibus dextere tue: custodi me ut pupillam oculi. *S*ub umbra alarum tuarum protege me: a facie impiorum qui me afflixerunt. *I*nimici mei animam meam circundederunt: adipem suum concluserunt: os eorum locutum est superbiam. *P*rojicientes me nunc circundederunt me: oculos suos statuerunt declinare in terram. *S*usceperunt me sicut leo paratus ad predam: et sicut catulus leonis habitans in abditis. *E*xurge domine preveni eum: et supplanta eum: eripe animam meam ab impio[6]: frameam tuam ab inimicis manus tue. *D*omine a paucis de terra divide eos in vita[7] eorum: de absconditis tuis adimpletus est venter eorum. *S*aturati sunt filiis: et dimiserunt[8] reliquias suas parvulis suis. *E*go autem in justicia apparebo in conspectu tuo: satiabor cum apparuerit gloria tua.[9] *Añ.* Ecce virgo concipiet et pariet filium et vocabitur nomen ejus emanuel.[10] *Añ.* Inclina domine aurem tuam mihi et exaudi verba mea.[11] *Añ.* Pectora nostra tibi tu conditor

---

[1] ' Gloria patri: *Dominicis diebus per adventum usque ad nativitatem domini. In ij° nocturno* ' add: E.G.

[2] '*Diebus dominicis ab octava epyphanie usque ad quadragesimam. In ij. nocturno añ.*' : add E.G.

[3] ' *Dominicis diebus* ["*per quadragesimam et*" add: G.] *ab octava trinitatis usque ad adventum domini* ["*et quadragesimam*" add: E.]. *In ij. nocturno*' add: E.G.

[4] *ps. 16: E.G. xvj.: S.*
[5] equitates: E.G.   [6] impiorum: S.
[7] via: W.S.   [8] diviserunt: W.
[9] '*G*loria patri. *Per adventum*' add E.G.
[10] '*Post octavam* [*ab octava:* G.]*epyphanie usque ad quadragesimam*' add: E.G.
[11] ' *Per estatem et quadragesimam*' [*Per xl. et estatem:* G.] *add:* E.G.

AD MATUTINAS.

orbis adure igne pio purgans atque cremando probans. *Psal-* *D*iligam te domine for- [*mus.*¹ titudo mea : dominus firmamentum meum et refugium meum et liberator meus. *D*eus meus adjutor meus : et sperabo in eum. *P*rotector meus et cornu salutis mee : et susceptor meus. *L*audans invocabo dominum : et ab inimicis meis salvus ero. *C*ircundederunt me dolores mortis : et torrentes iniquitatis conturbaverunt me. *D*olores inferni circundederunt me : preoccupaverunt me laquei mortis. *I*n tribulatione mea invocavi dominum : et ad deum meum clamavi. *E*t exaudivit de templo sancto suo vocem meam : et clamor meus in conspectu ejus introivit in aures ejus. *C*ommota est et contremuit terra : fundamenta montium conturbata sunt et commota sunt : quoniam iratus est eis. *A*scendit fumus in ira ejus et ignis a facie ejus exarsit : carbones succensi sunt ab eo. *I*nclinavit celos et descendit : et caligo sub pedibus ejus. *E*t ascendit super cherubin et volavit : volavit super pennas ventorum. *E*t posuit tenebras latibulum suum in circuitu ejus tabernaculum ejus : tenebrosa aqua in nubibus aeris. *P*refulgure² in conspectu ejus nubes transierunt : grando et carbones ignis. *E*t intonuit de celo dominus et altissimus dedit vocem suam : grando et carbones ignis. *E*t misit sagittas suas et dissipavit eos : fulgura multiplicavit et conturbavit eos. *E*t apparuerunt fontes aquarum³ : et revelata sunt fundamenta orbis terrarum. *A*b increpatione tua domine : ab inspiratione spiritus ire tue. *M*isit de summo et accepit me et assumpsit me de aquis multis. *E*ripuit me de inimicis meis fortissimis : et ab hiis qui oderunt me quoniam confortati sunt super me. *P*revenerunt me in die afflictionis mee : et factus est dominus protector meus. *E*t eduxit me in latitudinem : salvum me fecit quoniam voluit me. *E*t retribuet mihi dominus secundum justiciam meam : et secundum puritatem manuum mearum retribuet mihi. *Q*uia custodivi vias domini : nec impie gessi a deo meo. *Q*uoniam omnia judicia ejus in conspectu meo : et justicias ejus⁴ non repuli a me. *E*t ero immaculatus cum eo : et observabo me ab iniquitate mea. *E*t retribuet mihi dominus secundum justiciam meam : et secundum puritatem manuum mearum in conspectu oculorum ejus. *C*um sancto sanctus eris : et cum viro innocente innocens eris. *E*t cum electo electus eris : et cum perverso perverteris. *Q*uoniam tu populum humilem salvum facies : et oculos superborum humiliabis. *Q*uoniam tu illuminas lucernam meam domine : deus meus illumina tenebras meas. *Q*uoniam in te eripiar a tentatione : et in deo meo transgrediar murum. *D*eus meus impolluta via ejus eloquia domini igne examinata : protector

---

¹ *ps.* 17 : *E.G.*
² *Pre fulgore* : E.G.W.S.
³ quarum : W.
⁴ 'ejus' om. : E.

DIE DOMINICA

est omnium sperantium in se. Quoniam quis dominus[1] preter dominum: aut quis deus preter deum nostrum. *Deus* qui precinxit me virtute: et posuit immaculatam viam meam. *Qui* perfecit pedes meos tanquam cervorum: et super excelsa statuens me. *Qui* docet manus meas ad prelium: et posuisti ut archum[2] ereum brachia mea. *Et* didisti mihi protectionem salutis tue: et dextera tua suscepit me. *Et* disciplina tua correxit me in finem: et disciplina tua ipsa me docebit. *Dilatasti* gressus meos subtus me: et non sunt infirmata vestigia mea. *Persequar* inimicos meos et comprehendam illos: et non convertar donec deficiant. *Confringam* illos nec poterunt stare: cadent subtus pedes meos. *Et* precinxisti me virtute ad bellum: et supplantasti insurgentes in me subtus me. *Et* inimicos meos dedisti mihi dorsum: et odientes me disperdidisti. *Clamaverunt* nec erat qui salvos faceret: ad dominum nec exaudivit eos. *Et* comminuam eos in[3] pulverem ante faciem venti: ut lutum platearum delebo eos. *Eripies* me de contradictionibus populi: et[4] constitues me in caput gentium. *Populus* quem non cognovi servivit mihi: in auditu auris obedivit mihi. *Filii* alieni mentiti sunt mihi: filii alieni inveterati sunt: et claudicaverunt a semitis tuis.[5] *V*ivit dominus et benedictus deus meus: et exaltetur deus salutis mee. *Deus* qui das vindictas mihi et subdis populos sub me: liberator meus de inimicis meis iracundis. *Et* ab insurgentibus in me exaltabis me: a viro iniquo eripies me. *Propterea* confitebor tibi in nationibus domine: et nomini tuo psalmum dicam. *Magnificans* salutes regis ejus: et faciens misericordiam christo suo david: et semini ejus usque in seculum. Gloria patri.[6] *An.* Orietur in diebus ejus justicia et abundantia pacis: et adorabunt eum omnes reges omnes gentes servient ei.[7] *An.* Dominus firmamentum meum et refugium meum.[8] *An.* Tu populum humilem salvasti ab hoste redemptor atque superba tuo colla premis jaculo. *Versiculus* Media nocte surgebam. Ad confitendum nomini tuo domine.

*C*eli enarrant glo- [*Psalmus.*[9] riam dei et opera manuum ejus annunciat firmamentum. *Dies* diei eructat verbum: et nox nocti indicat scientiam. *Non* sunt loquele neque sermones: quorum non audiantur voces eorum. *In* omnem terram exivit sonus eorum: et in fines orbis terre verba eorum. *In* sole posuit tabernaculum suum: et ipse tanquam sponsus procedens de thalamo suo. *Exultavit* ut

---

[1] pro 'dominus' deus: G.S.
[2] arcum: E.G.W.S.
[3] pro 'in' ut: E.G.
[4] 'et' om.: E.G.S.
[5] suis: E.G.
[6] 'Per adventum' add: E.G.
[7] '℣ Egredietur virga de radice jesse. Re. Et flos de radice ejus ascendet: *Post octavam* [*ab octava:* G.] *epyphanie usque ad quadragesimam*' add: E.G.
[8] '℣ Media nocte surgebam ad [Ad: G.] confitendum nomini tuo domine. *Per estatem et quadragesimam* [*Per xl. et estatem:* G.]' add: E.G.
[9] *ps.* 18: E.G.

AD MATUTINAS.

gygas ad currendam viam: a summo celo egressio ejus. *Et* occursus ejus [1] ad summum ejus: nec est qui se abscondat a calore ejus. *L*ex domini immaculata convertens animas: testimonium domini fidele sapientiam prestans parvulis. *J*usticie domini recte letificantes corda: preceptum domini lucidum illuminans oculos. *T*imor domini sanctus permanens [2] in seculum seculi: judicia domini vera justificata in semetipsa. *D*esiderabilia super aurum et lapidem preciosum multum: et dulciora super mel et favum. *E*tenim servus tuus custodit ea: in custodiendis illis retributio multa. *D*elicta quis intelligit: ab occultis meis munda me et ab alienis parce servo tuo. *S*i mei non fuerint dominati: tunc immaculatus ero et emundabor a delicto maximo. *E*t erunt ut complaceant eloquia oris mei: et meditatio cordis mei in conspectu tuo semper. *D*omine adjutor meus: et redemptor meus. *G*loria patri.[3] *Añ.* Nox recessit [4] dies autem appropinquavit [5]: abjiciamus ergo opera tenebrarum et induamur arma lucis.[6] *Añ.* Non sunt loquele neque sermones quorum non audiantur voces eorum.[7] *Añ.* Sponsus ut e thalamo processit Christus in orbem descendens celo jure salutifero. *Psalmus.*[8]

*E*xaudiat te dominus in die tribulationis: protegat te nomen dei jacob. *M*ittat tibi auxilium de sancto: et de syon tueatur te. *M*emor sit omnis sacrificii tui: et holocaustum tuum pingue fiat. *T*ribuat tibi secundum cor tuum: et omne consilium tuum confirmet. *L*etabimur in salutari tuo: et in nomine dei nostri magnificabimus: *I*mpleat dominus omnes petitiones tuas: nunc cognovi quoniam salvum fecit dominus christum suum. *E*xaudiet [9] illum de celo sancto suo: in potentatibus salus dextere ejus. *H*ij in curribus et hij in equis: nos autem in nomine domini dei nostri invocabimus. *I*psi obligati sunt et ceciderunt: nos autem surreximus et erecti sumus. *D*omine salvum fac regem: et exaudi nos in die qua invocaverimus te. *G*loria patri.[10] *Añ.* Hora est jam nos de somno surgere et aperti sunt oculi nostri surgere ad Christum quia lux vera est fulgens in celo.[11] [12] *Añ.* Exaudiat te dominus in die tribulationis. *Añ.* Auxilium nobis salvator mitte salutis et tribuas vitam tempore perpetuo. *Ps̄.*[13]

*D*omine in virtute tua letabitur rex: et super salutare

---

[1] 'usque' add: E.G.W.S.
[2] permanet: E.G.W.
[3] '℆ *Dominicis diebus per adventum usque ad nativitatem domini. In tertio nocturno*' add: E.G.
[4] precessit: E.G.
[5] appropinquabit: W.S.
[6] '℆ *Dominicis diebus ab octava epyphanie usque ad quadragesimam quando de dominica agitur. In tertio nocturno*' add: E.G.
[7] '℆ *Dominicis diebus per estatem [per xl. et per estatem: G.] quando de dominica agitur usque ad adventum [et quadragesimam: E.] In tertio nocturno*' add: E.G.
[8] *ps̄.* 19: E.G. xix.: S.
[9] Exaudiat: E.G.
[10] '*Per adventum*' add: E.G.
[11] celis: E.G.
[12] '*Ab octava epyphanie usque ad passionem domini.* [*añ.* Exaudiat: G.] *Añ.* Impleat dominus omnes petitiones tuas: E. *Per estatem et quadragesimam [Per xl. et estatem: G.]*' add: E.G.
[13] *ps̄.* 20: E.G.

DIE DOMINICA

tuum exultabit vehementer. *D*esiderium cordis ejus tribuisti ei : et voluntate labiorum ejus non fraudasti eum. *Q*uoniam prevenisti eum in benedictionibus dulcedinis : posuisti in capite ejus coronam de lapide precioso. *V*itam petiit a te : et tribuisti ei longitudinem dierum in seculum et in seculum seculi. *M*agna[1] gloria ejus in salutari tuo : gloriam et magnum decorem impones[2] super eum. *Q*uoniam dabis eum in benedictionem in seculum seculi : letificabis eum in gaudio cum vultu tuo. *Q*uoniam rex sperat in domino : et in misericordia altissimi non commovebitur. *I*nveniatur manus tua omnibus inimicis tuis : dextera tua inveniat omnes qui te oderunt. *P*ones eos ut clibanum ignis in tempore vultus tui : dominus in ira sua conturbabit eos et devorabit eos ignis. *F*ructum eorum de terra perdes : et semen eorum a filiis hominum. *Q*uoniam declinaverunt in te mala cogitaverunt consilia que non potuerunt stabilire. *Q*uoniam pones eos dorsum : in reliquiis tuis preparabis vultum eorum. *E*xaltare domine in virtute tua : cantabimus et psallemus virtutes tuas.

Gloria patri.[3] *An.* Gaudete in domino semper modestia vestra nota sit omnibus hominibus dominus prope est nihil solliciti sitis sed in omni oratione petitiones vestre innotescant apud deum.[4] *An.* Domine in virtute tua letabitur rex.[5] *An.* Rex sine fine manens miseris tu parce ruinis premia concedens et tua cuncta regens. *Versiculus.* Exaltare domine[6] in virtute tua. Cantabimus et psaltemus virtutes tuas. *Versiculus sacerdotis.* Excelsus super omnes gentes dominus. Et super celos gloria ejus.

*R*egnavit[8] do-[*In laudibus*[7] *an.* minus precinctus fortitudine cum decore virtutum cujus sedes parata[9] est in eternum. *ps.* Dominus regnavit. *An.* Sciamus omnes quia dominus ipse est deus cui jubilemus et serviamus[10] et laudemus nomen ejus in eternum. *ps.* Jubilate. *An.* Benedicam te domine[11] in vita mea ut viderem[12] virtutem tuam et gloriam tuam. *ps.* Deus deus meus. *An.* Hymnum dicamus alleluia domino deo[13] nostro. alleluia. *ps.* Benedicite. *An.* Spiritus omnis laudet dominum quia ipse dixit et facta sunt omnia mandavit et creata sunt universa. *ps.* Laudate.[14] *Cap.*[15]

---

[1] 'est' add : E.G.W.S.
[2] imponens : W.
[3] *Per adventum an. &c.* : E.G.
[4] '℣ Egredietur dominus de loco sancto suo. ℞. Veniet ut salvet populum suum. *Non dicatur ulterius ab octava epyphanie usque ad quadragesimam*' add : E.G.
[5] '℣ Exaltare domine in virtute tua. ℞. Cantabimus et psallemus virtutes tuas. *Per estatem : E. Per xl. et estatem : G.*' add : E.G.
[6] Hic sequitur canticum Te Deum in E. & G. quo finito vers. 'Excelsus' : cum ℞. 'Et super' &c. : additur.
[7] '*Deus in adjutorium*' add : E.G. [Hec verba apud E. verbis '*In laudibus*' anteferuntur.]

[8] Regnabit : E.G.
[9] 'parata' om. : E.G.
[10] pro 'serviamus' exaltemus : E.G.
[11] 'domine' om. : E.G.
[12] 'videam' : E.G.
[13] 'deo' om. : E.G.
[14] Hic apud E. & G. inseritur : '*Hi psalmi et he antiphone dicuntur in laudibus dominicalibus ab octava epyphanie usque ad septuagesimam. Et a Deus omnium usque ad adventum domini. ps. 92 Dominus regnavit decorem. ps. 99 Jubilate. ps. 62 Deus deus meus. ps. 66 Deus misereatur : Danielis 3 Benedicite et pss. 148 : 149-150 &c. omnia fuse descripta.*'
[15] '*Apocalypsis : 7*' add : E.G.

AD MATUTINAS.

*B*enedictio et claritas et sapientia et gratiarum actio honor virtus et fortitudo deo nostro in secula seculorum. Amen. Deo gratias.[1] *Hymnus.*
*E*cce[2] jam noctis tenuatur umbra lucis aurora rutilans choruscat nisibus totis rogitemus omnes cuncti potentem. *U*t deus noster miseratus omnem pellat languorem tribuat salutem donet et nobis pietate patris regna polorum. *P*restet hoc nobis deitas beata patris ac nati pariterque sancti spiritus cujus reboat in omni gloria mundo. Amen. *Versiculus.* Dominus regnavit.[3] Decorem induit[4]: induit dominus fortitudinem et precinxit se virtute. *Hymnus.*
*J*am[5] nunc paterna claritas te postulamus affatim absit libido sordidans omnisque actus noxius. *N*e feda sit vel lubrica compago nostri corporis per quam averni ignibus ipsi cremuer acrius. *O*b hoc redemptor[6] quesumus ut probra nostra diluas vite perhennis commoda nobis benigne conferas. *Q*uo carnis actu exules effecti ipsi celibes ut prestolamur cernui melos canamus glorie. Deo patri sit.[7] *A ñ.* *super* Benedictus *ut supra.*[8] *Psal.*[9]
*D*eus deus meus respice in me quare me dereliquisti: longe a salute mea verba delictorum meorum. *D*eus meus clamabo per diem et non exaudies: et nocte et non ad insipientiam mihi. *T*u autem in sancto habitas laus israel: *I*n te speraverunt patres nostri: speraverunt et liberasti eos. *A*d te clamaverunt et salvi facti sunt: in te speraverunt et non sunt confusi. *E*go autem sum vermis et non homo: obprobrium hominum et abjectio plebis. *O*mnes videntes me deriserunt me: locuti sunt labiis et moverunt caput. *S*peravit[10] in domino eripiat eum: salvum faciat eum quoniam vult eum. *Q*uoniam tu es qui extraxisti me de ventre: spes mea ab uberibus matris mee in te projectus sum ex utero. *D*e ventre matris mee deus meus es tu: ne discesseris a me. *Q*uoniam tribulatio proxima est: quoniam non est qui adjuvet. *C*ircundederunt me vituli multi: tauri pingues obsederunt me. *A*peruerunt super me os suum: sicut leo rapiens et rugiens. *S*icut aqua effusus sum: et dispersa sunt omnia ossa mea. *F*actum est cor meum tanquam cera liquescens: in medio ventris mei. *A*ruit tanquam testa virtus mea: et lingua mea adhesit faucibus meis: et in pulverem mortis

---

[1] '*Hoc capitulum dicitur in omnibus dominicis ad laudes a* Domine ne in ira *usque ad septuagesimam. et a* Deus omnium *usque ad adventum quandocunque agitur de dominica*' add: E.G.

[2] '*Et notandum est quod quotiens precedit hymnus* Nocte surgentes *Ad matutinas totiens sequitur in laudibus iste hymnus* Ecce &c.' add: E.G.

[3] '*Ke.*' add: E.G.

[4] '*Alleluya*' add: E.G.: et verba quae sequuntur omittunt E.G.

[5] '*Item sciendum est quod quotiens precedit hymnus* Primo dierum *ad matutinas totiens sequitur in laudibus iste hymnus* Jam nunc &c.' add: E.G.

[6] redempti: E.G.

[7] 'gloria ejusque soli filio cum spiritu [paraclito: G.W.] paracleto et nunc et imperpetuum [in perpetuum: G.W.] Amen' add: E.G.W.

[8] '*dicatur antiphona super psalmum* Benedictus *ut tempus exigit cum oratione.* ¶ *Ad primam hymnus.* Jam lucis &c.' add: E.G.

[9] *ps*. 21: E.G. xxj: S. [10] *S*peravi: S.

DIE DOMINICA

deduxisti me. Quoniam circundederunt me canes multi: consilium[1] malignantium obsedit me. Foderunt manus meas et pedes meos: dinumeraverunt omnia ossa mea. Ipsi vero consideraverunt et inspexerunt me: diviserunt sibi vestimenta mea: et super vestem meam miserunt sortem. Tu autem domine ne elongaveris auxilium tuum a me: ad defensionem meam conspice. Erue a framea deus animam meam: et de manu canis unicam meam. Salva me ex ore leonis: et a cornibus unicornium humilitatem meam. Narrabo nomen tuum fratribus meis: in medio ecclesie laudabo te. Qui timetis dominum laudate eum: universum semen jacob glorificate eum. Timeat eum omne semen israel: quoniam non sprevit neque despexit deprecationem pauperis. Nec avertit faciem suam a me: et cum clamarem ad eum exaudivit me. Apud te laus mea in ecclesia magna: vota mea reddam in conspectu timentium eum. Edent pauperes et saturabuntur et laudabunt dominum: qui requirunt eum vivent corda eorum in seculum seculi. Reminiscentur et convertentur ad dominum: universi fines terre. Et adorabunt in conspectu ejus: universe familie gentium. Quoniam domini est regnum: et ipse dominabitur gentium. Manducaverunt et adoraverunt omnes pingues terre: in conspectu ejus cadent omnes qui descendunt in terram. Et anima mea illi vivet: et semen meum serviet ipsi. Annunciabit[2] domino generatio ventura: et annunciabunt celi justiciam ejus populo qui nascetur quem fecit dominus. *Psalmus.*[3]

Dominus regit me et nihil mihi deerit: in loco pascue ibi me collocavit. Super aquam refectionis educavit me: animam meam convertit. Deduxit me super semitas justicie: propter nomen suum. Nam et si ambulavero in medio umbre mortis: non timebo mala quoniam tu mecum es. Virga tua et baculus tuus: ipsa me consolata sunt. Parasti in conspectu meo mensam: adversus eos qui tribulant me. Impinguasti in oleo caput meum: et calix meus inebrians quam preclarus est. Et misericordia tua subsequetur me omnibus diebus vite mee. Et ut inhabitem in domo domini: in longitudinem dierum. Gloria patri. *Psalmus.*[4]

Domini est terra et plenitudo ejus: orbis terrarum et universi qui habitant in eo. Quia ipse super maria fundavit eum: et super flumina preparavit eum. Quis ascendet in montem domini: aut quis stabit in loco sancto ejus. Innocens manibus et mundo corde: qui non accepit in vano animam suam: nec juravit in dolo proximo suo. Hic accipiet benedictionem a domino: et misericordiam a deo salutari suo. Hec est generatio querentium eum: querentium faciem dei jacob. Attollite portas principes vestras: et elevamini porte eternales: et introibit rex glorie. Quis est

---

[1] concilium : E.G.
[2] Annunciabitur : E.G.W.S.
[3] *ps.* 22 : E.G. *xxij.* : S.
[4] *ps.* 23 : E.G. *xxiij.* : S.

AD MATUTINAS.

iste rex glorie: dominus fortis et potens dominus potens in prelio. *A*ttollite portas principes vestras et elevamini porte eternales: et introibit rex glorie. *Q*uis est iste rex glorie: dominus virtutum ipse est rex glorie. *A*d te domine le- [*Psalmus*.]¹ vavi animam meam: deus meus in te confido non erubescam. *N*eque irrideant me inimici mei: etenim universi qui sustinent te non confundentur. *C*onfundantur omnes iniqua agentes: supervacue. *V*ias tuas domine demonstra mihi: et semitas tuas edoce me. *D*irige me in veritate tua et doce me: quia tu es deus salvator meus et te sustinui tota die. *R*eminiscere miserationum tuarum domine: et misericordiarum tuarum que a seculo sunt. *D*elicta juventutis mee: et ignorantias meas ne memineris. *S*ecundum misericordiam tuam memento mei: tu propter bonitatem tuam domine. *D*ulcis² et rectus dominus: propter hoc legem dabit deliquentibus in via. *D*iriget mansuetos in judicio: docebit mites vias suas. *U*niverse vie domini misericordia et veritas: requirentibus testamentum ejus et testimonia ejus. *P*ropter nomen tuum domine propitiaberis peccato meo: multum est enim. *Q*uis est homo qui timet dominum: legem statuit ei in via quam elegit. *A*nima ejus in bonis demorabitur: et semen ejus hereditabit terram. *F*irmamentum est dominus timentibus eum: et testamentum ipsius ut manifestetur illis. *O*culi mei semper ad dominum: quoniam ipse evellet de laqueo pedes meos. *R*espice in me et miserere mei: quia unicus et pauper sum ego. *T*ribulationes cordis mei multiplicate sunt: de necessitatibus meis erue me. *V*ide humilitatem meam et laborem meum: et dimitte universa delicta mea. *R*espice inimicos meos quoniam multiplicati sunt: et odio iniquo oderunt me. *C*ustodi animam meam et erue me: non erubescam quoniam speravi in te. *I*nnocentes et recti adheserunt mihi: quia sustinui te. *L*ibera deus israel: ex omnibus tribulationibus suis. *G*loria. *Psalmus*.³ *J*udica me domine quoniam ego in innocentia mea ingressus sum: et in domino sperans non infirmabor. *P*roba me domine et tenta me: ure renes meos et cor meum. *Q*uoniam misericordia tua ante oculos meos est: et complacui in veritate tua. *N*on sedi cum consilio⁴ vanitatis: et cum iniqua gerentibus non introibo. *O*divi ecclesiam malignantium: et cum impiis non sedebo. *L*avabo inter innocentes manus meas: et circundabo altare tuum domine. *U*t audiam vocem laudis⁵: et enarrem universa mirabilia tua. *D*omine dilexi decorem domus tue: et locum habitationis glorie tue. *N*e perdas cum impiis deus animam meam: et cum viris sanguinum vitam meam. *I*n quorum manibus iniquitates sunt: dextera eorum repleta est muneribus. *E*go autem in innocentia

---

¹ *ps.* 24: E.G. xxiiij.: S.   ² *Dulcia*: S.   ³ *ps.* 25: E.G. xxv.: S.
⁴ concilio: E.G.   ⁵ 'tue' add: G.

FERIA SECUNDA

mea ingressus sum: redime me et miserere mei. *Pes* meus stetit in directo: in ecclesiis benedicam te domine. *Feria secunda*.[1] *Invitatorium*. Venite exultemus domino. *ps*. Jubilemus deo.[2] *Hymnus*.

Somno refectis artubus spreto cubili surgimus. nobis pater canentibus adesse te deposcimus. *Te* lingua primum concinat te mentis ardor ambiat ut actuum sequentium tu sancte sis exordium. *Cedant* tenebre lumini et nox diurno syderi: ut culpa quam nox intulit lucis latescat[3] munere. *Precamur* idem supplices noxas ut omnes amputes et ore te canentium lauderis in perpetuum.[4] *Presta* pater piissime.[5] *Psalmus*.[6]

Dominus illuminatio mea et salus mea: quem timebo. *Dominus* protector vite mee: a quo trepidabo. *Dum* appropiant super me nocentes: ut edant carnes meas. *Qui* tribulant me inimici mei: ipsi infirmati sunt et ceciderunt. *Si* consistant adversum me castra: non timebit cor meum. *Si* exurgat adversum me prelium: in hoc ego sperabo. *Unam* petii a domino hanc requiram: ut inhabitem in domo domini omnibus diebus vite mee. *Ut* videam voluntatem domini: et visitem templum ejus. *Quoniam* abscondit me in tabernaculo suo in die malorum: protexit me in abscondito tabernaculi sui. *In* petra exultavit[7] me: et nunc exaltavit caput meum super inimicos meos. *Circuivi* et immolavi in tabernaculo ejus hostiam vociferationis: cantabo et psalmum dicam domino. *Exaudi* domine vocem meam qua clamavi ad te: miserere mei et exaudi me. *Tibi* dixit cor meum exquisivit te facies mea: faciem tuam domine requiram. *Ne* avertas faciem tuam a me: ne declines in ira a servo tuo. *Adjutor* meus esto[8] ne derelinquas me: neque despicias me deus salutaris meus. *Quoniam* pater meus et mater mea dereliquerunt me: dominus autem assumpsit me. *Legem* pone mihi domine in via tua: et dirige me in semita recta propter inimicos meos. *Ne* tradideris me in animas tribulantium me: quoniam insurrexerunt in me testes iniqui et mentita est iniquitas sibi. *Credo* videre bona domini: in terra viventium. *Expecta* dominum viriliter age: et confortetur cor tuum et sustine dominum.

Ad te domine cla- [*Psalmus*.[9] mabo deus meus ne sileas a me: ne quando taceas a me et assimilabor descendentibus in lacum. *Exaudi* domine vocem deprecationis mee dum oro ad te: dum extollo manus meas ad templum sanctum tuum. *Ne*

---

[1] '*Ad matutinas*' *add*: E.G.
[2] '*salutari* [*nostro*: G. etc. E.] *a domine ne in ira usque ad quadragesimam quando de secunda feria agitur: dicitur ad matutinas sequens hymnus. Somno &c.' add: E.G.
[3] labascat: G. labescat: W.S.
[4] imperpetuum: E.
[5] 'patrique compar unice cum spiritu paraclyto [paraclito: G.] regnans per omne seculum. Amen' add: E.G.
[6] *ps*. 26: E.G. xxvj.: S.
[7] Exaltavit: E.G.W.S.
[8] 'domine' add: S.
[9] *ps*. 27: E.G. xxvij.: S.

simul tradas me cum peccatoribus: et cum operantibus iniquitatem ne perdas me. *Qui* loquuntur pacem cum proximo suo: mala autem in cordibus eorum. *Da* illis secundum opera eorum: et secundum nequitiam adinventionum ipsorum. *Secundum* opera manuum eorum tribue illis: redde retributionem eorum ipsis. *Quoniam* non intellexerunt opera domini et in opera manuum ejus: destrues illos et non edificabis eos. *Benedictus* dominus: quoniam exaudivit vocem deprecationis mee. *Dominus* adjutor meus et protector meus: et in ipso speravit cor meum et adjutus sum. *Et* refloruit caro mea: et ex voluntate mea confitebor ei. *Dominus* fortitudo plebis sue: et protector salvationum Christi sui est. *Salvum* fac populum tuum domine et benedic hereditati tue: et rege eos et extolle eos [1] usque in eternum. Gloria *añ.* Dominus defensor vite mee.

*A*fferte domino filii [*Psalmus.*[2] dei: afferte domino filios arietum. *Afferte* domino gloriam et honorem: afferte domino gloriam nomini ejus: adorate dominum in atrio sancto ejus. *Vox* domini super aquas deus majestatis intonuit: dominus super aquas multas. *Vox* domini in virtute: vox domini in magnificentia. *Vox* domini confringentis cedros: et confringet dominus cedros lybani.[3] *Et* comminuet eas tanquam vitulum lybani: et dilectus quemadmodum filius unicornium. *Vox* domini intercidentis flammam ignis: vox domini concutientis desertum: et commovebit dominus desertum cades. *Vox* domini preparantis cervos et revelabit condensa: et in templo ejus omnes dicent gloriam. *Dominus* diluvium inhabitare facit: et sedebit dominus rex in eternum. *Dominus* virtutem populo suo dabit; dominus benedicet populo suo in pace. *Psalmus.*[4]

*E*xaltabo te domine quoniam suscepisti me: nec delectasti inimicos meos super me. *Domine* deus meus clamavi ad te: et sanasti me. *Domine* eduxisti ab inferno animam meam: salvasti me a descendentibus in lacum. *Psallite* domino omnes sancti ejus: et confitemini memorie sanctitatis ejus. *Quoniam* ira in indignatione ejus: et vita in voluntate ejus. *Ad* vesperum demorabitur fletus: et ad matutinum leticia. *Ego* autem dixi in abundantia mea: non movebor in eternum. *Domine* in voluntate tua: prestitisti decori meo virtutem. *Avertisti* faciem tuam a me: et factus sum conturbatus. *Ad* te domine clamabo: et ad deum meum deprecabor. *Que* utilitas in sanguine meo: dum descendo in corruptionem. *Nunquid* confitebitur tibi pulvis: aut annunciabit veritatem tuam. *Audivit* dominus et misertus est mei: dominus factus est adjutor meus. *Convertisti* planctum meum in gaudium mihi: concidisti saccum meum et circundedisti me leticia. *Ut* cantet tibi gloria mea et non compungar: domine deus

---

[1] illos: G.S.
[2] *ps.* 28: E.G. *xxviij.*: S.
[3] libani: E.G.S.
[4] *ps.* 29: E.G. *xxix.*: S

FERIA SECUNDA

meus in eternum confitebor tibi.[1] *añ.* Adorate dominum in aula sancta ejus. *Psalmus.*[2]

*I*n te domine speravi non confundar in eternum: in justicia tua libera me. *I*nclina ad me aurem tuam: accelera ut eruas me. *E*sto mihi in deum protectorem: et in domum refugii ut salvum me facias. *Q*uoniam fortitudo mea et refugium meum es tu: et propter nomen tuum deduces me et enutries me. *E*duces me de laqueo quem absconderunt mihi: quoniam tu es protector meus. *I*n manus tuas commendo spiritum meum: redemisti me domine deus veritatis. *O*disti observantes vanitates: supervacue. *E*go autem in domino speravi[3]: exaltabo[4] et letabor in misericordia tua. *Q*uoniam respexisti humilitatem meam: salvasti de necessitatibus animam meam. *N*ec conclusisti me in manibus inimici statuisti in loco spacioso pedes meos. *M*iserere mei domine quoniam tribulor: conturbatus est in ira oculus meus anima mea et venter meus. *Q*uoniam defecit in dolore vita mea: et anni mei in gentibus. *I*nfirmata est in paupertate virtus mea: et ossa mea conturbata sunt. *S*uper omnes inimicos meos factus sum obprobrium: vicinis meis valde[5] timor notis meis. *Q*ui videbant me foras fugierunt[6] a me: oblivioni datus sum tanquam mortuus a corde. *F*actus sum tanquam vas perditum: quoniam audivi vituperationem multorum commorantium in circuitu. *I*n eo dum convenirent simul adversum me: accipere animam meam consiliati sunt. *E*go autem in te speravi domine: dixi deus meus es tu: in manibus tuis sortes mee. *E*ripe me de manu inimicorum meorum: et a persequentibus me. *I*llustra faciem tuam super servum tuum salvum me fac in misericordia tua: domine non confundar quoniam invocavi te. *E*rubescant impii et deducantur in infernum: muta fiant labia dolosa.[7] *Q*ue loquuntur adversus justum iniquitatem: in superbia et in abusione. *Q*uam magna multitudo dulcedinis tue domine: quam abscondisti timentibus te. *P*erfecisti eis qui sperant in te: in conspectu filiorum hominum. *A*bscondes eos in abscondito faciei tue: a conturbatione hominum. *P*roteges eos in tabernaculo tuo: a contradictione linguarum. *B*enedictus dominus: quoniam mirificavit misericordiam suam mihi in civitate munita. *E*go autem dixi in excessu mentis mee: projectus sum a facie oculorum tuorum. *I*deo exaudisti vocem orationis mee: dum clamarem ad te. *D*iligite dominum omnes sancti ejus quoniam veritatem requiret dominus: et retribuet abundanter facientibus superbiam. *V*iriliter agite et confortetur cor vestrum: omnes qui speratis in domino. *Psalmus.*[8]

*B*eati quorum remisse sunt iniquitates: et quorum tecta sunt peccata. *B*eatus vir cui

---

[1] 'Gloria patri' add: G.S.　　[2] *ps.* 30: *E.G.* xxx.: S.　　[3] 'et' add: E.G.
[4] exultabo: E.G.W.S.　　[5] 'et' add: E.G.W.S.　　[6] fugerunt: E.G.W.S.
[7] dalosa: S.
[8] *ps.* 31: *E.G.* xxxj.: S.

AD MATUTINAS.

non imputavit dominus peccatum: nec est in spiritu ejus dolus. *Q*uoniam tacui inveteraverunt ossa mea: dum clamarem tota die. *Q*uoniam die ac nocte gravata est super me manus tua: conversus sum in erumna mea dum configitur spina. *D*elictum meum cognitum tibi feci: et injusticiam meam non abscondi. *D*ixi confitebor adversum me injusticiam meam domino: et tu remisisti impietatem peccati mei. *P*ro hac orabit ad te omnis sanctus: in tempore opportuno.[1] *V*eruntamen in diluvio aquarum multarum: ad eum non approximabunt. *T*u es refugium meum a tribulatione que circundedit me: exultatio mea erue me a circundantibus me. *I*ntellectum tibi dabo et instruam te in via hac qua gradieris: firmabo super te oculos meos. *N*olite fieri sicut equus et mulus: quibus non est intellectus. *I*n chamo et freno maxillas eorum constringe: qui non approximant ad te. *M*ulta flagella peccatoris: sperantem autem in domino misericordia circundabit. *L*etamini in domino et exultate justi: et gloriamini omnes recti corde.[2] *Añ.* In tua justicia libera me domine. *Psalmus.*[3]

*E*xultate justi in domino rectos decet collaudatio. *C*onfitemini domino in cythara: in psalterio decem chordarum psallite illi. *C*antate ei canticum novum: bene psallite ei in vociferatione. *Q*uia rectum est verbum domini: et omnia opera ejus in fide. *D*iligit misericordiam et judicium: misericordia domini plena est terra. *V*erbo domini celi firmati sunt: et spiritu oris ejus omnis virtus eorum. *C*ongregans sicut in utre aquas maris: ponens in thesauris abyssos. *T*imeat dominum omnis terra: ab eo autem commoveantur omnes inhabitantes orbem. *Q*uoniam ipse dixit et facta sunt: ipse mandavit et creata sunt. *D*ominus dissipat consilia gentium: reprobat autem cogitationes populorum: et reprobat consilia principum. *C*onsilium autem domini in eternum manet: cogitationes cordis ejus in generatione et generationem. *B*eata gens cujus est dominus deus ejus: populus quem elegit in hereditatem sibi. *D*e celo respexit dominus: vidit omnes filios hominum. *D*e preparato habitaculo suo: respexit super omnes qui habitant terram. *Q*ui finxit sigillatim[4] corda eorum: qui intelligit omnia opera eorum. *N*on salvatur rex per multam virtutem: et gygas non salvabitur in multitudine virtutis sue. *F*allax equus ad salutem: in abundantia autem virtutis sue non salvabitur. *E*cce oculi domini super metuentes eum: et in eis qui sperant super misericordiam[5] ejus. *U*t eruat a morte animas[6] eorum: et alat eos in fame. *A*nima nostra sustinet dominum: quoniam adjutor et protector noster est. *Q*uia in eo letabitur cor nostrum: et

---

[1] oportuno: E.W.
[2] 'Gloria patri' add: G.
[3] *ps.* 32: E.G. xxxij.: S.
[4] singillatim: E.
[5] misericordia: G.S.
[6] animam: W.

in nomine sancto ejus speravimus.[1] *F*iat misericordia tua domine super nos: quemadmodum speravimus in te. *Psalmus.*[2] *B*enedicam dominum in omni tempore: semper laus ejus in ore meo. *I*n domino laudabitur anima mea: audiant mansueti et letentur. *M*agnificate dominum mecum: et exaltemus nomen ejus in idipsum. *E*xquisivi dominum et exaudivit me: et ex omnibus tribulationibus meis eripuit me. *A*ccedite ad eum et illuminamini: et facies vestre non confundentur. *I*ste pauper clamavit et dominus exaudivit eum: et ex omnibus tribulationibus ejus salvavit eum. *I*mmittet[3] angelus domini in circuitu timentium eum: et eripiet eos. *G*ustate et videte quoniam suavis est dominus: beatus vir qui sperat in eo. *T*imete dominum omnes sancti ejus: quoniam non est inopia timentibus eum. *D*ivites eguerunt et esurierunt: inquirentes autem dominum non minuentur omni bono. *V*enite filii audite me: timorem domini docebo vos. *Q*uis est homo qui vult vitam: diligit dies videre bonos. *P*rohibe linguam tuam a malo: et labia tua ne loquantur dolum. *D*iverte a malo et fac bonum: inquire pacem et persequere eam. *O*culi domini super justos: et aures ejus in[4] preces eorum. *V*ultus autem domini super facientes mala: ut perdat de terra memoriam eorum. *C*lamaverunt justi et dominus exaudivit eos: et ex omnibus tribulationibus eorum liberavit eos. *J*uxta est dominus hiis qui tribulato sunt corde: et humiles spiritu salvabit. *M*ulte tribulationes justorum: et de omnibus hiis[5] liberabit[6] eos dominus. *C*ustodit dominus omnia ossa eorum: unum ex hiis non conteretur. *M*ors peccatorum pessima: et qui oderunt justum delinquent. *R*edimet dominus animas servorum suorum: et non delinquent omnes qui sperant in eo.[7] *añ*. Rectos decet collaudatio. *Psalmus.*[8] *J*udica domine nocentes me: expugna impugnantes me. *A*pprehende arma et scutum: et exurge in adjutorium mihi. *E*ffunde frameam et conclude adversus eos qui persequuntur me: dic anime mea salus tua ego sum. *C*onfundantur et revereantur: querentes animam meam. *A*vertantur retrorsum et confundantur: cogitantes mihi mala. *F*iant tanquam pulvis ante faciem venti: et angelus domini coartans eos. *F*iat via illorum tenebre et lubricum: et angelus domini persequens eos. *Q*uoniam gratis absconderunt mihi interitum laquei sui: supervacue exploraverunt[9] animam meam. *V*eniat illi laqueus quem ignorat: et captio quam abscondit apprehendat eum: et in laqueum cadat in ipsum. *A*nima autem mea exultabit in domino: et delectabitur super

---

[1] sperabimus: W.S.
[2] *ps*. 33: E.G. *xxxiij.*: S.
[3] Immittit: E.G.
[4] pro 'in' ad: G.
[5] pro 'hiis' his, hic et passim: E.G.W.S.
[6] liberavit: E.G.
[7] 'Gloria patri' add: G.S.
[8] *ps*. 34: E.G. *xxxiiij.*: S.
[9] exprobaverunt: E.G.W.S.

AD MATUTINAS.

salutari suo. Omnia ossa mea dicent: domine quis similis tibi.[1] Eripiens inopem de manu fortiorum ejus: egenum et pauperem a diripientibus eum. Surgentes testes iniqui: que ignorabam interrogabant me. Retribuebant mihi mala pro bonis: sterilitatem ànime mee. Ego autem cum mihi molesti essent: induebar cilicio. Humiliabam in jejunio animam meam: et oratio mea in sinu meo convertetur. Quasi proximum[2] quasi fratrem nostrum sic complacebam: quasi lugens et contristatus sic humiliabar. Et adversum me letati sunt et convenerunt: congregata sunt super me flagella et ignoravi. Dissipati sunt nec compuncti: tentaverunt me subsannaverunt me subsannatione: frenduerunt super me dentibus suis. Domine quando respicies: restitue animam meam a malignitate eorum: a leonibus unicam meam. Confitebor tibi in ecclesia magna: in populo gravi laudabo te. Non supergaudeant mihi qui adversantur mihi inique: qui oderunt me gratis et annuunt oculis. Quoniam mihi quidem pacifice loquebantur: et[3] iracundia terre loquentes dolos cogitabant. Et dilataverunt super me os suum: dixerunt euge euge viderunt oculi nostri. Vidisti domine ne sileas: domine ne discedas a me. Exurge et intende judicio meo: deus meus et dominus meus in causam meam. Judica me secundum justiciam tuam domine deus meus: et non supergaudeant mihi. Non dicant in cordibus suis euge euge anime nostre: nec dicant devorabimus eum. Erubescant et revereantur simul: qui gratulantur malis meis. Induantur confusione et reverentia: qui maligna loquuntur super me. Exultent et letentur qui volunt justiciam meam: et dicant semper magnificetur dominus qui volunt pacem servi ejus. Et lingua mea meditabitur justitiam tuam: tota die laudem tuam. Psalmus.[4] Dixit injustus ut delinquat in semetipso: non est timor dei ante oculos ejus. Quoniam dolose egit in conspectu ejus: ut inveniatur iniquitas ejus ad odium. Verba oris ejus iniquitas et dolus: noluit intelligere ut bene ageret. Iniquitatem meditatus est in cubili suo: astitit[5] omni vie non bone maliciam autem non odivit. Domine in celo misericordia tua: et veritas tua usque ad nubes. Justicia tua sicut montes dei: judicia[6] abyssus multa. Homines et jumenta salvabis domine: quemadmodum multiplicasti misericordiam tuam deus. Filii autem hominum: in tegmine alarum tuarum sperabunt. Inebriabuntur ab ubertate domus tue: et torrente voluptatis tue potabis eos. Quoniam apud te est fons vite: et in lumine tuo videbimus lumen. Pretende misericordiam tuam scientibus te: et justiciam tuam hiis qui recto sunt corde. Non veniat mihi pes superbie: et manus

---

[1] tui: W.S.
[2] 'et' add: E.G.
[3] 'in' add: E.G.W.S.
[4] ps. 35: E.G. xxxv. S.
[5] 'enim' add: E.G.
[6] 'tua' add: E.G.W.S.

FERIA SECUNDA

peccatoris non moveat me. *Ibi* ceciderunt qui operantur iniquitatem : expulsi sunt nec potuerunt stare. *A ñ.* Expugna impugnantes me domine.[1] *Psalmus.*[2] *N*oli emulari in malignantibus neque zelaveris facientes iniquitatem. Quoniam tanquam fenum velociter arescent : et quemadmodum olera herbarum cito decident. *S*pera in domino et fac bonitatem : et inhabita terram et pasceris in divitiis ejus. *D*electare in domino : et dabit[3] tibi petitiones cordis tui. *R*evela domino viam tuam : et spera in eo et ipse faciet. *Et* educet quasi lumen justiciam tuam : et judicium tuum tanquam meridiem : subditus esto domino et ora eum. *N*oli emulari in eo qui prosperatur in via sua : et in homine faciente injusticias. *D*esine ab ira et derelinque furorem : noli emulari ut maligneris. Quoniam qui malignantur exterminabuntur : sustinentes autem dominum ipsi hereditabunt terram. *Et* adhuc pusillum et non erit peccator : et queres locum ejus et non invenies. *M*ansueti autem hereditabunt terram : et delectabuntur in multitudine pacis. *O*bservabit peccator justum : et stridebit super eum dentibus suis. *D*ominus autem irridebit eum : quoniam prospicit quod veniet dies ejus. *G*ladium evaginaverunt peccatores : intenderunt arcum suum. *U*t decipiant pauperem et inopem : ut trucident rectos corde. *G*ladius eorum intret in corda ipsorum : et arcus eorum confringatur. *M*elius est modicum justo : super divitias peccatorum multas. Quoniam brachia peccatorum conterentur : confirmat autem justos dominus. *N*ovit dominus dies immaculatorum : et hereditas eorum in eternum erit. *N*on confundentur in tempore malo et in diebus famis saturabuntur : quia peccatores peribunt. *I*nimici vero domini mox ut honorificati fuerint et exaltati : deficientes quemadmodum fumus deficient. *M*utuabitur peccator et non solvet : justus autem miseretur et retribuet.[4] Quia benedicentes ei hereditabunt terram : maledicentes autem ei disperibunt. *A*pud dominum gressus hominis dirigentur[5] : et viam ejus volet. *C*um ceciderit justus non collidetur : quia dominus superponit[6] manum suam. *J*unior fui etenim senui et non vidi justum derelictum : nec semen ejus querens panem. *T*ota die miseretur et commodat : et semen illius in benedictione erit. *D*eclina a malo et fac bonum : et inhabita in seculum seculi. Quia dominus amat judicium et non derelinquet sanctos suos : in eternum conservabuntur. *I*njusti punientur : et semen impiorum peribit. *J*usti autem hereditabunt terram : et inhabitabunt in seculum seculi super eam. *O*s justi meditabitur sapientiam : et lingua ejus loquetur judicium. *L*ex dei ejus in corde ipsius : et non supplantabuntur gressus ejus. *C*onsiderat peccator justum : et querit mortificare eum. *D*ominus

---

[1] 'Gloria patri' add : G.S.   [2] *ps.* 36: F.G. xxxvj. : S.   [3] debit ? G.
[4] tribuet : E.G.S.   dirigetur : E.G.S.   [6] supponit : G.W.S.

AD MATUTINAS.

autem non derelinquet eum in manibus ejus: nec damnabit eum cum judicabitur illi. *Ex*pecta dominum et custodi viam ejus: et exaltabit te ut hereditate capias terram cum perierint peccatores videbis. *V*idi impium superexaltatum: et elevatum sicut cedros libani. *E*t transivi et ecce non erat: quesivi eum et non est inventus locus ejus. *C*ustodi innocentiam et vide equitatem: quoniam sunt reliquie homini pacifico. *I*njusti autem disperibunt simul: reliquie impiorum interibunt. *S*alus autem justorum a domino: et protector eorum est[1] in tempore tribulationis. *E*t adjuvabit eos dominus et liberabit eos: et eruet eos a peccatoribus et salvabit eos: quia speraverunt in eo. *Psalmus.*[2]
*D*omine ne in furore tuo arguas me: neque in ira tua corripias me. *Q*uoniam sagitte tue infixe sunt mihi[3]: confirmasti super me manum tuam. *N*on est sanitas in carne mea a facie ire tue: non est pax ossibus meis a facie peccatorum meorum. *Q*uoniam iniquitates mee supergresse sunt caput meum: et sicut onus grave gravate sunt super me. *P*utruerunt et corrupte sunt cicatrices mee: a facie insipientie mee. *M*iser factus sum et curvatus sum usque in finem: tota die contristatus ingrediebar. *Q*uoniam lumbi mei impleti sunt illusionibus: et non est sanitas in carne mea. *A*fflictus sum et humiliatus sum nimis: rugiebam a gemitu cordis mei. *D*omine ante te omne desiderium meum: et gemitus meus a te non est absconditus. *C*or meum conturbatum est: dereliquit me virtus mea: et lumen oculorum meorum: et ipsum non est mecum. *A*mici mei et proximi mei: adversum me appropinquaverunt et steterunt. *E*t qui juxta me erant de longe steterunt: et vim faciebant qui querebant animam meam. *E*t qui inquirebant mala mihi locuti sunt vanitates: et dolos tota die meditabantur. *E*go autem tanquam surdus non audiebam: et sicut mutus non aperiens os suum. *E*t factus sum sicut homo non audiens: et non habens in ore suo redargutiones. *Q*uoniam in te domine speravi: tu exaudies me domine deus meus. *Q*uia dixi nequando supergaudeant mihi inimici mei: et dum commoventur pedes mei super me magna locuti sunt. *Q*uoniam ego in flagella paratus sum: et dolor meus in conspectu meo semper. *Q*uoniam iniquitatem meam annunciabo: et cogitabo pro peccato meo. *I*nimici autem mei vivunt: et confirmati sunt super me: et multiplicati sunt qui oderunt me inique. *Q*ui retribuunt mala pro bonis detrahebant mihi: quoniam sequebar bonitatem. *N*e derelinquas me domine deus meus: ne discesseris a me. *I*ntende in adjutorium meum: domine deus salutis mee. Gloria patri. *Añ.*

---

[1] 'est' om.: W.S.
[2] *pſ.* 37: E.G. xxxvij.: S.
[3] 'et' add: E.G.W.S.

Revela domino viam tuam. ℣ Domine in celo misericordia tua.[1] Et veritas tua usque ad nubes.[2] ℣ *Sacerdotis.* Fiat misericordia tua domine super nos. Quemadmodum speravimus in te.[3]

In laudibus.[4]   *antiphona.*

Miserere mei deus.[5] *ps̄.* Ipsum. *Añ.* Intellige clamorem meum domine. *ps̄.* Verba mea.[6] *Añ.* Deus deus meus ad te de luce vigilo. *ps̄.* Ipsum.

Confitebor tibi do- [*Psalmus.*[7] mine quoniam iratus es mihi: conversus est furor tuus et consolatus es me. *E*cce deus salvator meus: fiducialiter agam et non timebo. *Q*uia fortitudo mea et laus mea dominus: et factus est mihi in salutem. *H*aurietis aquas in gaudio de fontibus salvatoris: et dicetis in illa die confitemini domino et invocate nomen ejus. *N*otas facite in populis adinventiones ejus: mementote quoniam excelsum est nomen ejus. *C*antate domino quoniam magnifice fecit: annunciate hec[8] in universa terra. *E*xulta et lauda habitatio syon: quia magnus in medio tui sanctus israel. Gloria patri. *Añ.* Conversus est furor tuus domine: et consolatus es me. *Añ.* Laudate dominum de celis. *ps̄.* Ipsum. *Cap.*[9]

Vigilate et orate: state in fide: viriliter agite et confortamini: et omnia vestra cum[10] charitate fiant.[11] Deo gratias.

Splendor paterne [*Hymnus.* gloria: de luce lucem proferens: lux lucis et fons luminis: dies diem illuminans. *V*erusque sol illabere: micans nitore perpeti: jubarque sancti spiritus: infunde nostris sensibus. *V*otis vocemus te patrem: patrem perhennis glorie: patrem potentis gratie: culpam releget lubricam. *I*nformet actus strenuos[12]: dentem retundat invidi: casus secundet asperos: donet gerendi gratiam. *M*entem gubernet et regat: casto fideli corpore: fides calore ferveat: fraudis venena nesciat. *C*hristusque nobis sit cibus: potusque noster sit fides: leti bibamus sobriam ebrietatem spiritus. *L*etus dies hic transeat: pudor sit ut diluculum: fides velut meridies: crepusculum mens nesciat. *A*urora cursus provehit: aurora totus prodeat: in patre totus filius: et totus in verbo pater. *D*eo patri sit gloria: ejusque soli filio: cum spiritu paraclito: et nunc et in perpetuum. Amen.

℣ In matutinis domine meditabor in te.[13] Quia fuisti adjutor

---

[1] '*Re.*' add: G.
[2] '*Lectiones et Responsoria de eadem feria. Ante laudes versiculus*' add: E.G.
[3] '*Iste versiculus dicitur ante laudes in omnibus feriis a Domine ne in ira. Usque ad quadragesimam. Et a deus omnium usque ad adventum domini quando de feria agitur*' add: G.
[4] *ps̄. 50*: G.
[5] *Haec verba (quae denotant antiphonam) apud E. et G. sequuntur psalmum, qui hic plenarie inseritur.*
[6] '*ut supra folio ij.*' add: E.G.
[7] pro '*Psalmus*' Isaie 12: E.G. Esa. xij.: S.
[8] hoc: W.S.
[9] '(*secundum*: G.) *Corinth.* 16' add: E.G. pro '*Cap.*' *ps̄.*: S.
[10] pro 'cum' in: E.G.
[11] '*Hoc capitulum dicitur omnibus feriis ad laudes a Domine ne in ira usque ad caput jejunii: et a Deus omnium usque ad adventum domini quando de feria agitur.* ¶ *A Domine ne in ira usque ad quadragesimam et* ('*et*' om.: G.) *quando de secunda feria agitur dicitur ad laudes sequens Hymnus*' add: E.G.
[12] strennuos: G.
[13] '*Re.*' add: G.

FERIA III[ia] AD MATUTINAS.

meus.[1] *In evangelio an.* Benedictus deus israel. *ps.* Ipsum. Kyrieleyson. *iij.* Christeleyson. *iij. Et fiat prostratio.* Pater noster. Et ne nos inducas. Ego dixi. *etc. ut inferius post horam tertiam. ps.* Miserere *etc. cum* gloria patri. *Post psalmum surgens sacerdos solus dicat.* Exurge domine *etc. Dicta oratione surgat chorus. In aliis horis preter vesperas erit sacerdos prostratus cum aliis : usque post orationem dictam.*

¶ *Feria iij.*[2]
Invitatorium Jubilemus deo salutari nostro. *ps.* Venite.[3] *Hym-*
Consors paterni luminis [*nus.*
lux ipse lucis et dies noctem canendo rumpimus assiste postulantibus. Aufer tenebras mentium : fuga catervas demonum : expelle somnolentiam : ne pigritantes obruat. Sic Christe nobis omnibus : indulgeas[4] credentibus : ut prosit exorantibus : quod precinentes psallimus. Presta pater piissime.   *Psalmus.*[5]
Dixi custodiam vias meas : ut non delinquam in lingua mea. Posui ori meo custodiam : cum consisteret peccator adversum me. Obmutui et humiliatus sum et silui a bonis : et dolor meus renovatus est. Concaluit cor meum intra me : et in meditatione mea exardescet ignis. Locutus sum in lingua mea : notum fac[6] domine finem meum.

Et numerum dierum meorum qui[7] est : ut sciam quid desit mihi. Ecce mensurabiles posuisti dies meos : et substantia mea tanquam nihilum ante te. Veruntamen universa vanitas : omnis homo vivens. Veruntamen in imagine pertransit homo : sed et frustra conturbatur. Thesaurizat : et ignorat cui congregabit ea. Et nunc[8] que est expectatio mea nonne dominus : et substantia mea apud te est. Ab omnibus iniquitatibus meis erue me : opprobrium insipienti dedisti me. Obmutui et non aperui os meum : quoniam tu fecisti amove a me plagas tuas. A[9] fortitudine manus tue ego defeci in increpationibus : propter iniquitatem corripuisti hominem. Et tabescere fecisti sicut araneam animam ejus : veruntamen vane conturbatur omnis homo. Exaudi orationem meam domine et deprecationem meam : auribus percipe lachrymas meas. Ne sileas quoniam advena ego sum apud te : et peregrinus sicut omnes patres mei. Remitte mihi ut refrigerer priusquam abeam : et amplius non ero.
Expectans expec- [*Psalmus.*[10]
tavi dominum : et intendit mihi. Et exaudivit preces meas : et eduxit me de lacu miserie et de luto fecis. Et statuit supra petram pedes meos : et direxit gressus meos. Et immisit in os

---

[1] '*Deinde dicantur preces feriales hoc modo.* Kyrieleyson &c.' *add :* E.G. *Nota quod hic apud* E. & G. & W. *sequuntur preces feriales fuse scripte.*
[2] '*Ad matutinas*' *add :* E.G.
[3] '*A Domine in ira usque ad quadragesimam quando de tertia feria agitur dicitur ad matutinas sequens hymnus*' *add :* E.G.

[4] indulges : W.
[5] *ps.* 38 : E.G.   *xxxviij.* : S.
[6] '*michi*' *add :* E.G.W.S.
[7] quis : E.G.W.
[8] tunc : W.
[9] '*A*' *om.* : W.
[10] *ps.* 39 : E.G.   *xxxix.* : S.

FERIA TERTIA

meum canticum novum : carmen deo nostro. *V*idebunt multi et timebunt : et sperabunt in domino. *B*eatus vir cujus est nomen domini spes ejus : et non respexit in vanitates et insanias falsas. *M*ulta fecisti tu domine deus meus mirabilia tua : et cogitationibus tuis non est qui similis sit tui.[1] *A*nnunciavi et locutus sum : multiplicati[2] sunt super numerum. *S*acrificium et oblationem noluisti : aures autem perfecisti mihi. *H*olocaustum et pro peccato non postulasti : tunc dixi ecce venio. *I*n capite libri scriptum est de me ut facerem voluntatem tuam : deus meus volui et legem tuam in medio cordis mei. *A*nnunciavi justiciam tuam in ecclesia magna : ecce labia mea non prohibebo domine tu scisti. *J*usticiam tuam non abscondi in corde meo : veritatem tuam et salutare tuum dixi. *N*on abscondi misericordiam tuam et veritatem tuam : a consilio multo. *T*u autem domine ne longe facias miserationes tuas a me : misericordia tua et veritas tua semper susceperunt me. *Q*uoniam circundederunt me mala[3] quorum non est numerus : comprehenderunt me iniquitates meae. et non potui ut viderem. *M*ultiplicate sunt super capillos capitis mei : et cor meum dereliquit me. *C*omplaceat tibi domine ut eruas me : domine ad adjuvandum me respice. *C*onfundantur et revereantur simul : qui querunt animam meam ut auferant eam. *C*onvertantur retrorsum et revereantur : qui volunt mihi mala. *F*erant confestim confusionem suam : qui dicunt mihi euge euge. *E*xultent et letentur super te omnes querentes te : et dicant semper magnificetur dominus qui diligunt salutare tuum. *E*go autem mendicus sum et pauper : dominus sollicitus est mei. *A*djutor meus et protector meus tu es : deus meus ne tardaveris.[4] *A*ñ. Ut non delinquam in lingua mea. *Psalmus.*[5]

*B*eatus qui intelligit super egenum et pauperem : in die mala liberabit eum dominus. *D*ominus conservet eum et vivificet eum : et beatum faciat eum in terra : et non tradat eum in manum[6] inimicorum ejus. *D*ominus opem ferat illi super lectum doloris ejus : universum stratum ejus versasti in infirmitate ejus. *E*go dixi domine miserere mei : sana animam meam quia peccavi tibi. *I*nimici mei dixerunt mala mihi : quando morietur et peribit nomen ejus. *E*t si ingrediebatur ut videret vana loquebatur : cor ejus congregavit iniquitatem sibi. *E*grediebatur foras : et loquebatur in idipsum. *A*dversum me susurrabant omnes inimici mei : adversum me cogitabant mala mihi. *V*erbum iniquum constituerunt adversum me : nunquid qui dormit non adjiciet ut resurgat. *E*tenim homo pacis mee in quo speravi qui edebat panes meos : magnificavit super me supplantationem. *T*u autem

---

[1] tibi : E.G.W.S.
[2] multiplicasti : S.
[3] malia : S.
[4] 'Gloria patri' add : G.
[5] *ps*. 40 : E.G.
[6] pro 'manum' animam : E.G.W.

AD MATUTINAS.

domine miserere mei: et resuscita me et retribuam eis. *In* hoc cognovi quoniam voluisti me: quoniam non gaudebit inimicus meus super me. *Me* autem propter innocentiam suscepisti: et confirmasti me in conspectu tuo in eternum. *Benedictus* dominus deus israel a seculo et in seculum: fiat fiat.

Quemadmodum de-[*Psalmus.*[1]] siderat cervus ad fontes aquarum: ita desiderat anima mea ad te deus. *Sitivit* anima mea ad deum fontem vivum: quando veniam et apparebo ante faciem dei. *Fuerunt* mihi lachryme mee panes die ac nocte: dum dicitur mihi quotidie ubi est deus tuus. *Hec* recordatus sum et effudi in me animam meam: quoniam transibo in locum tabernaculi admirabilis usque ad domum dei. *In* voce exultationis et confessionis: sonus epulantis. *Quare* tristis es anima mea: et quare conturbas me. *Spera* in deo: quoniam adhuc confitebor illi salutare vultus mei et deus meus. *Ad* meipsum anima mea conturbata est: propterea memor ero tui de terra jordanis et hermoniim [2] a monte modico. *Abyssus* abyssum invocat: in voce catharactarum tuarum. *Omnia* excelsa tua et fluctus tui: super me transierunt. *In* die mandavit dominus misericordiam suam: et nocte canticum ejus. *Apud* me oratio deo vite mee: dicam deo susceptor meus es. *Quare* oblitus es mei: et quare contristatus incedo dum affligit me inimicus. *Dum* confringuntur ossa mea: exprobraverunt mihi qui tribulant me inimici mei. *Dum* dicunt mihi per singulos dies: ubi est deus tuus. *Quare* tristis es anima mea: et quare conturbas me. *Spera* in deo: quoniam adhuc confitebor illi salutare vultus mei et deus meus.[3] *An.* Sana domine animam meam: quia peccavi tibi.   *Psalmus.*[4][5]

Judica me deus et discerne causam meam de gente non sancta: ab homine iniquo et doloso erue me. *Quia* tu es deus fortitudo mea: quare me repulisti et quare tristis incedo: dum affligit me inimicus. *Emitte* lucem tuam et veritatem tuam: ipsa me deduxerunt et adduxerunt in montem sanctum tuum et in tabernacula tua. *Et* introibo ad altare dei: ad deum qui letificat juventutem meam. *Confitebor* tibi in cythara deus deus meus. quare tristis es anima mea et quare conturbas me. *Spera* in deo: quoniam adhuc confitebor illi salutare vultus mei et deus meus.   *Psalmus.*[6]

Deus auribus nostris audivimus: patres nostri annunciaverunt nobis. *Opus* quod operatus es in diebus eorum: et in diebus antiquis. *Manus* tua gentes disperdidit et plantasti eos: afflixisti populos et expulisti eos. *Nec* enim in gladio suo possederunt terram et brachium eorum non salvavit

---

[1] *ps.* 41: E.G. xlj.: S.
[2] hermonii: E.G.W.S.
[3] 'Gloria patri' add: G.S.
[4] *ps.* 42: E.G. xlij.: S.
[5] 'Iste *ps.* non dicitur ad nocturnum' add: E.G.
[6] *ps.* 43: E.G. xliij.: S.

FERIA TERTIA

eos. Sed dextera[1] tua et brachium tuum et illuminatio vultus tui: quoniam complacuisti in eis. Tu es ipse rex meus et deus meus: qui mandas salutes jacob. In te inimicos nostros ventilabimus cornu: et in nomine tuo spernemus insurgentes in nobis. Non enim in arcu meo sperabo: et gladius meus non salvabit me. Salvasti enim nos de affligentibus nos: et odientes nos confudisti. In deo laudabimur tota die: et in nomine tuo confitebimur in seculum. Nunc autem repulisti et confudisti nos: et non egredieris deus in virtutibus nostris. Avertisti nos retrorsum post inimicos nostros: et qui oderunt nos diripiebant sibi. Dedisti nos tanquam oves escarum: et in gentibus dispersisti nos. Vendidisti populum tuum sine precio: et non fuit multitudo in commutationibus eorum. Posuisti nos opprobrium vicinis nostris: subsannationem et derisum his qui in circuitu nostro sunt. Posuisti nos in similitudinem gentibus: commotionem capitis in populis. Tota die verecundia mea contra me est: et confusio faciei mee cooperuit me. A voce exprobrantis et obloquentis: a facie inimici et persequentis. Hec omnia venerunt super nos nec obliti sumus te: et inique non egimus in testamento tuo. Et non recessit retro[2] cor nostrum et declinasti semitas nostras a via tua. Quoniam humiliasti nos in loco afflictionis: et cooperuit nos umbra mortis. Si obliti sumus nomen dei nostri: et si expandimus manus nostras ad deum alienum. Nonne deus requiret ista: ipse enim novit abscondita cordis. Quoniam propter te mortificamur tota die: estimati sumus sicut oves occisionis. Exurge quare obdormis domine: exurge et[3] repellas in finem. Quare faciem tuam avertis: obliviscaris inopie nostre: et tribulationis nostre. Quoniam humiliata est in pulvere anima nostra: conglutinatus est in terra venter noster. Exurge domine adjuva nos: et redime nos propter nomen tuum.

Eructavit cor meum [*Psalmus*.[4] verbum bonum: dico ego opera mea regi. Lingua mea calamus scribe: velociter scribentis. Speciosus forma pre filiis hominum: diffusa est gratia in labiis tuis: propterea benedixit te deus in eternum. Accingere gladio tuo: super femur tuum potentissime. Specie tua et pulchritudine tua: intende prospere procede et regna. Propter veritatem et mansuetudinem et justiciam: et deducet te mirabiliter dextera tua. Sagitte tue acute: populi sub te cadent: in corda inimicorum regis. Sedes tua deus in seculum seculi: virga directionis virga regni tui. Dilexisti justiciam et odisti iniquitatem: propterea unxit te deus deus tuus oleo leticie pre consortibus tuis. Mirrha et gutta et casia[5] a vestimentis tuis a domibus eburneis: ex quibus

---

[1] dexetra: S.
[2] pro 'retro' rectum: S.
[3] 'ne' add: E.G.W.S.
[4] ps̄. 44: E.G. xliiii.: S.
[5] cassia: E

delectaverunt te filie regum in honore tuo. *Astitit* regina a dextris tuis: in vestitu deaurato circumdata varietate. *Audi* filia et vide & inclina aurem tuam: et obliviscere populum tuum et domum patris tui. *Et* concupiscet rex decorem tuum: quoniam ipse est dominus deus tuus et adorabunt eum. *Et* filie tyri in muneribus: vultum tuum deprecabuntur omnes divites plebis. *Omnis* gloria ejus filie regis abintus: in fimbriis[1] aureis circumamicta varietatibus. *Adducentur* regi virgines post eam: proxime ejus afferentur tibi. *Afferentur* in leticia et exultatione: adducentur in templum regis. *Pro* patribus tuis nati sunt tibi filii: constitues eos principes super omnem terram. *Memores* erunt nominis tui domine: in omni generatione et generationem. *Propterea* populi confitebuntur tibi: in eternum et in seculum seculi.[2] *Añ.* Eructavit cor meum verbum bonum. *Psalmus.*[3]

*D*eus noster refugium et virtus: adjutor in tribulationibus que invenerunt nos nimis. *Propterea* non timebimus dum turbabitur terra: et transferentur montes in cor maris. *Sonuerunt* et turbate sunt aque eorum: conturbati sunt montes in fortitudine ejus. *Fluminis* impetus letificat civitatem dei: sanctificavit tabernaculum suum altissimus. *Deus* in medio ejus non commovebitur: adjuvabit eam deus mane diluculo. *C*onturbate sunt gentes et inclinata sunt regna: dedit vocem suam mota est terra. *Dominus* virtutum nobiscum: susceptor noster deus jacob. *Venite* et videte opera domini: que posuit prodigia super terram. *Auferens* bella usque ad finem terre: arcum conteret et confringet arma: et scuta comburet igni. *Vacate* et videte quoniam ego sum deus: exaltabor in gentibus et exaltabor in terra. *Dominus* virtutum nobiscum: susceptor noster deus jacob. *Psalmus.*[4]

*O*mnes gentes plaudite manibus: jubilate deo in voce exultationis. *Quoniam* dominus excelsus terribilis: rex magnus super omnem terram. *Subjicit* populos nobis: et gentes sub pedibus nostris. *Elegit* nobis hereditatem suam: speciem jacob quem dilexit. *Ascendit* deus in jubilo: et dominus in voce tube. *Psallite* deo nostro psallite: psallite regi nostro psallite. *Quoniam* rex omnis terre deus: psallite sapienter. *Regnabit* deus super gentes: deus sedet super sedem sanctam suam. *Principes* populorum congregati sunt cum deo abraham: quoniam dii fortes terre vehementer elevati sunt.[2] *Añ.* Adjutor in tribulationibus. *Psalmus.*[5]

*M*agnus dominus et laudabilis nimis: in civitate dei nostri in monte sancto ejus. *Fundatur* exaltatione[6] universe terre mons syon: latera aquilonis civitas regis magni. *Deus* in domibus ejus

---

[1] fimbris : S.
[2] 'Gloria patri' add : G.
[3] ps̄. 45 : E.G. xlv. : S.
[4] Ps̄. 46 : E.G. xlvj. : S.
[5] ps̄. 47 : E.G. xlvij. : S.
[6] exultatione : E.G.W.S.

cognoscetur: cum suscipiet eam. Quoniam ecce reges terre congregati sunt: convenerunt in unum. Ipsi videntes sic admirati sunt conturbati sunt commoti sunt: tremor apprehendit eos. Ibi [1] dolores ut parturientis in spiritu vehementi conteres naves tharsis. Sicut audivimus sic vidimus in civitate domini virtutum: in civitate dei nostri: deus fundavit eam in eternum. Suscepimus deus misericordiam tuam: in medio templi tui. Secundum nomen tuum deus sic et laus tua in fines terre: justicia plena est dextera tua. Letetur mons syon et exultent filie jude: propter judicia tua domine. Circundate syon et complectimini eam: narrate in turribus ejus. Ponite corda vestra in virtute ejus: et distribuite domos ejus ut enarretis in progenie altera. Quoniam hic est deus deus noster in eternum et in seculum seculi: ipse reget nos in secula. *Psalmus.*[2]

*A*udite hec omnes gentes: auribus percipite omnes qui habitatis orbem. Quique terrigene et filii hominum: simul in unum dives et pauper. Os meum loquetur sapientiam: et meditatio corporis [3] mei prudentiam. Inclinabo in parabolam aurem meam: aperiam in psalterio propositionem meam. Cur timebo in die mala: iniquitas calcanei mei circundabit me. Qui confidunt in virtute sua: et in multitudine divitiarum suarum gloriantur. Frater non redimit redimet homo: et [4] non dabit deo placationem suam. Et pretium redemptionis anime sue: et laborabit in eternum et vivet adhuc in finem. Non videbit interitum cum viderit sapientes morientes: simul insipiens et stultus peribunt. Et relinquent alienis divitias suas: et sepulchra eorum domus illorum in eternum. Tabernacula eorum in progenie et progenie: vocaverunt nomina sua in terris suis. Et homo cum in honore esset non intellexit: comparatus est jumentis insipientibus et similis factus est illis. Hec via illorum scandalum ipsis: et postea in ore suo complacebunt. Sicut oves in inferno positi sunt mors depascet eos. Et dominabuntur eorum justi in matutino et auxilium eorum veterascet in inferno a gloria eorum. Veruntamen deus redimet animam meam de manu inferi cum acceperit me. Ne timueris cum dives factus fuerit homo: et cum multiplicata fuerit gloria domus ejus. Quoniam cum interierit non sumet omnia neque descendet cum eo gloria ejus. Quia anima ejus in vita ipsius benedicetur: confitebitur tibi cum benefeceris ei. Introibit usque in progenies patrum suorum: et [5] usque in eternum non videbit lumen. Homo cum in honore esset non intellexit comparatus est jumentis insipientibus et similis factus est illis.[6] an. Auribus percipite qui habitatis orbem. *Psalmus.*[7]

---

[1] *Ipsi*: S.
[2] *ps. 48*: E.G. *xlviij.*: S.
[3] *cordis*: E.G.W.S.
[4] 'et' om.: W.S. [5] 'et' om.: S.
[6] 'Gloria patri' add: G.S.
[7] *N. 49*: E.G. *xlix.*: S.

AD MATUTINAS.

*D*eus deorum dominus locutus est et vocavit terram. *A* solis ortu usque ad occasum ex syon species decoris ejus. *D*eus manifeste veniet deus noster et non silebit. *I*gnis in conspectu ejus exardescet et in circuitu ejus tempestas valida. *A*dvocavit celum desursum et terram discernere[1] populum suum. *C*ongregate illi sanctos ejus qui ordinant testamentum ejus super sacrificia. *E*t annunciabunt celi justitiam ejus quoniam deus judex est. *A*udi populus meus et loquar israel et testificabor tibi deus deus tuus ego sum. *N*on in sacrificiis tuis arguam me[2] olocausta autem tua in conspectu meo sunt semper. *N*on accipiam de domo tua vitulos neque de gregibus tuis hyrcos. *Q*uoniam mee sunt omnes fere silvarum: jumenta in montibus et boves. *C*ognovi omnia volatilia celi: et pulchritudo agri mecum est. *S*i esuriero non dicam tibi meus est enim orbis terre et plenitudo ejus. *N*unquid manducabo carnes taurorum: aut sanguinem hircorum potabo. *I*mmola deo sacrificium laudis: et redde altissimo vota tua. *E*t invoca me in die tribulationis: et[3] eruam te et honorificabis me. *P*eccatori autem dixit deus: quare tu enarras justicias meas et assumis testamentum meum per os tuum. *T*u vero odisti disciplinam: et projecisti sermones meos retrorsum. *S*i videbas furem currebas cum eo: et cum adulteris portionem tuam ponebas. *O*s tuum abundavit malicia: et lingua tua concinnabat dolos. *S*edens adversus fratrem tuum loquebaris et adversus filium matris tue ponebas scandalum: hec fecisti et tacui. *E*xistimasti inique quod ero tui similis: arguam te et statuam contra faciem tuam. *I*ntelligite hec qui obliviscimini deum: ne quando rapiat et non sit qui eripiat. *S*acrificium laudis honorificabit me: et illic iter quo ostendam illi salutare dei.[4] *Psal-*
*M*iserere mei deus: se- [*mus.*[5] cundum magnam misericordiam tuam. *E*t secundum multitudinem miserationum tuarum dele iniquitatem meam. *A*mplius lava me ab iniquitate mea: et a peccato meo munda me. *Q*uoniam iniquitatem meam ego cognosco: et peccatum meum contra me est semper. *T*ibi soli peccavi et malum coram te feci: ut justificeris in sermonibus tuis et vincas cum judicaris. *E*cce enim in iniquitatibus conceptus sum: et in peccatis concepit me mater mea. *E*cce enim veritatem dilexisti: incerta et occulta sapientie tue manifestasti mihi. *A*sperges me[6] ysopo et mundabor: lavabis me: et super nivem dealbabor. *A*uditui meo dabis gaudium et leticiam: et exultabunt ossa humiliata. *A*verte faciem tuam a peccatis meis: et omnes iniquitates meas dele. *C*or mundum crea in me deus: et spiritum rectum innova in visceribus meis. *N*e projicias me a facie tua: et spiritum

---

[1] discerne: S.
[2] te: E.G.W.S.
[3] 'et' om.: E.
[4] '*Non dicitur ad nocturnum iste pſ.* 50' add: E.G.   [5] pſ. 50: E.G. pſ. l.: S.
[6] 'Domine' add: E.G.W.S.

FERIA TERTIA AD MATUTINAS.

sanctum tuum ne auferas a me. *Redde* mihi letitiam salutaris tui: et spiritu principali confirma me. *Docebo* iniquos vias tuas: et impii ad te convertentur. *Libera* me de sanguinibus deus deus salutis mee: et exultabit lingua mea justitiam tuam. *Domine* labia mea aperies: et os meum annunciabit laudem tuam. *Quoniam* si voluisses sacrificium dedissem: utique holocaustis non delectaberis. *Sacrificium* deo spiritus contribulatus: cor contritum et humiliatum deus non despicies. *Benigne* fac domine in bona voluntate tua syon: ut edificentur muri hierusalem. *Tunc* acceptabis sacrificium justitie oblationes et holocausta: tunc imponent super altare tuum vitulos.[1] *Psalmus.*[2]

*Q*uid gloriaris in malicia: qui potens es in iniquitate. *Tota* die injusticiam cogitavit lingua tua: sicut novacula acuta fecisti dolum. *Dilexisti* maliciam super benignitatem: iniquitatem magis quam loqui equitatem. *Dilexisti* omnia verba precipitationis: lingua dolosa. *Propterea* deus destruet te in finem: evellet te et emigrabit te de tabernaculo tuo: et radicem tuam de terra viventium. *Videbunt* justi et timebunt: et super eum ridebunt et dicent: ecce homo qui non posuit deum adjutorem suum. *Sed* speravit in multitudine divitiarum suarum: et prevaluit in vanitate sua. *Ego* autem sicut oliva fructifera in domo dei[3]: speravi in misericordia dei in eternum et in seculum seculi. *Confitebor* tibi in seculum quia fecisti: et expectabo nomen tuum quoniam bonum est in conspectu sanctorum tuorum.[4] *Añ.* Deus deorum dominus locutus est. ℣ Immola deo sacrificium laudis. *Re.*[5] Et redde altissimo vota tua. *Versiculus sacerdotis.*[6] Fiat misericordia tua. *In laudibus.*

añ. Secundum magnam misericordiam tuam miserere mei deus. *Psalmus* Miserere. *Añ.* Salutare vultus mei et deus meus. *Ps.* Judica me deus. *añ.* Sitivit in te anima mea deus meus. *ps.* Deus deus meus. *ps.*[7]

*E*go dixi: in dimidio dierum meorum vadam ad portas inferi. *Quesivi* residuum annorum meorum: dixi non videbo dominum deum in terra viventium. *Non* aspiciam hominem ultra: et habitatorem quietis. *Generatio* mea ablata est et convoluta est a me: quasi tabernaculum pastorum. *Precisa* est velut a texente vita mea: dum adhuc ordirer succidit me. *De* mane usque ad vesperam finies me: sperabam usque ad mane quasi leo sic contrivit omnia ossa mea. *De* mane usque ad vesperam finies me: sicut pullus hyrundinis: sic clamabo meditabor ut columba. *Attenuati* sunt oculi mei: suspicientes in excelso. Domine vim patior responde pro me: quid dicam aut quid respondebit mihi

---

[1] '*Gloria patri. Añ.* Miserere mei deus' add: E.G.
[2] *ps.* 51: E.G. *li.: S.*
[3] domini: E.G.
[4] '*Gloria patri*' add: E.G.
[5] '*Re.*' om.: S.
[6] pro '*vers. sacerd.*' Ante laudes: E.G.
[7] '*Esaie* 38' add: E.G. '*Esa xxxviij.*': S.

FERIA QUARTA AD MATUTINAS.

cum ipse fecerim. *R*ecogitabo tibi omnes annos meos: in amaritudine anime mee. *D*omine si sic vivitur et in talibus vita spiritus mei: corripies me et vivificabis me: ecce in pace amaritudo mea amarissima. *T*u autem eruisti animam meam ut non periret: projecisti post tergum tuum omnia peccata mea. *Q*uia non infernus confitebitur tibi: neque mors laudabit te: non exspectabunt qui descendunt in lacum veritatem tuam. *V*ivens vivens ipse confitebitur tibi sicut et ego hodie: pater filiis notam faciet veritatem tuam. *D*omine salvum me fac: et psalmos nostros cantabimus cunctis diebus vite nostre in domo domini.[1] *Añ.* Cunctis diebus vite nostre salvos fac nos domine. *Añ.* In excelsis laudate deum. *ps̄.* Laudate. *Capitulum.* Vigilate et orate.[2] *Hymnus.*

*A*les diei nuncius: lucem propinquam precinit: nos excitator mentium jam Christus ad vitam vocat. *A*uferte clamat lectulos: egros sopore desides: castique recti ac sobrii: vigilate jam sum proximus. *J*esum ciamus vocibus flentes precantes sobrie: intenta supplicatio: dormire[3] cor mundum vetat. *T*u Christe somnum disjice[4]: tu rumpe noctis vincula: tu solve peccatum vetus: novumque lumen ingere. *D*eo patri. ℣ In matutinis domine. *In evange.*[5] *añ.* Erexit dominus nobis cornu salutis in domo david pueri sui. *ps̄.* Benedictus.[6]

¶ *Feria iiij.*[7]

Invitatorium In manu tua domine. Omnes fines terre. *ps̄.* Venite.[8] *Hymnus.*

*R*erum creator optime: rectorque noster aspice: nos a quiete noxia: mersos sopore libera. *T*e sancte Christe[9] poscimus: ignosce tu criminibus: ad confitendum surgimus: morasque noctis rumpimus. *M*entes manusque tollimus: propheta sicut noctibus[10]: nobis gerendum precepit[11]: paulusque gestis censuit. *V*ides malum quod gessimus: occulta nostra pandimus: preces gementes fundimus: dimitte quod peccavimus. *P*resta pater. *Psalmus.*[12]

*D*ixit insipiens in corde suo: non est deus. Corrupti sunt et abominabiles facti sunt in iniquitatibus: non est qui faciat bonum. *D*eus de celo prospexit super filios hominum: ut videat si est intelligens aut requirens deum. *O*mnes declinaverunt simul inutiles facti sunt: non est qui faciat bonum non est usque ad unum. *N*onne scient omnes qui operantur iniquitatem: qui devorant plebem meam ut cibum panis. *D*eum non invocaverunt:

---

[1] '*Gloria patri*' add: E.G.S.
[2] '*A Domine ne in ira usque ad quadragesimam quando de tertia feria agitur: dicitur ad laudes sequens Hymnus*' add: E.G.
[3] dormite: W.
[4] discute: E.G.W.S.
[5] '*In evan.*' om.: E.G.
[6] '*Preces ut supra in secunda feria oratio ut decet. Cetera ut supra*' add: E.G.

[7] '*ad matutinas*' add: E.G.
[8] '*A Domine ne in ira usque ad quadragesimam quando de quarta feria agitur dicitur ad matutinas sequens hymnus*' add: E.G.
[9] Christe sancte: E.G.
[10] novimus: E.G.
[11] precipit: G.S.
[12] *ps̄.* 52: E.G. *lij.*: S.

illic trepidaverunt timore ubi non fuit timor. *Quoniam* deus dissipavit ossa eorum qui hominibus placent : confusi sunt quoniam deus sprevit eos. *Quis* dabit ex syon salutare israel : cum converterit dominus captivitatem plebis sue : exultabit jacob et letabitur israel.[1] *Psal-*
*D*eus in nomine tuo [*mus.*[2]] salvum me fac : et in virtute tua judica me. *Deus* exaudi orationem meam : auribus percipe verba oris mei. *Quoniam* alieni insurrexerunt adversum me : et fortes quesierunt animam meam : et non proposuerunt deum ante conspectum suum. *Ecce* enim deus adjuvat me : et dominus susceptor est anime mee. *Averte* mala inimicis meis : et in veritate tua disperde illos. *Voluntarie* sacrificabo tibi : et confitebor nomini tuo domine quoniam bonum est. *Quoniam* ex omni tribulatione eripuisti me : et super inimicos meos despexit oculus meus.[3]
*E*xaudi deus oratio- [*Psalmus.*[4]] nem meam : et ne despexeris deprecationem meam : intende mihi et exaudi me. *Contristatus* sum in exercitatione mea : et conturbatus sum a voce inimici et a tribulatione peccatoris. *Quoniam* declinaverunt in me iniquitates : et in ira molesti erant mihi. *Cor* meum conturbatum est in me : et formido mortis cecidit super me. *Timor* et tremor venerunt super me : et contexerunt me tenebre. *Et* dixi quis dabit mihi pennas sicut columbe : et volabo et requiescam. *Ecce* elongavi fugiens : et mansi in solitudine. *Expectabam* eum qui salvum me fecit : a pusillanimitate spiritus et tempestate. *Precipita* domine divide linguas eorum : quoniam vidi iniquitatem et contradictionem in civitate. *Die* ac nocte circumdabit eam super muros ejus iniquitas : et labor in medio ejus et injustitia. *Et* non defecit de plateis ejus : usura et dolus. *Quoniam* si inimicus meus male dixisset mihi : sustinuissem utique. *Et* si is qui oderat me super me magna locutus fuisset : abscondissem me forsitan ab eo. *Tu* vero homo unanimis : dux meus et notus meus. *Qui* simul mecum dulces capiebas cibos : in domo dei ambulavimus cum consensu. *Veniat* mors super illos : et descendant in infernum viventes. *Quoniam* nequicie in habitaculis eorum : in medio eorum. *Ego* autem ad dominum clamavi : et dominus salvavit me. *Vespere* et mane et meridie narrabo et annunciabo : et exaudiet vocem meam. *Redimet* in pace animam meam ab his qui appropinquant mihi : quoniam inter multos erant mecum. *Exaudiet* deus : et humiliabit illos qui est ante secula. *Non* enim est illis commutatio et non timuerunt deum : extendit manum suam in retribuendo. *Contaminaverunt* testamentum ejus : divisi sunt ab ira vultus ejus et appropinquavit cor illius. *Molliti* sunt sermones ejus super

---

[1] '*Non dicitur ad nocturnum iste psalmus* 53' add: *E.G.*
[2] *ps.* 53: *E.G. liij.: S.*
[3] '*Gloria patri*' add: *E.G.*
[4] *ps.* 54: *E.G. liiij.: S.*

oleum : et ipsi sunt jacula. *Jac*ta super dominum curam tuam et ipse te enutriet :[1] non dabit in eternum fluctuationem justo. *T*u vero deus deduces eos : in puteum interitus. *V*iri sanguinum et dolosi non dimidiabunt dies suos : ego autem sperabo in te domine.[2] *A*vertet dominus captivitatem plebis sue.

*M*iserere mei deus [*Psalmus.*[3] quoniam conculcavit me homo : tota die impugnans tribulavit me. *C*onculcaverunt me inimici mei tota die : quoniam multi bellantes adversum me. *A*b altitudine diei timebo : ego vero in te sperabo. *I*n deo laudabo sermones meos : in deo speravi non timebo quid faciat mihi caro. *T*ota die verba mea execrabantur : adversum me omnes cogitationes eorum in malum. *I*nhabitabunt et abscondent : ipsi calcaneum meum observabunt. *S*icut sustinuerunt animam meam : pro nihilo salvos facies illos : in ira populos confringes. *D*eus vitam meam annunciavi tibi : posuisti lachrymas meas in conspectu tuo. *S*icut et in promissione tua : tunc convertentur inimici mei retrorsum. *I*n quacunque die invocavero te : ecce cognovi quoniam deus meus es. *I*n deo laudabo verbum in domino laudabo sermonem : in deo speravi non timebo quid faciat mihi homo. *I*n me sunt deus vota tua : que reddam laudationes tibi. *Q*uoniam eripuisti animam meam de morte et pedes meos de lapsu : ut placeam coram deo in lumine viventium. *Psalmus.*[4]

*M*iserere mei deus miserere mei : quoniam in te confidit anima mea. *E*t in umbra alarum tuarum sperabo : donec transeat iniquitas. *C*lamabo ad deum altissimum : deum qui benefecit mihi. *M*isit de celo et liberavit me : dedit in opprobrium conculcantes me. *M*isit deus misericordiam suam et veritatem suam : et eripuit animam meam de medio catulorum leonum. dormivi conturbatus. *F*ilii hominum dentes eorum arma et sagitte : et lingua eorum gladius acutus. *E*xaltare super celos deus : et in omnem terram gloria tua. *L*aqueum paraverunt pedibus meis : et incurvaverunt animam meam. *F*oderunt ante faciem meam foveam : et inciderunt in eam. *P*aratum cor meum deus paratum cor meum : cantabo et psalmum dicam.[5] *E*xurge gloria mea exurge psalterium et cythara : exurgam diluculo. *C*onfitebor tibi in populis domine : et psalmum dicam tibi in gentibus. *Q*uoniam magnificata est usque ad celos misericordia tua : et usque ad nubes veritas tua. *E*xaltare super celos deus : et super omnem terram gloria tua.[6] *añ.* Quoniam in te confidit unima mea. *Psalmus.*[7]

*S*i vere utique justitiam loquimini : recte judicate filii hominum. *E*tenim in corde iniqui-

---

[1] 'et' add : E.G.S.
[2] '*Gloria patri Añ.*' add : E.G.S.
[3] *ps.* 55 : E.G. lv. : S.
[4] *ps.* 56 : G. lvj. : S.
[5] 'domino' add : E.G.
[6] '*Gloria patri*' add : E.G.S.
[7] *ps.* 57 : E.G. lvij. : S.

FERIA QUARTA

tates operamini in terra: injustitias[1][2] manus vestre concinnant. Alienati sunt peccatores a vulva erraverunt: ab utero locuti sunt falsa. Furor illis secundum similitudinem serpentis: sicut aspidis surde et obturantis aures suas. Que non exaudiet vocem incantantium: et venefici incantantis sapienter. Deus conteret dentes eorum in ore ipsorum: molas leonum confringet dominus. Ad nihilum devenient tanquam aqua decurrens: intendit arcum suum donec infirmentur. Sicut cera que fluit auferentur: supercecidit ignis et non viderunt solem. Priusquam intelligerent spine vestre rhamnum[3]: sicut viventes sic in ira absorbet eos. Letabitur justus cum viderit vindictam: manus suas lavabit in sanguine peccatoris. Et dicet homo si utique est fructus justo: utique est deus judicans eos in terra. ps.[4]

Eripe me de inimicis meis deus meus: et ab insurgentibus in me libera me. Eripe me de operantibus iniquitatem: et de viris sanguinum salva me. Quia ecce ceperunt animam meam: irruerunt in me fortes. Neque iniquitas mea neque peccatum meum domine: sine iniquitate cucurri et direxi. Exurge in occursum meum et vide: et tu domine deus virtutum deus israel. Intende ad visitandas omnes gentes: non miserearis omnibus qui operantur iniquitatem. Convertentur ad vesperam et famem patientur ut canes: et circuibunt civitatem. Ecce loquentur in ore suo et gladius in labiis eorum: quoniam quis audivit. Et tu domine deridebis[5] eos:[6] ad nihilum deduces omnes gentes. Fortitudinem meam ad te custodiam: quia deus susceptor meus:[7] deus meus misericordia ejus preveniet me. Deus ostendit mihi super inimicos meos: ne occidas eos ne quando obliviscantur populi mei. Disperge illos in virtute tua: et depone eos protector meus domine. Delictum oris eorum sermonem labiorum ipsorum: et comprehendantur in superbia sua. Et de execratione et mendacio: annunciabuntur in consummatione. In ira consummationis et non erunt: et scient quia dominus[8] dominabitur jacob et finium terre. Convertentur ad vesperam et famem patientur ut canes: et circuibunt civitatem. Ipsi dispergentur ad manducandum: si vero non fuerint saturati et murmurabunt. Ego autem cantabo fortitudinem tuam: et exaltabo mane misericordiam tuam. Quia factus es susceptor meus: et refugium meum in die tribulationis mee. Adjutor meus tibi psallam: quia deus susceptor meus es: deus meus misericordia mea.[9] an. Juste judicate filii hominum. ps.[10]

Deus repulisti nos et destruxisti nos: iratus es et misertus

---

[1] justicias: W.
[2] 'enim' add: E.
[3] ramnum: W.
[4] ps. 58: E.G. lviij.: S.
[5] deridebit: S.
[6] 'et' add: E.G.
[7] 'es' add: E.G.
[8] pro 'dominus' deus: E.G.
[9] 'Gloria patri' add: E.G.
[10] ps. 59: E.G.

es nobis. Commovisti terram et conturbasti eam: sana contritiones ejus quia commota est. Ostendisti populo tuo dura: potasti nos vino compunctionis. Dedisti metuentibus te significationem: ut fugiant a facie arcus. Ut liberentur dilecti tui: salvum fac dextera tua et exaudi me. Deus locutus est in sancto suo: letabor et partibor sichimam: et convallem tabernaculorum metibor. Meus est galaad et meus est manasses: et effraim fortitudo capitis mei. Juda rex meus: moab olla spei mee. In idumeam extendam calceamentum meum: mihi alienigene subditi sunt. Quis deducet me in civitatem munitam: quis deducet me usque in idumeam. Nonne tu deus qui repulisti nos: et non egredieris deus in virtutibus nostris. Da nobis auxilium de tribulatione: quia[1] vana salus hominis. In deo faciemus virtutem: et ipse ad nihilum deducet tribulantes nos. *Psalmus.*[2]

Exaudi deus deprecationem meam: intende orationi mee. A finibus terre ad te clamavi dum auxiaretur cor meum: in petra exaltasti me. Deduxisti me quia factus es spes mea: turris fortitudinis a facie inimici. Inhabitabo in tabernaculo tuo in secula: protegar in velamento alarum tuarum. Quoniam tu deus meus exaudisti orationem meam: dedisti hereditatem timentibus nomen tuum. Dies super dies regis adjicies: annos ejus usque in diem generationis et generationis. Permanet in eternum in conspectu dei: misericordiam et veritatem ejus quis requiret. Sic psalmum dicam nomini tuo in seculum seculi: ut reddam vota mea de die in diem.[3] *An.* Da nobis domine auxilium de tribulatione. *Psalmus.*[4]

Nonne deo subjecta erit anima mea: ab ipso enim salutare meum. Nam et ipse deus meus et salutaris meus: susceptor meus[5] non movebor amplius. Quousque irruitis in hominem: interficitis universi vos tanquam parieti inclinato et macerie depulse. Veruntamen precium meum cogitaverunt repellere: cucurri in siti: ore[6] suo benedicebant et corde suo maledicebant. Veruntamen deo subjecta esto anima mea: quoniam ab ipso patientia mea. Quia ipse deus meus et salvator meus adjutor meus: non emigrabo. In deo salutare meum et gloria mea: deus auxilii mei et spes mea in deo est. Sperate in eo omnis congregatio populi effundite coram illo corda vestra: deus adjutor vester[7] in eternum. Veruntamen vani filii hominum: mendaces filii hominum in stateris: ut decipiantur ipsi de vanitate in idipsum. Nolite sperare in iniquitate: et rapinas nolite concupiscere: divitie si affluant nolite cor opponere. Semel locutus est deus duo hec audivi: quia potestas dei est: et tibi domine misericordia: quia

---

[1] pro 'quia' et: W.S.
[2] *ps.* 60: *E.G. lx.*: *S.*
[3] 'Gloria patri' add: E.G.S.
[4] *ps.* 61: *E.G. lxj.*: *S.*
[5] 'et' add: E.
[6] sitiore: E.
[7] noster: E.G.S.

FERIA QUARTA

tu reddes unicuique juxta opera sua.[1] *ps.*[2]

*D*eus deus meus: ad te de luce vigilo. Sitivit in te anima mea quoniam multipliciter tibi caro mea. *I*n terra deserta invia et inaquosa: sic in sancto apparui tibi: ut viderem virtutem tuam et gloriam tuam. *Q*uoniam melior est misericordia tua super vitas: labia mea laudabunt te. *S*ic benedicam te in vita mea: et in nomine tuo levabo manus meas. *S*icut adipe et pinguedine repleatur anima mea: et labiis exultationis laudabit os meum. *S*ic memor fui tui super stratum meum: in matutinis meditabor in te quia fuisti adjutor meus. *E*t in velamento alarum tuarum exaltabo[3]: adhesit anima mea post te me suscepit dextera tua. *I*psi vero in vanum quesierunt animam meam: introibunt in inferiora terre: tradentur in manus gladii partes vulpium erunt. *R*ex vero letabitur in deo laudabuntur omnes qui jurant in eo: quia obstructum est os loquentium iniqua. *ps.*[4]

*E*xaudi deus orationem meam cum deprecor: a timore inimici eripe animam meam. *P*rotexisti me a conventu malignantium: a multitudine operantium iniquitatem. *Q*uia exacuerunt ut gladium linguas suas: intenderunt arcum rem amaram: ut sagittent[5] in occultis immaculatum. *S*ubito sagittabunt[6] eum et non timebunt: firmaverunt sibi sermonem nequam. *N*arraverunt ut absconderent laqueos: dixerunt quis videbit eos. *S*crutati sunt iniquitates: defecerunt scrutantes scrutinio. *A*ccedet homo ad cor altum: et exaltabitur deus. *S*agitte parvulorum facte sunt plage eorum: et infirmate sunt contra eos lingue eorum. *C*onturbati sunt omnes qui videbant eos: et timuit omnis homo. *E*t[7] annunciaverunt opera dei: et facta ejus intellexerunt. *L*etabitur justus in domino et sperabit in eo: et laudabuntur omnes recti corde.[8] *an.* A timore inimici eripe domine animam meam.[9] *ps.*[10]

*T*e decet hymnus deus in syon: et tibi reddetur votum in hierusalem. *E*xaudi deus orationem meam: ad te omnis caro veniet. *V*erba iniquorum prevaluerunt super nos: et impietatibus nostris tu propiciaberis. *B*eatus quem elegisti et assumpsisti: inhabitabit in atriis tuis. *R*eplebimur in bonis domus tue: sanctum est templum tuum mirabile in equitate. *E*xaudi nos deus salutaris noster: spes omnium finium terre et in mari longe. *P*reparans montes in virtute tua accinctus potentia: qui conturbas profundum maris sonum fluctuum ejus. *T*urbabuntur gentes et timebunt: qui habitant terminos a signis tuis: exitus matutini et vespere delectabis. *V*isitasti terram et

---

[1] '*non dicatur ad nocturnum sequens ps.* 62. *Deus deus meus: ad*' add: *E.G.*
[2] *ps.* 62 : *E.G.* lxij.: *S.*
[3] exultabo: *E.G.W.S.*
[4] *ps.* 63: *E.G.* lxiij.: *S.*
[5] sagitent: *W.*
[6] sagitabunt: *S.*
[7] '*Et*' om.: *E.*
[8] '*Gloria patri*' add: *E.G.S.*
[9] '*non dicitur ad nocturnum iste ps.* 64' add: *E.G.*
[10] *ps.* lxiiij.: *S.*

AD MATUTINAS.

inebriasti eam: multiplicasti locupletare eam. *F*lumen dei repletum est aquis: parasti cibum illorum quoniam ita est preparatio ejus. *R*ivos ejus inebrians multiplica genimina ejus: in stillicidiis ejus letabitur germinans. *B*enedices corone anni benignitatis tue: et campi tui replebuntur ubertate. *P*inguescent speciosa deserti: et exultatione colles accingentur. *I*nduti sunt arietes ovium: et valles abundabunt frumento: clamabunt etenim hymnum dicent. *Psal-*
[*mus.*[1]

*J*ubilate deo omnis terra psalmum dicite nomini ejus: date gloriam laudi ejus. *D*icite deo quam terribilia sunt opera tua domine: in multitudine virtutis tue mentientur tibi inimici tui. *O*mnis terra adoret te et psallat tibi: psalmum dicat nomini tuo. *V*enite et videte opera dei: terribilis in consiliis super filios hominum. *Q*ui convertit mare in aridam in flumine pertransibunt pede: ibi letabimur in ipso. *Q*ui dominatur in virtute sua in eternum oculi ejus super gentes respiciunt: qui exasperant non exaltentur in semetipsis. *B*enedicite gentes deum nostrum: et auditam facite vocem laudis ejus. *Q*ui posuit animam meam ad vitam: et non dedit in commotionem pedes meos. *Q*uoniam probasti nos deus: igne nos examinasti sicut examinatur argentum. *I*nduxisti nos in laqueum posuisti tribulationes in dorso nostro: imposuisti homines super capita nostra. *T*ransivimus per ignem et aquam: et eduxisti nos in refrigerium. *I*ntroibo in domum tuam in olocaustis: reddam tibi vota mea que distinxerunt labia mea. *E*t locutum est os meum: in tribulatione mea. *O*locausta medullata offeram tibi cum incensu[2] arietum: offeram tibi boves cum hyrcis. *V*enite audite et narrabo omnes qui timetis deum: quanta fecit anime mee. *A*d ipsum ore meo clamavi: et exultavi sub lingua mea. *I*niquitatem si aspexi in corde meo:[3] non exaudiet dominus. *P*ropterea exaudivit deus: et attendit voci deprecationis mee. *B*enedictus deus: qui non amovit orationem[4] meam et misericordiam suam a me.[5]   *Psalmus.*[6]

*D*eus misereatur nostri et benedicat nobis: illuminet vultum suum super nos et misereatur nostri. *U*t cognoscamus in terra viam tuam: in omnibus gentibus salutare tuum. *C*onfiteantur tibi populi deus: confiteantur tibi populi omnes. *L*etentur et exultent gentes: quoniam judicas populos in equitate: et gentes in terra dirigis. *C*onfiteantur tibi populi deus confiteantur tibi populi omnes: terra dedit fructum suum. *B*enedicat nos deus deus noster benedicat nos deus: et metuant eum omnes fines terre.   *Psalmus.*[7]

*E*xurgat deus et dissipentur inimici ejus: et fugiant qui oderunt eum a facie ejus. *S*icut

---

[1] *ps̅. 65: E.G. lxv.: S.*
[2] incenso: E.G.W.S.
[3] 'et' add: S.
[4] pro 'orationem' deprecationem: E.G.
[5] '*Non dicitur ad nocturnum iste ps̅. 66. Deus misereatur*' *add: E.G.*
[6] *ps̅. lxvi.: S.*
[7] *ps̅. 67: E.G. lxvij.: S.*

3 K

deficit fumus deficiant: sicut fluit cera a facie ignis: sic pereant peccatores a facie dei. Et justi epulentur et exultent in conspectu dei: et delectentur in leticia. Cantate deo psalmum dicite nomini ejus: iter facite ei qui ascendit super occasum dominus nomen illi. Exultate in conspectu ejus: turbabuntur a facie ejus patris orphanorum et judicis viduarum. Deus in loco sancto suo: deus qui inhabitare facit unius moris in domo. Qui educit[1] vinctos in fortitudine: similiter eos qui exasperant qui habitant in sepulchris. Deus cum egredereris[2] in conspectu populi tui: cum pertransires in deserto. Terra mota est: etenim celi distillaverunt a facie dei synai: a facie dei[3] israel. Pluviam voluntariam segregabis deus hereditati tue et infirmata est: tu vero perfecisti eam. Animalia tua habitabunt in ea: parasti in dulcedine tua pauperi deus. Dominus dabit verbum: evangelizantibus virtute multa. Rex virtutum dilecti dilecti: et speciei domus dividere spolia. Si dormiatis inter medios cleros penne columbe deargentate: et posteriora dorsi ejus in pallore auri. Dum discernit celestis reges super eam nive dealbabuntur in selmon: mons dei mons pinguis. Mons coagulatus mons pinguis: ut quid suspicamni montes coagulatos. Mons in quo beneplacitum est deo habitare in eo: etenim dominus habitabit in finem. Currus dei decem milibus multiplex milia letantium: dominus in eis in syna[4] in sancto. Ascendisti in altum cepisti captivitatem: accepisti dona in hominibus. Etenim non credentes: inhabitare dominum deum. Benedictus dominus die quotidie: prosperum iter faciet nobis deus salutarium nostrorum. Deus noster deus salvos faciendi: et domini domini exitus mortis. Veruntamen deus confringet capita inimicorum suorum: verticem capilli perambulantium in delictis suis. Dixit dominus ex basan convertam: convertam in profundum maris. Ut intingatur[5] pes tuus in sanguine: lingua canum tuorum ex inimicis ab ipso. Viderunt ingressus tuos deus: ingressus dei mei regis mei qui est in sancto. Prevenerunt principes conjuncti psallentibus: in medio juvencularum tympanistriarum. In ecclesiis benedicite deo: domino de fontibus israel. Ibi benjamin adolescentulus: in mentis excessu. Principes juda duces eorum: principes zabulon et principes neptalin.[6] Manda deus virtutem tuam[7]: confirma deus hoc[8] quod operatus es in nobis. A templo tuo in hierusalem: tibi offerent[9] reges munera. Increpa feras arundinis[10]: congregatio taurorum in vaccis populorum: ut excludant eos qui probati sunt argento. Dissipa

---

[1] eduxit : S.
[2] egrederis : E.
[3] 'dei' om. : S.
[4] synai : E.S. sinai : G.
[5] intinguatur : E.G.
[6] neptalim : G.W.
[7] virtuti tue : E.G.W.S.
[8] hoc deus : E.G.S.
[9] offerrent : S.
[10] arumdinis : W.

AD MATUTINAS.

gentes que bella volunt: venient legati ex egypto ethyopia[1] preveniet manus ejus deo. *R*egna terre cantate deo: psallite domino. *P*sallite deo: qui ascendit super celum celi ad orientem. *E*cce dabit voci sue vocem virtutis: date gloriam deo super israel magnificentia ejus et virtus ejus in nubibus. *M*irabilis deus in sanctis suis: deus israel ipse dabit virtutem et fortitudinem plebi sue benedictus deus.[2] *Añ.* Benedicite gentes deum nostrum. ℣ Deus vitam meam annunciavi tibi. *Re.* Posuisti lachrymas meas in conspectu tuo. *Versiculus sacerdotis.*[3] Fiat misericordia tua. *In Amplius lava me* [*laudibus añ.* deus ab injustitia mea. *ps̄.* Miserere. *Añ.* Te decet hymnus deus in syon. *ps̄.* Ipsum. *Añ.* Labia mea laudabunt te in vita mea deus meus. *ps̄.* Deus deus meus. *Psalmus.*[4] *E*xultavit cor meum in domino: et exaltatum est cor[5] meum in deo meo. *D*ilatatum est os meum super inimicos meos: quia letata sum in salutari tuo. *N*on est sanctus ut est dominus: neque enim est alius extra te: et non est fortis sicut deus noster. *N*olite multiplicare loqui sublimia: gloriantes. *R*ecedant vetera de ore vestro: quia deus scientiarum dominus est: et ipsi preparantur cogitationes. *A*rcus fortium superatus est: et infirmi accincti sunt robore. *R*epleti prius[6] panibus se locaverunt: et famalici[7] saturati sunt. *D*onec sterilis peperit plurimos: et que multos habebat filios infirmata est. *D*ominus mortificat et vivificat: deducit ad inferos et reducit. *D*ominus pauperem facit et ditat: humiliat et sublevat. *S*uscitans de pulvere egenum: et de stercore erigens pauperem. *U*t sedeat cum principibus: et solium glorie teneat. *D*omini enim sunt cardines terre: et posuit super eos orbem. *P*edes sanctorum suorum servabit: et impii in tenebris conticescent: quia non in fortitudine sua reborabitur vir. *D*ominum formidabunt adversarii ejus: et super ipsos in celis tonabit. *D*ominus judicabit fines terre: et dabit imperium regi suo: et sublimabit cornu Christi sui.[8] *añ.* Dominus judicabit fines terre. *añ.* Celi celorum laudate deum. *ps̄.* Laudate. *Capitulum.* Vigilate.[9] *N*ox et tenebre [*Hymnus.* et nubila confusa mundi et turbida lux intrat albescit polus Christus venit discedite. *C*aligo terre scinditur percussa solis spiculo rebusque jam color redit vultu nitentis syderis. *T*e Christe solum novimus te mente pura et simplici flendo canendo quesumus intende nostris sensibus. *S*unt multa fuscis[10] illita que luce purgentur tua: tu lux

---

[1] ethiopia: S.
[2] '*G*loria patri' add: E.G.S.
[3] *pro* '*Vers. sacerd.*' *Ante laudes versiculus*: E.G.
[4] *pro* '*Psalmus*' [*Canticum*: S.] *Primi Regum ii. capitulo*: E.G.
[5] cornu: E.G.
[6] 'pro' add: E.G.S.
[7] famelici: E.G.W.S.
[8] '*G*loria patri' add: E.G.S.
[9] '*A Domine ne in ira usque ad quadragesimam quando de quarta feria agitur dicitur ad laudes sequens*' add: E.G.
[10] fucis: G.S.

FERIA QUINTA

eorum syderis vultu sereno illumina. Deo patri.[1] ☩ In matutinis. *In evange.*[2] *an*. Salutem ex inimicis nostris et de manu omnium qui nos oderunt libera nos domine. *ps*. Benedictus.[3]
Feria v.[4]
Invitatorium. Adoremus dominum. Quoniam ipse fecit nos. *ps.* Venite exultemus.[5] [6]*Hymnus.*

Nox atra rerum contegit terre colores omnium nos confitentes poscimus te juste judex cordium. Ut auferas piacula sordesque mentis abluas donesque Christe gratiam ut arceantur crimina. Mens ecce torpet impia quam culpa mordet noxia obscura gestit tollere et te redemptor querere. Repelle tu caliginem intrinsecus quam maxime ut in beato gaudeat se collocari lumine. Presta pater. *psalmus.*[7]

Salvum me fac deus : quoniam intraverunt aque usque ad animam meam. Infixus sum in limo profundi : et non est substantia. Veni in altitudinem maris : et tempestas demersit me. Laboravi clamans rauce facte sunt fauces mee : defecerunt oculi mei dum spero in deo meo.[8] Multiplicati sunt super capillos capitis mei : qui oderunt me gratis. Confortati sunt qui persecuti sunt me inimici mei injuste : que non rapui tunc exsolvebam. Deus tu scis insipientiam meam : et delicta mea a te non sunt abscondita. Non erubescant in me qui expectant te domine : domine virtutum. Non confundantur super me : qui querunt te deus israel. Quoniam propter te sustinui opprobrium : operuit confusio faciem meam. Extraneus factus sum fratribus meis : et peregrinus filiis matris mee. Quoniam zelus domus tue comedit me : et opprobria exprobrantium tibi ceciderunt super me. Et operui in jejunio animam meam : et factum est in opprobrium mihi. Et posui vestimentum meum cilicium : et factus sum illis in parabolam. Adversum me loquebantur qui sedebant in porta : et in me psallebant qui bibebant vinum. Ego vero orationem meam ad te domine : tempus beneplaciti deus. In multitudine misericordie tue : exaudi me in veritate salutis mee.[9] Eripe me de luto ut non infigar : libera me ab his qui oderunt me et de profundis aquarum. Non me demergat tempestas aque : neque absorbeat me profundum : neque urgeat super me puteus os suum. Exaudi me domine quoniam benigna est misericordia tua : secundum multitudinem miserationum tuarum respice in me. Et ne avertas faciem tuam a puero tuo : quoniam tribulor velociter exaudi me. Intende anime mee et libera eam : propter inimicos meos eripe me. Tu

---

[1] '*Cap.* Vigilate *etc.* Per es:atem *hymnus.* Ecce jam' add : E.
[2] '*In evan.*' om. : E.G.
[3] '*Preces ut supra. Oratio ut decet*' add : E.G.
[4] '*Ad matutinas*' add : E.G.
[5] '*Pro hystoria.* Domine ne in ira' add : E.
[6] '*A Domine ne in ira usque ad quadragesimam quando de quinta feria agitur dicitur ad matutinas sequens*' add : E.G.
[7] *ps.* 68 : E.G. *lxviij.* : S.
[8] deum meum : E.G.
[9] tue : E.G.S.

AD MATUTINAS.

scis improperium meum et confusionem meam: et reverentiam meam: *In* conspectu tuo sunt omnes qui tribulant me: improperium expectavit cor meum et miseriam. *Et* sustinui qui simul contristaretur et non fuit: et qui consolaretur et non inveni. *Et* dederunt in escam meam fel: et in siti mea potaverunt me aceto. *Fiat* mensa eorum coram ipsis in laqueum: et in retributiones et in scandalum. *Obscu*rentur oculi eorum ne videant: et dorsum eorum semper incurva. *Effunde* super eos iram tuam: et furor ire tue comprehendat eos. *Fiat* habitatio eorum deserta: et in tabernaculis eorum non sit qui inhabitet. *Quoniam* quem tu percussisti persecuti sunt: et super dolorem vulnerum meorum addiderunt. *Appone* iniquitatem super iniquitatem eorum: et non intrent in justitiam tuam. *Dele*antur de libro viventium: et cum justis non scribantur. *Ego* sum pauper et dolens: salus tua deus suscepit me. *Laudabo* nomen dei mei[1] cum cantico: et magnificabo eum in laude. *Et* placebit deo: super vitulum novellum cornua producentem et ungulas. *Videant* pauperes et letentur: querite deum et vivet anima vestra. *Quoniam* exaudivit pauperes dominus: et vinctos suos non despexit. *Laudent* illum celi et terra: mare et omnia reptilia in eis. *Quoniam* deus salvam faciet syon: et edificabuntur civitates jude. *Et* inhabitabunt ibi: et hereditate acquirent eam. *Et* semen servorum ejus possidebit eam: et qui diligunt nomen ejus habitabunt[2] in ea. *Psalmus.*[3]

*D*eus in adjutorium meum intende: domine ad adjuvandum me festina. *C*onfundantur et revereantur: qui querunt animam meam. *A*vertantur retrorsum et erubescant: qui volunt mihi mala. *A*vertantur statim erubescentes: qui dicunt mihi euge euge. *E*xultent et letentur in te omnes qui querunt te: et dicant semper magnificetur deus qui diligunt salutare tuum. *E*go vero egenus et pauper sum: deus[4] adjuva me. *A*djutor meus et liberator meus es tu: domine ne moreris.[5] *Añ.* Domine deus in adjutorium meum intende.

*I*n te domine spe- [*Psalmus.*[6] ravi non confundar in eternum: in justitia tua libera me et eripe me. *I*nclina ad me aurem tuam: et salva me. *E*sto mihi in deum protectorem et in locum munitum ut salvum me facias. *Q*uoniam firmamentum meum: et refugium meum es tu. *D*eus meus eripe me de manu peccatoris: et de manu contra legem agentis et iniqui. *Q*uoniam tu es patientia mea domine: domine spes mea a juventute mea. *I*n te confirmatus sum ex utero: de ventre matris mee tu es protector meus. *I*n te cantatio mea semper: tanquam prodigium factus sum multis et tu adjutor fortis. *R*epleatur os meum laude: ut cantem

---

[1] 'mei' om.: E.G.
[2] inhabitabunt: E.G.
[3] *ps.* 69 · E.G. lxix.: S.
[4] pro 'deus' dominus: E.G.W.
[5] 'Gloria patri' add: E.G.S.
[6] *ps.* 70: E.G. lxx.: S.

gloriam tuam : tota die magnitudinem tuam. Ne projicias me in tempore senectutis : cum defecerit virtus mea ne derelinquas me. Quia dixerunt inimici mei mihi : et qui custodiebant animam meam consilium fecerunt in unum. Dicentes deus dereliquit eum : persequimini et comprehendite eum : quia non est qui eripiat.[1] Deus ne elongeris a me : deus meus in auxilium meum respice. Confundantur et deficiant detrahentes anime mee : operiantur confusione et pudore qui querunt mala mihi. Ego autem semper sperabo : et adjiciam super omnem laudem tuam. Os meum annunciabit justitiam tuam : tota die salutare tuum. Quoniam non cognovi litteraturam[2] introibo in potentias domini : domine memorabor justitie tue solius. Deus docuisti me ex[3] juventute mea : et usque nunc pronunciabo mirabilia tua. Et usque in senectam et senium : deus ne derelinquas me. Donec annunciem brachium tuum : generationi omni que ventura est. Potentiam tuam et justitiam tuam deus usque in altissima que fecisti magnalia : deus quis similis tibi. Quantas ostendisti mihi tribulationes multas et malas : et conversus vivificasti me : et de abyssis terre iterum reduxisti me. Multiplicasti magnificentiam tuam : et conversus consolatus es me. Nam et ego confitebor tibi in vasis psalmi veritatem tuam deus : psallam tibi in cythara sanctus israel. Exultabunt labia mea cum cantavero tibi : et anima mea quam redemisti. Sed et lingua mea tota die meditabitur justitiam tuam : cum confusi et reveriti fuerint qui querunt mala mihi.

Deus judicium tuum regi [ps.[4] da : et justitiam tuam filio regis. Judicare populum tuum in justitia : et pauperes tuos in judicio. Suscipiant montes pacem populo : et colles justitiam. Judicabit pauperes populi et salvos faciet filios pauperum : et humiliabit calumniatorem. Et permanebit cum sole : et ante lunam in generationes generationum.[5] Descendet sicut pluvia in vellus : et sicut stillicidia stillantia super terram. Orietur in diebus ejus justitia et abundantia pacis : donec auferatur luna. Et dominabitur a mari usque ad mare : et a flumine usque ad terminos orbis terrarum. Coram illo procident ethyopes : et inimici ejus terram lingent. Reges tharsis et insule munera offerent : reges arabum et saba dona adducent. Et adorabunt eum omnes reges : omnes gentes servient ei. Quia liberabit pauperem a potente : et pauperem cui non erat adjutor. Parcet pauperi et inopi : et animas pauperum salvas faciet. Ex usuris et iniquitate redimet animas eorum : et honorabile nomen eorum coram illo. Et vivet et dabitur ei de auro arabie : et adorabunt de ipso semper tota die benedicent ei. Erit firmamentum in terra in summis montium superextol-

---

[1] 'eum' add : E.
[2] literaturam : G.
[3] pro 'ex' a : E.G.

[4] ps. 71 : E.G. lxxj. : S.
[5] generatione generationum : E. generatione et generationem : G.

letur super libanum fructus ejus: et florebunt de civitate sicut fenum terre. Sit nomen ejus benedictum in secula: ante solem permanet nomen ejus. Et benedicentur in ipso omnes tribus terre: omnes gentes magnificabunt eum. Benedictus dominus deus israel: qui facit mirabilia solus. Et benedictum nomen majestatis ejus in eternum: et replebitur majestate ejus omnis terra fiat fiat.[1] Añ. Esto mihi domine in deum protectorem.

Quam bonus israel [*Psalmus*.[2] deus: his qui recto sunt corde. Mei autem pene moti sunt pedes: pene effusi sunt gressus mei. Quia zelavi super iniquos: pacem peccatorum videns. Quia non est respectus morti eorum et firmamentum in plaga eorum. In labore hominum non sunt: et cum hominibus non flagellabuntur. Ideo tenuit eos superbia: operti sunt iniquitate et impietate sua. Prodiit quasi ex adipe iniquitas eorum: transierunt in affectum cordis. Cogitaverunt et locuti sunt nequitiam: iniquitatem in excelso locuti sunt. Posuerunt in celum os suum: et lingua eorum transivit in terra. Ideo convertetur populus meus hic: et dies pleni invenientur in eis. Et dixerunt quomodo scit deus: et si est scientia in excelso. Ecce ipsi peccatores et abundantes in seculo: obtinuerunt divitias. Et dixi ergo sine causa justificavi cor meum: et lavi inter innocentes manus meas. Et fui flagellatus tota die: et castigatio mea in matutinis. Si dicebam narrabo sic: ecce[3] nationem filiorum tuorum reprobavi. Existimabam ut cognoscerem: hoc labor est ante me. Donec intrem in sanctuarium dei: et intelligam in novissimis eorum. Veruntamen propter dolos posuisti eis: dejecisti eos dum allevarentur. Quomodo facti sunt in desolationem: subito defecerunt: perierunt propter iniquitatem suam. Velut somnium surgentium: domine in civitate tua imaginem ipsorum ad nihilum rediges. Quia inflammatum est cor meum et renes mei commutati sunt: et ego ad nihilum redactus sum et nescivi. Ut jumentum factus sum apud te: et ego semper tecum. Tenuisti manum dexteram meam: et in voluntate tua deduxisti me: et cum gloria suscepisti me. Quid enim mihi est in celo: et a te quid volui super terram. Defecit caro mea et cor meum: deus cordis mei et pars mea deus in eternum. Quia ecce qui elongant se a te peribunt: perdidisti omnes qui fornicantur abs te. Mihi autem adherere deo bonum est: ponere in domino deo spem meam. Ut annunciem omnes predicationes tuas: in portis filie syon. *Psalmus*.[4]

Ut quid deus repulisti in finem: iratus est furor tuus super oves pascue tue. Memor esto congregationis tue: quam possedisti ab initio. Redemisti virgam hereditatis tue: mons syon in quo habitasti in eo. Leva manus tuas in superbias eorum in finem: quanta malignatus est

---

[1] 'Gloria patri' add: E.G.
[2] *ps*. 72: E.G. lxxij.: S.
[3] 'ecce' om.: S.
[4] *ps*. 73: E.G. lxxiij.: S.

inimicus in sancto. Et gloriati sunt qui oderunt te: in medio solennitatis tue. Posuerunt signa sua signa et non cognoverunt: sicut in exitu super summum. Quasi in silva lignorum securibus exciderunt januas ejus in idipsum: in securi et ascia dejecerunt eam. Incenderunt igni sanctuarium tuum: in terra polluerunt tabernaculum nominis tui. Dixerunt in corde suo cognatio[1] eorum simul: quiescere faciamus omnes dies festos dei a terra. Signa nostra non vidimus: jam non est propheta et nos non cognoscet amplius. Usquequo deus improperabit inimicus: irritat adversarius nomen tuum in finem. Ut quid avertis manum tuam et dexteram tuam: de medio sinu tuo in finem. Deus autem rex noster ante secula: operatus est salutem in medio terre. Tu confirmasti in virtute tua mare: contribulasti capita draconum in aquis. Tu confregisti capita draconis: dedisti eum escam populis ethyopum. Tu dirupisti[2] fontes et torrentes: tu siccasti fluvios ethan. Tuus est dies et tua est nox: tu fabricatus es auroram et solem. Tu fecisti omnes terminos terre: estatem et ver tu plasmasti ea. Memor esto hujus: inimicus improperavit domino et populus insipiens incitavit nomen tuum. Ne tradas bestiis animas confitentes tibi: et animas pauperum tuorum ne obliviscaris in finem. Respice in testamentum tuum: quia repleti sunt qui obscurati sunt terre domibus iniquitatum. Ne avertatur humilis factus confusus: pauper et inops laudabunt nomen tuum. Exurge deus judica causam tuam: memor esto improperiorum tuorum eorum que ab insipiente sunt tota die. Ne obliviscaris voces inimicorum tuorum: superbia eorum qui te oderunt ascendit semper.[3] añ. Liberasti virgam hereditatis tue.

Confitebimur tibi deus: [ps.[4] confitebimur et invocabimus nomen tuum. Narrabimus mirabilia tua: cum accepero tempus ego justitias judicabo. Liquefacta est terra et omnes qui habitant in ea: ego confirmavi columnas ejus. Dixi iniquis nolite inique agere: et delinquentibus nolite exaltare cornu. Nolite extollere in altum cornu vestrum: nolite loqui adversus deum iniquitatem. Quia neque ab oriente neque ab occidente neque a desertis montibus: quoniam deus judex est. Hunc humiliat et hunc exaltat: quia calix in manu domini vini meri plenus mixto. Et inclinavit ex hoc in hoc: veruntamen fex ejus non est exinanita: bibent ex ea[5] omnes peccatores terre. Ego autem annunciabo in seculum: cantabo deo jacob. Et omnia cornua peccatorum confringam: et exaltabuntur cornua justi.

Notus in judea [Psalmus.[6] deus: in israel magnum nomen ejus. Et factus est in pace locus ejus: et habitatio ejus in syon. Ibi confregit

---

[1] pro 'cognatio' cogitatio: W.
[2] diripuisti: W.
[3] 'Gloria patri' add: E.G.
[4] ps. 74: E.G. lxxiiij.: S.
[5] 'ex ea' om.: E.G.
[6] ps. 75: E.G.

AD MATUTINAS.

potentias: arcum scutum gladium et bellum. *I*lluminans tu mirabiliter a montibus eternis: turbati sunt omnes insipientes corde. *D*ormierunt somnum suum: et nihil invenerunt omnes viri divitiarum in manibus suis. *A*b increpatione tua deus jacob: dormitaverunt qui ascenderunt equos. *T*u terribilis es et quis resistet tibi: ex tunc ira tua. *D*e celo auditum fecisti judicium: terra tremuit et quievit. *C*um exurgeret in judicio deus: ut salvos faceret omnes mansuetos terre. *Q*uoniam cogitatio hominis confitebitur tibi: et reliquie cogitationis diem festum agent tibi. *V*ovete et reddite domino deo vestro[1]: omnes qui in circuitu ejus affertis munera. *T*erribili et ei qui aufert spiritum principum: terribili apud reges terre.[2] *an*. Et invocabimus nomen tuum domine. *ps.*[3]

*V*oce mea ad dominum clamavi: voce mea ad deum et intendit mihi. *I*n die tribulationis mee deum exquisivi manibus meis nocte contra eum: et non sum deceptus. *R*enuit consolari anima mea: memor fui dei et delectatus sum: et exercitatus sum et defecit spiritus meus. *A*nticipaverunt vigilias oculi mei: turbatus sum et non sum locutus. *C*ogitavi dies antiquos: et annos eternos in mente habui. *E*t meditatus sum nocte cum corde meo: et exercitabar et scopebam spiritum meum. *N*unquid in eternum projiciet deus: et[4] non apponet ut complacitior sit adhuc. *A*ut in finem misericordiam suam abscindet[5]: a generatione in generationem. *A*ut obliviscetur misereri deus: aut continebit in ira sua misericordias suas. *E*t dixi nunc cepi: hec mutatio dextere excelsi. *M*emor fui operum domini: quia memor ero ab initio mirabilium tuorum. *E*t meditabor in omnibus operibus tuis: et in adinventionibus tuis exercebor. *D*eus in sancto via tua quis deus magnus sicut deus noster: tu es deus qui facis mirabilia. *N*otam fecisti in populis virtutem tuam redemisti in brachio tuo populum tuum filios jacob et joseph. *V*iderunt te aque deus viderunt te aque et timuerunt: et turbate[6] sunt abyssi. *M*ultitudo sonitus aquarum: vocem dederunt nubes. *E*tenim sagitte tue transeunt: vox tonitrui tui in rota. *I*lluxerunt[7] coruscationes tue orbi terre: commota est et contremuit terra. *I*n mari via tua et semite tue in aquis multis: et vestigia tua non cognoscentur. *D*eduxisti sicut oves populum tuum: in manu moysi et aaron. *ps.*[8]

*A*ttendite popule meus legem meam: inclinate aurem vestram in verba oris mei. *A*periam in parabolis os meum: loquar propositiones ab initio. *Q*uanta audivimus et cognovimus ea: et patres nostri narraverunt nobis. *N*on sunt occultata a filiis eorum: in generatione

---

[1] nostro: W.S.
[2] '*Gloria patri*' add: E.G.
[3] *ps.* 76: E.G. *lxxvj.*: S.
[4] pro '*et*' aut: E.G.

[5] abscidet: E.G.S.
[6] turbate: E.G.
[7] Alluxerunt: E.
[8] *ps.* 77: E.G. *lxxvij.*: S.

FERIA QUINTA

altera. Narrantes laudes[1] domini et virtutes ejus : et mirabilia ejus que fecit. Et suscitavit testimonium in jacob : et legem posuit in israel. Quanta mandavit patribus nostris nota facere ea filiis suis : ut cognoscat generatio altera. Filii qui nascentur et exurgent : enarrabunt filiis suis. Ut ponant in deo spem suam : et non obliviscantur operum dei : et mandata ejus exquirant. Ne fiant sicut patres eorum : generatio prava et exasperans. Generatio que non direxit cor suum : et non est creditus cum deo spiritus ejus. Filii effrem intendentes et mittentes arcum : conversi sunt in die belli. Non custodierunt testamentum dei : et in lege ejus noluerunt ambulare. Et obliti sunt beneficiorum[2] ejus : et mirabilium ejus que ostendit eis. Coram patribus eorum fecit mirabilia in terra egypti : in campo thaneos. Interrupit mare et perduxit eos : et statuit aquas quasi in utre. Et deduxit eos in nube diei : et tota nocte in illuminatione ignis. Interrupit petram in heremo : et adaquavit eos velut in abysso multa. Et eduxit aquam de petra : et deduxit[3] tanquam flumina aquas. Et apposuerunt adhuc peccare ei : in iram concitaverunt excelsum in inaquoso. Et tentaverunt deum in cordibus suis : ut peterent escas animabus suis. Et male locuti sunt de deo : dixerunt nunquid poterit deus parare mensam in deserto. Quoniam[4] percussit petram et fluxerunt aque : et torrentes inundaverunt. Nunquid et panem poterit dare : aut parare mensam populo suo. Ideo audivit dominus et distulit : et ignis accensus est in jacob : et ira dei[5] ascendit in israel. Quia non crediderunt in deo : nec speraverunt in salutari ejus. Et mandavit nubibus desuper : et januas celi aperuit. Et pluit illis manna ad manducandum : et panem celi dedit eis. Panem angelorum manducavit homo : cibaria misit eis in abundantia. Transtulit austrum de celo : et induxit in virtute sua affricum.[6] Et pluit super eos sicut pulverem carnes : et sicut arenam maris volatilia pennata. Et ceciderunt in medio castrorum eorum : circa tabernacula eorum. Et manducaverunt et saturati sunt nimis : et desiderium eorum attulit eis non sunt fraudati a desiderio suo. Adhuc esce eorum erant in ore ipsorum : et ira dei ascendit super eos. Et occidit pingues eorum : et electos israel impedivit. In omnibus his peccaverunt adhuc : et non crediderunt in mirabilibus ejus. Et defecerunt in vanitate dies eorum : et anni eorum cum festinatione. Cum occideret eos querebant eum : et revertebantur et diluculo veniebant ad eum. Et rememorati sunt quia deus adjutor est eorum : et deus excelsus redemtor[7] eorum est. Et dilexerunt eum in ore suo : et lingua sua mentiti sunt ei. Cor autem eorum non erat rectum

---

[1] laudem : E.G.
[2] benefactorum : E.G.
[3] eduxit : E.G.
[4] pro 'Quoniam' Qui : E.G.
[5] 'dei' om. : G.W.S.
[6] aphricum : G.   [7] redemptor : E.G.W.S.

cum eo: nec fideles habiti sunt in testamento ejus. *I*pse autem est misericors et propicius fiet peccatis eorum: et non disperdet eos. *E*t abundavit ut averteret iram suam: et non accendit omnem iram suam. *E*t recordatus est quia caro sunt: spiritus vadens et non rediens. *Q*uotiens exacerbaverunt eum in deserto: in iram concitaverunt eum in inaquoso. *E*t conversi sunt et tentaverunt deum: et sanctum israel exacerbaverunt. *N*on sunt recordati manus ejus: die qua redemit eos de manu tribulantis. *S*icut posuit in egypto signa sua: et prodigia sua in campo thaneos. *E*t convertit in sanguinem flumina eorum: et imbres eorum ne biberentur.[1] *M*isit in eos cinomiam[2] et comedit eos: et ranam et disperdidit eos. *E*t dedit erugini fructus eorum: et labores eorum locuste. *E*t occidit in grandine vineas eorum: et moros eorum in pruina. *E*t tradidit grandini jumenta eorum: et possessionem eorum igni. *M*isit in eos iram indignationis sue: indignationem et iram et tribulationem: immissiones per angelos malos. *V*iam fecit semite ire sue:[3] non pepercit a morte animarum eorum: et jumenta eorum in morte conclusit. *E*t percussit omne primogenitum in terra egypti: primicias omnis laboris eorum in tabernaculis cham. *E*t abstulit sicut oves populum suum: et perduxit eos tanquam gregem in deserto. *E*t deduxit[4] eos in spe et non timuerunt: et inimicos eorum operuit mare. *E*t induxit eos in montem sanctificationis sue: montem quem acquisivit dextera ejus. *E*t ejecit a facie eorum gentes: et sorte divisit eis terram in funiculo distributionis. *E*t habitare fecit in tabernaculis eorum: tribus israel. *E*t tentaverunt et exacerbaverunt deum excelsum: et testimonia ejus non custodierunt. *E*t averterunt se et non servaverunt pactum: quemadmodum patres eorum conversi sunt in arcum pravum. *I*n iram concitaverunt eum in collibus suis: et in sculptilibus suis ad emulationem eum provocaverunt. *A*udivit deus et sprevit: et ad nihilum redegit valde israel. *E*t repulit tabernaculum sylo: tabernaculum suum ubi habitavit in hominibus. *E*t tradidit in captivitatem virtutem eorum: et pulchritudinem eorum in manus inimici. *E*t conclusit in gladio populum suum: et hereditatem suam sprevit. *J*uvenes eorum comedit ignis: et virgines eorum non sunt lamentate. *S*acerdotes eorum in gladio ceciderunt: et vicue eorum non plorabantur. *E*t excitatus est tanquam dormiens dominus: tanquam potens crapulatus a vino. *E*t percussit inimicos suos in posteriora: opprobrium sempiternum dedit illis. *E*t repulit tabernaculum joseph: et tribum effraim non elegit. *S*ed elegit tribum juda: montem syon quem dilexit. *E*t edificavit sicut unicornis sanctificium suum: in terra quam fundavit in secula. *E*t

---

[1] biberent: E.G.W.
[2] cynomyam: G. cynomiam: S.
[3] 'et' add: E.G.
[4] eduxit: E.G.

elegit david servum suum : et sustulit eum de gregibus ovium : de post fetantes accepit eum. Pascere jacob servum suum : et israel hereditatem suam. Et pavit eos in innocentia cordis sui : et in intellectibus manuum suarum deduxit eos.¹ *An.* Tu es deus qui facis mirabilia. *ps.*²

Deus venerunt gentes in hereditatem tuam : polluerunt templum sanctum tuum : posuerunt hierusalem in pomorum custodiam. Posuerunt morticina servorum tuorum escas volatilibus celi : carnes sanctorum tuorum bestiis terre. Effuderunt sanguinem ipsorum³ tanquam aquam in circuitu hierusalem : & non erat qui sepeliret. Facti sumus opprobrium vicinis nostris : subsannatio et illusio his qui in circuitu nostro sunt. Usquequo domine irasceris in finem : accendetur velut ignis zelus tuus. Effunde iram tuam in gentes qui te non noverunt : et in regna que nomen tuum non invocaverunt. Quia comederunt jacob : et locum ejus desolaverunt. Ne memineris iniquitatum nostrarum antiquarum : cito anticipent nos misericordie tue : quia pauperes facti sumus nimis. Adjuva nos deus salutaris noster : et propter gloriam nominis tui domine libera nos : et propicius esto peccatis nostris propter nomen tuum. Ne forte dicant in gentibus ubi est deus eorum : et innotescat in nationibus coram oculis nostris. Ultio sanguinis servorum tuorum : qui effusus est : introeat in conspectu tuo gemitus compeditorum. Secundum magnitudinem brachii tui : posside filios mortificatorum. Et redde vicinis nostris septuplum in sinu eorum : improperium ipsorum quod exprobaverunt tibi domine. Nos autem populus tuus et oves pascue tue : confitebimur tibi in seculum. In generatione et generationem⁴ annunciabimus laudem tuam.

Qui regis israel intende : [*ps.*⁵ qui deducis velut ovem joseph. Qui sedes super cherubim⁶ : manifestare coram effraim benjamin et manasse. Excita potentiam tuam et veni : ut salvos facias nos. Deus converte nos : et ostende faciem tuam et salvi erimus. Domine deus virtutum : quousque irasceris super orationem servi tui. Cibabis nos pane lachrymarum : et potum dabis nobis in lachrymis in mensura. Posuisti nos in contradictionem vicinis nostris : et inimici nostri subsannaverunt nos. Deus virtutum converte nos : et ostende faciem tuam et salvi erimus. Vineam de egypto transtulisti : ejecisti gentes et plantasti eam. Dux itineris fuisti in conspectu ejus : et plantasti radices ejus et implevit terram. Operuit montes umbra ejus : et arbusta ejus cedros dei. Extendit palmites suos usque ad mare : et usque ad flumen propagines ejus. Ut quid destruxisti maceriam ejus : et vindemiant eam omnes qui pretergrediuntur viam. Exterminavit eam aper de silva : et

---

¹ 'Gloria patri' add : E.G.
² *ps.* 78 : E.G. *lxxviij.* : S.
³ pro 'ipsorum' eorum : E.G.
⁴ generatione : W.
⁵ *ps.* 79 : E.G.
⁶ cherubin : G.W. et forsitan : E.

singularis ferus depastus est eam. *D*eus virtutum convertere: respice de celo et vide et visita vineam istam. *E*t perfice eam quam plantavit dextera tua: et super filium hominis quem confirmasti tibi. *I*ncensa igni et suffossa: ab increpatione vultus tui peribunt. *F*iat manus tua super virum dextere tue: et super filium hominis quem confirmasti tibi. *E*t non discedimus a te: vivificabis nos: et nomen tuum invocabimus. *D*omine deus virtutum converte nos: et ostende faciem tuam et salvi erimus.[1] *A*ñ. Propicius esto peccatis nostris domine. ℣ Gaudebunt labia mea dum cantavero tibi. *R*e.[2] Et anima mea quam redemisti.[3] ℣ Fiat misericordia tua. *In laudibus. A*ñ. Tibi soli peccavi domine miserere mei. *ps̄*. Miserere. *a*ñ. Domine refugium factus es nobis. *ps̄*. Ipsum. *A*ñ.[4] In matutinis domine meditabor in te. *ps̄*. Deus deus meus. *ps̄*.[5] *D*omine refugium factus es nobis: a generatione in generationem. *P*riusquam montes fierent aut formaretur terra et orbis: a seculo et[6] in seculum tu es deus. *N*e avertas hominem in humilitatem: et dixisti convertimini filii hominum. *Q*uoniam mille anni ante oculos tuos: tanquam dies hesterna que preteriit. *E*t custodia in nocte: que pro nihilo habentur eorum anni erunt. *M*ane sicut herba transeat: mane floreat et transeat: vespere decidat induret et arescat. *Q*uia defecimus in ira tua: et in furore tuo turbati sumus. *P*osuisti iniquitates nostras in conspectu tuo: seculum nostrum in illuminatione vultus tui. *Q*uoniam omnes dies nostri defecerunt: et in ira tua defecimus. *A*nni nostri sicut aranea meditabuntur: dies annorum nostrorum in ipsis septuaginta annis. *S*i autem in potentatibus octoginta anni: et amplius eorum labor et dolor. *Q*uoniam supervenit mansuetudo: et corripiemur. *Q*uis novit potestatem ire tue: et pre timore tuo iram tuam dinumerare. *D*exteram tuam sic notam fac: et eruditos corde in sapientia. *C*onvertere domine usquequo: et deprecabilis esto super servos tuos. *R*epleti sumus mane misericordia tua: et exultavimus et delectati sumus in omnibus diebus nostris. *L*etati sumus pro diebus quibus nos humiliasti: annis quibus vidimus mala. *R*espice in servos tuos et in opera tua: et dirige filios eorum. *E*t sit splendor[7] domini dei nostri super nos: et opera manuum nostrarum dirige super nos: et opus manuum nostrarum dirige.[8][9] *C*antemus domino gloriose enim magnificatus est: equum et ascensorem dejecit[10] in mare. *F*ortitudo mea et laus mea dominus et factus est mihi in salutem. *I*ste deus meus et glorificabo eum: deus patris mei et

---

[1] 'Gloria patri' add: E.G.S.
[2] 'Re.' om.: S.
[3] 'Ante laudes' add: E.G.
[4] 'Añ. Domine refugium factus es nobis' add: E.G.
[5] *ps̄*. 89: E.G. *lxxxix.*: S.
[6] 'usque' add: E.G.
[7] plendor: S.
[8] 'Gloria patri' add: E.G.
[9] '*ps̄*. Exodi 15' add: E.G. *xv.*: S.
[10] projecit: E.G.

exaltabo eum. *D*ominus quasi vir pugnator omnipotens nomen ejus : currus pharaonis et exercitum ejus dejecit [1] in mare. *E*lecti principes ejus submersi sunt in mari rubro : abyssi operuerunt eos : descenderunt in profundum quasi lapis. *D*extera tua domine magnificata est in fortitudine : dextera tua domine percussit inimicum : et in multitudine glorie tue deposuisti adversarios meos. *M*isisti iram tuam que devoravit eos sicut stipulam : [2] in spiritu furoris tui congregate sunt aque. *S*tetit unda fluens : congregati [3] sunt abyssi in medio mari. *D*ixit inimicus persequar et comprehendam : dividam spolia implebitur anima mea. *E*vaginabo gladium meum : [4] interficiet eos manus mea. *F*lavit spiritus tuus et operuit eos mare : submersi sunt quasi plumbum in aquis vehementibus. *Q*uis similis tui in fortibus domine : quis similis tui magnificus in sanctitate : terribilis atque laudabilis : et faciens mirabilia. *E*xtendisti manum tuam : et devoravit eos terra. *D*ux fuisti in misericordia tua : populo quem redemisti. *E*t portasti eum in fortitudine tua : ad habitaculum sanctum tuum. *A*scenderunt populi tui [5] et irati sunt : dolores obtinuerunt habitatores philistiim. *T*unc conturbati sunt principes edom : robustos moab obtinuit tremor : obriguerunt omnes habitatores chanaam. [6] *I*rruat super eos formido et pavor : in magnitudine brachii tui. *F*iant immobiles quasi lapis : donec pertranseat populus tuus domine : donec pertranseat populus tuus iste quem possedisti. *I*ntroduces eos et plantabis in monte hereditatis tue : firmissimo habitaculo tuo quod operatus es domine. *S*anctuarium tuum domine quod firmaverunt manus tue : dominus regnabit in eternum et ultra. *I*ngressus est enim eques pharao cum curribus et equitibus ejus in mare : et reduxit super eos dominus aquas maris. *F*ilii autem israel ambulaverunt per siccum : in medio ejus. [7] *A*ñ. In eternum dominus regnabit et ultra. *A*ñ. In sanctis ejus laudate deum. *ps̄*. Laudate. *Capitulum* Vigilate et orate. [8] *Hymnus.*

*L*ux ecce surgit aurea : pallens fatiscat cecitas : que nosmet in preceps diu errore traxit devio. Hec lux serenum conferat purosque nos prestet sibi nihil loquamur subdolum volvamus obscurum nihil. Sic tota discurrat [9] dies ne lingua mendax nec manus oculi nec peccent lubrici ne [10] noxa corpus inquinet. Speculator [11] astat desuper qui nos diebus omnibus actusque nostros prospicit a luce prima in vesperum. Deo patri sit. *℣* In matutinis domine. *A*ñ. In sanctitate serviamus domino :

---

[1] projecit : E.G.
[2] 'et' add : E.G.
[3] congregate : E.G.
[4] 'et' add : E.G.
[5] 'tui' om. : E.G.
[6] chanaan : G.
[7] 'Gloria patri' add : E.G.S.

[8] '❡ *A* Domine ne in ira *usque ad quadragesimam quando de quinta feria agitur : dicitur ad laudes sequens Hymnus*' add : E.G.
[9] decurrat : G.S.
[10] nec : E.G
[11] Spectator : E.G.

FERIA SEXTA AD MATUTINAS.

et liberabit nos ab inimicis nostris. *ps̄.* Benedictus.
Feria vj.
Ad matutinas[1] *Invitatorium* Dominum qui fecit nos Venite adoremus. *ps̄.* Venite.[2] *Hymnus.*

Tu trinitatis unitas : orbem potenter qui regis : attende laudum cantica : que excubantes psallimus. *Nam*[3] lectulo consurgimus noctis quieto tempore : ut flagitemus vulnerum ad[4] te medelam omnium. *Quo* fraude quicquid demonum in noctibus deliquimus : abstergat illud celitus tue potestas glorie. *Ne* corpus assit sordidum : nec[5] torpor instet cordium : et[6] criminis contagio tepescat ardor spiritus. *Ob* hoc redemptor quesumus reple tuo nos[7] lumine : per quod dierum circulis nullis ruamur actibus. *Presta pater.*[8] *Psalmus.*[9]

Exultate deo adjutori nostro : jubilate deo jacob. *Sumite* psalmum et date tympanum : psalterium jocundum cum cythara. *Buccinate* in neomenia tuba : in insigni die solennitatis vestre. *Quia* preceptum in israel est : et judicium deo jacob. *Testimonium* in joseph posuit illud cum exiret de terra egypti : linguam quam non noverat audivit. *Divertit* ab oneribus dorsum ejus : manus ejus in cophino servierunt. *In* tribulatione invocasti me et liberavi te : exaudivi te in abscondito tempestatis : probavi te apud aquam contradictionis. *Audi* populus meus et contestabor te : israel si audieris me[10] non erit in te deus recens : neque adorabis deum alienum. *Ego* enim sum dominus deus tuus qui eduxi te de terra egypti : dilata os tuum et implebo illud. *Et* non audivit populus meus vocem meam : et israel non intendit mihi. *Et* dimisi eos secundum desideria cordis eorum : ibunt in adinventionibus suis. *Si* populus meus audisset me : israel si in viis meis ambulasset. *Pro* nihilo forsitan inimicos eorum humiliassem : et super tribulantes eos misissem manum meam. *Inimici* domini mentiti sunt ei : et erit tempus eorum in secula. *Et* cibavit illos ex adipe frumenti : et de petra melle saturavit eos.

Deus stetit in syna-[*Psalmus.*[11] goga deorum : in medio autem deos dijudicat. *Usquequo* judicatis iniquitatem : et facies peccatorum sumitis. *Judicate* egeno et pupillo : humilem et pauperem justificate. *Eripite*[12] pauperem : et egenum de manu peccatoris liberate. *Nescierunt* neque intellexerunt in tenebris ambulant : movebuntur omnia fundamenta terre. *Ego* dixi dii estis : et filii excelsi omnes. *Vos* autem sicut homines moriemini : et sicut unus de principibus cadetis. *Surge* deus judica

---

[1] '*Ad matut.*' om. : S.
[2] '*A Domine ne in ira usque ad quadragesimam quando de sexta feria agitur dicitur ad matutinas: sequens*' add : E.G.
[3] *Jam* : E.G.
[4] a : G.W.S.
[5] ne : E.G.
[6] pro '*et*' nec : E.G.
[7] nos reple tuo : E.
[8] '*Per estatem hymnus* Nocte surgentes' add : E.
[9] *ps̄.* 80 : E.G. lxxx. : S.
[10] 'si me audieris' : E.G.
[11] *ps̄.* 81 : E.G. lxxxj. : S.
[12] *Eripe* : E.

terram : quoniam tu hereditabis in omnibus gentibus.[1] *an*. Exultate deo adjutori nostro. *ps*.[2]

*D*eus quis similis erit tibi : ne taceas neque compescaris deus. *Q*uoniam ecce inimici tui sonuerunt : et qui oderunt te extulerunt caput. *S*uper populum tuum malignaverunt consilium : et cogitaverunt adversus sanctos tuos. *D*ixerunt venite et disperdamus eos de gente : et non memoretur nomen israel ultra. *Q*uoniam cogitaverunt unanimiter simul adversus te testamentum disposuerunt : tabernacula idumeorum[3] et ismaelite.[4] *M*oab et agareni gebal et amon et amalech : alienigene cum habitantibus tyrum. *E*tenim assur venit cum illis : facti sunt in adjutorium filiis loth. *F*ac illis sicut madian et sisare[5] : sicut jabin in torrente cisson[6] : *D*isperierunt in endor : facti sunt ut stercus terre. *P*one principes eorum : sicut oreb et zeb et zebee et salmana. *O*mnes principes eorum : qui dixerunt hereditate possideamus sanctuarium dei. *D*eus meus pone illos ut rotam : et sicut stipulam ante faciem venti. *S*icut ignis qui comburit silvam : et sicut flamma comburens montes. *I*ta persequeris illos in tempestate tua : et [7] ira tua turbabis eos. *I*mple facies eorum ignominia : et querent nomen tuum domine. *E*rubescant et conturbentur in seculum seculi : et confundantur et pereant. *E*t cognoscant quia nomen tibi deus : tu solus altissimus in omni terra. *Psal-* *Q*uam dilecta taberna- [*mus*.[8] cula tua domine virtutum : concupiscit et deficit anima mea in atria domini. *C*or meum et caro mea exultaverunt in deum vivum. *E*tenim passer invenit sibi domum : et turtur nidum sibi ubi reponat pullos suos. *A*ltaria tua domine virtutum : rex meus et deus meus. *B*eati qui habitant in domo tua : [9] in secula seculorum laudabunt te. *B*eatus vir cujus est auxilium abs te : ascensiones in corde suo disposuit : in valle lachrymarum in loco quem posuit. *E*tenim benedictionem[10] dabit legislator : ibunt de virtute in virtutem : videbitur deus deorum in syon. *D*omine deus virtutum exaudi orationem meam : auribus percipe deus jacob. *P*rotector noster aspice deus : et respice in faciem christi tui. *Q*uia melior est dies una in atriis tuis : super milia. *E*legi abjectus esse in domo dei mei : magis quam habitare in tabernaculis peccatorum. *Q*uia misericordiam et veritatem diligit deus : gratiam et gloriam dabit dominus. *N*on privabit bonis eos qui ambulant in innocentia : domine virtutum beatus homo qui sperat in te.[11] *An*. Tu solus altissimus super omnem terram. *ps*.[12]

---

[1] 'Gloria patri' add : E.G.
[2] *ps*. 82 : *E.G. lxxxij.* : S.
[3] ydumeorum : W.S.
[4] ysmaelite : W.S.
[5] sysare : W.
[6] cison : G.   cyson : W.S.
[7] 'in' add : E.G.
[8] *ps*. 83 : *E.G. lxxxiij.* : S.
[9] 'domine' add : E.G.
[10] benedictiones : W.
[11] 'Gloria patri' add : E.G.
[12] *ps*. 84 : *E.G. lxxxiiij.* : S.

AD MATUTINAS.

Benedixisti domine terram tuam : avertisti captivitatem jacob. Remisisti iniquitatem plebis tue : operuisti omnia peccata eorum. Mitigasti omnem iram tuam : avertisti ab ira indignationis tue. Converte nos deus salutaris noster : et averte iram tuam a nobis. Nunquid in eternum irasceris nobis : aut extendes iram tuam a generatione in generationem. Deus tu conversus vivificabis nos : et plebs tua letabitur in te. Ostende nobis domine misericordiam tuam : et salutare tuum da nobis. Audiam quid loquatur in me dominus deus : quoniam loquetur pacem in plebem suam. Et super sanctos suos : et in eos qui convertuntur ad cor. Veruntamen prope timentes eum salutare ipsius : ut inhabitet gloria in terra nostra. Misericordia et veritas obviaverunt sibi : justitia et pax osculate sunt. Veritas de terra[1] orta est : et justitia de celo prospexit. Etenim dominus dabit benignitatem : et terra nostra dabit fructum suum. Justitia ante eum ambulabit et ponet in via gressus suos. Ps.[2]

Inclina domine aurem tuam et exaudi me : quoniam inops et pauper sum ego. Custodi animam meam quoniam sanctus sum : salvum fac servum tuum deus meus sperantem in te. Miserere mei domine quoniam ad te clamavi tota die : letifica animam servi tui : quoniam ad te domine animam meam levavi. Quoniam tu domine suavis et mitis : et multe misericordie omnibus invocantibus te. Auribus percipe domine orationem meam : et[3] intende voci deprecationis mee. In die tribulationis mee clamavi ad te : quia exaudisti me. Non est similis tui in diis domine : et non est secundum opera tua. Omnes gentes quascunque fecisti venient et adorabunt coram te domine : et glorificabunt nomen tuum. Quoniam magnus es tu : et faciens mirabilia tu es deus solus. Deduc me domine in via tua et ingrediar in veritate tua : letetur cor meum ut timeat nomen tuum. Confitebor tibi domine deus meus in toto corde meo : et glorificabo nomen tuum in eternum. Quia misericordia tua magna est super me : et eruisti animam meam ex inferno inferiori. Deus iniqui insurrexerunt super me : et synagoga potentium quesierunt animam meam : et non proposuerunt te in conspectu suo. Et tu domine deus miserator et misericors : patiens et multe misericordie et verax. Respice in me et miserere mei : da imperium[4] puero tuo : et salvum fac filium ancille tue. Fac mecum signum in bono : ut videant qui oderunt me et confundantur : quoniam tu domine adjuvisti me et consolatus es me.[5] An. Benedixisti domine terram tuam. ps.[6]

Fundamenta ejus in montibus sanctis : diligit dominus portas syon super omnia tabernacula jacob. Gloriosa dicta sunt de te : civitas dei. Memor ero raab

---

[1] 'terra' om. : S.
[2] Ps. 85 : E.G. lxxxv. : S.
[3] 'et' om. : E G.
[4] 'tuum' add : E.G.
[5] 'Gloria patri' add : E.G.S.
[6] Ps. 86 : E.G. lxxxvj. : S.

FERIA SEXTA

et babylonis: scientium me. Ecce alienigene et tyrus et populus ethyopum: hi fuerunt illic. Nunquid syon dicet homo et homo natus est in ea: et ipse fundavit eam altissimus. Dominus narrabit in scripturis populorum: et principum horum qui fuerunt in ea. Sicut letantium: omnium habitatio¹ in te. *ps.*²

Domine deus salutis mee: in die clamavi et nocte coram te. Intret in conspectu tuo oratio mea: inclina aurem tuam ad precem meam. Quia repleta est malis anima mea: et vita mea in³ inferno appropinquavit. Estimatus sum cum descendentibus in lacum: factus sum sicut homo sine adjutorio inter mortuos liber. Sicut vulnerati dormientes in sepulchris: quorum non es memor amplius: et ipsi de manu tua repulsi sunt. Posuerunt me in lacu inferiori: in tenebrosis et in umbra mortis. Super me confirmatus est furor tuus: et omnes fluctus tuos induxisti super me. Longe fecisti notos meos a me: posuerunt me abominationem sibi. Traditus sum et non egrediebar: oculi mei langueruerunt pre inopia. Clamavi ad⁴ te domine: tota die expandi ad te manus meas. Nunquid mortuis facies mirabilia: aut medici suscitabunt et confitebuntur tibi. Nunquid narrabit aliquis in sepulchro misericordiam tuam: et veritatem tuam in perditionem.⁵ Nunquid cognoscentur in tenebris mirabilia tua: et justitia tua in terra oblivionis. Et ego ad te domine clamavi: et mane oratio mea preveniet te. Ut quid domine repellis orationem meam avertis faciem tuam a me. Pauper sum ego et in laboribus a juventute mea: exaltatus autem humiliatus sum et conturbatus. In me transierunt ire tue et terrores tui conturbaverunt me. Circundederunt me sicut aqua tota die: circundederunt me simul. Elongasti a me amicum et proximum: et notos meos a miseria.⁶ *Añ.* Fundamenta ejus in montibus sanctis. *ps.*⁷

Misericordias domini: in eternum cantabo. In generatione et generationem: annunciabo veritatem tuam in ore meo. Quoniam dixisti in eternum misericordia edificabitur in celis: preparabitur veritas tua in eis. Disposui testamentum electis meis juravi david servo meo: usque in eternum preparabo semen tuum. Et edificabo in generatione et generationem: sedem tuam. Confitebuntur celi mirabilia tua domine: etenim veritatem tuam in ecclesia sanctorum. Quoniam quis in nubibus equabitur domino: similis erit domino in filiis dei. Deus qui glorificatur in conciliis sanctorum: magnus et terribilis super omnes qui in circuitu ejus sunt. Domine deus virtutum quis similis tibi: potens es domine et veritas tua in circuitu tuo. Tu dominaris potestati maris: motum autem fluctuum ejus tu mitigas. Tu humiliasti

---

¹ 'est' add: E.G.
² *ps.* 87: E.G. *lxxxvij.*: S.
³ 'in' om.: S.
⁴ pro 'ad' a: S.
⁵ perditione: W.S.
⁶ 'Gloria patri' add: E.G.
⁷ *ps.* 88: E.G. *lxxxviij.*: S.

sicut vulneratum superbum: in brachio virtutis tue dispersisti inimicos tuos. *T*ui sunt celi et tua est terra: orbem terre et plenitudinem ejus tu fundasti: aquilonem et mare tu creasti. *T*habor et hermon in nomine tuo exultabunt: tuum brachium cum potentia. *F*irmetur manus tua et exaltetur dextera tua: justitia et judicium preparatio sedis tue. *M*isericordia et veritas precedent faciem tuam: beatus populus qui scit jubilationem. *D*omine in lumine vultus tui ambulabunt: et in nomine tuo exultabunt tota die et in justitia tua exaltabuntur. *Q*uoniam gloria virtutis eorum tu es: et in beneplacito tuo exaltabitur cornu nostrum. *Q*uia domini est assumptio[1] nostra: et sancti israel regis nostri. *T*unc locutus es in visione sanctis tuis et dixisti: posui adjutorium in potente: et exaltavi electum de plebe mea. *I*nveni david servum meum: oleo sancto meo unxi eum. *M*anus enim mea auxiliabitur ei: et brachium meum confirmabit eum. *N*ihil proficiet inimicus in eo et filius iniquitatis non apponet nocere ei.[2] *E*t concidam a facie ipsius inimicos ejus: et odientes eum in fugam convertam. *E*t veritas mea et misericordia mea cum ipso: et in nomine meo exaltabitur cornu ejus. *E*t ponam in mari manum ejus: et in fluminibus dexteram ejus. *I*pse invocavit me pater meus es tu: deus meus et susceptor salutis mee. Et ego primogenitum ponam illum: excelsum pre regibus terre. *I*n eternum servabo illi misericordiam meam: et testamentum meum fidele ipsi. *E*t ponam in seculum seculi semen ejus: et thronum ejus sicut dies celi. *S*i autem dereliquerint filii ejus legem meam: et in judiciis meis non ambulaverint. *S*i justitias meas prophanaverint: et mandata mea non custodierint. *V*isitabo eum[3] virga iniquitates eorum: et in verberibus peccata eorum. *M*isericordiam autem meam non dispergam ab eo: neque nocebo in veritate mea. *N*eque prophanabo testamentum meum: et que procedunt de labiis meis non faciam irrita. *S*emel juravi in sancto meo si david mentiar semen ejus in eternum manebit. *E*t thronus ejus sicut sol in conspectu meo: et sicut luna perfecta in eternum: et testis in celo fidelis. *T*u vero repulisti et despexisti: distulisti christum tuum. *E*vertisti[4] testamentum servi tui: prophanasti in terra sanctuarium ejus. *D*estruxisti omnes sepes ejus: posuisti firmamentum ejus[5] formidinem. *D*iripuerunt eum omnes transeuntes viam: factus est opprobrium vicinis suis. *E*xaltasti dexteram deprementium[6] eum: letificasti omnes inimicos ejus. *A*vertisti adjutorium gladii ejus: et non es auxiliatus ei in bello. *D*estruxisti eum ab emundatione: et sedem ejus in terra collisisti. *M*inorasti dies temporis ejus: perfudisti eum confusione. *U*squequo domine avertis in finem: exardescet

---

[1] assumptio est: W. [2] eum: W.S. [3] pro 'eum' in: E.G.W.S.
[4] *A*vertisti: E.G.S. [5] 'in' add: S. [6] deprimentium: S.

FERIA SEXTA

sicut ignis ira tua. *M*emorare que mea substantia: nunquid enim vane constituisti omnes filios hominum. *Q*uis est homo qui vivet et non videbit mortem: eruet animam suam de manu inferi. *U*bi sunt misericordie tue antique domine: sicut jurasti david in veritate tua. *M*emor esto domine opprobrii servorum tuorum: quod continui in sinu meo multarum gentium. *Q*uod exprobraverunt inimici tui domine: quod exprobraverunt commutationem christi tui. *Be*nedictus dominus in eternum: fiat fiat.[1][2] *Psalmus.*[3]

*Q*ui habitat in adjutorio altissimi: in protectione dei celi commorabitur. *D*ic et domino: susceptor meus es tu: et refugium meum deus meus sperabo in eum. *Q*uoniam ipse liberavit me [4] laqueo venantium: et a verbo aspero. *S*capulis suis obumbrabit tibi: et sub pennis ejus sperabis. *S*cuto circumdabit te veritas ejus: non timebis a timore nocturno. *A* sagitta volante in die: a negocio perambulante in tenebris: ab incursu et demonio meridiano. *C*adent a latere tuo mille: et decem milia a dextris tuis: ad te autem non appropinquabit. *V*eruntamen oculis tuis considerabis. et retributionem peccatorum videbis. *Q*uoniam tu es domine spes mea: altissimum posuisti refugium tuum. *N*on accedet ad te malum: et flagellum non appropinquabit tabernaculo tuo. *Q*uoniam angelis suis mandavit de te: ut custodiant in omnibus viis tuis. *I*n manibus portabunt te: ne forte offendas ad lapidem pedem tuum. *S*uper aspidem et basiliscum ambulabis: et conculcabis leonem et draconem. *Q*uoniam in me speravit liberabo eum: protegam eum quoniam cognovit nomen meum. *C*lamavit ad me et ego exaudiam eum: cum ipso sum in tribulatione eripiam eum et glorificabo eum. *L*ongitudine dierum replebo eum: et ostendam illi salutare meum.[5] *Psalmus.*[6]

*B*onum est confiteri domino: et psallere nomini tuo altissime. *A*d annunciandum mane misericordiam tuam: et veritatem tuam per noctem. *I*n decachordo psalterio: cum cantico in cythara. *Q*uia delectasti me domine in factura tua: et[7] in operibus manuum tuarum exultabo. *Q*uam magnificata sunt opera tua domine: nimis profunde facte sunt cogitationes tue. *V*ir insipiens non cognoscet: et stultus non intelliget hec. *C*um exorti fuerint peccatores sicut fenum: et apparuerint omnes qui operantur iniquitatem: *U*t intereant in seculum seculi: tu autem altissimus in eternum domine. *Q*uoniam ecce inimici tui domine quoniam ecce inimici tui peribunt: et dispergentur omnes qui operantur iniquitatem. *E*t exaltabitur sicut unicornis

---

[1] *Hic per incuriam omittitur pṡ.* 89. Domine refugium, &c. *Precor, lector benigne, ut supra ad columnam* 827 *revertas.*

[2] '*Non dicitur ad nocturnum iste psalmus* 89. Domine refugium. *Non dicitur ad nocturnum iste pṡ.* 90. Qui habitat in adjutorio' *add: E.G.*

[3] *pṡ.* 90: *E.G. xc.: S.*

[4] 'de' add: E.G.S.

[5] '*Non dicitur ad nocturnum iste pṡ.* 91. Bonum est confiteri domino et psallere' *add: E.G.*

[6] *pṡ. xcj.: S.*

[7] 'et' *om.: W.*

cornu meum: et senectus mea in misericordia uberi. Et despexit oculus meus inimicos meos: et insurgentibus in me malignantibus audiet auris mea. Justus ut palma florebit: sicut cedrus libani multiplicabitur. Plantati in domo domini: in atriis domus dei nostri florebunt. Adhuc multiplicabuntur in senecta uberi: et bene patientes erunt ut annuncient. Quoniam rectus dominus deus noster: et non est iniquitas in eo.[1] ps.[2]

Dominus[3] regnavit decorem indutus est: indutus est dominus fortitudinem et precinxit se. Etenim firmavit orbem terre: qui non commovebitur. Parata sedes tua extunc: a seculo tu es. Elevaverunt flumina domine: elevaverunt flumina vocem suam. Elevaverunt flumina fluctus suos a vocibus aquarum multarum. Mirabiles elationes maris: mirabilis in altis dominus. Testimonia tua credibilia facta sunt nimis: domum tuam decet sanctitudo domine in longitudinem dierum.[4] ps.[5]

Deus ultionum dominus: deus ultionum libere egit. Exaltare qui judicas terram: redde retributionem superbis. Usquequo peccatores domine: usquequo peccatores gloriabuntur. Effabuntur et loquentur iniquitatem: loquentur omnes qui operantur injustitiam. Populum tuum domine humiliaverunt: et hereditatem tuam vexaverunt. Viduam et advenam interfecerunt: et pupillos occiderunt. Et dixerunt non videbit dominus: nec intelliget deus jacob. Intelligite insipientes in populo et stulti aliquando sapite. Qui plantavit aurem non audiet: aut qui finxit oculum non considerat. Qui corripit gentes non arguet qui docet hominem scientiam. Dominus scit[6] cogitationes hominum: quoniam vane sunt. Beatus homo quem tu erudieris domine: et de lege tua docueris eum. Ut mitiges eum[7] a diebus malis: donec fodiatur peccatori fovea. Quia non repellet dominus plebem suam: et hereditatem suam non derelinquet. Quoadusque justitia convertatur in judicium: et qui juxta illam omnes qui recto sunt corde. Quis consurget mihi adversus malignantes: aut quis stabit mecum adversus operantes iniquitatem. Nisi quia dominus adjuvit me: paulominus habitasset in inferno anima mea. Si dicebam motus est pes meus: misericordia tua domine adjuvabit[8] me. Secundum multitudinem dolorum meorum in corde meo: consolationes tue letificaverunt animam meam. Nunquid adheret tibi sedes iniquitatis: qui fingis dolorem[9] in precepto. Captabunt in animam justi: et sanguinem innocentem condemnabunt. Et factus est mihi dominus in refugium: et deus meus in adjutorium spei

---

[1] 'Gloria patri. AÑ. Bonum est confiteri domino. AÑ. Metuant dominum omnes fines terre. ps. Deus deus meus. etc. ps. Deut. 32' add: E.G.
[2] ps. 92: E.G. xcij.: S.
[3] 'Non dicitur ad nocturnum iste ps. 92.

Dominus regnavit decorem' add: E.G.
[4] 'Gloria patri' add: E.G.
[5] ps. 93: E.G. xciij.: S.
[6] sit: W.   [7] ei: E.G.
[8] adjuvabat: E.G.
[9] pro 'dolorem' laborem: E.G.

FERIA SEXTA

mee. *Et* reddet illis iniquitatem ipsorum et in malicia eorum disperdet eos: disperdet illos dominus deus noster.[1] *Añ.* Benedictus dominus in eternum.[2] *Ps.*[3]

*V*enite exultemus domino: jubilemus deo salutari nostro. *P*reoccupemus faciem ejus in confessione: et in psalmis jubilemus ei. *Q*uoniam deus magnus dominus: et rex magnus super omnes deos. *Q*uia in manu ejus sunt omnes fines terre: et altitudines montium ipsius sunt. *Q*uoniam ipsius est mare et ipse fecit illud: et siccam manus ejus formaverunt. *V*enite adoremus et procidamus et ploremus ante dominum qui fecit nos: quia ipse est[4] deus noster. *E*t nos populus pascue ejus: et oves manus ejus. *H*odie si vocem ejus audieritis: nolite obdurare corda vestra. *S*icut in irritatione: secundum diem tentationis in deserto. *U*bi tentaverunt me patres vestri: probaverunt et viderunt opera mea. *Q*uadraginta annis offensus fui generationi illi: et dixi semper[5] errant corde. *E*t isti non cognoverunt vias meas: ut juravi in ira mea: si intrabunt[6] in requiem meam. *ps.*[7]

*C*antate domino canticum novum: cantate domino omnis terra. *C*antate domino et benedicite nomini ejus: annunciate de die in diem salutare ejus. *A*nnunciate inter gentes gloriam ejus: in omnibus populis mirabilia ejus. *Q*uoniam magnus dominus et lauabilis nimis: terribilis est super omnes deos. *Q*uoniam omnes dii gentium demonia: dominus autem celos fecit. *C*onfessio et pulchritudo in conspectu ejus: sanctimonia et magnificentia in sanctificatione ejus. *A*fferte domino patrie gentium afferte domino gloriam et honorem: afferte domino gloriam nomini ejus. *T*ollite hostias et introite in atria ejus: adorate dominum in atrio sancto ejus. *C*ommoveatur a facie ejus universa terra: dicite in gentibus quia dominus regnavit. *E*tenim correxit orbem terre qui non commovebitur: judicabit populos in equitate. *L*etentur celi et exultet terra commoveatur mare et plenitudo ejus: gaudebunt campi et omnia que in eis sunt. *T*unc exultabunt omnia ligna silvarum a facie domini: quia venit quoniam venit judicare terram. *J*udicabit orbem terre in equitate: et populos in veritate sua. *ps.*[8]

*D*ominus regnavit exultet terra: letentur insule multe. *N*ubes et caligo in circuitu ejus: justitia et judicium correctio sedis ejus. *I*gnis ante ipsum procedet[9]: et inflammabit in circuitu inimicos ejus. *A*lluxerunt fulgura ejus orbi terre: vidit et commota est terra. *M*ontes sicut cera fluxerunt a facie domini: a facie domini omnis terra. *A*nnunciaverunt celi justitiam

---

[1] '*Gloria patri*' add: S.
[2] '*Non dicitur ad nocturnum iste psalmus*' add: E.G.
[3] *Ps.* 94: E.G. xciiij.: S.
[4] '*dominus*' add: W.S.
[5] 'hi' add: E.G.
[6] introibunt: E.G.
[7] *ps.* 95: E.G. xcv.: S.
[8] *ps.* 96: E.G. xcvj.: S.
[9] precedet S.

ejus: et viderunt omnes populi gloriam ejus. Confundantur omnes qui adorant sculptilia: et qui gloriantur in simulachris suis. Adorate eum omnes angeli ejus: audivit et letata est syon. Et exultaverunt filie jude: propter judicia tua domine. Quoniam tu dominus altissimus super omnem terram: nimis exaltatus es super omnes deos. Qui diligitis dominum odite malum: custodit dominus animas sanctorum suorum de manu peccatoris liberabit eos. Lux orta est justo: et rectis corde leticia. Letamini justi in domino: et confitemini memorie sanctificationis ejus.[1] *Añ.* Cantate domino et benedicite nomini ejus. ℣ Intret in conspectu tuo domine oratio mea.[2] *Re.*[3] Inclina aurem tuam ad precem meam.[4] ℣ Fiat misericordia tua.

In laudibus añ. Sacrificium deo spiritus contribulatus. *ps.* Miserere. *Añ.* In veritate tua exaudi me domine. *ps.* Domine exaudi orationem (*ij.*) *añ.* Illumina domine vultum tuum super nos. *ps.* Deus deus meus. *Ps.*[5]

Domine audivi: auditionem[6] tuam et timui. Domine opus tuum: in medio annorum vivifica illud. In medio annorum notum facies: cum iratus fueris misericordie recordaberis. Deus ab austro veniet: et sanctus de monte pharan. Operuit celos gloria ejus: et laudis ejus plena est terra. Splendor ejus ut lux erit: cornua in manibus ejus. Ibi abscondita est fortitudo ejus: ante faciem ejus ibit mors. Egredietur dyabolus ante pedes ejus: stetit et mensus est terram. Aspexit et dissolvit gentes: et contriti sunt montes seculi. Incurvati sunt colles mundi: ab itineribus eternitatis ejus. Pro iniquitate vidi[7] tentoria ethyopie: turbabuntur pelles terre madian. Nunquid in fluminibus iratus es domine: aut in fluminibus furor tuus: vel in mari indignatio tua. Qui ascendes super equos tuos: et quadrige tue salvatio. Suscitans suscitabis arcum tuum: juramenta tribubus que locutus es. Fluvios scindes terre: viderunt te[8] et doluerunt montes gurges aquarum transiit. Dedit abyssus vocem suam: altitudo manus suas levavit. Sol et luna steterunt in habitaculo suo: in luce sagittarum tuarum ibunt in splendore fulgurantis haste tue. In fremitu conculcabis terram: in furore obstupefacies gentes. Egressus es in salutem populi tui: in salutem cum Christo tuo. Percussisti caput de domo impii: denudasti fundamentum[9] usque ad collum. Maledixisti sceptris ejus capiti bellatorum ejus: venientibus ut turbo ad dispergendum me. Exultatio eorum: sicut ejus qui devorat pauperem in abscondito. Viam fecisti in mari equis tuis: in luto aquarum multarum. Audivi et conturbatus

---

[1] 'Gloria patri' add: E.G.S.
[2] oratio mea in consp. tuo dom.: E.G.
[3] *Re. om.*: S.
[4] '*Ante laudes*' add: E.G.
[5] '*Abacuch 3*' add: E.G. '*Canticum Abacuh iij.*': S.
[6] auditum: W.S.
[7] pro 'vidi' mundi: S.
[8] 'te' om.: S.
[9] 'ejus' add: G.

est venter meus : a voce contremuerunt labia mea. *I*ngrediatur putredo in ossibus meis : et subter me scateat. *U*t requiescam in die tribulationis : et ascendam ad populum accinctum nostrum. *F*icus enim non florebit : et non erit germen in vineis. *M*entietur opus olive : et arva non afferent cibum. *A*bscindetur[1] de ovili[2] pecus : et non erit armentum in presepibus. *E*go autem in domino gaudebo : et exultabo in deo Jesu meo. *D*eus dominus fortitudo mea : et ponet pedes meos quasi cervorum. *E*t super excelsa mea deducet me victor : in psalmis canentem.[3] *A*ñ. Domine audivi auditum tuum et timui. *A*ñ. In tympano et choro in chordis et organo laudate deum. *ps̄*. Laudate. *Capit*. Vigilate.[4] *Hymnus*.

*E*terna celi gloria[5] beata spes mortalium. celsi tonantis unice casteque proles virginis. *D*a dexteram surgentibus exurgat et mens sobria flagransque in laudem dei grates rependat debitas. *O*rtus refulget lucifer sparsamque lucem nunciat cadat[6] caligo noctium lux sancta nos illuminet. *M*anensque nostris sensibus noctem repellat seculi omnique fine diei purgata servet pectora. *Q*uesita jam primum fides radicet altis sensibus : secunda spes congaudeat et[7] major extat caritas. *D*eo patri. ℣ In matutinis. *A*ñ. Per viscera misericordie dei nostri : in quibus visitavit nos oriens ex alto. *Ps̄*. Benedictus.

Sabbato ad matutinas.
Invitatorium. Dominum deum nostrum. Venite adoremus. *ps̄*. Venite.[8] *Hymnus*.

*S*umme deus clementie mundique factor machine unus potentialiter trinusque personaliter. *N*ostros pios[9] cum canticis fletus benigne suscipe quo corde puro sordibus te perfruamur largius. *L*umbos jecurque morbidum adure igni[10] congruo accincti ut sint perpetim luxu remoto pessimo. *U*t quique horas noctium nunc concinnendo[11] rumpimus donis beate patrie ditemur omnes affatim. Presta pater. *Ps̄*.[12]

*C*antate domino canticum novum : quia mirabilia fecit. *S*alvavit sibi dextera ejus : et brachium sanctum ejus. *N*otum fecit dominus salutare suum : in conspectu gentium revelavit justitiam suam. *R*ecordatus est misericordie sue : et veritatis sue domui israel. *V*iderunt omnes termini terre salutare dei nostri : jubilate deo omnis terra : cantate et exultate et psallite. *P*sallite domino in cythara in cythara et voce psalmi : in tubis ductilibus et voce tube cornue.[13] *J*ubilate in conspectu regis domini : moveatur mare et plenitudo ejus : orbis terrarum et qui

---

[1] Abscidetur : E.G.W.S.
[2] pro 'ovili' oculi : E.
[3] 'Gloria patri' add : E.G.S.
[4] 'A Domine ne in ira *usque ad quadragesimam quando de sexta feria agitur dicitur ad laudes sequens Hymnus*' add : E.G.
[5] Eterna Christi munera : E.G.
[6] cadit : E.G.
[7] pro 'et' quo : E.G.
[8] 'A Domine ne in ira *usque ad quadragesimam quando de sabbato agitur dicitur ad matutinas sequens Hymnus*' add : G.
[9] pius : E.G.   [10] igne : E.G.
[11] concinendo : G.S.
[12] *ps̄*. 97 : E.G.   xcvij. : S.
[13] cornee : S.

AD MATUTINAS.

habitant in eo. Flumina plaudent manu simul : montes exaltabunt a conspectu domini quoniam venit judicare terram. Judicabit orbem terrarum in justicia : et populos in equitate.

Dominus regnavit [*Psalmus.*[1] irascantur populi : qui sedes super cherubim moveatur terra. Dominus in syon magnus : et excelsus super omnes populos. Confiteantur nomini tuo magno quoniam terribile et sanctum est : et honor regis judicium diligit. Tu parasti directiones : judicium et justitiam in jacob tu fecisti. Exaltate dominum deum nostrum : et adorate scabellum pedum ejus : quoniam sanctum est. Moyses et aaron in sacerdotibus ejus : et samuel inter eos qui invocant nomen ejus. Invocabant dominum et ipse exaudiebat eos : in columna nubis loquebatur ad eos. Custodiebant testimonia ejus : et preceptum quod dedit illis. Domine deus noster tu exaudiebas eos : deus tu propicius fuisti eis : et ulciscens in omnes adinventiones eorum. Exaltate dominum deum nostrum : et adorate in monte sancto ejus : quoniam sanctus dominus deus noster.[2] *An.* Quia mirabilia fecit dominus. *Ps.*[3]

Jubilate deo omnis terra : servite deo[4] in letitia. Introite in conspectu ejus : in exultatione. Scitote quoniam dominus ipse est deus : ipse fecit nos et non ipsi nos. Populus ejus et oves pascue ejus introite portas ejus in confessione : atria ejus in hymnis confitemini illi. Laudate nomen ejus quoniam suavis est dominus : in eternum misericordia ejus et usque in generatione et generationem veritas ejus.

Misericordiam et judi- [*Ps.*[5] cium cantabo tibi domine : psallam et intelligam in via immaculata quando venies ad me. Perambulabam in innocentia cordis mei : in medio domus mee. Non proponebam ante oculos meos rem injustam : facientes prevaricationes odivi. Non adhesit mihi cor pravum : declinantem a me malignum non cognoscebam. Detrahentem secreto proximo suo : hunc persequebar. Superbo oculo et insatiabili corde : cum hoc non edebam. Oculi mei ad fideles terre ut sedeant mecum : ambulans in via immaculata hic[6] mihi ministrabat. Non habitabit in medio domus mee qui facit superbiam : qui loquitur iniqua non direxit in conspectu oculorum meorum. In matutino interficiebam omnes peccatores terre : ut disperderem de civitate domini omnes operantes iniquitatem.[7] *An.* Jubilate deo omnis terra. *Ps.*[8]

Domine exaudi orationem meam : et clamor meus ad te veniat. Non avertas faciem tuam a me : in quacunque die tribulor inclina ad me aurem tuam. In quacunque die invocavero te : velociter exaudi me. Quia defecerunt sicut fumus dies mei : et ossa mea sicut cremium aruerunt. Percussus sum ut fenum et aruit cor meum : quia

---

[1] *ps.* 98 : *E.G.* xcviij. : *S.*
[2] 'Gloria patri' add : *E.G.*
[3] *ps.* 99 : *E.G.* xcix. : *S.* [4] domino : *E.G.S.* [5] *ps.* 100 : *E.G.* c. : *S.*
[6] hec : *W.* [7] 'Gloria patri' add : *E.G.* [8] *ps.* 101 : *E.G.* cj. : *S.*

oblitus sum comedere panem meum. *A* voce gemitus mei: adhesit os meum carni mee. *S*imilis factus sum pellicano solitudinis¹: factus sum sicut nicticorax² in domicilio. *V*igilavi: et factus sum sicut passer solitarius in tecto. *T*ota die exprobabant³ mihi inimici mei: et qui laudabant me adversum me jurabant. *Q*uia cinerem tanquam panem manducabam: et potum meum cum fletu miscebam. *A* facie ire indignationis tue: quia elevans allisisti me. *D*ies mei sicut umbra declinaverunt: et ego sicut fenum arui. *T*u autem domine in eternum permanes: et memoriale tuum in generatione⁴ et generationem. *T*u exurgens⁵ misereberis syon: quia tempus miserendi ejus quia venit tempus. *Q*uoniam placuerunt servis tuis lapides ejus: et terre ejus miserebuntur. *E*t timebunt gentes nomen tuum domine: et omnes reges terre gloriam tuam. *Q*uia edificavit dominus syon: et videbitur in gloria sua. *R*espexit in orationem humilium: et non sprevit precem eorum. *S*cribantur hec in generatione altera: et populus qui creabitur laudavit⁶ dominum. *Q*uia prospexit de excelso sancto suo: dominus de celo in terram aspexit. *U*t audiret gemitus compeditorum: ut solveret filios interemptorum. *U*t annuncient in syon nomen domini: et laudem ejus in hierusalem. *I*n conveniendo populos in unum: et reges ut serviant domino. *R*espondit ei in via virtutis sue: paucitatem dierum meorum nuncia mihi. *N*e revoces me in dimidio dierum meorum: in generatione et generationem anni tui. *I*nitio tu domine terram fundasti: et opera manuum tuarum sunt celi. *I*psi peribunt tu autem permanes: et omnes sicut vestimentum veterascent. *E*t sicut opertorium mutabis eos et mutabuntur: tu autem idem ipse es et anni tui non deficient. *F*ilii servorum tuorum habitabunt: et semen eorum in seculum dirigetur.

*B*enedic anima mea [*Psalmus*.⁷ domino: et omnia que intra me sunt nomini sancto ejus. *B*enedic anima mea domino: et noli oblivisci omnes retributiones ejus. *Q*ui propiciatur omnibus iniquitatibus tuis: qui sanat omnes infirmitates tuas. *Q*ui redimit de interitu vitam tuam: qui coronat te in misericordia et miserationibus. *Q*ui replet in bonis desiderium tuum: renovabitur ut aquile juventus tua. *F*aciens misericordias dominus: et judicium omnibus injuriam patientibus. *N*otas fecit vias suas moysi: filiis israel voluntates suas. *M*iserator et misericors dominus: longanimis et multum misericors. *N*on in perpetuum⁸ irascetur: neque in eternum comminabitur. *N*on secundum peccata nostra fecit nobis: neque secundum iniquitates nostras retribuit nobis.

---

¹ 'et' add: E.G.
² nycticorax: G.
³ exprobrahant: E.G.
⁴ 'generatione' bis: S.
⁵ 'domine' add: E.G.W.
⁶ laudabit: G.S.
⁷ *ps*. 102: E.G. *cij*.: S.
⁸ imperpetuum: E.

AD MATUTINAS.

Quoniam secundum altitudinem celi a terra: corroboravit misericordiam suam super timentes se. Quantum distat ortus ab occidente: longe fecit a nobis iniquitates nostras. Quomodo miseretur pater filiorum: misertus est dominus timentibus se: quoniam ipse cognovit figmentum nostrum. Recordatus est quoniam pulvis sumus: homo sicut fenum: dies ejus tanquam flos agri sic efflorebit. Quoniam spiritus pertransibit in illo et non subsistet: et non cognoscet amplius locum suum. Misericordia autem domini ab eterno et usque in eternum: super timentes eum. Et justitia illius in filios filiorum: his qui servant testamentum ejus. Et memores sunt mandatorum ipsius: ad faciendum ea. Dominus in celo paravit sedem suam: et regnum ipsius omnibus dominabitur. Benedicite domino omnes angeli ejus: potentes virtute facientes verbum illius: ad audiendam vocem sermonum ejus. Benedicite domino omnes virtutes ejus: ministri ejus qui facitis voluntatem ejus. Benedicite domino omnia opera ejus: in[1] loco dominationis ejus: benedic anima mea domino.[2] Añ. Clamor meus ad te veniat deus. ps.[3]

Benedic anima mea domino: domine deus meus[4] magnificatus es vehementer. Confessionem et decorem induisti: amictus lumine sicut vestimento. Extendens celum sicut pellem: qui tegis aquis superiora ejus. Qui ponis nubem ascensum tuum: qui ambulas super[5] pennas ventorum. Qui facis angelos tuos spiritus: et ministros tuos ignem urentem. Qui fundasti terram super stabilitatem suam: non inclinabitur in seculum seculi. Abyssus sicut vestimentum amictus ejus: super montes stabunt aque. Ab increpatione tua fugient: a voce tonitrui tui formidabunt. Ascendunt montes et descendunt campi: in locum quem fundasti eis. Terminum posuisti quem non transgredientur: neque convertentur operire terram. Qui emittis fontes in convallibus: inter medium[6] montium pertransibunt aque. Potabunt omnes bestie agri: expectabunt onagri in siti sua. Super ea volucres celi habitabunt: de medio petrarum dabunt voces. Rigans montes de superioribus suis: de fructu operum tuorum satiabitur terra. Producens fenum jumentis: et herbam servituti hominum. Ut educas panem de terra: et vinum letificet cor hominis. Ut exhilaret faciem in oleo: et panis cor hominis confirmet. Saturabuntur ligna campi et cedri libani quas plantavit: illic passeres nidificabunt. Herodii domus dux est eorum: montes excelsi cervis: petra refugium herinaciis. Fecit lunam in tempora: sol cognovit occasum suum. Posuisti tenebras et facta est nox: in ipsa pertransibunt omnes bestie silve. Catuli leonum rugientes ut rapiant: et querant a deo

---

[1] 'omni' add: E.G.
[2] 'Gloria patri' add: E.G.S.
[3] ps. 103: E.G. ciij.: S.
[4] 'meus' bis: Y.
[5] pro 'super' sub: S.
[6] intermedium: W.

escam sibi. *O*rtus est sol et congregati sunt: et in cubilibus suis collocabuntur. *E*xibit homo ad opus suum: et[1] ad operationem suam usque ad vesperam. *Q*uam magnificata sunt opera tua domine: omnia in sapientia fecisti: impleta est terra possessione tua. *H*oc mare magnum et spaciosum manibus: illic reptilia quorum non est numerus. *A*nimalia pusilla cum magnis: illic naves pertransibunt. *D*raco iste quem formasti ad illudendum ei: omnia a te expectant ut des illis escam in tempore. *D*ante te illis colligent: aperiente te manum tuam: omnia implebuntur bonitate. *A*vertente autem te faciem turbabuntur: auferes spiritum eorum et deficient: et in pulverem suum revertentur. *E*mitte spiritum tuum et creabuntur: et renovabis faciem terre. *S*it gloria domini in seculum: letabitur dominus in operibus suis. *Q*ui respicit terram et facit eam tremere: qui tangit montes et fumigant. *C*antabo domino in vita mea: psallam deo meo quamdiu sum. *J*ocundum sit ei eloquium meum: ego vero delectabor in domino. *D*eficiant peccatores a terra: et iniqui ita ut non sint: benedic anima mea domino. *Psalmus.*[2]

*C*onfitemini domino et invocate nomen ejus: annunciate inter gentes opera ejus. *C*antate ei et psallite ei: narrate omnia mirabilia ejus laudamini in nomine sancto ejus. *L*etetur cor querentium dominum: querite dominum et confirmamini[3] querite faciem ejus semper. *M*ementote mirabilium ejus que fecit: prodigia ejus et judicia oris ejus. *S*emen abraham servi ejus: filii jacob electi ejus. *I*pse dominus deus noster: in universa terra judicia ejus. *M*emor fuit in seculum testamenti sui: verbi quod mandavit in mille generationes. *Q*uod disposuit ad abraham: et juramenti sui ad ysaac. *E*t statuit illud jacob in preceptum: et israel in testamentum eternum. *D*icens tibi dabo terram chanaan: funiculum hereditatis vestre. *C*um essent numero brevi: paucissimi et incole ejus. *E*t pertransierunt de gente in gentem: et de regno ad populum alterum. *N*on reliquit hominem nocere eis: et corripuit pro eis reges. *N*olite tangere christos meos: et in prophetis meis nolite malignari. *E*t vocavit famem super terram: et omne firmamentum panis contrivit. *M*isit ante eos virum: in servum venundatus est joseph. *H*umiliaverunt in compedibus pedes ejus: ferrum pertransiit animam ejus: donec veniret verbum ejus. *E*loquium domini inflammavit eum: misit rex et solvit eum: princeps populorum et dimisit eum. *C*onstituit eum dominum domus sue: et principem omnis possessionis sue. *U*t erudiret principes ejus sicut semetipsum: et senes ejus prudentiam doceret. *E*t intravit israel in egyptum: et jacob accola fuit in terra cham. *E*t auxit populum suum vehementer: et firmavit eum super inimicos ejus.

---

[1] 'et' om. S.   [2] *ps.* 104 *E.G. ciiij.*: S.   [3] confitemini: W.

Convertit cor eorum ut odirent populum ejus: et dolum facerent in servos ejus. Misit moysen servum[1]: aaron quem elegit ipsum. Posuit in eis verba signorum suorum: et prodigiorum in terra cham. Misit tenebras et obscuravit: et non exacerbavit sermones suos. Convertit aquas eorum in sanguinem: et occidit pisces eorum.[2] Edidit terra eorum ranas: in penetralibus regum ipsorum. Dixit et venit cynomia[3] et ciniphes[4]: in omnibus finibus eorum. Posuit pluvias eorum grandinem: ignem comburentem in terra ipsorum. Et percussit vineas eorum et ficulneas eorum: et contrivit lignum finium eorum. Dixit et venit locusta: et brucus[5] cujus non erat numerus. Et comedit omne fenum in terra eorum: et comedit omnem fructum terre[6] eorum. Et percussit omne primogenitum in terra eorum: primitias omnis laboris eorum. Et eduxit eos cum argento et auro: et non erat in tribubus eorum infirmus. Letata est egyptus in profectione eorum: quia incubuit timor eorum super eos. Expandit nubem in protectionem eorum: et ignem ut luceret eis per noctem. Petierunt et venit coturnix: et pane celi saturavit eos. Dirupit petram et fluxerunt aque: abierunt in sicco flumina. Quoniam memor fuit verbi sancti sui: quod habuit ad abraham puerum suum. Et eduxit populum suum in exultatione: et electos suos in leticia. Et dedit illis regiones gentium: et labores populorum possederunt. Ut custodiant justificationes ejus: et legem ejus exquirant.[7] Añ. Benedic anima mea domino. ps.[8] Confitemini domino quoniam bonus: quoniam in seculum misericordia ejus. Quis loquetur potentias domini: auditas faciet omnes laudes ejus. Beati qui custodiunt judicium: et faciunt justitiam in omni tempore. Memento nostri domine in beneplacito populi tui: visita nos in salutari tuo. Ad videndum in bonitate electorum tuorum: ad letandum in leticia gentis tue: ut lauderis cum hereditate tua. Peccavimus cum patribus nostris: injuste egimus iniquitatem fecimus. Patres nostri in egypto non intellexerunt mirabilia tua: non fuerunt memores multitudinis misericordie tue. Et irritaverunt ascendentes in mare mare rubrum: et salvavit eos propter nomen suum: ut notam faceret potentiam suam. Et increpuit mare rubrum et exsiccatum[9] est: et deduxit eos in abyssis sicut in deserto. Et salvavit eos de manu odientium: et redemit eos de manu inimici. Et operuit aqua tribulantes eos: unus ex eis non remansit. Et crediderunt in verbis ejus: et laudaverunt laudem ejus. Cito fecerunt obliti sunt operum ejus:[10] non sustinuerunt consilium ejus. Et concupierunt concupiscentiam in deserto: et tentaverunt deum

---

[1] 'suum' add: S.
[2] 'Et' add: E.G.
[3] cynomyia: G.
[4] cyniphes: G.W.S.
[5] bruchus: W.S.
[6] 'terre' om.: E.
[7] 'Gloria patri' add: E.G.S.
[8] ps. 105: E.G. ciiij. (sic) · S.
[9] exiccatum: S.
[10] 'et' add: E.G.

in inaquoso. *Et* dedit eis petitionem ipsorum : et misit saturitatem in animas eorum. *Et* irritaverunt moysen in castris : aaron sanctum domini. *Aperta* est terra et deglutivit dathan : et operuit super congregationem abyron.[1] *Et* exarsit ignis in synagoga eorum : flamma combussit peccatores. *Et* fecerunt vitulum in horeb : et adoraverunt sculptile. *Et* mutaverunt gloriam suam :[2] in similitudinem vituli comedentis fenum. *Obliti* sunt deum qui salvavit eos : qui fecit magnalia in egypto : mirabilia in terra cham terribilia in mari rubro. *Et* dixit ut disperderet eos : si non moyses electus ejus stetisset in confractione in conspectu ejus. *Ut* averteret iram ejus ne disperderet eos : et pro nihilo habuerunt terram desiderabilem. *Non* crediderunt verbo ejus : et murmuraverunt in tabernaculis suis : non exaudierunt vocem domini. *Et* elevavit[3] manum suam super eos : ut prosterneret eos in deserto. *Et* ut dejiceret semen eorum in nationibus : et disperderet eos in regionibus. *Et* initiati sunt beelphegor : et comederunt sacrificia mortuorum. *Et* irritaverunt eum in adinventionibus suis : et multiplicata est in eis ruina. *Et* stetit phinees et placavit : et cessavit quassatio. *Et* reputatum est ei in[4] justitiam : a generatione in generationem[5] usque in sempiternum. *Et* irritaverunt eum ad aquas contradictionis : et vexatus est moyses propter eos : quia exacerbaverunt spiritum ejus. *Et* distinxit in labiis suis : non disperdiderunt gentes quas dixit dominus illis. *Et* commixti sunt inter gentes et didicerunt opera eorum : et servierunt sculptilibus eorum : et factum est illis in scandalum. *Et* immolaverunt filios suos : et filias suas demoniis. *Et* effuderunt sanguinem innocentem : sanguinem filiorum suorum et filiarum suarum : quas sacrificaverunt sculptilibus chanaan. *Et* interfecta[6] est terra in sanguinibus : et contaminata est in operibus eorum et fornicati sunt in adinventionibus suis. *Et* iratus est furore dominus in populum suum : et abominatus est hereditatem suam. *Et* tradidit eos in manus gentium : et dominati sunt eorum qui oderunt eos. *Et* tribulaverunt eos inimici eorum et humiliati sunt sub manibus eorum : sepe liberavit eos. *Ipsi* autem exacerbaverunt eum in consilio suo : et humiliati sunt in iniquitatibus suis. *Et* vidit cum tribularentur : et audivit orationem eorum. *Et* memor fuit testamenti sui : et penituit eum secundum multitudinem misericordie sue. *Et* dedit eos in misericordias : in conspectu omnium qui ceperant eos. *Salvos* fac nos domine deus noster : et congrega nos de nationibus. *Ut* confiteamur nomini sancto tuo : et gloriemur in laude tua. *Benedictus* dominus deus israel a seculo et usque in seculum : et dicet omnis populus fiat fiat.

*C*onfitemini domino [*Psalmus.*[7] quoniam bonus : quoniam in

---

[1] abiron : G.W. [2] 'et' add : W.
[3] levavit : S. [4] pro 'in' ad : G.
[5] in generatione et generationem : E.G.
[6] infecta : E. [7] *ps.* 106 : *E.G. cvj.* : S.

seculum misericordia ejus. Dicant qui redempti sunt a domino: quos[1] redemit de manu inimici: de regionibus congregavit eos. A solis ortu et occasu: ab aquilone et mari. Erraverunt in solitudine in inaquoso: viam civitatis habitaculi non invenerunt. Esurientes et sitientes: anima eorum in ipsis defecit. Et clamaverunt ad dominum cum tribularentur: et de necessitatibus eorum eripuit eos. Et deduxit eos in viam rectam: ut irent in civitatem habitationis. Confiteantur domino misericordie ejus: et mirabilia ejus filiis hominum. Quia satiavit animam inanem: et animam esurientem satiavit bonis. Sedentes in tenebris et umbra mortis: vinctos in mendicitate et ferro. Quia exacerbarunt eloquia dei: et consilium altissimi irritaverunt. Et humiliatum est in laboribus cor eorum: et infirmati sunt nec fuit qui adjuvaret. Et clamaverunt ad dominum cum tribularentur: et de necessitatibus eorum liberavit eos. Et eduxit eos de tenebris et umbra mortis: et vincula eorum dirupit. Confiteantur domino misericordie ejus: et mirabilia ejus filiis hominum. Quia contrivit portas ereas: et vectes ferreos confregit. Suscepit eos de via iniquitatis eorum: propter injustitias enim suas humiliati sunt. Omnem escam abominata est anima eorum: et appropinquaverunt usque ad portas mortis. Et clamaverunt ad dominum cum tribularentur: et de necessitatibus eorum liberavit eos. Misit verbum suum et sanavit eos: et eripuit eos de interitionibus eorum. Confiteantur domino misericordie ejus: et mirabilia ejus filiis hominum. Et sacrificent sacrificium laudis et annuncient opera ejus in exultatione. Qui descendunt mare in navibus: facientes operationem in aquis multis. Ipsi viderunt opera domini: et mirabilia ejus in profundo. Dixit et stetit spiritus procelle: et exaltati sunt fluctus ejus. Ascendunt usque ad celos et descendunt usque ad abyssos: anima eorum in malis tabescebat. Turbati sunt et moti sunt sicut ebrius: et omnis sapientia eorum devorata est. Et clamaverunt ad dominum cum tribularentur: et de necessitatibus eorum eduxit eos. Et statuit procellam ejus in auram: et siluerunt fluctus ejus. Et letati sunt quia siluerunt: et deduxit eos in portam voluntatis eorum. Confiteantur domino misericordie ejus: et mirabilia ejus filiis hominum. Et exaltent eum in ecclesia plebis: et in cathedra seniorum laudent eum. Posuit flumina in desertum: et exitus aquarum in sitim. Terram fructiferam in salsuginem: a malicia inhabitantium in ea. Posuit desertum in stagna aquarum: et terram sine aqua in exitus aquarum. Et collocavit illic esurientes: et constituerunt civitatem habitationis. Et seminaverunt agros et plantaverunt vineas: et fecerunt fructum nativitatis. Et benedixit eis et multiplicati sunt

---

[1] 'quos' om.: S.

nimis: et jumenta eorum non minoravit. *E*t pauci facti sunt: et vexati sunt a tribulatione malorum et dolore. *E*ffusa est contentio super principes: et errare fecit eos in invio et non in via. *E*t adjuvit pauperem de inopia: et posuit sicut oves familias. *V*idebunt recti et letabuntur: et omnis iniquitas opilabit[1] os suum. *Q*uis sapiens et custodiet hec: et intelliget misericordias domini.[2] *A ñ.* Visita nos domine in salutari tuo. *ps.*[3] *P*aratum cor meum deus paratum cor meum: cantabo et psallam in gloria mea. *E*xurge psalterium et cythara: exurgam diluculo. *C*onfitebor tibi in populis domine: et psallam tibi in nationibus. *Q*uia magna est super celos misericordia tua: et usque ad nubes veritas tua. *E*xaltare super celos deus: et super omnem terram gloria tua: ut liberentur dilecti tui. *S*alvum fac dextera tua et exaudi me: deus locutus est in sancto suo. *E*xultabo et dividam sichimam[4]: et convallem tabernaculorum dimetiar. *M*eus est galaad et meus est manasses: et ephraim[5] susceptio capitis mei. *J*uda rex meus: moab lebes spei mee. *I*n idumeam extendam calciamentum meum: mihi alienigene amici facti sunt. *Q*uis deducet me in civitatem munitam. quis deducet me usque in idumeam. *N*onne tu deus qui repulisti nos: et non exibis deus in virtutibus nostris. *D*a nobis auxilium de tribulatione: quia vana salus hominis. *I*n deo faciemus virtutem: et ipse ad nihilum deducet inimicos nostros. *Psalmus.*[6] *D*eus laudem meam ne tacueris: quia os peccatoris et os dolosi super me apertum est. *L*ocuti sunt adversum me lingua dolosa: et sermonibus odii circundederunt me: et expugnaverunt me gratis. *P*ro eo ut me diligerent detrahebant mihi: ego autem orabam. *E*t posuerunt adversum me mala pro bonis: et odium pro dilectione mea. *C*onstitue super eum peccatorem: et dyabolus stet a dextris ejus. *C*um judicatur exeat condemnatus: et oratio ejus fiat in peccatum. *F*iant dies ejus pauci: et episcopatum ejus accipiat[7] alter. *F*iant filii ejus orphani: et uxor ejus vidua. *N*utantes transferantur filii ejus et mendicent: ejiciantur de habitationibus suis. *S*crutetur fenerator omnem substantiam ejus: et diripiant alieni labores ejus. *N*on sit illi adjutor: nec sit qui misereatur pupillis ejus. *F*iant nati ejus in interitum: in generatione una deleatur nomen ejus. *I*n memoriam redeat iniquitas patrum ejus in conspectu domini: et peccatum matris ejus non deleatur. *F*iant contra dominum semper et dispereat de terra memoria eorum: pro eo quod non est recordatus facere misericordiam. *E*t persecutus est hominem inopem et mendicum: et compunctum corde

---

[1] oppilabit: W.
[2] 'Gloria patri' add: E. G S.
[3] *ps.* 107: *E.G.* *cvij.*: S.
[4] sicchimam: W.
[5] effraim: S.
[6] *ps.* 108: *E.G.* *cviij.*: S.
[7] acipiat: W.

mortificare. *Et* dilexit maledictionem et veniet ei: et noluit benedictionem et elongabitur ab eo. *Et* induit maledictionem sicut vestimentum: et intravit sicut aqua in interiora ejus: et sicut oleum in ossibus ejus. *F*iat ei sicut vestimentum quo operitur: et sicut zona qua semper precingitur. *H*oc opus eorum qui detrahunt mihi apud dominum: et qui loquuntur mala adversus animam meam. *E*t tu domine domine[1] fac mecum propter nomen tuum: quia suavis est misericordia tua. *L*ibera me quia egenus et pauper ego sum: et cor meum conturbatum est intra me. *S*icut umbra cum declinat ablatus sum: et excussus sum[2] sicut locuste. *G*enua mea infirmata sunt a jejunio: et caro mea immutata est propter oleum. *E*t ego factus sum opprobrium illis: viderunt me et moverunt capita sua. *A*djuva me domine deus meus: salvum me fac secundum misericordiam tuam. *E*t sciant[3]: quia manus tua hec: et tu domine fecisti eam. *M*aledicent illi et tu benedices: qui insurgunt in me confundantur: servus autem tuus letabitur. *I*nduiantur qui detrahunt mihi pudore: et operiantur sicut diployde confusione sua. *C*onfitebor domino nimis in ore meo: et in medio multorum laudabo eum. *Q*ui astitit a dextris pauperis: ut salvam faceret a persequentibus animam meam.[4] *Añ.* Confitebor domino nimis in ore meo. *Versiculus.* Domine exaudi orationem meam.[5] Et clamor meus ad te veniat. *Versiculus sacerdotis.*[6] Fiat misericordia tua domine. *In laudibus añ.* Benigne fac in bona voluntate tua domine. *p͞s.* Miserere. *Añ.* Bonum est confiteri domino. *p͞s.* Ipsum. *Añ.* Metuant dominum omnes fines terre. *p͞s.* Deus deus meus. *psalmus.*[7]

*A*udite celi que loquar: audiat terra verba oris mei. Concrescat ut[8] pluvia doctrina mea: fluat ut ros eloquium meum. *Q*uasi imber super herbam et quasi stille super gramina: quia nomen domini invocabo. *D*ate magnificentiam deo nostro: dei perfecta sunt opera et omnes vie ejus judicia. *D*eus fidelis et absque ulla iniquitate justus et rectus: peccaverunt ei et non[9] filii ejus in sordibus. *G*eneratio prava atque perversa: heccine reddis domino popule stulte et insipiens. *N*unquid non ipse est pater tuus qui possedit te: et fecit et creavit te. *M*emento dierum antiquorum: cogita generationes singulas. *I*nterroga patrem tuum et annunciabit tibi: majores tuos et dicent tibi. *Q*uando dividebat altissimus gentes: quando separabat filios adam. *C*onstituit terminos populorum: juxta numerum filiorum israel. *P*ars autem domini populus ejus: jacob funiculus hereditatis ejus. *I*nvenit eum in terra deserta: in loco horroris et vaste

---

[1] 'domine' om.: E.G.
[2] 'sum' om.: W.S.
[3] scient: E.G.
[4] 'Gloria patri' add: E.G.
[5] 'Re.' add: E.G.
[6] pro 'Vers. sacerd.' ante laudes: E.G.
[7] 'p͞s. Deuteronomo 32': E.G. xxxij.: S.
[8] pro 'ut' in: S.
[9] 'non' om.: S.

SABBATO AD LAUDES.

solitudinis. Circunduxit eum et docuit: et custodivit quasi pupillam oculi sui. Sicut aquila provocans ad volandum pullos suos: et super eos volitans. Expandit alas suas et assumpsit eos atque portavit in humeris suis. Dominus solus dux ejus fuit: et non erat cum eo deus alienus. Constituit eum super excelsam terram: ut comederet fructus agrorum. Ut suggeret[1] mel de petra: oleumque de saxo durissimo. Butyrum de armento et lac de ovibus: cum adipe agnorum et arietum filiorum basan. Et hircos cum medulla tritici: et sanguinem uve biberent meracissimum. Incrassatus est dilectus et recalcitravit: incrassatus impinguatus dilatatus. Dereliquit deum factorem suum: et recessit a deo salutari suo. Provocaverunt eum in diis alienis: et in abominationibus ad iracundiam concitaverunt. Immolaverunt demoniis et non deo: diis quos ignorabant. Novi recentesque venerunt: quos non coluerunt patres eorum. Deum qui te genuit dereliquisti: et oblitus es domini creatoris tui. Vidit dominus et ad iracundiam concitatus est: quia provocaverunt eum filii sui et filie. Et ait abscondam faciem meam ab eis: et considerabo novissima eorum. Generatio enim perversa est: et infideles filii. Ipsi me provocaverunt in eo qui non erat deus: et irritaverunt in vanitatibus suis. Et ego provocabo eos in eo qui non est populus: et in gente stulta irritabo illos. Ignis succensus est in furore meo: et ardebit usque ad inferni novissima. Devorabitque terram cum germine suo: et montium fundamenta comburet. Congregabo super eos mala: et sagittas meas complebo in eis. Consumentur fame: et devorabunt eos aves morsu amarissimo. Dentes bestiarum immittam in eos: cum furore trahentium super[2] terram atque serpentium. Foris vastabit eos gladius et intus pavor: juvenem[3] simul ac virginem lactentem cum homine sene. Et dixi ubi nam sunt: cessare faciam ex hominibus memoriam eorum. Sed propter iram inimicorum distuli: ne forte superbirent hostes eorum. Et dicerent manus nostra excelsa: et non dominus fecit hec omnia. Gens absque consilio est et sine prudentia: utinam saperent et intelligerent ac novissima providerent. Quomodo persequebatur unus mille: et duo fugarent decem millia.[4] Nonne ideo quia deus suus vendidit eos: et dominus conclusit illos. Non enim est deus noster ut dii eorum: et inimici nostri sunt judices. De vinea sodomorum vinea eorum: et de suburbanis gomorre. Uva eorum uva fellis: et botri amarissimi. Fel draconum vinum eorum: et venenum aspidum insanabile. Nonne hec condita sunt apud me: et signata in thesauris meis. Mea est ultio et ego retribuam eis in tempore: ut labatur pes eorum. Juxta est dies perditionis: et adesse

---

[1] sugeret: G.W.
[2] pro 'super' sub: W.
[3] 'Juvenem.' Hic novus incipitur versus: E.G.
[4] milia: E.G.W.S.

DOMINICA AD VESPERAS.

festinant tempora. *Judicabit dominus populum suum: et in servis suis miserebitur. Videbit quod infirmata sit manus*[1] *: et clausi quoque defecerunt: residuique consumpti sunt. Et dicent ubi sunt dii eorum: in quibus habebant fiduciam. De quorum victimis comedebant adipes: et bibebant vinum libaminum. Surgant et opitulentur vobis: et in necessitate vos protegant. Videte quod ego sum*[2] *solus: et non sit alius deus preter me. Ego occidam et ego vivere faciam percutiam et ego sanabo: et non est qui de manu mea possit eruere. Levabo ad celum manum meam: et dicam vivo ego in eternum. Si accuero*[3] *ut fulgur gladium meum: et arripuerint judicium manus mee. Reddam ultionem hostibus meis: et his qui oderunt me retribuam. Inebriabo sagittas meas sanguine: et gladius meus devorabit carnes. De cruore occisorum: et de captivitate nudati inimicorum capitis. Laudate gentes populum ejus: quia sanguinem servorum suorum ulciscetur. Et vindictam retribuet in hostes eorum: et*[4] *propitius erit terre populi sui.*[5] *Añ. Et in servis suis dominus miserebitur. Antiphona. In cymbalis bene sonantibus laudate deum.*[6] *ps̄.* Laudate. *Capitulum.* Vigilate.[7] *Hymnus.*

Aurora jam spargit polum
  terris dies illabitur lucis resultat spiculum discedat omne lubricum. Phantasma[8] noctis decidat mentis reatus subruat quicquid tenebris horridum nox attulit culpe cadat. Ut mane illud ultimum quod prestolamur cernui in lucem nobis effluat dum hoc canore concrepat. Deo patri.[9] ⁊ In matutinis. *In evangelio*[10] *añ.* In viam pacis dirige nos domine. *ps̄.* Benedictus.

ℂ *Dicendi*[11] *sunt isti quinque psalmi sequentes cum suis antiphonis vel cum antiphonis alicujus festi quandocunque intitulentur*[12] *psalmi dominicales. Añ.* Dixit dominus. *psalmus.*[13]

Dixit dominus domino meo: sede a dextris meis. Donec ponam inimicos tuos: scabellum pedum tuorum. Virgam virtutis tue emittet dominus ex syon: dominare in medio inimicorum tuorum. Tecum principium in die virtutis tue in splendoribus sanctorum: ex utero ante luciferum genui te. Juravit dominus et non penitebit eum: tu es sacerdos in eternum secundum ordinem melchisedech. Dominus a dextris tuis: confregit in die ire sue reges. Judicabit

---

[1] 'ejus' add: E.G.
[2] sim: E.G.
[3] acuero: G.W.S.
[4] 'et' om.: S.
[5] 'Gloria patri' add: E.G.
[6] pro 'deum' dominum: E.G.
[7] 'Sequens hymnus dicitur solum ad laudes in sabbato proximo ante dominicam primam quadragesime quando in predicto sabbato de feria agitur' add: E. 'A Domine ne in ira usque ad quadragesimam quando de sabbato agitur dicitur ad laudes. Sequens Hymnus' add: G.
[8] Fantasma: G.W.S.
[9] 'Preces etc. Ut supra. Oratio ut decet' add: E.G. 'Per estatem hymnus Ecce jam' add: E.
[10] 'In evang.' om.: G.
[11] A 'Dicendi' usque ad 'dominus' om. omnia: E.G. 'In dominicis diebus. Ad vesperas' add: E.G.
[12] intitulantur: S.
[13] ps̄. 109: E.G. cix.: S.

in nationibus implebit ruinas: conquassabit capita in terra multorum. *D*e torrente in via bibit: propterea exaltavit¹ caput.² *A*ñ. Dixit³ dominus domino meo sede a dextris meis. *A*ñ. Fidelia.⁴   *psalmus*.⁵

*C*onfitebor tibi domine in toto corde meo: in consilio justorum et congregatione. *M*agna opera domini: exquisita in omnes voluntates ejus. *C*onfessio et magnificentia opus ejus: et justitia ejus manet in seculum seculi. *M*emoriam fecit mirabilium suorum misericors et miserator dominus: escam dedit timentibus se. *M*emor erit in seculum testamenti sui: virtutem operum suorum annunciabit populo suo. *U*t det illis hereditatem⁶ gentium: opera manuum ejus veritas et judicium. Fidelia omnia mandata ejus confirmata in seculum seculi: facta in veritate et equitate. *R*edemptionem misit⁷ populo suo: mandavit in eternum testamentum suum. Sanctum et terribile nomen ejus: initium sapientie timor domini. *I*ntellectus bonus omnibus facientibus eum: laudatio ejus manet in seculum seculi.⁸ *A*ñ. Fidelia omnia mandata ejus confirmata in seculum seculi. *A*ñ. In mandatis.⁹   *psalmus*.¹⁰

*B*eatus vir qui timet dominum: in mandatis ejus volet nimis. *P*otens in terra erit semen ejus: generatio rectorum benedicetur. *G*lorie¹¹ et divitie in domo ejus: et justicia ejus manet in seculum seculi. *E*xortum est in tenebris lumen rectis: misericors et miserator et justus. *J*ocundus homo qui miseretur et commodat: disponit sermones suos in judicio quia in eternum non commovebitur. *I*n memoria eterna erit justus: ab auditione mala non timebit. *P*aratum cor ejus sperare in domino: confirmatum est cor ejus: non commovebitur donec despiciat inimicos suos. *D*ispersit dedit pauperibus: justitia ejus manet in seculum seculi: cornu ejus exaltabitur in gloria. *P*eccator videbit et irascetur: dentibus suis fremet et tabescet: desiderium peccatorum peribit.¹² *A*ñ. In mandatis ejus volet nimis. *A*ñ. Sit nomen.¹³   *psalmus*.¹⁴

*L*audate pueri dominum: laudate nomen domini. *S*it nomen domini benedictum: ex hoc nunc et usque in seculum. *A* solis ortu usque ad occasum: laudabile nomen domini. *E*xcelsus super omnes gentes dominus: et super celos gloria ejus. *Q*uis sicut dominus deus noster: qui in altis habitat et humilia respicit in celo et in terra. *S*uscitans a terra inopem: et de stercore erigens pauperem. *U*t collocet eum cum principibus: cum principibus populi sui. *Q*ui habitare facit sterilem in domo: matrem filiorum

---

¹ exaltabit: E.G.
² 'Gloria patri' add: E.G.S.
³ 'Sede a dextris meis dixit dominus domino meo': E.G.
⁴ '*A*ñ. Fidelia' om.: E.G.
⁵ *ps̄*. 110: E.G. cx.: S.
⁶ hereditem: S.
⁷ 'dominus' add: E.G.
⁸ 'Gloria patri' add: E.G.S
⁹ '*A*ñ. In mandatis' om.: E.G.
¹⁰ *ps̄*. 111: E.G. cxi.: S.
¹¹ Gloria: E.G.W.S.
¹² 'Gloria patri' add: E.G.
¹³ '*A*ñ. Sit nomen' om.: E.G.
¹⁴ *ps̄*. 112: E.G. cxij.: S.

AD VESPERAS.

letantem.[1] *An.* Sit nomen domini benedictum in secula. *An.* Nos qui vivimus.[2]   *psalmus.*[3]

In exitu israel de egypto: domus jacob de populo barbaro. Facta est judea sanctificatio ejus: israel potestas ejus. Mare vidit et fugit: jordanis conversus est retrorsum. Montes exultaverunt ut arietes: et colles sicut agni ovium. Quid est tibi mare quod fugisti: et tu jordanis quia conversus es retrorsum. Montes exultastis sicut arietes: et colles sicut agni ovium. A facie domini mota est terra: a facie dei jacob. Qui convertit petram in stagna aquarum: et rupem in fontes aquarum. Non nobis domine non nobis: sed nomini tuo da gloriam. Super misericordia tua et veritate tua: nequando dicant gentes ubi est deus eorum. Deus autem noster in celo: omnia quecunque voluit fecit. Simulachra gentium argentum et aurum: opera manuum hominum. Os habent et non loquentur: oculos habent et non videbunt. Aures habent et non audient: nares habent et non odorabunt. Manus habent et non palpabunt: pedes habent et non ambulabunt: non clamabunt in gutture suo.[4] Similes illis fiant qui faciunt ea: et omnes qui confidunt in eis. Domus israel speravit in domino: adjutor eorum et protector eorum est. Domus aaron speravit in domino: adjutor eorum et protector eorum est. Qui timent dominum speraverunt in domino: adjutor eorum et protector eorum est. Dominus memor fuit nostri: et benedixit nobis. Benedixit domui israel: benedixit domui aaron. Benedixit omnibus qui timent dominum: pusillis cum majoribus. Adjiciat dominus super vos: super vos et super filios vestros. Benedicti vos a domino: qui fecit celum et terram. Celum celi domino: terram autem dedit filiis hominum. Non mortui laudabunt te domine: neque omnes qui descendunt in infernum. Sed nos qui vivimus benedicimus domino: ex hoc nunc et usque in seculum.[5] *An.* Nos qui vivimus benedicimus domino. *Capitulum.*[6]

Dominus autem dirigat corda et corpora nostra in charitate dei et patientia.[7] Deo.[8] [9] *Hymnus.*

Lucis creator optime lucem [dierum proferens: primordiis lucis nove mundi parans originem. Qui mane junctum vesperi diem vocari precipis tetrum chaos illabitur audi preces cum fletibus. Ne mens gravata crimine vite sit exul munere dum nil perenne cogitat seseque culpis illigat. Celorum pulset intimum vitale tollat premium.

---

[1] 'Gloria patri' add: E.G.
[2] '*An.* Nos qui vivimus' om.: E.G.
[3] *ps.* 113: E.G. cxiij.: S.
[4] pro 'suo' eorum: E.
[5] 'Gloria patri' add: E.G.
[6] '2 Thess. 3' add: E.G.
[7] 'Christi' add: E.G.W.S.
[8] 'Deo' om.: E.G.W.
[9] '*Hoc Capitulum dicitur ad vesperas in omnibus dominicis et feriis a* Domine ne in ira *usque ad septuagesimam. et a* Deus omnium *usque ad adventum domini: quandocunque de temporali agitur. Dicitur etiam in feriis a septuagesima usque ad quadragesimam quando de feriis agitur. Et similiter sequens hymnus dicitur ad vesperas in omnibus dominicis a* Domine ne in ira *usque ad quadragesimam. Et a* Deus omnium *usque ad adventum: tam in dominicis diebus quam in feriis quando de temporali agitur*' add: E.G.

FERIA SECUNDA AD VESPERAS.

vitemus omne noxium purgemus omne pessimum. *Presta pater.*[1] Dirigatur domine oratio mea. Sicut incensum in conspectu tuo.[2] ¶ *Feria ij. ad vesperas an.* Inclinavit.[3] *psalmus.*[4]

Dilexi quoniam exaudiet dominus vocem orationis mee. *Quia* inclinavit aurem suam mihi: et in diebus meis invocabo. *Circundederunt* me dolores mortis: et pericula inferni invenerunt me. *Tribulationem* et dolorem inveni: et nomen domini invocavi. *O* domine libera animam meam misericors dominus et justus: et deus noster miseret.[5] *Custodiens* parvulos dominus: humiliatus sum et liberavit me. *Convertere* anima mea in requiem tuam: quia dominus benefecit tibi. *Quia* eripuit animam meam de morte: oculos meos a lachrimis: pedes meos a lapsu. *Placebo* domino: in regione vivorum.[6] *An.* Inclinavit dominus aurem suam mihi. *An.* Credidi.[7] *psalmus.*[8]

Credidi propter quod locutus sum: ego autem humiliatus sum nimis. *Ego* dixi in excessu meo: omnis homo mendax. *Quid* retribuam domino: pro omnibus que retribuit mihi. *Calicem* salutaris accipiam: et nomen domini invocabo. *Vota* mea domino reddam coram omni populo ejus: preciosa in conspectu domini mors sanctorum ejus. *O* domine quia ego servus tuus: ego servus tuus et filius ancille tue. *Dirupisti* vincula mea tibi sacrificabo hostiam laudis: et nomen domini invocabo. *Vota* mea domino reddam in conspectu omnis populi ejus: in atriis domus domini in medio tui hierusalem.[9] *An.* Credidi propter quod locutus sum. *an* Laudate.[10] *psalmus.*[11]

Laudate dominum omnes gentes: laudate eum omnes populi. *Quoniam* confirmata est super nos misericordia ejus: et veritas domini manet in eternum. *An.* Laudate dominum omnes gentes.

¶ *In*[12] *vesperis transiliendum est abhinc usque ad psalmum* Ad dominum cum tribularer. *ps̅.*[13]

Confitemini domino quoniam bonus: quoniam in seculum misericordia ejus. *Dicat* nunc israel. quoniam bonus: quoniam in seculum misericordia ejus. *Dicat* nunc domus aaron: quoniam in seculum misericordia ejus. *Dicant* nunc qui timent dominum: quoniam in seculum misericordia ejus. *De* tribulatione invocavi dominum: et exaudivit me in latitudine dominus. *Dominus* mihi adjutor: non timebo quid faciat mihi homo. *Dominus*

---

[1] ' piissime patrique compar unice : cum spiritu paraclyto regnans per omne seculum. Amen. [*A nativitate domini:* G.] *Usque ad purificationem dicitur* Gloria tibi domine *etc.*' add: E.G.

[2] ' *Iste versiculus dicitur ad vesperas in omnibus dominicis diebus et feriis a* Domine ne in ira *usque ad quadragesimam. Et a* Deus omnium *usque ad adventum quando de temporali agitur*' add: E.G.

[3] ' *An.* Inclinavit' om.: E.G.

[4] *ps̅. cxiiij.*: S.

[5] miseretur: E.G.W.S.

[6] 'Gloria patri' add: E.G.S.

[7] '*An.* Credidi' om.: E.G.

[8] *ps̅. cxv.*: E.G.S.

[9] 'Gloria patri' add: E.G.

[10] '*An.* Laudate' om.: E.G.

[11] *ps̅. cxvj.*: E.G.S.

[12] Verba ab '*In*' usque ad 'tribularer' om.: E.G.

[13] *ps̅.* 117: E.G. cxvij.: S.

mihi adjutor: et ego despiciam inimicos meos. Bonum est confidere in domino: quam confidere in homine. Bonum est sperare in domino: quam sperare in principibus. Omnes gentes circuierunt me: et in nomine domini quia ultus sum in eos. Circundantes circundederunt me: et in nomine domini quia ultus sum in eos. Circundederunt me sicut apes: et exarserunt sicut ignis in spinis: et in nomine domini quia ultus sum in eos. Impulsus eversus sum ut caderem: et dominus suscepit me. Fortitudo mea et laus mea dominus: et factus est mihi in salutem. Vox exultationis et salutis: in tabernaculis justorum. Dextera domini fecit virtutem dextera domini exultavit[1] me: dextera domini fecit virtutem. Non moriar sed vivam: et narrabo opera domini. Castigans castigavit me dominus: et morti non tradidit me. Aperite mihi portas justitie et ingressus in eas confitebor domino: hec porta domini justi intrabunt in eam. Confitebor tibi quoniam exaudisti me: et factus es mihi in salutem. Lapidem quem reprobaverunt edificantes: hic factus est in caput anguli. A domino factum est illud[2]: et est mirabile in oculis nostris. Hec est dies quam fecit dominus: exultemus et letemur in ea. O domine salvum me fac o domine bene prosperare: benedictus qui venit in nomine domini. Benediximus[3] vobis de domo domini: deus dominus et illuxit nobis. Constituite diem solennem in condensis: usque ad cornu altaris. Deus meus es tu et confitebor tibi: deus meus es tu et exaltabo te. Confitebor tibi quoniam exaudisti me: et factus es mihi in salutem. Confitemini domino quoniam bonus: quoniam in seculum misericordia ejus.[4]

Ad primam. *hymnus.*

Jam lucis orto sydere deum precemur supplices: ut in diurnis actibus nos servet a nocentibus. Linguam refrenans temperet ne litis horror insonet visum fovendo contegat ne vanitates hauriat. Sint pura cordis intima: absistat et vecordia carnis terat superbiam potus cibique parcitas. Ut cum dies abscesserit noctemque sol[5] reduxerit mundi per abstinentiam ipsi[6] canamus gloriam. Deo patri.[7]

ps. Deus in nomine tuo. *ps.*[8]

Beati immaculati in via: qui ambulant in lege domini. Beati qui scrutantur testimonia ejus: in toto corde exquirunt eum. Non enim qui operantur iniquitatem: in viis ejus ambulaverunt. Tu mandasti: mandata tua custodiri nimis. Utinam dirigantur vie mee: ad custodiendas justificationes tuas. Tunc non confundar: cum prospexero in omnibus mandatis tuis. Confitebor tibi in directione cordis: in eo quod didici

---

[1] exaltavit: E.G.W.S.
[2] pro 'illud' istud: E.G.W.S
[3] Benedicimus: G.
[4] 'A septuagesima usque ad pascha diebus dominicis pro isto psalmo Confitemini dicetur psalmus Dominus regnavit decorem' *add*: E.G.
[5] pro 'sol' sors: E.G.
[6] pro 'ipsi' Christi: S.
[7] 'sit gloria ejusque soli filio: cum spiritu paraclyto et nunc et imperpetuum. Amen': add: E.G.
[8] ps. 118: E.G. cxviij.: S.

judicia justitie tue. *J*ustificationes tuas custodiam: non me derelinquas usquequaque. *I*n quo corrigit adolescentior viam suam: in custodienda ¹ sermones tuos. *I*n toto corde meo exquisivi te: ne repellas me a mandatis tuis. *I*n corde meo abscondi eloquia tua: ut non peccem tibi. *B*enedictus es domine: doce me justificationes tuas. *I*n labiis meis pronunciavi: omnia judicia oris tui. *I*n via testimoniorum tuorum delectatus sum: sicut in omnibus divitiis. *I*n mandatis tuis exercebor: et considerabo vias tuas. *I*n justificationibus tuis meditabor: non obliviscar sermones tuos.   *psalmus.*

*R*etribue servo tuo: vivifica me et custodiam sermones tuos. *R*evela oculos meos: et considerabo mirabilia de lege tua. *I*ncola ego sum in terra: non abscondas a me mandata tua. *C*oncupivit anima mea: desiderare justificationes tuas in omni tempore. *I*ncrepasti superbos: maledicti qui declinant a mandatis tuis. *A*ufer a me opprobrium et contemptum: quia testimonia tua exquisivi. *E*tenim sederunt principes et adversum me loquebantur: servus autem tuus exercebatur in justificationibus tuis. *N*am et testimonia tua meditatio mea est: et consilium meum justificationes tue. *A*dhesit pavimento anima mea:

vivifica me secundum verbum tuum. *V*ias meas enunciavi et exaudisti me: doce me justificationes tuas. *V*iam justificationum tuarum instrue me: et exercebor in mirabilibus tuis. *D*ormitavit anima mea pre tedio: confirma me in verbis tuis. *V*iam iniquitatis amove a me: et de lege tua miserere mei. *V*iam veritatis elegi: judicia tua non sum oblitus. *A*dhesi testimoniis tuis domine: noli me confundere. *V*iam mandatorum tuorum cucurri: cum dilatasti cor meum.²³ *A*ñ. Dominus regit me et nihil mihi deerit in loco pascue ibi me collocavit.

¶ *Quando* ⁴ *dicitur de feria: vel ferialiter de dominica.*⁵ Deus exaudi orationem meam: auribus percipe verba oris mei.⁶ *p̄s.*⁷

*Q*uicunque vult salvus esse: ante omnia opus est ut teneat catholicam fidem. *Q*uam nisi quisque integram inviolatamque servaverit: absque dubio in eternum peribit. *F*ides autem catholica hec est: ut unum deum in trinitate et trinitatem in unitate veneremur. *N*eque confundentes personas: neque substantiam separantes. *A*lia est enim persona patris: alia filii: alia spiritussancti. *S*ed patris et filii et spiritussancti una est divinitas: equalis gloria coeterna majestas. Qualis pater talis filius: talis spiritussanctus.

---

¹ custodiendo : S.
² 'Gloria patri' add : E.G.S.
³ '*In diebus dominicis a* [*añ.: E.*] Domine ne in ira *usque ad septuagesimam et a* Deus omnium *usque ad adventum domini quando de dominica agitur*' add : E.G.
⁴ *Verba a 'Quando' usque ad 'dominica' apud E. & G. omittuntur.*

⁵ '*In feriis a* Domine ne in ira *usque ad septuagesimam* [*quadragesimam : G.*] *et a* Deus omnium *usque ad adventum quando de dominica agitur*' add : E.G.
⁶ '*In feriis per adventum* añ. Veni et libera nos deus noster' add : E.G.
⁷ Symbolum [Simbolum : E.] athanasii : E.G.

*I*ncreatus pater increatus filius: increatus spiritussanctus. *I*mmensus pater immensus filius: immensus spiritussanctus. *E*ternus pater eternus filius: eternus spiritussanctus. *E*t tamen non tres eterni: sed unus eternus. *S*icut non tres increati nec tres immensi: sed unus increatus et unus immensus. *S*imiliter omnipotens pater omnipotens filius: omnipotens spiritussanctus. *E*t tamen non tres omnipotentes: sed unus omnipotens. *I*ta deus pater deus filius: deus spiritussanctus. *E*t tamen non tres dii: sed unus est deus. *I*ta dominus pater dominus filius: dominus spiritussanctus. *E*t tamen non tres domini: sed unus est dominus. *Q*uia sicut sigillatim unamquamque personam deum et[1] dominum[2] confiteri christiana veritate compellimur: ita tres deos aut dominos dicere catholica religione prohibemur. *P*ater a nullo est factus: nec creatus nec genitus. *F*ilius a patre solo est: non factus nec creatus sed genitus. *S*piritussanctus a patre et filio: non factus nec creatus nec genitus sed procedens. *U*nus ergo pater non tres patres: unus filius non tres filii: unus spiritussanctus non tres spiritussancti. *E*t in hac trinitate nihil prius aut posterius nihil majus aut minus: sed tote tres persone coeterne sibi sunt et coequales. *I*ta ut per omnia sicut jam supradictum est: et unitas in trinitate: et trinitas in unitate veneranda sit. *Q*ui vult ergo salvus esse: ita de trinitate sentiat. *S*ed necessarium est ad eternam salutem: ut incarnationem quoque domini nostri Jesu Christi fideliter credat. *E*st ergo fides recta: ut credamus et confiteamur quia dominus noster Jesus Christus dei filius deus et homo est. *D*eus est ex substantia patris ante secula genitus: et homo est ex substantia matris in seculo natus. *P*erfectus deus: perfectus homo: ex anima rationali et humana carne subsistens. *E*qualis patri secundum divinitatem: minor patre secundum humanitatem. *Q*ui licet deus sit et homo: non duo tamen sed unus est Christus. *U*nus autem non ex[3] conversione divinitatis in carnem: sed assumptione humanitatis in deum. *U*nus omnino non confusione substantie: sed unitate persone. *N*am sicut anima rationalis et caro unus est homo: ita deus et homo unus est Christus. *Q*ui passus est pro salute nostra: descendit ad inferos tertia die resurrexit a mortuis. *A*scendit ad celos: sedet ad dexteram dei patris omnipotentis: inde venturus est judicare vivos et mortuos. *A*d cujus adventum omnes homines resurgere habent cum corporibus suis: et reddituri sunt de factis propriis rationem. *E*t qui bona egerunt ibunt in vitam eternam: qui vero mala in ignem eternum. *H*ec est fides catholica: quam nisi quisque fideliter firmiterque crediderit: salvus esse non poterit. *G*loria. *A*ntiphona[4] dominicalis preter certa tempora: ut

---

[1] pro 'et' aut: E.G. 'ac': S.   [2] dominus: S.   [3] 'ex' om.: E.G.W.S.
[4] *Verba ab 'Antiphona' usque ad 'simplicia' omittuntur apud E. & G.*

supra notatur in temporali et preter festa ix. lectionum duplicia et simplicia. Añ.[1] Te deum patrem ingenitum: te filium unigenitum: te spiritumsanctum paraclitum: sanctam et individuam trinitatem toto corde et ore confitemur: laudamus atque benedicimus: tibi gloria in secula.

In[2] *festo ix. lectionum duplici vel simplici: preter certa festa notata in temporali et sanctorum. Añ.*[4] Gratias tibi deus gratias tibi vera una trinitas: una et summa deitas: sancta et una unitas.

In[5] *feriis preter certa tempora: ut supra notatur.*[6] *Feria secunda*[7] *super psalmum* Quicunque añ. Adesto deus unus omnipotens: pater et filius et spiritussanctus. *Feria tertia añ.* Te unum in substantia trinitatem in personis confitemur. *Feria quarta añ.* Te semper idem esse vivere et intelligere profitemur. *Feria quinta añ.* Te invocamus: te adoramus: te laudamus o beata trinitas. *Feria sexta añ.* Spes nostra: salus nostra honor noster o beata trinitas. *Sabbato añ.* Libera nos: salva nos justifica nos o beata trinitas. *Capitulum.*

Domine miserere nostri te enim expectavimus: esto brachium nostrum in mane: et salus nostra in tempore tribulationis. Deo gratias.[8] *Re.* Jesu Christe fili dei vivi miserere nobis. Jesu Christe.[9] ℣ Qui sedes ad dexteram patris. Miserere. Gloria patri. Jesu Christe.[10] ℣ Exurge domine adjuva nos: Et libera nos propter nomen tuum. Kyrieleison. iij. Christeeleison. iij. Kyrieleison. iij. Pater noster. Et ne nos. Sed libera nos. Vivet anima mea et laudabit te: Et judicia tua adjuvabunt me. Erravi sicut ovis que periit. Quere servum tuum domine quia mandata tua non sum oblitus. Credo in deum. Carnis resurrectionem. Et vitam eternam.[11] *Et* ego ad te domine clamavi. Et mane oratio mea preveniet te. Repleatur os meum laude. Ut cantem gloriam tuam tota die magnitudinem tuam.

---

[1] '*In omnibus dominicis quandocunque dicitur psalmus* Deus deus meus respice *cum reliquis psalmis Ad primam dicetur super* Quicunque vult *hec añ.*' add: E.G.

[2] '*In omnibus feriis duplicibus per annum extra ebdomedam sancte trinitatis dicitur super* Quicunque *hec añ.*' add: E.

[3] *Verba ab* 'In festo' *usque ad* 'sanctorum' *omittuntur apud* E. & G.

[4] '*Ista antiphona sequens dicetur* ['*super ps.* Quicunque vult' add: G.] *in festis ix. lectionum duplicium* [duplicibus: G.] *vel simplicium* [simplicibus: G.] *preter certa festa notata in temporali et sanctorali. añ.*' add: E.G.

[5] *Verba ab* 'In' *usque ad* 'notatur' *omittuntur apud* E. & G.

[6] ¶ '*In feriis et festivitatibus* [festis: G.] *trium lectionum sine regimine chori preter certa tempora ut supra notatur dicuntur he antiphone sequentes*' add: E.G.

[7] 'secunda' om.: S.

[8] '*Tunc fiant preces cum prostratione ad omnes horas*' add: E.G.

[9] 'Jesu Ch.' om.: G.

[10] '*Iste versiculus scilicet* Qui sedes *dicitur per totum annum post predictum responsorium nisi in die nativitatis domini: et abhinc usque in crastinum purificationis et a passione domini usque ad ascensionem domini: et nisi quando dicitur de sancta maria et nisi in festivitate* [festo: G.] *et per octavas corporis Christi: quando de octavis fit servitium et nisi in festivitate* [festo: G.] *transfigurationis: et in festivitate* [festo: G.] *et per octavas nominis Jesu: quando de ipsis octavis fit servitium sequitur versiculus* Exurge domine adjuva nos. *Re.* Et libera nos propter nomen tuum. *Et his dictis sequuntur preces hoc modo.* Kyrieleyson' &c. add: E.G.

[11] 'amen' add: E.G.S.

*D*omine averte faciem tuam a peccatis meis. Et omnes iniquitates meas dele. *C*or mundum crea in me deus. Et spiritum rectum innova in visceribus meis. *N*e projicias me a facie tua. Et spiritum sanctum tuum ne auferas a me. *R*edde mihi letitiam salutaris tui. Et spiritu principali confirma me. *E*ripe me domine ab homine malo. A viro iniquo eripe me. *E*ripe me de inimicis meis deus meus. Et ab insurgentibus in me libera me. *E*ripe me de operantibus iniquitatem. Et de viris sanguinum salva me. *S*ic psalmum dicam nomini tuo in seculum seculi. Ut reddam vota mea de die in diem. *E*xaudi nos deus salutaris noster. Spes omnium finium terre et in mari longe. *D*eus in adjutorium meum intende. Domine ad adjuvandum me festina. *S*anctus deus : sanctus fortis : sanctus et immortalis. Agnus dei qui tollis peccata mundi : miserere nobis. *B*enedic anima mea domino. Et omnia que intra me sunt nomini sancto ejus. *B*enedic anima mea domino. Et noli oblivisci omnes retributiones ejus. *Q*ui propiciatur[1] omnibus iniquitatibus tuis. Qui sanat omnes infirmitates tuas. *Q*ui redemit[2] de interitu vitam tuam. Qui coronat te in misericordia et miserationibus. *Q*ui replet in bonis desiderium tuum. Renovabitur ut aquile juventus tua. *C*onfitemini domino quoniam bonus. Quoniam in seculum misericordia ejus.[3] Confiteor *et*[4] Misereatur *et*[4] Absolutionem *ut in completorio.*[5] *in dominica prima adventus domini.*[6] [7] *D*ignare domine die isto. Sine peccato nos custodire. *M*iserere nostri domine. Miserere nostri. *F*iat misericordia tua domine super nos. Quemadmodum speravimus in te. [8] *D*omine deus virtutum. Et ostende. *D*omine exaudi. Et clamor. *D*ominus vobiscum. Et cum spiritu tuo. Oremus.[9]

[10] *D*omine sancte pater omnipotens eterne deus : qui nos ad principium hujus diei pervenire fecisti : tua nos hodie salva virtute : et concede : ut in hac die ad nullum declinemus peccatum : nec ullum incurramus periculum : sed semper ad tuam justitiam faciendam omnis nostra actio tuo moderamine dirigatur. Per. Dominus vobiscum. Et cum spiritu tuo.[11] Benedicamus domino.[12] Preciosa est[13] in conspectu domini. Mors sanctorum ejus.[14] *Sine* Oremus.

---

[1] propitietur : G.
[2] redimit : G.W.S.
[3] '*Deinde dicitur*' add : E.G.
[4] '*et*' om. : W.
[5] pro '*in completorio*' *ad completorium:* E.G.
[6] *Verba* '*in dom. pr. adv. do.*' om. : E.G.
[7] '*Sequantur preces hoc modo*' add : E.G.
[8] '*Quando dicitur de feria introducatur hic iste versiculus* Exaudi domine vocem meam qua clamavi ad te. *Rc*. Miserere mei deus et exaudi me. *ps*. Miserere mei deus secundum. *etc.* Gloria patri. *Quo finito resurgat sacerdos et dicat* Exurge domine. Et libera' add : E.G.
[9] '*Oremus*' om. : W.
[10] '*In omnibus dominicis et festis sanctorum* ['*simplicibus et*' add : G.] *duplicibus et in feriis extra ebdomadam pasche dicatur hec oratio*' add : E.G.
[11] '*et cum sp. tuo*' om. : W.S.
[12] '*Deo gratias. Deinde dicat sacerdos sic*' add : E.G.
[13] '*est*' om. : G.W.S.
[14] '*Deinde dicat sacerdos sine* Dominus vobiscum *et*' add : E.G.

AD TERTIAM.

Sancta maria mater domini nostri Jesu Christi: atque omnes sancti justi et electi dei intercedant et orent pro nobis peccatoribus ad dominum deum nostrum: ut[1] mereamur ab eo adjuvari et salvari: qui in trinitate perfecta vivit et regnat deus per omnia secula seculorum amen. *Deinde dicatur ter*[2] Deus in adjutorium meum intende. Re. Domine ad adjuvandum me festina.[3] Gloria patri et filio et spiritui sancto. Sicut erat in principio. Kyrieleison. Christeeleison. Kyrieleison. Pater noster. Et ne nos. Sed libera. Et veniat super nos misericordia tua domine. Salutare tuum secundum eloquium tuum. Et respice in servos tuos et in opera tua: et dirige filios eorum. Et sit splendor domini dei nostri super nos: et opera manuum nostrarum dirige super nos: et opus manuum nostrarum dirige.[4] Oremus.

Omnipotens sempiterne deus: dirige actus nostros in beneplacito tuo: ut in nomine dilecti filii tui mereamur bonis operibus abundare. Qui tecum vivit et regnat in unitate spiritussancti deus per omnia secula seculorum. Amen. Dominus vobiscum. Et cum spiritu tuo.[5] Benedicamus domino. Deo gratias.[6]

¶ *Ad tertiam Hymnus.*

Nunc sancte nobis spiritus unus patris[7] cum filio dignare promptus ingeri nostro refusus pectori. Os lingua mens sensus vigor confessionem personent flammescat igne caritas accendat ardor proximos. *Presta pater piissime.*[8] *psalmus.*

Legem pone mihi domine viam justificationum tuarum: et exquiram eam semper. Da mihi intellectum et scrutabor legem tuam: et custodiam illam in toto corde meo. Deduc me in semita mandatorum tuorum: quia ipsam volui. Inclina cor meum in testimonia tua: et non in avariciam. Averte oculos meos ne videant vanitatem: in via tua vivifica me. Statue servo tuo eloquium tuum: in timore tuo. Amputa opprobrium meum quod suspicatus sum: quia judicia tua jocunda. Ecce concupivi mandata tua: in equitate tua vivifica me. Et veniat super me misericordia tua domine: salutare tuum secundum eloquium tuum. Et respondebo exprobrantibus mihi verbum: quia speravi in sermonibus tuis. Et

---

[1] 'nos' add : E.G.

[2] *Pro 'deinde dic. ter.' Sacerdos dicat:* E.G.

[3] '*Eodem modo dicitur tribus vicibus* Deus in adjutorium. Domine ad adjuvandum. *et tunc sequatur sic*' add: E.G.

[4] '*Hec sequens oratio dicitur in festis duplicibus et quotienscunque chorus regitur extra ebdomadam pasche sine* Dominus vobiscum *sed tantum cum* Oremus' add: E.G.

[5] 'et cum sp. tuo' om. : G.W.

[6] *Pro 'Deo gratias' Excellentior persona dicat* Benedicite. Dominus. In nomine patris et filii et spiritus sancti. Amen *add* · E.G.

[7] unum patri : E.G.W.S.

[8] 'patrique compar unice: cum spiritu paraclito regnans per omne seculum. *Iste hymnus cum sequentibus dicatur [dicantur:* G.] *ad horas per totum annum nisi a festo nativitatis domini usque ad octavam epyphanie et a cena domini usque ad dominicam in albis et in die purificationis beate marie*' add: E.G.

ne auferas de ore meo verbum veritatis usquequaque: quia in judiciis tuis supersperavi. Et custodiam legem tuam semper: in seculum et in seculum seculi. Et ambulabam in latitudine: quia mandata tua exquisivi. Et loquebar in testimoniis tuis in conspectu regum: et non confundebar. Et meditabar: in mandatis tuis que dilexi. Et levavi manus meas ad mandata tua que dilexi: et exercebor in justificationibus tuis.[1] *ps.*

*M*emor esto verbi tui servo tuo: in quo mihi spem dedisti. Hec me consolata est in humilitate mea: quia eloquium tuum vivificavit me. Superbi inique agebant usquequaque: a lege autem tua[2] non declinavi. Memor fui judiciorum tuorum a seculo domine: et consolatus sum. Defectio tenuit me: pro peccatoribus derelinquentibus legem tuam. Cantabiles mihi erant justificationes tue: in loco peregrinationis mee. Memor fui nocte nominis tui domine: et custodivi legem tuam. Hec facta est mihi: quia justificationes tuas exquisivi. Portio mea domine: dixi custodire legem tuam. Deprecatus sum faciem tuam in toto corde meo: miserere mei secundum eloquium tuum. Cogitavi vias meas: et converti pedes meos in testimonia tua. Paratus sum et non sum turbatus: ut custodiam mandata tua. Funes peccatorum circumplexi sunt me: et legem tuam non sum oblitus. Media nocte surgebam ad confitendum tibi: super judicia justificationis tue. Particeps ego sum omnium timentium te: et custodientium mandata tua. Misericordia tua domine plena est terra: justificationes tuas doce me.[3] *psalmus.*

*B*onitatem fecisti cum servo tuo domine: secundum verbum tuum. Bonitatem et disciplinam et scientiam doce me: quia mandatis tuis credidi. Priusquam humiliarer ego deliqui: propterea eloquium tuum custodivi. Bonus es tu: et in bonitate tua doce me justificationes tuas. Multiplicata est super me iniquitas superborum: ego autem in toto corde meo[4] scrutabor mandata tua. Coagulatum est sicut lac cor eorum: ego vero legem tuam meditatus sum. Bonum mihi quia humiliasti me: ut discam justificationes tuas. Bonum mihi lex oris tui: super milia auri et argenti. Manus tue fecerunt me et plasmaverunt me: da mihi intellectum ut discam mandata tua. Qui timent te videbunt me et letabuntur: quia in verba tua supersperavi. Cognovi domine quia equitas judicia tua: et in veritate tua humiliasti me. Fiat misericordia tua ut consoletur me: secundum eloquium tuum servo tuo. Veniant mihi miserationes tue et vivam: quia lex tua meditatio mea est. Confundantur superbi: quia injuste iniquitatem fecerunt in me: ego autem exercebor in mandatis tuis. Convertantur mihi timentes te: et qui noverunt testimonia tua.

---

[1] 'Gloria patri' add: G.
[2] tuam: W.
[3] 'Gloria patri' add: E.G.
[4] 'meo' om.: W.

AD TERTIAM.

*F*iat cor meum immaculatum in justificationibus tuis: ut non confundar.[1] *Añ*. Laus et perennis gloria deo patri et filio sancto simul paraclyto in secula seculorum. *Capitulum.*
*D*eus caritas est et qui manet in caritate in deo manet et deus in eo. Deo gratias. *Re.* Inclina cor meum deus. In testimonia tua. ℣ Averte oculos meos ne videant vanitatem in via tua vivifica me. In testimonia. Gloria patri. Inclina. ℣ Ego dixi domine miserere mei.[2] Sana animam meam quia peccavi tibi.[3] *añ.* Da mihi intellectum et scrutabor legem tuam domine. *ps.* Legem pone. *Capitulum.*
*S*ana me[4] et salvabor[5]: salvum me fac et salvus ero: quoniam laus mea tu es.[6] *Re.* Sana animam meam. Quia peccavi tibi. ℣ *E*go dixi domine miserere mei. Quia peccavi tibi. Gloria patri. Sana animam meam. ℣ Adjutor meus esto domine[7] ne derelinquas me. Neque despicias me deus salutaris meus. Kyrie eleyson. *iij*.[8] *C*hriste eleyson *iij*. Kyrie eleyson. *iij*. Pater noster. Et ne nos. Sed libera. Ego dixi domine miserere mei. Sana animam meam quia peccavi tibi. *C*onvertere domine usquequo. Et deprecabilis esto super servos tuos. *O*culi[9] domini super justos. Et aures ejus ad preces eorum. *C*onfiteantur tibi domine omnia opera tua. Et sancti tui benedicant tibi. Sacerdotes tui induantur justitia.[10] Et sancti tui exultent. *D*omine salvum fac regem. Et exaudi nos in die qua invocaverimus te. Salvum fac populum tuum domine et benedic hereditati tue. Et rege eos et extolle illos usque in eternum.[11] *F*iat pax in virtute tua. Et abundantia in turribus tuis. *O*remus pro fidelibus defunctis. Requiem eternam dona eis domine : et lux perpetua luceat eis. *R*equiescant in pace. Amen. *E*tiam pro peccatis et negligentiis nostris. Domine ne memineris iniquitatum nostrarum antiquarum : cito anticipent nos misericordie tue : quia pauperes facti sumus nimis. *A*djuva nos deus salutaris noster. Et propter gloriam nominis tui domine [12] libera nos : et propicius esto peccatis nostris propter nomen tuum. *E*xaudi domine vocem meam qua clamavi ad te. Miserere mei et exaudi me. *ps.* Miserere mei deus. *totus psalmus dicatur*[13] *cum* Gloria patri. *Post*[14] *psalmum dicatur*[15] *S*urge[16] domine adjuva nos. Et libera nos propter nomen tuum. *D*omine deus virtutum converte nos. Et ostende faciem tuam et salvi erimus. *D*omine exaudi orationem meam. Et clamor meus ad te veniat. *D*ominus vobiscum. Et cum

---

[1] '*G*loria patri': E.G.S. '*In dominica*' add: E.G.
[2] '*Re.*' add: E.G.
[3] '*In feriis*' add: E.G.
[4] 'domine' add: E.G.
[5] pro 'salvabor' sanabor: E.G.
[6] '*Deo gratias*' add: E.G.
[7] '*Re.*' add: E.G.
[8] pro '*iij*.' ter: W.
[9] Ab '*Oculi*' usque ad '*tibi*' omnia omittit: G.
[10] justitiam: E.G.S.
[11] '*Domine*' add: E.G.
[12] 'domine' om.: E.
[13] '*sine nota*' add: G.
[14] '*Finito psalmo solus sacerdos erigat se et ad gradum chori accedat scilicet ad matutinas et ad vesperas tunc dicendo hos versus add*: G.
[15] dicitur: E.
[16] Exurge: E.G.S.

AD SEXTAM.

spiritu tuo.[1] *Oratio qualiscunque. Ad sextam. Hymnus.* [*evenerit.*

Rector potens verax deus qui temperas rerum vices splendore mane instruis et ignibus meridiem. Extingue flammas litium aufer calorem noxium confer salutem corporum veramque pacem cordium. *Presta pater piissime.*   *Psalmus.*[2]

Defecit in salutare tuum anima mea: et in verbum tuum supersperavi. Defecerunt oculi mei in eloquium tuum: dicentes quando consolaberis me. Quia factus sum sicut uter in pruina: justificationes tuas non sum oblitus. Quot sunt dies servi tui: quando facies de persequentibus me judicium. Narraverunt mihi iniqui fabulationes: sed non ut lex tua. Omnia mandata tua veritas: iniqui persecuti sunt me adjuva me. Paulominus consummaverunt me in terra: ego autem non dereliqui mandata tua. Secundum misericordiam tuam vivifica me: et custodiam testimonia oris tui. In eternum domine: verbum tuum permanet in celo. In generatione et generationem[3] veritas tua: fundasti terram et permanet. Ordinatione tua perseverat dies: quoniam omnia serviunt tibi. Nisi quod lex tua meditatio mea est: tunc forte periissem[4] in humilitate mea. In eternum non obliviscar justificationes tuas: quia in ipsis vivificasti me. Tuus sum ego salvum me fac: quoniam justificationes tuas exquisivi. Me expectaverunt peccatores ut perderent me: testimonia tua intellexi. Omnis consummationis vidi finem: latum mandatum tuum nimis.[5] *psalmus.*

Quomodo dilexi legem tuam domine: tota die meditatio mea est. Super inimicos meos prudentem me fecisti mandato tuo: quia in eternum mihi est. Super omnes docentes me intellexi: quia testimonia tua meditatio mea est. Super senes intellexi: quia mandata tua quesivi. Ab omni via mala prohibui pedes meos: ut custodiam verba tua. A judiciis tuis non declinavi: quia tu legem posuisti mihi. Quam dulcia faucibus meis eloquia tua: super mel ori meo. A mandatis tuis intellexi: propterea odivi omnem viam iniquitatis. Lucerna pedibus meis verbum tuum: et lumen semitis meis. Juravi et statui: custodire judicia justitie tue. Humiliatus sum usquequaque domine: vivifica me secundum verbum tuum. Voluntaria oris mei beneplacita fac domine: et judicia tua doce me. Anima mea in manibus meis semper: et legem tuam non sum oblitus. Posuerunt peccatores laqueum mihi: et de mandatis tuis non erravi. Hereditate acquisivi testimonia tua in eternum: quia exultatio cordis mei sunt. Inclinavi cor meum ad faciendas justificationes tuas in eternum: propter retributionem.[5] *psalmus.*

Iniquos odio habui: et legem tuam dilexi. Adjutor et susceptor meus es tu: et in verbum

---

[1] 'Oremus *cum oratione pertinente ad diem*' add: G.
[2] '*etc.*' add: E.G.
[3] generatione: W.   [4] perissem: S.
[5] 'Gloria patri' add: G.

AD NONAM.

tuum supersperavi. *Declinate a me maligni: et scrutabor mandata dei mei. Suscipe me secundum eloquium tuum et vivam: et non confundas me ab expectatione mea. Adjuva me et salvus ero: et meditabor in justificationibus tuis semper. Sprevisti omnes discedentes a judiciis tuis: quia injusta cogitatio eorum. Prevaricantes reputavi omnes peccatores terre: ideo dilexi testimonia tua. Confige timore tuo carnes meas: a judiciis enim tuis timui. Feci judicium et justiciam: non tradas me calumniantibus me. Suscipe servum tuum in bonum non calumnientur me superbi. Oculi mei defecerunt in salutare tuum: et in eloquium justitie tue. Fac cum servo tuo secundum misericordiam tuam: et justificationes tuas doce me. Servus tuus sum ego: da mihi intellectum ut sciam testimonia tua. Tempus faciendi domine: dissipaverunt legem tuam. Ideo dilexi mandata tua: super aurum et topazion. Propterea ad omnia mandata tua dirigebar*[1] *omnem viam iniquam odio habui.*[2] *An.* Gloria laudis resonet in ore omnium patri geniteque proli spiritui[3] sancto pariter resultet laude perenni. *Capitulum.*[4]

Gratia domini nostri Jesu Christi et caritas dei et communicatio sancti spiritus sit semper cum omnibus nobis.[5]

Re. In eternum domine Permanet verbum tuum. ℣ In celo et in seculum seculi veritas tua. Permanet. Gloria. In eternum. ℣ Dominus regit me et nihil mihi deerit.[6] In loco pascue ibi me collocavit.[7] *An.* Adjuva me et salvus ero domine. *Capitulum.*[8]

Omnia autem[9] probate quod bonum est tenete: ab omni specie mala abstinete vos. *Re.* Benedicam dominum. In omni tempore. ℣ Semper laus ejus in ore meo. In omni tempore. Gloria patri. Benedicam. ℣ Dominus regnavit.[10]

Ad nonam. *Hymnus.*

Rerum deus tenax vigor immotus in te permanens: lucis diurne tempora successibus determinans. Largire clarum vespere quo vita nusquam decidat: sed premium mortis sacre perennis instet gloria. Presta pater piissime. *psalmus.*

Mirabilia testimonia tua domine: ideo scrutata est ea anima mea. Declaratio sermonum tuorum illuminat: et intellectum dat parvulis. Os meum aperui et attraxi spiritum quia mandata tua desiderabam. Aspice in me et miserere mei: secundum judicium diligentium nomen tuum. Gressus meos dirige secundum eloquium tuum: et[11] non dominetur mei omnis injustitia. Redime me a calumniis hominum: ut custodiam mandata tua. Faciem tuam

---

[1] dirigebat: W.
[2] 'Gloria patri': E.G.S. 'In dominicis' add: E.G.
[3] pro 'spiritui' pneumati: G.
[4] '1 Johannis i.' add: E.G.
[5] 'Deo gratias' add: E.G.
[6] 'Re.' add: E.G.
[7] 'In feriis' add: E.G.
[8] 'Thessalonenses 5' add: E.G.
[9] 'autem' om.: E.G.
[10] pro 'regnavit' regit: E.G.W.
[11] pro 'et' ut: E.G.

illumina super servum tuum : et doce me justificationes tuas. *E*xitus aquarum deduxerunt oculi mei : quia non custodierunt legem tuam. *J*ustus es domine : et rectum judicium tuum. *M*andasti justitiam testimonia tua : et veritatem tuam nimis. *T*abescere me fecit zelus meus : quia obliti sunt verba tua inimici mei. *I*gnitum eloquium tuum vehementer : et servus tuus dilexit illud. *A*dolescentulus sum [1] et contemptus : justificationes tuas non sum oblitus. *J*ustitia tua justitia in eternum : et lex tua veritas. *T*ribulatio et angustia invenerunt me : mandata tua meditatio mea est. *E*quitas testimonia tua in eternum : intellectum da mihi et vivam.[2] *psalmus.*
*C*lamavi in toto corde meo [3] exaudi me domine : justificationes tuas requiram. *C*lamavi ad te salvum me fac : ut custodiam mandata tua. *P*reveni in maturitate et clamavi : quia in verba tua supersperavi. *P*revenerunt oculi mei ad te diluculo[4] : ut meditarer eloquia tua. *V*ocem meam audi secundum misericordiam tuam domine : et secundum judicium tuum vivifica me. *A*ppropinquaverunt persequentes me iniquitati : a lege autem tua longe facti sunt. *P*rope es tu domine : et omnes vie tue veritas. *I*nitio cognovi de testimoniis tuis : quia in eternum fundasti ea. *V*ide humilitatem meam et eripe me : quia legem tuam non sum oblitus. *J*udica judicium meum et redime me : propter eloquium tuum vivifica me. *L*onge a peccatoribus salus : quia justificationes tuas non exquisierunt. *M*isericordie tue multe domine : secundum judicium tuum vivifica me. *M*ulti qui persequuntur me et tribulant me : a testimoniis tuis non declinavi. *V*idi prevaricantes et tabescebam : quia eloquia tua non custodierunt. *V*ide quoniam mandata tua dilexi domine : in misericordia tua vivifica me. *P*rincipium verborum tuorum veritas : in eternum omnia judicia justitie tue. *Gloria patri.*

*P*rincipes persecuti [*Psalmus.* sunt me gratis : et a verbis tuis formidavit cor meum. *L*etabor ego super eloquia tua : sicut qui invenit spolia multa. *I*niquitatem odio habui et abominatus sum : legem autem tuam dilexi. *S*epties in die laudem dixi tibi : super judicia justitie tue. *P*ax multa diligentibus legem tuam : et non est illis scandalum. *E*xpectabam salutare tuum domine : et mandata tua dilexi. *C*ustodivit anima mea testimonia tua : et dilexit ea vehementer. *S*ervavi mandata tua et testimonia tua : quia omnes vie mee in conspectu tuo. *A*ppropinquet deprecatio mea in conspectu tuo domine : juxta eloquium tuum da mihi intellectum. *I*ntret postulatio mea in conspectu tuo : secundum eloquium tuum eripe me. *E*ructabunt labia mea hymnum : cum docueris me justificationes tuas. *P*ronunciabit lingua mea eloquium tuum : quia omnia

---

[1] 'ego' add : E.G.W.S.
[2] 'Gloria patri' add : E.G.
[3] 'meo' om. : E.G.W.S.
[4] diliculo : S.

FERIA SECUNDA AD VESPERAS.

mandata tua equitas. *Fiat* manus tua ut salvet me: quoniam mandata tua elegi. *C*oncupivi salutare tuum domine: et lex tua meditatio mea est. *V*ivet anima mea et laudabit te: et judicia tua adjuvabunt me. *E*rravi sicut ovis que periit: quere servum tuum: quia mandata tua non sum oblitus.[1] *An.* Ex quo omnia per quem omnia in quo omnia ipsi gloria in secula. *Capitulum.* *T*res sunt qui testimonium dant in celo: pater et filius et spiritus sanctus: et hi tres unum sunt. *Re.* Clamavi in toto corde. Exaudi me domine. ℣ Justificationes tuas requiram. Exaudi. Gloria. Clamavi. ℣ Ab occultis meis munda me domine.[2] Et ab alienis parce servo tuo.[3] *an.* Aspice in me domine et miserere mei. *Capl'm.*[4] *A*lter alterius onera portate: et sic adimplebitis legem Christi.[5] *Re.* Redime me domine. Et miserere mei. ℣ Pes enim meus stetit in via recta in ecclesiis benedicam te domine. Et miserere.[6] Gloria. Redime. ℣ Ab occultis meis. *An.* Clamavi.[7] *psalmus.* *A*d dominum cum tribularer clamavi: et exaudivit me. *D*omine libera animam meam a labiis iniquis: et a lingua dolosa. *Q*uid detur tibi aut quid apponatur tibi: ad linguam dolosam. *S*agitte potentis acute: cum carbonibus desolatoriis. *H*eu mihi quia incolatus meus prolongatus est: habitavi cum habitantibus cedar multum incola fuit anima mea. *C*um his qui oderunt pacem eram pacificus: cum loquebar illis impugnabant me gratis.[8] *an.* Clamavi et exaudivit me. *an.* Auxilium.[9] *psalmus.*[10] *L*evavi oculos meos in montes: unde veniet auxilium mihi. *A*uxilium meum a domino: qui fecit celum et terram. *N*on det in commotionem pedem tuum: neque dormitet qui custodit te. *E*cce non dormitabit neque dormiet: qui custodit israel. *D*ominus custodit te dominus protectio tua: super manum dexteram tuam. *P*er diem sol non uret te: neque luna per noctem. *D*ominus custodit te ab omni malo: custodiat animam tuam dominus. *D*ominus custodiat introitum tuum et exitum tuum: ex hoc nunc et usque in seculum.[11] *An.* Auxilium meum a domino. *Capl'm.* Dominus autem dirigat.[12] *Hymnus.* *I*mmense celi conditor qui mixta ne confunderent: aque fluenta dividens celum dedisti limitem. *F*irmans locum celestibus simulque terre rivulis ut unda flammas temperet terre solum ne dissipent. *I*nfunde nunc piissime donum perennis gratie fraudis nove ne casibus nos error atterat vetus. *L*ucem fides inveniat sic luminis jubar ferat hec vana cuncta terreat hanc falsa

---

[1] 'Gloria': E.G.S. 'In dominicis' add: E.G.
[2] 'Re.' add: E.G.
[3] 'In feriis' add: E.G.
[4] 'Ad galat. vj.' add: E.G.
[5] 'Deo gratias' add: E.G.
[6] 'Miserere' om.: E.G.
[7] 'An. Clamavi' om.: E.G.
[8] 'Gloria patri' add: E.G.
[9] 'An. Auxilium' om.: E.G.
[10] ps. 120: E.G. cxx.: S.
[11] 'Gloria patri' add: E.G.
[12] 'A Domine ne in ira usque ad quadragesimam' add: G.

FERIA TERTIA AD VESPERAS.

nulla comprimant. *P*resta pater piissime. ℣ *D*irigatur domine oratio mea. *A*ñ. *M*agnificat anima mea dominum. *ps̄*. *I*psum. *K*yrieleison. *et cetere preces minores.*[1]
¶ *Feria iij. ad vesperas añ.* In domum.[2] *ps̄.*[3]

*L*etatus sum in his que dicta sunt mihi : in domum domini ibimus. *S*tantes erant pedes nostri : in atriis tuis hierusalem. *H*ierusalem que edificatur ut civitas : cujus participatio ejus in idipsum. *I*lluc enim ascenderunt tribus tribus domini : testimonium israel ad confitendum nomini domini. *Q*uia illic sederunt sedes in judicio : sedes super domum david. *R*ogate que ad pacem sunt hierusalem : et abundantia diligentibus te. *F*iat pax in virtute tua : et abundantia in turribus tuis. *P*ropter fratres meos et proximos meos : loquebar pacem de te. *P*ropter domum domini dei nostri : quesivi bona tibi.[4] *A*ñ. In domum domini letantes ibimus. *A*ñ. Qui habitas.[5] *ps̄.*[6]

*A*d te levavi oculos meos : qui habitas in celis. *E*cce sicut oculi servorum : in manibus dominorum suorum. *S*icut oculi ancille in manibus domine sue : ita oculi nostri ad dominum deum nostrum donec misereatur nostri. *M*iserere nostri domine miserere nostri : quia multum repleti sumus despectione. *Q*uia multum repleta est anima nostra : opprobrium abundantibus et despectio superbis.[4] *a*ñ. Qui habitas in celis miserere nobis. *A*ñ. Adjutorium.[7] *psalmus.*[8]

*N*isi quia dominus erat in nobis dicat nunc israel : nisi quia dominus erat in nobis. *C*um exurgerent homines in nos : forte vivos deglutissent nos. *C*um irasceretur furor eorum in nos : forsitan aqua absorbuisset nos. *T*orrentem pertransivit anima nostra forsitan pertransisset anima nostra : aquam intolerabilem. *B*enedictus dominus : qui non dedit nos in captionem[9] dentibus eorum. *A*nima nostra sicut passer erepta est : de laqueo venantium. *L*aqueus contritus est : et nos liberati sumus. *A*djutorium nostrum in nomine domini : qui fecit celum et terram.[4] *a*ñ. Adjutorium nostrum in nomine domini. *A*ñ. Benefac.[10] *ps̄.*[11]

*Q*ui confidunt in domino sicut mons syon : non commovebitur in eternum qui habitat in hierusalem. *M*ontes in circuitu ejus et dominus in circuitu populi sui : ex hoc nunc et usque in seculum. *Q*uia non relinquet dominus virgam peccatorum super sortem justorum : ut non extendant justi ad iniquitatem manus suas. *B*enefac domine : bonis et rectis corde. *D*eclinantes autem in obligationes adducet dominus cum operantibus

---

[1] '*cum oratione ad diem pertinente*' add : E.G. '*A* Domine ne in ira *usque ad xl.*' add : G.
[2] '*A*ñ. In domum' om. : E.G.
[3] *ps̄.* 121 : *E.G.*
[4] '*G*loria patri' add : E.G.
[5] '*A*ñ. Qui habitas' om. : E.G.
[6] *ps̄.* 122 : *E.G. cxxij.* : S.
[7] '*A*ñ. Adjutorium' om. : E.G.
[8] *ps̄.* 123 : *E.G. cxxiij.* : S.
[9] captione : W.S.
[10] '*A*ñ. Benefac' om. : E.G.
[11] *ps̄.* 124 : *E.G.*

FERIA QUARTA AD VESPERAS.

iniquitatem: pax super israel.[1] *Añ.* Benefac domine bonis et rectis corde. *Añ.* Facti sumus.[2] *ps.*[3] *I*n convertendo dominus captivitatem syon: facti sumus sicut consolati. *T*unc repletum est gaudio os nostrum : et lingua nostra exultatione. *T*unc dicent inter gentes: magnificavit dominus facere cum eis. *M*agnificavit dominus facere nobiscum: facti sumus letantes. *C*onvertere domine captivitatem nostram : sicut torrens in austro. *Q*ui seminant in lachrymis : in exultatione metent. *E*untes ibant et flebant : mittentes semina sua. *V*enientes autem venient cum exultatione : portantes manipulos suos.[1] *Añ.* Facti sumus sicut consolati. *Capl'm.* Dominus autem dirigat.[4] *Hymnus.* *T*elluris ingens conditor mundi solum qui eruens pulsis aque molestiis terram dedisti immobilem. *U*t germen aptum proferens fulvis decora floribus fecunda fructu sisteret pastumque gratum redderet. *M*entis peruste vulnera munda virore gratie [5] ut facta fletu diluat motusque pravos atterat. *J*ussis tuis obtemperet nullis malis approximet bonis repleri gaudeat et mortis actum nesciat. *P*resta pater piissime. ℣ Dirigatur domine. *añ.* Exultavit spiritus meus in domino deo salutari meo. *ps.* Magnificat. Kyrieleison.[6]

Feria iiij. Ad vesperas añ. Beatus vir.[7] *psalmus.*[8] *N*isi dominus edificaverit domum: in vanum laboraverunt qui edificant eam. *N*isi dominus custodierit civitatem : frustra vigilat qui custodit eam. *V*anum est vobis ante lucem surgere : surgite postquam sederitis qui manducatis panem doloris. *C*um dederit dilectis suis somnum : ecce hereditas domini filii merces fructus ventris. *S*icut sagitte in manu potentis : ita filii excussorum. *B*eatus vir qui implebit[9] desiderium suum ex ipsis: non confundetur cum loquetur inimicis suis in porta.[10] *Añ.* Beatus vir qui implevit desiderium suum. *añ.* Beati omnes.[11] *ps.*[12] *B*eati omnes qui timent dominum : qui ambulant in viis ejus. *L*abores manuum tuarum quia manducabis : beatus es et bene tibi erit. *U*xor tua sicut vitis abundans : in lateribus domus tue. *F*ilii tui sicut novelle olivarum : in circuitu mense tue. *E*cce sic benedicetur homo : qui timet dominum. *B*enedicat tibi dominus ex syon : et videas bona hierusalem omnibus diebus vite tue. *E*t videas filios filiorum tuorum : pacem super israel.[13] *añ.* Beati omnes qui timent dominum. *añ.* Benediximus.[14] *ps.*[15] *S*epe expugnaverunt me a juventute mea : dicat nunc israel. *S*epe expugnaverunt me a

---

[1] 'Gloria patri' add: E.G.
[2] 'Añ. Facti sumus' om.: E.G.
[3] *ps.* 125: *E.G. cxxv.: S.*
[4] 'A Domine ne in ira *usque ad xl.*' add: *E.G.*
[5] viroris gratia: E.G.
[6] 'preces etc. ut supra. oratio ut decet' add: *E.G.*
[7] 'Añ. Beatus vir' om.: E.G.
[8] *ps.* 126: *E.G. cxxvj.: S.*
[9] implevit: G.S.
[10] 'Gloria patri' add: E.G.S.
[11] 'Añ. Beati omnes' om.: E.G.
[12] *ps.* 127: *E.G. cxxvij.: S.*
[13] 'Gloria patri' add: G.S.
[14] 'Añ. Benediximus' om.: E.G.
[15] *ps.* 128: *E.G. cxxviij.: S.*

FERIA QUINTA AD VESPERAS.

juventute mea: etenim non potuerunt mihi. *Supra* dorsum meum fabricaverunt peccatores prolongaverunt iniquitatem suam. *Dominus* justus concidet cervices peccatorum: confundantur et convertantur retrorsum omnes qui oderunt syon. *Fiant* sicuti[1] fenum tectorum: quod priusquam evellatur exaruit. *De* quo non implevit manum suam qui metet: et sinum suum qui manipulos colliget. *Et* non dixerunt qui preteribant benedictio domini super vos: benediximus[2] vobis in nomine domini.[3] *An.* Benediximus vobis in nomine domini. *An.* De profundis.[4] *ps.*[5]

De profundis clamavi ad te domine: domine exaudi vocem meam. *Fiant* aures tue intendentes: in vocem deprecationis mee. *Si* iniquitates observaveris domine: domine quis sustinebit. *Quia* apud te propiciatio est: et propter legem tuam sustinui te domine. *Sustinuit* anima mea in verbo ejus: speravit anima mea in domino. *A* custodia matutina usque ad noctem: speret israel in domino. *Quia* apud dominum misericordia: et copiosa apud eum redemptio. *Et* ipse redimet israel: ex omhibus iniquitatibus ejus.[6] *An.* De profundis clamavi ad te domine. *An.* Speret.[7] *ps.*[8]

Domine non est exaltatum cor meum: neque elati sunt oculi mei. *Neque* ambulavi in magnis: neque in mirabilibus super me. *Si* non humiliter sentiebam: sed exaltavi animam meam. *Sicut* ablactatus[9] super matre sua: ita retributio in animam meam.[10] *Speret* israel in domino: ex hoc nunc et usque in seculum.[3] *An.* Speret israel in domino. *Cap.* Dominus autem dixi.[11] *Hymnus.*

*C*eli deus sanctissime qui lucidum centrum poli candore pinguis[12] igneo augens decoro lumine. *Quarto* die qui flammeam solis rotam constituens lune ministrans ordini vagos recursus syderum. *Ut* noctibus vel lumini direptionis terminum primordiis et mensium[13] signum dares[14] notissimum. *Illumina* cor hominum absterge sordes mentium resolve culpe vinculum everte moles criminum. *Presta* pater piissime. ℣ Dirigatur domine. *An.* Respexisti humilitatem meam domine deus meus. *ps.* Magnificat. Kyriel. &c.[15]

Feria v. ad vesperas. An. Et omnis.[16] *psalmus.*[17]

*M*emento domine david: et omnis mansuetudinis ejus. *Sicut* juravit domino: votum vovit deo jacob. *Si* introivero[18] in tabernaculum domus mee: si ascendero in lectum strati mei. *Si* dedero somnum oculis meis: et palpebris meis dormitationem. *Et* requiem temporibus meis:

---

[1] sicut: E.G.W.S.
[2] benedicimus: G.
[3] 'Gloria patri' add: G.
[4] 'An. De profundis' om.: E.G.
[5] ps. 129: E.G. cxxix.: S.
[6] 'Gloria patri' add: G.S.
[7] 'An. Speret' om.: E.G.
[8] ps. 130: E.G. cxxx.: S.
[9] 'est' add: E.G.
[10] anima mea: G.W.S.
[11] 'A Domine ne in ira *usque ad quadragesimam*' add: E.G.
[12] pingis: E.G.W.S.
[13] mentium: W.S.
[14] daret: S.
[15] '*preces ut supra*' add: E.G.
[16] 'An. Et omnis' om.: E.G.
[17] ps. 131: E.G. cxxxj.: S.
[18] introiero: E.G.W.S.

FERIA QUINTA AD VESPERAS.

donec inveniam locum domino: tabernaculum deo jacob. *E*cce audivimús eam in ephrata[1]: invenimus eam in campis silve. *I*ntroibimus in tabernaculum ejus: adorabimus in loco ubi steterunt pedes ejus. *S*urge domine in requiem tuam: tu et archa sanctificationis tue. *S*acerdotes tui induantur justitiam: et sancti tui exultent. *P*ropter david servum tuum: non avertas faciem Christi tui. *J*uravit dominus david veritatem et non frustrabitur eum: de fructu ventris tui ponam super sedem tuam. *S*i custodierint filii tui testamentum meum: et testimonia mea hec que docebo eos. *E*t filii eorum: usque in seculum sedebunt super sedem tuam. *Q*uoniam elegit dominus syon: elegit eam in habitationem sibi. *H*ec requies mea in seculum seculi: hic habitabo quoniam elegi eam. *V*iduam ejus benedicens benedicam: pauperes ejus saturabo panibus. *S*acerdotes ejus induam salutari: et sancti ejus exultatione exultabunt. *I*lluc producam cornu david: paravi lucernam Christo meo. *I*nimicos ejus induam confusione: super ipsum autem efflorebit sanctificatio mea.[2] *A*ñ. Et omnis mansuetudinis ejus. *A*ñ. Habitare.[3] *psalmus.*[4]

*E*cce quam bonum et quam jocundum: habitare fratres in unum. *S*icut unguentum in capite: quod descendit in barbam barbam aaron. *Q*uod descendit in oram vestimenti ejus: sicut ros hermon qui descendit in montem syon. *Q*uoniam illic mandavit dominus benedictionem: et vitam usque in seculum.[2] *A*ñ. Habitare fratres in unum. *Sequens psalmus non dicitur in vesperis.*[5] *ps.*[6]

*E*cce nunc benedicite dominum: omnes servi domini. *Q*ui statis in domo domini: in atriis domus dei nostri. *I*n noctibus extollite manus vestras in sanctam[7]: et benedicite dominum. *B*enedicat te dominus ex syon: qui fecit celum et terram. *A*ñ. Omnia.[8] *ps.*[9]

*L*audate nomen domini: laudate servi domini.[10] *Q*ui statis in domo domini: in atriis domus dei nostri. *L*audate dominum quoniam[11] bonus dominus: psallite nomini ejus quoniam suave. *Q*uoniam jacob elegit sibi dominus: israel in possessionem sibi. *Q*uia ego cognovi quod magnus est dominus: et deus noster pre omnibus diis. *O*mnia quecunque voluit dominus fecit in celo et in terra: in mari et in omnibus abyssis. *E*ducens nubes ab extremo terre: fulgura in pluviam fecit. *Q*ui producit ventos de thesauris suis: qui percussit primogenita egypti: ab homine usque ad pecus. *E*t misit signa et prodigia in medio tui egypte: in pharaonem

---

[1] effrata: W.S.
[2] 'Gloria patri' add: E.G.
[3] 'Añ. Habitare' om.: E.G.
[4] *ps.* 132: E.G. cxxxij.: S.
[5] 'Añ. Ecce quam bonum & quam jocundum. *Non dicitur ad vesperas* [ille: E.] [iste: G.] *psalmus* 133' add: E.G.
[6] *ps.* 133: E.G. cxxxiij.: S.
[7] sancta: G.
[8] 'Añ. Omnia' om.: E.G.
[9] *ps.* 134: E.G. cxxxiiij.: S.
[10] dominum: E.G.S.
[11] pro 'quoniam' quia

FERIA QUINTA AD VESPERAS.

et in omnes servos ejus. *Qui* percussit gentes multas: et occidit reges fortes. *Seon* regem amorreorum et og regem basan: et omnia regna chanaan. *Et* dedit terram eorum hereditatem: hereditatem israel populo suo. *Domine* nomen tuum in eternum: domine memoriale tuum in generatione et generationem. *Quia* judicabit dominus populum suum: et in servis suis deprecabitur. *Simulachra* gentium argentum et aurum: opera manuum hominum. *Os* habent et non loquentur: oculos habent et non videbunt. *Aures* habent et non audient: neque enim est spiritus in ore ipsorum. *Similes* illis fiant qui faciunt ea: et omnes qui confidunt in eis. *Domus* israel benedicite dominum[1]: domus aaron benedicite dominum. *Domus* levi benedicite dominum[1]: qui timetis dominum benedicite dominum.[1] *Benedictus* dominus ex syon: qui habitat in hierusalem.[2] *Añ.* Omnia quecunque voluit domiuus fecit.

¶ *Notandum quod in festo duplici tantum finietur quilibet versus psalmi sequentis cum isto fine* quoniam in eternum misericordia ejus. *alias non.* Añ. Quoniam.[3]

Confitemini domino quo-[*ps.*[4] niam bonus: quoniam in eternum misericordia ejus. *Con*fitemini deo deorum. *Confi*temini domino dominorum. *Qui* facit mirabilia magna solus. *Qui* fecit celos in intellectu. *Qui* firmavit terram super aquas. *Qui* fecit luminaria magna. *So*lem in potestatem diei. *Lunam* et stellas in potestatem noctis. *Qui* percussit egyptum cum primogenitis eorum. *Qui* eduxit israel de medio eorum. *In* manu potenti et brachio excelso. *Qui* divisit mare rubrum in divisiones *Et* eduxit israel per medium ejus. *Et* excussit pharaonem et virtutem ejus in mari rubro. *Qui* transduxit[5] populum suum per desertum. *Qui* percussit reges magnos. *Et* occidit reges fortes. *Seon* regem amorreorum. *Et* og regem basan. *Et* dedit terram eorum hereditatem. *Hereditatem* israel servo suo. *Quia* in humilitate nostra memor fuit nostri. *Et* redemit nos ab inimicis nostris. *Qui* dat escam omni carni. *Confitemini* deo celi. *Confitemini* domino dominorum: quoniam in eternum misericordia ejus.[6] *Añ.* Quoniam in eternum misericordia ejus. *Añ.* Hymnum.[7] *ps.*[8]

Super flumina babylonis illic sedimus: et flevimus dum recordaremur tui[9] syon. *In* salicibus[10] in medio ejus: suspendimus organa nostra. *Quia* illic interrogaverunt nos qui captivos duxerunt nos: verba cantionum. *Et* qui abduxerunt nos: hymnum cantate nobis de canticis syon. *Quomodo* cantabimus canticum domini: in terra aliena. *Si* oblitus fuero tui hierusalem: oblivioni detur dextera

---

[1] domino : S.
[2] 'Gloria patri' add : E.G.S.
[3] 'Añ. Quoniam' om. : E.G.
[4] *ps.* 135: *E.G. cxxxv.: S.*
[5] traduxit : E.G.W.S.
[6] 'Gloria patri' add : E.G.
[7] 'Añ. Hymnum' om. : E.G.
[8] *ps.* 136: *E.G. cxxxvj.: S.*
[9] 'tui' om. : W.S.
[10] salicimus : E.

FERIA SEXTA AD VESPERAS.

mea. *A*dhereat lingua mea faucibus meis: si non meminero tui. *S*i non proposuero tui [1] hierusalem: in principio letitie mee. *M*emor esto domine filiorum edom: in die hierusalem. *Q*ui dicunt exinanite exinanite: usque ad fundamentum in ea. *F*ilia babylonis misera: beatus qui retribuet tibi retributionem tuam quam retribuisti nobis. *B*eatus qui tenebit: et allidet parvulos tuos [2] ad petram.[3] *A ñ.* Hymnum cantate nobis de canticis syon. *Capl'm.* Dominus autem dirigat.[4] *Hymnus.*
*M*agne deus potentie qui ex aquis ortum genus partim remittis gurgiti partim levas in aera. *D*emersa [5] lymphis imprimens subvecta celis irrogans ut stirpe una prodita diversa rapiant loca. *L*argire cunctis servulis quos mundat unda sanguinis nescire lapsus criminum nec ferre mortis tedium. *U*t culpa nullum deprimat nullum levet jactantia elisa mens ne concidat elata mens ne corruat. *P*resta pater. *Cap.*[6] Dirigatur domine.[7] *A ñ.* Deposuit potentes sanctos persequentes: et exaltavit humiles Christum confitentes. *ps̄.* Magnificat. Kyriel.[8] *etc.*

⁋ *Feria vj. ad vesperas. añ.* In conspectu.[9] *psalmus.*[10]
*C*onfitebor tibi domine in toto corde meo: quoniam audisti verba oris mei. *I*n conspectu angelorum psallam tibi: adorabo ad templum sanctum tuum et confitebor nomini tuo. *S*uper misericordia tua et veritate tua: quoniam magnificasti super omne nomen sanctum tuum. *I*n quacunque die invocavero te exaudi me: multiplicabis in anima mea virtutem. *C*onfiteantur tibi domine omnes reges terre: quia audierunt [11] verba oris tui. *E*t cantent in viis domini: quoniam magna est gloria domini. *Q*uoniam excelsus dominus et humilia respicit: et alta a longe cognoscit. *S*i ambulavero in medio tribulationis vivificabis me: et super iram inimicorum meorum extendisti manum tuam et salvum me fecisti [12] dextera tua. *D*ominus retribuet pro me: domine misericordia tua in seculum: opera manuum tuarum ne despicias.[3] *A ñ.* In conspectu angelorum psallam tibi deus meus. *A ñ.* Domine probasti.[13] *ps̄.*[14]
*D*omine probasti me et cognovisti me: tu cognovisti sessionem meam et resurrectionem meam. *I*ntellexisti cogitationes meas de longe: semitam meam et funiculum meum investigasti. *E*t omnes vias meas previdisti: quia non est sermo in lingua mea. *E*cce domine tu cognovisti omnia novissima et antiqua: tu formasti me et posuisti super me

---

[1] 'tui' om.: E.G.
[2] suos: S.
[3] 'Gloria patri' add: E.G.
[4] 'A Domine ne in ira *usque ad xl.*' add: E.G.
[5] Dimersa: E.G.W.S.
[6] *pro* 'Cap.' ℣: E.G.W.S.
[7] '*Per estatem hymnus* Lucis creator ℣ Dirigatur' *add*: E.
[8] 'Preces etc. ut supra. Et memorie feriales ut in secunda feria ad matut. patet.' add: E.G.
[9] 'A ñ. In conspectu' om.: E.G.
[10] ps̄. 137: E.G. cxxxvij.: S.
[11] 'omnia' add: E.G.S.
[12] fecit: E.G.W.S.
[13] 'A ñ. Domine probasti' om.: E.G.
[14] ps̄. 138: E.G. cxxxviij.: S.

FERIA SEXTA AD VESPERAS.

manum tuam. Mirabilis facta est scientia tua ex me: confortata est et non potero ad eam. Quo ibo a spiritu tuo: et quo a facie tua fugiam. Si ascendero in celum tu illic es: si descendero ad infernum tu[1] ades. Si sumpsero pennas meas diluculo[2]: et habitavero in extremis maris Etenim illuc manus tua deducet me: et tenebit me dextera tua. Et dixi forsitan tenebre conculcabunt me: et nox illuminatio mea in deliciis meis. Quia tenebre non obscurabuntur a te et nox sicut dies illuminabitur: sicut tenebre ejus ita et lumen ejus. Quia tu possedisti renes meos: suscepisti me de utero matris mee. Confitebor tibi quia terribiliter magnificatus es: mirabilia opera tua et anima mea cognoscet nimis. Non est occultatum os meum a te quod fecisti in occulto: et substantia mea in inferioribus terre. Imperfectum meum viderunt oculi tui: et in libro tuo omnes scribentur: dies formabuntur et nemo in eis. Mihi autem nimis honorificati sunt amici tui deus: nimis confortatus est principatus eorum. Dinumerabo eos et super arenam multiplicabuntur: exurrexi et adhuc sum tecum. Si occideris deus peccatores: viri sanguinum declinate a me. Quia dicitis in cogitatione: accipiant in vanitate civitates suas. Nonne qui oderunt te domine oderam: et super inimicos tuos tabescebam. Perfecto odio oderam illos: inimici facti sunt mihi. Proba me deus et scito cor[3] meum: interroga me et cognosce semitas meas. Et vide si via iniquitatis in me est: et deduc me in via eterna.[4] Añ. Domine probasti me et cognovisti me. Añ. A viro iniquo.[5] psalmus.[6]

Eripe me domine ab homine malo: a viro iniquo eripe me. Qui cogitaverunt iniquitates in corde: tota die constituebant prelia. Acuerunt linguas suas[7] sicut serpentes: venenum aspidum sub labiis eorum. Custodi me domine de manu peccatoris[8]: ab hominibus iniquis eripe me. Qui cogitaverunt supplantare gressus meos: absconderunt superbi laqueum mihi. Et funes extenderunt in laqueum: juxta iter scandalum posuerunt mihi. Dixi domino deus meus es tu exaudi domine vocem deprecationis mee. Domine domine virtus salutis mee: obumbrasti super caput meum in die belli. Non tradas me domine a desiderio meo peccatori cogitaverunt contra me ne derelinquas me ne forte exaltentur.[9] Caput circuitus eorum: labor labiorum ipsorum operiet eos. Cadent super eos carbones: in ignem dejicies eos in miseriis non subsistent. Vir linguosus non dirigetur in terra: virum injustum mala capient in interitu. Cognovi quia faciet dominus judicium inopis: et vindictam pauperum. Veruntamen justi

---

[1] 'tu' om.: E.G.S.
[2] dilucuo: S.
[3] 'cor' om.: S.
[4] 'Gloria patri' add: E.G.
[5] 'Añ. A viro iniquo' om.: E.G.
[6] ps. 139: E.G. cxxxix.: S.
[7] linguam suam: E.G.
[8] 'et' add: E.G.S.
[9] exaltatentur: S

FERIA SEXTA AD VESPERAS.

confitebuntur nomini tuo: et habitabunt recti cum vultu tuo.[1] *Aň.* A viro iniquo libera me domine. *Aň.* Domine.[2] *ps.*[3] Domine clamavi ad te exaudi me: intende voci mee cum[4] clamavero ad te. Dirigatur oratio mea sicut incensum in conspectu tuo: elevatio manuum mearum sacrificium vespertinum. Pone domine custodiam ori meo: et ostium circunstantie labiis meis. Non declines cor meum in verba malicie: ad excusandas excusationes in peccatis. Cum hominibus operantibus iniquitatem: et non communicabo cum electis eorum. Corripiet me justus in misericordia et increpabit me: oleum autem peccatoris non impinguet caput meum. Quoniam adhuc et oratio mea in beneplacitis eorum: absorpti sunt juncti petre judices eorum. Audient verba mea quoniam potuerunt: sicut crassitudo terre erupta est super terram. Dissipata sunt ossa nostra secus infernum: quia ad te domine domine oculi mei in te speravi non auferas animam meam. Custodi me a laqueo quem statuerunt mihi: et ab[5] scandalis operantium iniquitatem. Cadent in retiaculo ejus peccatores: singulariter sum ego donec[6] transeam.[7] *Aň.* Domine clamavi ad te[8] exaudi me. *Aň.* Portio mea.[9] *ps.*[10]

Voce mea ad dominum clamavi: voce mea ad dominum deprecatus sum. Effundo in conspectu ejus orationem meam: et tribulationem meam ante ipsum pronuncio. In deficiendo ex me spiritum meum et tu cognovisti semitas meas. In via hac qua ambulabam: absconderunt laqueum mihi. Considerabam ad dexteram et videbam: et non erat qui cognosceret me. Periit fuga a me: et non est qui requirat animam meam. Clamavi ad te domine dixi tu es spes mea: portio mea in terra viventium. Intende ad deprecationem meam: quia humiliatus sum nimis. Libera me a persequentibus me: quia confortati sunt super me. Educ de custodia animam meam ad confitendum nomini tuo: me expectant justi donec retribuas mihi.[7] *Aň.* Portio mea domine sit in terra viventium. *Capl'm.* Dominus autem dirigat corda.[11] *Hymnus.*[12] Plasmator hominis deus qui cuncta solus ordinans humum jubes producere reptantis et fere genus. Qui magna rerum corpora dictu jubentis vivida ut serviant per ordinem subdens dedisti homini. Repelle a servis tuis quicquid per immundiciam aut moribus se suggerit aut actibus[13] interserit. Da gaudiorum premia: da gratiarum munera: dissolve litis vincula: astringe

---

[1] 'Gloria patri' add: E.G.
[2] 'Aň. Domine' om.: E.G.
[3] *ps.* 140: E.G. cxl.: S.
[4] dum: S.   [5] a: G.W.S.
[6] 'donec' om.: E.
[7] 'Gloria patri' add: E G.S
[8] 'et' add: E

[9] 'Aň. Portio mea' om.: E.G.
[10] *ps.* 141: E.G. cxlj.: S.
[11] 'A Domine ne in ira *usque ad quadragesimam*' add: G.
[12] '*De feriis*' add: E.
[13] 'se' add: E.G.

SABBATO AD VESPERAS.

pacis federa. *Presta pater piissime.* ℣ *Dirigatur domine.* *Añ.* Suscepit deus israel puerum suum : sicut locutus est abraham et semini ejus : et exaltavit humiles usque in secula.[1] *ps.* Magnificat.[2][3]   *psalmus.*[4]

Domine exaudi orationem meam auribus percipe obsecrationem meam : in veritate tua exaudi me in tua justitia. Et non intres in judicium cum servo tuo : quia non justificabitur in conspectu tuo omnis vivens. Quia persecutus est inimicus animam meam : humiliavit in terra vitam meam. Collocavit me in obscuris sicut mortuos seculi : et anxiatus est super me spiritus meus : in me turbatum est cor meum. Memor fui dierum antiquorum : meditatus sum in omnibus operibus tuis : in factis manuum tuarum meditabar. Expandi manus meas ad te : anima mea sicut terra sine aqua tibi. Velociter exaudi me domine : defecit spiritus meus. Non avertas faciem tuam a me : et similis ero descendentibus in lacum. Auditam fac mihi mane misericordiam tuam : quia in te speravi. Notam fac mihi viam in qua ambulem : quia ad te levavi animam meam. Eripe me de inimicis meis domine ad te confugi : doce me facere voluntatem tuam : quia deus meus es tu Spiritus tuus bonus deducet me in terram rectam : propter nomen tuum domine vivificabis me in equitate tua. Educes de tribulatione animam meam : et in misericordia tua disperdes [5] inimicos meos. Et perdes omnes qui tribulant animam meam : quoniam ego servus tuus sum.[6]

¶ *Sabbato ad vesperas. Añ.* Benedictus.[7]   *psalmus.*[8]

Benedictus dominus deus meus qui docet manus meas ad prelium : et digitos meos ad bellum. Misericordia mea et refugium meum : susceptor meus et liberator meus. Protector meus et in ipso speravi : qui subdit populum meum sub me. Domine quid est homo quia innotuisti ei : aut filius hominis quia reputas eum. Homo vanitati similis factus est : dies ejus sicut umbra pretereunt. Domine inclina celos tuos et descende : tange montes et fumigabunt. Fulgura choruscationes [9] et dissipabis eos : emitte sagittas tuas et conturbabis eos. Emitte manum tuam de alto : eripe me et libera me de aquis multis : et de manu filiorum alienorum. Quorum os locutum est vanitatem : et dextera eorum dextera iniquitatis. Deus canticum novum cantabo tibi : in psalterio decachordo [10] psallam tibi. Qui das salutem regibus qui redemisti [11] david servum tuum : de gladio maligno eripe me. Et erue me de manu filiorum alienorum : quorum os locutum est vanitatem :

---

[1] seculum : E.G.
[2] 'kyrieleison' add : E.G.
[3] '*Preces etc. ut supra in secunda feria ad matutinas. Non dicitur ad vesperas iste ps. 142. Domine exaudi*' &c. add: E.G.
[4] *ps.* 142 : E.G. *cxlij.* : S.
[5] 'omnes' add : E.G.S.
[6] '*Gloria patri*' add : E.G.
[7] '*Añ.* Benedictus' om. : E.G.
[8] *ps.* 143 : E.G. *cxliij.* : S.
[9] choruscationem : E.G.W.S.
[10] decacordo : S.
[11] redemit : E.

SABBATO

et dextera eorum dextera iniquitatis. *Q*uorum filii : sicut novelle plantationes in juventute sua. *F*ilie eorum composite : circunornate ut similitudo templi. *P*romptuaria eorum plena : eructantia ex hoc in illud. *O*ves eorum fetose abundantes in egressibus suis : boves eorum crasse. *N*on est ruina macerie [1] neque transitus : neque clamor in plateis eorum. *B*eatum dixerunt populum cui hec sunt : beatus populus cujus dominus deus ejus.[2] *A*ñ. Benedictus dominus deus meus. *A*ñ. In eternum.[3] *p͞s.*[4] *E*xaltabo te deus meus rex : et benedicam nomini tuo in seculum et in seculum seculi. *P*er singulos dies benedicam tibi : et laudabo nomen tuum in seculum et in seculum seculi. *M*agnus dominus et laudabilis nimis : et magnitudinis ejus non est finis. *G*eneratio et generatio laudabit opera tua : et potentiam tuam pronuntiabunt. *M*agnificentiam glorie sanctitatis tue loquentur : et mirabilia tua narrabunt. *E*t virtutem terribilium tuorum dicent : et magnitudinem tuam narrabunt. *M*emoriam abundantie suavitatis tue eructabunt : et justitia tua exultabunt. *M*iserator et misericors dominus : patiens et multum misericors. *S*uavis dominus universis : et miserationes ejus super omnia opera ejus. *C*onfiteantur tibi domine omnia opera tua : et sancti tui benedicant tibi. *G*loriam regni tui dicent : et potentiam tuam loquentur. *U*t notam faciant filiis hominum potentiam tuam : et gloriam magnificentie regni tui. *R*egnum tuum regnum omnium seculorum : et dominatio tua in omni generatione et generationem. *F*idelis dominus in omnibus verbis suis : et sanctus in omnibus operibus suis. *A*llevat dominus omnes qui corruunt : et erigit omnes elisos. *O*culi omnium in te sperant domine : et tu das escam illorum in tempore opportuno. *A*peris tu manum tuam : et imples omne animal benedictione. *J*ustus dominus in omnibus viis suis : et sanctus in omnibus operibus suis. *P*rope est dominus omnibus invocantibus eum : omnibus invocantibus eum in veritate. *V*oluntatem timentium se faciet et deprecationem eorum exaudiet : et salvos faciet eos. *C*ustodit dominus omnes diligentes se : et omnes peccatores disperdet. *L*audationem domini loquetur os meum : et benedicat omnis caro nomini sancto ejus in seculum et in seculum seculi.[5] *A*ñ. In eternum et in seculum seculi. *A*ñ. Laudabo.[6] *L*auda anima mea domi-[*p͞s.*[7]]num : laudabo dominum in vita mea : psallam deo meo quamdiu fuero. *N*olite confidere in principibus :[8] in filiis hominum in quibus non est salus. *E*xibit spiritus ejus et revertetur in terram suam : in illa die peribunt omnes cogitationes eorum. *B*eatus cujus deus jacob adjutor

---

[1] macere : S.
[2] 'Gloria patri' add : E.G.
[3] '*A*ñ. In eternum' om. : E.G.
[4] *p͞s.* 144 : E.G. cxliiij. : S.
[5] 'Gloria patri' add : E.G.
[6] '*A*ñ. Laudabo' om. : G.
[7] *p͞s.* 145 : E.G.
[8] 'nec' add : S.

AD VESPERAS.

ejus: spes ejus in domino deo ipsius: qui fecit celum et terram mare et omnia que in eis sunt. Qui custodit veritatem in seculum: facit judicium injuriam patientibus: dat escam esurientibus. Dominus solvit compeditos: dominus illuminat cecos. Dominus erigit elisos: dominus diligit [1] justos. Dominus custodit advenas: pupillum et viduam suscipiet et vias peccatorum disperdet. Regnabit dominus in secula: deus tuus syon in generatione et generationem.[2] Añ. Laudabo deum meum in vita mea. Añ. Deo nostro.[3] psalmus.[4]
Laudate dominum quoniam bonus est psalmus: deo nostro sit jocunda decoraque laudatio. Edificans hierusalem dominus: dispersiones israelis congregabit. Qui sanat contritos corde: et alligat contritiones eorum. Qui numerat multitudinem stellarum: et omnibus eis nomina vocat. Magnus dominus noster: et magna virtus ejus: et sapientie ejus non est numerus. Suscipiens mansuetos dominus: humilians autem peccatores usque ad terram. Precinite domino in confessione: psallite deo nostro in cythara. Qui operit celum nubibus: et parat terre pluviam. Qui producit in montibus fenum: et herbam servituti hominum. Qui dat jumentis escam ipsorum: et pullis corvorum invocantibus eum. Non in fortitudine equi voluntatem habebit: nec in tibiis viri beneplacitum erit ei. Beneplacitum est domino super timentes eum: et in eis qui sperant super misericordia ejus.[5] Añ. Deo nostro jocunda sit laudatio. añ. Lauda hierusalem.[6] pš.[7]
Lauda hierusalem dominum: lauda deum tuum syon. Quoniam confortavit seras portarum tuarum: benedixit filiis tuis in te. Qui posuit fines tuos pacem: et adipe frumenti satiat te. Qui emittit eloquium suum terre: velociter currit sermo ejus. Qui dat nivem sicut lanam: nebulam sicut cinerem spargit. Mittit cristallum suum[8] sicut bucellas: ante faciem frigoris ejus quis sustinebit. Emittet verbum suum et liquefaciet ea: flabit[9] spiritus ejus et fluent aque. Qui annunciat verbum suum jacob: justitias et judicia sua israel. Non fecit taliter omni nationi: et judicia sua non manifestavit eis.[10] Añ. Lauda hierusalem dominum. Capl'm.[11]
Benedictus deus et pater domini nostri Jesu Christi: pater misericordiarum: et deus totius consolationis: qui consolatur nos in omni tribulatione nostra. Deo gratias.[12]
¶ Et[13] notandum quod in omnibus

---

[1] dirigit: W.
[2] 'Gloria patri' add: E.G.
[3] 'Añ. Deo nostro' om.: E.G.
[4] pš. 146: E.G.
[5] 'Gloria patri' add: E.
[6] 'Añ. Lauda hierusalem' om.: E.G.
[7] pš. 147: G. cxlvij.: S.
[8] suam: E.G.
[9] flavit: W.
[10] 'Gloria patri' add: E.G.
[11] '2 Corinth. j.' add: G.
[12] 'Hoc capitulum dicitur in Sabbatis ad vesperas a Domine ne in ira usque ad septuagesimam et a Deus omnium usque ad adventum domini quando de dominica agitur' add: E.G.
[13] 'et' om.: E.G.

AD LAUDES.

sabbatis ad vesperas ab octavis epiphanie usque[1] *ad lxx et a* Deus omnium [2] *usque ad primam dominicam kalendas augusti quando de dominica agitur iste hymnus dicitur.*[3]

O lux beata trinitas et principalis unitas jam sol recedit igneus infunde lumen cordibus. *Te* mane laudum carmine te deprecemur vesperi te nostra supplex gloria per cuncta laudet secula. *Deo* patri. ℣ Vespertina oratio ascendat ad te domine.[4] Et descendat super nos misericordia tua.

❡ *Notandum quod in omnibus sabbatis a lxx. usque ad xl. et a prima dominica kalendas augusti usque ad adventum domini: quando de dominica agitur: iste hymnus dicatur.*[5]

Deus creator omnium polique rector vestiens diem decoro lumine noctem soporis gratia. *Artus* solutos ut quies reddat laboris usui mentesque fessas allevet. luctusque solvat anxios. *Grates* peracto jam die et noctis ex ortu preces votis reos ut adjuves hymnum canentes solvimus. *Te* cordis ima concinant te vox canora concrepet te diligat castus amor te mens adoret sobria. *Ut* cum profundo[6] clauserit diem caligo noctium fides tenebras nesciat et lux[7] fidei luceat. *Dormire* mentem ne sinas dormire culpa noverit[8] castos fides refrigerans somni vaporem temperet. *Exuta* sensu lubrico[9] te cordis alta somnient ne hostis invidi dolo pavor quietos suscitet. *Christum* rogemus et patrem. Christi patrisque spiritum unus[10] potens per omnia fove precantes trinitas.[11] ℣ Vespertina oratio.[12]

Laudate dominum [*Psalmus*.[13] de celis: laudate deum[14] in excelsis. *Laudate* eum omnes angeli ejus: laudate eum omnes virtutes ejus. *Laudate* eum sol et luna: laudate eum omnes stelle et lumen. *Laudate* eum celi celorum: et aque que super celos sunt laudent nomen domini. *Quia* ipse dixit et facta sunt: ipse mandavit et creata sunt. *Statuit* ea in seculum[15] et in seculum seculi: preceptum posuit et non preteribit. *Laudate* dominum de terra: dracones et omnes abyssi. *Ignis* grando nix glacies spiritus procellarum: que faciunt verbum ejus. *Montes* et omnes colles: ligna fructifera et omnes cedri. *Bestie* et universa pecora: serpentes et volucres pennate. *Reges* terre et omnes populi: principes et omnes judices terre. *Juvenes* et virgines senes cum junioribus laudent nomen domini: quia exaltatum est nomen ejus solius. *Confessio* ejus super celum et terram:

---

[1] '*verba ab "usque" usque ad "omnium"*' om.: E.

[2] *pro* 'a Deus omnium' *per estatem*: G.

[3] *dicitur ad vesperas iste Hymnus*: G. *dicatur*: E.

[4] '*Et dicitur añ. ut decet*' add: G.

[5] *dicatur iste hymnus*: E.

[6] *profunda*: G.

[7] *pro* '*lux*' *nox*: E.G.

[8] culpam noveris: W.S.

[9] rubrico: W.

[10] unum: E.G.

[11] '*Amen*' add: G.

[12] 'Et descendat super nos misericordia tua' add: E.G.

[13] *ps.* 148: E.G. *cxlviij.*: S.

[14] eum: E.G.W.S.

[15] *pro* '*seculum*' eternum: E.G.W.S.

AD LAUDES.

et exaltavit cornu populi sui. *H*ymnus omnibus sanctis ejus: filiis israel populo appropinquanti sibi.[1] *C*antate domino canticum novum: laus ejus in ecclesia sanctorum. *L*etetur israel in eo qui fecit eum: et filie syon exultent in rege suo. *L*audent nomen ejus in choro: in tympano et psalterio psallant ei. *Q*uia beneplacitum est domino in populo suo: et exaltabit[2] mansuetos in salutem. *E*xultabunt sancti in gloria: letabuntur in cubilibus suis. *E*xultationes dei in gutture eorum: et gladii ancipites in manibus eorum. *A*d faciendam vindictam in nationibus: increpationes in populis. *A*d alligandos reges eorum in compedibus et nobiles eorum in manicis ferreis. *U*t faciant in eis judicium conscriptum: gloria hec est omnibus sanctis ejus.[3] *L*audate dominum in sanctis ejus: laudate eum in firmamento virtutis ejus. *L*audate eum in virtutibus ejus: laudate eum secundum multitudinem magnitudinis ejus. *L*audate eum in sono tube: laudate eum in psalterio et cythara. *L*audate eum in tympano et choro: laudate eum in chordis et organo. *L*audate eum in cymbalis bene sonantibus laudate eum in cymbalis jubilationis: omnis spiritus laudet dominum.[4][5][6]

*B*enedicite omnia opera domini domino: laudate et superexaltate eum in secula. *B*enedicite angeli domini domino: benedicite celi domino. *B*enedicite aque omnes que super celos sunt domino: benedicite omnes virtutes domini domino. *B*enedicite sol et luna domino: benedicite stelle celi domino. *B*enedicite ymber[7] et ros domino: benedicite omnis spiritus dei domino. *B*enedicite ignis et estus domino: benedicite frigus et estas domino. *B*enedicite rores et pruina domino: benedicite gelu et frigus domino. *B*enedicite glacies et nives domino: benedicite noctes et dies domino. *B*enedicite lux et tenebre domino: benedicite fulgura et nubes domino. *B*enedicat terra domino[8]: laudet et superexaltet eum in secula. *B*enedicite montes et colles domino benedicite universa germinantia in terra domino. *B*enedicite fontes domino benedicite maria et flumina domino. *B*enedicite cete et omnia que moventur in aquis domino: benedicite omnes volucres celi domino. *B*enedicite omnes bestie et pecora domino: benedicite filii hominum domino. *B*enedicat israel domino[8]: laudet et superexaltet eum in secula. *B*enedicite sacerdotes domini domino: benedicite servi domini domino. *B*enedicite spiritus et anime justorum domino: benedicite sancti et humiles corde domino. *B*enedicite anania azaria misael domino: laudate et superexaltate eum in secula. *B*enedicamus patrem et filium cum sancto spiritu: laudemus et

---

[1] *ps.* 149: *E.G. cxlix.*: *S.*
[2] exaltavit: W.S.
[3] *ps.* 150: *G.* [*ps.* 148: *E.*] *ps. cl.*: *S.*
[4] 'Gloria patri [G.] et filio et spiritui sancto. Sicut erat' add: E.
[5] *Danielis* 3 · *E.G.*
[6] '*ps.*': W. '*Canticum trium puerorum. Da. iij.*': S.
[7] imber: G.W.S
[8] dominum: G.W.S

AD LAUDES.

superexaltemus eum in secula. Benedictus es domine in firmamento celi: et laudabilis et gloriosus et superexaltatus in secula.[1][2]

*M*agnificat: anima mea dominum. Et exultavit spiritus meus: in deo salutari meo. Quia respexit humilitatem ancille sue: ecce enim ex hac[3] beatam me dicent omnes generationes. Quia fecit mihi magna qui potens est: et sanctum nomen ejus. Et misericordia ejus a progenie in progenies: timentibus eum. Fecit potentiam in brachio suo: dispersit superbos mente cordis sui. Deposuit potentes de sede: et exaltavit humiles. Esurientes implevit bonis: et divites dimisit inanes. Suscepit israel puerum suum: recordatus misericordie sue. Sicut locutus est ad patres nostros abraham et semini ejus in secula.[4]

*B*enedictus dominus deus [ps.[5] israel: quia visitavit et fecit redemptionem plebis sue. Et erexit cornu salutis nobis: in domo david pueri sui. Sicut locutus est per os sanctorum: qui a seculo sunt prophetarum ejus. Salutem ex inimicis nostris: et de manu omnium qui oderunt nos. Ad faciendam misericordiam cum patribus nostris: et memorari testamenti sui sancti. Jusjurandum quod juravit ad abraham patrem nostrum: daturum se nobis. Ut sine timore de manu inimicorum nostrorum liberati: serviamus illi. In sanctitate et justitia coram ipso: omnibus diebus nostris. Et tu puer propheta altissimi vocaberis: preibis enim ante faciem domini parare vias ejus. Ad[6] dandam scientiam salutis plebi ejus: in remissionem peccatorum eorum. Per viscera misericordie dei nostri: in quibus visitavit nos oriens ex alto. Illuminare his qui in tenebris et[7] umbra mortis sedent: ad dirigendos pedes nostros in viam pacis.[8] *ps.*[9]

*T*e deum laudamus: te dominum confitemur. Te eternum patrem omnis terra veneratur. Tibi omnes angeli: tibi celi et universe potestates. Tibi cherubin et seraphin: incessabili voce proclamant. Sanctus. Sanctus. Sanctus dominus[10] deus sabaoth. Pleni sunt celi et terra majestatis glorie tue. Te gloriosus: apostolorum chorus. Te prophetarum: laudabilis numerus. Te martyrum: candidatus laudat exercitus. Te per orbem terrarum sancta confitetur ecclesia. Patrem immense majestatis. Venerandum tuum verum: et unicum filium. Sanctum quoque paraclitum spiritum. Tu rex glorie Christe. Tu patris: sempiternus es filius. Tu ad liberandum suscepturus hominem: non horruisti virginis uterum. Tu devicto mortis aculeo: aperuisti credentibus regna

---

[1] 'Amen' add: E.G.
[2] 'psalmus: Luce 1': E.G. 'canticum beate marie. luce j.': S.
[3] hoc: G.W.S.
[4] 'Gloria patri' add: E.G.
[5] 'Luce j.': E.G. 'Canticum zacharie. Luce j.': S.
[6] pro 'Ad' A: W.
[7] 'in' add: E.G.W.S.
[8] 'Gloria patri [E.G.] *dicatur antiphona super psalmum* Benedictus *ut tempus exigit cum oratione*' add: G.
[9] pro 'ps.' canticum: E.G. Canticum ambrosii et augustini: S.
[10] 'Dominus: E.G.

LETANIA.

celorum. *T*u ad dexteram dei sedes: in gloria patris. *J*udex crederis: esse venturus. *T*e ergo quesumus famulis tuis subveni: quos pretioso sanguine redemisti. *E*terna fac: cum sanctis tuis in gloria numerari. *S*alvum fac populum tuum domine: et benedic hereditati tue. *E*t rege eos: et extolle illos usque in eternum. *P*er singulos dies: benedicimus te. *E*t laudamus nomen tuum: in seculum et in seculum seculi. *D*ignare domine die isto: sine peccato nos custodire. *M*iserere nostri domine: miserere nostri. *F*iat misericordia tua domine super nos quemadmodum speravimus in te. *I*n te domine speravi non confundar in eternum.[1]

*N*unc dimittis servum tuum domine: secundum verbum tuum in pace. *Q*uia viderunt oculi mei: salutare tuum. *Q*uod parasti ante faciem omnium populorum. *L*umen ad revelationem gentium: et gloriam plebis tue israel.[2] *A*ñ. Ne reminiscaris domine delicta nostra vel parentum nostrorum: neque vindictam sumas de peccatis nostris. *Letania*.[3]

*K*yrie eleison. *C*hriste eleison.[4,5] *C*hriste audi nos. *P*ater de celis deus: Miserere nobis *F*ili redemptor mundi deus: Miserere nobis *S*piritussancte deus: Miserere nobis. *S*ancta trinitas unus deus. Miserere nobis.

Sancta maria: . Ora pro nobis
Sancta dei genitrix: . . . ora
Sancta virgo virginum: . . . ora
Sancte michael: . . . . ora
Sancte gabriel: . . . . ora
Sancte raphael: . . . . ora
*O*mnes sancti angeli et archangeli: . . Orate pro nobis
*O*mnes sancti beatorum spirituum ordines: Orate pro nobis
Sancte johannes baptista: ora[6]
Sancte petre: . . . . . ora
Sancte paule: . . . . . ora
Sancte andrea: . . . . ora
Sancte jacobe: . . . . ora
Sancte johannes: . . . . ora
Sancte thoma: . . . . . ora
Sancte jacobe: . . . . ora
Sancte philippe: . . . ora
Sancte bartholomee: . . ora
Sancte mathee: . . . . ora
Sancte symon: . . . . ora
Sancte juda: . . . . . ora
Sancte mathia: . . . . ora
Sancte barnaba: . . . . ora
Sancte marce: . . . . . ora
Sancte luca: . . . . . ora
Sancte marcialis: . . . . ora
Sancte thimothee: . . . ora
*O*mnes sancti apostoli et evangeliste: Orate pro nobis
*O*mnes sancti discipuli domini: . . . . . . orate
*O*mnes sancti innocentes: orate
Sancte stephane: . . . . ora
Sancte line: . . . . . ora
Sancte clete: . . . . . ora
Sancte clemens: . . . . ora
Sancte corneli: . . . . ora
Sancte cypriane: . . . . ora
Sancte sixte: . . . . . ora
Sancte thoma: . . . . ora
Sancte laurenti: . . . . ora
Sancte vincenti: . . . . ora

---

[1] '*ps.*': W. '*Canticum simeonis. luce ij.*': S.
[2] '*Gloria patri*' add: S.
[3] '*Letania*' om.: W.S.
[4] eleyson: E.W.S.
[5] '*Kyrie eleyson*' add: E.
[6] '*Omnes sancti patriarce et prophete. Orate pro nobis*' add: E.G.W.

LETANIA.

Sancte grisogone[1]: . . . ora
Sancte fabiane: . . . . ora
Sancte sebastiane: . . . ora
Sancte christofore: . . . ora
Sancte georgi: . . . . ora
Sancte dyonisi cum sociis
   tuis: . . . ora pro nobis
Sancte maurici cum sociis
   tuis: . . . ora pro nobis
Sancte eustachi cum sociis
   tuis: . . . ora pro nobis
Sancte blasi: . . . . . ora
Sancti johannes & paule: orate
Sancti cosma & damiane: orate
Sancti marcelline & petre: orate
Sancte albane: . . . . ora
Sancte oswalde: . . . ora
Sancte edmunde: . . . ora
Omnes sancti martyres: . orate
Sancte silvester: . . . . ora
Sancte leo: . . . . . ora
Sancte gregori: . . . . ora
Sancte ambrosi: . . . . ora
Sancte martine: . . . . ora
Sancte nicholae: . . . . ora
Sancte basili: . . . . . ora
Sancte germane: . . . . ora
Sancte augustine: . . . ora
Sancte pauline: . . . . ora
Sancte johannes: . . . . ora
Sancte wilfride: . . . . ora
Sancte wilhelme[2]: . . . ora
Sancte cuthberte: . . . ora
Sancte swithine[3]: . . . . ora
Sancte sampson[4]: . . . ora
Sancte edmunde: . . . ora
Sancte hieronyme: . . . ora
Sancte edwarde: . . . . ora
Sancte leonarde: . . . . ora
Sancte benedicte: . . . ora
Sancte egidi: . . . . . ora

Sancte anthoni: . . . . ora
Sancte hilarion: . . . . ora
Omnes sancti confessores: orate
Omnes sancti monachi et
   heremite: . orate pro nobis
Sancta anna: . . . . . ora
Sancta maria magdalena[5]: ora
Sancta maria egyptiaca: . ora
Sancta pelagia: . . . . ora
Sancta felicitas[6]: . . . . ora
Sancta perpetua: . . . . ora
Sancta agatha: . . . . ora
Sancta agnes: . . . . . ora
Sancta cecilia: . . . . . ora
Sancta lucia: . . . . . ora
Sancta anastasia: . . . . ora
Sancta sabina: . . . . . ora
Sancta euphemia[7]: . . . ora
Sancta fides: . . . . . ora
Sancta caritas: . . . . . ora
Sancta spes: . . . . . ora
Sancta katherina: . . . . ora
Sancta margareta: . . . ora
Sancta juliana: . . . . ora
Sancta scolastica: . . . . ora
Sancta petronilla[8]: . . . ora
Sancta austreberta: . . . ora
Sancta hilda: . . . . . ora
Sancta eufrildis[9]: . . . . ora
Sancta ethelreda[10]: . . . ora
Omnes sancte virgines: . orate
Omnes sancti[11]: . . . . orate
Propicius esto: Parce nobis domine.

Ab omni malo: Libera nos domine. Ab insidiis diaboli: libera. A peste superbie: libera. A carnalibus desideriis: libera. Ab omnibus immundiciis mentis et corporis: libera. A persecutione

---

[1] chrysogone: G.
[2] willelme: G. wilelme: W.S.
[3] swithune: W.S.
[4] sanson: G.S.
[5] magdalene: W.
[6] 'S. felicitas' om.: E.G.
[7] eufemia: W.S.
[8] petronella: S.
[9] everildis: W.S.
[10] etheldreda: E.G.W.S.
[11] 'et sancte' add: E.G.

paganorum et omnium inimicorum nostrorum: libera. Ab ira et odio et omni mala voluntate: libera. A ventura ira: libera. A subita[1] et eterna morte: libera. Per mysterium sancte incarnationis tue: libera. Per crucem et passionem tuam[2]: libera. Per sanctam resurrectionem tuam: libera. Per admirabilem ascensionem tuam: libera. Per gratiam sanctispiritus paracliti: libera. Peccatores: Te rogamus audi nos.

Ut pacem et concordiam nobis dones: te rogamus audi nos. Ut sanctam ecclesiam tuam regere ac[3] defensare digneris. te rogamus. Ut dominum[4] apostolicum et omnes gradus ecclesie in sancta religione conservare digneris. te rogamus. Ut archiepiscopum nostrum et omnem congregationem sibi commissam in sancta religione conservare digneris. te rogamus. Ut regibus et principibus nostris pacem et veram concordiam atque victoriam donare digneris. te rogamus. Ut locum nostrum et omnes habitantes in eo visitare[5] et consolari digneris. Ut omnibus benefactoribus nostris eterna dona[6] retribuas: te rogamus. Ut cunctum populum christianum precioso sanguine[7] redemptum conservare digneris: te rogamus. Ut remissionem omnium peccatorum nostrorum nobis donare digneris[8]: te rogamus. Ut obsequium servitutis[9] nostre rationabile facias: te rogamus. Ut animas nostras et parentum nostrorum ab eterna damnatione eripias: te rogamus. Ut misericordia et pietas tua nos semper custodiat.[10] te rogamus.[11] Ut fructus terre dare et conservare digneris. te rogamus. Ut fratribus nostris et omnibus fidelibus infirmis sanitatem mentis et corporis donare digneris. te rogamus. Ut miserias pauperum et captivorum intueri et relevare digneris. te rogamus. Ut cunctis fidelibus defunctis requiem eternam donare digneris. te rogamus. Ut ad gaudia eterna nos perducere digneris. te rogamus. Ut nos exaudire digneris. te rogamus. Fili dei. te rogamus.[12] Agnus dei qui tollis peccata mundi. Parce nobis domine. Agnus dei qui tollis peccata mundi. Exaudi nos domine. Agnus dei qui tollis peccata mundi. Miserere nobis. Christe audi nos. Kyrie eleison. Christe eleison. Kyrie eleison. Pater noster. Et ne nos. Sed libera. Peccavimus domine cum patribus nostris. Injuste egimus iniquitatem fecimus. Domine non secundum peccata nostra facias nobis. Neque secundum iniquitates nostras retribua[13] nobis. Ne memineris[14] iniquitatum nostrarum antiquarum. Cito anticipent nos

---

[1] subitanea: E.G.W.
[2] 'Per crucem & pass. tuam' om.: E.G.
[3] pro 'ac' et: E.G.
[4] domnum: G.S.
[5] visitari: S.
[6] bona: G.W.S.
[7] 'tuo' add: W.S.
[8] pro 'donare dign.' dones: E.G.
[9] servitis: S.
[10] custodiant: S.
[11] 'Ut aeris temperiem bonam nobis dones. Te rogamus' add: E.G.W.S.
[12] 'Fili dei te rog.' ter: S.
[13] retribuas: E.G.W.S.
[14] 'domine' add: W.S.

LETANIA.

misericordie tue quia pauperes facti sumus nimis. *Adjuva nos deus salutaris noster.* Et propter gloriam nominis tui domine libera nos: et propicius esto peccatis nostris propter nomen[1] tuum. *Memor esto congregationis tue. Quam possedisti ab initio. Sacerdotes tui induantur justitia.[2] Et sancti tui exultent. Domine salvum fac regem. Et exaudi nos in die qua invocaverimus te. Salvum fac populum tuum domine et benedic hereditati tue. Et rege eos et extolle illos usque in eternum. Exurge domine adjuva nos. Et libera nos propter nomen tuum. Domine deus virtutum.[3] Et ostende.[4] Domine exaudi.[5] Et clamor meus.[6] Dominus vobiscum. Et cum spiritu tuo.[7] Oratio.*

Deus cui proprium est misereri semper et parcere suscipe deprecationem nostram: ut quos delictorum cathena constringit miseratio tue pietatis absolvat. Per Christum dominum. *Oratio.*

Deus in te sperantium fortitudo: adesto propicius invocationibus nostris: et quia sine te nihil potest mortalis infirmitas: presta auxilium gratie tue: ut in exequendis mandatis tuis et voluntate tibi et actione placeamus. *Oratio.*

Protector in te sperantium deus sine quo nihil est validum nihil sanctum: multiplica super nos misericordiam tuam: ut te rectore te duce sic transeamus per bona temporalia ut non amittamus eterna. *Oratio.*

Deus cui omne cor patet et cui[8] omnis voluntas loquitur: et quem[9] nullum latet secretum: purifica per infusionem sancti spiritus cogitationes cordis nostri. ut perfecte te[10] diligere et digne laudare mereamur. *Oratio.*

Omnipotens sempiterne deus qui facis mirabilia magna solus: pretende super famulum tuum archiepiscopum nostrum et super cunctam congregationem sibi[11] commissam spiritum gratie salutaris et ut in veritate tibi complaceant perpetuum eis rorem tue benedictionis infunde. [*Oratio.*

Deus qui caritatis dona per gratiam sancti spiritus tuorum cordibus fidelium infudisti[12] de famulis et famulabus tuis pro quibus tuam deprecamur clementiam salutem mentis et corporis: ut te tota virtute diligant: et que tibi placita sunt tota dilectione perficiant. *Oratio.*

Adesto domine supplicationibus nostris: et viam et actus famulorum tuorum in salutis tue prosperitate dispone: ut inter omnes hujus vie et vite varietates[13] tuo semper protegantur auxilio. *Oratio.*

Deus a quo sancta desideria recta consilia et justa sunt

---

[1] 'sanctum' add: E.G.
[2] justiciam: E.W.S.
[3] 'converte nos' add: E.G.S.
[4] 'faciem tuam et salvi erimus' add: E.G.S.
[5] 'orationem meam' add: E.G.S.
[6] 'ad te veniat' add: E.G.S.
[7] 'Dom. vobis. Et cum sp. tuo' om.: E.G.
[8] 'cui' om.: W.S.
[9] pro 'quem' cui: E.
[10] te perfecte: E.G.
[11] pro 'sibi' illi: E.G.
[12] infundis: E.G.
[13] pro 'vite var.' vertiatis: S.

SUFFRAGIA CONSUETA.

opera: da servis tuis illam quam mundus dare non potest pacem: ut et corda nostra mandatis tuis dedita et hostium sublata formidine: tempora sint tua protectione tranquilla. *Oratio.*

Fidelium deus omnium conditor et redemptor animabus omnium [1] famulorum famularumque tuarum remissionem cunctorum tribue peccatorum ut indulgentiam quam semper optaverunt piis supplicationibus consequantur. *Oratio.*

Omnium sanctorum [2] intercessionibus quesumus domine gratia tua nos semper protegat: et christianis omnibus [3] viventibus atque defunctis misericordiam tuam ubique pretende: ut viventes ab omnibus impugnationibus defensi tua opitulatione salventur: et defuncti remissionem omnium suorum mereantur accipere peccatorum. Per Christum dominum nostrum. Amen.[4] Fidelium anime per misericordiam dei in pace requiescant. amen.[5]

¶ *Sequuntur suffragia consueta. A festo sancte trinitatis usque* [6] *adventum domini fiant*[7] *memorie sequentes nisi quando fit servitium cum regimine chori: ac etiam post octavas epiphanie usque ad dominicam primam quadragesime preter*[8] *quod omittitur memoria de cruce: et memoria beate marie*[9] *mutatur ut plenius ibi patet.*

De sancta [10] *cruce.* Per signum crucis de inimicis libera nos dominus [11] noster. *Versiculus.* Omnis terra adoret te deus.[12] Et psallat tibi: psalmum dicat nomini tuo. *Oratio.*

Deus qui unigeniti filii tui domini nostri Jesu Christi precioso sanguine vivifice crucis vexillum sanctificari voluisti: concede quesumus: eos qui ejusdem sancte crucis gaudent honore: tua quesumus [13] ubique protectione gaudeant.[14] per eundem Christum.

De domina an. Beata mater et innupta virgo gloriosa regina mundi intercede pro nobis ad dominum. ℣ Post partum.[15][16] *Oro.*

Concede nos famulos tuos quesumus domine deus perpetua mentis et corporis sanitate gaudere et gloriose [17] beate marie semper virginis intercessione a presenti liberari tristitia et futura perfrui letitia per Christum.[18]

De apostolis an. Orate pro nobis sancti dei apostoli vera mundi lumina petre atque paule. ℣ In omnem terram.[19] *Oratio.*

Exaudi nos deus salutaris noster: et apostolorum tuorum petri et pauli nos tuere

---

[1] 'omnium' om.: S.
[2] 'tuorum' add: E.G.
[3] pro 'omnibus' tuis: E.G.
[4] '*Finit psalterium secundum usum Eboracensem*' add: E.G.
[5] 'Verba a "Fidelium" usque ad "Amen"' om.: E.G.
[6] 'ad' add: E.G.S.
[7] '*ad matutinas*' add: E.G.
[8] pro 'preter' nisi: G.
[9] '*de beata maria*': E.G.
[10] 'sancta' om.: E.G.

[11] pro 'dominus' deus: E.G.W.S.
[12] '*Re.*' add: E.G.
[13] pro 'quesumus' quoque: E.G.W.S.
[14] gaudere: E.G.W.S.
[15] 'virgo inviolata permansisti' add: E.
[16] '*Re.* Dei genitrix' add: E.G. [intercede pro nobis: E.]
[17] gloriosa: E.G.S.
[18] 'dominum nostrum. Amen' add: E.G.
[19] 'exivit sonus eorum. *Re.* Et in fines' add: E.G. [orbis terre verba eorum: E.]

SUFFRAGIA CONSUETA.

presidiis : quorum donasti fideles esse doctrinis per Christum.

De sancto willelmo. Añ. Rapiunt a pugile lex et hostis lumen quod per sanctum reparat celo[1] celi numen. ℣ Ora pro nobis. beate willelme.[2] *Oratio.*

Deus qui nos beati willelmi confessoris tui atque pontificis meritis et intercessione letificas : concede propicius : ut qui ejus beneficia poscimus : dono tue gratie consequamur. per Christum.

De reliquiis.[3] Corpora sanctorum in pace sepulta sunt et vivent nomina eorum in eternum. ℣ Exultabunt sancti in gloria.[4] *Oratio.*

Propitiare nobis quesumus domine famulis tuis per sanctorum tuorum quorum reliquie in presenti requiescunt ecclesia[5] merita gloriosa : ut eorum piis intercessionibus ab omnibus protegamur adversis. per Christum.

¶ *De confessoribus añ.*[6] Sint lumbi vestri precincti et lucerne ardentes in manibus vestris. ℣ Sacerdotes.[7] *Oratio.*

Deus qui nos sanctorum confessorum tuorum johannis wilfridi et cuthberti : confessionibus gloriosis circundas et protegis : da nobis et[8] eorum imitatione perficere[9] et intercessione[10] gaudere. per Christum.

De omnibus sanctis. Añ. Sancti dei omnes intercedite pro nostra omniumque salute. ℣ Letamini in domino.[11] *Oratio.*

Tribue quesumus domine omnes sanctos tuos jugiter orare pro nobis : et semper eos clementer audire digneris : per Christum.[12]

Pro pace añ. Da pacem domine in diebus nostris : quia non est alius qui pugnet pro nobis nisi tu deus noster. ℣ Fiat pax in.[13] *Oratio.*

Deus a quo sancta desideria recta consilia et justa sunt opera : da servis tuis illam quam mundus dare non potest pacem ut et corda nostra mandatis tuis dedita et hostium sublata formidine tempora sint [14] protectione tranquilla per dominum nostrum. Dominus vobiscum. Et cum spiritu tuo. Benedicamus domino.[15]

Ad vesperas [16] *de* [17] *sancta cruce añ.* Nos autem gloriari oportet in cruce domini nostri Jesu Christi. ℣ Omnis terra adoret.[18]

Adesto nobis domine [*Oratio.* deus noster et quos sancte crucis letari facis honore :

---

[1] ceco : E.G.W.
[2] '*Re.* Ut digni efficiamur' add : E.G.S.
[3] '*Antiphona*' add : E.G.
[4] '*Re.* Letabuntur' add : E.G.S. [in cubilibus suis : E.G.]
[5] Verba a 'quorum' usque ad 'ecclesia' uncinis includuntur apud E. & G.
[6] 'añ.' om. : W.
[7] 'tui' add: E.G. [induantur justiciam : G.] '*Re.* Et sancti' add : G.
[8] pro 'et' ex : E.G.W.
[9] proficere : G.W.S.
[10] Verba 'perf. et inter.' om. : E.
[11] 'et exultate justi. *Re.* Et gloriamini' add : E.G.S [omnes : E.]
[12] 'dominum nostrum. Amen' add : S.
[13] '[virtute tua : S.] *Re.* Et abundantia' add : E.G.S.
[14] 'tua' add : E.G.W.
[15] 'Deo gratias' add : G.
[16] '*Ad vesp.*' om. : G.
[17] Abhinc usque ad 'terra' omnia om. : G. in hoc loco : inserit tamen infra in Feria ij. ad vesperas.
[18] '*Suffragia consueta. Ad vesperas de*

SUFFRAGIA CONSUETA.

ejus quesumus perpetuis defende subsidiis. per Christum.

De domina. añ. Sancta dei genitrix virgo semper maria intercede pro nobis ad dominum deum nostrum. ℣ Post partum.[1]

Oratio. Omnipotens sempiterne deus nos famulos tuos dextera potentie tue a cunctis protege[2] periculis: et gloriosa beate marie semper virginis intercessione fac nos presenti gaudere prosperitate et futura.[3]

De apostolis. Gloriosi principes terre quoniam in vita sua dilexerunt se: ita et in morte non sunt separati. ℣ In omnem terram.[4] *Oratio.* Protege domine populum tuum et apostolorum tuorum petri et pauli[5] patrocinio confidentem perpetua defensione conserva. per Christum.

De sancto willelmo añ. Ab abyssi faucibus biduo submersum mater natum recipit a morte reversum. ℣ Ora pro nobis.[6][7] *Oratio.* Deus qui nos.

De reliquiis. Corpora sanctorum.[8] ℣ Exultabunt sancti. *et cetera ut supra.*

De confessoribus añ. Fulgebunt justi et tanquam scintille in arundineto discurrent judicabunt nationes et regnabunt in eternum. ℣ Sacerdotes tui.[9][10]

Beatorum confessorum tuorum johannis wilfridi et cuthberti nos foveat domine preciosa confessio: et pia jugiter intercessio tueatur. per Christum.

De omnibus sanctis añ. Omnes electi dei nostri memoramini ante deum ut vestris precibus adjuti mereamur nobis adjungi. ℣ Letamini.[11] *Oratio.* Vide domine infirmitates nostras et intercedentibus omnibus sanctis tuis: celeri nobis pietate succurre. per Christum.

Pro pace añ. Da pacem domine in diebus.[12] ℣ Fiat pax.[13] *Oratio.* Deus auctor pacis et amator quem nosse vivere cui servire regnare est: protege ab omnibus impugnationibus supplices tuos: ut qui in defensione tua confidimus nullius hostilitatis arma timeamus. per dominum nostrum.[14] Dominus vobiscum.[15] Benedicamus domino. *Re.* Deo gratias.

---

festo sancte trinitatis usque ad adventum domini fiant memorie sequentes nisi quando fit servitium cum regimine chori ac etiam post octavas epiphanie usque ad dominicam primam quadragesime preter quod omittitur memoria de cruce et de beata maria mutatur ut plenius ibi patet' add: E.

[1] 'virgo inviolata permansisti. *Re.* Dei genitrix intercede' add: S.

[2] 'protege' om.: S.

[3] 'Per Christum' add: E.G.S. [dominum nostrum. Amen: S.]

[4] 'exivit sonus eorum. *Re.* Et in fines orbis terre verba eorum' add: S.

[5] 'et aliorum apostolorum' add: G.

[6] 'beate willelme. *Re.* Ut digni efficiamur promissionibus' add: S.

[7] 'beati willelmi confessoris tui atque pontificis meritis et intercessione letificas: concede propicius ut qui ejus beneficia poscimus dono tue gratie consequamur per Christum' add: G.

[8] fuse ut supra col. 941. cum oratione omnia describit G.

[9] 'induantur justiciam. *Re.* Et sancti tui exultent' add: S.

[10] 'Oratio' add: G.S.

[11] 'in domino et exultate justi. *Re.* Et gloriamini omnes recti corde' add: S.

[12] 'nostris quia non est alius qui pugnet pro nobis nisi tu deus noster' add: S.

[13] 'in virtute tua. *Re.* Et abundantia in turribus tuis' add: S.

[14] 'dominum nostrum Jesum Christum filium tuum Qui tecum vivit et regnat in unitate Spiritus Sancti deus Per omnia secula seculorum. Amen' add: S.

[15] 'et cum spiritu tuo' add: G.W.S.

LONDON: PRINTED BY
SPOTTISWOODE AND CO., NEW-STREET SQUARE
AND PARLIAMENT STREET